जाट और मुगल साम्राज्य

जाट और मुगल साम्राज्य

डॉ. गिरीश चन्द्र द्विवेदी

अनुवाद

अनन्त राम गौड़

संपादक

डॉ. वीर सिंह

ओरिजिन्लस

(ऐन ईम्परिन्ट ऑफ लो प्राइज़ पब्लिकेशनस)

दिल्ली- ११००५२

वितरक:
डी. के. पब्लिशर्स डिस्ट्रीब्यूटर्स (प्रा.) लि.
24, अंसारी रोड, दरियागंज
नई दिल्ली-110002
दूरभाष: 23261465, 23278584
ई-मेल: dkpd@del3.vsnl.net.in
यूआरएल: www.dkpd.com

© सूरजमल मेमौरियल एजुकेशन सोसाईटी

अ. मा. पु. सं. 81-88629-02-2 (H.B.)
अ. मा. पु. सं. 81-88629-03-0 (P.B.)

इस पुस्तक के या इसके किसी खण्ड के अनुवाद, पुनर्मुद्रण अथवा पुर्नप्रकाशन का सर्वाधिकार प्रकाशकाधीन है, अतिरिक्त किसी समीक्षात्मक उद्धरण के ।

प्रकाशक:
ओरिजिन्लस
(ऐन ईम्परिन्ट ऑफ लो प्राइज़ पब्लिकेशनस)
ए-६, नीमड़ी कमर्शियल सेंटर,
अशोक विहार फेज-IV,
दिल्ली- ११००५२
दूरभाष : 27401672, 27452453
ई-मेल: lpp@nde.vsnl.net.in
यूआरएल: www.lppindia.com

मुद्रक: डी. के. फाईन आर्ट प्रैस (प्रा.) लि.
दिल्ली- ११००५२

भारत में प्रकाशित

अनुक्रम

हिन्दी संस्करण के विषय में

'जाट और मुगल साम्राज्य' नामक प्रस्तुत कृति डॉ. गिरीश चंद्र द्विवेदी के शोध-ग्रंथ 'द जाट्स : देयर रोल इन मुगल एम्पायर' का हिंदी रूपांतर है। लेखक ने इस ग्रंथ पर पी-एच.डी. की उपाधि प्राप्त करने के कई वर्ष बाद तत्कालीन खोजों के आधार पर उस पांडुलिपि में पर्याप्त संशोधन किया और अनेक नए पृष्ठ भी लिखकर जोड़े। डॉ. द्विवेदी अपने इस संशोधित प्रारूप की प्रकाशन के लिए अंतिम पांडुलिपि भी तैयार नहीं कर पाए थे कि एकतालीस वर्ष की अल्पायु में ही काल कवलित हो गए।

लिबरहेड़ी गांव (सहारनपुर) के निवासी श्री महेन्द्र सिंह वर्मा ने डॉ. द्विवेदी को जाट-सभा और सर्व खाप पंचायत के ऐतिहासिक दस्तावेज उपलब्ध कराने के साथ-साथ जाटों की परंपराएं और 'साखा' नामक लोक-साहित्य के संकलन में भी उनकी सहायता की थी। अतः वे डॉ. द्विवेदी के परिश्रम से अवगत थे। लेखक की मृत्यु के बाद श्री वर्मा ने यह ग्रंथ सूरजमल स्मारक शिक्षा-संस्था को प्रकाशनार्थ भिजवाया। दो वर्ष तक जब इसका प्रकाशनार्थ अनुबंध नहीं हो पाया, तब इसके अनुबंध एवं प्रकाशन का कार्य मुझे सौंपा गया। डॉ. द्विवेदी के उत्तराधिकारियों से इस ग्रंथ का अनुबंध कराने के लिए जून मास की लम्बी यात्रा एवं बनारस की गर्मी अब भी मेरे मस्तिष्क में कौंध जाती है। परन्तु लेखक के पुत्र डॉ. राजीव द्विवेदी के आतिथ्य ने उस कष्ट को भुला दिया।

डॉ. द्विवेदी ने अपनी शोधकृति को सांप्रतिक बनाने के लिए काट-फाट और पुनर्लेखन पेंसिल से किया था। अतः इस संशोधित ड्राफ्ट के कुछ स्थलों को पढ़ने और पाद-टिप्पणियों के समायोजन में असुविधा होते हुए भी मैंने बड़े मनोयोग से इस ग्रंथ की प्रकाशन के लिए टंकित प्रति तैयार कराई। सौभाग्य से सुरुचिपूर्ण ढंग से प्रकाशन भी हो गया। इतिहास जगत में इस मौलिक कृति का आशातीत स्वागत हुआ। मुगल कालीन भारत के जाने-माने इतिहासकार प्रो. इरफान हबीब ने अपनी कृति, 'द एग्रेरियन सिस्टम ऑफ मुगल इंडिया' (1999)

के पृ. 392 की याद-टिप्पणी 14 में इस ग्रंथ की उपादेयता का संकेत इन शब्दों में किया है–जाट आंदोलन के विविध आयामों का विस्तृत विवरण डॉ. गिरीश चंद्र द्विवेदी के 'द जाट्स : देयर रोल इन मुगल एम्पायर' में प्रस्तुत किया गया है।

जैसे-जैसे यह कृति पाठकों के हाथों में पहुंचती गई, इसके हिन्दी रूपान्तर की मांग बढ़ती गई। अतः सूरजमल संस्था ने इसका अनुवाद श्री अनन्तराम गौड़ की सिद्ध-हस्त लेखनी से कराया। अनुवाद के उस प्रथम ड्राफ्ट में जो शब्द एवं वाक्यांश अनुवाद करने से रह गए थे, उन्हें पूरा करते हुए हमने संवीक्षा (Scrutiny), युति (Combine) और अक्षि (Eye) आदि संस्कृत-निष्ठ शब्दों के स्थान पर बोलचाल के प्रचलित शब्द लिख दिए हैं। इस प्रकार भाषा संपादन में विषय को सुगम बनाने का प्रयत्न किया गया है। अंग्रेजी संस्करण की सामान्य प्रिंटिंग भूलों को सुधार कर ही अनुवाद किया गया है। इसके लिए संस्था श्री गौड़ के प्रति आभार व्यक्त करती है।

शोध कृति की प्रामाणिकता उसके संदर्भों पर निर्भर करती है। हमने अंग्रेजी संस्करण की पाद-टिप्पणियों को स्व. लेखक की मूल पांडुलिपि से पुनः मिलाकर 34 संदर्भों की पृष्ठ संख्या ठीक की है। इनके अतिरिक्त अन्य संदर्भों में निम्नलिखित संशोधन किए गए हैं–प्रथम अध्याय की पा. टि. 2, 71, तथा 72 में लेखक ने 'सुपरा' के जो पृ. न. दिए हैं, वे पांडुलिपि में नहीं हैं। वस्तुतः वे सरकार कृत 'हिस्ट्री ऑफ औरंगजेब,' III, की प्रस्तावना के पृष्ठ हैं। अतः वहां 'सुपरा' के स्थान पर पहले संदर्भ के अनुसार 'वही' कर दिया है। तृतीय अध्याय की पा. टि. 62 में उपेंद्र नाथ शर्मा की कृति 'ज्ञाटों का नवीन इतिहास' के गलत पृ. 360-361 के स्थान पर सही पृ. 260-261 लिख दिए हैं। लेखक ने निम्नलिखित कृतियों के नामों के आगे उनके संदर्भों की पृष्ठ संख्या नहीं दी थी। *अखबारात* (अध्याय 2, टि. 68, 69 तथा 71-73); *रोजनामचा* (अध्याय 3 टि. 73) *जयसिंह* (अध्याय 6, टि. 15); *तारीखे ए-आलमगीर सानी* (अध्याय 7, टि. 38); *मेम्वोआर* दे *यात* (अध्याय 9, टि. 19); तथा परिशिष्ट-5, टि. 17; *इमाद* (अध्याय 11, टि. 29); तथा सुपरा (अध्याय 14, टि. 10) *मथुरा गजे* (परिशिष्ट-5, टि. 12)। अंग्रेजी संस्करण में हमने उन्हें यों ही छपवा दिया था। अब इन संदर्भों को खोजकर उनकी पृष्ठ संख्या भी लिख दी है। प्रथम अध्याय की टि. 15 की संख्या XXIIf हमको लेखक की प्रति से नहीं मिली। परंतु लेखक द्वारा प्रदत्त उद्धरण इबटसन की कृति 'द पंजाब कास्ट्स' का है। अतः उसकी पृष्ठ संख्या वहां लिख दी है। जिस संदर्भ ग्रंथ का दो संपादकों ने अलग-अलग संपादन किया है वहां संपादक के नामों का संकेत संदर्भ में कर दिया है–जैसे *एस.पी.डी,* *चाचनामा* और *इकबालनामा* आदि ग्रंथों के दो

अलग-अलग संपादक हैं। हिंदी अनुवाद में 'सुपरा' के लिए 'ऊर्ध्व' और 'इंफ्रा' के लिए 'आगे देखें' का प्रयोग किया गया है। लेखक द्वारा उद्धृत ऊर्ध्व (25) और आगे देखें (15) सभी स्थानों पर हिंदी संस्करण के ही पृष्ठ नंबर खोजकर लिखे गए हैं।

संपादन की प्रक्रिया में स्वर्गीय लेखक के विषय को अक्षुण्ण रखा गया है। केवल आमुख के प्रथम वाक्य में दिए गए वैंदेल के फ्रेंच वृत्तलेख का त्रुटिपूर्ण अनुवाद जेम्स के अंग्रेजी अनुवाद के अनुसार संशोधित कर दिया है। प्रथम अध्याय के दूसरे अनुच्छेद का पांचवा वाक्य विषय क्रम के कारण छठे वाक्य के बाद ज्यों का त्यों किया गया है परिशिष्ट-5 में टिप्पणी 12 से आगे 12a हटा दिया है। लेखक की एक प्रति में रघुबीर सिंह कृत *'ब्रज का इतिहास'* की कुछ पांक्तियां लिखी मिली हैं, उन्हें संदर्भ 20 में जोड़कर टिप्पणियों का क्रम ठीक कर दिया है। अब परिशिष्ट -5 में 24 टिप्पणियों के स्थान पर 26 पाद-टिप्पणियां हो गई हैं।

अंग्रेजी संस्करण के प्रथम अध्याय की 75-79, 82 तथा अध्याय 12 टि. 62 कुल सात पाद-टिप्पणियों में 'साखाओं' का हिन्दी पाठ हम नहीं दे पाए थे। वे अब उद्धृत कर दी गई हैं। लेकिन फारसी के उद्धरण का पाठ देने में हम फिर भी असमर्थ रहे हैं। हमने कुछ नाम, स्थान और तथ्यों का स्पष्टीकरण करने के लिए ग्यारह रोमन अंकों में और लेखक के संदर्भ के साथ तीन स्थानों पर संपादक लिखकर 14 पाद-टिप्पणियां इस संस्करण में जोड़ी हैं। इस प्रकार इस कृति को अपडेट करके साम्प्रतिक बनाने का प्रयत्न किया गया है।

श्री रामनिवास मिर्धा, पूर्व केंद्रिय मंत्री, के मार्ग दर्शन में सूरजमल स्मारक शिक्षा-संस्था का अनुसंधान एवं प्रकाशन केंद्र पश्चिमोत्तर भारत की ग्रामीण विरासत से संबंधित स्रोत सामग्री का संकलन, संरक्षण और प्रामाणिक ग्रंथों को सांप्रतिक करके उसका प्रकाशन का कार्य कर रहा है। संस्था ने उक्त विषय पर अनेक राष्ट्रीय संगोष्ठी और कार्यशालाओं का आयोजन किया है। संस्था के परिसर में शोधकर्त्ताओं के लिए एक समृद्ध पुस्तकालय स्थापित किया गया है। संस्था जाटों के किसी पक्ष पर शोध करने वाले विद्वान और शोधकर्त्ताओं को आर्थिक सहायता भी प्रदान करती है।

हर्ष की बात है कि **श्री ओ3म प्रकाश चौटाला,** माननीय मुख्यमंत्री हरियाणा सरकार, ने संस्था के शोध केंद्र के उक्त कार्यों के लिए पांच लाख रुपए प्रदान किए हैं। संस्था उनके प्रति हार्दिक आभार प्रकट करते हुए भविष्य में भी उनके निरंतर प्रोत्साहन की आकांक्षी है।

इस कृति के प्रकाशन में प्रो. दिलबाग सिंह (जवाहर लाल नेहरू विश्वविद्यालय), डॉ. एस.एस. राना एवं डॉ. पूर्ण सिंह डबास (दोनों दिल्ली

विश्वविद्यालय) तथा डॉ. राजपाल सिंह (यमुना नगर) ने विषय और भाषा संबंधी अनेक सुझावों से मुझे लाभांवित किया है। श्री रामनिवास जी मिर्धा की प्रेरणा एवं उनका मुझ पर विश्वास तथा संस्था सचिव श्री एस.पी. सिंह का मुझे इस कृति के अनुबंध से प्रकाशन तक सतत अयाचित सहयोग मेरे संबल रहे हैं। श्री एम.ए. फारूकी, पुस्तकालयाध्यक्ष भारतीय इतिहास अनुसंधान परिषद्, द्वारा प्रदत्त सुविधाएं भी मुझे स्मरणीय रहेंगी। विनायक कंप्यूटर्स के संचालक श्री मनीष डागा एवं 'ओरीजिनल्स प्रकाशन' के प्रयासों के कारण यह कृति इतने आकर्षक रूप में प्रकाशित हुई है। महाराजा सूरजमल की उपलब्धियों पर *'जाट और मुगल साम्राज्य'* नामक इस मौलिक कृति का उनके बलिदान-दिवस 25 दिसंबर के अवसर पर प्रकाशन संस्था की ओर से प्रातःस्मरणीय महाराजा सूरजमल के प्रति इस वर्ष की सच्ची श्रद्धांजलि होगी। आशा है कि शोधार्थी एवं पाठक इस प्रतीक्षित सांप्रतिक हिंदी रूपांतरण से अवश्य लाभांवित होंगे।

25 दिसम्बर 2002
महाराजा सूरजमल शहीदी दिवस

डॉ. वीरसिंह
निदेशक
अनुसंधान एवं प्रकाशन केंद्र
सूरजमल स्मारक शिक्षा-संस्था

संकेताक्षर

आफ़ताबनुमा	: *मीरात-ए-आफ़ताबनुमा*
अहकाम	: *अहकाम-ए-आलमगीरी,* इनायतउल्लाह
अहवाल	: *अहवाल-ए-सलातीन-ए-मुताखरीन*
अजायब	: *अजायब-उल-आफ़ाक़*
अमीरा	: *खज़ाना-ए-अमीरा*
औरंगज़ेब	: जे.एन. सरकार, *हिस्ट्री ऑफ औरंगज़ेब*
बंगश के नवाब	: इर्विन, 'द *बंगश नवाब्ज़ ऑफ फर्रुखाबाद*', जे.ए.एस. बी., खंड XLVIII, भाग I, 1879.
बर्नियर	: बर्नियर, '*ट्रैवल्स इन मुग़ल एंपायर*, ए. कांसटेबिल द्वारा अनूदित
भरतपुर	: राम पांडेय, '*भरतपुर अपटु 1826*'.
बिशन सिंह	: के.आर. कानूनगो, '*सम साइडलाइट्स ऑन द करियर ऑफ राजा बिशन सिंह कछवाहा ऑफ आमेर*', कार्य विवरण, आई.एच.सी., 1948
ब्रज	: रघुवीर सिंह, '*ब्रज का इतिहास*', I.
ब्रि. म्युज.	: ब्रिटिश म्युज़ियम, लंदन
दक्कन	: जोनाथन स्कॉट, फरिश्ताज़ *हिस्ट्री ऑफ द दक्कन*, खंड II.
डी.सी.	: *दिल्ली क्रॉनिकल*
दीर्घ	: '*दीर्घ नगर वर्ण*' (हिंदी पाण्डुलिपि), सोमनाथ
दुर्रानी	: गंडा सिंह, '*अहमदशाह दुर्रानी*'
इलियट	: इलियट एंड डॉइन, '*हिस्ट्री ऑफ इंडिया एज़ टोल्ड बाई इट्स ओनं हिस्टोरियंस*
फ़ाल	: जे.एन. सरकार, '*फ़ॉल ऑफ द मुग़ल एंपायर*'
फ़तूहात	: *फ़तूहात-ए-आलमगीरी*
फ्रैंकलिन	: द *हिस्ट्री ऑफ द रेन ऑफ शाहआलम*, लंदन, 1798
फ्रीडम मूवमेंट	: महमूद हुसैन (संपादक), ए *हिस्ट्री ऑफ द फ्रीडम*

	मूवमेंट'
गुल	: *गुल-ए-रहमत*
गुलिस्ताँ	: *गुलिस्ताँ-ए-रहमत*
हदीक़त	: *हदीक़त-उल-अक़ालीम*
इबरत	: *इबरतनामा,* ले. खैर-उद-दीन
इमाद	: *इमाद-उस-सादत*
इक़बाल	: *इक़बालनामा*
इतिहास	: यू.एन. शर्मा, *'जाटों का नवीन इतिहास'*
जे. रिकार्ड्स (सरकार्स कले.)	: *जयपुर-रिकार्ड्स,* जे.एन. सरकार के संग्रह आर. एस.एल. नकल (ट्रांसक्रिप्ट्स)
जयपुर	: एम.एल. शर्मा, *'हिस्ट्री ऑफ द जयपुर स्टेट'*
जाट्स	: के.आर. कानूनगो, 'हिस्ट्री ऑफ द *जाट्स*', 1925
जे.ए.एस.बी.	: जरनल ऑफ एशियाटिक सोसाइटी ऑफ बंगाल
कंवर	: मोहम्मद हादी कंवर खाँ, ले. *तज़किरात-उस सलातीन-ए-चग़ताई*
के.के.	: *खाफ़ी खाँ मुंतखाब-उल-लुबाब*
खुदाबख्श	: खुदाबख्श लायब्रेरी, बांकीपुर, पटना
मसीर	: *मसीर-ए-आलमगीरी*
एम.यू.	: *मसीर-उल-उमरा*
मालवा	: रघुवीरसिंह, *'मालवा में युगांतर',* पूर्वकाल
मराठाज़	: जी.एस. सरदेसाई, *'न्यू हिस्ट्री ऑफ द मराठाज़'*
मेम्वोआर दे यात,	: वैंदेल्स मेम्वोआर दे लोरिजिन एक्रॉस्माँ ऐ एताप्रेज़ों दे पुइस्साँस दे यात दाँ लेदोस्ताँ II दे पार्तइ स्वुड दे मेम्वोआर दे पाताँ (फ्रेंच पांडुलिपि)
मिरात	: *मिरात-ए-अहमदी*
मुहारबत	: 'तारीख-ए-अहमद' या 'मुहारबत-ए-सलातीन-ए-दुर्रानिया-ओ- भाओ-ओ-जंगु-ओ-सिखन
मुज़फ्फरनगर रिकार्ड्स	: चौधरी कबूल सिंह (शोरम, मुज़फ्फरनगर) के संग्रह
नादिर शाह	: जेम्स फ्रेज़र, *'द हिस्ट्री ऑफ नादिर शाह'*
नूर.	: सैयद नूर-उद-दीन हसनुस *'लाइफ़ ऑफ नजीब-उद-दौला',* जे.एन. सरकार द्वारा आई.एच.क्यू. (1933) और 'इस्लामिक कल्चर (1933) में अनूदित
अवध	: ए.एल. श्रीवास्तव, *'द फर्स्ट टू नवाब्ज़ ऑफ अवध'*

पानीपत	: एच.आर. गुप्ता (संपादक) *'मराठाज़ एंड पानीपत'*
पानीपत	: टी.एस. शेजवलकर, *'पानीपत : 1761'*
पार्टीज़ एंड पॉलिटिक्स	: एस. चंद्र, *'पार्टीज़ एंड पॉलिटिक्स ऐट द मुग़ल कोर्ट'*
प्रोसीडिंग्स, आई.एच.सी.	: भारतीय इतिहास कांग्रेस की कार्यवाही
पुरंदरे	: *पुरंदरे दफ्तर,* संपा. के.वी. पुरंदरे
आर.एस.एल.	: रघुवीर सिंह लायब्रेरी, सीतामऊ
राजवाड़े	: *मराठांच्या इतिहासचों साधनें,* संपादक वी.के. राजवाड़े तथा अन्य
रोज़नामचा	: *रोज़नामचा,* मिर्ज़ा मोहम्मद
रुस्तम	: *तारीख-ए-हिंद,* रुस्तम अली
समीन	: गुलाम हुसैन *समीन के वृत्तांत,* अनुवाद, विलियम इर्विन, इंड. ऐंट., 1907
एस.पी.डी.	: *सलेकशंस फ्रॉम द पेशवाज़ दफ़्तर* संपा. जी. एस. सरदेसाई
एस.पी.डी. नई सीरीज	: *सेलेक्शंस फ्रॉम द पेशवाज़ दफ़्तर,* नई सीरीज़, खंड I, संपा. पी.एम. जोशी
शाह	: *शाह वलीउल्लाह देहलवी के सियासी मक्तूबात,* संपा. और अनुवाद, के.ए. निज़ामी
शाकिर	: *'तज़ाकिरा-ए-शाकिर खाँ,'* ले. शाकिर खाँ
शिवदास	: *'शाहनामा मुनव्वर कलाम,'* शिवदास लखनवी
शुजा	: ए.एल. श्रीवास्तव, *'शुजा-उद-दौला'*
सियर	: *सियर-उल-मुताखरिन*
सोमनाथ	: *सोमनाथ ग्रंथावली,* खंड I, काशी
स्टोरिया	: *स्टोरिया दो मोगोर,* ले. मानुची, अनुवाद, इर्विन
सुजान	: *सुजान चरित्र,* ले. सूदन
टी.ए.एच.	: *तारीख-ए-अहमद शाही*
टी.ए.एल.	: *तारीख-ए-आलमगीर सानी*
तवारीख-ए-हुनूद	: फ्रांसू (फ्रांस गाटलिब कुइन)
तारीख-ए-भरतपुर	: आनन्दराय

आभारोक्ति

प्रो. कालिकर रंजन कानूनगो के प्रख्यात कार्य 'हिस्ट्री ऑफ द जाट्स' ने जो गम्भीर प्रभाव मुझ पर छोड़ा प्रस्तुत अध्ययन उसी की देन है। निस्सन्देह जब मैंने अनुसंधान का काम अपने हाथों में लिया तो मेरी पहली इच्छा जाटों पर कार्य करने की हुई। यह मेरा सौभाग्य था कि इस विषय में मुझे इलाहाबाद विश्वविद्यालय के अवकाश प्राप्त प्रोफेसर डॉ. ईश्वरी प्रसाद का प्रोत्साहन एवं मार्ग दर्शन प्राप्त हुआ। डॉ. ईश्वरी प्रसाद प्रसिद्ध इतिहासकार थे और उनकी असाधारण प्रतिष्ठा दशाब्दियों से एक आख्यान का रूप धारण कर चुकी थी। उन्होंने मुझे सलाह दी कि जाट इतिहास का परम्परागत तरीके से विवरण प्रस्तुत करने की बजाय, 'परवर्ती मुगलों के इतिहास में जाटों की सक्रिय भूमिका' पर ही अपना ध्यान केन्द्रित करूँ। मैंने ऐसा ही किया, लेकिन साथ ही यह भी बता दूँ कि मैंने मुख्यतः 'भरतपुर के जाटों की भूमिका' तक ही अपने को सीमित रखा है। यद्यपि, विविध मूलस्रोतों में जहाँ कहीं भी दूसरे क्षेत्र के जाटों का उल्लेख हुआ है और हमारी विषय-वस्तु के लिए उनकी भूमिका का विवेचन प्रासंगिक समझा गया है, उनको छोड़ा नहीं गया है।

विविध स्रोतों, संस्थाओं तथा व्यक्तियों से जो अमूल्य सहायता मुझे मिली है उसके लिए भी मैं ऋणी हूँ। इनके सहयोग के बिना इस कार्य की सफल परिणति संभव नहीं थी।

यह मेरा पावन कर्त्तव्य है कि मैं अपने श्रद्धेय निरीक्षक प्रो. ईश्वरी प्रसाद के प्रति सच्ची कृतज्ञता प्रकट करूँ। उनकी वृद्धावस्था तथा व्यस्त कार्यक्रम के बावजूद उन्होंने मुझे यह सौभाग्य प्रदान किया कि मैं उनके चरणों में बैठकर यह थीसिस लिख सकूँ। शुरू से अंत तक उनका व्यवहार मेरे प्रति कृपालु एवं स्नेहपूर्ण बना रहा। मैं उनको बार-बार कष्ट देता रहा ताकि उनकी बहुश्रुत विद्वत्ता का अधिकतम लाभ उठा सकूँ। उनके स्नेहपूर्ण प्रश्रय, प्रोत्साहन, मार्गदर्शन और व्यक्तिगत रुचि के बिना इस कार्य को पूरा करना संभव नहीं था।

सीतामऊ में महाराज डॉ. रघुवीर सिंह के प्रति कृतज्ञता प्रकट करना मैं अपना सौभाग्य समझता हूँ। उन्होंने अपने समृद्ध पुस्तकालय का उपयोग करने के लिए जितनी भी सुविधाएँ संभव हो सकती थीं बड़ी उदारतपूर्वक मुझे प्रदान की।

मैं प्रो. एस.एच. असकरी का भी आभारी हूँ जिन्होंने अपनी वृद्धावस्था और अस्वस्थता के बावजूद खुदाबख्श लाइब्रेरी तथा अपने निजी संग्रह की सम्बद्ध सामग्री के विषय में मेरा मार्ग दर्शन करने का कष्ट उठाया और मूलस्रोतों से प्राप्त अवतरणों पर मेरे साथ विचार-विमर्श कियाँ। जो मूल्यवान सामग्री उन्होंने मेरे लिए उपलब्ध कराई उससे 'इक़्बालनामा' के अनुवाद की उनकी निजी टंकित प्रति विशेष रूप से उल्लेखनीय है, जो उन्होंने प्रकाशन के लिए तैयार की थी। प्रो. असकरी ने यह भी

बताया कि प्रो. जदुनाथ सरकार ने विशेष रूप से कहा है कि आनन्दराय द्वारा लिखित 'तारीख-ए-भरतपुर-' पांडुलिपि का जाटों पर शोध करते हुए अवश्य उपयोग किया जाए।

प्रो. सतीशचन्द्र, प्रो. के.ए. निजामी और प्रो. इरफान हबीब से जो प्रोत्साहन एवं विद्ववत्तापूर्ण मार्गदर्शन मुझे प्राप्त हुआ यदि उसका उल्लेख न किया जाए तो मेरा कर्त्तव्य अधूरा ही रह जाएगा। मेरे अलीगढ़ प्रवास के दौरान प्रो. परमात्मा शरण तथा डॉ. गंडा सिंह भी मुझ पर कम कृपालु नहीं रहे, जिन्होंने मेरे अध्ययन में गहरी रुचि ली और जब भी मैंने प्रार्थना की सभी संबद्ध सूचनाएँ मुझे उपलब्ध कराई। मैं डॉ. लल्लन जी गोपाल, डॉ. जी.डी. भटनागर और डॉ. सी.बी. कपूर के प्रति भी कृतज्ञता प्रकट करता हूँ जिन्होंने मेरी हस्तलिखित प्रति को पढ़ने और मूल्यवान संशोधन सुझाने में अपना कीमती समय लगाया। इस कार्य के प्रति उनकी व्यक्तिगत रुचि और स्नेहपूर्ण सहायता के अभाव में इसे वर्तमान रूप में प्रस्तुत करना संभव नहीं हो पाता।

मैं जाट महासभा के पूर्व सचिव चौ. रिछपाल सिंह, सर्वखाप पंचायत के प्रधान श्री जगदेव सिंह सिद्धांती, सर्वखाप पंचायत के सचिव चौ. कबूल सिंह और श्री महेन्द्रसिंह वर्मा का भी हृदय से अभारी हूँ जिन्होंने जाट इतिहास पर संगृहीत अपने दस्तावेज मेरे हवाले कर दिए जिनमें से कुछ का उपयोग तो पहले कभी नहीं किया गया था। कई बार तो उन्होंने जाट परम्पराओं और साखाओं (Sakhas) के संकलन के लिए मेरे साथ जाट-क्षेत्रों में जाने का कष्ट भी उठाया।

मेरे कार्य के लिए जरूरी सुविधाएँ जुटाने में, ब्रिटिश म्यूजियम लाइब्रेरी, इंडिया ऑफिस लाइब्रेरी, आर.एस. लाइब्रेरी (सीतामऊ), खुदाबख्श लाइब्रेरी (पटना), भरतपुर स्टेट म्यूजियम लाइब्रेरी, हिंदी साहित्य समिति लाइब्रेरी (भरतपुर), पब्लिक लाइब्रेरी (भरतपुर), बनारस हिन्दू विश्वविद्यालय लाइब्रेरी, ए.एम.यू लाइब्रेरी, शिबली अकादमी लाइब्रेरी (आजमगढ़) तथा काशी विद्यापीठ लाइब्रेरी आदि के पुस्तकालयाध्यक्षों और कर्मचारियों से जो सहानुभूतिपूर्ण सहायता मुझे प्राप्त हुई उसके लिए वे सब धन्यवाद के पात्र हैं।

मेरे जिन शुभचिंतकों ने मेरी बहुत महत्त्वपूर्ण सहायता की उनमें बनारस हिंदू विश्वविद्यालय में मराठी के रीडर डॉ. डब्ल्यू. के. लेले, इसी विश्वविद्यालय के उर्दू विभाग के अध्यक्ष डॉ. एच. सी. नैयर तथा मारीशस की कुमारी आशा विशेष उल्लेखनीय हैं। इन्होंने क्रमशः मराठी, फारसी तथा फ्रांसीसी स्रोतों का उपयोग करने में मेरी सहायता की। डॉ. श्रीमती के. गोपाल, श्री एम.पी. सिंह तथा श्री पी.एन. सक्सेना भी मेरे धन्यवाद के पात्र हैं जिन्होंने मेरे लिए काफी परिश्रम किया।

मैं बनारस हिंदू विश्वविद्यालय में वाणिज्य तथा व्यापार प्रबंधन संकाय के डीन प्रो. एस.एम. तिवारी (मेरे चचिया ससुर) तथा श्री के.सी. तिवारी (मेरे साले) का भी ऋणी हूं जिन्होंने वास्तव में ही मेरे लिए कड़ी मेहनत की।

–गिरीश चन्द्र द्विवेदी

आमुख

कोई दो सौ वर्ष हुए जब एफ़. एक्स. वैंदेल नामक एक फ्रांसीसी जेसुइट ने लिखा था, "...जाटों ने इतने अधिक लोगों की भावनाओं को ठेस पहुँचाई है कि कोई भी व्यक्ति यह कहने को तैयार नहीं है कि जाट किसी की भलाई कर सकते हैं, या इतनी भलाई कि उसकी प्रशंसा की जा सके।"[1, I] समसामयिक इतिहास के एक प्रत्यक्षदर्शी की हैसियत से वैंदेल लगभग पचास वर्ष भारत में रहा और इस दौरान उसने भारतीय राजनीतिक परिदृश्य का गहन अध्ययन किया, और उक्त टिप्पणी उसने जाटों के इतिहास का पर्यालोकन करते हुए की थी। लेकिन जाटों के विषय में वैंदेल की यह धारणा अन्य लोगों से अधिक भिन्न नहीं रही है। वस्तुतः, जाटों को अनजाने में ही महान होने के अयोग्य मान लिया गया है। यह लोकगत मान्यता तब से इसी प्रकार चली आ रही है और दुर्भाग्यवश, पहले के इतिहासकारों को जाटों के वास्तविक इतिहास का पर्याप्त ज्ञान नहीं हो पाया था।

सर विलियम इर्विन कृत *लेटर मुग़ल्स* में जाटों के विषय में प्रसंगोचित चर्चा की गई है, किंतु चूँकि उसके लेखन का विषय भिन्न था इसलिए जाट इतिहास का गहन अध्ययन इसमें प्रस्तुत नहीं किया गया। प्रोफेसर कालिका रंजन कानूनगो की रचना *हिस्ट्री ऑफ द जाट्स* इस विषय पर एक अग्रणी रचना है। उन्होंने अपनी पांडित्यपूर्ण विद्वता से जाट इतिहास को सम्मान देते हुए हमारा ध्यान उसकी ओर आकृष्ट किया।

अग्रणी कृतियों को प्रायः कुछेक अपरिहार्य कठिनाइयों का सामना करना पड़ता है। प्रोफ़ेसर कानूनगो को जाट इतिहास से संबंधित विपुल सामग्री का वह भंडार उपलब्ध नहीं हो सका था जो आज हमें प्राप्य है। परिणामतः, उनके विवरण पैबंददार और निष्कर्ष प्रायः एकपक्षीय तथा अपूर्ण हैं। जाटों के इतिहास पर दो अन्य विद्वानों, उपेंद्रनाथ शर्मा और राम पांडेय की कृतियाँ भी हाल में आई हैं। उन दोनों ने कानूनगो को ही आधार बनाकर अपनी रचनाएँ प्रस्तुत की हैं।

---

1. *मेम्वोआर दे यात,* 38;

I. सूरजमल ने वज़ीर सफदरजंग को सन् 1753 के गृह-युद्ध में अवश्यम्भावी सर्वनाश से बचाया। वैंदेल ने इस प्रशंसनीय कार्य पर यह टिप्पणी की है। —संपादक।

तथापि, बुनियादी प्रश्न फिर भी लगभग अनिर्णीत रह गए।

सर जदुनाथ सरकार ने अपनी वृहत् और सर्वांगीण रचनाओं में जाट इतिहास से संबंधित घटनाओं की चर्चा की तो जरूर है, किंतु लेखक ने उन्हें वहीं तक सीमित रखा है जहाँ तक उनका संबंध इतिहासकार के मूल विषय से था। परवर्ती मुग़लकालीन राजनीतिक इतिहास के इस अव्यवस्थित परिदृश्य ने दो अन्य वरिष्ठ इतिहासकारों, प्रोफ़ेसर ए.एल. श्रीवास्तव तथा प्रोफ़ेसर सतीश चंद्र के विवेचनशील ध्यान को भी आकृष्ट किया है। किंतु इस विषय के प्रति उनका लेखकीय योगदान यद्यपि उत्कृष्ट है, किंतु जाटों से संबंधित उनकी अपनी व्याख्या-विवेचना संक्षिप्त और नैमित्तिक तथा अचिंतित है। उनके विषय भी चूँकि भिन्न थे, अतः इससे अधिक वे और कुछ लिख भी नहीं सकते थे।[2]

ऐसे में जब मेरा ध्यान जाटों के इतिहास की ओर गया तो इन अध्येताओं की विद्वतापूर्ण कृतियों के उपलब्ध होते हुए भी मुग़ल साम्राज्य के इतिहास में जाटों की भूमिका का अध्ययन करने की आवश्यकता मुझे महसूस हुई।

इस विषय में चयन के बारे में भी मैं दो शब्द कहना आवश्यक समझता हूँ। स्थानीय अथवा क्षेत्रीय इतिहास की वांछनीयता को न्यायोयित ठहराना शायद मेरा आडंबर लगे। किंतु यह तो स्पष्ट है कि मुग़ल साम्राज्य जैसे विशाल क्षेत्र के इतिहास को भलीभाँति समझने के लिए हमें विभिन्न स्थानीय सत्ताओं के गहन अध्ययन की आवश्यकता तो पड़ेगी ही। परवर्ती मुग़ल इतिहास में जब शाही प्राधिकार केवल एक सीमित क्षेत्र तक ही निरुद्ध होकर रह गया था तब इतिहास के ताने-बाने आपस में काफ़ी उलझ चुके थे। दरबार की भयंकर गुटबंदी, विदेशी आक्रमणों की भरमार, अपना-अपना पेट भरने में लगे अधिकारियों की अफरा-तफरी, देशी शक्तियों का उत्कर्ष, जो प्रायः आपस में ही खिंची रहती थीं, आदि ने परिस्थितियों को और भी जटिल बना दिया था। इस कालावधि के इतिहास से संबंधित कुछ शक्तियों की भूमिका का अध्ययन तो विद्वान अध्येताओं ने सुविचारित

2. इस शोध-प्रबंध के प्रथम पांडुलेख के तैयार हो जाने के बाद हमें डॉ. राम पांडेय का मुद्रित शोध-प्रबंध *भरतपुर अपटु 1826* प्राप्त हुआ था। इस कृति में मुग़ल साम्राज्य के इतिहास में जाटों की भूमिका पर विचार नहीं किया गया है, अतः हमारे इस शोध-प्रबंध के विषय से यह भिन्न है। हमारे लिए यह कहना अत्यधिक कष्टकर है कि ग्रंथ-सूची में शामिल किए गए अधिकतर स्रोतों का, लगता है कि विवेकपूर्वक तथा सम्यक् रूप से उपयोग नहीं किया गया है। भरतपुर के आंतरिक तथा बाह्य इतिहास के संदर्भ में पिछली कृतियों से ज्ञात जानकारी से यह कुछ भी बेहतर नहीं है। विभिन्न स्रोतों के उपयोग और उनके अर्थनिर्णय के बारे में जो भूलें हुई हैं उनको गिनाना हमारे लिए अरुचिकर होगा। तथापि, कुछ उदाहरण पृष्ठ संख्या 55, 73, 75, 79, 85, 86, 96, 138, 155, 180, 191, 211, 255, 261, 285, 307, 308, 310, 322, 332, 382, 407, और 415 (एफ.एन.) पर देखे जा सकते हैं।

ढंग से किया है, किंतु जाटों का अध्ययन इस प्रकार से नहीं हो सका। अब हमें मुग़ल इतिहास में जाटों की भूमिका के अध्ययन की आवश्यकता है, न कि मात्र जाटों के इतिहास की। इस प्रकार के अध्ययन से न केवल मुग़ल वरन् उसके वास्तविक संदर्भ में जाट इतिहास की भी बेहतर जानकारी प्राप्त होने की अपेक्षा है।

पूर्व-लेखन से यह धारणा बनती है जैसे कि जाटों के उद्भव ने मुग़ल इतिहास को केवल आंशिक रूप से ही प्रभावित किया था। हमारा अध्ययन यह प्रमाणित करता है कि तत्कालीन राजनीति में उनकी भूमिका बहुत महत्त्व की थी जो आगे चलकर अधिक विकसित होती चली गई। इससे पहले जाट 'हिंदुस्तान में उल्लेखनीय नहीं थे'[3] फिर भी 1760 के दशक तक पहुँचते-पहुँचते उन्होंने अपने लिए 'वह गौरवपूर्ण स्थान बना लिया, जो पहले कभी नहीं देखा गया था।'[4] यह मध्यकालीन भारत के इतिहास में एक मनोरंजक काल का निर्माण करता है।

गहन असंतोष के कारण जाटों को हथियार उठाने पड़े। यद्यपि उस समय इसका प्रभाव स्थानिक रहा, किंतु साम्राज्य के प्रति व्यापक अनिष्ठा का भी यह परिचायक था। जाटों की उचित शिकायतों को दूर किए बिना उनके क्रूर दमन के प्रयासों ने जाटों के स्वाभाविक क्रोध को प्रज्वलित कर दिया। अंतर्मन से क्रुद्ध जाटों और उनके सजातियों ने पुनः विद्रोह कर दिया और आगरा प्रांत में अंततः शाही सत्ता को धूलधूसरित कर दिया। एक अप्रसिद्ध-से लोगों द्वारा इतने ऊँचे उठना और एक बड़े क्षेत्र के भाग्य को नियंत्रित करना, कोई साधारण घटना नहीं थी; और जब हमें यह ज्ञात होता है कि यह उपलब्धि उन्होंने अल्प समय में ही की थी तो उसका महत्त्व और भी बढ़ जाता है।

शाही सत्ता के विघटन ने लूट-पाटी युद्ध के लिए एक सुनहरी अवसर प्रदान किया। उन पर न तो किसी उच्च सत्ता का नियंत्रण था, और न मुग़ल शासक के विरोध के अतिरिक्त किसी अन्य उच्च आदर्श से वे प्रेरित थे, अतः इस स्थिति में गाँवों के मुखिये व्यक्तिगत स्तर पर धनलोलुपता के शिकार बन गए। फिर भी उन्हें दोष नहीं दिया जा सकता। वे इतने असंतुष्ट थे कि इन परिस्थितियों का मुकाबला वे अन्य किसी प्रकार से कर भी नहीं सकते थे। औरंगज़ेब की ग़लत नीतियाँ अपना रंग दिखाने लगी थीं। औरंगज़ेब-परवर्ती काल में दरबार के शक्तिशाली तत्त्वों को यह आवश्यक प्रतीत होने लगा कि अपनी शक्ति बनाये रखने तथा ह्रासोन्मुख साम्राज्य को पुनः समुन्नत करने के लिए जाटों को संतुष्ट करें। जाटों ने अपनी इस नई भूमिका को तुरत स्वीकार कर लिया। इस संबंध में कानूनी स्थिति जो भी रही हो अब वे साम्राज्यवादियों से निरंतर लड़ते रहनेवाले सामान्य गँवारू विद्रोही नहीं रह गए थे, अपितु दरबार के किसी-न-किसी धड़े के मित्र

3. *मेम्वोआर दे यात,* 64
4. वही, 29

बन गए थे। इसके साथ ही अपनी ताकत से परिचित जाटों ने अपना विस्तार करने के लिए इस अवसर का लाभ उठाया। उनकी शक्ति और स्थिति में स्थिरता आने के साथ ही उन पर प्रभावशाली मुग़ल सरदारों की निर्भरता भी बढ़ गई। नौबत यहाँ तक आ गई कि शाही वज़ीर सफदरजंग साम्राज्य के कार्यों में आगे बढ़कर उनका उद्यत सहयोग प्राप्त करने लगा। इससे जाटों की प्रतिष्ठा, संपन्नता और शक्ति में और भी वृद्धि हो गई।

मुग़ल सम्राट से वास्तविक स्वीकृति मिलने के बाद जाट राज्य एक हक़ीकत बन गया। अन्यत्र भी विस्तारवादी शक्तियों को नियंत्रित रखने में मुग़ल सम्राटों की सुस्पष्ट दुर्बलता और नपुंसकता के कारण संबंधित क्षेत्र पर अपनी पकड़ बनाए रखने की संभावना क्षीण हो गई थी। अतः जाटों के उत्थान की उपेक्षा यदि कर भी दी जाए तब भी इस क्षेत्र में मुग़ल सत्ता का पराभव एक पूर्वचिंतित परिणाम था, विशेषतया जबकि आगे बढ़ते आ रहे दुर्जेय मराठों और महत्त्वाकांक्षी जयसिंह की लोलुप दृष्टि इस क्षेत्र पर पड़ चुकी थी। जाटों ने इस प्रतिस्पर्धा में पहल करके सबको मात दे दी। जाटों का उत्कर्ष, यद्यपि मुग़ल साम्राज्य के हित में नहीं था, फ़िर भी उनके आगमन ने शासकों ने लिए सुख, शांति और सुरक्षा प्रत्याभूत कर दी और मराठा आक्रमण का जो खतरा मुग़लों पर मंडरा रहा था उसे उन्होंने शाही राजधानी के बहुत निकट पहुंचने नहीं दिया। अपने क्षेत्र के बाहर मुग़लों के विरुद्ध जो युद्ध हुए जाटों ने मुग़लों के निष्ठावान सामंतों की भूमिका अदा की। यद्यपि इस आशय के प्रमाण हमें नहीं मिलते कि महत्त्वाकांक्षी जाटों का प्रयास मुग़ल साम्राज्य को मिटाने का था, किंतु यह कहना भी उतना ही गलत होगा कि वे उनकी भूतपूर्व प्रतिष्ठा और शक्ति को पुनर्स्थापित करने का प्रयास कर रहे थे।

शाही कार्यकलाप में जाटों की बढ़ती साझेदारी ने जहाँ उनके सुस्थिर विकास में अपना अंशदान किया, वहीं मराठों, इमाद-उस-सादत, अब्दाली और उसके भारतीय मित्र राजाओं जैसी विरोधी शक्तियों की शत्रुता में भी उन्हें फँसा दिया। इसके बावजूद, समसामयिक मामलों में जाट अपनी निर्णायक भूमिका तथा दिल्ली की सरकार पर अपना प्रभाव सुनिश्चित करने के इच्छुक जरूर थे। वे ऐसी सुस्पष्ट स्थिति के स्वामी बन गए थे कि मुग़ल साम्राज्य पर प्रभुत्व जमाने के संघर्ष में मराठे और अफ़गान, दोनों ही उनकी मित्रता और तटस्थता के अभिलाषी बन गए थे। भारतीय अधिपतियों में सबसे शक्तिशाली होने के नाते पानीपत-परवर्ती काल में समसामयिक समस्याओं के समाधान के लिए जाट राजा सूरजमल विशेष स्थिति में था। बादशाह का मनोनीत वज़ीर उसका आश्रित था तथा उसके माध्यम से वह शाही सरकार को अपने नियंत्रण में रखने का इच्छुक था; यद्यपि एक चतुर व्यक्ति होने के नाते इस बात के लिए वह युद्ध करने का खतरा मोल नहीं लेना चाहता था। सन् 1763 में सूरजमल की मृत्यु से जाटों के इतिहास का उज्ज्वलतम अध्याय

समाप्त हो गया; उसके पश्चात् उनके ऐश्वर्य और गौरव का शनैः-शनैः ह्रास होता चला गया।

अध्ययनरत विषय का रूप इस प्रकार का है कि इसका विवेचन करते समय अपने प्रकार की विचित्र समस्याओं का सामना इसे करना पड़ रहा है। इस बात को तो बल देकर कहने की आवश्यकता नहीं कि किसी समाज के लोगों के विचारों तथा उनकी मनोवृत्तियों का ज्ञान उनके अपने लेखनों से ही बेहतर प्राप्त हो सकता है। सामान्यतया जाटों की कोई विशिष्ट या प्रतिष्ठित साहित्यिक परंपरा नहीं रही है, तथा उनके इतिहास का अध्ययन करनेवाले विद्यार्थियों को जाटों की ओर से लिखे गए किसी सुव्यवस्थित और संपूर्ण इतिहास की अनुपलभ्यता के कारण कठिनाइयों का सामना करना पड़ता है। हाँ, जाट कार्यकलाप के संबंध में गैर-जाट सूत्रों[5] से अवश्य तथ्य प्राप्त होते हैं, किंतु पूर्णतया उन पर ही तो आश्रित नहीं रहा जा सकता क्योंकि इससे कभी-कभी जाटों के संबंध में असंतुलित विचार भी बन सकते हैं। तथ्य कहीं से भी प्राप्त हों वे सत्य और पावन होते हैं, किंतु उनके आधार पर निकाले गए निष्कर्ष मानवीय विचारों, मनोभावों से प्रभावित हो जाया करते हैं। किसी भी उत्पन्न स्थिति की व्याख्या करते समय व्यक्तिगत रुचियों, अरुचियों, पसंद तथा पूर्वग्रहों का हावी हो जाना लाज़मी होता है। अतएव मुग़लों के विपक्षी लोगों के विषय में प्राप्त सामग्री पर विचार करते समय बहुत सतर्क और चौकन्ना रहने के साथ ही आलोचनात्मक तथा विश्लेषणात्मक दृष्टि रखनी होगी।

जाटों और उनके कार्यकलाप के संबंध में हमें अधिकतर सूचना मुग़लों के अधिकारीय दस्तावेज़ों, दरबारी इतिहासों, सार्विक अथवा प्रांतीय इतिहासों, मुग़ल लोक सेवकों अथवा यहाँ-वहाँ के मुस्लिम इतिहासकारों द्वारा लिखी गई जीवनियों, आदि जैसे फारसी स्रोतों से प्राप्त हुई है।

इनमें से कुछ ऐसे हैं (उदाहरणतया, *रोज़नामचा, इक़बालनामा, तारीख-ए-आलमगीर सानी,* और *सियार-उल-मुतखरीन*) जिन्होंने जाटों के संबंध में न्यायसंमत विचार व्यक्त किए हैं, परंतु इनके साथ ही कुछ ऐसे भी हैं (उदाहरणतया, *जयपुर रिकार्ड्स,* इनायतुल्ला कृत *अहकाम-ए-आलमगीरी, ख़फ़ी खाँ कृत मुंतखाब-उल-लुबाब, शाह, मासीर-उल-उमरा, अहवाल-ए-सलातीन-ए-मुंतखरीन* और *शाहआलमनामा*) जो, यद्यपि महत्त्वपूर्ण और उपयोगी हैं, किंतु जाटों का

---

5. जिन स्रोतों का हमने पहली बार उपयोग किया है उनमें *तारीख-ए-भरतपुर, तवारीख-ए-हुनूद, वाक़य-ए-भरतपुर, वाक़य-ए-जंग-ए-भरतपुर, सफ़ीनत-उल-ऐश,* सूरजमल को लिखे गए सफ़दरजंग के पत्र, सोमनाथ तथा देवदत्त के वृत्तांतों की विविध कृतियाँ हैं। जाट इतिहास के बारे में उनका तथा शेष अन्य जिन स्रोतों का मैंने गहन अध्ययन किया उनका उल्लेख जहाँ कहीं आवश्यक हुआ उनके गुण-दोषों पर संक्षिप्त टिप्पणी के साथ, ग्रंथ-सूची में कर दिया है।

मूल्यांकन करते समय वे सदा निष्पक्ष नहीं रहे।

आवश्यकता के कारण अधिकतर जानकारी उस पक्ष से ही लेनी पड़ी जो जाटों के विपक्षी थे। ऐसे स्रोतों पर पूरी तरह से भरोसा करते हुए उनका भावानुवाद करा लेने से हमें इस विषय पर संतुलित विचार बनाने में सहायता नहीं मिलेगी। हमें इन सूचनाओं के उद्‌गम स्थान और संबंधित लेखकों के पक्षपात तथा पूर्वग्रहों को भी ध्यान में रखना होगा। यह बात नहीं कि ये सूचनाएँ महत्त्वपूर्ण नहीं हैं, वस्तुतः इनमें से कई तो हमारे लिए अत्यधिक महत्त्व की हैं और यदि ये हमें न मिली होतीं तो हमारा काम अधूरा रह जाता, फिर भी इन पर आलोचनात्मक दृष्टि से विचार आवश्यक था, दाने को भूसे से अलग करना था।

जिन पांडुलिपियों का उपयोग इस अध्ययन के लिए किया जा रहा है उनमें से एक फ्रांसू कृत *तवारीख-ए-हुनूद* के बारे में कुछ शब्द कहना असंगत न होगा। यद्यपि यह पांडुलिपि फारसी में थी फिर भी अन्य फारसी स्रोतों से यह अधिक महत्त्वपूर्ण है। कई अन्य फारसी स्रोतों के विपरीत यह ग्रंथियों और पूर्वग्रहों से मुक्त है। यद्यपि यह बाद की रचना है, इसके लेखक ने, जो कि एक विदेशी है, अपनी कृति को देशी स्रोतों से प्राप्त सूचनाओं पर आधारित किया तथा उसका उद्‌देश्य इसे कैप्टिन अब्रहम को पेश करने का था।

यथार्थतः समसामयिक खरीते होने के कारण मराठी पत्रक या दस्तावेज (जिनका जाट इतिहास के संदर्भ में हमने पर्याप्त प्रयोग किया है), भी हमारे अत्यंत मूल्यवान स्रोत हैं। लेकिन इनका संबंध मोटे तौर पर मात्र तीन दशकों से है। इनमें जाटों की चर्चा 1730 के दशक से ही प्रारंभ होती है जब मराठों का संपर्क उदीयमान जाट-शक्ति से स्थापित हुआ था। यह मानते हुए कि इनमें जाटों की चर्चा प्रासंगिक और संक्षिप्त है, हर प्रसंग में ये निष्पक्ष भी नहीं हैं, क्योंकि ये एक विस्तारवादी सत्ता द्वारा एक उन्नतिशील और महत्त्वाकांक्षी लोगों के विषय में की गई थीं, किंतु इन पत्रों-खरीतों का सावधानीपूर्वक अध्ययन करने से अनेक मुद्‌दों पर नई जानकारियों तो मिलती ही हैं, साथ ही इनका उपयोग समर्थनकारी साक्ष्य के रूप में भी किया जा सकता है।

जाटों के विषय में वैंदेल द्वारा फ्रेंच भाषा में लिखा गया विवरण जाट इतिहास के संबंध में सूचना देनेवाला एक बहुत मूल्यवान स्रोत है; विशेषतया इसलिए कि इसका लेखक सूरजमल और जवाहर सिंह के शासनकाल का प्रत्यक्षदर्शी था। इसका बारीकी से अनुशीलन करने के पश्चात् हमें ज्ञात होता है कि इसमें कुछ ऐसे विवरण हैं, जिन पर किसी कारण से अन्य इतिहासकारों का ध्यान नहीं गया था। इस वृत्तांत का आकलन करते समय हमें यह ध्यान रखना जरूरी है कि इसका सृजन यूरोपीय पाठकों के लिए किया गया था, और संभवतः अंग्रेजों (ईस्ट इंडिया कंपनी) की सहायता के लिए भी, ताकि वे इनके बारे में सही नीति बना सकें। पश्चिम में

पूर्वी देशों के प्रति जिस उदासीनता की कहावत बन चुकी है वह इसमें स्पष्ट झलकती है।[6] जाट सरदारों के विषय में गर्हित तथा चटपटी बातें अनावश्यक रूप से लिखने की भी प्रवृत्ति वैंदेल में पाई जाती है।[7] वैंदेल की इस मूल्यवान रचना पर यह एक दोष तो लग ही गया है।

जाट स्रोतों से जो अल्प सूचना प्राप्त हुई उनमें देवदत्त और कान्हाराम के संकलन शामिल हैं। वैसे तो वे उपयोगी हैं, किंतु हमारे अध्ययन की सीमा में जितनी अवधि है उसके राजनीतिक इतिहास की चर्चा इसमें बहुत कम है। जाट संरक्षण के अंतर्गत लिखी गई सोमनाथ की कृतियों से जाट दरबार में साहित्यिक और सांस्कृतिक क्रियाकलाप तथा विद्वानों-साहित्यकारों को प्राप्त संरक्षण की एक झाँकी मिलती है। फिर भी सोमनाथ की कृतियों में जाटों की राजनीतिक सरगरमियों की कुछ आकस्मिक चर्चा की गई है। उसकी कृतियों की रचना रीतिकालीन चारण परंपरा पर हुई है। अतएव, उनमें अपने संरक्षक के यश को अतिशयोक्तिपूर्ण महत्त्व देने की साहित्यिक परंपरा का दोष पाया जाता है। *सुजान चरित्र* का रचनाकार सूदन, सोमनाथ का समकालीन था। *सुजान चरित्र* की जानकारी पहले के विद्वानों को भी थी, किंतु उन्होंने अनुदारतापूर्वक इसे अनुपयोगी मानकर इसकी उपेक्षा कर दी थी। यह एक प्रत्यक्षदर्शी की रचना है जिसका अपना ही महत्त्व है। कई स्थानों पर सूदन अन्य स्रोतों से सहमति व्यक्त करता है। तथापि, जहाँ कहीं वह ऐसी जानकारियाँ देता है, जो अन्य स्रोतों में उपलब्ध नहीं हैं तो उनका मूल्यांकन हमें इस प्रकार करना चाहिए कि यह एक ऐसे व्यक्ति द्वारा दी गई जानकारी है जिसकी पहुँच इतिहास की गतिविधियों तक थी और वह समस्त स्थिति से भलीभाँति परिचित था। किंतु *सुजान चरित्र* में सूरजमल के मात्र सन् 1745 और 1753 के बीच के ही कर्तृत्वों का विवरण दिया गया है। इसके अतिरिक्त, इस बात को भी ध्यान में रखना होगा कि सूदन एक कवि था जिसके विवरण कई स्थानों पर कवि सुलभ अत्युक्तियों से प्रेरित थे।

सोमनाथ तथा सूदन की कृतियों से यह संकेत मिलता है कि जाट राजाओं ने अपने दरबार में ही अपने कालानुवर्ती और संपूर्ण इतिहास लिखवा लिए होंगे। यह तो विदित ही है कि फारसी भाषी मुंशी उनके अधीन सेवारत थे। हम यह भी जानते हैं कि जाट राजपरिवार के भी कुछ सदस्यों को फारसी का अच्छा ज्ञान था। इसके अतिरिक्त, एक मराठी खरीते से हमें ज्ञात होता है कि जवाहर सिंह

---

6. किंतु *तवारीख-ए-हुनूद* का लेखक फ्रांसू इस दोष से मुक्त है।
7. परिशिष्ट 2, पाद-टिप्पणी 8-10
8. प्रो. ए.एल. श्रीवास्तव (*अवध*, पृ. 294) जो इसकी सामान्य ऐतिहासिक यथातथ्यता का अनुमोदन करते हैं, इसके एक मात्र अपवाद हैं।
9. *सेलेक्शन्स फ्रॉम द पेशवाज़ दफ़्तर*, जी.एस. सरदेसाई संपादित, XXIX, 119

अपनी व्यक्तिगत डायरी भी रखता था जिसमें वह दैनिक प्रविष्टियाँ करता था।[9] दुर्भाग्यवश, इस प्रकार के मूल्यवान दस्तावेज हमें प्राप्त नहीं हो सके।[10]

वीरता के कार्यों को अधिक महत्त्व देनेवाले जाट जैसे युद्धप्रिय लोगों के विषय में यह भी संभावना है कि वाचक परंपरा में उनके बारे में अनेक बातें गढ़ी जाकर प्रचलित हो गई हों। 'साखा' एक प्रकार का प्लावी साहित्य है, जिसका उद्‌गम संबंधित घटनाओं और व्यक्तियों की समसामयिक कालावधि में होता है। उनकी अपनी प्रतिष्ठा होती है क्योंकि वे व्यावसायिक गायकों द्वारा पीढ़ियों से सुरक्षित रखे गए इतिहास की चटखारेवाली चीजों का वर्णन करते हैं। जाट जैसे लोगों, जिनका अपने बारे में लिखित रिकार्ड अति अल्प है, के इतिहास का पुनर्सर्जन करते समय उनकी परंपराओं पर अधिक ध्यान देना आवश्यक होता है। फिर भी परंपराएँ कितनी भी समृद्ध क्यों न हों, उनकी अपनी सीमाएँ होती हैं; उनको इतिहास की कसौटी पर कसने के बाद ही स्वीकार किया जा सकता है।

अपने इस अध्ययन के संबंध में कुछ मुद्दों को मैं यहाँ स्पष्ट करना चाहता हूँ। प्रथमतः, प्रस्तुत कृति में मुख्यतया भरतपुर के जाटों के 1658 और 1763 के बीच के कार्यकलाप पर विचार किया गया है। *मेम्वोआर* दे *यात* में जाट सत्ता के दो अन्य केंद्रों की भी चर्चा की गई है—आलासिंह के अधीन पटियाला, और अपने राजाओं के अधीन गोहद।[11] इस काल के जिन स्रोतों तक हमारी पहुँच हो सकी है उनमें पटियाला और गोहद के जाटों के कार्यकलाप पर अधिक प्रकाश नहीं डाला गया है। ऐसा प्रतीत होता है कि तत्कालीन राजनीति में उन्होंने कोई महत्त्वपूर्ण भाग नहीं लिया था। संकट के समय में गोहद के जाटों ने भरतपुर के शक्तिशाली जाटों से सहायता प्राप्त की और कभी-कभी अपने अंग्रेजों के अभियानों में उनके साथ कूच करते हुए गौरव का अनुभव किया था। द्वितीय, इसमें हमारा प्राथमिक लक्ष्य भरतपुर के जाटों की बाह्‌य नीति को प्रभावित करना है। उनके आंतरिक इतिहास पर जो भी संकेत किए गए हैं वे हमारे विषय की प्रासंगिकता के अनुरूप हैं जिनसे बाह्‌य इतिहास के प्रकरण-विशेष को भलीभाँति समझने में सहायता मिलती है या उनकी उत्पत्ति के संबंध में कार्यरत कारणों का खुलासा होता है।

हिजरी की तारीखों को रूपांतरित करने में हमने ए. महमूद खालीदी की *तक़वीम-ए-हिजरी-ओ-ईसवी* (कराची : 1952) का उपयोग किया है जो एडवर्ड मेलर की कृति *वूस्टेनफ़ेल्ड-माह्‌लारशे फ़रग्लाशोंगृस-टैवेलेन डेर मोहमामेडानेशन क्रिस्टलिशेन त्साइतरैशनुंग (लाइपज़िग* : 1926) पर आधारित है।

---

10. मेरे प्रश्न के उत्तर में भरतपुर के भूतपूर्व महाराजा ने (25 सितंबर, 1963 के अपने पत्र द्वारा) मुझे सूचित किया, "दुर्भाग्यवश, जिस प्रकार की सामग्री आप चाहते हैं वैसी हमारे पास नहीं है।..."
11. मेम्वोआर दे यात, 4 पाद-टिप्पणी

औरंगज़ेब-पूर्व काल में जाट

मानवमिति, भाषा-विज्ञान, रीति-रिवाजों और संस्थाओं के सामूहिक साक्ष्य से हमें इस निष्कर्ष पर पहुँचने में सहायता मिलती है कि जाट संभवतः प्राचीन सिंध तथा पंजाब के वैदिक वंशज प्रसिद्ध लोकतांत्रिक लोगों की संतान हैं।[12]

प्रारम्भिक मध्यकाल से औरंगज़ेब शासन की शुरुआत तक जब मथुरा और भरतपुर के जाट बांधव शनैः-शनैः राजनीतिक सोपान के शिखर की ओर अग्रसर थे, हमारे पास जाटों के अतीत के विषय में सम्यक और सर्वांगीण मत निर्धारित करने के लिए साधन नहीं थे। हमारे स्रोतों में जाटों से संबंधित केवल घटनापरक और अल्प जानकारी उपलब्ध है।

मजमुल-उत-तवारीख में जाटों और मेदों से संबंधित एक रोचक आख्यान की चर्चा की गई है। इसमें बताया गया है कि हाम के ये दोनों वंशज सिंध में बहर-नदी के तट पर रहते थे। ये आपस में बराबर लड़ते रहते थे। एक समय जाटों ने विपदग्रस्त मेदों को दबोच लिया था। किंतु दोनों ने शीघ्र ही यह महसूस किया कि इस प्रकार बराबर लड़ते रहने से कोई लाभ नहीं होगा, अतः जाटों और मेदों, दोनों ने मिलकर राजा दाजुशान (दुर्योधन) से अनुरोध किया कि वह एक राजा नियुक्त कर दे जो उन पर शासन करते हुए शांति सुनिश्चित कर सके। राजा ने अपनी बहन दस्सल (दुःशला) को इस कार्य के लिए मनोनीत कर दिया जिसने बहुत बुद्धिमत्ता से उन पर शासन किया। किंतु इसकी समृद्धि, सम्मान और संपन्नता के बावजूद इस देश में कोई ब्राह्मण या बुद्धिमान व्यक्ति नहीं था। अतः, दुःशला के भाई द्वारा समस्त भारत से तीस हजार ब्राह्मण उनके परिवारों सहित सिंध में बसने के लिए भेज दिए गए। समय आने पर सिंध देश उन्नति करने लगा। कालांतर में रानी ने अपने राज का एक भाग जाटों को देकर जुदरत (जुद्राट) को उनका सरदार बना दिया। इसी प्रकार की व्यवस्था उसने मेदों के लिए भी कर दी।[13] इस आख्यान से यह संकेत मिलता है जाट नाम से विख्यात लोग *महाभारत* युद्ध के समय भी थे। यद्यपि महाभारत में जाटों की उनके नाम से चर्चा हमें कहीं नहीं मिलती। पौराणिक व्यक्तियों से संबद्ध इस वृत्तांत को ऐतिहासिक दृष्टि से सही नहीं माना जा सकता।[14]

---

12. जाटों की उत्पत्ति, उनके रीति-रिवाज़ों, उनकी संस्थाओं, प्रकृति आदि के बारे में मेरा लेख द *ओरिजिन ऑफ़ द जाट्स* देखें। काशीप्रसाद जायसवाल कृत, *अंधकार युगीन भारत* (अनुवाद रामचंद्र वर्मा), काशी : संवत 2014, पृष्ठ 392; ए.एच. बिंगले कृत 'सिख्स' (शिमला, 1899), पृष्ठ 12 भी देखें।
13. *मजमुल-उत-तवारीख,* इलियट, प्रथम, 104-105
14. ब्राह्मणों को सिंध भेजने की घटना सहित उपर्युक्त वृत्तांत तत्कालीन रूढ़िवादी विचारों

राय चाच और मोहम्मद बिन कासिम के संदर्भ में *चाचनामा* में निचले सिंध (विशेषतया ब्राह्मणावाद) के जाटों के विषय में अपेक्षाकृत विस्तृत जानकारियाँ दी गई हैं। इसमें बताया गया है कि ब्राह्मणवाद के किले पर अधिकार करने के पश्चात् राय चाच ने 'जाटों और लोहनाओं को अपमानित किया तथा उनके सरदारों को दंड दिए'। उसने उन पर कड़े और अपमानजनक नियम थोपे। उसने आदेश दिया कि :

'वे अपने अंतरीय वस्त्र शाल (अर्थात् पशमीना, तूश जैसे मुलायम), मलमल या रेशम के नहीं पहन सकते; हाँ, वे बाह्य वस्त्र रेशमी पहन सकते हैं, किंतु उनका रंग लाल या काला होना चाहिए; उनके घोड़ों पर जीन नहीं होगी, और उनके सिर तथा पाँव नंगे रहेंगे; जब वे बाहर जाएँगे तो अपने कुत्तों को साथ रखेंगे; ब्राह्मणावाद के सरदार की रसोई के लिए लकड़ी ढोएगें; वे मार्गदर्शकों तथा जासूसों की व्यवस्था करेंगे तथा इन पदों पर कार्य करते समय निष्ठावान रहेंगे। वे अहकाम के पुत्र सरबंद के साथ सौहार्द से रहेंगे, और यदि कभी कोई शत्रु उस पर आक्रमण करेगा, या सरबंद से युद्ध करेगा, तब उसकी सहायता करना वे अपना कर्त्तव्य समझेंगे तथा उसके पक्ष के प्रति प्रतिबद्ध रहेंगे।' इस प्रकार उसने जाटों की सेवाओं का उपयोग करके अपना शासन स्थापित कर लिया। यदि कोई व्यक्ति विद्रोह या विरोध करता तो उसको वह अपना बंधक बनाकर उसे तब तक दंडित करता रहता जब तक कि वह अपना आचरण सुधार नहीं लेता।[15]

इस असामान्य व्यवहार के कारणों को *चाचनामा* में स्पष्ट नहीं किया गया है, किंतु उनके बारे में अनुमान लगाना कठिन नहीं है। बाहरी हस्तक्षेप के प्रति आक्रोशशील तथा तानाशाही के प्रति संवेदनशील, स्वशासी जाट प्राचीनकाल से ही लोकतांत्रिक प्रणाली के प्रति भावात्मक रूप से जुड़े रहे हैं।[16] वे सामाजिक-धार्मिक व्यवस्था में कठोरता और पृथकतावाद के प्रति उदासीन रहे, तथा राजतांत्रिक सरकार

को प्रतिबिंबित करता प्रतीत होता है। जाटों ने रूढ़िवादी धर्म के सिद्धांतों के समर्थन के प्रति कभी उत्साह नहीं दिखाया। *चाचनामा*–(इलियट, प्रथम 187) में लिखा गया है, "उनमें (जाटों में) छोटे और बड़े का कोई भेद नहीं है"; *जफ़रनामा* (इलियट, तृतीय, 491) में लिखा है, "उन्होंने (जाटों ने) धर्म के समस्त बंधनों का परित्याग कर दिया था", (कानूनगो कृत *जाट्स,* 24, हटन कृत *कास्ट इन इंडिया,* 33) "जिनसे हिंदुओं की पहचान बन गई थी"। संभव है कि जाटों की ऐसी सामाजिक-धार्मिक लापरवाही के रूढ़िवादी तत्त्वों द्वारा पसंद न किए जाने के कारण उन्होंने ही ऐसी मनगढ़ंत कहानी रची हो जिसके पीछे न तो कोई ऐतिहासिक सार्थकता है और न कोई मान्यता। (देखिए, कानूनगो कृत *जाट्स,* 27)।

15. *चाचनामा,* इलियट, प्रथम, 150-151
16. बिंगले, *सिख्स* 11-12; उ. ना. शर्मा, *जाटों का नवीन इतिहास* (जयपुर : 1977), 38

के प्रति उनमें स्वाभाविक विरक्ति देखी गई। ये ऐसे तथ्य हैं जो गुप्त राजाओं के अधीन तथा बाद के हिंदू समाज में खुलकर सामने आए।[17] ऐसी स्थिति में हो सकता है कि उच्च वर्ण के ब्राह्मण चाच ने अवज्ञाकारी तथा रूढ़ि-विरोधी जाटों के प्रति अपने मन में घृणा पाल रखी हो।[18] यह भी संभव है कि चाच द्वारा ब्राह्मणावाद की घेरेबंदी के समय जाटों तथा अन्य लोगों द्वारा वर्षों तक किए गए दृढ़ प्रतिरोध[19] के कारण चाच को दमनकारी तरीके अपनाने के लिए तात्कालिक उत्तेजना मिली हो।

चाचनामा में मुहम्मद बिन कासिम के सिंध पर आक्रमण के समय जाटों की फिर चर्चा आई है। चाच और दाहीर के शासन में जाटों की क्या स्थिति थी इस बारे में उक्त विजेता द्वारा पूछे जाने पर पराजित राजा के मंत्री सिसकार ने जाटों पर लगाए गए प्रतिबंधों की सूचना दी थी। इस मंत्री ने आगे बताया कि जाटों का यह कर्त्तव्य निर्धारित किया गया था कि वे मार्गरक्षकों की व्यवस्था करेंगे तथा दलों का पथ-प्रदर्शन करते हुए उनका मार्गदर्शन करेंगे। यदि मार्ग में किसी को कोई शारीरिक हानि हुई तो उसकी जवाबदेही इन पर होगी। इस मंत्री ने यह भी बताया कि अपनी प्रवृत्ति से ये लोग जंगलियों जैसे हैं और अपने शासकों के विरुद्ध सदा विद्रोह करते रहते हैं। ये सड़कों पर लूटमार करते हैं तथा देबल के राज्यक्षेत्र में सब मिलकर राजपथों पर बपमारी करते हैं।

यह जानकर मुहम्मद बिन कासिम ने पूर्वी क्षेत्रों के जाटों पर[20] वही प्रतिबंध जारी रखे, किंतु पश्चिमी क्षेत्र के जाटों को उनसे मुक्त कर दिया जो संभवतः

---

17. के.पी. जायसवाल (अनु. रामचंद्र वर्मा), *अंधकार युगीन भारत*, 391; आर.सी. मजूमदार, *कारपोरेट लाइफ़ इन एनशंट इंडिया* 165-167
18. मनु ने चांडालों जैसी नीच जाति के लिए जिस प्रकार की जीवन पद्धति का निर्धारण किया था और चाच ने ब्राह्मणावाद के जाटों के साथ जो व्यवहार किया उसकी बुनियादी समानताओं का अवलोकन करना बहुत रोचक है। मनु (X,12,29-30) ने कहा है कि चांडालों को शहर के बाहर रहने के लिए बाध्य किया जाए; उनकी एकमात्र संपत्ति कुत्ते और गधे हो सकते हैं; उनके वस्त्र मृतकों के कफ़न हों; उनके बर्तन टूटे-फूटे पात्र हों; तथा उनके आभूषण ज़ंग लगे लोहे के होने चाहिए। इसके अतिरिक्त, यद्यपि फ़ारसी और अरबी स्रोतों से ऐसा कोई आभास नहीं मिलता कि जाटों ने बौद्ध धर्म स्वीकार कर लिया था, किंतु यह जानकारी तो हमें ठोस आधार पर है कि सिंधु घाटी में उस समय बौद्ध धर्म प्रचलित था (देखिए, एम. हबीब कृत द *अरब कांक्वेस्ट ऑफ सिंध*, इस्लामिक कल्चर–जनवरी, 1929), और जाट यहाँ बहुसंख्या में थे। अतः, यह असंभाव्य नहीं है कि जाटों का झुकाव बौद्ध धर्म की ओर रहा हो, जो उनकी जीवन पद्धति और व्यवहार के अधिक अनुकूल था।
19. *चाचनामा*, इलियट, प्रथम, 147
20. वही, 187

दमनकारी दाहिर के विरुद्ध आक्रमणकारी (कासिम) के भृत-सैनिक बन गए थे।[21]

जाटों के संबंध में अन्य आकस्मिक चर्चाएँ उनके द्वारा विदेशियों के मार्ग अवरुद्ध करने के बारे में हैं, और यह तथ्य कुछ प्रकरणों में जाटों से संबंधित परंपरागत वृत्तांतों तथा उनकी चिरस्थायी परंपरा से पुष्ट होता है। *कामिल-उत-तवारीख* में जाटों द्वारा हजर की सड़कों को अवरुद्ध करने तथा कासकर के अनाज को लूटने की चर्चा की गई है। उन्होंने 'रेगिस्तान की समस्त दिशाओं में चौकियाँ बना दी थीं'। तत्कालीन सत्ताधारी खलीफ़ा के आदेश पर आजिफ़ बिन ईसा ने उन पर धावा (219 अल हिजरी–834 ईस्वी) कर दिया था। वह उनके सरदार मुहम्मद बिन उसमान को दबाने में सात महीनों से लगा था। बताया जाता है कि अनेक जाटों को मारने के बाद उनमें से सत्ताईस हजार को (जिनमें औरतें और बच्चे शामिल हैं) आजिफ़ अपने साथ बग़दाद ले गया था।[22]

फतूह-उल-बुलदान में इस आशय का संकेत मिलता है कि जाटों का कीकण के राज्यक्षेत्र पर भी नियंत्रण था। सिंध के सूबेदार अमरान ने (*221 अल हिजरी–836 ईस्वी के बाद* किसी समय) आक्रमण करके उन्हें अपने अधीन कर लिया था।[23] *तबक़त-ए-अकबरी* के अनुसार महमूद ग़ज़नवी ने अपना सत्रहवाँ आक्रमण 417 अल हिजरी में (जूड पहाड़ी के क्षेत्र के) जाटों के विरुद्ध किया था, क्योंकि उन्होंने सोमनाथ से लौटती उसकी सेना को पीड़ित किया था। बताया जाता है कि महमूद ने 1400 नावों का एक बेड़ा तैयार किया था जबकि जाटों का बेड़ा 4000 (या कुछ लोगों के अनुसार 8000) नावों का था। इन दोनों के बीच मुल्तान में एक

---

21. मिर्ज़ा कलीचबेग द्वारा अनूदित *चाचनामा,* कानूनगो द्वारा उद्धृत, *जाट्स* 28। जाटों के प्रति चाच और अरब विजेता द्वारा किए गए व्यवहार में समानता के बावजूद उनके दृष्टिकोण तथा अंतर्निहित परिस्थितियाँ मूलतया भिन्न थीं। 'जाटों के निर्दय शत्रु' (कानूनगो, जाट्स, 28) चाच़ की नीति विद्वेष और बदले की भावना से प्रेरित थी। इसके विपरीत मुहम्मद बिन क़ासिम की नीति स्वार्थसिद्धि से प्रभावित थी। इस अरब विजेता ने सामान्य रूप से हिंदू पदाधिकारियों को अपनी सेवा में शामिल किए रखा तथा अनेक मामलों में उनकी सलाह का सम्मान भी किया। इसके अनुसार मुहम्मद बिन क़ासिम ने 'लोहाना के जाटों (प्रो. हबीब के अनुसार इस नस्ल के अत्यधिक पिछड़े हुए और बर्बर लोग) के साथ कटु व्यवहार जारी रखा, किंतु अन्य क्षेत्रों में रहनेवालों जाटों को इससे मुक्त रखा (एम. हबीब, द *अरब कांक्वेस्ट ऑफ सिन्ध,* द इस्लामिक कल्चर–अक्तूबर, 1929, 600-601 पाद-टिप्पणी), जैसे कि सावंडी के जाटों को (देखें, *चाचनामा,* इलियट, प्रथम, 190)। चूँकि अरबों ने सामान्यतया यथास्थिति बनाए रखी थी, इसलिए यह विश्वास किया जा सकता है कि चाच के कठोर नियम जाटों के किसी एक वर्ग पर ही लागू होते होंगे।
22. *कामिल-उत-तवारीख,* इलियट, द्वितीय, 247-248
23. *फुतूह-उल-बुलदान,* इलियट, प्रथम, 128

नौ-सैनिक युद्ध हुआ था जिनमें अधिकतर जाट डूब गए और शेष को कत्ल कर दिया गया था।[24]

तारीख-उस-सुबुक्तगीन में बताया गया है कि महमूद जब निचले पंजाब में विद्रोही अहमद नियालतगीन का पीछा कर रहा था तब दो या तीन हज़ार घुड़सवार जाटों ने 'मुख्यतया संपत्ति और धन लूटने की इच्छा से' ग़ज़नवी के सेनापति तिलक पर (425 अल हिजरी 1034 ईस्वी में) हमला कर दिया था। वे उसके पुत्र को पकड़कर ले गए और बाद में अहमद को भी मार डाला। जाटों ने वादा किए गए 'इनाम' के एक भाग के मिलने पर ही उसके पुत्र तथा मृतक का सिर वापस किया।[25]

पृथ्वीराज चौहान की पराजय के बाद (588 अल हिजरी-1192 ईस्वी) जटवान के नेतृत्व में हरियाणा के जाटों के उत्कर्ष की चर्चा *ताज-उल-मासिर* में की गई है। जटवान ने हाँसी में मुस्लिम गैरिज़न (रक्षक सेना) को घेर लिया था। यह सूचना मिलने पर कुतुब-उद्-दीन जाटों के विरुद्ध कार्यवाही करने के लिए तेज़ी से प्रस्थान कर गया था। कुतुब-उद्-दीन का मुकाबला करने के लिए जटवान ने घेरा उठा लिया, किंतु एक खूनी युद्ध के पश्चात् वह (जटवान) पराजित हो गया।[26] बताया जाता है कि सिसौली के राव विजय राव की अध्यक्षता में भोजू और बनेड़ा गाँवों के बीच के एक जंगल में उत्तरी दोआब, हरियाणा तथा पड़ोसी क्षेत्रों की सर्व खाप पंचायत की एक बैठक संवत 1252 (1195 ईस्वी) में हुई थी। इस बैठक में अन्य निर्णयों के साथ यह निश्चित किया गया कि मोहम्मद ग़ोरी के संदिग्ध आक्रमण से सर्व खाप की रक्षा तथा उसे लूट-पाट और बरबादी से बचाने के लिए एक सेना खड़ी की जाए।[27]

तैमूर द्वारा भारत पर किए गए आक्रमण के समय जाट फिर उठ खड़े हुए थे। *मलफ़ूज़ात-ए-तैमूरी* उस संतोष का साक्षी है। जो तैमूर को सरस्वती के निकट स्थित टोहना ग्राम के 2000 जाटों को मारने से मिला था। जाट उसे 'दैत्यों जैसे',

---

24. *तबक़त-ए-अकबरी,* इलियट, द्वितीय, में उद्धृत, टिप्पणी, डी 477-478
25. *तारीख-उस-सुबुक्तगीन,* इलियट, द्वितीय, 132-133
26. ताज-उल-मासिर, इलियट, द्वितीय में 217। इलियट के इस खंड के इलाहाबाद संस्करण में इसके आगे का पृष्ठ (अर्थात् 218) नहीं है। अतएव हमने उक्त घटना को प्रो. कानूनगो की *हिस्ट्री ऑफ द जाट्स,* पृष्ठ 33, से लिया, जिसमें ताज-उल-मासिर के अंश शामिल किए गए हैं, जोकि इलियट के इतिहास के पूर्व संस्करण से इसमें उद्धृत हैं।
27. कान्हाराम (हिंदी पांडुलिपि) जो शोरम के चौ. कबूल सिंह मुज़फ्फरनगर, के पास सुरक्षित है, पृष्ठ 4-5। इस पांडुलिपि (6) की भादों, संवत 1254 (अगस्त-सितंबर 1197 ईस्वी) की एक प्रविष्टि में दावा किया गया है कि जाट सैनिकों के एक बड़े दस्ते (मेरठ के निकट) ने तुर्की फौजों से लड़कर उनको भगा दिया था। किंतु इस संघर्ष की तारीख और उसका परिणाम संदेहप्रद है। हबीबुल्लाह, *फाउंडेशन ऑफ मुस्लिम रूल इन इंडिया,* 62, 81 (पाद टिप्पणी 38)।

'हट्टे-कट्टे', 'लुटेरे' ओर 'चींटियों तथा टिड्डियों की तरह भारी संख्या वाले' लगे थे।[28] हमें इस आशय की जानकारी भी मिलती है कि तैमूर के आक्रमण की समस्या पर विचार करने के लिए संवत 1455 (1348 ईस्वी) में सर्व खाप पंचायत की एक बैठक देवपाल राणा की अध्यक्षता में चौगामा के जंगलों में हुई थी। इसने यह संकल्प पारित किया था कि "स्त्रियों और बच्चों को जंगल में भेजकर गाँव खाली करा दिए जाएँ और शरीर से स्वस्थ लोग हथियार उठाकर तैमूर की सेना को नष्ट कर दें।"[29] तैमूर की सेनाएँ जब मेरठ से हरिद्वार की ओर बढ़ रही थीं तो पंचायत के सैनिकों ने उनको बहुत परेशान किया था। इस प्रक्रिया में पंचायत के 6000 लोग मारे गए।[30]

एक अन्य आक्रमणकारी बाबर ने जाटों को मिलआब तथा भेरा पर्वतों के बीच एक भूभाग पर रहते हुए पाया था। उसने कहा है : यदि कोई हिंदुस्तान जाए तो देखेगा कि बैलों तथा भैसों पर जाटों और गूजरों के झुंड-के-झुंड पहाड़ियों तथा मैदानों से निकलकर लूटने के लिए आ जाते हैं...। जब हम स्यालकोट पहुँचे तो वे हंगामा करते हुए उन जरूरतमंद लोगों पर टूट पड़े और उनको नंगा करके रख दिया जो शहर से निकलकर हमारे शिविर में आ रहे थे। मैंने उन धूर्त लुटेरों का पता लगवाया तथा उनमें से दो-तीन के टुकड़े-टुकड़े करवा दिए।[31]

बताया जाता है कि राणा सांगा के आह्वान पर उत्तरी दोआब से 5000 जाट सैनिकों का एक दस्ता तथा एक ब्रज से आकर सीकरी युद्ध में बाबर से लड़े थे।[32]

तारीख-ए-शेरशाही में फतेह खाँ नामक एक विकराल जाट सरदार की चर्चा की गई है जिसने लाखी जंगल के क्षेत्र तथा लाहौर से पानीपत की सड़क को रौंद डाला था। पंजाब के सूबेदार हैबत खाँ ने फतेह खाँ और उसके साथियों को कुचल दिया था।[33]

जैसीकि आगे चर्चा आती है बाद में जाटों ने अपनी शक्ति भर (करनाल में) नादिरशाह का और (मनुपुर में) अहमदशाह अब्दाली का डटकर मुकाबला किया था। विदेशी आक्रमणकारियों से टकराने की उनकी प्रवृत्ति के ये उदाहरण पर्याप्त हैं। के.आर. कानूनगो ने ठीक ही कहा है :

भारी-से-भारी खतरों, या महान विजेताओं की दहशत पैदा करनेवाली प्रसिद्धि से ज़रा भी विचलित हुए बिना जाटों ने सभी कालावधियों में–चाहे वह

---

28. *मलफूज़ात-ए-तिमूरी* और इसके बाद *ज़फरनामा*, इलियट, तृतीय, 248-249 और 491
29. कान्हाराम (हिंदी पांडुलिपि), 13
30. वही
31. *मेम्वोआर ऑफ बाबर*, कानूनगो द्वारा *जाट्स*, 33, में उद्धृत।
32. कान्हाराम (हिंदी पांडुलिपि) 15
33. *तारीख-ए-शेरशाही*, इलियट, चतुर्थ, 398-399

> *सुल्तान महमूद गज़नवी के विरुद्ध हो या नादिरशाह और अहमदशाह अब्दाली के विरुद्ध–लौटती हुई या भागती हुई सेना को पीछे से दबोचने की अपनी प्रवणता का सदा परिचय दिया। मुकाबला होने पर उन्होंने हमेशा दृढ़ और विकट साहस का प्रदर्शन किया और युद्धभूमि के नरसंहार या पराजय के बाद होनेवाली अपनी दुर्दशा के विषय में कभी नहीं सोचा।*[34]

इसके साथ ही वे (युद्धकालीन) लूटमार का भी सहारा लेते रहे। फिर भी इससे यह निष्कर्ष निकालना ज्यादती होगी कि समस्त जाट लोग पेशेवर लुटेरे थे या 'वे चोरों की नस्ल'[35] के थे अथवा लूटमार उनकी स्थायी जीवन-पद्धति थी। इस अवधि में जाटों की आश्रय-भूमि सिंध और पंजाब में भारी राजनीतिक अव्यवस्था और उथल-पुथल देखी गई। राजवंशीय परिवर्तनों, उच्च पदाधिकारों द्वारा आत्मभरण तथा आवर्तक विदेशी आक्रमणों से सरकार की दक्षता प्रभावित हो जाती है। इससे प्रशासकीय अस्थिरता आने लगी जिसके फलस्वरूप केंद्रविमुख शक्तियाँ अपने सिर उठाने लगीं। तत्त्वतः युद्धप्रिय होने के नाते, ऐसी स्थिति में बहुतेरे अन्य लोगों की भाँति जाट भी पीछे नहीं रहे। उस समय की अस्थिर स्थितियों ने उनमें भी लोभ जाग्रत कर दिया तथा वे भी अपनी कबीलाई स्वाधीनता के लिए आतुर हो उठे। हमलावरों का मुकाबला करने की उनकी प्रवृत्ति स्पष्ट थी ही, किंतु वे भलीभाँति संगठित नहीं थे। इसलिए उनकी सैनिक कार्यवाहियाँ, ऐसी ही जरूरत के कारण, अचानक हमलों तक सीमित थीं, जिन्हें भ्रमवश लूटपाट और डकैती समझ लिया गया है। एक तरफ, तो जाटों ने व्यापारिक माल पर हाथ साफ किया और दूसरी ओर, शासन के प्राधिकार की अवज्ञा की, और इस प्रकार उन्होंने अपना स्वशासित कबीलाई क्षेत्र बनाने का प्रयास किया। इस संदर्भ में *तारीख-ए-फ़ीरोज़शाही*[36] में इस आशय की चर्चा महत्त्वपूर्ण है कि उन्होंने अन्य जनजातियों के साथ मिलकर मंडलों, 'सांझा उद्देश्य तथा पारस्परिक सहायता के लिए अनेक गाँवों या जनजातियों का एक संघ'[37] को बनाया।

जाटों के कार्यकलाप का एक अन्य पहलू यह था कि वे भृतक-सैनिक के रूप में भी उपलब्ध थे। उनके बारे में सदा सत्ताविरोधी होने की जो आम राय बनी थी उसके लिए आंशिक रूप से शायद यही चीज जिम्मेदार रही होगी। हम यह पहले ही देख चुके हैं कि जाटों का एक वर्ग मुहम्मद बिन कासिम का भृतक सैनिक था। इस रूप में उनके सेवारत रहने का एक अन्य उदाहरण रज़िया-काल

---

34. कानूनगो, *जाट्स,* 30
35. *मेम्वोआर दे यात* फ्रेंच पांडुलिपि, 45 पाद-टिप्पणी
36. *तारीख-ए-फीरोज़शाही,* इलियट, तृतीय, 245
37. कानूनगो, *जाट्स,* 32 पाद-टिप्पणी

से *संबंधित* है। अपना खोया राजसिंहासन पुनः प्राप्त करने के लिए रज़िया ने जिन भृतक-सैनिकों को भर्ती किया था उनमें पंजाब के जाट भी शामिल थे।[38]

इब्न खुरदादबा ने बताया है कि किरमान से मनसूरा के मार्ग को घेरे हुए जो जाट उस क्षेत्र में रहते थे उनको इस मार्ग की निगरानी का काम सौंपा गया था।[39] *चाचनामा* के अनुसार दाहिर के समय में जाटों को पर्यटकों के मार्गरक्षक का काम करना पड़ता था और उनकी सुरक्षा के लिए वे उत्तरदायी थे।

जाटों के परंपरागत वृत्तांतों में आलेख मिलते हैं कि अनेक अवसरों पर जाटों तथा अन्य लोगों की सर्व खाप पंचायतों की बैठकें धार्मिक भेदभाव के आधार पर प्रशासकीय दमन, अनुचित प्रतिबंधों और अपमानजनक वसूली के विरुद्ध रोष व्यक्त करने के लिए हुआ करती थीं। कभी-कभी तो उन्होंने दमनकारी कार्यवाहियाँ बंद न किए जाने की स्थिति में मुस्लिम प्रशासन का विरोध करने का भी निश्चय किया था।[40] सर्व खाप पंचायत के संकल्पों की तारीखों और विवरणों का निश्चय करने के लिए हमारे पास साधन नहीं है। फिर भी वे तत्कालीन मामलों में जाटों के सामान्य रुख को प्रतिबिंबित करते ही हैं।

कृषि के प्रति उनके लोकप्रसिद्ध लगाव की प्रायः उपेक्षा की गई है जो उनके कार्यकलाप का एक महत्त्वपूर्ण पहलू है। यह सच है कि *चाचनामा* के अतिरिक्त अन्य किसी ग्रंथ में उनके कृषि कार्यों की चर्चा नहीं की गई है। किंतु उनमें कृषि की महान परंपराएँ हैं। *चाचनामा* में एक महत्त्वपूर्ण आलेख इस संबंध में मिलता है। इसमें स्पष्ट रूप से बताया गया है कि 'देश के इस भाग (सबंदी क्षेत्र) में कृषक जाट थे।'[41] इसका अर्थ यह लेना चाहिए कि भूमि के साथ उनका संबंध बहुत निकट का था, अन्य क्षेत्रों में अकेले वे ही चाहे खेतिहर न हों। यह एक महत्त्वपूर्ण बात ध्यान देने की है कि संप्रति अत्यधिक उपजाऊ क्षेत्रों में वे ही रहते हैं।

इसका तात्पर्य यह है कि खेतिहर जाट उन क्षेत्रों में पलायन करना पसंद करते हैं जहाँ वे अपना परंपरागत जीवन व्यतीत कर सकें। उत्तरी दोआब तथा उसके पड़ोसी क्षेत्रों के जाटों के बारे में तो हमारे पास उनके अपने परंपरागत-वृत्तांत उपलब्ध हैं जिनसे पता चलता है कि उन्हें अपने चिर-सम्मानित पेशे से कितना लगाव रहा है।[42]

---

38. हबीबुल्लाह, *द फाउंडेशन ऑफ मुस्लिम रूल इन इंडिया,* पृष्ठ 265
39. *इब्न खुरदादबा,* इलियट, प्रथम, 14
40. विस्तृत विवरण के लिए देखें, कान्हाराम (हिंदी पांडुलिपि) 6, 8-9, 12, 14
41. *चाचनामा,* इलियट, प्रथम, 190
42. विस्तृत विवरण के लिए देखें, कान्हाराम (हिंदी पांडुलिपि) 7, 10, 12-14

1

सन् 1669 का जाट विद्रोह

यह एक विरोधाभास है, और विचित्र भी प्रतीत हो सकता है कि सन् 1669 में गोकुल के नेतृत्व में जब जाटों ने विद्रोह किया था उस समय मुग़ल साम्राज्य न तो अशक्त था और न उसके शासक मूढ़ थे। वस्तुतः औरंगज़ेब के शासन की यह कालावधि मुग़ल साम्राज्य के चरमोत्कर्ष की थी।[1] मध्यकाल के प्रारंभिक दिनों में कानून और व्यवस्था की निरंतर गिरती स्थिति जाटों को प्रायः उपद्रवी और उच्छृंखल मार्ग अपनाने के लिए प्रेरित कर दिया करती थी।[2] किंतु, मुग़ल शासन की स्थापना के बाद कानून और व्यवस्था भी प्रभावी रूप से स्थापित हो गई थी, तथा औरंगज़ेब के शासन से कोई डेढ़ शताब्दी पूर्व तक हम किसी बड़े जाट विद्रोह को नहीं देखते।

विद्रोह के कारण

सन् 1669 के जाट विद्रोह के आधारभूत कारणों का अभी तक उचित ढंग से विवेचन नहीं हुआ है। औरंगज़ेब की धार्मिक भेदभाव संबंधी नीति तथा स्थानीय अधिकारियों के उत्पीड़न को इतिहासकारों ने सामान्यतया इसका कारण मान लिया है।[3] तथापि ये सहायक कारण हो सकते हैं, किंतु इस विद्रोह को उभाड़ने के ये एकमात्र अथवा प्रमुख कारण नहीं हैं। औरंगज़ेब से बहुत पहले फ़ीरोज़ तुग़लक और सिकंदर लोदी[4] के धार्मिक कट्टरपन ने जाटों को ऐसे किसी विद्रोह के लिए उत्तेजित नहीं किया।

---

1. जे.एन. सरकार कृत *हिस्ट्री ऑफ़ औरंगज़ेब* (कलकत्ता 1912), प्रथम खंड, प्रस्तावना, IX-XIII; एफ़. एक्स वैंदेल कृत *मेम्वोआर* दे *यात,* 10
2. विस्तृत वर्णन के लिए, वही, XXVIII एफ़
3. के.आर. कानूनगो कृत जाट्स (कलकत्ता : 1925), 34; सरकारकृत *औरंगजेब,* तृतीय खंड, 291-294; गोकुल चंद्र दीक्षित कृत *ब्रजेंद्र वंश भास्कर* (आगराः 1983 वी.एस.) 11; वाई.पी. शास्त्री कृत *जाट क्षत्रिय इतिहास* (हरिद्वार : 1944), 73-76, ठाकुर देशराज कृत *जाट इतिहास,* 629; यू.एन. शर्मा, *इतिहास,* 88 एफ़.एफ़.
4. फ़ीरोज़ तुग़लक के अधीन हिंदुओं के साथ व्यवहार के लिए, देखें, *तारीख-ए-फ़ीरोज़शाही,* इलियट में (इलाहाबाद संस्करण), तृतीय खंड, 365-377 और सिकंदर लोदी द्वारा मंदिरों का विध्वंस के लिए देखें *तारीख-ए-दाउदी,* इलियट में, चतुर्थ खंड, 447

दस वर्ष बाद जब 'जज़िया' लगाया गया तब भी जाटों में इस प्रकार का विद्रोह उत्पन्न नहीं हुआ, तथा शाही पदाधिकारियों के नृशंस व्यवहार[5] ने भी इस आकार का विद्रोह जाटों में शायद ही पैदा किया हो। इससे यह समझा जा सकता है कि शहशांह के धार्मिक उत्पीड़न ने जाटों को विद्रोही रुख अपनाने के लिए बाध्य नहीं किया। अतः, 1669 के जाट विद्रोह के कारण अब तक बताए गए कारणों से अधिक गंभीर और भिन्न हैं।

इसके प्रमुख कारणों में से एक की पहचान औरंगज़ेब के अधीन मुग़ल शासन के परिवर्तित स्वरूप और कार्यक्षेत्र में की जा सकती है[6] जोकि जाट बिरादरी की लोकतांत्रिक और जनजातीय जीवन-पद्धति के प्रति हानिकारक था। अकबर ने धार्मिक और सामाजिक स्वतंत्रता, ग्रामीण स्वायत्तता और सामान्य जनता की स्वैच्छिक सहमति के आधार पर बहुत मनोयोग से एक सर्वांगीण राज्य निर्मित करने का प्रयास किया था।[7] जहाँगीर के अधीन शासन की मुग़ल निरंकुशता ने भी अपने पिछले स्वरूप को लगभग बनाए रखा।[8] प्रारंभ में दृष्टिगोचर शाहजहाँ की असहिष्णु प्रवृत्ति के बावजूद उसके समय में भी सरकार ने 'न्याय भावना' का प्रदर्शन किया और जनता के हितों का सदा ध्यान रखा।[9]

किंतु औरंगज़ेब के सिंहासनारूढ़ होने के बाद राज्य का सर्वांगीण स्वरूप शनैः-शनैः संकीर्ण तथा अत्यधिक केंद्रीभूत निरंकुश शासन में परिवर्तित हो गया।[10] कोई भी निरंकुश प्रणाली उसके शासक के व्यक्तित्व पर निर्भर होती है जो समस्त प्रशासकीय तंत्र को अनुप्रेरित करता है।[11] अपने अन्य गुणों के अतिरिक्त औरंगज़ेब विस्मयकारी परिश्रम अटल अध्यवसाय तथा अदम्य इच्छा शक्ति के गुणों से भी संपन्न था। इसके कारण उसमें अन्य लोगों के प्रति अविश्वास तथा अनुदारता की भावना आ गई थी, उसका दृष्टिकोण संकीर्ण हो गया था, वह 'एकपक्षीय विचारों' का बन गया था और 'शासन की प्रत्येक छोटी-छोटी बातों को स्वयं निर्देशित' करने

---

5. निकोलाओ मानुची कृत *स्टोरिया दो मोगोर*, अनुवाद विलियम इर्विन (कलकत्ता, 1966) द्वितीय खंड, 424; बर्नियर कृत *ट्रेवेल्स इन मुग़ल एंपायर*, अनुवाद ए. कांसटेबल (दिल्ली : 1968), 231, सतीश चंद्र कृत *उत्तर मुग़लकालीन भारत का इतिहास*, 10
6. सरकार कृत *औरंगज़ेब*, प्रथम खंड, प्रस्तावना, XV
7. बेनीप्रसाद कृत *हिस्ट्री ऑफ जहाँगीर* (लंदन : 1930) 88 एफ़.एफ़.
8. वही, 444 एफ़
9. बी.पी. सक्सेना कृत *हिस्ट्री ऑफ शाहजहाँ ऑफ दिल्ली* (इलाहाबाद : 1938), 269, 271 और 296
10. सरकार कृत *औरंगज़ेब* (कलकत्ता : 1924), पंचम खंड, 455-457, 477 एफ़, तृतीय खंड भी देखें, 216
11. जे.एन. सरकार कृत *मुग़ल ऐडमिनिस्ट्रेशन*, 11,· 16, तथा 254

लगा था।[12] सिद्धांत रूप में तो निरंकुशता का आधार अकबरकालीन जैसा ही था, किंतु व्यावहारिक तौर पर औरंगज़ेब के अपने स्वभाव तथा राज्य के उसके आदर्शस्वरूप ने उसे अत्यधिक केंद्रीकृत एकतंत्र में परिवर्तित कर दिया था।[13] अपनी प्रजा के समस्त लोगों के साथ समान व्यवहार करनेवाले अकबर के ज्ञानोद्दीप्त और उदार विचारों[14] का स्थान अब संकीर्ण राजनीतिक दृष्टिकोण ने ले लिया था।

इस प्रकार की अति केंद्रीकृत व्यवस्था, और उस पर से शासक के संकीर्ण विचार, जाटों के कबीलाई और लोकतांत्रिक दृष्टिकोण के स्वभावतया विपरीत थे। लोकतांत्रिक तरीकों के प्रति सहज लगाव तथा 'भरपूर स्वाधीनता' का उपभोग सदा से ही जाटों की विशिष्टता रही है।[15] बाह्य हस्तक्षेप के प्रति उनकी स्पष्ट और सुनिश्चित विमुखता रही है तथा अपने आंतरिक विषयों के प्रशासन में स्वायत्तता के अभ्यस्त रहे हैं।[16] अपने दैनिक जीवन से संबंधित समस्त विषयों का निपटारा अपने प्रिय आदर्शों के आधार पर स्वयं ही करने की प्रवृत्ति उनमें सदा रही है और आज भी है। दुर्भाग्यवश मथुरा क्षेत्र के जाटों से संबंधित औरंगज़ेब-कालीन कोई लिखित साक्ष्य उपलब्ध नहीं है, किंतु कुछ अन्य क्षेत्रों के बारे में उनकी कबीलाई और लोकतांत्रिक रीति-रिवाज़ हमारी जानकारी में आए हैं।[17] जाट एक समजातीय लोग हैं, अतः हम जिन पर विचार कर रहे हैं वे भी लगभग ऐसे ही

---

12. विस्तृत वर्णन के लिए देखें, सरकार कृत *औरंगज़ेब*, प्रथम खंड, प्रस्तावना, XV, खंड V 1, 2, 455 एफ़.एफ़.; *स्टडीज़ इन मुग़ल इंडिया* (कलकत्ता : 1919), 60-63, *एनेक्डोट्स ऑफ औरंगज़ेब* (कलकत्ता : 1925), 59, 107, *स्टोरिया*, II 309, 366 और 371; ईश्वरी प्रसाद कृत *ए शॉर्ट हिस्ट्री ऑफ मुस्लिम रूल इन इंडिया* (प्रथम संस्करण, इलाहाबाद, 728 एफ़.एफ़.
13. एम. अतहर अली कृत द *नोबिलिटी अंडर औरंगज़ेब* (एशिया पब्लिशिंग हाउस : 1966), 95; सरकार कृत *औरंगज़ेब*, पंचम खंड, 477 एफ़.एफ़., तृतीय खंड, 248-264 में यत्र-तत्र देखें; *मुग़ल ऐडमिनिस्ट्रेशन*, 18; एच.जी. कीन कृत द *मुग़ल एंपायर* (लंदन : 1866), 27; ईश्वरी प्रसाद, कृति में उल्लेख, 721 और 732
14. ए.एल. श्रीवास्तव *अकबर्स थ्योरी ऑफ किंगशिप, जनरल ऑफ इंडियन हिस्ट्री*, 1962
15. द पंजाब कास्ट्स, 102
16. ए.एच. बिंगले कृत *सिख्स* (शिमला : 1891), 11-12 का उद्धरण, 'राजतंत्रीय सिद्धांतों के विरोध तथा स्वशासित लोकशाही के प्रति अपनी गहरी आस्था के लिए जाट प्राचीन काल से ही उल्लेखनीय रहे हैं।'
17. उत्तर दोआब के सगोत्रीय जाट समूह मध्यकाल में अपने सैनिक, राजनीतिक, धार्मिक, सामाजिक और आर्थिक विषय स्वयं ही सँभालते रहे थे। एम.सी. प्रधान कृत *दि पॉलिटिकल सिस्टम ऑफ दि जाट्स ऑफ नार्दर्न इंडिया* (ऑक्सफोर्ड : 1966), अध्याय IV, V, राजपूताना तथा केंद्रीय एवं पूर्वी पंजाब के जाटों ने छोटे-छोटे गणतंत्र बनाए थे; बिंगले *सिख्स*, 12

विचारों के रहे होंगे। उनके परंपरागत रीति-रिवाजों तथा कानूनों का सम्मान करते हुए अकबर ने दो फ़रमान जारी किए थे, पहला, आठवीं रमज़ान 987 अल हिजरी, और दूसरा, ग्यारहवीं रमज़ान 989 अल हिजरी, जिनके अधीन ऊपरी दोआब क्षेत्र के जाटों की गोत्र पंचायतों को धार्मिक विषयों के संबंध में आंतरिक स्वतंत्रता प्रदान की थी, और 'अपने कृत्यों को अपनी प्राचीन प्रथाओं और कानूनों के अनुसार चलाने' की छूट दी थी।[18] अकबर की यह दूरदर्शी नीति संभवत: शाहजहाँ के समय तक चलती रही थी। जहाँगीर ने कभी-कभी जाटों के शीर्ष नेताओं को अपने दरबार में आमंत्रित करके उन्हें खिलअत देकर सम्मानित भी किया था।[19] किंतु औरंगज़ेब की नीति इसके बिल्कुल विपरीत थी। उसने जाटों की चिर-प्रचलित संस्थाओं के 'कार्यकलाप को नियंत्रित' कर दिया। इससे, और साथ ही उसकी धर्मांधता ने जाटों में 'उद्विग्नता' पैदा कर दी। इस प्रश्न पर उन्होंने विक्रमी संवत 1718 में छपरौली कि एक सभा में विचार किया तथा नए कानूनों के विरोध का फैसला किया तथा दिल्ली दरबार की नीतियों के प्रत्यावर्तन के लिए निवेदन किया।[20] मथुरा के जाटों के प्रति औरंगज़ेब के विशिष्ट व्यवहार की हमें जानकारी नहीं है। किंतु ऊपरी दोआब क्षेत्र के जाटों के साथ औरंगज़ेब का जो व्यवहार था उसके आधार पर इस निष्कर्ष पर पहुँचा जा सकता है कि उनके साथ भी औरंगज़ेब का व्यवहार भिन्न नहीं रहा होगा तथा उनके भी रीतिरीवाजों पर उसने वैसे ही नियंत्रण लगाए होंगे। स्पष्टतया, उनके पोषित रीतिगत अधिकारों में किसी का हस्तक्षेप अपने आप में ही जनजातीय जाटों के विद्वेष का पर्याप्त कारण था। और, अकबर के उदार व्यवहार का उपभोग करने के बाद, उनके रोष तथा विद्वेष की भावना ब्रहुत गहरी तथा दृढ़ होगी। अपने गणतंत्रीय अतीत की स्मृतियों को सँजोकर रखनेवाले तथा उसी प्रकार की भावना से अब भी ओत-प्रोत साहसिक जाटों के लिए एक संकीर्ण दृष्टिकोण पर आधारित एक अत्यधिक केंद्रीकृत व्यवस्था, जो उनके परंपरागत जनजातीय तथा लोकतांत्रिक पद्धतियों को हड़पने पर उतारू थी, के आगे घुटने टेक देना संभव नहीं था।

जाट कृषि-वर्ग को विद्रोह के लिए प्रेरित करने में शायद तत्कालीन आर्थिक स्थिति की भूमिका भी कुछ कम महत्त्वपूर्ण नहीं थी। व्यावहारिक रूप में मुग़ल राजस्व आवंटन प्रणाली कृषकों, और साम्राज्य के लिए भी अत्यधिक हानिकारक

---

18. एम.सी. प्रधान द्वारा उद्धृत अकबर का फ़रमान, कृति उद्धरण, 97
19. जहाँगीर का शासनादेश, रबी की तीसरी तारीख प्रथम, 1030 अल हिजरी, एम.सी. प्रधान द्वारा उल्लिखित, कृति उद्धरण 98, 112
20. कान्हाराम (हिंदी पांडुलिपि, मुज़फ्फरनगर रिकाड्र्स), 17; जो कुछ भी हो, सभा की तारीख गलत है, क्योंकि संघीय परिषद् की बैठक में जज़िया की चर्चा की गई है, किंतु उस समय तक (अर्थात् सन् 1661 में) जज़िया नहीं लगाया गया था।

थी।[21] भूस्वामी की हैसियत से अपनी जमीन का कुछ भाग सम्राट अपने अधिकारियों को उनके वेतन के बदले में दिया करता था, और उसी अधिकारी से यह अपेक्षा की जाती थी कि इससे प्राप्त मालगुजारी का एक निश्चित हिस्सा वह अपने सैनिकों के रख-रखाव पर खर्च करने के बाद शेष अतिरिक्त धनराशि शाही खजाने में जमा कर देगा। इस प्रकार के अधिकार-दान को जागीर कहते थे।[22] चूँकि ये मुख्यतया राजस्व के अनुदान होते थे जिसमें से अनुदानधारक (जो सामान्यतया मनसबदार हुआ करते थे) साम्राज्य के लिए अपने हिस्से के सैनिकों का रख-रखाव करता था, इसलिए उनकी प्रवृत्ति अधिकाधिक ऊंची संभव दर पर राजस्व निश्चित करने की हुआ करती थी, लगभग अधिशेष (सरप्लस) उत्पाद के मूल्य के बराबर।[23] यह उच्च दर भी समय के साथ बढ़ती जाती थी।[24] इन परिस्थितियों में आर्थिक दृष्टि से किसान पिसा जा रहा था।[25] उसके पास अपने जीवन-यापन के लिए न्यूनतम ही बच पाता था।[26]

इन खेतिहरों के कष्ट उस समय और बढ़ जाते थे जब ये जागीरें भिन्न-भिन्न धारकों को हस्तांरित होती रहती थीं, और यह लगातार होता रहता था। सम्राट जब तक खुश रहते जागीरदार के पास तब तक ही जागीर रह सकती थी। भीमसेन ने लिखा है, "यह जागीर अगले वर्ष भी इसी अधिकारी के पास रहेगी इसकी आशा नहीं की जा सकती थी।"[27] पद की अवधि के बारे में निरंतर बनी रहनेवाली यह असुरक्षा दो प्रकार से दुर्भाग्यपूर्ण थी। प्रथमतः, इससे जागीरदारों को अपने आसामियों के कष्ट निवारण के लिए कोई प्रेरणा नहीं मिलती थी। इसके बजाय वे उनसे अधिक-से-अधिक धन खींचने का प्रयास करते थे।[28] दूसरे, प्रायः ऐसा होता था कि जब जागीर एक से दूसरे को हस्तांतरित की जाती थी तब किसानों को एक लगान दो बार देना पड़ता था, पहले तो जानेवाले जागीरदार को, फिर आनेवाले को भी। इस प्रकार लगान वसूल करनेवाले प्रतिद्वंद्वी संग्रहकर्त्ता (कलक्टर) इस व्यवस्था के अंतर्गत किसानों को खुलकर लूटा करते थे।[29] यदि कोई जागीर काश्त पर दी गई होती तो वहाँ के परिणाम तो और भी भयानक होते। भीमसेन बताते हैं कि

---

21. बर्नियर, 225-226; सरकार कृत *औरंगज़ेब,* V, 452-453
22. बर्नियर, 224
23. इरफ़ान हबीब कृत द *एग्रेरियन सिस्टम ऑफ मुग़ल इंडिया* (बम्बई : 1963), 318 एफ़
24. वही, 320
25. बर्नियर, 230
26. इरफ़ान हबीब, कृति उद्धरण, 319; सरकार कृत *मुग़ल ऐडमिनिस्ट्रेशन,* 80
27. भीमसेन कृत *दिलकुशा;* सरकार द्वारा उद्धृत, *औरंगज़ेब,* V, 453; बर्नियर, 227
28. इरफ़ान हबीब, कृति उद्धरण, 320; बर्नियर, 227
29. सरकार, *औरंगज़ेब,* V, 446-447, 452-453; इरफ़ान हबीब, कृति उद्धरण, 268

'जब कोई जागीरदार लगान वसूलने के लिए किसी संग्रहकर्त्ता को अपनी जागीर में भेजता था तो वह पहले कुछ धनराशि बतौर ऋण उससे ले लिया करता था। गाँव में पहुँचने पर यह संग्रहकर्त्ता, इस डर से कि कहीं उससे बड़ी धनराशि जागीरदार को कोई अन्य संग्रहकर्ता न दे आया हो तथा वह भी उसके पीछे-पीछे न आ रहा हो, नृशंस अत्याचार करके लगान वसूलने से नहीं चूकता था।'[30] खान-ए-दौराँ द्वारा औरंगज़ेब को दी गई रिपोर्ट से यह तो संकेत मिलता ही है कि खालिसा से संबद्ध किसानों की दशा भी कोई अच्छी नहीं थी।[31] और यदि किसान लगान देने से इनकार करते थे तो उन्हें बहुत कड़ी सजा दी जाती थी। कभी-कभी तो उनके सामने और कोई रास्ता नहीं रह जाता था कि वे अपनी औरतों, बच्चों और मवेशियों को बेच दें, या अत्याचारों से समाप्त कर दिए जाने से बचने के लिए वे घर छोड़कर भाग जाएँ।[32] ऐसा नहीं है कि मुग़ल सरकार ने उनके शोषण से बचाने के लिए कोई उपाय न किए हों। किंतु ये उपाय प्रायः अपर्याप्त होते थे और अधिकारी किसानों पर असामान्य ज्यादती करने का कोई-न-कोई रास्ता निकाल लिया करते थे।[33] इस प्रकार कृषक-वर्ग की शिकायतें साधारणतया दूर नहीं हो पाती थीं।[34]

निष्कर्षतः मुग़लों की भूमि आबंटन-नीति अपने व्यावहारिक रूप में 'कृषकों के लिए विनाशकारी और अंततः साम्राज्य के हितों के लिए भी हानिकारक रही।'[35] समय व्यतीत होने के साथ ही लगान संग्रहकर्त्ताओं द्वारा शोषण भी बढ़ता गया।[36] अंततः स्थिति इस तरह की बन गई कि अधिकारियों की 'अत्यधिक दमनकारी कार्यवाहियों' से त्रस्त होकर काश्तकारों में से कुछेक के हाथ हलों को छोड़कर

---

30. 'दिलकुशा', कृति उद्धरण, V, 453; खफ़ी खाँ ने भी इस काल में लगान संग्रहकर्ताओं के अत्याचारों का साक्ष्य दिया है। *खफ़ी खाँ,* I 157-158
31. सरकार द्वारा उद्धृत रिपोर्ट देखें, *स्टडीज़ इन मुग़ल इंडिया,* 223-224
32. बर्नियर, 205, 226, 227; *स्टोरिया,* II, 423; इरफ़ान कृति उद्धरण, 322-329, भेंट देने और सरकारों की बिक्री की तत्कालीन प्रचलित व्यवस्था का भार भी अंततः कृषि वर्गों पर ही आ पड़ा। सरकार कृत *मुग़ल ऐडमिनिस्ट्रेशन,* 84 एफ़; *औरंगज़ेब,* V, 467; बर्नियर, 230
33. इरफान हबीब, कृति उद्धरण, 273; एफ़.एफ़; बर्नियर 225, 231, 235; सरकार कृत *मुग़ल ऐडमिनिस्ट्रेशन,* 80-81; *औरंगज़ेब,* III, 291 एफ़; एम. अतहर अली (कृति उद्धरण, 150) आगे लिखते हैं : "जहाँ उसके सैनिक हितों का संबंध नहीं रहता था वहाँ औरंगज़ेब अपनी किसी भी आज्ञा की अवहेलना को माफ़ करने या उनकी अनदेखी करने के लिए तैयार रहता था।"
34. इरफ़ान हबीब, कृति उद्धरण, 247 और 297; सरकार कृत *मुग़ल ऐडमिनिस्ट्रेशन,* 80-81
35. सरकार कृत *औरंगज़ेब,* V, 452
36. इरफ़ान हबीब, कृति उद्धरण, 324

हथियार उठाने को आमादा हो गए,[37] जैसाकि अब्दुल नबी के अत्याचारों से तंग आकर जाटों ने किया था। शाह वलीउल्लाह के कथन से हमें ज्ञात होता है कि 'दिल्ली तथा अकबराबाद के बीच के गाँवों के काश्तकार जाट थे'।[38] वैंदेल ने भी काश्तकारों से निर्दयतापूर्वक लगान वसूलने की चर्चा की है, किंतु इस बात को वह निश्चयपूर्वक नहीं कह सका कि दमन के विरोधस्वरूप जाटों ने आगरा के आसपास कभी उपद्रव किया या अधिक लाभ के लिए कभी कोई उत्पात किया।[39]

जाटों के जीवन में कृषि का स्थान सर्वोपरि होने के कारण तत्कालीन आबंटन प्रणाली के प्रति उनका रोष प्रकट करना नितांत स्वाभाविक था। 'जाट होने का अर्थ हलधर होना है',[40] यही पहचान फ्रेंच मिशनरी एफ़. एक्स. वैंदेल ने जाटों की बताई थी जो उनका अध्ययन करने के लिए काफी लंबे समय तक उनके साथ रहा था।

मासीर-उल-उमरा के लेखक अपनी इस टिप्पणी से सरकारी रुख प्रकट करते प्रतीत होते हैं जब वे लिखते है कि मथुरा और आगरा के जाट काश्तकार होने का स्वाँग करते हैं।[41] एक प्रखर फ्रेंच पर्यवेक्षक, मोदावे अपनी भारत यात्रा (1774-76) के दौरान भरतपुर के जाटों द्वारा कृषि के क्षेत्र में किए जा रहे परिश्रम, उसके प्रति उनके स्वैच्छिक लगाव और काश्तकारी में उनकी निपुणता तथा कौशल से प्रभावित हुए बिना नहीं रहा था। मोदावे ने लिखा है, "आमतौर पर जाट भले लोग हैं और यदि वे शस्त्र धारण करे रहने के लिए बाध्य न किए जाएं तो स्वेच्छा से वे कृषि करना ही पसंद करते हैं।...मेरी समझ में जाटों का परिश्रम इस बात के लिए सम्मान के योग्य है कि...उन्होंने धरती को कहीं खाली नहीं छोड़ा है तथा उनके खेतों का रख-रखाव अपेक्षा से अधिक बेहतर है।"[42]

यह स्पष्ट है कि दमनकारी व्यवस्था को काश्तकार सहन नहीं कर पाते हैं। जाटों में इसकी तीखी प्रतिक्रिया का कारण लगता है, उनकी साहसिक मनोवृत्ति और उनका युद्धप्रिय स्वभाव था जो विद्रोह में प्रतिफलित होता था।[43] शायद बहुत

---

37. *स्टोरिया* (II, 424) में कहा गया है, "कभी-कभी ये फौजदार अत्यधिक दमनकारी कार्य करते थे जिनसे विद्रोह तथा युद्ध हुए।" इरफ़ान हबीब, कृति उद्धरण, 329
38. शाह वलीउल्लाह देहलवी कृत *सियासी मक्तूबात* (फारसी मूलपाठ और उर्दू अनुवाद के.ए. निज़ामी द्वारा, द्वितीय संस्करण, दिल्ली) 2
39. *मेम्वोआर* दे *यात* (फ्रेंच पां.), 3
40. वही
41. *मासिर-उल-उमरा* (एच. बेवरिज और बी. प्रसाद अनूदित--कलकत्ता : 1941), I, 436
42. मोदावे का फ्रेंच वृत्तांत, सरकार द्वारा अनूदित 'इस्लामिक कल्चर', XI,1937, 387-388
43. इरफ़ान हबीब का इस आशय का व्यापक निष्कर्ष (कृति उद्धरण, 330) कि जनता की अभिरुचि युद्धोन्मुख तो बिल्कुल नहीं थी जाटों के संबंध में सही नहीं उतरता।

अधिक कृषक समुदायों में जाटों जैसा अदम्य साहस, दुर्दमनीय आत्मशक्ति, उदात्त शौर्य और जातीय एकता नहीं थी कि वे अपने अत्यधिक तीव्र अमर्ष को सैनिक प्रतिरोध में बदल सकते। जाटजन एक योद्धा कृषकों की नस्ल के रहे हैं। उनके अतीत को निकट से देखने पर पता चलता है कि वे काश्तकारी को समुन्नत करने को उतने ही उत्सुक थे जितने उत्तम किस्म के शस्त्र बनाने और सैनिक प्रशिक्षण प्राप्त करने को थे।[44] उन्होंने लगान में बढ़ोतरी को बिल्कुल पसंद नहीं किया, 'हानिकारक करों' तथा 'सरकारी कर वसूलनेवाले अमला की लूट' का विरोध किया। इस प्रकार की बातों का विरोध करने की उनकी आदत थी, और ऐसे ही अन्य जुल्मों का, जरूरत पड़ने पर, वे सैन्य शक्ति से भी विरोध करने के लिए तत्पर रहते थे।[45] अपने ऐसे ही स्वभाव के कारण इस तरह से उत्तेजित किए जाने पर जाटों की तलवारें म्यान से बाहर निकल आती थीं; जबकि अन्य कमज़ोर कृषक समुदाय चुप बैठे रहते थे।

जाट विद्रोह का एक सहायक कारण जाट काश्तकारों और जाट जमींदारों की परिस्थितिजंय अभिसंधि, या साँठ-गाँठ भी थी।[46] जमींदारों में प्रायः मुग़ल सरकार की अवज्ञा करने की प्रवृत्ति थी। अपने पड़ोसियों के विरुद्ध शक्ति प्रयोग तथा शाही सत्ता की अवज्ञा करने के पीछे उनका उद्देश्य आत्मोत्कर्ष का था।[47] किंतु औरंगज़ेब से पहले मुग़लों से संघर्ष का इनका स्वरूप रक्षात्मक और अप्रत्यक्ष था। तथापि, विभिन्न कारणों से यह संघर्ष अधिक समय तक रक्षात्मक नहीं रहा।[48] इस परिवर्तन की ओर ध्यान आकृष्ट करते हुए मानुची ने लिखा है, "मुग़ल राजतंत्र

---

44. देखें, कान्हाराम (हिंदी पांडलिपि) में 7, उत्तर दोआब के जाटों की टीकरी में हरिपाल राणा की अध्यक्षता में हुई सर्व खाप पंचायत '10 आषाढ, 1256 विक्रमी संवत्) की बैठक के निर्णय।
45. देखें, सर्व खाप पंचायत के निर्णय 1256 विक्रमी संवत् (टीकरी), 1344विक्रमी संवत (शिकारपुर), 1383 विक्रमी संवत् (सिसौली) और 1547 विक्रमी संवत् (बड़ौत), कान्हाराम (हिंदी पांडुलिपि) 7, 10-12, 14
46. सामान्य रूप से जमींदारों संबंधी विवरण, इरफ़ान हबीब, कृति उद्धरण 136-189, 334-338
47. आज्ञापत्र के लेखक के अनुसार (वर्ष 17वीं शताब्दी; भारतीय इतिहास कांग्रेस के कार्यविवरण, V, 405 में उद्धृत) जमींदार उत्सुक थे 'शनैः-शनैः नई संपत्तियाँ या जोत प्राप्त करने, शक्तिशाली बनने...और कुछ से (भूमि और शक्ति) जबर्दस्ती हथियाने तथा शत्रुभाव पैदा करने के।" मानुची ने भी कहा है (*स्टोरिया*, II, 405) 'सामान्यतया वायसराय और गवर्नर हिंदू रजवाड़ों तथा जमींदारों से निरन्तर झगड़ते रहते थे, कुछ से तो इसलिए कि उनकी जमीन हथियाना चाहते थे; अन्यों से रिवाज से अधिक लगान वसूल करने के उद्देश्य से।' इरफ़ान हबीब भी देखें, कृति उद्धरण 334
48. इरफ़ान हबीब, कृति उद्धरण 338

में राजा और जमींदारों के बीच प्राय: कोई-न-कोई विद्रोह चलता ही रहता है।"[49] अत: अपनी निजी शिकायतों के कारण जमींदारों और काश्तकारों ने अपने साँझा शत्रु के विरोध में आपस में गठबंधन कर लिया। गोकुल और उसके परवर्ती जाट ज़मींदारों ने जनसामान्य का नेतृत्व किया यह बात हम जान ही चुके हैं।[50] किंतु प्रारंभिक जमींदार नेताओं तथा उनके जाट अनुयायियों के गठबंधन अनिश्चित और अस्थायी रहे होंगे। मुग़ल साम्राज्य के अनेकानेक जमींदारों की कार्यप्रणाली और उनका दस्तूर यदि कोई संकेत हैं तो गोकुल और उनके पूर्ववर्ती[51] भी जाट काश्तकारों पर अपने जमींदाराना अधिकार[52] उसी तरह से जताते होंगे जैसेकि अन्य किया करते थे और इस प्रकार उनको, अर्थात् कृषकों को नाखुश रखा होगा। इसके अतिरिक्त, अन्य लोगों की अपेक्षा जाटों में अपनी निजी स्वतंत्रता से अधिक लगाव पाया जाता है और बाहरी हस्तक्षेप को सहन करना उनके लिए कठिन होता है।[53] जमींदारों और किसानों के बीच स्निग्ध और प्रगाढ़ संबंध बनने में ये बातें जरूर आड़े आई होंगी। किंतु लगता है, कि शनैः-शनैः इन पर उन्होंने काबू पा लिया था।

जाट विद्रोह में औरंगज़ेब के धार्मिक कट्टरपन ने क्या भूमिका अदा की थी इसका मूल्यांकन इसी पृष्ठभूमि में सबसे बेहतर तरीके से किया जा सकता है। अपने स्वभाव से औरंगज़ेब एक रूढ़िवादी व्यक्ति था। उसने साम्राज्य को 'शुद्ध इस्लाम का चैंपियन'[54] बनकर प्राप्त किया था। एक शहंशाह की हैसियत से उसने एक मुस्लिम राज्य का स्वप्न देखा था। उसने मिश्रित धर्मावलंबी प्रजा के अपने साम्राज्य का रूढ़िवादी इस्लाम के सिद्धांतों के अनुसार शासन करने का इरादा किया था।[55]

अपनी धार्मिक नीति के परिपालनार्थ औरंगज़ेब ने चौमुखी नीति बनाई थी, यथा इस्लामी रीति-रिवाज़ों का प्रवर्तन, हिंदुओं के विरुद्ध विनियमन, विद्यार्थियों को मुसलमान बनाना, और मंदिरों को तोड़ना। यद्यपि प्रारंभ में उसने सतर्क रहते

---

49. *स्टोरिया,* II, 434
50. इरफ़ान हबीब, कृति उद्धरण, 341
51. मुग़ल साम्राज्य में जमींदारी का पैतृक उत्तराधिकार आम कानून था, इरफ़ान हबीब, कृति उद्धरण, 154
52. जमींदारी अधिकार के लिए देखें, इरफ़ान हबीब, कृति उद्धरण, 136 एफ़.एफ़।
53. बिंगले कृत *सिख्स,* 90-91; डी. इबटसन कृत द *पंज़ाब कास्ट्स,* 102; इन दोनों के कथन समस्त जाट लोगों के लिए उदारहणस्वरूप हैं, 'जाट अपने मुखिया के प्रति अधिक विनम्र नहीं थे।' 'जाट', *एनसाइक्लोपीडिया ब्रिटेनिका,* XII
54. सरकार कृत *औरंगज़ेब,* III, 81
55. वही, III, 81; एस.आर. शर्मा, *रिलिजियस पॉलिसी ऑफ द मुग़ल एंपरर्स* (बंबई : 1962), 132, 152

हुए फूँक-फूँककर कदम बढ़ाए थे, किंतु समय बीतते उसका कठमुल्लापन बढ़ गया था।[56] उसका मुख्य उद्देश्य मुस्लिम तथा गैर-मुस्लिम, दोनों को शरीअत का पाबंद करना था।[57] अतः उसने फ़रमान जारी करके ऐसे नियम बना दिए जिनका लक्ष्य गैर-इस्लामी धर्मक्रियाओं को दबाना तथा जन-सामान्य में मुस्लिम तौर-तरीकों को प्रोत्साहित करना था।[58] यद्यपि ये इस्लाम के अनुकूल जरूर थे किंतु इनमें ऐसा कुछ भी नहीं था जो तत्त्वतः किसी धर्म के प्रतिकूत हों।

किंतु कुछ अन्य आदेश हिंदुओं के लिए उत्तेजनात्मक थे। जज़िया, अर्थात् तीर्थयात्रियों पर कर, का पुनः लगाया जाना इसका एक विशेष उदाहरण है। सन् 1665 में होली और दिवाली जैसे हिंदू त्योहारों को सार्वजनिक रूप से मनाने पर रोक लगा दी गई थी।[59] सन् 1668 में मुग़ल साम्राज्य में हिंदू मेले प्रतिबंधित कर दिए गए थे। सन् 1665 में हिंदुओं पर भेदभावमूलक महसूल लगाए गए। उनको अपने माल पर पाँच प्रतिशत चुंगी देनी होती थी जबकि मुसलमानों पर यह महसूल आधा था। आगे चलकर 1667 में तो मुसलमानों को इससे पूर्णतया मुक्त कर दिया गया था।[60] इसी तरह का कर-संबंधी भेदभाव उद्यान-उत्पादों के विषय में भी किया जाता था।[61]

ऐसे प्रतिबंध राजस्व के स्रोत तो थे, किंतु इनका उद्देश्य हिंदुओं को इस्लाम धर्म स्वीकार करने के लिए बाध्य करना था। इसके अतिरिक्त औरंगज़ेब ने गैर-मुस्लिमों को इस्लाम धर्म अपनाने के लिए अनेक प्रलोभन भी दिए। इस्लाम कुबूल करनेवालों को वह ओहदे, आर्थिक अनुदान, सार्वजनिक सम्मान, यहाँ तक कि सार्वजनिक क्षमा तक दिया करता था।[62]

इससे भी बढ़कर, औरंगज़ेब ने मंदिर तुड़वाने की भी नीति अपनाई, तथा

---

56. एस.आर. शर्मा (कृति उद्धरण 122) की राय में रघुनाथदास, जयसिंह और जसवंत सिंह की उपस्थिति ने 'औरंगज़ेब के धार्मिक उत्साह को काबू में रखा था।'
57. शर्मा, कृति उद्धरण, 109; औरंगज़ेब की धार्मिक नीति के लिए *इंडियन हिस्टॉरिकल* क्वार्टरली, III 81 भी देखें। हम यहाँ औरंगज़ेब की धार्मिक नीति का अनुशीलन 1669 में जाट विद्रोह के प्रारंभ तक ही करेंगे।
58. विवरण के लिए देखें, शर्मा कृतिं उद्धरण, 107-115; सरकार कृत *औरंगज़ेब,* III, 81-90; *स्टोरिया,* II, 3-6
59. अली मोहम्मद खाँ कृत *मिरात-ए-अहमदी* (एम.आर. लोखंडवाला गायकवाड़ द्वारा अनूदित, ओरियंटल सीरीज़, संख्या 146, 233; मानुची (*स्टोरिया,* II, 144) का दावा है कि होली पूर्णतया बंद कर दी गई थी।
60. *मिरात* 237; *स्टोरिया,* II, 55-56 और 389; मोहम्मद साक़ी मुस्तैद खाँ कृत *मासीर-ए-आलमगीरी* (फ़ारसी मूलपाठ, संदर्भिका, इंडियन सीरीज़), 530
61. विवरण के लिए देखें, शर्मा, कृति उद्धरण, 142, 144; सरकार कृत *औरंगज़ेब,* III, 275-279
62. शर्मा, कृति उद्धरण, 170; सरकार कृत *औरंगज़ेब,* III, 276

इस संबंध में उसने बहुत चतुराई से काम लिया। सन् 1659 के प्रारंभ में उसने घोषित किया कि उसका धर्म-विधान नए मंदिर बनवाने की इजाज़त नहीं देता, किंतु पुराने मंदिरों को गिराने का उसमें कोई आदेश नहीं था।[63] फिर धीरे-धीरे वह खुलने लगा। उसके शासन के प्रारंभिक वर्षों में ही सोमनाथ का मंदिर गिरा दिया गया।[64] गुजरात की अपनी सूबेदारी के समय उसने जो मंदिर तुड़वाए थे उनमें से जिनका जीर्णोद्धार हो गया था उन्हें पुनः गिरा देने का आदेश उसने 1665 में जारी कर दिया।[65] इसके बाद उसने उड़ीसा के समस्त मंदिर ध्वस्त करवा दिए। सन् 1669 में वह बिल्कुल बेनक़ाब हो गया। उस वर्ष उसने एक आम आदेश जारी करके साम्राज्य-भर में हिंदू पाठशालाओं तथा मंदिरों को तुड़वा डाला तथा धार्मिक शिक्षा और धार्मिक आचार-व्यवहार पर प्रतिबंध लगा दिए।[66] इस आदेश के फलस्वरूप जो मंदिर गिरवाए गए उनमें मालरना और विश्वनाथ के मंदिर भी शामिल थे।[67] इस प्रकार 11 वर्षों की छोटी-सी अवधि में ही औरंगज़ेब ने अकबर की उदार और सहिष्णु नीति को उलटकर रख दिया। अकबर के उदारवाद को जहाँ उसकी प्रजा का स्वैच्छिक सहयोग प्राप्त हुआ था, वहीं औरंगज़ेब के कठमुल्लापन ने त्रस्त गैर-मुस्लिमों में भारी असंतोष पैदा कर दिया।[68]

औरंगज़ेब के शासनकाल में जाट-विद्रोह के केंद्र मथुरा को बहुत पीड़ित किया गया। हिंदू उपासना का यह पूजनीय स्थान स्वाभाविकतया औरंगज़ेब की आँख का काँटा था। उसने 'हिंदुओं को कुचलने' के लिए 'एक धार्मिक व्यक्ति' अब्दुन्नबी को मथुरा का फौजदार नियुक्त किया था। इस पदाधिकारी ने संदिग्ध साधनों से 93,000 मोहरें और तेरह लाख रुपए नकद तथा साढ़े चार लाख रुपए की बहुमूल्य वस्तुएँ जमा कर ली थीं।[69] अब्दुन्नबी ने इस शहर का एक मंदिर तुड़वा डाला तथा 1661-62 में उस स्थान पर जामा मस्जिद खड़ी कर दी। औरंगज़ेब के आदेशों का पालन करते हुए इसके बाद 1666 में उसने केशव राय के प्रसिद्ध मंदिर की पत्थर की रेलिंग नष्ट करवा दी।[70]

---

63. इस संबंध में बनारस के फौजदार के नाम से जारी मूल फ़रमान बनारस हिंदू विश्वविद्यालय के भारत-कला भवन में सुरक्षित है।
64. *अहकाम-ए-आलमगीरी*, इनायतउल्लाह कृत (रघुवीरसिंह पुस्तकालय, फारसी पांडुलिपि, इसके बाद केवल *अहकाम* नाम से इसे संदर्भित किया जाएगा), I, 10ए।
65. *मिरात* 231 और 233
66. *मासिर*, 81; *स्टोरिया*, II, 143
67. मंदिर ध्वंस से संबंधित विवरण के लिए शर्मा की कृति देखिए, कृति उद्धरण, 130-133; सरकार कृत *औरंगज़ेब*, III, 265-267, 280-282
68. शर्मा, कृति उद्धरण, 132-133
69. *मासिर*, 83 और 73
70. सरकार कृत *औरंगज़ेब*, III, 293

इस तरह की कार्यवाहियों ने जाटों को और भी उत्तेजित कर दिया होगा। यह तो हम जानते ही हैं कि सल्तनत काल में हिंदुओं के धर्म को खतरे की संभावना अथवा उसे कुचलने के कारणों से जाटों में असंतोष पैदा हो चुका था।[71] यह विश्वास करने का कोई कारण नहीं है कि कट्टरपंथी औरंगज़ेब द्वारा अधिक क्रमबद्ध और व्यवस्थित तरीके से किए गए धार्मिक उत्पीड़न ने जाटों की धार्मिक भावनाओं को चोट नहीं पहुँचाई होगी। वैसे तो धार्मिक आस्था के संबंध में जाट कभी भी रूढ़िवादी नहीं रहे।[72] वे धर्म की दार्शनिक अथवा नैतिक सूक्ष्मताओं की चिंता नहीं करते, किंतु धर्म के वाह्य आनुष्ठानिक पहलुओं से वे अवश्य प्रभावित होते हैं। अतः मेलों और त्योहारों पर पाबंदियों तथा धार्मिक स्थानों को अपवित्र करने की कार्यवाहियाँ उनके लिए चिंता भी विषय ज़रूर बनी होंगी।[73]

तथापि, औरंगज़ेब के कठमुल्लापन तथा उसके फलस्वरूप गैर-मुस्लिमों की व्यथाओं ने 1668-69 तक अपना पूर्ण रूप धारण नहीं किया था। जज़िया, हिंदुओं को सरकारी पदों से दूर रखने के आदेश तथा मथुरा स्थित केशव राय के मंदिर का विध्वंस तो बाद की घटनाएँ हैं फिर भी गोकुल के नेतृत्व में जाटों ने विद्रोह का झंडा उठा लिया था।

'प्लावी साहित्य' अथवा जाट और अन्य स्थानीय लोग जिसे 'साखा'[74] के नाम से जानते हैं, में समर्थ गुरु रामदास[75] की यात्रा की चर्चा की गई है जिन्होंने जाटों को विद्रोह के लिए प्रोत्साहित किया था।[76] उन्होंने ईंट का जवाब पत्थर से देने की सलाह उनको दी थी।[77] उन्होंने यह भी समझाया था कि अत्याचार करना

71. वही, XXX
72. वही, XXII, XXIII; शास्त्री, कृति उद्धरण, 121; जे.एम. हटन कृत *कास्ट इन इंडिया,* 33
73. देशराज (कृति उद्धरण, 126-127) ने ठीक ही कहा है कि मेलों और त्योहारों को जाटों ने अपने जीवन में महत्त्वपूर्ण स्थान दिया है। शास्त्री, कृति उद्धरण, 121
74. जोगियों द्वारा त्योहारों, या ऐसे ही अवसरों, पर एकतारा पर ये 'साखाएँ' (साखियाँ) गाई जाती हैं। लेखक ने हरियाणा तथा पश्चिमी उत्तर प्रदेश के जोगियों से वे साखाएँ एकत्रित की हैं।
75. साखा: एक शक्ति पैदा हुई दक्षिण में वो उत्तर में आई,
ब्राह्मण के घर जन्म लिया फेर साधु वेषधारा
समर्थ गुरु की पदवी पाकर भारत का तारा।
76. वही। शोभाराम जोगी कृत साखा:
बड़े-बड़े वीरों से विद्रोह के नाम अपने सामने प्रण लिया,
आर्य हिंद यह आर्य देश हमारा है।
77. साखा: धर्म बचाओ, देश बचाओ, यही वचन सबसे प्यारा है।
जुल्म को जुल्म से रोको, यह मेरा सबको कहणा।

पाप है किंतु अत्याचार को सहते रहना उससे भी बड़ा पाप है।[78] गुरु की सलाह और उनकी प्रेरणा से गोकुल ने हिंदुओं को विनाश से बचाने की प्रतिज्ञा की और विद्रोह के लिए उठ खड़ा हुआ।[79]

इसमें कोई संदेह नहीं कि अकेले 'साखा' के ही साक्ष्य पर पूर्णतया विश्वास करते हुए उसे आधार नहीं माना जा सकता। 'प्लावी साहित्य' का एक से दूसरी पीढ़ी को मौखिक रूप से प्रेषण होता है। जिसमें अतिशयोक्ति तथा प्रक्रिया परिवर्तन की संभावना रहती है। तथापि, जाटों के स्वभाव को समझते हुए 'साखाओं' के कथन को एकदम अस्वीकार कर देना भी कठिन है। बिना किसी विशेषता के कोई भी व्यक्ति किसी की श्रेष्ठता को स्वीकार नहीं करता, और जाट तो बिल्कुल नहीं। जाट क्षेत्रों में समर्थ गुरु रामदास की यात्राओं तथा कार्यकलाप की सशक्त और चिरस्थायी परंपरा मिलती है।[80] देवदत्त द्वारा सुरक्षित रखे गए परंपरागत विवरणों से भी सिद्ध होता है कि रामदास ने यहाँ आकर जाटों को मुग़ल साम्राज्य को उखाड़ फेंकने के लिए प्रेरित किया था।[81] समर्थ गुरु की शिक्षाएँ और उनका दर्शन इस संदर्भ में विचारणीय विषय नहीं है, किंतु यह बात भलीभाँति ज्ञात है कि वह एक भिन्न प्रकार के धार्मिक उपदेशक थे। वह किसी सिद्धांतहीन जीवन के समर्थक नहीं थे। वह समाज तथा देश की समसामायिक समस्याओं में गहन रुचि लेते थे। लगता है कि उनकी यात्रा और प्रबोधन ने, गोकुल और उसने अनुयायियों को बहुत प्रभावित किया था।

जाट विह्वल और बेचैन थे, उधर बारूद भी तैयार थी। केवल आग की जरूरत थी जो, 'साखा' के अनुसार, रामदास ने मुहैय्या कर दी।[82] के.आर. कानूनगो की मान्यता है कि 1669 के विद्रोह में भड़की भयंकर आग की एक लपट ने पूरे भारत को अपनी बाँहों में समेट लिया और यही हिंदू राष्ट्रवाद[83] के पुनरुत्थान का कारण

---

78. 'साखा: जुल्म करना पाप घणा, जुल्म का शेणा पाप बड़ा।
79. 'साखा: गोकुल योद्धा ने पहला बिड़ा पान का आण चबाया।
    गुरु ने हाथ धर उसके सिर पर नूं उसे समझाया ॥
80. पश्चिमी उत्तर प्रदेश और हरियाणा के जाट बहुल क्षेत्रों की अपनी यात्राा के दौरान मैंने वयोवृद्ध जाटों से समर्थ गुरु की यात्रा से संबंधित कहानियाँ सुनी थीं जिनमें विभिन्न स्थानीय ठिकानों और जगहों की चर्चा भी आई थी। मल्लयुद्ध तथा योद्धाओं के कार्यकलाप में उनकी रुचियों तथा अपने अनुयायियों के साथ उनकी यात्रा अभिलाक्षणिक रूप से ठेठ गुरु जैसी थी। आज तक आम जाट उनकी यात्रा स्मृति को सँजोए हुए है।
81. देवदत्त (हिंदी पांडुलिपि, मुजफ्फरनगर रिकार्ड्स), 12-13, पार्श्व टिप्पणी।
82. 'साखा: सारे देश में सूखा इंधणा बिछा पड़ा है, आग लगावन चाहिए।
    आग लगा दो मेरे वीरों आगे आवणा चाहिए।
83. कानूनगो कृत *जाट्स,* 36 और 37

बनी। इस प्रकार जाटों की बग़ावत में धार्मिक कारणों का अच्छा-खासा हाथ था।

इसमें आर्थिक कारण यद्यपि महत्त्वपूर्ण थे, किंतु उन्हें अधिक महत्त्व नहीं दिया जाना चाहिए।[84] औरंगज़ेब के शासनकाल में भूमि-निर्धारण व्यवस्था के परिचालन की त्रुटियाँ रातोरात ही तो नहीं बढ़ गई थीं। इनमें वृद्धि की ओर झुकाव उससे (औरंगज़ेब से) पहले भी देखा जा रहा था। लेकिन जब औरंगज़ेब के कसते शिकंजे ने जाटों की प्राचीन लोकतांत्रिक और कबीलाई परंपराओं के लिए खतरा पैदा कर दिया तो आर्थिक कारण भी अपना भार महसूस कराने लगे।

उपरोक्त विचार-विवेचन से यह निष्कर्ष निकाला जा सकता है कि 1669 का जाट विद्रोह मूलतया राजनीतिक उत्तेजना का परिणाम था, जिसे आर्थिक असंतोष ने भड़का दिया और फिर धार्मिक उत्पीड़न ने उसमें आग में घी का काम किया।

विद्रोह की शुरुआत

वर्ष 1669 ने जाटों के क्रोध की सुलगती आग को तिलपत के जमींदार गोकुल[85] के प्रेरणाप्रद नेतृत्व में विद्रोह की भयंकर अग्नि के रूप में धधकते हुए देखा था। इसका समंवित रूप इस बगावत की उल्लेखनीय विशेषता थी। यद्यपि इसमें बहुमत जाटों का था और विद्रोह का नेतृत्व भी वही कर रहे थे, किंतु मेव, मीणा, अहीर, गूजर, नरूका, पवांर तथा ऐसे ही अन्य जातियाँ भी इसमें शामिल थीं।[86] मथुरा से लगभग छह मील दूर सहोरा (सिहोरा) नामक गाँव में विद्रोही एकत्रित हुए थे। मथुरा के फौजदार अब्दुन्नवी ने उन पर हमला कर दिया। पहले तो ऐसा प्रतीत हुआ कि वह बाजी मार ले गया, लेकिन युद्ध के बीच में ही, 12 मई, 1669 (21 ज़िल हिज्जा, 1079 अल हिजरी) को वह मारा गया।[87] इस सफलता से अत्यधिक हर्षित

---

84. इरफ़ान हबीब (कृति उद्धरण, 338-342) जाट विद्रोह का हेतु केवल आर्थिक कारणों को मानते हैं, अन्यों को वह पूर्णतया रद्द करते हैं।
85. *मासिर,* 93; ईश्वरदास नागर कृत *फतूहात-ए-आलमगीरी* (रघुवीरसिंह लायब्रेरी, पांडुलिपि), 53 ए.; मोहम्मद हादी कँवर खाँ कृत *तज़किरात-उस-सलातीन-ए-चुग़ताई* (रघुवीरसिंह लायब्रेरी, पांडुलिपि) II, 166; एम.यू. I, 437 और 618, उसका नाम लिए बिना वैंदेल ने भी गोकुल और उसके विद्रोह की चर्चा की है *मेम्वोआर* दे *यात* (फ्रेंच पांडुलिपि), 9. गोकुल के बारे में यह बताया जाता है कि उसका मूल नाम ओला था और वह सिनसिनी के रोरियासिंह का पुत्र था। गोकुल पहले महावन में और अंततः, जमींदार की हैसियत से, तिलपत में बस गए। देखें, गंगा सिंह कृत *यदुवंश,* I, *भरतपुर राजवंश का इतिहास* (भरतपुर : 1967) 43; यू.एन. शर्मा कृत *इतिहास,* 89 एफ
86. गंगासिंह, कृति उद्धरण, I, 64-65
87. *मासिर,* 83; मिर्जा मोहम्मद कृत *रोज़नामचा,* जिसे *इबरतनामा* भी कहते हैं (रघुवीर सिंह लायब्रेरी, पांडुलिपि), 133; *कंवर,* II, 163; *एम.यू.,* I, 437 और 618

होकर गोकुल ने मथुरा से 24 मील दूर स्थित दोआब के परगना तथा शहर सादाबाद को ध्वस्त कर दिया।[88] यह विद्रोह आगरा ज़िला तक पहुँच गया जिस पर (13 मई, 22वीं ज़िल हिज्जा को) वहाँ विद्रोहियों को कुलचने के लिए सेना लेकर रादंदाज़ खाँ को भेजा गया। औरंगज़ेब ने सफ़ शिकन खाँ को मथुरा का नया फौज़दार नियुक्त किया।[89] जब शस्त्रों से सफलता नहीं मिली तो कूटनीति का सहारा लिया गया। लूटी हुई संपत्ति और विजित क्षेत्र को वापस कर देने की शर्त पर मुग़ल सरकार ने गोकुल को माफ़ कर देने का प्रस्ताव किया। किंतु गोकुल ने इस प्रस्ताव को ठुकरा दिया। इधर स्थिति को अधिक बिगड़ते देखकर (28 नवंबर–14वीं रजव, 1080 अल हिजरी को) शहंशाह को स्वयं अशांत क्षेत्र की ओर कूच करना पड़ा। उधर जाते हुए, 4 दिसंबर (20वीं रजब) को मार्ग में रेवाड़ा, चंदरखा और सरखुद (सरखरू?) नामक गाँवों से औरंगज़ेब ने इस विद्रोह की परिस्थितियों के बारे में जानकारी प्राप्त की। इन स्थानों पर हमला करने के लिए उसंने हसन अली खाँ को भेजा। दोपहर तक तो विद्रोही तीरों और बंदूकों से लड़ते रहे। इसके बार निराशोन्मत होकर वे बहुतेरे अपनी स्त्रियों को जौहर करवाकर खान पर टूट पड़े। शाम तक घमासान युद्ध हुआ जिसमें मुग़लिया फौज ने अनेक सैनिक तथा 300 विद्रोही मारे गए। हसन अली खाँ 250 महिला और पुरुष बंदी लेकर शहंशाह के पास लौट आया। औरंगज़ेब उसकी इस कारगुज़ारी से बहुत प्रसन्न हुआ। उसने सफ़ शिकन खाँ के स्थान पर उसे मथुरा का फौजदार बना दिया। यह स्पष्ट हो गया था कि सफ़ शिकन खाँ विद्रोहियों को दबाने असफल रहा था।[90]

हसन अली खाँ के अधीन 2,000 बरकंदाज़ सैनिक, 1,000 तीरंदाज, 1,000 बंदूकची, 1,000 अग्निबाण चालक तथा 25 तोपें तैनात की गईं। आगरा नगरांत के फौजदार अमानुल्ला को भी हसन अली की सहायता करने का आदेश दिया गया। विद्रोह को दबाने के लिए हसन अली ने तुरंत कार्यवाही शुरू कर दी। जनवरी 1670 में गोकुल 20,000 जाट तथा अपने अन्य अनुयायियों के साथ तिलपत से 20 मील दूर स्थित एक स्थान पर मुग़ल फौजों का मुकाबला करने के लिए पहुँच गया। इस संग्राम में दोनों ही पक्षों के लोग भारी संख्या में हताहत हुए। यद्यपि इस युद्ध में, जाटों ने अत्यधिक वीरता का प्रदर्शन किया किंतु प्रशिक्षित मुग़ल सैनिकों और उनके तोपखाने के आगे वे टिक नहीं सके। वे पीछे हटकर तिलपत आ गए। हसन अली ने उनका पीछा किया और उनकी गढ़ी को घेर लिया। यहाँ तीन दिन लड़ाई चलती रही जिसमें युद्धरत पक्षों ने बंदूकों और तीरों का उपयोग किया। चौथे दिन मुग़लों ने घिरे हुए लोगों पर चारों तरफ से हमला कर दिया तथा दीवारों को

---

88. *मासिर*, 93; *एम.यू.*, I, 437 और 618; सी.एफ़. *फतूहात*, 53ए.
89. *मासिर*, 83 और 84; *एम.यू.*, I, 618, II, 673
90. *मासिर*, 91-92; *कंवर*, II, 166; सरकार कृत *औरंगज़ेब*, III, 294

तोड़कर वे तिलपत में घुस गए। फिर यहाँ खूनी युद्ध हुआ। जाटों ने इसमें दु:साहसी वीरता तथा निर्भीक पराक्रम का प्रदर्शन किया। वह दिन तो अनुभवी मुग़लों का जरूर रहा, किंतु वे अपने 4,000 जवान गवाँ बैठे। पराजितों में से 5,000 मारे गए तथा 7,000 बंदी बना लिए गए। गोकुल अपने दो साथियों, 'सोंकी' (उदय सिंह सिंघी)[91] सहित, हसन अली के पेशकार शेख रज़ीउद्दीक के प्रयासों से जीवित पकड़ लिया गया। इनको तथा अन्य बंदियों को शहंशाह के समक्ष पेश किया गया। वह अत्यधिक कुपित था, उसने कोतवाली (आगरा) के चबूतरे पर गोकुल और सिंघी की बोटी-बोटी काट देने का हुक्म दिया। अन्य बंदियों का भी या तो वही हाल किया गया जो उनके नेता का हुआ था या उन्हें जंजीरों में जकड़ दिया गया।[92]

अपने नेता के पतन से गोकुल के अनुयायियों की हिम्मत पस्त हो गई। हसन अली खाँ उनके साथ बहुत सख्ती से पेश आया। अगले कुछ और महीनों तक वह विद्रोहियों तथा उनके परिवारों को कत्ल करता रहा, उन्हें बंदी बनाता और लूटता रहा, तथा यमुना के दोनों तटों पर बने उनके मज़बूत गढ़ों को तोड़ता रहा। इस विद्रोह के अंतिम अवशेष शीघ्र ही ध्वस्त हो गए तथा कुछ समय के लिए उस प्रदेश में शांति पुन: स्थापित हो गई। इसके बाद 6 अप्रैल, 1670 (25वीं ज़िक़दा, 1080 अल हिजरी) को औरंगज़ेब ने हसन अली को अपने दरबार में उपस्थित होने की अनुमति दी और उसकी विशिष्ट सेवाओं के लिए उसकी प्रशंसा की।[93]

विद्रोह का परिणाम

मुग़ल साम्राज्य के इतिहास में जाटों द्वारा इतने भयंकर विद्रोह का झंडा इससे पहले कभी बुलंद नहीं किया गया था जैसाकि मथुरा के जाटों ने गोकुल के नेतृत्व में सन् 1669 में किया था। यद्यपि यह विद्रोह असफल रहा फिर भी जाट इतिहास के भावी दौर पर इसका, अप्रत्यक्ष ही सही, अच्छा खासा प्रभाव पड़ा और आगे-चलकर मुग़ल साम्राज्य पर भी इसकी प्रतिक्रिया हुई। जाटों को 1669 में जिस भारी पराजय का सामना करना पड़ा उससे एक सबक भी उन्होंने सीख लिया। अपनी युद्ध प्रणाली की कुछ सामरिक त्रुटियों का पता उन्हें चल गया। आमने-सामने के युद्ध में उन्होंने अपने 20,000 वीर बंधुओं को मुग़ल सैनिकों द्वारा आसानी से परास्त होते देखा था। इससे उन्हें यह जरूर स्पष्ट हो गया होगा कि समुचित सैनिक प्रशिक्षण और पर्याप्त सैन्य साज-सामान के बिना उनका अकेला दु:साहसी शौर्य तथा अदम्य पराक्रम शक्तिशाली मुग़ल सेना का सामना नहीं कर सकता। इसके

---

91. यह बताया जाता है कि उसका पूरा और सही नाम उदय सिंह सिंघी था। वह गोकुल का चाचा था और मौज़ा गिरसा में रहता था। देखें, गंगा सिंह, कृति उद्धरण, I, 43
92. *फतूहात,* 53ए.-53बी.; *मासिर,* 93-94; *कंवर,* II, 166; एम.यू., I, 437 और 618
93. *मासिर,* 100; *रोज़नामचा,* 133

अलावा तीन दिनों की अल्पावधि में ही तिलपत के पतन ने उन्हें अपनी सुरक्षा की निकम्मी भेदता और तत्संबंधी निहितार्थों से भी अवगत करा दिया होगा। राजाराम और चूड़ामन द्वितीय की रणनीतियाँ स्पष्टतया यह बताती हैं कि 1669 की असफलता से जाट लाभान्वित हुए थे।

उन्होंने धीरे-धीरे अपनी विद्यमान सैन्य विधियों में परिवर्तन करना शुरू कर दिया। परवर्ती जाट नेता युद्धकर्म में अनुशासन तथा समुचित साज-सामान की प्रभावकारी शक्ति के प्रति सजग हो गए। फिर उनकी प्रवृत्ति ऐसे घने जंगलों में अपने क़िले बनाने की होती गई जो शक्तिशाली सेनाओं के आघातों को सहन करने में सक्षम हों। इसी तरह वे गोकुल के उतावलेपन से परहेज करते हुए महाबली मुग़लों से आमने-सामने की लड़ाई मोल लेने से बचते रहे।

गोकुल की बग़ावत ने भावी पीढ़ी को राजनीतिक स्वरूप की भी एक प्रेरणा दी, अर्थात् उन्होंने एक संयुक्त नेतृत्व के अधीन काम करने की उपादेयता को भी समझा। जाटों के लिए कोई भी बाहरी नियंत्रण असहनीय रहता था। उनकी इस ख्याति से तो हम परिचित ही हैं। यद्यपि 1669 में सफलता ने उन्हें अलंकृत नही किया, किंतु, संभवतः, यह बात उनके लिए उत्साहजनक थी कि उनके संयुक्त प्रयासों ने ऐसी जबर्दस्त स्थिति पैदा कर दी जिससे कि मुग़ल सम्राट तक विचलित हो गया और उसे मजबूर होकर स्वयं अशांत क्षेत्र में दौड़कर जाना पड़ा। दूसरी ओर, उन्हें इस बात से निराशा भी हुई कि उनके मुख्य नेता, गोकुल के न रहते ही उनकी समस्त प्रतिरोधशक्ति शिथिल हो गई। इससे लगता है कि जाटों ने एक सांझा नेता के अधीन मिलकर काम करने के लाभ को समझा होगा। यद्यपि इस दिशा में प्रगति निश्चय ही बहुत मंद रही, किंतु कालांतर में यह बात उनके लिए यथेष्ट राजनीतिक महत्त्व की सिद्ध हुई। बाद के नेताओं के अधीन उनके संगठित प्रयास जब एक बार फलदायी साबित हुए तो उन्हें अपने उज्ज्वल भविष्य की संभावनाएँ दृष्टिगोचर होने लगीं, तथा उनकी परिस्थितिजन्य एकता ने भी एक निश्चित रूप धारण कर लिया। साँझा लाभ के विचार ने भी शायद कबीलाई एवं लोकतांत्रिक जाटों को राजतंत्र को तरजीह देने, उसे स्वीकार करने और अंततः उसे ही अपना लेने के लिए प्रेरित किया होगा। इन्हीं परिस्थितियों में जाट-शासित राज्य भरतपुर की उत्पत्ति और अंततः पटियाला, नाभा और जींद रियासतों के प्रादुर्भाव के कारणों को खोजा जा सकता है जो अभी हाल तक गणतंत्रात्मक थे।[94]

उपरोक्त तर्कों पर विचार करते हुए यह प्रतीत होता है कि जाटों के दीर्घकालीन हितों की दृष्टि से गोकुल के असफल प्रयास भी राजाराम और चूड़ामन द्वितीय के अधिक सफल संघर्षों से कुछ कम महत्त्वपूर्ण नहीं थे। इन दोनों के प्रदीप्त कार्यों

---

94. बिंगले कृत *सिख्स,* 12

ने गोकुल की छवि को धूमिल कर दिया है जिसके पूरे महत्त्व का यथोचित मूल्यांकन अब तक नहीं किया गया है।[95] इन्होंने जिन परिस्थितियों में काम किया उनमें पूर्णरूपेण समरूपता नहीं थी। बाद के दो भाग्यशाली जाट नेताओं की अपेक्षा गोकुल को अधिक विषम परिस्थितियों का सामना करना पड़ा था। इसमें संदेह है कि इन दोनों जाट नेताओं की बेहतर संगठन क्षमता के बावजूद गोकुल जैसी परिस्थितियों में इनको सफलता मिल पाती। अतः इस निष्कर्ष पर पहुँचे बिना हम नहीं रह सकते कि यद्यपि गोकुल असफल रहा, किंतु उसकी असफलता ने राजाराम और चूड़ामन द्वितीय की अनुवर्ती सफलता के लिए मार्ग प्रशस्त कर दिया।

जाट विद्रोह के पूर्व, मुग़ल साम्राज्य के अन्य भागों में और भी विद्रोह हुए थे।[96] किंतु वे इतने बड़े नहीं थे और जिन स्थानों पर वे हुए अपेक्षाकृत राजधानी से काफ़ी दूर थे। तथापि, गोकुल के अधीन हुई बग़ावत बिल्कुल भिन्न थी। समय, आकार और स्थान की दृष्टि से औरंगज़ेब की नाक के नीचे ही उसकी सत्ता को चुनौती देनेवाला यह पहला प्रयास था। यद्यपि इस तरह के प्रमाण तो नहीं मिलते, किंतु इस संभाव्यता को नकारा नहीं जा सकता कि उसके जीवट ने सतनामियों जैसे बाद के बाग़ियों को प्रोत्साहित किया होगा।

ऐसा प्रतीत होता है कि औरंगज़ेब की कठोर नीति ने स्वयं ही जाटों में विद्रोह की भावना उत्पन्न होने में अपना यथावत् अंशदान किया था। यद्यपि प्रथम जाट विद्रोह को उसने अपनी विशाल सैनिक शक्ति से दबा दिया था, किंतु उनके भीतर जो आक्रोश दबा हुआ था वह न केवल बढ़ता गया, बल्कि औरंगज़ेब के अविवेकी रुख से वह नए सिरे से भड़क उठा। यह सच है कि कोई भी निरंकुश शासन विद्रोहों को दृढ़ता से कुचले बिना जीवित रहने की आशा नहीं कर सकता, और शहंशाह के लिए अपनी राजधानी के आसपास हुए विद्रोह को सख्ती से कुचलना तो और भी जरूरी था, ताकि इस तरह के अन्य विद्रोहियों की आँखें हो जाएँ और वे सिर न उठा सकें। तथापि, साम्राज्य के भावी हित में बाग़ियों के विरुद्ध कठोर कार्यवाही का यदि औचित्य था तो उसके साथ ही उनकी न्यायोचित शिकायतों का निवारण और उनकी भावनाओं का प्रशमन भी उतना ही आवश्यक था। यह पहला अवसर था जब उन्होंने इतनी बड़ी संख्या में एक संगठित तरीके से साम्राज्य

95. कानूनगो के अनुसार (*जाट्स,* 39), गोकुल ने जाटों के दिलों में स्वाधीनता के नव-पल्लवित पौधे को सींचा था। किंतु सर डेंजिल इबट्सन लिखते हैं (द *पंजाब कास्ट्स,* 102) 'प्रबल स्वाधीनता' उनकी 'सफलतम विशिष्टताओं' में से एक रही है। जाट सदा आजादी के अनुगामी रहे।

96. छोटे-छोटे विद्रोहों के लिए देखें, सरकार कृत *औरंगज़ेब,* III, 21 एफ़.एफ़.

की सत्ता को ललकारा था।[97] औरंगज़ेब ने उनसे समझौता करने के लिए कुछ अधिक नहीं किया। सिवाय इसके कि फसलों की रक्षा करने और ग्रामीणों को सैनिकों के उत्पीड़न से बचाने या बच्चों को बंदी बनाने से रोकने के लिए 200 घुड़सवार भेज दिए।[98] निस्संदेह, वह आम काश्तकारों की आर्थिक कठिनाइयों को दूर करने को उत्सुक था किंतु, जैसाकि हम पहले देख चुके हैं, उसके बार-बार जारी किए गए फ़रमान सामान्यतया निष्प्रभावी ही रहते थे।

औरंगज़ेब ने ऐसा मार्ग अपनाया जिसने जाटों को उससे पहले से अधिक विमुख कर दिया। उसने जाटों से जबर्दस्त प्रतिशोध लिया। सात हज़ार बंदियों के साथ जो दुर्व्यवहार किया वह तो अलग, उनके नेता गोकुल के परिवार को उसने बलात् मुसलमान बना लिया। गोकुल की पुत्री का विवाह शाह कुली चेला से करा दिया और उसके पुत्र का नाम बदलकर फ़ाज़िल रख दिया गया।[99] गोकुल के परास्त होने के बाद भी मुग़ल सेनाएँ जाटों को बंदी बनाती और उनको लूटती रहीं। इससे भी संतुष्ट न होकर औरंगज़ेब ने अपना क्रोध केशवराय के मंदिर पर उतारा। इसे (रमज़ान के महीने में, 1080 अल हिजरी–13 जनवरी से 11 फरवरी, 1670) भूमिसात् करके इसके स्थान पर एक मस्जिद बनवा दी गई। इस मंदिर की प्रतिमाओं को अपवित्र किया गया तथा बाद में उन्हें आगरा स्थित बेगम साहिबा मस्जिद की सीढ़ियों के नीचे दबवा दिया गया। मथुरा का नाम बदलकर 'इस्लामाबाद' और वृंदावन का 'मोमिनाबाद' रख दिया गया। ब्रज के शेष पवित्र स्थानों के मंदिरों और देव-विग्रहों को धीरे-धीरे नष्ट कर दिया गया।[100] इसने घावों पर नमक का काम किया। उनके नेता और संबंधियों के प्रति किए गए अपमानजनक व्यवहार ने पूरे कबीले की भावनाओं को आहत कियां होगा जिनकी सामाजिक चेतनाएं कबाइली भावना में सदा सर्वोपरि रहती थीं। ऐसा प्रतीत होता है कि अपनी तमाम होशियारी और समझदारी के बावजूद जाटों के स्वभाव को औरंगज़ेब पहचान नहीं पाया, जो सामान्यतया मृदु और प्रसन्नचित्त होते हैं, और यदि उन्हें उत्तेजित न किया जाए तो वे दु:साध्य नहीं होते।[101] मोदाब इस बात को ज़ोर देकर कहता है कि भरतपुर

---

97. जाट कुछ समय तक अशांत रहे। किंतु यह स्थिति स्थानीय उत्पीड़न के कारण बिल्कुल नहीं थी। *स्टोरिया,* II, 77; सरकार कृत *औरंगज़ेब,* III, 291-292; *मथुरा गज़ेटियर,* 194; ज़ेड. फारुकी कृत *औरंगज़ेब एंड हिज़ टाइम्स* (बंबई 1935), 124 भी देखें।
98. *मासिर,* 92
99. वही, 94; *कंवर,* II, 166; एम.यू., I, 437
100. *मासिर,* 95-96; *स्टोरिया* II, 167; रघुवीर सिंह कृत *ब्रज,* I, 163; फारुकी (कृति उद्धरण, 125), जो आमतौर पर औरंगज़ेब का पक्ष-समर्थक है, उसका यह भी विचार है कि मंदिर को गिरवाना एक प्रतिशोधात्मक कार्यवाही थी।
101. इबटसन, कृति उद्धरण, 102; बिंगले कृत *सिख्स,* 91-94

के जाट 'सामान्यतया सज्जन हैं' जो अपने काम-से-काम रखते हैं और 'सदा सशस्त्र रहने के भी अभ्यस्त नहीं हैं।'[102] आमतौर पर ये ऐसे ही लोग थे जिनसे औरंगज़ेब का साबिका पड़ता था। जाटों से अपने व्यवहार में यदि औरंगज़ेब ने थोड़ी भी होशियारी और दूरदर्शिता से काम लिया होता तो यह विश्वास करने के आधार हैं कि उन्हें बहुत हद तक प्रशमित तथा उनकी परवर्ती अराजक कार्यवाहियों की संभावनाओं को कम किया जा सकता था। किंतु औरंगजेब में उस 'हार्दिक स्नेह' तथा 'पराजित शत्रु के प्रति उदारता' का अभाव था जो अकबर में विद्यमान था जिसके लिए लोग उसे अपना अनुराग देते तथा उसकी प्रशंसा करते थे।[103] शूरवीर और दुर्दमनीय जाटों को क्रूरता से कुलचने के प्रयासों को औरंगज़ेब की राजनीतिक बुद्धिमत्ता नहीं कहा जा सकता। औरंगज़ेब, संभवतः अत्यधिक जिद्दी, प्रतिशोधी और विचारशून्य था[104] वह यह अनुमान नहीं लगा सका, जैसाकि कुछ अन्य मामलों में भी उसे करते देखा गया, कि राजधानी के पास-पड़ोस में ऐसे दुर्दमनीय लोगों का अतिशय क्रुद्धावस्था में छोड़ देने के क्या दुष्परिणाम हो सकते हैं। जब तक उत्तर भारत में स्थिति शहंशाह की मज़बूत पकड़ में रही तब तक तो जाट कुछ बोले नहीं और शांत रहे, किंतु जैसे ही इसमें कुछ ढील दिखाई दी वैसे ही उनका दबा हुआ क्रोध भड़क उठा और वे पहले से अधिक ताक़त से अराजकता के मार्ग पर चल निकले। इस तरह जाटों से संबंधित औरगंज़ेब की नीति का उद्देश्य ही निष्फल हो गया और अंततोगत्वा वह साम्राज्य के लिए हानिकारक सिद्ध हुई। यह ठीक ही कहा गया है कि किंचितमात्र अविवेक और एक त्रुटिपूर्ण नीति पर अड़ जाने के कार्य ने 'शांतिपूर्ण काश्तकारों (जाटों) को धधकती ज्वाला' के रूप में उसी तरह परिवर्तित कर दिया जिस प्रकार 'मित्रों (राजपूतों) को शत्रुओं' में बदल दिया था।[105] यद्यपि यह विरोधाभास प्रतीत होता है, किंतु लगता है कि जाटों में अवज्ञाकारी रुख की अवस्थिति और अंततः उनकी राजनीतिक शक्ति का प्रादुर्भाव औरंगज़ेब की अदूरदर्शी और प्रतिशोधात्मक नीति का परिणाम था।[106]

---

102. ऊर्ध्व, 7
103. सरकार कृत *स्टडीज़ इन मुग़ल इंडिया,* 62
104. सरकार कृत *स्टडीज़ इन मुग़ल इंडिया,* 44
105. ए.बी.पांडेय कृत *लेटर मेडिवल इंडिया* (इलाहाबाद : 1963), 247
106. यू.एन.शर्मा कृत, *इतिहास,* 90; रघुवीर सिंह कृत *ब्रज,* 164

2

मुग़ल शासन का विघटन और जाटों का पुनरोत्थापन (1680-1707)

गोकुल के नेतृत्व में हुए विद्रोह के अनुवर्ती दशक में मुग़लों का शासन बहुत सुदृढ़ स्थिति में था। औरंगज़ेब अपने अधिकतर सैन्यबलों के साथ उत्तर भारत में पैर जमाए हुए था। मुग़ल साम्राज्य के विपुल साधन अब तक उन दबावों से मुक्त थे जो उसे आगे चलकर (औरंगज़ेबी शासन के उत्तरार्द्ध में) झेलने पड़े थे। शूरवीर राजपूत अभी शहंशाह से विमुख नहीं हुए थे और उसकी शक्ति की अभिवृद्धि कर रहे थे। कुछ विद्रोह और युद्ध इन वर्षों में जरूर हुए थे जिनसे सरकार का ध्यान उनकी ओर बँट जाता था, किंतु सामान्यतया शहंशाह अपनी कठिनाइयों का समाधान करने में सफल रहता था। सतनामियों को दबाकर चुप कर दिया गया था। गुरु तेग बहादुर को पकड़कर मार डाला गया था और पंजाब की स्थिति को फ़िलहाल नियंत्रण में कर लिया गया था। अड़ियल और दुर्दमनीय अफ़ग़ानों के विरुद्ध मुग़ल स्थिति के सुधार में शक्ति और कूटनीति दोनों ने मिलकर काम किया था। बुंदेला सरदार, छत्रसाल, नियंत्रण में नहीं आ सका था, किंतु उसके तेवर अभी इतने टेढ़े नहीं हुए थे। शिवाजी के हाथों मुग़ल शस्त्रों को झटका लगा था, किंतु दक्षिण की घटनाएँ उत्तर भारत या मुग़ल साम्राज्य के भविष्य को प्रभावित करने जितनी विकट नहीं हुई थीं। इसी तरह असम[1] में अहोमों के विरुद्ध अपनी जड़ें जमा पाने में शासन की असफलता का भी साम्राज्य की सामान्य स्थिति पर कोई प्रतिकूल असर नहीं पड़ा था। इस प्रकार अपने समस्त संभावित शत्रुओं से निपटने में औरंगज़ेब लगभग सफल रहा था।

तथापि, उत्तर भारत में राजनीतिक मामलों पर प्रशासन का नियंत्रण इस कालावधि में बहुत मज़बूत था, किंतु इसी दौर में शहंशाह द्वारा हिंदुओं पर धार्मिक अत्याचार को भी बढ़ते देखा गया। साम्राज्य में मंदिर तेज़ी से तोड़े गए, सरकारी पदों से हिंदुओं को दूर रखा गया और इसके ऊपर से उन पर जज़िया भी थोप

---

1. उपरोक्त विकासक्रमों के विवरण के लिए देखें, सरकार कृत *औरंगज़ेब*, III, 4 183-191, 228-244, 298-301, 313-314, V, 395 एफ़. एफ़.

दिया गया। इस प्रकार की कार्यवाहियों से गैर-मुस्लिमों में शासन के प्रति कटुता बढ़ी और वे विद्रोह पर उतारू होते दिखाई दिए। प्रकटतः औरंगज़ेब की नीति उत्तर भारत में सन्निकट तूफ़ान के लिए एक पृष्ठभूमि तैयार कर रही थी।

जाट, यद्यपि विद्रोह की आग से भीतर-ही-भीतर खदबदा रहे थे किंतु इन दस वर्षों में वे शांत रहने के लिए बाध्य थे। उनकी इस निष्क्रियता के कारण खोजना कठिन नहीं है। साम्राज्य ने उनको किस निर्दयता से कुचला था इसकी कटु-स्मृति अभी उनके मानस-पटल से ओझल नहीं हुई थी। शहंशाह अपने शत्रुओं पर किस तरह से भारी पड़ रहा था इसे देखकर भी शायद वे रुके हुए थे। इसके अतिरिक्त मुग़लों से अपने गत संघर्ष में जो क्षति उठानी पड़ी थी जाट अभी संभवतः उसे पूरा नहीं कर पाए थे। उनके शांत रहने का एक महत्त्वपूर्ण कारण शायद यह भी था कि वे उतावलेपन में शहंशाह से संघर्ष करने की अपनी पिछली ग़लती दोहराना नहीं चाहते थे, और वह भी उस समय जब उत्तर भारत उसकी मुट्ठी में मज़बूती से जकड़ा हुआ था।

स्पष्टतया, जाट एक उपयुक्त अवसर की तलाश में थे। यह अवसर उन्हें तब मिला जब औरंगज़ेब उत्तर भारत से विदा हुआ तथा बाद में दक्षिण के अनवरत युद्धों में फँस गया।[2] समय गुज़रता गया फिर भी शहंशाह अपने सर्वोत्तम सेनापतियों तथा अधिकांश सेना के रहते हुए भी दक्षिण से निकल ही नहीं पाया। इससे ख़जाना खाली होने लगा, सेना घटने लगी, और मुग़लों के शस्त्रों की प्रतिष्ठता भी गिर गई। उत्तर भारत, जो अंदर-अंदर से औरंगज़ेब की नीतियों के कारण धधक रहा था, औसत अधिकारियों के सहारे छोड़ दिया गया। अपनी क्षीण हो गई शक्ति के कारण वे जनता में फैले व्यापक असंतोष का मुकाबला करने में दिन-पर-दिन असमर्थ होते दिखने लगे। इन सबसे प्रशासन का ढाँचा बिखर गया। राजपूताना, आगरा, बुंदेलखंड, पंजाब, मालवा, बिहार और धुर उत्तर-पश्चिम में शक्तिशाली विद्रोह का बवंडर उठ खड़ा हुआ।[3]

जाटों की बेचैनी से भरी शांति का संक्षिप्त दौर 1680 दशक के प्रारंभ में उस समय समाप्त हुआ जब उन्होंने फिर हथियार उठा लिए। इसके नेता बदल गए, रणनीति में परिवर्तन हुए और सफलताओं में उतार-चढ़ाव आए किंतु विद्रोह जब एक बार शुरू हुआ तो वह चलता ही रहा और अंततः सूबा आगरा में मुग़ल सत्ता उखाड़ फेंकी गई तथा भरतपुर की स्थापना हुई।

ब्रजराज का उदय

हमें जिस पहले नेता का पता लगा है कि वह सिनसिनी (भरतपुर से 16 मील

---

2. *स्टोरिया,* II, 300; *रोज़नामचा,* 133; *मेम्वोआर दे यात* 10; एम.यू., I, 437
3. विवरण के लिए देखें, सरकार कृत *औरंगज़ेब* V, 359 एफ़.एफ़.

उत्तर-पश्चिम में स्थित) का ब्रजराज था।[4] बहुत अधिक संभव है कि यह वही ब्रजराज था जिसे मानुची ने आगरा के किसानों का ऐसा नेता बताया था जो 'वय में अधिकतम तथा प्रभुत्व में महत्तम' था। जाटों ने अपने सिर उठाते ही शहंशाह के राजकोष को मालगुजारी देना बंद कर दिया था।[5] इन गाँववालों से राजस्व वसूल करने के लिए औरंगज़ेब ने आगरा क्षेत्र के फ़ौजदार मुल्तफ़ात खाँ, को भारी सैन्यबल के साथ भेजा। मुल्तफ़ात खाँ ने एक गाँव पर हमला किया जहाँ विद्रोही एकत्रित थे। उनके नेता ने ख़ान को पहले तो आश्वासन दिया किंतु बाद में अपने साथियों को भड़का दिया। मालगुज़ारी देने के बजाय मर जाने का संकल्प करके वे बाहर निकल आए तथा इतने दुःसाहस से लड़े कि फौजदार की सेना को भागते ही बना। उसे अपमानित करके उन्होंने मुल्तफ़ात खाँ को छोड़ दिया जो 26 जून, 1681 (19वीं जमादी II, 1092 अल हिजरी) को अपने घावों के कारण मर गया।[6]

ब्रजराज ने सड़क पर चलते राहगीरों और काफ़िलों को भी लूटा। सन् 1682 में एक मुग़ल सैन्य दस्ते ने उसके मजबूत गढ़ सिनसिनी तक उसका पीछा किया और उसे घेर लिया। इस जाट सरदार ने अपनी औरतों को तो किसी प्रकार गढ़ी से निकालकर दूर भिजवा दिया किंतु अपने किले की रक्षा करते हुए वह स्वयं और उसका पुत्र भाओसिंह (भावसिंह) मारे गए। सिनसिनी पर शत्रु का कब्जा हो गया। सिनसिनी से भागकर ब्रजराज के परिवार ने बयाना से 5 मील पर स्थित एक कच्ची गढ़ी में शरण ली। यहाँ भावसिंह की पत्नियों में से एक ने बदनसिंह नामक एक पुत्र को जन्म दिया। इसी के नाम पर यह गढ़ी अब तक बदनगढ़ी कहलाती है।

राजाराम जाट का उदय (1682-1688)

इसके बाद जिस सरदार के बारे में हम सुनते हैं वह सिनसिनी का प्रसिद्ध राजा

---

4. इंपीरियल गज़ेटियर, VIII; 75 इसमें इसके नाम की वर्तनी 'Brijh' दी गई है जो Brij Raj का अशुद्ध रूप है। यह खान चंद का पुत्र था। देखें, सूदन कृत *सुजान चरित्र* (काशी संपादित); गंगा सिंह, उद्धृत में, 47; यू.एन. शर्मा कृत *इतिहास,* 100 एफ़
5. *स्टोरिया,* II, 209
6. वही, 209-210; *मासिर,* 209; *एम.यू.* II, 282
7. *ओडियर सेटिलमेंट रिपोर्ट, भरतपुर* गंगा सिंह द्वारा उल्लिखित, उद्धृत कृति में, 47-48; सोमनाथ, *दीर्घ नगर वर्णन* (काशी नागरी प्रचारिणी, हिंदी पांडुलिपि)3, *रस पीयूषनिधि* और *सोमनाथ ग्रंथावली* में *माधव विनोद* (सुधाकर पांडेय द्वारा संपादित, काशी, 1971), 3, और 318, भाओ सिंह के गुणों का अतिशयोक्तिपूर्ण वर्णन है।

एक जाट है।[8] वह ब्रजराज के भाई भागवत उर्फ भज्जा सिंह का पुत्र था।[9] उत्तर भारत में औरंगज़ेब और उसकी सर्वोत्तम सेनाओं की अनुपस्थिति तथा स्थानीय अधिकारियों के आलस्य और उनकी कमजोरियों ने राजाराम को उपयुक्त अवसर प्रदान कर दिया।[10] प्रकटतः, मुग़लों की ओर से उस प्रकार के प्रतिरोध की संभावना कम थी जिसने 1669-70 में जाटों को निराश कर दिया था। आसपास की परिवर्तित राजनीतिक स्थिति उनके इस कठिन और दुर्दांत पथ पर अग्रसर होने की सफलता सुनिश्चित करती प्रतीत होती थी।

राजाराम ने अतीत से शिक्षा लेने तथा वर्तमान में आवश्यकताओं को समझने की क्षमता प्रदर्शित की। गोकुल के उदाहरण से उसने समझ लिया कि प्रशिक्षण तथा उपयुक्त उपकरणों की कमी, शक्तिशाली मुग़ल सेना से आमने-सामने की जमकर लड़ाई तथा जाटों के कमज़ोर सुरक्षात्मक मोर्चे ऐसे ही कुछ कारण थे जिनसे 1669-70 में जाटों को मात खानी पड़ी थी। इस बार उसने जो पुनर्गठन किया था उससे प्रकट हो गया था कि इन सुस्पष्ट त्रुटियों को दूर करने का उसने प्रयास किया था। वह जानता था कि बहादुर जाट एक नेता के अधीन बेहतर नतीजे दिखा सकते हैं। इस उद्देश्य से उसने अपने सिनसिनवार गोत्रियों को रामचेहरा के नेतृत्ववाले सोगरिया जाटों से मिला दिया। भरतपुर से कोई 4 मील दक्षिण-पूर्व में स्थित सोगर[11] दुर्ग राम चेहरा के पास था। उसने सिदगिरी (बयाना, रूपबासिया)[12] क्षेत्र के जाटों से भाईचारा स्थापित किया। आमेर के राजा रामसिंह[13] के विरुद्ध रणथंभौर के जाटों को भी उसने अपना मित्र बना लिया। समकालीन खरीतों के आधार पर निश्चित रूप से इस निष्कर्ष पर पहुँचा जा सकता है कि लोगों को एकत्रित करने में राजाराम एक महत्त्वपूर्ण व्यक्ति सिद्ध हुआ तथा उसके नेतृत्व के भारी संख्या में जाट एकजुट हो गए। इसके बाद उसने अपने अनुयायियों को सैनिक दृष्टिकोण से संगठित करना शुरू कर दिया। उसने उन्हें सैनिक प्रशिक्षण दिया तथा उनको अग्नेयास्त्रों से सुसज्जित किया। उसने उन्हें विभिन्न कप्तानों के अधीन रेजिमेंटों (सैन्यदलों) में संगठित किया। इसके साथ ही उसने स्वच्छंद और स्वतंत्रताप्रिय जाटों में अनुशासन की भावना हृदयस्थ कराते हुए उनके अनुशासित रहने और कप्तान के आदेशों का पालन करने की आवश्यकता पर बल दिया। इस प्रकार उसने उन्हें एक नियमित सेना

---

8. 'मासिर', 311; *फतूहात,* 131 B; *मेम्वोआर दे यात,* 9
9. *सुजान,* 5; गंगा सिंह, उद्धृत कृति, 32 और 48; यू.एन. शर्मा, *इतिहास* 100 एफ़
10. *स्टोरिया,* II, 300; *रोज़नामचा* 133-134; *एम.यू.* I, 437; *मेम्वोआर दे यात,* 9
11. *मेम्वोआर द यात,* 9, 10
12. *वंशभास्कर,* 2886
13. राम पांडेय कृत, *भरतपुर,* 8 और 10

सदृश संगठन प्रदान किया।[14] इतना ही ध्यान उसने अपनी प्रतिरक्षा और बचाव को सुदृढ़ करने की ओर भी दिया क्योंकि उसने देखा ही होगा कि बचाव की उचित व्यवस्था न होने के कारण तिलपत को किस तरह आसानी से जीतकर गोकुल के अधीन जाट विद्रोह को कुचल दिया गया था। अतएव राजाराम ने अपने दुर्ग दूर और घने जंगलों में बनाए तथा उनको मिट्टी के परकोटों से घेर दिया। घने जंगलों का परिसर और मिट्टी की दीवार होने से वे गोकुल के गढ़ों से भी अधिक मज़बूत[15] हो गए। इन किलों ने सैनिक कार्यवाहियों के अड्डों और शरणस्थली का काम तो दिया ही, साथ ही लूट का माल भी यहीं छिपाया जाता था। जैसाकि उसके दाँव-पेचों से स्पष्ट है कि राजाराम ने जाट-युद्ध के परंपरागत तरीकों का ही इस्तेमाल किया जिसे 'धार' (गुरिल्ला युद्ध) कहते हैं। वह मुग़लों से सामने के युद्ध से सदा बचता रहा और उसने अचानक हमलों पर भरोसा किया। इससे उसे न्यूनतम हानि के साथ अधिकतम लाभ हुआ।[16] जैसाकि हम आगे देखेंगे ये परिवर्तन बहुत लाभदायक सिद्ध हुए तथा शनैः-शनैः इनसे जाट विद्रोह को सफलता मिली।

इस प्रकार अपनी तैयारी करके राजाराम ने आगरा सूबे के गाँवों पर हमले करने शुरू कर दिए। जाट रास्तों पर मँडराते रहते थे और उधर से गुजरने वाले काफ़िलों तथा यात्रियों को लूट लेते थे। आगरा का सूबेदार शफ़ी खाँ तो यथार्थतः आगरे के किले में घिर गया था। अन्य विद्रोहियों के साथ नरूकाओं, पवाँरों, गूजरों और मेवों ने धौलपुर और दिल्ली, तथा, बरास्ता हिंडौन और बयाना, आगरा और अजमेर के बीच सड़कों को सामान्य यातायात के लिए वस्तुतः बंद कर दिया। विद्रोहियों ने कितना भयंकर आतंक फैला रखा था वह एक ही उदाहरण से स्पष्ट हो जाएगा कि मथुरा जैसे महत्त्वपूर्ण स्थान में जामा मस्जिद के अतिरिक्त अन्य कोई जगह सुरक्षित नहीं समझी जा रही थी।[17] राजाराम ने तो सिकंदरा में अकबर का मक़बरा भी लूटने का प्रयास किया था। किंतु स्थानीय फौजदार, मीर अबुल फ़ज़ल ने उसके हमले को असफल कर दिया। उसने सिकंदरा से 10 मील दूर

---

14. कानूनगो कृत *जाट्स*, 40; यू.एन.शर्मा (*इतिहास*, 104-105) ने दबाव किया है कि औरंगज़ेब ने राजा राम को दिल्ली बुलाया था जहाँ उसकी आवभगत की गई तथा उसे 'मथुरा की गद्दी और 575 गाँवों की जागीर दी गई थी।' तथापि, इसकी पुष्टि के लिए इन्होंने इसके समर्थन में समसामयिक ग्रंथ का प्रमाण उद्धृत नहीं किया है।
15. *मेम्वोआर* दे *यात*, 10, पाद-टिप्पणी भी, 11
16. वही, 9-10
17. *फतूहात*, 131b, 132b; *स्टोरिया*, II, 300; *रोजनामचा*, 134b; *मेम्वोआर* दे *यात*, 10-11; एम.यू. I, 437; कानूनगो, *सम साइडलाइट्स ऑन द करीअर ऑफ राजा बिशन सिंह कछवाहा ऑफ अंबेर*, भारतीय इतिहास कांग्रेस की कार्यवाही, 1948, XI

विद्रोहियों को ललकारा और उन्हें भगाने में वह सफल रहा, यद्यपि इस युद्ध में वह बुरी तरह घायल हो गया तथा उसके सैनिक भी भारी संख्या में मारे गए थे। राजाराम को भी गहरी क्षति हुई थी। औरंगज़ेब ने उस फौजदार को इल्तिफ़ात खाँ की उपाधि से अलंकृत करके पुरस्कृत किया और 200 सवारों से उसके मंसब में भी वृद्धि कर दी। सिकंदरा में असफल रहने के बाद राजाराम ने शिकारपुर पर धावा बोल दिया और वहाँ से बहुत माल लूटा। वहाँ से वह रतनपुर की ओर चला गया।[18]

राजाराम की वारदातें बराबर बढ़ती रहीं।[19] इससे शहंशाह को चिंता हुई। अतः 3 मई, 1686 (19वीं जमादी II, 1097 अल हिजरी) को उसने विद्रोहियों को दंडित करने के लिए खान-ए-जहाँ बहादुर ज़फ़रजंग कोकलताश को नियुक्त किया। खान-ए-जहाँ ने प्रयास तो बहुत किए, लेकिन न तो वह जाटों के किसी गढ़ पर कब्जा कर सका और न उनको दंडित कर पाया।[20] अतएव उसने शाहज़ादा मोहम्मद आजाम को जाटों से विरुद्ध कार्यवाही का आदेश देकर भेजा। किंतु अभी वह बुरहानपुर तक ही पहुँचा था (जुलाई, 1687) कि गोलकुंडा में उसकी कुछ अधिक जरूरत महसूस की गई तो औरंगज़ेब ने शाहज़ादा को वापस बुला लिया। इसके बाद जाट-युद्ध में सर्वोच्च कमान सँभालने के लिए बिदार बख्त को भेजा गया (दिसंबर, 1687), खान-ए-जहाँ उसका सहायक बनाया गया।[21]

इस बीच राजाराम ने कुछ अधिक साहस का प्रदर्शन किया। वह मुग़ल सेनापति आग़र खाँ पर टूट पड़ा। जाटों ने धौलपुर के निकट जब उस पर हमला किया तब वह अपने परिजनों के साथ काबुल से बीजापुर जा रहा था। राजाराम उसके बैल, गाड़ियाँ, घोड़े तथा औरतें लेकर भाग लिया। आग़र खाँ ने उसका पीछा किया लेकिन जाटों से संघर्ष में अपने दामाद तथा 80 अन्य लोगों के साथ मारा

---

18. *फतूहात,* 131b-132b
19. वही, 132b
20. *मासिर* 274; *फतूहात,* 132b; *रोज़नामचा,* 133; *मुंतख्वाब-उल-लुबाब,* II, लेखक खफ़ी खाँ (बिव. इंडिया सीरिज़), 395; *कँवर,* II, 223; *एम.यू.* I, 437; *मेम्वोआर* दे *यात,* 10. अबुल फ़जल ममूरी के अनुसार औरंगज़ेब ने खान-ए-जहाँ को 'प्रकटतः तो जाटों का दमन करने के लिए भेजा था किंतु दक्कन में वह उससे पीछा छुड़ाना चाहता था, क्योंकि उस पर संदेह था कि मराठों से उसके संबंध मैत्रीपूर्ण हैं।'' देखें, *तारीख-ए-औरंगज़ेब,* एम.ए. अली द्वारा द *मुग़ल नोबिलिटी अंडर औरंगज़ेब,* 103-104 में उद्धृत।
21. *मासिर,* 298-299, 311; *रोज़नामचा,* 133; *के.के.,* II, 395; *कँवर,* II 231; *एम.यू.,* I, 437-438

गया। इस युद्ध में 200 जाट भी मारे गए।[22] इस साहसपूर्ण कारनामे से जो मनोवैज्ञानिक लाभ प्राप्त हुआ वह आर्थिक लाभ से कहीं अधिक था। सीमावर्ती अफ़ग़ानों के विख्यात दमनकर्ता को मारने और खदेड़ने से प्राप्त सफलता ने जाटों के साहस को जरूर अधिक धारदार बना दिया होगा। उन्होंने अपनी लूटमार और बढ़ा दी। राजाराम ने 1688 के प्रारंभ में महावत खाँ पर हमला कर दिया जो लाहौर जाते हुए सिकंदरा में डेरा डाले हुए था। यहाँ घमासान युद्ध हुआ जिसमें मुग़ल भारी पड़े और राजाराम को खदेड़ दिया गया। इसमें उसके 400 जवान मारे गए। शत्रु के 150 सैनिक मरे तथा 40 घायल हुए।[23]

कुछ समय बाद राजाराम पुनः प्रकट हुआ तथा आगरा के मनोनीत सूबेदार के आगमन में हो रहे विलंब का लाभ उठाते हुए सिकंदरा में अकबर के मक़बरे पर हमला करके उसे लूट लिया। यहाँ से जाट नेता सोने और चाँदी की वस्तुएँ, कालीन, लैंप, आदि लूट ले गया तथा जो नहीं ले जा सका उसे नष्ट कर दिया। मानुची के अनुसार जाटों ने अकबर की हड्डियाँ निकालकर उन्हें आग में भस्म कर डाला। मोहम्मद बक़ा (खान-ए-जहाँ का नायब) ने, जो उस समय आगरा में ही था, विद्रोहियों को भगाने के लिए कुछ नहीं किया। अतः, इसके दंडस्वरूप उसके मंसब में 500 तथा खान-ए-जहाँ के 1000 सवारों की कमी कर दी गई।[24] जाटों ने ताजमहल के रावरखाव का खर्च उठाने के लिए लगे गाँवों को भी लूट लिया। कुछ जाटों ने खुर्जा के आसपास लूटमार की, तो अन्यों ने पलवल में स्थानीय मुग़ल अधिकारियों को पकड़ लिया।[25]

इस संबंध में एक उल्लेखनीय तथ्य यह है कि स्थानीय मुग़ल अधिकारियों और सैनिकों ने आमतौर पर जाटों के कारनामों की अनदेखी कर दी और गुप्त रूप से उनके साथ मिलकर लूट में अपना भी हिस्सा बँटा लिया।[26] यह बात भी ध्यान देने की है कि आगरा में खान-ए-जहाँ का नायब मोहम्मद बक़ा उस समय बिल्कुल

22. *फतूहात,* 164b; *के.के.* (II, 395) में बताया गया है कि अपने घर की महिलाओं को बचाने के लिए आग़र खाँ सफल रहा, किंतु एक गढ़ी की घेराबंदी करते समय गोली से मारा गया; एम.यू., I, 155; सरकार कृत *औरंगज़ेब,* V, 297-298

23. *फतूहात,* 132a, 132b

24. *स्टोरिया,* II, 300; *फतूहात,* 132b-133a

25. पांडेय कृत *भरतपुर,* 7

26. इसका एक दृष्टांत यह है, आगरा के एक मुग़ल अधिकार, फ़जील खाँ को शाही खज़ाना पहरे में चंबल ले जाने का आदेश हुआ। तथापि, उसने गुप्त रूप से इसकी सूचना जाटों को दे दी तथा माँगने पर उन्हें अग्न्यस्त्र तक दे दिए। इसके बार पहले से बनी योजनानुसार वह ख़जाना लूट लिया गया। कानूनगो कृत *जाट्स,* 342; *जयपुर रिकॉर्ड्स* (सरकार के संग्रह से, आर.एस.एल. सीतामऊ प्रतिलेखन) पृष्ठ संख्या यहाँ उद्धृत, VII, 335; तुलना करें *मेम्वोआर दे यात,* 11

निष्क्रिय रहा जब राजाराम अकबर के मक़बरे को लूट रहा था। इससे औरंगज़ेब इतना क्रुद्ध हो गया कि उसने नायब के मंसब में 1000 सवारों की कमी कर दी।[27] इस बीच जाटों के साहस और उनकी हिम्मत से औरंगज़ेब चौंक उठा तथा उसने राजा रामसिंह (जो उस समय काबुल में था) को राजाराम को दबाने का आदेश दिया। किंतु अचानक मृत्यु के कारण राजा रामसिंह वहाँ नहीं पहुँच सका।[28]

इधर राजाराम ने अपने हठीले कार्यकलाप जारी रखे। उसकी शक्ति और साधनों की ओर अब औरों का भी ध्यान गया। इन्हीं दिनों बगधरिया (अलवर से 22 मील उत्तर-पूर्व में) तथा कुछ अन्य परगनों को लेकर चौहानों और शेखावत राजपूतों के मध्य खुला युद्ध प्रारंभ हो गया था। इधर चौहानों ने राजाराम से और उधर शेखावतों ने मेवात के मुग़ल फौजदार मुर्तज़ा खाँ से सहायता माँगी। बिदार बख्त, बूँदी के राव राजा अनिरुद्ध सिंह और हाड़ा के महाराज किशोरसिंह भी फौजदार के साथ शामिल होकर शेखावतों के पक्ष में हो गए। बीजल के निकट घमासान युद्ध हुआ। राजाराम का मुकाबला हाड़ा सरदार से था जिसे राजाराम ने बुरी तरह पराजित कर दिया। अनिरुद्ध सिंह स्वयं भी जाट हमले का मुकाबला नहीं कर सका। वह घबराकर अपनी सेना के साथ भाग निकला। जब युद्ध पूरे जोश में था तभी शूरवीर राजाराम ने बीच में घुसकर मुग़लों पर आक्रमण कर दिया। इस बीच एक मुग़ल बंदूकधारी ने एक वृक्ष से छिपकर राजाराम की छाती पर निशाना लगाकर गोली चला दी। वह घोड़े से गिरकर वहीं मर गया (बुधवार, 4 जुलाई, 1688–15वीं रमज़ान, 1099 अल हिजरी)। उसके गिरने से चौहानों के पतन का डंका बज गया। राजाराम का सिर उसके धड़ से अलग कर दिया गया तथा बाद में दक्षिण में औरंगज़ेब को भेंट किया गया (5 सितंबर–19वीं ज़ी-क़दा, 1099 अल हिजरी)। इस युद्ध में रामचेहरा जीवित पकड़ लिया गया। बाद में उसका सिर काटकर आगरा में सार्वजनिक रूप से प्रदर्शित किया गया।[29]

राजाराम के गुण-दोषों का आकलन

इस प्रकार राजाराम का अंत हुआ। एक जन नेता और एक सैनिक, संगठनकर्त्ता और रणनीतिज्ञ के रूप में वह निश्चय ही पिछले जाट सरदारों से बेहतर था। समसामयिक इतिहास पर उसके प्रभाव का मूल्यांकन अभी तक उचित ढंग से नहीं किया गया

27. *फतूहात,* 132b, 133a
28. वही, 133a
29. वही, 134a-135a; *जयपुर रिकॉर्ड्स,* XII, 1, 7; *मासिर,* 311-312; एम.यू. I, 438; तुलना करें *कँवर,* II, 231; *मेम्वोआर दे यात,* 11-12) में कहा गया है कि राजाराम की मृत्यु उसको लगे घावों से हो गई थी जब उसका पीछा किया जा रहा था; एम. एल. शर्मा कृत *कोटा राज्य का इतिहास,* 207-209

है। यह राजाराम ही था, न कि चूड़ामन द्वितीय, जिसने अपने योद्धा अनुयायियों से न्यूनाधिक अनुशासित सैनिकों के रूप में बदलने का प्रयाय किया। उसके नियमित सैनिकों की संख्या अधिक नहीं हो सकी थी, किंतु अग्नेयास्त्रों से सुसज्जित एक नियमित सेना खड़ी करने का श्रेय उसे ही मिलना चाहिए। इसके अतिरिक्त, उसने गुरिल्ला युद्ध की रणनीति तथा घने जंगलों में कच्ची गढ़ियाँ बनाकर प्रतिरक्षा का समुचित प्रबंध करने की आवश्यकता पर बल दिया। यह स्पष्ट है कि अपने से भारी मुग़ल सेना पर राजाराम के जोशीले आक्रमणों ने न केवल जाटों के गिरे हुए मनोबल को बहाल किया, बल्कि उनमें ऐसी शक्ति भर दी कि जिससे आगे चलकर छोटी-मोटी पराजयों या विपत्तियों को झेलने की उनमें सामर्थ्य आ गई।

राजाराम ने अपनी बिरादरी के लोगों का एक संयुक्त मोर्चा बनाने का लक्ष्य निर्धारित किया था, जिसमें वह सफल भी हुआ था, जैसाकि आगे चलकर चूड़ामन ने भी किया। किंतु अपने अविवेक के कारण जहाँ चूड़ामन उस एकता को बनाए रखने के असफल रहा, वहीं राजाराम ने अपने कौशल और साधनों से उसे बनाए रखा था। उसकी मृत्यु के बाद जाटों की एकता भंग होने के लक्षण दिखाई तो दिए थे, किंतु वे उसकी नीति के कारण नहीं, बल्कि एकता के सूत्र में पिरोनेवाले उसके जैसे व्यक्तित्व के ओझल हो जाने से प्रकट हुए थे। इस अस्त-व्यस्त कालावधि की एक समसामयिक रिपोर्ट (8 अगस्त, 1688–20वीं शव्वल, 1099 अल हिजरी) इसकी साक्षी है।[30] इससे यह स्पष्ट होता है कि अपनी जनता के नेता के रूप में राजाराम में चूड़ामन से बेहतर प्रतिभा थी। व्यष्टिपरक और कबीलाई बोध से युक्त जाटों के स्वभाव को पहचानने के लिए राजाराम की दृष्टि अधिक गहरी थी। सोगरिया और रणथंभौर के जाटों के साथ उसके व्यवहार को यदि संकेत मान लिया जाए तो हम देखेंगे कि राजाराम ने उनको उचित सम्मान देते हुए उनकी कृतज्ञता प्राप्त करके और उनमें विश्वास जमाकर अपने नेतृत्व को सुदृढ़ करने का प्रयास किया। यह सच है कि चूड़ामन द्वितीय ने राजाराम की अपेक्षा कहीं अधिक सफलता अर्जित की थी। अपनी असामयिक मृत्यु के कारण राजाराम अपनी नीति और कार्य को उनके युक्ति युक्त निष्कर्ष तक नहीं पहुँचा सका था। उसका कार्य तो अभी चल ही रहा था। फिर भी उसे ऐसी नीतियों के निर्माता होने का श्रेय तो मिलना ही चाहिए जिनसे, चूड़ामन सहित, उसके उत्तराधिकारियों का कार्य सरल हो गया था। कम-से-कम उसने जो धन-दौलत जमा की थी वह तो निश्चय ही उनके समय पर काम आई।[31] इसमें तो कोई संदेह ही नहीं है कि एक साँझा नेतृत्व, विभिन्न जाट कबीलों की एकता, एक नियमित सैन्य बल तथा अपने बचाव के लिए एक संशोधित युद्ध-नीति बनाने-अपनाने की आवश्यकता पर ज़ोर देकर

30. *जयपुर रिकॉर्डस्*, XII, 3, 7; रघुवीरसिंह *ब्रज में*, 166

31. *मेम्वोआर दे यात*, 9

राजाराम ने जाटों को एक नई दिशा दी। यहाँ यह कहना असंगत नहीं होगा कि यदि राजाराम अधिक दिन जीवित रहता तो उसने चूड़ामन से बाज़ी मार लेनी थी। अतएव इस आशय के विचार[32] का समर्थन करने के आधार बहुत कमज़ोर हैं कि राजाराम अपने कार्यों के कोई चिह्न नहीं छोड़ गया।

राजाराम ने जो कदम उठाए थे उनसे यह संकेत मिलता है कि वह मुग़ल सत्ता को उखाड़कर प्रादेशिक स्वाधीनता का स्वप्न देख रहा था। उसकी अकाल मृत्यु और उसके साथ ही शासकों के निरंतर तथा कठोर दबाव ने फिलहाल उसकी राजनीतिक महत्त्वाकांक्षाओं को छिन्न-भिन्न कर दिया था। फिर भी यह तो स्पष्ट है कि अपने जीवन काल में राजाराम ने जितनी भी सफलता प्राप्त की और अपनी भावी पीढ़ी के लिए जो विरासत वह छोड़ गया वह उसके अनुरूप मुग़ल साम्राज्य के लिए हानिकारक सिद्ध हुई। वह जब तक जीवित रहा उसने आगरा सूबा के एक बड़े भाग में मुग़ल सत्ता को तिरस्कृत और व्यावहारिक रूप में उखाड़ फेंका था। दिल्ली से चंबल तक के क्षेत्र में उसने अपनी गैर-कानूनी हुकूमत स्थापित कर रखी थी। उसके गिरोह छिटपुट तरीके से लूटपाट करते रहे। मुग़ल अधिकारी उन पर अंकुश नहीं लगा सके। उसका इतना भयंकर आतंक छा गया था कि तत्कालीन विचार इस प्रकार का बना था कि अकेले राजाराम का वध सिनसिनी पर कब्जा करने और जाटों को मार डालने के बराबर था।[33] परेशान औरंगज़ेब ने जाटों को कुचलने के लिए एक के बाद दूसरे सेनापति को नियुक्त किया किंतु सब व्यर्थ गया। यहाँ तक कि अपनी भारी फौज के साथ बिदार बख्त भी उन दुर्दांत जाटों के विरुद्ध कुछ न कर सका।

यह सुस्पष्ट है कि उसकी लगातार चुनौती के फलस्वरूप आग़र खाँ जैसे जाने-माने सेनापतियों को अपनी जान बचाने के लिए मैदान छोड़कर भागना पड़ा था या खान-ए-जहाँ सदृश विख्यात सिपहसालारों की स्थिति बहुत दयनीय बन गई थी, जिससे मुग़ल सेना भी प्रतिष्ठा को भारी धक्का लगा जो 1669-70 में हसन अली खाँ ने परिश्रमपूर्वक बनाई थी। यद्यपि राजाराम की मृत्यु से पड़ी फूट का लाभ उठाकर मुग़ल सरकार ने अस्थायी तौर पर जाटों को दबा दिया, किंतु उसकी सेना का वह पिछला दबदबा और सम्मान वापस नहीं आ सका और चूड़ामन के नेतृत्व में जाटों ने बग़ावत कर झंडा पुनः उठा लिया।

इस बात को बल देकर कहने की आवश्यकता नहीं कि जाटों की सफल चुनौती ने अन्य विद्रोहियों को भी प्रोत्साहित किया था। दिल्ली से आगरा के बीच के राजपथ को जाट विद्रोहियों ने पूरी तरह से बंद कर दिया था। ऐसे समय में जब औरंगज़ेब दक्कन के अविरत युद्धों में फँसा हुआ था तब इस नाकेबंदी ने

---

32. सरकार कृत *फ़ॉल ऑफ द मुग़ल एंपायर,* II (कलकत्ता : 1934), 426

33. *जयपुर रिकाड्‌र्स,* XII, 3

उसे अवश्य गहन चिंतामग्न किया होगा।[34]

राजाराम के विद्रोह ने सूबा आगरा में राजनीतिक और सैनिक समस्याएँ तो उत्पन्न की ही थीं उसकी आर्थिक स्थिति को भी प्रभावित किया था। इसमें कुछेक ऐसे क्षेत्र थे जहाँ से कुछ समय तक मालगुज़ारी की वसूली बिल्कुल नहीं हो सकी थी। इसका एक उदाहरण हमें बिशनसिंह को लिखे गए पत्र से मिलता है जिसमें कहा गया था कि जाटों के उत्पात के कारण कोल और इस्लामाबाद महाल 'नष्ट' हो गए हैं और वहाँ से राजकोष को मालगुज़ारी नहीं पहुँच सकी है।[35] इस आधार पर यह समझा जा सकता है कि कमोबेश ऐसी ही स्थिति जाट विद्रोह से प्रभावित अन्य क्षेत्रों में भी थी। मुग़लों को कितनी हानि हुई थी यह निश्चित करने के लिए हमारे पास दस्तावेज़ी प्रमाण तो उपलब्ध नहीं हैं, किंतु यदि इससे बहुत अधिक क्षति नहीं हुई होगी तब भी यह चिंता का एक कारण जरूर रहा होगा। वैयक्तिक राहगीरों का नुकसान अवश्य भारी रहा होगा, क्योंकि उन्हें सैनिक सुरक्षा प्राप्त नहीं थी।

यहाँ राजाराम तथा अन्य जाट नेताओं के नेतृत्व में हुए जाट विद्रोह के एक पहलू पर विचार करना अनुपयुक्त नहीं होगा। अपने सैनिक कार्यकलाप के पीछे-पीछे राजाराम और उसके साथी राजपथों पर और ग्रामीण क्षेत्रों में लूटमार करते थे। धनसंपन्न बनने का लूटमार एक सरल और द्रुतगामी तरीका था। निस्संदेह इसने लोगों को अराजक-मार्ग अपनाने के प्रति आकृष्ट किया।[36] इसके बावजूद जाट आंदोलन में लूटमार की स्थिति को अतिरंजित नहीं किया जा सकता। इससे यह निष्कर्ष निकालना कि उनकी यही एक प्रेरक शक्ति थी या लूट का माल इकट्ठा करना ही उनका लक्ष्य था, स्थिति के तथ्यों की उपेक्षा करना है।[37] स्थानीय अधिकारियों की कठोरता और लूट-खसोट की उनकी प्रवृत्ति तथा गूजरों जैसे उनके पड़ोसियों की डकैती संबंधी कार्यवाहियों ने भी जाटों को लूट-मार करने के लिए मजबूर किया। इसी तरह 1670 में मुग़लों ने जिस प्रकार उनसे बदला लिया था उससे भी उन्होंने यही सब करने का फैसला कर लिया होगा। जाटों ने देखा था कि मुग़ल सैनिकों ने उनके घर और धार्मिक स्थान किस तरह नष्ट किए थे, उनकी संपत्ति कैसे लूटी थी, उनकी महिलाओं को कैसे अपमानित किया था और पुरुषों पर कैसे-कैसे अत्याचार किए गए थे। हठीले और लड़ाकू होने के कारण इस सबको वे चुपचाप सहन नहीं कर सकते थे। अत: जब उन्हें मौका

---

34. *मेम्वोआर दे यात,* 11
35. जयपुर रिकाड्र्स, IX, 58-59, 375 भी; कानूनगो कृत *बिशन सिंह,* भारतीय इतिहास कांग्रेस की कार्यवाही, XI, 171
36. *मेम्वोआर दे यात,* 9
37. सतीशचंद्र कृत *पार्टीज़ एंड पॉलिटिक्स ऐट द मुग़ल कोर्ट,* 1707-1740 (अलीगढ़ : 1959), भूमिका, 34 इरफ़ान हबीब, उक्त ग्रंथ में, 341

मिला तो अपने शत्रु के साथ उन्होंने भी ऐसा ही व्यवहार किया। इसके अतिरिक्त ब्रज प्रदेश से होकर दक्कन की ओर जो युद्ध सामग्री तथा शाही खजाना जिस अल्प सुरक्षा व्यवस्था के साथ भेजा जाता था उससे भी ललचाकर उन्होंने लूटमार की होगी।[37a] अंततः, अपने सीमित साधनों के कारण जाट सरदारों ने अपनी राजनीतिक महत्त्वाकांक्षाओं को स्वाभाविकतया अचानक तथा शौर्यपूर्ण आक्रमणों में परिवर्तित कर दिया जिनसे धन तो प्राप्त हुआ ही, साथ ही साम्राज्यिक सत्ता में घुन भी लगने लगा। इससे यह जाहिर होता है कि जाटों की लूटकार संबंधी कार्यवाहियाँ उनके स्वभाव से प्रेरित न होकर परिस्थितिक अधिक थीं और उनके नेताओं ने इनका उपयोग एक लक्ष्य प्राप्ति के साधन के रूप में किया था, उसे अपना लक्ष्य नहीं बनाया था।

साम्राज्यिक कार्यवाहियाँ और जाटों के अनियमित कार्यकलाप : (1688-1695)

राजाराम ने जाटों में जो एकता स्थापित की थी वह उसकी मृत्यु के बाद टूटती नज़र आ रही थी।[38] उसकी मृत्यु और चूड़ामन द्वितीय के उदय-काल के मध्य के अंतराल में उनके बीच हमें कोई ऐसा योग्य नेता दिखाई भी नहीं देता। इस कालावधि पर प्रकाश डालनेवाली समसामयिक संवाद-रिपोर्टों में कई छोटे-छोटे जाट मुखियों के उठने तथा विभिन्न क्षेत्रों में उनके आतंक फैलाने की चर्चा की गई है।

राजाराम जैसे बुलंद व्यक्तित्व की अनुपस्थिति के अतिरिक्त, इस कालावधि में जाट कार्यकलाप के अनियमित होने की दो अन्य संभावनाएं भी हो सकती हैं। प्रथमतः, जैसाकि हम आगे देखेंगे, साम्राज्यिक, विशेषतया बिशनसिंह की, सेनाओं ने 1688 और 1695 के बीच विद्रोहियों के विरुद्ध बहुत शक्तिशाली अभियान चलाए। आगरा प्रांत की विभिन्न दिशाओं में वे लगातार दुर्ग घेरते और विद्रोहियों से लड़ते रहे। इस दबाव से मजबूर होकर बाग़ी इधर-उधर छिटपुट हमले करने के लिए मजबूर हो गए। दूसरे, सक्षम और प्रेरणाप्रद नेतृत्व के न होने के कारण उन्हें अपने आंदोलन को छितराना पड़ा।

राजाराम के अधूरे काम को पूरा करने के लिए किसी समर्थ नेता का चुनाव करना कोई आसान काम नहीं था। उसके साथी रामचेहरा, भावसिंह, और ब्रजराज समाप्त हो चुके थे। राजाराम का पुत्र फतेहसिंह[39] होनहार प्रतीत नहीं हो रहा था। इन परिस्थितियों में राजाराम के बूढ़े पिता, सिनसिनी के भज्जा सिंह ने जाटों का

37a. रघुबीर सिंह *ब्रज में*, 164

38. *जयपुर रिकाड्र्स*, XII, 7, 3

39. *जयपुर रिकाड्र्स*, IX, 356; *अहकाम*, II, 206a

नेतृत्व सँभाला[40], तथा राजाराम का एक अन्य पुत्र, जोरावर सिंह, अपने पितामह का सहयोगी बना।[41] किंतु वकील की रिपोर्ट[42] के आधार पर इस निष्कर्ष पर पहुँचना उचित ही है कि राजाराम के उत्तराधिकारी में प्रवीणता और साधनसंपन्नता की कमी थी। जाटों को एक ही नेतृत्व के अधीन एकत्रित करने की राजाराम की नीति को वह कार्यांवित नहीं कर सका। इस कबीले या उस गोत्र-कुल के मुखिया बनकर कई छोटे-छोटे नेता उठ खड़े हुए। आनेवाले वर्षों की ध्यान देने योग्य एक विशिष्टता यह है कि जाटों का दमन और उनका उत्पात साथ-साथ चलते रहे। साम्राज्यिक सेनाएँ जब एक तरफ बढ़ती थीं तो वे दूसरी ओर उपद्रव खड़ा कर देते थे। जब उनको घेरकर दंडित किया जाता तो वे बचकर निकल भागते और अन्यत्र उपद्रव कर देते। इस तरह की स्थिति 1695 तक चलती रही।

जाटों के विरुद्ध बिशनसिंह की कार्यवाही

इस आशय की चर्चा ऊपर की जा चुकी है कि जाट-युद्ध से निपटने के लिए औरंगज़ेब ने राजा रामसिंह को नियुक्त किया था। लेकिन उसकी मृत्यु हो गई। इसके बाद बिशनसिंह ने अपने वकील के जरिए शहंशाह से अपनी पैतृक संपत्ति, मथुरा के फौजदार का ओहदा तथा जाटों को उखाड़ फेंकने का जिम्मा प्राप्त करने का प्रयास किया।[43] बिशनसिंह ने उद्दंड जाटों को कुचलने और उनके मुख्य गढ़ सिनसिनी पर कब्जा करने का शहंशाह से वायदा किया। औरंगज़ेब इस पर राज़ी हो गया ओर उसने राजपूत राजकुँवर को राजा का खिताब, आमेर का टीका, खिलअत तथा दो-दो हजार के दो अस्पाह की मंसब अर्पित की। शहंशाह ने उसे मथुरा का फौजदार नियुक्त किया (30 अप्रैल, 1688–नौवीं रजब, 1099 अल हिजरी) और इस आशय का बार-बार आदेश दिया कि जाटों का 'कत्लेआम' किया जाए। उसे सिनसिनी की ज़मीदारी तथा अन्य जाट महल बख्शे गए और इस कार्य में सफल होने पर उसे और भी पदोन्नति तथा अनुदान देने का वायदा किया। शहंशाह ने (आमेर के वकील, केशोराय को) इस आशय का मौखिक आदेश भी दिया कि

---

40. विलियम इर्विन कृत *लेटर मुग़ल्स,* I, 322; कानूनगो कृत *जाट्स* 43; गंगा सिंह, उद्धृत ग्रंथ 55; डॉक्टर पांडेय (*भरतपुर,* 10) का दावा है कि राजाराम का उत्तराधिकारी फ़तेह सिंह जाटों का सर्वांगीण नेता बना था। वह बात सही प्रतीत नहीं होती। कँवर खाँ (*कँवर,* II, 231) के साक्ष्य से यह निष्कर्ष निकलता है कि सिनसिनी के पतन और जोरावर सिंह की गिरफ्तारी के बाद फतेह सिंह नेता बना था।
41. *अख़बारात* (जयपुर रिकार्ड्स) 19 रबी-उस-सानी; *कँवर,* II, 231 समझते हैं कि जोरावर, राजाराम का भाई था। गंगा सिंह भी देखें, उक्त ग्रंथ में, 55
42. *जयपुर रिकार्ड्स,* XII, 7
43. *जयपुर रिकार्ड्स,* VII, 276, 314

बिशनसिंह का मुख्य कर्त्तव्य 'जाट-ए-बदज़ात का उन्मूल' है।[44]

अपने नए कार्य के प्रति बिशनसिंह की उत्सुकता का कारण अपने पिता और पितामह की तरह प्रतिष्ठा और उच्च मंसबदारी ओहदा प्राप्त करना मात्र नहीं था।[45] इसके पीछे और भी कारण थे। जाटों के प्रति शत्रुता उसे अपने पूर्वज, रामसिंह से विरासत में मिली थी, तथा अपना पुराना हिसाब चुकाने के लिए वह अवश्य लालायित रहा होगा। इसके अतिरिक्त, जाट उसके क्षेत्र में घुसकर कुछ उसकी जमीन पर भी कब्ज़ा कर चुके थे। उनका विस्तार राजपूतों के सामाजिक-आर्थिक हितों के लिए हानिकारक था। अतएव अपने राज्य की सीमाओं पर जाटों के उत्कर्ष को वह पचा नहीं पा रहा था। अंततः, इस कार्य में वह अपनी राज्यक्षेत्रीय सीमाओं को भी बढ़ाने का अवसर देख रहा था।[46]

उधर औरंगज़ेब द्वारा इस दूभर कार्य के लिए राजा का चयन करना उसकी राजनीतिक पटुता और चतुराई का एक बेजोड़ नमूना था। बिशनसिंह की उत्सुकता में शहंशाह को जाट उत्पातियों के संभावित विनाश का एक अवसर नज़र आया। उसे छाँटकर औरंगज़ेब ने जाटों के मार्ग में एक जबर्दस्त काँटा बो दिया तथा कछवाहों और जाटों के बीच की पुश्तैनी शत्रुता को और पैना कर दिया। तीन दशकों से भी अधिक समय, बदनसिंह के अधिष्ठापित होने, तक जाट सत्ता को उसकी शैशवावस्था में गंभीरतम क्षतियाँ आमेर वंश से ही हुईं। शहंशाह के इस निर्णय का एक अन्य पहलू भी था। चूँकि आमेर पर भी उसकी कुदृष्टि थी[47], अतः यह असंभावित नहीं है कि बिशनसिंह को यह काम सौंपकर वह कछवाहों के बुरे दिन देखने की अपनी हार्दिक इच्छा पूरी करना चाहता था। हर स्थिति में, यदि यह युद्ध कुछ समय तक खिंचता रहा, जोकि असंभावित दिखाई नहीं पड़ रहा था, तो दोनों पक्षों के लिए नए मोर्चे खुल जाते जो उनकी बहुत कुछ शक्ति खींच सकते थे। इस प्रकार औरंगज़ेब दो शक्तिशाली पड़ोसियों को आपस में भिड़ाने का प्रयास कर रहा था।

हाँ, तो हम उस जगह से अपना किस्सा प्रारंभ करें जब बिशनसिंह की नियुक्ति की गई थी। बिशनसिंह को यद्यपि राजाराम के जीवन काल में ही उसे 'जीवित या मृत' पकड़ने का काम सौंपा गया था, किंतु उसने राजाराम की मृत्यु के बाद भी कार्यवाही करने में देर कर दी थी। इस विलंब से शहंशाह नाखुश हो गया तथा बिशनसिंह के

---

44. वही, VII, 314-315, 103, 107, 317, 320; IX, 370 341; XII, 1-5, 7-8, 11 भी; *जयपुर रिकाड्र्स सीतामऊ संग्रह* (फारसी पांडुलिपि), I, 7-8; *फ़तूहात* 133a; कानूनगो कृत *बिशनसिंह,* भारतीय इतिहास कांग्रेस की कार्यवाही, XI, 170, 171
45. प्रतिकूल देखें, सरकार कृत *औरंगज़ेब* V, 300; कानूनगो कृत *जाट्स,* 43
46. पांडेय कृत *भरतपुर,* 10; यू.एन. शर्मा कृत *इतिहास* 126
47. कानूनगो कृत *बिशनसिंह,* भारतीय इतिहास कांग्रेस कार्यवाही, IX, 169-170; यू.एन. शर्मा कृत *इतिहास,* 118f, 127f

दरबारी वकील केशोराय को दरबार की बारंबार की क्रुद्ध पूछताछ का जवाब नहीं देते बन रहा था। बिशनसिंह के नाम ऐसे कई पत्र हमें देखने को मिलते हैं जिनमें राजा से बारंबार कहा गया है कि इसी उद्देश्य से आने वाले बीदारबख्त के पहुँचने से पहले ही वह कार्यवाही शुरू करे और जाटों को दबाकर सिनसिनी पर कब्ज़ा करके शहंशाह का अनुग्रह, सम्मान और समभिनंदन प्राप्त करे। फिर भी राजा देर-पर-देर करता रहा, जिससे उसके वकील को बहुत लज्जित होना पड़ा।[48] अंततः, बिशनसिंह (अगस्त, 1688 में) मथुरा आया। घटनास्थल पर उसके 10,000 अश्वारोही तथा 20,000 पदाति सैनिकों की उपस्थिति से इस दंडात्मक कार्यवाही को एक नया जीवन मिला। राजाराम की मृत्यु ने मुग़लों के कठिन काम को बहुत सरल कर दिया था।[49] एक समसामयिक रिपोर्ट से इस आशय की यह रोचक जानकारी मिलती है कि कुछ जाटों ने अमीर-उल-उमरा के माध्यम से शहंशाह का अनुग्रह प्राप्त करने का भी प्रयास किया था।[50] मुग़लों ने शत्रु में इस प्रकार की फूट से भरपूर लाभ उठाया।

सितंबर 1688 में बिदारबख्त ने *सोंख* (मथुरा से सिनसिनी के मार्ग में एक गढ़ी) पर घेरा डाल दिया। गोकुल के निकट एकत्रित जाटों के एक हिस्से ने वहाँ भुलावा देकर ध्यान भंग करने का प्रयास करके सोंख पर मुग़लों का दबाव कम करने की चेष्टा की। तथापि, बिशनसिंह के सेनापति, हरिसिंह ने जाटों को पराजित करके उन्हें भारी क्षति पहुँचाई। चार माह की घेरेबंदी के बाद अंततः सोंख पर कब्ज़ा हो गया।[51]

विद्रोहियों का मुख्य गढ़ सिनसिनी था, जिस पर मुग़लों की बहुत दिनों से दृष्टि लगी थी। किंतु इसके सघन परिसर में सैनिक कार्यवाही मुग़लों को महँगी पड़ रही थी। वर्ष 1689 में बिदारबख्त की सेना उसका घेरा डालने के लिए गई थी, किंतु वह स्वयं घिर गई। जाटों ने शत्रु की रसद और कुमक के मार्ग में बाधाएँ खड़ी कर दीं तो राजा को शाहज़ादा तक रसद बराबर पहुँचाते रहने के लिए उद्यम करना पड़ा।[52] बिशनसिंह ने प्रताप के नेतृत्व में जाटों का एक दल खड़ा करके अपने आगे लगाया था। लेकिन जब वह सिनसिनी में शाहज़ादा के साथ शामिल होने के लिए आगे बढ़ा, तो प्रताप उसे छोड़कर अपने (जाट) भाइयों से जा मिला।[II]

---

48. *जयपुर रिकॉर्ड्स,* VII, 107-109; XII, 1-3, 5, 8, 10
49. *जयपुर रिकॉर्ड्स* 3; कानूनगो कृत *बिशनसिंह,* भारतीय इतिहास कांग्रेस कार्यवाही, XI, 171; फतूहात, 136a
50. *जयपुर रिकॉर्ड्स,* VII, 343-344
51. कानूनगो कृत *डिग्गी,* 53, 79, 80; यून.एन, शर्मा कृत *इतिहास* में उद्धृत 129, 130; कानूनगो कृत *बिशनसिंह,* भारतीय इतिहास कांग्रेस कार्यवाही, XI, 171
52. *जयपुर रिकॉर्ड्स,* VII, 353-354

II. इस संदर्भ में प्रताप नामक किसी जाट का उल्लेख डिग्गी घराने की फारसी

यद्यपि बिशनसिंह का उद्देश्य एक विद्रोही को दूसरे से भिड़ाना था, किंतु इस प्रकार के घटनाक्रमों ने बिदारबख्त को नाराज़ कर दिया तथा उसने झूठी शिकायत कर दी कि राजा छिपे तौर पर जाटों से मिला हुआ है। इस पर आमेर के प्रतिनिधि को राजा को अधिक-से-अधिक प्रयास करने के लिए सतर्क करना पड़ा और उसे यह सलाह भी दी कि शाहज़ादा के अधिकारियों के साथ एक व्यवहारकुशल तथा चतुर वकील लगा दे जो उसे प्रसन्न रखे।[53] वस्तुतः पूरे जाट-युद्ध के दौरान राजा बिशनसिंह को दो मोर्चों पर लड़ना पड़ा, एक तरफ जाटों के विरुद्ध और दूसरी ओर दरबार में अपने विरोधियों के खिलाफ़ जो उसके विरुद्ध कहानियाँ गढ़ा करते थे। किंतु इन सबसे निश्चिंत रहते हुए वह बिदारबख्त से सहयोग करता रहा।

इस बीच जाट अपनी गुरिल्ला रणनीति से साम्राज्यिकों को परेशान करते रहे। वे शत्रु पक्ष पर बार-बार आकस्मिक हमले करके अनाज लानेवाले काफिले तथा पानी पहुँचानेवाले दल को मार भगाते। इससे खाने और चारे की दिक्कत हो जाती। वस्तुओं के मूल्य बहुत बढ़ गए। पशु बड़ी संख्या में मर गए तथा भूख से सैनिक भूशायी हो गए। किंतु घेरा डालनेवालों ने अपना मनोबल बनाए रखा। अंततः चार महीनों के असीम कष्ट और परेशानियों के बाद वे अपनी खाइयाँ दुर्ग के मुख्य द्वार तक ले जाने में सफल हुए। आसपास के जंगल साफ करके उन्होंने घेरे को मज़बूत कर दिया, ऊँचे चबूतरों पर तोपें लगा दीं तथा सुरंगें बिछा दीं। फिर भी जाटों ने उनके प्रथम प्रयास को निष्फल कर दिया। पूरी स्थिति का सुराग मिल जाने पर उनके गैरिज़न अर्थात् रक्षक सेना ने सुरंग के उल्टे भाग को मिट्टी और पत्थरों से भर दिया। अतः दागे जाने पर सुरंगें दीवार तोड़ने के बजाय उल्टे उन पर ही बरस पड़तीं जिससे तोपखाने के अनेक सैनिक तथा अधीक्षकीय मुग़ल अधिकारी मर गए। फिर एक माह के भीतर दीवार के नीचे एक अन्य सुरंग लगाई गई। इसमें मुग़ल सफल हुए और दागने पर दीवार का एक हिस्सा और उस पर खड़े रक्षक ढहकर गिर पड़े। तीन घंटों के घमासान युद्ध के बाद मुग़ल-राजपूत फौजों ने (जनवरी के अंत में, 1690) किला

समाचार-पत्रावली में नहीं मिलता। यह प्रताप सिंह नरूका है जिसे द्विवेदी ने भ्रान्तिवश जाट समझ लिया है। वह बड़ौदा परगने में बलाही का जमींदार तथा कामा-पहाड़ी एवं मेवात क्षेत्र में एक शक्तिशाली विद्रोही था। यह अपने गिरोहों के साथ विद्रोही जाटों से मिल गया था। मुगल प्रशासन ने उसका दमन करने का आदेश दिया था। परन्तु हरीसिंह ने उसे जाटों से तोड़कर उनके विरुद्ध अपनी सेना के हरावल का सेनापति बनाकर सिनसिनी अभियान में मदद ली थी। इस पर विदारबख्त ने बिशन सिंह से शिकायत की थी। नरूका पुनः जाटों के समान ही मुग़लों का विरोधी हो गया था। कालिका रंजन कानूनगो, *हिस्ट्री ऑफ दि हाऊस ऑफ़ डिग्गी,* 57, 71-72, 90.

–संपादक

53. *जयपुर रिकॉर्ड्स,* VII, 337-340; XII, 5-6

फतह कर लिया। दृढ़निश्चयी तथा शूरवीर जाटों ने अपनी जान की बाज़ी लगा दी थी। कोई डेढ़ हज़ार जाट मारे गए या घायल हुए। शेष रक्षकों में से कुछ (ज़ोरावर सिंह के साथ) पकड़ लिए गए जिन्हें मौत के घाट उतार दिया गया तथा शेष भाग गए। शहंशाह को सिनसिनी की पराजय का समाचार संवाद-लेखकों के पत्रों से 15 फरवरी, 1690 (16वीं जमादी प्रथम, 1101 अल हिजरी) को प्राप्त हुआ।[54] सिनसिनी के पतन से मुग़लों और बिशनसिंह, दोनों की हार्दिक इच्छा पूरी हुई। उधर जाटों को इससे भारी धक्का लगना ही था। उल्लेखनीय लोगों में सिनसिनी के फतेहसिंह और चूड़ामन भागने में सफल हुए।[55] यह बहुत कुछ संभव है कि सिनसिनी के ज़ोरावर सिंह के पतन से फरार हुए जाट इनके नेतृत्व में एकत्रित हो गए होंगे। परंतु ऐसे समय में जब उल्लसित साम्राज्यिक दबाव बनाए हुए थे और घिरे हुए जाट एक से दूसरे स्थान पर भागते फिर रहे थे, ऐसी संभावना कम नज़र आती है कि इन दोनों में से कोई भी अपनी स्थिति को इतना सुदृढ़ कर सका होगा कि उसे छितरे हुए जाटों का एकमात्र नेता कहा जा सके।[56] अधिक-से-अधिक वे जाटों के एक धड़े के नेता उन दिनों रहे होंगे।

हमें केशोराय की एक अर्जी (2 अप्रैल, 1690-3 रजव, 1011 अल हिजरी) से पता चलता है कि शहंशाह ने शाहज़ादा और राजा को आदेश दिया था कि वे जाट विद्रोहियों का वध करने तथा उनके शेष किलों पर कब्जा करने के सभी संभव प्रयत्न करें।[57] वर्ष 1690 के प्रारंभ में[58] *खैर* (अलीगढ़ से 16 मील उत्तर-पश्चिम में स्थित) और राँठ (खैर से 8 मील पूर्व में) स्थित दो किलों के स्वामी शक्तिशाली जाट सरदार अमरसिंह के विरुद्ध हरिसिंह को प्रयाण करने के आदेश दिए थे। एक लंबी लड़ाई के बाद हरिसिंह इन किलों पर कब्जा करके अमरसिंह को भगाने में सफल हुआ था। अमरसिंह ने एक अन्य शक्तिशाली जाट नेता, नंदा जाट से शरण माँगी जिसका महावन में हाथरस से लेकर मुरसान तक के क्षेत्र में दबदबा था। अमरसिंह के दो प्रमुख विख्यात सरदार बिरजू और तौला जाट, जो खुर्जा के निकट अरनिया में जा छिपे थे, बाद में पकड़ लिए गए।[59]

---

54. *फतूहात,* 136a-137a; *मासिर,* 334 (विवरण में अंतर); तुलना *कँवर,* II, 231; गंगासिंह, उक्त ग्रंथ, 58; जोरावर सिंह, उसकी पत्नी और बच्चे गिरफ्तार करके पहले मथुरा ले जाए गए और अंततः दक्कन में औरंगज़ेब के समक्ष पेश किए गए। निर्दयतापूर्वक वध करके उनके टुकड़े कुत्तों को फेंक दिए गए। कानूनगो कृत *डिग्गी,* 97, यू.एन. शर्मा द्वारा उद्धृत *इतिहास,* 142, देखें; 139 एफ.एफ. भी।
55. *जयपुर रिकॉर्ड्स,* IX, 356
56. *ब्रज* में रघुवीर सिंह, 165; गंगासिंह, उक्त ग्रंथ में, 60
57. *जयपुर रिकॉर्ड्स,* IX, 198-199
58. यू.एन. शर्मा कृत *इतिहास* 144
59. कानूनगो कृत *बिशन सिंह,* भारतीय इतिहास कांग्रेस कार्यवाही, IX 171

यमुना के दूसरी ओर जाट विद्रोहियों ने एकत्रित होकर सोगर, अवार (अवाहर), कसौट, सोंख, पिंगोरा, सेवर, दहरा, चैकोरा, उंदरा, बाछमदी-चिकसाना, रतनपुर, भटावली तथा ऐसी ही कई अन्य गढ़ियों की किलेबंदी कर ली थी। फतेहसिंह, चूड़ामन और नंदा जाट के अतिरिक्त अन्य बाग़ी नेता प्रताप, दुर्गा, बलराम जाट, जगमन, बनारसी, लोढा, बंससहना, बुकना और मौजिया थे।[60] इनको जब कभी मौका मिलता वे उत्पात करते रहते थे। उदाहरणार्थ, इस समय (1690) प्रताप और दुर्गा यदा-कदा मालपुरा के आसपास लूटपाट करते रहते थे जिसकी जमींदारी हरिसिंह को दी गई थी।[61] राजा के शिविर से बलराम जाट भाग निकला था (नवंबर, 1690) और उसने (परगना इब्राहीमाबाद के) मौजा समूना में एक क़िला बना लिया, तथा यहाँ रहते हुए निकटवर्ती महलों को लूटकर उन्हें नष्ट कर डाला। उसने स्थानीय मुतसद्दियों को भगा दिया और उन पर अपना कब्जा जमा लिया।[62] चूड़ामन ने रसूलपुर को अपना ठिकाना बनाया तथा आसपास के क्षेत्रों पर हमले प्रारंभ कर दिए, जबकि फतेहसिंह अपनी कार्यवाही पिंगोरा किले (भरतपुर से 14 मील दक्षिण-पश्चिम में) से कर रहा था।[63] इस प्रकार की नई लूटमार की खबरों तथा बाग़ियों को कुचलने में बिशनसिंह द्वारा विलंब करने से औरंगज़ेब क्रुद्ध हो गया। उसने राजा को धमकाया तथा उसके मंसब में 500 जात तथा 1,000 सवारों की कमी कर दी (1690)।[64]

बहरहाल, बिशनसिंह ने हिम्मत नहीं हारी। कूटनीति और बहादुरी दोनों से काम लेते हुए राजा और उसके सेनापति, हरिसिंह ने जाटों के विरुद्ध अपनी लड़ाई जारी रखी। जनवरी, 1691 में बिशनसिंह ने अवार पर हमला करनेके लिए हरिसिंह को भेजा और वह स्वयं सोंख की ओर बढ़ा। कछवाहों ने 21 मई, 1691 को सोगर पर अचानक हमला करके उस पर कब्जा कर लिया। अचला और रुस्तम सोगरिया सोगर में ठहरे हुए थे। यह स्थान सोंख, अवार, रारह, सेवर, नोह और दहरा जैसी छोटी-छोटी गढ़ियों से घिरा हुआ था। ये घने जंगलों में स्थित थीं। राजपूतों ने जंगल साफ किए और कई गाँवों को आग लगा दी। लेकिन जाट डटे रहे। एक दिन जब रसद प्राप्त करने के लिए सोगर के द्वार खुले हुए थे तब राजपूतों ने उस पर हमला कर दिया। कुछ राजपूत मजदूर बनकर गढ़ी में घुस गए, तथा दस मुख्य सैन्यदल द्वार के बाहर तैनात रहे। फिर जिस किसी ने भी उनका विरोध किया उनको इन्होंने

---

60. *जयपुर रिकॉर्ड्स,* IX, 42, 356 और 330 (हिंदी पत्र); VII, 337 सीतामऊ संग्रह, I, 9; कानूनगो कृत 'बिशनसिंह', 'भारतीय इतिहास कांग्रेस' कार्यवाही, XI, 172
61. *जयपुर रिकॉर्ड्स* सीतामऊ के संग्रह, I, 9
62. *जयपुर रिकॉर्ड्स,* I, 9, सरकार संग्रह, IX, 42-44
63. गंगा सिंह, उक्त ग्रंथ, 60; पांडेय कृत *भरतपुर* 11
64. कानूनगो कृत *बिशन सिंह,* भारतीय इतिहास कांग्रेस कार्यवाही, IX, 172

मार डाला। इसमें 500 बाग़ी पकड़ लिए गए। इस गढ़ी के पतन का समाचार इसकी स्वर्ण ताली के साथ शहंशाह को भेजा गया।[65]

बाद में बिदार बख्त को (दिसंबर, 1691 में) दक्कन में बुला लिया गया।[66] तथापि, जाटों का दमन करने के लिए बिशनसिंह यथा स्थान पर ही रहा। सोगर के बाद कछवाहों ने अवार पर आक्रमण किया जिसकी राजाराम और अलिया ने रक्षा की। यहाँ की घेराबंदी दस महीने तक खिंच गई। हरिसिंह को दस दिशाओं पर चौकस रहना पड़ता था। पहले तो उसे उन बाग़ियों से सतर्क रहना होता था जो पास की किसी भी गढ़ी से निकलकर अचानक आक्रमण कर दिया करते थे। इसके साथ ही उसे उनके घूमते रहनेवाले जत्थों का भी मुकाबला करना पड़ता था। इन कठिनाइयों के बावजूद फरवरी, 1692 में इस गढ़ी पर कब्ज़ा करने में राजपूत कामयाब हो गए।[67]

इन मुख्य गढ़ों पर कब्जे से परिस्थिति में कोई अधिक सुधार नहीं हुआ। जाट विद्रोही फिर भी बराबर सक्रिय रहे। कान्हा नरुका, रामसिंह पंवार शिवसिंह पंवार और हरकिशन चौहान उनसे सहयोग कर रहे थे। अब परेशानी हिंडौन-बयाना क्षेत्र में उत्पन्न हो गई। यहाँ जाट और राजपूत विद्रोहियों ने स्थानीय करोड़ियों और आमिलों को उत्पीड़ित करना शुरू कर दिया और उनसे मालगुजारी वसूलने लगे। *मासीर-ए-आलमगीरी* से हमें पता चलता है कि हिंडौन-बयाना के फौजदार कमालुद्दीन खाँ ने इस क्षेत्र में विद्रोहियों को दंडित करने का प्रयास किया। उसकी इस सेवा के बदले शहंशाह ने उसका मंसब 500 ज़ात बढ़ा दिया (30 नवंबर, 1692)।[68]

कछवाहों के अगले लक्ष्य कसौट (सोगर से 7 मील उत्तर में स्थित) और पिंगोरा (भरतपुर से 14 मील दक्षिण-पश्चिम में स्थित) थे। सितंबर 1692 के आसपास उन्होंने कसौट पर कब्जा कर लिया। तथापि, उन्हें पिंगोरा को (अक्तूबर के प्रारंभ में) फतेहसिंह से छीनने में अधिक कठिनाई हुई जो भागकर सोंख गूजर चला गया था। उसकी सामरिक स्थिति के कारण पिंगोरा दुर्ग को नष्ट नहीं किया गया। इसके बजाय कछवाहों ने उसे ही अपना अड्डा बना लिया।[69] अगस्त 1692 में हिंडौन और बयाना की फौजदारी बिशनसिंह को सौंप दी गई। इसके बाद 10

---

65. केशव राव का पत्र, 20 जनवरी, 1691; *फतूहात* 137a-137b तथापि, यह कहना गलत है कि सोगर पर सिनसिनी के एक दिन याद कब्ज़ा हुआ था; *मासिर,* 340, *कँवर,* II, 237; यू.एन. शर्मा कृत *इतिहास* 148, 150, 151, 152
66. *मासिर* 344
67. कानूनगो कृत *डिग्गी,* 102-105; यू.एन. शर्मा कृत *इतिहास,* 156 एफ़
68. *अख़बारात (जयपुर रिकॉड्र्स)*; IX, 345; *मासिर* 351; कानूनगो कृत *डिग्गी,* 102, 106
69. *अख़बारात (जयपुर रिकॉड्र्स)*; IX, 362-363, कानूनगो कृत *डिग्गी,* 105

दिसंबर को उसके मंसब में 500 सवारों की वृद्धि कर दी गई और उसे भुसावर का भी फ़ौजदार बना दिया गया। जैसाकि औरंगज़ेब द्वारा बारंबार दिए गए आदेशों से दिखाई देता है, इन नए कार्यभारों और पदोन्नतियों का स्पष्ट उद्देश्य यह था कि विद्रोहियों के उन्मूलन के लिए राजा यथासाध्य उद्योग करता रहे। फिर भी इसके साथ-साथ ही उसके विरोधी अमीर-उल-उमरा, कमालुद्दीन और ऐसे ही अन्य लोग उसकी निंदा करने में भी व्यस्त रहे। इस आशय की गलत खबर दे दी गई कि व्रिदोहियों का दमन करने को राजा अनिच्छुक है तथा उनके किलों पर कब्जा करने का उसमें उत्साह नहीं है, कि लुटेरों के माल में उसका एक-तिहाई हिस्सा रहता है और जगमन, फतेहसिंह तथा चूड़ामन अपने-अपने घर में फिर बस गए हैं। यद्यपि बिशनसिंह ने इन आरोपों से इनकार किया तब भी शहंशाह ने नाराज़ होकर राजा को धमकी दी कि उसके मंसब में कटौती की जा सकती है। इस तरह औरंगज़ेब ने 'कभी फुसलाकर और अधिकतर धमकी देकर' राजा को जाटों के मुकाबले में लगाए रखा।[70]

अभियान पुनः प्रारंभ करते हुए पिंगोरा की घेरेबंदी के समय जाटों ने, जो (पिंगोरा से 10 मील उत्तर की ओर) भटावली में एकत्रित हो गए थे, राजपूतों को बहुत उत्पीड़ित किया। वहाँ अपना अड्डा बनाते हुए, वे अधिक महत्त्वपूर्ण दुर्ग सोंख की ओर कछवाहों के प्रयाण को बाधित करना चाहते थे। दिसंबर, 1692 के मध्य में बिशनसिंह ने अपनी एक सेना कठुमार क्षेत्र की ओर भेज दी, और वह स्वयं भटावली की ओर बढ़ गया। सोंख गूजर (भटावली से 10 मील उत्तर-पश्चिम में) के निकट हरिसिंह तथा फतेहसिंह एवं चूड़ामन के नेतृत्व में विद्रोहियों के बीच जमकर युद्ध हुआ। अंत में जाट सरदार बयाना और रूपवास की ओर भाग गए। फिर राजपूत सेनापति ने सोंख पर हमला करके 9 जनवरी, 1693 में उसे जीत लिया। इस सफलता के बाद कछवाहों ने रायसीस (सोंख से 12 मील दक्षिण) और भटावली की गढ़ियाँ (फरवरी में) जाटों से, बरोरा (19 अप्रैल को) की गढ़ी उनके सहयोगियों नरूकाओं से, और (जून में) गढ़ी केसरा चौहानों से बहुत आसानी से छीन लीं। इसके अगले छह महीनों तक राजा के सैनिक पंवार और जाट बागियों का दमन करने और झरोटी (भुसावर से 6 मील उत्तर-पश्चिम में), बराह (झरोटी से 10 मील पूर्व-पश्चिम में) सैदपुर खैरोरा (भुसावर से 7 मील दक्षिण-पूर्व में), महुआ, माटन, माहुन, आदि छोटी-छोटी गढ़ियों पर कब्जा करने में व्यस्त रहे। इस बीच, कुछ उत्पाती रारह (भरतपुर से 7 मील उत्तर-पूर्व) में एकत्रित हो गए थे। गजसिंह ने उन पर हमला करके उस पर कब्जा कर लिया (सितंबर,

70. कानूनगो कृत *बिशनसिंह,* भारतीय इतिहास कांग्रेस कार्यवाही XI, 172; मेघराज का पत्र बिशन सिंह को, दिनांक 28 जनवरी, 1693, देखें, *जयपुर रिकाड्‌र्स* भी IX,356-357

71. *अख़बारात,* कानूनगो कृत *डिग्गी,* 106-108, 110-113, 116-123

1693), यद्यपि इसके रक्षक भाग निकले।[71] फिर भी, बिशनसिंह को अभी चैन नहीं था। एक क्षेत्र में दबाए जाने पर बाग़ी सरदार-चूड़ामन, अनीराम, तथा अन्य ने आगरा के दक्षिण-पश्चिम क्षेत्र में बग़ावत शुरू कर दी। उनकी नई कार्यवाहियों का अड्डा मौजिया घाट का किला चौकोरा (सीकरी से 8 मील दक्षिण में) बन गया। अतः, बिशनसिंह ने इस गढ़ी को घेरने का निश्चय किया। किंतु इसके पहले कि वह यह कर पाता, जाट सरदार भाग निकले। हरिसिंह ने सैनपुर तक उनका पीछा किया किंतु उनको वह पकड़ नहीं सका। जाट नेताओं ने पारवती नदी पार करके रतनपुर और इंताई में शरण ली। इस बीच चैकोरा में साम्राज्यिकों को एकत्रित होते देखकर स्थानीय जाट सरदार पीछे हटकर सरसोदा (चैकोरा से 7 मील दक्षिण-पश्चिम में) में इकट्ठा हो गए और उसके आसपास उन्होंने उपद्रव करना प्रारंभ कर दिया। हरिसिंह ने उन्हें दो मुठभेड़ों में पराजित करके (मार्च, 1694 के तीसरे सप्ताह में) आलिया के पुत्र, नंद राम सहित 500 जाटों को बंदी बना लिया। अन्य बाग़ियों को भयभीत करने के लिए इन सबको सड़कों पर ही मौत के घाट उतार दिया गया। फिर 14 अप्रैल को चैकोरा से अपना पड़ाव उठाकर (खानुआ से 4 मील पश्चिम में) खोरसा किले में आकर जम गए। यहाँ घमासान युद्ध हुआ जिसमें बाग़ी अंततः पीछे खदेड़ दिए गए। फिर राजपूतों ने गढ़ी पर हमला कर दिया। इसके बाद राजपूत जाटों को पीटने-खदेड़ने में व्यस्त रहे जो उनके हाथ नहीं आए तथा उनके नेता घने जंगलों में स्थित बछामड़ी (भरतपुर से 4 मील पूर्व), उँदेरा (बछामड़ी से 3 मील पूर्व) और चिकसाना (उँदेरा से 1 मील दक्षिण) की गढ़ियों के छिप गए। हरिसिंह ने वहाँ पहुँचकर उनको घेर लिया। अंततः वह (लगभग मई में) चिकसाना में एकस्थ हुआ। यहाँ एक बड़ा रक्तपातपूर्ण युद्ध हुआ जहाँ रणभूमि में जाट स्त्रियों ने भी अपनी दुःसाहसी वीरता का परिचय दिया।[III] तथापि, अंत में राजपूत उन पर हावी हो गए। दोनों ही पक्षों की यहाँ भारी क्षति हुई। इसमें अनेक जाट काबू में आ गए तथा बाद में आगरा-भरपतुर मार्ग पर उनका वध कर दिया गया। किंतु उनके नेता फिर भी बिशनसिंह के हाथ नहीं आए।[72]

चंबल के उत्तर में पहाड़ियों और घने जंगलों के बीच स्थित रतनपुर का जादों दुर्ग (सीर मथुरा से 4 मील दक्षिण-पश्चिम) साम्राज्यिकों की आँखों में खटक रहा था। अपने किलों से खदेड़े गए अधिकतर जाट सरदार (सिनसिनी के चूड़ामन, अनीराम तथा अन्य, सोगर के लोढा, बुकना, आदि; अवार के नंद राम, अलिया, विजयराम वगैरह; सोंख के जगमन और बनारसी; चैकोरा के मौजिया था उनके अन्य साथी) यहीं डेरा डाले हुए थे। इनको काबू करने की योजना

72. *अखबारात* ; *डिग्गी* 125, 127-129, 132-134; यू.एन. शर्मा कृत *इतिहास*, 167-173

III. इन वीरबालाओं ने लोंगश्री के नेतृत्व में समरांगण में जौहर दिखाये। वी.एस. भार्गव, *राजपूताना का इतिहास*, पृ. 118-119 —संपादक

पर राजा कल्याणसिंह भदौरिया से विचार-परामर्श किया गया। (रतनपुर इनकी ही फौजदारी में आता था)। इसमें यह तय पाया गया कि शहंशाह पक्ष के लोग बयाना के मार्ग में रतनपुर पहुँचेंगे। किंतु जाट, जादों और गूजर विद्रोहियों को इनकी इस योजना की भनक पड़ गई। अतएव जगनईस से तीन मील पश्चिम स्थित बड़गाँव में इस मंशा से अपना डेरा दिया कि वे आगे बढ़ रहे साम्राज्यिकों को वहीं रोक लेंगे, और उनकी रसद का मार्ग बंद करते हुए पीछे गड़बड़ी पैदा कर देंगे। लेकिन हरिसिंह ने जाटों के इरादों पर पानी फेर दिया। उसने मूल योजना को स्थगित करते हुए बड़गाँव और उसके आसपास क्षेत्रों पर (मई 1694) हमला करके बाग़ियों को दबोच लिया। मई के दूसरे सप्ताह में रिछुआ में घमासान युद्ध हुआ जिसमें अद्‌भुत शौर्य का प्रदर्शन करते हुए दो हज़ार से अधिक जाट काम आए। इसके बाद की कार्यवाही में राजपूतों ने किला फतेह कर लिया, किंतु बाग़ी सरदार चंबल पार करके निकल भागे, और इस तरह जाटों ने एक बार फिर राजा को चकमा दे दिया।[73]

इस बीच, यमुना पार के महावन, जलेसर और सादाबाद परगनों में गड़बड़ी के आसार नज़र आने लगे। नंदराम जाट ने (मुरसान से 2 मील उत्तर-पूर्व) जवार में एक मजबूत किला बना लिया था तथा किहरारी (महावन के 6 मील उत्तर में) जगसाना (किहरारी से 2 मील उत्तर में), आदि में छोटी-छोटी गढ़ियों के जाल से इसे घेर दिया था। जलेसर से 6 मील उत्तर-पश्चिम में स्थित नोह के नोहवार जाटों से भाईचारा स्थापित करके उसने उक्त परगनों को लूट लिया और अव्यवस्था की स्थिति उत्पन्न कर दी। शहंशाह ने बिशनसिंह और हरिसिंह को नंदा तथा अन्य जाट उपद्रवियों को कुलचने का आदेश दिया। तथापि, राजा ने निवेदन किया कि महावन की फौजदारी इतिक़ाद खाँ की है इसलिए बाग़ियों को दबाने की जिम्मेदारी भी उसकी है, न कि राजा की। किंतु ये बहाने काम नहीं आए। अतः कछवाहों की सेना ने यमुना पार करके अनोरा गढ़ी, किहरारी तथा अन्य गढ़ियों पर कब्जा कर लिया, तथा जावरा को (मार्च, 1695 के पहले सप्ताह में) घेर लिया। इस दौरान (5 अप्रैल को) एक आक्रमण का नेतृत्व करते हुए हरिसिंह मारा गया। इस पर बिशनसिंह ने कमान सँभाल ली तथा गजसिंह के प्रयासों से (मई के दूसरे सप्ताह में) जवार पर अधिकार कर लिया, किंतु नंदा के पुत्र बच निकले।[74]

अब तक दुर्दमनीय जाटों का लगातार पीछा करते-करते बिशनसिंह थक गया

---

73. *अखबारात* ; यू.एन. शर्मा कृत *इतिहास,* 172-176; कानूनगो कृत *बिशनसिंह,* भारतीय इतिहास कांग्रेस कार्यवाही, XI, 172

74. मेघराज का पत्र *बिशनसिंह* को 30 जनवरी, 1695; कानूनगो कृत *बिशनसिंह,* भारतीय इतिहास कांग्रेस की कार्यवाही, XI, 172

था। उसे अब जाटों से मुकाबला करना बहुत कठिन प्रतीत होने लगा,[75] क्योंकि अब उसका बहादुर सेनापति हरिसिंह भी खेत हो चुका था। इससे कोई भी इनकार नहीं करेगा कि वास्तविक परिणामों की दृष्टि से जाट-युद्ध, औरंगज़ेब की मराठों के विरुद्ध लड़ाई का एक लघु रूप सिद्ध हुआ। जाट विद्रोहियों का 'कत्लेआम' और उनका उन्मूलन ये स्वीकृत लक्ष्य थे जिनको लेकर साम्राज्यिकों ने सात वर्ष लंबा अनवरत कठोर युद्ध उनके विरुद्ध लड़ा था। अपनी सैनिक कार्यवाही के दौरान मेवात से लेकर चंबल तक और हाथरस से जयपुर की सीमा तक उन्होंने एक विशाल क्षेत्र में यह युद्ध किया था। इस प्रक्रिया में, निस्संदेह, उन्होंने बागियों के 52 गढ़ों पर कब्जा कर लिया, हजारों विद्रोहियों का वध करा दिया या उनसे दूर भगा दिया तथा उनके कार्यकलाप पर अंकुश लगा दिया। फिर भी दक्षिण में मराठों की तरह, जाटों की निर्भीकता को वे नहीं दबा सके।[76] उनके पूरे संगठन की तो बात ही छोड़िए, वे जाटों के सभी नेताओं का भी उन्मूलन नहीं कर सके। मानुची ने एक सच बात कही है कि जाटों को साम्राज्यिक मात्र पीछे खदेड़ने तक ही सफल रहे।[77] उनकी यह सफलता भी अनिश्चित और संदिग्ध स्वरूप की थी। एक क्षेत्र में पराभूत हो गए तो विद्रोहियों ने दूसरे क्षेत्र में एकत्रित होकर अपने उपद्रव शुरू कर दिए। जाट विद्रोही अदमनीय जीवट के बने थे और स्थानीय ज़मींदारों तथा उनके एजेंटों[78] की दुरभिसंधि ने उनको अपने जघन्य मार्ग पर अग्रसर होने के लिए ओर भी साहसी बना दिया। इस लुका-छिपी ने, जो इन सात वर्षों में अधिकतर समय होती रही, अंततः बिशनसिंह को थका दिया। निस्संदेह, मुग़ल सल्तनत के अधिकतर सेनापतियों के मुकाबले बिशनसिंह ने कहीं ज्यादा सफलता प्राप्त की थी। परंतु यह सफलता भी आंशिक सिद्ध हुई, और यह भी वह अपनी सेना को अत्यधिक क्षतिग्रस्त और 'भूमि को हानि' पहुँचाए बिना प्राप्त नहीं कर सका।[79] इस जाट युद्ध ने आमेर के महत्त्वाकांक्षी राजा का मोहभंग अवश्य कर दिया होगा। इसके परिणामस्वरूप, आमेर वंश और जाटों के मध्य विद्यमान पुश्तैनी बैर कुछ और धारदार बन गया होगा।

जाटों द्वारा की गई लूटमार[80] और उसके साथ लंबी खिंच गई सैनिक

---

75. कानूनगो कृत *बिशनसिंह,* भारतीय इतिहास की कार्यवाही, XI, 172; तुलना *रोजनामचा,* 134; *शाह,* 2
76. *रोज़नामचा,* 134; यू.एन. शर्मा कृत *इतिहास,* 182; तुलना *एम.यू.* I, 438; *शाह,* 2
77. *स्टोरिया,* II, 301; *मेम्वोआर दे यात,* 12 फिर भी, इसके लेखक का (उसी जगह) एक परस्पर विरोधी तथा स्पष्टतया भ्रामक कथन यह है कि राजाराम जाट की मृत्यु के बाद एक दीर्घावधि की शांति और व्यवस्था स्थापित हुई।
78. *जयपुर रिकाड्र्स,* XII, 113; VII, 335
79. *स्टोरिया,* II, 301; जाट युद्ध के कारण बिशन सिंह 50 लाख के एक बहुत बड़े कर्ज से दब गया, देखें, यू.एन. शर्मा कृत *इतिहास,* 177
80. *जयपुर रिकाड्र्स,* IX, 58, 241, 340, 342, VII, 85

कार्यवाही के कारण अनेक क्षेत्र उजड़ गए थे। इसके साथ ही विद्रोहियों द्वारा बारंबार किए गए हस्तक्षेपों से सल्तनत के राजकोष की प्राप्तियाँ भी प्रभावित हो गई थीं। हमें तत्कालीन साक्ष्यों से यह पता चलता है कि कई महाल ऐसे थे जहाँ से किसी समय एक कौड़ी भी वसूल नहीं हुई।[81]

राजधानी के निकट ही इस प्रकार के विनाशकारी घटनाक्रमों के कारण शहंशाह का चिंतित होना स्वाभाविक था। इस जाट समस्या के प्रति उसकी चिंता की झलक समसामयिक खरीतों में भी मिलती है। इतने लंबे प्रयासों के बाद भी जाटों को पराभूत न देखकर उसकी चिंतावस्था और बढ़ गई। इस परिस्थिति से निपटने के लिए अंततः, उसे शाहज़ादा शाहआलम जैसे व्यक्तित्व को नियुक्त (9 मई, 1695) करना पड़ा।[82]

चूड़ामन द्वितीय का उत्थान

यह विश्वास करना युक्ति संगत है कि जाटों को जो धक्का लगा उसकी प्रतिक्रिया फतेहसिंह के भविष्य पर हुई जिसकी, लब्धप्रतिष्ठ राजाराम के पुत्र और उत्तराधिकारी होने के अतिरिक्त भी, अपनी बिरादरी में एक अनूठी स्थिति अवश्य रही होगी। स्पष्टतया, जाटों की दृष्टि में असफलता को एक अभिशाप माना जाता था और जो अपने नेता की प्रभावकारी शक्ति तथा योग्यता को उसकी सफलताओं से मापते थे। उस समाज में इससे भिन्न और कुछ हो भी नहीं सकता था जहाँ एक वरिष्ठ नेता के प्रति राजनीतिक अनुरक्ति के बंधन अभी सुदृढ़ नहीं हुए थे। इस प्रकार, उसकी योग्यताओं और क्षमताओं के प्रति संशयी जाटों ने फतेहसिंह[83] को राजाराम के चचेरे भाई चूड़ामन द्वितीय के पक्ष में त्याग दिया,[84] जो निश्चय ही फतेहसिंह

81. वही, IX, 42-43, 58, 241, 342, 362, 375
82. *मासिर,* 372,-373; एम.यू., I, 438
83. *मथुरा गज़ेटियर* (ड्रेक-ब्रॉकमैन : 1911), 197; गंगा सिंह भी, यही ग्रंथ, 64।
84. अभी तक केवल एक जाट सरदार, चूड़ामन के नाम से हम परिचित थे। फ्रांसू ने भरतपुर राज परिवार से संबंधित अपने बहुमूल्य फारसी वृत्तांत, *तवारीख-ए-हुनूद* 14b (मेरी व्यक्तिगत माइक्रो फ़िल्म कॉपी जो मैंने ब्रिटिश संग्रहालय, लंदन में उपलब्ध मूल से बनाई थी, फ़ारसी संग्रह 19501), जो उन्होंने अन्य स्रोतों के अतिरिक्त, जाट दरबार के फ़ारसी मुंशियों के विश्वसनीय प्रमाणित कथनों पर आधारित की थी, इस संबंध में नई बातें लिखी हैं। सिनसिनवाड़ा जाट सरदारों की वंशावली की चर्चा करते हुए इस विदेशी ने यह संकेत दिया है कि चूड़ामन नाम के दो सरदार थे। जिस चूड़ामन से हम लोग अब तक परिचित थे वह अपने प्रथम समनाम अर्थात् चूड़ामन प्रथम, जो रथपाल का पुत्र था, से पाँचवाँ था। फ्रांसू ने स्पष्ट किया है कि चूड़ामन द्वितीय भुंता (?) (लगता है कि ब्रज या ब्रजराज का यह बिगड़ा रूप है) के पुत्रों में से एक था। इसने जिस अन्य पुत्र की चर्चा की है वह भाओ सिंह, रूप सिंह और बदनसिंह का पिता था।

से अधिक योग्य था। *अहकाम-ए-आलमगीरी* से हमें पता चलता है कि बाद में वह किसी प्रकार से मुग़लों के हाथों में पड़ गया। मुगलों ने पहले उसे लाहौर में रखा जहाँ से बाद में उसे आगरा ले जाया गया। औरंगज़ेब ने उसे इस्लाम धर्म स्वीकार करने के लिए फुसलाया और उसे आज़ाद करके उपयुक्त मंसब देकर पुरस्कृत करने का भी वायदा किया इसमें असफल होने पर उसे पहले की तरह पूरी चौकसी के साथ कैद में रखने का आदेश दिया।[85] हम यह पहले ही देख चुके हैं कि भाओ सिंह[86] मर चुका था और सिनसिनी के पतन (1691) के बाद जोरावर सिंह को भी मार डाला गया था। बूढ़ा भज्जासिंह भी संभवतः मर चुका था। सिनसिनी के इन जैसे विख्यात सरदारों के तिरोभाव से भी लगता था चूड़ामन द्वितीय के लिए सर्वोच्च नेता बनने का मार्ग प्रशस्त हो गया।

सन् 1696 में सूबा आगरा से शाह आलम और बिशनसिंह के प्रस्थान से,[87] स्पष्टतया चूड़ामन को क्षतिपूर्ति करने, अपनी स्थिति मज़बूत करके तथा राजाराम के कार्य को आगे बढ़ाने का अवसर मिल गया। निर्भीक, व्यावहारिक, अविनीत और उत्पीड़क, चूड़ामन द्वितीय में संगठित करने की अद्‌भुत क्षमता थी और प्राप्त अवसरों से चतुरतापूर्वक लाभ उठाने की योग्यता तथा सौभाग्य से ऐसे अवसर उसके जीवन में उसे बराबर मिलते रहे।[88] उसकी प्रारंभिक जीवन-यात्रा के संबंध में कहा

सामान्यतया यह स्वीकार किया जाता है कि राजाराम और चूड़ामन (यथार्थतः चूड़ामन द्वितीय) भाई थे (देखें, *जयपुर रिकाड्र्स,* IX, 356; *फतूहात,* 135b; सरकार कृत *औरंगज़ेब,* V, 302; कानूनगो कृत *जाट्स,* 45; पांडेय कृत *भरतपुर,* 11) फिर भी फ्रांसू ने राजाराम को चूड़ामन के भाइयों में शुमार नहीं किया। वस्तुतः वह इस राजाराम के बारे में चुप है। यह चूक अत्यधिक महत्त्व की प्रतीत होती है और अप्रत्यक्ष रूप से इस विश्वास का समर्थन करती है कि राजाराम और चूड़ामन द्वितीय सगे भाई नहीं थे, चचेरे भाई थे; पहला तो भज्जा सिंह का और दूसरा ब्रजराज का पुत्र था। डॉक्टर पांडेय ने (*भरतपुर,* 5) भज्जा और ब्रज दोनों को समलोचन दृष्टि के बिना एक ही व्यक्ति माना है। वस्तुतः, वे खान चंद के पुत्र थे, देखें, गंगा सिंह, 32-33; गोकुन चंद्र दीक्षित, *ब्रजेंद्र वंश भास्कर,* 6

85. *अहकाम* II, 206a-206b तत्पश्चात् वह मुक्त कर दिया गया, क्योंकि उसका नाम 'बदनसिंह के प्रारंभिक कार्यकलाप में चर्चित है।
86. वैंदेल (*मेम्वोआर दे यात,* 12) ने तो भाओ सिंह को 1707 के बाद तक जीवित दिखाया है। यह गलत है। यदि वह इतने समय तक जीवित रहा होता तो स्थानीय संवाद लेखकों और आमेर के एजेंटों ने अन्य जाट नेताओं के साथ उस पर भी ध्यान दिया होता।
87. *मासिर,* 382
88. उसके चरित्र के पूर्ण विवरण के लिए आगे देखें, 87 एफ.एफ.; कानूनगो कृत *जाट्स* भी देखें-45-46

जाता है कि उसके 500 अश्वारोही तथा 1,000 पदाति सैनिक भर्ती किए। भूरे सिंह का पिता और दयाराम का पितामह, नंदा जाट उसके साथ 100 आदमी लेकर शामिल हुआ था।[89] बायज़िद खाँ के नेतृत्व में मेवाती, सोंख के खूंटेले खेम करन के नेतृत्व में सोगरिये, और दहाना के हाथीसिंह के अधीन बड़गूजर भी उससे आ मिले।[90] राजपथ पर चूड़ामन राहगीरों तथा काफ़िलों को लूट लिया करता था। उसने अपने जत्थों को तोपचियों और रिसालों से मज़बूत किया। शनैः-शनैः उसके अनुयायियों की संख्या 14,000 हो गई।[91] इस बीच जाटों के अनेक किलों पर मुग़लों ने अधिकार कर लिया था या उन्हें नष्ट कर दिया था, इसलिए चूड़ामन ने प्रतिरक्षा और लूट का माल छिपाने के लिए अभेद्य जंगलों में नए किले बनाए। इस कार्य में राजाराम सहित उसके पूर्वजों की छिपी दौलत काम आई।[92] इन नए किलों में एक उसने थून (डीग से 11 मील पश्चिम में) निचले दलदली और घने जंगलों के क्षेत्र में बनाया। शिवदास के अनुसार, थून कँटीली झाड़ियों के इतने घने जंगलों से घिरा हुआ था जिसमें से पक्षी तक गुज़रने में कठिनाई महसूस करते थे। उसका परकोट 'स्वर्ग' जितना ऊँचा तथा उसके चारों ओर की खाई इतनी गहरी थी कि धरती का स्रोत फूटकर उसमें पानी आ गया था।[93]

इसके साथ ही उसके लूटमार के कार्यकलाप बिना रुके चल रहे थे। पहले उसने आगरा के ग्रामीण क्षेत्रों, और फिर कोटा, बूँदी, हिंडौन और बयाना को लूटा।[94] उसने कमजोर लोगों की संपत्ति और स्थानों पर कब्जा कर लिया। अपने कार्य को 'अत्यधिक प्रवीणता और कौशल' से संपन्न करते हुए चूड़ामन 'शिखर से शिखर' पर चढ़ता गया और धीरे-धीरे अपने अड़ोस-पड़ोस में अत्यंत दुर्जेय बन गया।[95]

इस बात पर बल देने की आवश्यकता नहीं कि सिनसिनी, वह पैतृक स्थान[96] जो जाट बिरादरी को नेतृत्व प्रदान करता आया था, के हाथ से निकल जाने के

89. गुलाम अली खाँ नक़वी कृत *इमाद-उस-सादत* (गायकवाड़ पुस्तकालय, काशी हिंदू विश्वविद्यालय पांडुलिपि), 83
90. *अख़बारात* मोहम्मद शाह को शासनकाल (आर.एस.एल. सीतामऊ नक़ल) XXIII, 82, शिवदास लखनवी कृत *शाहनामा मुनव्वर कलाम* (एस.एच. अस्कर द्वारा संपादित, पटना, 1968, 16-17 और 84; *इकबालनामा,* अज्ञात (एस.एच. अस्करी द्वारा अंग्रेजी में अनूदित। उनके टंकित नकल से उद्धृत 23 और 24; गंगासिंह, उक्त ग्रंथ में, 69, यू.एम. शर्मा कृत *इतिहास,* 197
91. *इमाद,* 83; *मेम्वोआर दे यात,* 12
92. *मेम्वोआर दे यात,* 12
93. शिवदास, 17; इकबाल 23; *मेम्वोआर द यात,* 14
94. *मेम्वोआर दे यात,* 13; *इमाद,* 83; गंगा सिंह उक्त ग्रंथ, 69 भी देखें।
95. *मेम्वोआर दे यात,* 14
96. *तवारीख-ए-हुनूद,* 13b-14a; दीक्षित (उक्त ग्रंथ 17-18) और यू.एन. शर्मा (*इतिहास,*

बाद से जाटों की छाती पर साँप लोट रहा था। चूड़ामन ने वर्ष 1704 के आसपास सिनसिनी पर पुनः कब्जा कर लिया, यद्यपि यह कार्य उसने खड्ग के ज़ोर से नहीं, बल्कि स्वर्ण के बल पर किया था। जाटों से एक अच्छी-खासी रकम लेकर इस दुर्ग के कमांडेंट देवीसिंह ने सिनसिनी का गढ़ उन्हें सौंप दिया था। जाटों ने दो तोपों, 18 रहकल्टसों, सीसे और बारूद के भंडारों तथा अन्य वस्तुओं सहित, समस्त सल्तनती वस्तुओं पर कब्जा कर लिया।[97] ज़ाहिर है कि सिनसिनी की क्षति मुग़लों के लिए उतनी ही दु:खदायी थी जितनी उस पर पुनः कब्जा जाटों के लिए हर्षदायक था। मिर्ज़ा मोहम्मद के अनुसार चूड़ामन ने उन सभी किलों पर पुनः कब्जा कर लिया जिन्हें जाट पहले मुग़लों को हार चुके थे।[98]

क्रांति की इस धधकती ज्वाला से औरंगज़ेब मर्माहत हो गया। एक बात जो उसे सबसे अधिक चिंतित कर रही थी वह यह कि 30 लाख रुपयों का शाही ख़ज़ाना (जो बंगाल तथा अन्य स्थानों से वसूला गया था) आगरा में संचित था और उसे सुरक्षित दक्कन भेजा जाना था।[99] शहंशाह ने आगरा के नाज़िम को उसकी इस दृष्टमान लापरवाही के लिए कड़ाई से फटकारते हुए बारंबार आदेश दिया कि सिनसिनी पर तुरंत पुनः कब्जा करने के लिए वह यथासाध्य प्रयास करे, "विद्रोह और लूटमार की आग का शमन करे' और इस धरती से जाट बाग़ियों का 'नाम और अवशेष मिटा दे'।[100] आगरा के नाज़िम मुख्तार खाँ ने शहंशाह को वचन (22वीं ज़िल हिज्जा?) दिया था कि यदि उसे अतिरिक्त सेना, 1500 सवार (25 रु. प्रति सवार प्रति माह) और 2000 पदाति सैनिक (प्रति सैनिक 4 रु. प्रतिमाह के भत्ते पर), भर्ती करने के लिए दस लाख रुपए दे दिए जाएँ तो वह दो वर्षों में जाटों का 'सफाया' कर देगा।[101] मुख्तार खाँ को आगरा राजकोष से एक लाख रुपया

185-186) का खयाल है कि नेतृत्व सँभालकर ब्रजराज सिनसिनी पर पुनः कब्ज़ा कर लिया था, किंतु बाद में मुग़लों से उसकी रक्षा करते हुए भाओ सिंह के साथ ही वह भी मर गया, और बाद में बूढ़े भज्जा सिंह ने उस पर पुनः अधिकार करने का प्रयास किया, किंतु असफल रहा तथा इस सदमे से वह 1702 में मर गया। तथापि, यह संदिग्ध प्रतीत होता है। वास्तविकता यह है कि राजाराम द्वारा जाटों का नेतृत्व ग्रहण करने से पहले ही ब्रजराज मर चुका था। और जहाँ तक भज्जा, राजाराम के पिता, का प्रश्न है वह यदि इस समय तक मर न गया था तो भी वह इतना वृद्ध तो जरूर हो गया होगा कि युद्ध की कठिनाइयाँ झेलना उसके लिए संभव नहीं हो सकता था।

97. *अहकाम'*, I, 7b, 67b, 73b; II, 203a, 205b
98. *रोज़नामचा,* 134
99. *अहकाम,* I, 36b; II, 204b
100. वही, II 203b, 204a, 205b; 69a, 73a भी।
101. *अहकाम,* I, 69b; II 203b

दे दिया गया था। आगरा और दिल्ली सूबों के फौजदारों को भी 5,500 सैनिकों के साथ जाटों को कुचलने के काम पर लगाया गया था।[102]

साम्राज्यिकों ने 1705 में सिनसिनी को घेर लिया। किंतु यह कार्य फिर दुष्कर प्रतीत हुआ तथा खिंचता चला गया। जाटों के अचानक हमलों और वर्षा ने साम्राज्यिकों की प्रगति को बाधित किया। किले पर चढ़ाई करने के लिए प्रयुक्त की जानेवाली मुग़लों की पाँच बड़ी तोपों में से तीन को जाटों ने पूर्णतया नष्ट कर दिया तथा एक अन्य की नाल में लोहें की छड़ ठोककर उसे निष्क्रिय कर दिया। इन दिनों उन्हें रसद बाहर से बराबर मिलती रही।[103] दृढ़निश्चयी जाटों के सामने प्रारंभ में नाज़िम ने स्वयं को असहाय पाया।[104] उनके दुष्कर्मों के लिए जाटों से बदला लेने के हेतु औरंगज़ेब ने पहले अनुभवी बिदार बख्त को तैनात किया था। उपरोक्त उल्लिखित व्यक्तियों के अतिरिक्त शाहज़ादे को अपने साथ कल्याण सिंह भदौरिया तथा आमेर के जयसिंह को भी ले जाने के आदेश दिए गए थे। किंतु अपनी रुग्णावस्था तथा अन्य पूर्वव्यस्तता के कारण बिदार बख्त नहीं जा सका तथा उसे चौमासे भर मालवा में ही ठहरे रहना पड़ा।[105]

बहरहाल, मुख्तार खाँ अपने काम में लगा रहा और 9 अक्तूबर, 1705 (2 रजब, 1117 अल हिज़री) को सिनसिनी पर कब्जा करने में वह सफल हुआ। गढ़ी की स्वर्ण कुंजी के साथ सिनसिनी के पतन का समाचार शहंशाह को भेजा गया। इस सेवा के पुरस्कारस्वरूप मुख्तार खाँ को उसके विद्यमान पद के अतिरिक्त 500 ज़ात और प्राप्त हुए।[106] अब शाहज़ादे को अपना प्रस्थान रद्द करने के आदेश दिए गए। मिर्ज़ा मोहम्मद के अनुसार नाज़िम ने चूड़ामन से अन्य किले भी पुनः छीन लिए।[107]

स्थिति का यह कितना सुस्पष्ट वैषम्य रहा! औरंगज़ेब जब सिंहासनारूढ़ हुआ था तब जाट सत्ता के नाम की कोई चीज़ भी नहीं थी, किंतु उसकी मृत्यु के समय तक, यदि जाट राज्य नहीं तो जाट शक्ति तो अस्तित्व में आ ही चुकी

---

102. वही, I, 78b, II, 203, 204a, 204b
103. वही, I, 36a, 77b-78a, फिर 72b; II, 201b, 203b, 204a भी देखें।
104. वही, I, 77a
105. वही, I, 7, 23b, 69a, 70a, 74b, 75b, 77a, 78b, 87b; *जयपुर रिकाड्र्स,* सीतामऊ संग्रह, I, 22, 23, और 25 भी देखें। परिचितराय का पत्र जयसिंह को, 15 रजब वर्ष 49
106, *मासिर,* 498; *अहकाम,* I, 79a, *जयपुर रिकाड्र्स,* सीतामऊ संग्रह, I, 27; कुंभकरण से जयसिंह को 1705ई. (1117 अल हिज़री)
107. *रोज़नामचा,* 134

थी। पेशे से मूलतया कृषक, जाटों ने मुग़ल स्थिति में प्राप्त होनेवाले किसी भी अवसर से लाभ उठाने के लिए तत्पर रहते थे। औरंगज़ेब को अपने अंतिम दिनों में यह बात दुःखी तो करती होगी कि हिंदुस्तान का ताज[108] प्राप्त करने के लिए जब वह प्रयाण कर रहा था तब संकट की एक घड़ी में हाथीसिंह के नेतृत्व में जाटों के एक प्रमुख वर्ग ने उसकी सहायता की थी और अब उन्हीं जाटों का व्यवहार इतना बदल गया है।

---

108. ईश्वर दास (*फतूहात,* 23a) ने वर्णन किया है कि दारा से युद्ध करने के लिए शाहज़ादा औरंगज़ेब जब चंबल के घाट पर आया तो वहाँ उसने खाईबंदी से मार्ग अवरुद्ध पाया। वहाँ पानी गहरा था, और उसे अन्य किसी नौघाट का ज्ञान नहीं था। इससे औरंगज़ेब चिंतित हो गया। संकट के इस अवसर पर, गोहद का जमींदार हाथीसिंह जाट ने वहाँ आकर उसकी फौजों को एक उपेक्षित घाट (कनीरा) का रास्ता दिखाया, यहाँ से औरंगज़ेब ने चंबल पार कर ली। यद्यपि यह घटना छोटी थी, किंतु एक ही झटके में दारा का भाग्य विपरीत दिशा में पलट गया। इस पर वह अपने भारी तोपखाने को वहीं छोड़कर राजधानी की ओर भाग निकला जिससे उसकी स्थिति बहुत कमज़ोर हो गई।

3

मुग़ल साम्राज्य की अवनति और जाट सत्ता का उत्थान (1707-1720)

औरंगज़ेब के जड़बुद्धि उत्तराधिकारियों के शासन के दौरान चूड़ामन द्वितीय के नेतृत्व में जाट शक्ति ने आगे बढ़ने के लिए एक लंबी छलाँग लगाई। परवर्ती दशकों में मुग़ल साम्राज्य की घटनाओं पर विस्तार से विचार करने का हमारा उद्‌देश्य नहीं है। फिर भी, इस कालावधि के उन मोटे-मोटे तथ्यों और प्रवृत्तियों को दृष्टिगत रखना सार्थक होगा जो जाटों की द्रुत गति से प्रगति की पृष्ठभूमि के रूप में प्रकट होती है।

मुग़ल साम्राज्य की अवनति

औरंगज़ेब की नीति और आचरण ने मुग़ल साम्राज्य की नींव को बुरी तरह से हिला दिया था। अपने अशक्त उत्तराधिकारियों के लिए वह ढेर सारी ऐसी गंभीर समस्याएँ छोड़ गया था जिनका निपटारा उन्होंने अत्यधिक उत्तेजित जनता से करना था। उसके दक्कन के युद्ध के परिणामस्वरूप सामान्य प्रशासन ढीला पड़ गया था और आर्थिक स्थिति भी अस्त-व्यस्त हो गई थी। जागीरदारी व्यवस्था में उत्पन्न संकट और सामंतवर्ग की अधोगति जैसी कुछ अन्य समस्याएँ थीं जो वह अपने अशक्त उत्तराधिकारियों को उत्तरदान में दे गया था।[1]

उसका तात्कालिक उत्तराधिकारी, बहादुरशाह, यद्यपि अपने परवर्ती अधिपतियों से अधिक योग्य था, इस पतनोन्मुख स्थिति पर काबू नहीं पा सका। उसके बाद तो ऐसे दुराचारी, अकर्मण्य और अयोग्य शासकों की शृंखला शुरू हो गई जिनका न कोई सम्मान करता था और न भय मानता था।[2]

इसके अतिरिक्त, सत्ता और जागीरों के लिए छीन-झपट, ताज के प्रतिद्वंद्वियों

---

1. पूर्ण विवरण के लिए देखें सरकार कृत *औरंगज़ेब,* V, 436ff; सतीश चन्द्र कृत *पार्टीज़ एंड पालिटिक्स,* भूमिका, 22 भी देखें।
2. पूर्ण विवरण के लिए देखें सतीश चन्द्र कृत *पार्टीज़ एंड पालिटिक्स,* 22-23, 56-60; इर्विन कृत *लेटर मुग़ल्स,* I, 136-140, 241 और 396

की आपसी गुटबाजी, तथा नस्ली और धार्मिक विचारों-भावनाओं की प्रधानता के एहसास ने मिलकर मुग़ल सामंतों के पारस्परिक वैमनस्य और दलबंदी को अधिक तीव्र कर दिया। शहंशाह, विभिन्न गुटों को एक सूत्र में बाँधने के बजाय अपना नाता स्वयं किसी-न-किसी गुट से जोड़ते पाया गया, तथा कभी-कभी तो गोपनीय षड्यंत्रों का सूत्रधार भी वही बन गया। औरंगज़ेब का शासनकाल समाप्त होते-होते दो प्रतिद्वंद्वी गुट पैदा हो गए : एक में तो असद खाँ और ज़ुल्फ़िक़ार खाँ थे और दूसरे में फ़ीरोज जंग, चिन किलिच, हामिद खाँ तथा इनके साथियों की प्रधानता थी। ये दोनों गुट यद्यपि परस्पर प्रतिद्वंद्वी थे किंतु वज़ारत से वंचित रखे जाने के कारण बहादुर शाह से इनकी शिकायत साँझा थी, क्योंकि दरबार की राजनीति का केंद्र बिंदु होने के कारण इस पद का अपना महत्त्व था। जहाँदारशाह के लिए ताज हासिल कर लेने के बाद ज़ुल्फिकार खाँ ने यह इच्छित पद प्राप्त कर लिया और इस तरह अन्य उम्मीदवारों के विद्वेष का सामना करते हुए वह वास्तविक शक्ति प्राप्त करने में सफल हो गया। उसने मराठों, राजपूतों और जाटों से समझौता करके उनके तथा साम्राज्य के मध्य की खाई को पाटने का प्रयास किया। किंतु सैय्यद बंधुओं ने शीघ्र ही उसके पैर उखाड़ दिए। फ़र्रुख़सियर के शासन काल में गुटीय राजनीति का बोलबाला रहा। शहंशाह और उसके चमचों ने षड्यंत्र रचकर सैय्यदों को उखाड़ने के प्रयास किए, किंतु वे पैर जमाए रखने के प्रयत्न करते रहे। सैय्यद बंधुओं ने सत्ता पर काविज़ रहने और इस तरह अपनी कीर्ति अर्जित करते हुए साम्राज्य को समृद्ध करने के उद्देश्य से ज़ाटों सहित समस्त शक्तिशाली हिंदू तत्वों से मैत्री भाव रखा। परंतु फर्रुखसियर की हत्या और सैय्यदों की हिंदू-परस्त नीतियों ने उनके विरोधियों को यह प्रचारित करने का बहाना दे दिया कि सैय्यदों के कार्य राजतंत्र, इस्लाम और समस्त सामंतों के लिए खतरनाक हैं। उन्हें शीघ्र ही अपदस्थ कर दिया गया। परंतु इससे बुनियादी प्रश्नों और सामान्य स्थिति पर कोई अंतर नहीं पड़ा। प्रशासनिक स्थिति बद से बदतर होती चली गई। सरकार दिवालिएपन की कगार पर आ गई। जागीरदारी व्यवस्था चरमराने लगी जिससे मंसबदारी व्यवस्था का पूरा ढाँचा गिरने की स्थिति में आ गया।[3]

शाही सत्ता के पतन और उसके फलस्वरूप उत्पन्न दुर्व्यवस्था ने विदेशी हमलों तथा आंतरिक आक्रमणों के लिए मार्ग प्रशस्त कर दिया। औरंगज़ेब के समय से ही सक्रिय केंद्र-विमुख शक्तियों को इससे नया बल मिला। इस स्थिति को कुछेक उदाहरणों से स्पष्ट किया जा सकता है : मुग़ल सत्ता को चुनौती देते हुए छत्रसाल ने शाही भूमि पर कब्जा कर लिया। बंदा के नेतृत्व में सिखों ने भी हथियार

3. पूर्ण विवरण के लिए देखें, सतीश चंद्र कृत *पार्टीज़ एंड पॉलिटिक्स,* 57-60, 79-84, 116-117, 174-176 और 256; इर्विन कृत *लेटर मुग़ल्स,* I, 138-139, 334-336; II, 131-132 और 134

उठा लिए और सरहिंद के आसपास एक विशाल क्षेत्र को लूटकर उसे तबाह कर दिया। मराठों ने एक व्यापक क्षेत्र में लगातार छापे मारकर मुग़ल साम्राज्य की जड़ें हिला दीं।[4] निज़ाम, मुर्शिद कुली खाँ, सादत खाँ और अब्दुस्समद जैसे शाही सूबेदारों ने भी साम्राज्य को टुकड़ों में बाँटकर अपने अलग राज्य स्थापित कर लिए।[5]

मुग़ल उच्चपदस्थों–अमीरों के उदाहरणों का अनुसरण करने में अन्य लोग भी पीछे नहीं रहे। अफ़गान शक्ति के दो पार्श्ववर्ती केंद्र खुलकर सामने आ गए, ऐसा पहला उदाहरण फ़र्रुखाबाद के बंगश पठानों का है, और दूसरा, कटेहर के रोहिला सरदारों का। राजपूतों ने भी मुग़लों की कमजोरी का लाभ उठाते हुए अपने राज्यक्षेत्र बढ़ाने शुरू कर दिए। सवाई जयसिंह भी अपने मन में एक इच्छा पल्लवित कर रहे थे कि सांभर झील से लेकर आगरा और वहाँ से नर्मदा तक अपना राज्यक्षेत्र विस्तृत कर लें। यद्यपि उनकी यह इच्छा तो पूरी नहीं हुई फिर भी अपनी रियासत को काफ़ी दूर तक फैलाने में वह सफल हो गए। इसी प्रकार जोधपुर के राजाओं की भी लालच-भरी दृष्टि अपने पड़ोस की भूमि पर पड़ने लगी। अंततः, उन्होंने मुग़लिया गुजरात सूबे की कुछ भूमि पर अपना कब्ज़ा जमा ही लिया।[6] उधर छोटे-छोटे सरदार मुग़ल सरकार की नपुंसकता से अपने को लाभान्वित करने में जुट गए। ऐशब ने ठीक ही कहा था कि "प्रत्येक ज़मींदार राजा बन बैठा और प्रत्येक राजा महाराजा बन गया।"[7] इधर मुग़ल शहंशाह कठपुतली बनकर रह गए, और उनका साम्राज्य अपनी पूर्व शक्ति, वैभव और विस्तार को खोता हुआ गर्त में जाने लगा।

चूड़ामन द्वितीय और उसके उत्तराधिकारियों ने इसी तरह की स्थिति में अपनी नीतियों का निर्धारण किया था जिस पर हम अब विचार करेंगे।

मुग़लों और जाटों के मध्य अनिश्चित तनाव-शैथिल्य

मुग़लों और जाटों के संबंधों ने औरंगज़ेब की मृत्यु के बाद एक नया मोड़ लिया। उस समय तक सरकार और जाट, दोनों ही एक-दूसरे के प्रति कठोर विद्वेष और घृणा का प्रदर्शन करते नहीं चूकते थे। औरंगज़ेब की मृत्यु के बाद बदलती परिस्थितियों ने दोनों को अपने पुराने वैर-भाव को शिथिल करने के लिए बाध्य

4. पूर्ण विवरण के लिए देखें, इर्विन कृत *लेटर मुग़ल्स,* I, 93-121, 307-320; II, 163-167, 170-185 और 229ff
5. सरकार कृत *फ़ॉल,* I, 42, 101-182
6. पूर्ण विवरण के लिए देखें, सरकार कृत *फ़ॉल,* I, 42, 181ff; रघुवीर सिंह कृत *मालवा में युगांतर पूर्वकाल* (इंदौर : 1938), 199; सतीश चंद्र कृत *पार्टीज़ एंड पॉलिटिक्स,* 186-187
7. सतीश चंद्र द्वारा उद्धृत *ऐशब,* कृति उद्धरण 187; जॉन ब्रिग्ज़ द्वारा अनूदित *सियर-उल-मुताखिरीन* (लंदन : 1832) I, 208 भी देखें।

किया। इसके फलस्वरूप, मुग़ल शासन में पहली बार शाही मामलात में जाटों की सक्रिय और प्रत्यक्ष भागीदारी देखी जाने लगी। इस प्रवृत्ति की गहन प्रतिक्रिया तो होनी ही थी, विशेषतया जाट इतिहास पर।

स्वार्थपरायणता और राजनीतिक दूरदर्शिता ने मुग़लों को जाटों के मुखिया चूड़ामन द्वितीय को तुष्ट करने के लिए प्रेरित किया। जाट देश की भौगोलिक सन्निकटता और उनके बढ़ते सैनिक महत्त्व के कारण शाही ताज के प्रतियोगियों और मुग़ल दरबार के गुटीय नेताओं, दोनों के लिए जाटों का समर्थन प्राप्त करना आवश्यक हो गया। अपने दृढ़ विश्वास के कारण भी मुग़ल इसी दिशा में बढ़ने के लिए प्रेरित हुए। मुग़ल सरकार ने 1707 के बाद औरंगज़ेब काल की कठोरता और अनम्यता को त्यागते हुए सामान्यतया उदार नीति का अनुसरण करना शुरू कर दिया था। औरंगज़ेबी नीति के इस उत्क्रमण से जाटों को स्वागत योग्य राहत मिली। इसमें उन्हें अपनी शैशव शक्ति के पनपने की संभावनाएँ नज़र आईं। चतुर चूड़ामन ने संभवत: यह अनुमान लगा लिया था कि शहंशाह के प्रति अपनी निष्ठा प्रदर्शित करने से जाटों के प्रति मुग़लों का संदेह दूर हो जाएगा और उसे अपनी स्थिति सुदृढ़ करने में सहायता मिलेगी। पुरस्कार और प्रतिदान मिलने की आशा से वह मुग़ल तख्त के इस या उस दावेदार अथवा शक्तिशाली सामंतों से अपना संबंध जोड़ता रहा। शाही मामलात में भी अपनी लोभी प्रवृत्ति के कारण शामिल हुआ होगा। लूटमार से प्राप्त होने वाले माल के लोभ का संवरण करते हुए पड़ोस में हो रहे शाही युद्धों के प्रति उदासीन रहना उसके लिए अत्यधिक कठिन था। अतएव, मुग़लों से चूड़ामन के संबंध, पहले की ही भाँति जब वह उनका कट्टर दुश्मन था, आत्म-कल्याण के आधार पर ही रहे। इस प्रकार यह निश्चित रूप से कहा जा सकता है कि किसी संकल्पित या सुविचारित नीति के बजाय परिस्थितियों के प्रभाव से मुग़ल सरकार और जाटों ने एक-दूसरे के प्रति अपने व्यवहार में मृदुता का प्रदर्शन किया था।

सन् 1707 में औरंगज़ेब की मृत्यु से हिंदुस्तान की गद्दी के लिए मुअज़्ज़म और आज़म के बीच रक्तपूर्ण संघर्ष हो गया। दोनों पक्ष जाजऊ के मैदान में आमने-सामने आ डटे। मिर्जा मोहम्मद बताते हैं कि अधिक-से-अधिक विशाल सेना एकत्रित करने के उद्देश्य से बहादुरशाह ने चूड़ामन को एक विनम्र संदेश भेजकर उससे उसकी सेना के साथ उपस्थित होने का अनुरोध किया। शाही आह्वान के प्रत्युत्तर में चूड़ामन दो-तीन हज़ार सवारों को लेकर बहादुरशाह के समक्ष उपस्थित हो गया।[8] मिर्ज़ा मोहम्मद का यह कथन इस प्रचार को झुठलाता है कि चूड़ामन पराजित को लूटने के लिए स्वयं ही जाजऊ गया था।[9] फिर भी यह निर्भीक जाट

8. *रोज़नामचा,* 134 एफ़
9. विपरीत देखें, इर्विन कृत *लेटर मुग़ल्स,* I, 322; कानूनगो कृत *जाट्स,* 48; पांडेय कृत *भरतपुर,* 13; यू.एन. शर्मा कृत *इतिहास,* 200

शत्रु की घबराहट को अपने लाभ के लिए इस्तेमाल करने से नहीं चूका। जब युद्ध पूरे जोश पर था तब ही वह चुपचाप खिसक गया और आज़म के सामान को बड़ी फुर्ती से लूटकर मवेशी, खजाना और जवाहरात लेकर निकल भागा।[10] ऐसा प्रतीत होता है कि जाजऊ के बाद की स्थिति से लाभ उठाते हुए चूड़ामन ने सिनसिनी पर पुन: कब्जा कर लिया तथा दिल्ली-आगरा मार्ग पर मथुरा के आसपास के क्षेत्र में पुन: लूटमार शुरू कर दी। इसके फलस्वरूप इस मार्ग पर दो महीनों तक यातायात पूर्णतया बंद कर दिया गया और अमीन-उद-दीन संभली की पत्नी सहित सैकड़ों यात्री यहाँ फँसे रह गए। जाट लुटेरों को मार भगाने के लिए अगस्त 1707 में फौज भेजी गई।[11] फिर भी वज़ीर मुनीम खाँ ने चूड़ामन के दुष्कर्मों की उपेक्षा कर देने में ही बुद्धिमानी समझी। उसने एकबार फिर चूड़ामन को बुलाया तथा 16 सितंबर को उसे शहंशाह के समक्ष पेश किया। बहादुर शाह ने उसे 1,500 ज़ात तथा 500 सवारों से मंसबदार बनाया और उसे दिल्ली तथा आगरा के बीच की सड़क की सुरक्षा का भार सौंपा।[12]

चूड़ामन के आद्य जीवन में वर्ष 1707 को एक युग माना जाता है। इसके शुरू होते ही उसे सम्मान, शक्ति तथा विपुल धन मिला, जो इतना था कि 'उसके पूर्ववर्तियों ने अपने जीवन काल में भी नहीं प्राप्त किया होगा।'[13] इस वर्ष ने उसे शाही मंसबदार का खिताब दिलाया। एक जाने-पहचाने विद्रोही को अचानक मुग़ल अभिजात के शिरोबिंदु पर चढ़ा दिया गया तथा शाही राजपथ के एक भाग की जिम्मेदारी उसे सौंप दी गई। इससे स्थानीय लोगों में स्पष्टतया उसकी छवि में वृद्धि हुई जिससे और अधिक बड़ी संख्या में लोग अनुयायी बन गए होंगे। इस बदली हुई स्थिति में चूड़ामन ने रणनीति में संशोधन कर दिया। एक तो नई सरकार के समझौतावादी और मैत्रीपूर्ण रुख के कारण और दूसरे, अपनी स्वयं की इच्छा के कारण कि प्रगति करने का उसे अधिक अवसर मिले उसने बहादुरशाह के प्रति अपनी निष्ठा प्रदर्शित करनी शुरू कर दी।[14] तथापि, उसकी

---

10. *रोज़नामचा,* 135; *बहादुर शाहनामा,* 164; के.के. II, 668 *एफ़ एम.यू.,* I, 438
11. अख़बरात, 13 अगस्त, 1707; इर्विन द्वारा *लेटर मुग़ल्स* में, I, 321, पाद-टिप्पणी में उद्धृत 'दस्तूर-उल-इंशा'; *मेम्वोआर दे यात,* 13
12. *रोज़नामचा* 135; *बहादुर शाहनामा,* 164; *के.के.* II, 668-669, 776; *एम.यू.,* I, 438
13. *एम.यू.,* I, 438; *मज़मा-उल-अखबार* देखें, इलियट में VIII, 360, आर. पांडेय (कृति उद्धरण, 14) का यह कथन गलत है कि चूड़ामन को दिल्ली से चंबल तक का प्रभारी बनाया गया था।
14. के.आर. कानूनगो का यह मत (*जाट्स* 48) तर्कसंगत नहीं है कि बहादुरशाह की सरकार 'काफी शक्तिशाली' थी इस डर से चूड़ामन निष्ठावान रहा। यह तो पूर्ववर्ती सरकार से भी निश्चय ही अधिक कमज़ोर थी और चूड़ामन को उस समय भी मुग़लों

यह निष्ठा किसी विश्वास या धारणा के बजाय सुविधा के लिए अधिक थी। इस तरह वह मुग़ल सरकर की सहायता तो जरूर करता था, किंतु अपने लोगों को लूटमार के लिए उकसाता भी रहता था। संभवत: उसके इशारे पर ही जाटों ने सिनसिनी की किलेबंदी पुन: कर ली थी। अतएव बहादुरशाह ने रज़ा बहादुर को भेजकर इसे तुड़वा दिया। सन् 1707 की 2 दिसंबर को एक घमासान युद्ध में 1,000 जाट मारे गए। रज़ा बहादुर ने किले को नष्ट कर दिया तथा पराजितों से दस गाड़ियाँ भरकर हथियार बरामद किए।[15]

चूड़ामन की सरकार को सहायता

अपनी नई नीति का पालन करते हुए सिनसिनी के संबंध में चूड़ामन निश्चेष्ट और शांत रहा। इसी तरह, अगले कुछ वर्षों तक अपनी लुटेरी प्रवृत्ति पर वह अंकुश लगाए रहा, यद्यपि स्थानीय अपराधी तत्त्व सड़कों पर अकसर लूटमार कर लिया करते थे।[16] मिर्जा मोहम्मद ने पूरे विश्वास के साथ लिखा है कि अब से लेकर जहाँदारशाह की पराजय तक (अर्थात् सितंबर, 1707 से जनवरी, 1713 तक) वह शाही सेवा में लगा रहा और 'सड़कों पर किसी प्रकार की वारदात उसने नहीं होने दी।"[17] सन् 1708 के शुरू में उसने स्थानीय अफ़गान विद्रोहियों को कुलचने में स्थानीय नायब फ़ौजदार रहीम-उल्-ला खाँ की सहायता की। थिरावली गाँव (ओल से 5 मील पूर्व में) पर हमला करके वह शेरगढ़ (मथुरा से 20 मील उत्तर में) के बिलोची विद्रोहियों को दबाने के लिए खाँ के साथ गया। उन्होंने हमलावरों का तीन दिन तक मुकाबला किया और अंतत: वे जाट सरदार को दो हज़ार की संपत्ति हस्तांतरित करने का वचन देकर पीठ दिखा बैठे। इससे एक शक्तिशाली सरदार के रूप में उसकी छवि और बढ़ गई। इसमें क्या आश्चर्य कि इसके बाद चूड़ामन को और अधिक सम्मान मिलने वाला था। जुलाई 1708 में स्थानीय फ़ौजदार, सैय्यद हुसैन खाँ से आमेर छीनकर जयसिंह ने उस पर कब्ज़ा कर लिया था। इस पर उस स्थान को पुन: प्राप्त करने के लिए बहादुरशाह ने उसके पास कुमक भेजी। इस संदर्भ में हुसैन खाँ ने दुर्जेय चूड़ामन से सहायता माँगी। इस कार्य के लिए फौज भर्ती करने के उद्देश्य से हुसैन खाँ ने उसके पास धन भेजा। जाट सरदार ने उसकी इच्छानुसार एक बड़ी फौज तैयार करके नारनौल के लिए कूच कर दिया

के प्रति निष्ठावान रहने के लिए दबाया नहीं जा सका।

15. इर्विन कृत *लेटर मुग़ल्स,* I, 322
16. वही, 321, पाद-टिप्पणी।
17. *रोज़नामचा,* 135, बहादुरशाह के शासन में अनवरत और व्यापक अव्यवस्था से संबंधित वैंदेल के दावे (*मेम्वोआर दे यात,* 13) को मिर्जा मोहम्मद की विपरीत राय की स्थिति में स्वीकार नहीं किया जा सकता।

जहाँ वह आमेर से भगाए जाने के बाद से डेरा डाले हुए था। इसी समय (अर्थात् सितंबर के अंत में) चूड़ामन से अनुरोध किया कि वह अपने को सैय्यद से अलग करके मुग़लों के विरुद्ध उसका (राजा का) साथ दे क्योंकि वे (मुग़ल) हिंदुओं को नष्ट करने पर उतारू हैं। इसके बदले में राजा ने चूड़ामन को आश्वासन दिया कि वह उसके विरोधी जैत्रसिंह को परगना कैथवाड़ा से खदेड़ देगा। इसके बाद चूड़ामन ने सैय्यद को साथ छोड़ दिया। तथापि, इसका अर्थ यह नहीं है कि चूड़ामन ने यह चाल 'अपनी हिंदू भावनाओं का आदर करने के लिए' चली थी।[18] यहाँ यह बात भी ध्यान में रखने की है कि चूड़ामन ने अपनी इतनी बड़ी सेना मुग़लों के धन से ही खड़ी की थी। इसके अतिरिक्त, कैथवाड़ा के संबंध में जयसिंह का आश्वासन भी मिल चुका था और इससे लाभ उठाते हुए अंततः उसने (नवंबर, 1708 में) जैत्रसिंह से कैथवाड़ा छीन लिया। इस प्रकार, जब उसे लगा कि उसका हित सिद्ध हो गया है तो इस चतुर जाट को सन्निकट राजपूत युद्ध में अनावश्यक ही अपनी जान फँसाना सरासर मूर्खता प्रतीत हुई। इसके अतिरिक्त, इससे जयसिंह के भी अप्रसन्न होने की निश्चित संभावना थी जिसके फलस्वरूप कैथवाड़ा में भी उसका भविष्य खतरे में पड़ जाता। इस प्रकार हुसैन खाँ को उसके भाग्य पर छोड़कर किसी बहाने से वह पीछे हट आया। बाद में स्वयं को राजा का 'अपना सेवक' बताते हुए उसने जयसिंह को बहुत विनम्र संदेश भेजा कि वह उससे (राजा से) व्यक्तिगत रूप से मिलना चाहता है तथा उसकी मंशा राजा से लड़ने की कभी नहीं थी। इसके अतिरिक्त मथुरा क्षेत्र में भी उसने अपनी सेवाएँ राजा को प्रस्तावित कर दीं।[19] यह प्रसंग चूड़ामन का असली रूप उजागर करता है।

सैय्यद हुसैन खाँ के शिविर से चूड़ामन ने कामा की ओर प्रस्थान कर दिया जहाँ स्थानीय फौजदार रज़ा बहादुर स्थानीय ज़मींदार अजित सिंह से लड़ने की तैयारी कर रहा था। अजित सिंह ने मालगुज़ारी का भुगतान रोककर स्थानीय अधिकारियों को भगा दिया था और इस तरह उस क्षेत्र में मुग़ल सत्ता को खुलकर चुनौती दे दी थी। उसके विद्रोही तेवरों से स्थानीय फ़ौजदार के साथ ही महत्त्वाकांक्षी चूड़ामन को भी चिंता हो गई थी, क्योंकि चूड़ामन का मुख्य गढ़ थून तो कामा से बहुत निकट ही था। अतः ये दोनों आपस में जुड़ गए और एक बड़ी फौज (लगभग 18000) के साथ अजित सिंह पर हमला कर दिया जिसने लगभग 10,000 घुड़सवारों और तोपचियों-बंदूकचियों से शत्रु का मुकाबला किया। कामा के निकट

18. यू.एन. शर्मा (*इतिहास,* 217) का निष्कर्ष है।
19. जैत्र सिंह (कैथवाड़ा के)–जयसिंह; किशनसिंह और जालिमसिंह जयसिंह–जयसिंह, फाल्गुन बदी 2 संवत 1765, दोनों भटनागर द्वारा उद्धृत, *सवाई जयसिंह,* 41, भी देखें (राजपूतों से हुसैन खाँ के युद्ध संबंधी विवरण के लिए) 38ff; इर्विन कृत लेटर *मुग़ल्स,* I, 67ff.

एक घमासान युद्ध हुआ जिसमें राजपूत तोपखाने ने जाटों और मुग़लों को मार भगाने में महत्त्वपूर्ण भूमिका अदा की। उल्लसित विद्रोहियों ने अपने शत्रुओं का खोह (दक्षिण में लगभग 8 मील दूर) तक पीछा किया। तीन दिन बाद (अर्थात् 7 अक्तूबर, 1708) पुनः एकत्रित होकर उन्होंने राजपूतों पर हमला कर दिया। प्रारंभ में तो मुग़ल-जाट सेनाएँ लाभ में दिखाई दीं, किंतु राजपूतों ने वीरता से लड़ते हुए अंत में मैदान जीत लिया। दोनों ओर अनेक लोग मारे गए और जख्मी हुए। रज़ा बहादुर भी खेत रहा। चूड़ामन और उसके साथी, जो युद्ध के अंत में घिर गए थे, किसी तरह निकल भागे। थून की ओर भागते हुए चूड़ामन एक राजपूत सैनिक की तलवार से घायल हो गया था।[20]

दो माह बाद (दिसंबर 1708) चूड़ामन 6,000 घुड़सवारों के साथ नारनौल के फौजदार से आ मिला और सोंख-सोंखरी से गुजरते हुए उन्होंने विद्रोही राजपूतों पर आक्रमण कर दिया। जावली के जयसिंह नरूका ने बहादुरी से उनका मुकाबला किया।[21] कहते हैं कि चूड़ामन के भाई अतीराम ने जो नरूका का मित्र था, बीच में पड़कर दोनों में सुलह करा दी, अतः आगे फिर लड़ाइयाँ बंद रहीं।[22]

इसके बाद लगभग 21 महीनों का अंतराल रहा (जनवरी, 1709-अक्तूबर, 1710) तथा इस कालावधि में चूड़ामन की गतिविधियों के बारे में हमारे पास सूचना नहीं है। संभवतः इस बीच वह अपनी स्थिति को वह मजबूत करने में व्यस्त रहा होगा। तदुपरांत, अक्तूबर, 1720 में किसी समय संभवतः बुलाए जाने पर वह (लगभग, अक्तूबर, 1710) बहादुरशाह के समक्ष दिल्ली में कहीं पेश हुआ।[23]

---

20. *अख़बारात,* 'कार्तिक सुदी 5, संवत 1765 (7 अक्तूबर, 1708) यू.एन. शर्मा द्वारा *इतिहास* में उद्धृत, 215, 212-215; कँवर, II, 315
21. शर्मा कृत *जयपुर,* 138
22. यू.एन. शर्मा कृत *इतिहास* 217। बहरहाल, इन्होंने अपने पक्ष के समर्थन में कोई प्रमाण-पुस्तक उद्धृत नहीं की है।
23. शाही शिविर में चूड़ामन के आगमन की तारीख और स्थान के बारे में कुछ भ्रम है। इर्विन (*लेटर मुग़ल्स,* I, 323 और 106) और उसके बाद यू.एन. शर्मा (*इतिहास,* 222) ने चूड़ामन को अजमेर तथा दिल्ली के निकट दोनों ही जगह शहंशाह से भेंट करते बताया है। इनका विरोधी दिशा में अजमेर जितनी दूर दिखाने की बात कुछ जमती नहीं है। उन्होंने यह कहीं नहीं कहा है कि चूड़ामन पहले अजमेर में मिला और वहाँ से विदा होकर बाद में दिल्ली में मिला। अतः, उसका अजमेर में मिलना संदेहास्पद है। *मसीर-उल-उमरा,* यद्यपि बाद के स्रोत हैं, का कथन है (I, 438) कि चूड़ामन उस समय मिला जब 'फौज की टुकड़ियाँ उनके (जाटों के) घरों के निकट से गुज़र रही थीं।' यह ध्वनितार्थतः हमारी बात का ही समर्थन करता है कि उसने शहंशाह से दिल्ली के निकट ही कहीं भेंट की थी। कानूनगो (*जाट्स,* 48) और आर. पांडेय (कृति, उद्धरण 14 एफ़) ने इस विषय की पूरी तरह उपेक्षा कर दी है।

शहंशाह तब बंदा के विरुद्ध कूच पर था। उसे मोहम्मद अमीन खाँ के अधीन कर दिया गया जिसे सरहिंद पर कब्जा करने का आदेश दिया गया था। तदनंतर, वज़ीर की सेवा में निष्ठापूर्वक रहते हुए, उसने सँधौरा और लोहागढ़ की लड़ाइयों में हिस्सा लिया।[24] वज़ीर, जिसकी चूड़ामन पर कृपादृष्टि रही थी, फरवरी, 1711 में मर गया जिससे उसे सीधे दरबार के प्रभाव में आना पड़ा। हमें 'अख़बारात' से पता चलता है कि 24 जुलाई, 1711 को उसे एक प्रतिश्रुति पर हस्ताक्षर करने पड़े कि हलेना में उसका भाई अती राम जो गढ़ी बना रहा है वह गिरा दी जाएगी।[25] यह गढ़ी गिराई गई या नहीं यह स्पष्ट नहीं है तथापि शहंशाह के साथ चूड़ामन लाहौर चला गया।

लाहौर की लड़ाई (मार्च, 1712) में, बहादुरशाह की मृत्यु के बाद, जाट नेता ने अज़ीमुश्शान का साथ दिया। यहाँ वह शाहज़ादे के शिविर को रसद पूर्ति की देखभाल करता था। चूड़ामन और बनजारों ने वायदा किया था कि वे रसद बराबर पहुँचाते रहेंगे। यह कार्य उसने निष्ठापूर्वक किया तथा शाहज़ादा इससे संतुष्ट था। तथापि, मूलतया अपने सनकी मिजाज़, मिथ्याभिमान तथा कपटपूर्ण चालों के कारण अज़ीमुश्शान पराजित हुआ और मार डाला गया। इसके बाद उसके शिविर को लूटकर चूड़ामन ने अपने घर का रास्ता लिया। भाग्य ने फिर उसका साथ दिया। यद्यपि ताज के जिस प्रतिद्वंद्वी का इसने साथ दिया था वह सफल नहीं हो सका, किंतु विजेता जहाँदारशाह ने इसे क्षमा कर दिया। संभवतः नए वज़ीर, जुल्फिक़ार खाँ की मध्यस्थता से जिसका हिंदुओं के प्रति झुकाव स्पष्ट था, चूड़ामन को खिलअत दी गई तथा उसकी मंसब पुनः उसे लौटा दी गई।[26] इस उदारता से स्पष्ट होता है कि जहाँदारशाह की सरकार की आम नीति क्या थी। यह तो हमें ज्ञात ही है कि जहाँदारशाह की गद्दनिशीनी के तुरंत बाद फ़र्रुखसियर ने भी स्वयं को पटना का शहंशाह घोषित कर दिया था। इसका अर्थ स्पष्टतया यह है कि उत्तराधिकार का युद्ध अभी समाप्त नहीं हुआ था। इसके साथ ही नए वज़ीर के भी दरबार में शत्रु थे। इस समय शहंशाह और वज़ीर, दोनों को हिंदुओं में से भी अपने मित्र निकालने थे। इसके अतिरिक्त, पतनोन्मुख साम्राज्य को शक्तिशाली बनाने के लिए भी उनके सहयोग की जरूरत थी। अतः विवशता और नीति के चलते सरकार

---

24. के.के. II, 669 और 670; *एम.यू.* I, 438; इर्विन *लेटर मुगल्स,* I, 323; आर. पांडेय (कृति उद्धरण, 15, पाद टिप्पणी 1) ने सिख अभियान में चूड़ामन के शामिल होने के बारे में अकेले मिर्जा मोहम्मद को प्रमाण-पुरुष के रूप में प्रस्तुत किया है। किंतु मिर्जा मोहम्मद ने इसके समर्थन में कहीं कुछ नहीं कहा है।
25. *अख़बारात,* 24 जुलाई, 1711
26. मुर्तज़ा हुसैन कृत *हदीक़त-उल-अक़लीम* (नवल किशोर संस्करण), 129; एस. चंद्र कृत *पार्टीज़ एंड पॉलिटिक्स,* 76, 122; इर्विन कृत *लेटर मुग़ल्स,* I, 167

को दुर्दमनीय चूड़ामन का लिहाज़ करना पड़ा जो दिल्ली से लेकर चंबल तक पूरे क्षेत्र का वास्तविक राजा बना हुआ था।[27]

शहंशाह ने चूड़ामन तथा कई राजपूत राजाओं को आदेश दिया कि वे शाहज़ादा अजीउद्दीन के पास पहुँचें जिसे फर्रुख़सियर की गतिविधियों पर नज़र रखने के लिए आगरा में तैनात किया गया था। किंतु ये सब बहाना बनाकर टाल-मटोल कर गए। तदुपरांत, अजीउद्दीन, खजुहा (नवंबर, 1712) में पराजित हो गया। इससे जहाँदारशाह भयभीत हो गया। दिसंबर के प्रारंभ में अनेक वायदे करते हुए उसने फर्रुख़सियर का मुकाबला करने के लिए चूड़ामन को अपनी फौज के साथ आगरा पहुँचने का फरमान भेजा। चूड़ामन एक बड़ी फौज लेकर आया तथा आगरा (जनवरी 1713) के युद्ध में शहंशाह की ओर से लड़ा। किंतु जब उसने देखा कि उसका मतलब नहीं निकल रहा है तो इस निर्भीक जाट ने अपने घोषित स्वामी की पीठ में छुरा भोंकने में कोई शर्म महसूस नहीं की तथा अपने घोषित मालिक के पृष्ठ भाग को लूटकर चंपत हो गया। यहाँ से वह ख़जाना, अनेक हाथी और माल-असबाब लेकर थून में वापस आ गया। उसने विजयी पक्ष को भी नहीं बख़्शा तथा उसके शिविर को भी लूट लिया। जाटों की वह लूट इतनी पूर्ण थी कि फर्रुखसियर अपने पदाधिकारियों से सम्मान प्राप्त करने के लिए बैठने को एक छोटे से लकड़ी के तख्त तथा गंदे-फटे पर्दे के अतिरिक्त और कुछ नहीं पा सका।[28]

दरबार की राजनीति में अंतर्ग्रस्तता

चूड़ामन की ज्यादती और दुःसाहस फर्रुख़सियर को खतरनाक प्रतीत हुई जिससे उसका क्रुद्ध होना उचित भी था।[29] अपने शासनकाल के प्रारंभ में उसने अपने व्यक्तिगत अनुषंगी तथा एक वीर सैनिक, राजा छबीलाराम, को उसके जन्म स्थान आगरा का सबेदार नियुक्त किया। शहंशाह ने उसे आदेश दिया कि वह सूबा इलाहाबाद (?) को राजा गिरधर बहादुर के प्रभार में छोड़कर तुरंत यमुना पार करके जाटों को कुचलने की कार्यवाही करे। राजा मोहकम सिंह और गंधार सिंह को उसके अधीन कर दिया गया।[30] तथापि, रणभूमि में जाटों का मुकाबला करने में राजा ने

27. *मेम्वोआर दे यात,* 13; कानूनगो कृत *जाट्स,* 49, इर्विन कृत *लेटर मुग़ल्स,* I, 322
28. *अख़बारात,* 29 अक्तूबर, 29 नवंबर, 2 दिसंबर, 1712; *रोज़नामचा,* 135; *जहाँदारनामा* और *मीरात-ए-वारिदात,* इर्विन कृत *लेटर मुग़ल्स* द्वारा उद्धृत, I, 232, 234, 244 और 223; के.के., II, 776 भी; तुलना करें, कानूनगो कृत *जाट्स,* 49; तुलना *मेम्वोआर दे यात,* 13
29. *अजायब-उल-अफ़ाक* (रघुबीर सिंह पुस्तकालय पांडुलिपि), 56; *मेम्वोआर दे यात* भी, 14
30. *अजायब,* 37, 56 और 82; *रोज़नामचा,* 135 और 51; *कँवर,* II, 391, 395

कुछ देर कर दी। इस बीच जाट व्यापक रूप से लूटमार करते रहे, यद्यपि फारुख़सियर तख्त पर पूर्णतया सुरक्षित रूप से जम गया था। अपनी शक्ति से सचेत होकर चूड़ामन का अहंकार सभी सीमाएँ पार कर चुका था तथा उसने स्थानीय अधिकारियों की रत्ती-भर भी परवाह नहीं की। उसने सदा की भाँति अपने दाँव-पेचों का इस्तेमाल करते हुए पेशकश के भुगतान में टालमटोल की। उसके गिरोहों ने राहगीरों को लूटा, और यदि शाही पेशखाने की चौकसी के लिए सुरक्षा प्रबंध नहीं होता तो उसे भी नहीं छोड़ा जाता।[31] इससे यह स्पष्ट है कि यह सब करने का उद्देश्य छबीला को उसके काम से विमुख करना था, ताकि इस बीच वह (चूड़ामन) अपनी शक्ति और सुदृढ़ करके सरकार से कुछ और रियायतें तथा सुविधाएँ प्राप्त कर ले। वस्तुत: राजा का काम भी आसान नहीं था। इसके बावजूद वह अपने काम में मुस्तैदी से लगा रहा। उसने कुछ अतिरिक्त फौजें जमा कर लीं तथा सैनिकों को प्रोत्साहित करने के लिए उनको एक माह का अतिरिक्त वेतन दिया। इन उद्दंड लोगों के विरुद्ध उसने परवर्ती प्रयासों से कुछ अनुकूल परिणाम दिखाई दिए। कम-से-कम कुछ क्षेत्रों (जैसे फतेहपुर सीकरी) में उन्हें दबाने और स्थिति को नियंत्रण में लाने में वह सफल हुआ। पास की सड़कों पर यातायात पुन: चलने लगा।[32] इसके साथ ही चूड़ामन के कुछ शक्शिाली लोगों को मंसब दिलाने का वचन देकर उन्हें अपनी ओर लाने के प्रयास भी राजा ने किए। तथापि, उसकी यह योजना कामयाब नहीं हो सकी तथा जाटों को दबाने में वह कठिनाइयाँ महसूस करता रहा। असल में उसे दो मोर्चों पर लड़ना पड़ रहा था, एक तो जाटों से और दूसरे दरबार में अपने विरोधियों (सैय्यदों) से जो गुप्त रूप से चूड़ामन तथा अन्य सरदारों की पीठ थपथपा रहे थे।[33] प्रतीयमानत: राजा द्वारा दबाव डालने पर, चूड़ामन और उसके निकट संबंधियों ने राजा के विरोधियों के माध्यम से शहंशाह से क्षमा याचना भी की, यद्यपि वे अपनी गढ़ियाँ तोड़ने को तैयार नहीं हुए। छबीला राम के शत्रु एक ओर, चूड़ामन की सिफ़ारिश कर रहे थे और दूसरी ओर, राजा पर यह आरोप लगा रहे थे कि वह चूड़ामन को कुचलने के लिए उत्सुक नहीं है।[34] इसके साथ ही छबीला राम के स्थानांतरण की जब बात आई तो उसे दु:ख हुआ तथा उसने शहंशाह को लिखा, 'मेरे तबादले के बारे में जहाँपनाह की मंशा का मैं समर्थन करता हूँ। यदि जहाँपनाह ऐसा समझते हैं तो वह मेरा सौभाग्य होगा।

---

31. *अजायब,* 55, 56, 59, 82, 123; *मेम्वोआर दे यात,* 13
32. *अजायब,* 55, 56, 60, 123
33. यहाँ हमें एक रोचक जानकारी मिलती है कि चूड़ामन को गुप्त रूप से एक अधिकारी द्वारा एक घोड़ा तथा कपड़े के कुछ थान भेंट किए गए थे। देखें *अजायब,* 122; सतीश चंद्र कृत *पार्टीज़ एंड पॉलिटिक्स,* 123, भी देखें।
34. *अजायब,* 123, 124 और 55, 58

चूड़ामन जाट को कुचलने का जो भी व्यक्ति साहस करे उसे शाही फ़रमान जारी कर दिया जाए, ताकि वह उसका उन्मूलन कर सके। फिर भी, उससे यह मालूम कर लिया जाए कि (इस काम को पूरा करने में) वह कितना समय लेगा? इससे इसकी शेख़ी स्वतः खुल जाएगी।' राजा ने आगे लिखा कि 'जिस किसी को भी यह (चूड़ामन को नष्ट करने का) काम सौंपा जाएगा वह भी अपने प्रयास में असफल होगा।'[35]

छबीला राम ने सच ही कहा था, क्योंकि चार महीनों के लगातार प्रयास के बाद वह स्वयं भी चूड़ामन को दबाने में असफल रहा था, क्योंकि वज़ीर और मीर बख्शी उसके मार्ग में रोड़े अटकाते रहे थे। अतएव छबीला राम के स्थान पर यह पद पाने के लिए लालायित खान-ए-दौरान को आगरा का सूबेदार नियुक्त कर दिया गया जो वहीं का निवासी था।[36] जाटों के विरुद्ध छबीला राम के संघर्ष से कुछ ऐसे तथ्य उजागर हुए जिन पर हमारा ध्यान देना आवश्यक है। जाट समस्या पर मुग़ल सरकार में पहली बार असंगति दिखाई दी। यह एक विचित्र दृश्य था कि शहंशाह तो चूड़ामन को दमित करने के लिए दृढ़संकल्प बैठा था किंतु सरकार के दो सर्वोच्च अधिकारी, वज़ीर और मीर बख्शी, उसकी गुप्त रूप से पीठ थपथपा रहे थे। यह एक विलक्षण संयोग था, क्योंकि जाटों के प्रति रुख के संदर्भ में सर्वोच्च स्तर पर अब तक किसी आंतरिक संघर्ष के चिह्न दृष्टिगोचार नहीं हुए थे। घटनाओं की इस मंज़िल पर चूड़ामन को सैय्यदों के गोपनीय प्रोत्साहन का यथोचित मूल्यांकन फर्रुख़सियर से उनके शुरुआती मतभेदों तथा छबीला के प्रति उनके विरोध भाव को ध्यान में रखकर किया जा सकता है। यहाँ इस बात की चर्चा कर देना समीचीन होगा कि अस्थिर मिजाज़ के फर्रुख़सियर और सैय्यदों के मध्य मतभेदों की शुरुआत शहंशाह के शासन सँभालने के पहले महीने में ही हो गई थी। वज़ीर अब्दुल्ला खाँ की सहमति के बिना खलीसा के दीवान पद पर छबीला राम की नियुक्ति से उनके संबंधों के बीच दरार अधिक चौड़ी हो गई थी। छबीला राम गुपचुप रूप से सैय्यदों की शिकायतें करता रहता था। अतएव उन्होंने इसका 'बदला उसके विरुद्ध चूड़ामन को गुप्त रूप से सहयोग देकर लिया।'[37] उनकी इस भूमिका से जाट नेता को यह भरोसा तो हो गया होगा कि उसे इनसे संरक्षण प्राप्त हो सकता है तथा अपनी महत्त्वाकांक्षा की पूर्ति भी वह कर सकेगा। दूसरी तरफ यह भी संभव प्रतीत होता है कि सैय्यदों ने चूड़ामन को अपना एक उपयोगी सहयोगी-मित्र समझ लिया

---

35. अजायब, 57 और 58
36. *रोज़नामंचा,* 135-136, 51; *कँवर,* II, 400 भी देखें।
37. सतीश चंद्र कृत *लेटर्स ऑफ ए किंग-मेकर ऑफ द एटींथ सेंचुरी,* 28, पाद-टिप्पणी, 1, एक रोचक बात जानने की यह है कि छबीला राम की मृत्यु (अक्तूबर, 1719) का समाचार सुनकर सैय्यद बंधुओं को अत्यधिक प्रसन्नता हुई। देखें *कँवर,* II, 455

होगा, तथा अपनी छिपी कार्यवाहियों के कारण वे जाटों के लिए सहायक बनकर उन्हें अपने पक्ष में करने के लिए आगे बढ़नेवालों में वे प्रथम थे। सैय्यद-जाट साहचर्य की उत्पत्ति यहीं से होती है, तथा मुग़ल दरबार में गुटबंदी की राजनीति में जो महत्त्वपूर्ण मुद्दे शामिल हुए उनमें जाट समस्या का पदार्पण भी इसी समय हुआ माना जाता है।

आगरा का नया सूबेदार, खान-ए-दौरां, यह जानता था कि चूड़ामन को हथियारों के बल से दबाना अत्यधिक कठिन कार्य है। अपने स्वभाव से भी वह एक योद्धा के बजाय कूटनीतिज्ञ अधिक था।[38] अतः जाट समस्या के समाधान के लिए उसने बल प्रयोग के बजाय समझौते का मार्ग अपनाया। उसने चूड़ामन को अनेक पत्र भेजकर शहंशाह के समक्ष पेश होने का आह्वान किया। चूड़ामन इसके लिए तैयार हो गया तथा 25 सितंबर, 1713 (16वीं रमज़ान, 1125 अल हिजरी) को वह बारहपुला पहुँच गया। अज़ीमुश्शान के मामा के पुत्र, राजा बहादुर राठौर को उसकी अगवानी के लिए भेजा गया। कोई तीन-चार हज़ार सवारों का नेतृत्व करता हुआ वह 20 अक्तूबर को चल दिया। दीवान-ए-खास ले जाने के लिए खान-ए-दौरां स्वयं आगे आया। जाट नेता ने 21 मोहरें और दो घोड़े शहंशाह को भेंट किए। फर्रुख़सियर ने उसे खिलअत तथा एक हाथी के साथ राव बहादुर खाँ की उपाधि से विभूषित किया। उसके मंसब में भी वृद्धि कर दी गई। उसके साथ गए तीन अन्य लोगों (संभवतः खेमकरण सोगरिया सहित) को भी खिलअत भेंट की गईं। चूड़ामन को बारहपुला (दिल्ली) से चंबल तक के राजपथ का प्रभारी बनाया गया।[39] कहा जाता है कि मीर बख्शी के अनुरोध पर उसे बरौदा मेव (नगर), कठुमार, अखयगढ़ (नदबई), अउ तथा हेलक नामक पाँच परगनों की जागीर भी उसे दी गई। खेमकरन जाट को 'बहादुर खाँ' की उपाधि के साथ रूपबास, भरतपुर, मल्हा, आग़ापुर, बारा और इकरान की जागीर दी गईं।[40]

---

38. *रोज़नामचा,* 136, सतीश चंद्र कृत *पार्टीज़ एंड पॉलिटिक्स* में, 211-212, पाद-टिप्पणी, उद्धृत *सियर*।
39. *अख़बारात,* 11, 15, रमज़ान (20, 24 सितंबर), 11, शब्बाल (20 अक्तूबर); *रोज़नामचा,* 136; कँवर, II, 399; इर्विन कृत *लेटर मुग़ल्स,* I, 323; सतीश चंद्र कृत *पार्टीज़ एंड पॉलिटिक्स,* 123; यू.एन. शर्मा कृत *इतिहास,* 237-239
40. *मथुरा गज़ेटियर,* 197; तुलना *तारीख-ए-भरतपुर,* 4a : बलदेव सिंह कृत *तवारीख-ए-भरतपुर,* 18 तथा अन्य यू.एन. शर्मा द्वारा उद्धृत *इतिहास* में 239-243, देशराज कृत *जाट इतिहास* से उद्धृत करते हुए, 568, 556, 557, यू.एन. शर्मा (*इतिहास,* 242-243) इस निष्कर्ष पर पहुँचे हैं कि चूड़ामन के अनुरोध पर सैय्यद बंधुओं ने तुकसान, बारा, सिमधरी, छोटुआ, कोटापट्टी आदि की जागीर ठेनुआ के जाट सरदार भूरेसिंह के लिए प्राप्त कर लीं। खूँटेला जाट सरदारी (सोंख के हाथीसिंह, अडीग के फौदा सिंह, और पथेना के सीता राम) को 'फौजदार' की उपाधियाँ, जागीरें और इजारा पर भूमि प्राप्त

इन शाही उपहारों की आलोचना करते हुए *'रोज़नामचा'* के लेखक ने टिप्पणी की है कि 'अवज्ञाकारी तथा झगड़ालू' चूड़ामन को इस तरह 'बहला-फुसला' लिया जाएगा यदि शहंशाह यह समझता था कि इस तरह वह उस जाट को सुधार लेगा तो यह उसकी गलती थी। शीघ्र ही चूड़ामन ने शाही क्षेत्र हड़पने तथा अपनी शक्ति बढ़ाने के लिए अपनी स्थिति का दुरुपयोग करना प्रारंभ कर दिया। मेवाती तथा अन्य स्थानीय लोग और ज़मींदार उसके साथ हो गए तथा उसका प्रभुत्व और नियंत्रण अत्यधिक शक्तिशाली हो गया। शहंशाह को शिकायतें भेजी जाने लगीं कि वह राहदारी की वसूली बहुत कठोरता से करता है[41] तथा वैध जागीर-धारकों के मामलों में हस्तक्षेप करता है। इस प्रकार उसने सहार परगना के ज़मींदारों को सलाह दी कि वे जागीरदारों को मालगुज़ारी का भुगतान न करें। एक अन्य शिकायत (मार्च 1716) के अनुसार थून परगना के समस्त मंसबदारों और ज़मींदारों से प्रत्येक से 2 रु. नज़राना वसूल करता है। उसके अनुयायी सड़कों पर उपद्रव करते हैं, काफ़िलों और राहगीरों को लूटते तथा जागीरों और खलीसाओं को उन्होंने उजाड़ डाला है, और इस प्रकार राजधानी तक बरबादी और असुरक्षा पैदा कर रखी है। उदाहरणार्थ, जून-जुलाई 1715 को यह शिकायत पहुँची कि उसने कामा, सहार, फतेहपुर सीकरी, मेवात और आगरा परगनों के गाँवों को लूट लिया है। फिर अक्तूबर में यह समाचार मिला कि उसके गिरोहों ने मथुरा और सीकरी के परगनों के गाँवों को लूट लिया है, और इस प्रक्रिया में सीकरी भी खतरे से खाली नहीं है। मार्च, 1716 में चूड़ामन ने मेवात के फौजदार इज्जत खाँ के शांति स्थापित करने के प्रयास को असफल कर दिया। इसके अतिरिक्त वह छिपकर हथियार बनाता है और थून सहित अपनी गढ़ियों की किलेबंदी कर ली है।[42] संभवतः इसी कालावधि से संबंधित वैंदेल का बिना तारीख का एक कथन है कि चूड़ामन ने 'सरकार के अनेक मंत्रियों को लूट लिया' और 'सूबों से भेजे गए राजकोष पर भी हमला कर दिया।'[43]

हो गई। उसका यह भी दावा है कि चूड़ामन के अन्य रिश्तेदारों ने भी इजारा पर अनेक गाँव और पट्टियाँ प्राप्त कर लीं।

41. तथापि, यह बात ध्यान में रखने की है कि केवल इसी प्रसंग में ही नहीं, बल्कि अन्य स्थानों में भी व्यापारियों और राहगीरों का उत्पीड़न 'राहदारी' की वसूली के तरीकों से ही हुआ करता था। 'राहदारी' एक सरकारी कर था। देखें, जहीरुद्दीन मलिक, *मोहम्मद शाह* (अप्रकाशित शोध प्रबंध) 247

42. *रोज़नामचा,* 136; *अखबारात,* 14, 16 अप्रैल, 20, 28 जून, 18 जुलाई, 16 अक्तूबर, 2 नवंबर, 1715; 16, 20, 29 मार्च, 1716; *शिवदास,* 16,17,18; *इकबाल* 22, 23, 24; *मेम्वोआर दे यात,* 14; एम.यू, I, 439; कानूनगो कृत *जाट्स,* 51; इर्विन कृत *लेटर मुग़ल्स,* I, 321, पाद-टिप्पणी, 323; यू.एन. शर्मा (*इतिहास,* 244-248) कुछ स्थानों पर चूड़ामन की लूटमार के लिए क्षमाप्रार्थी प्रतीत होते हैं।

43. *मेम्वोआर दे यात,* 13

जयसिंह का प्रथम जाट अभियान : थून की प्रथम घेराबंदी (सितंबर 1716-मई 1718)

चूड़ामन के बढ़ते उपद्रवों की खबरों ने शहंशाह को क्रुद्ध कर दिया तथा उसने एक बार फिर उसे 'उन्मूलित करने' का संकल्प किया। किंतु इस कठिन कार्य को संपन्न करने के लिए कोई शूरवीर व्यक्ति को खोज निकालना भी एक समस्या थी।[44] अंततः उसका ध्यान सवाई जयसिंह की ओर गया जिसके मन में जाटों के विरुद्ध स्वयं भी एक गाँठ थी। यह बात भूलने की नहीं है कि जयपुर के शासक की चूड़ामन तथा उसके अनुयायियों से पुश्तैनी दुश्मनी थी। जाटों ने राजा की रियासत का भी कुछ भाग लूटकर उसे शिकायत का एक नया मौका अभी फिर दे दिया था।[45] सितंबर, 1715 में फर्रुखसियर ने राजा को मालवा से दरबार में हाज़िर होने का आदेश दिया। अंततोगत्वा, कई बार तथा त्वरित तलबनामों के पश्चात् 25 मई, 1716 को राजा आया और उसने 'शहंशाह की खुशी' के लिए जाट अभियान का नेतृत्व करना स्वीकार किया।[46]

अब हम यहाँ थोड़ा रुककर उस अभियान के अंतर्निहित पहलू को भी समझ लें। इस समय शहंशाह की उत्तेजना का मुख्य कारण चूड़ामन की उद्धतता और उसकी अराजकतापूर्ण कार्यवाहियाँ थीं यह बात तो स्पष्ट है जिसे बताने की आवश्यकता नहीं। फिर भी, शहंशाह के इस निर्णय के पीछे अकेली यही बात नहीं थी। इसका बहुत कुछ संबंध दरबार की राजनीति से भी था। शहंशाह और उसके वज़ीर, सैय्यदों के बीच तनाव और मनमुटाव दिन-पर-दिन बढ़ता जा रहा था और फर्रुखसियर अपने दबंग और प्रभावशाली मंत्रियों से छुटकारा पाना चाहता था। किंतु वे अपने नए अनुयायियों एवं सहायकों की संख्या बढ़ाते हुए अपनी पकड़ मज़बूत करते जा रहे थे। यहाँ एक बात समझ लेने की है कि चूड़ामन के विरुद्ध इस कार्यवाही के बारे में शहंशाह ने वज़ीर से कोई परामर्श नहीं लिया। और न उसने उन्हें यह बताया कि वह चूड़ामन को दबाने के लिए जयसिंह को भेजना चाहता है।[47] यह उस स्थिति का एक प्रकाशमान तथ्य है जो सैय्यदों को चूड़ामन के बीच गोपनीय साँठगाँठ की ओर संकेत करता है। यद्यपि जाटों को पराभूत कर डालने की जयसिंह की हार्दिक इच्छा थी, किंतु बारंबार भेजे जा रहे शाही आदेशों का पालन करने में जयसिंह जो विलंब कर रहा था उसका एक कारण यह भी हो सकता है। चूड़ामन के प्रकरण ने एक गुटबंदी का रूप धारण कर लिया था,

---

44. *रोज़नामचा,* 136
45. *मेम्वोआर* दे *यात,* 14; यू.एन. शर्मा (*इतिहास,* 250), यद्यपि, यह समझते हैं कि चूड़ामन ने 1708 के बाद से जयसिंह को किसी प्रकार उत्तेजित नहीं किया था।
46. *कँवर,* II, 417, 418; *रोज़नामचा,* 136, इर्विन कृत *लेटर मुग़ल्स* I, 324
47. *रोज़नामचा,* 175-176

अत: दरबार के इस वैर-विरोध से, जहाँ तक संभव हो सकता था, जयसिंह दूर रहना चाहता था। जाट युद्ध में जयसिंह को सेनापति पद का चारा दिखाकर फर्रुख*सियर,* प्रकटत: अपने तीन उद्देश्य एक साथ प्राप्त करना चाहता था, अर्थात् चूड़ामन को कुचल डालना, सैय्यदों से एक शक्तिशाली समर्थक छीन लेना और जयसिंह को अपना मित्र बना लेना।[48]

सितंबर, 1716 के प्रारंभ में शहंशाह ने जाटों के विरुद्ध कूच कर देने का औपचारिक आदेश दिया।[49] कोटा के महाराव भीम सिंह हाड़ा, बूँदी के बुधसिंह, नरवर के गजसिंह कछवाहा, छत्रसाल बुंदेला, दुर्गादास राठौर, राव इंद्रसिंह तथा कई अन्य को जयसिंह के साथ शामिल होने के आदेश मिले। जयसिंह को एक उत्कृष्ट खिलअत और एक हाथी भेंट किया गया। उसे (युद्ध) खर्च के लिए 40 लाख रुपए भी दिए गए। इसी समय संजर खाँ और शमशेर खाँ को 1000 वालशाही फौजों के साथ पहले से ही पलवल (दिल्ली से 36 मील दक्षिण में) भेज दिया गया, ताकि वहाँ से एक ओर, होडल और दूसरी ओर, फ़रीदाबाद के लिए संचार-सुविधाएँ उपलब्ध रहें तथा पथरक्षकों की व्यवस्था की जा सके।[50] जयसिंह ने 15 सितंबर (नौवीं शव्वल) को दशहरे के पवित्र दिन प्रस्थान क्रिया।[51] लगभग 50,000 घुड़सवारों और इससे भी अधिक पैदल सेना का नेतृत्व जयसिंह कर रहा था।[52] राजा ने मंसब दिलाने का वायदा करके 'चूड़ामन के एक विश्वस्त अनुयायी' बैज़िद खाँ मेवाती को भी मिला लिया और उसे सेनामुख के नेतृत्व का भार सौंप दिया।[53]

राजा के आगमन का समाचार सुनकर आक्रमकों को उत्पीड़ित करने और उनको अटकाने की दृष्टि से अपने पुत्र, मोहकम सिंह तथा भतीजों, बदनसिंह और रूपसिंह, के नेतृत्व में छापामार दस्ते छोड़ दिए। जयसिंह जब कामा (डीग से 14

---

48. सतीश चंद्र कृत *पार्टीज़ एंड पॉलिटिक्स,* 123; पांडेय कृत *भरतपुर,* 16-17
49. *रोज़नामचा,* 137, *अहवाल-ए-सलातीन-ए-मुताखिरीन,* (रघुवीर सिंह पुस्तकालय पांडुलिपि) 59, *सियर,* I, 139; *मेम्वोआर* दे *यात* 14
50. *शिवदास,* 16; *इक़बाल,* 22-23; *अहवाल 59; सियर,* I, 139; वी.एस. भटनागर कृत *जयसिंह,* 77
51. *रोज़नामचा* 137; *शिवदास,* 16; *इक़बाल,* 23; *अहवाल* 59; के.के., II, 776; *मेम्वोआर* दे *यात,* 14; *सियर,* I, 139; *एम.यू.,* I, 439; *मजमा-उल-अखबार* इलियट में VIII 360
52. *शिवदास,* 16 और 25; *इक़बाल,* 23; *मेम्वोआर* दे *यात,* 14 में कहा गया है कि इतनी विशाल फौज को देखकर यह लगता था कि जयसिंह 'एक पूरे राज्य को जीतने जा रहा था'।
53. *शिवदास,* 17; *इक़बाल,* 24

मील दक्षिण में, और थून से 24 मील दक्षिण-पश्चिम में) के निकट पहुँचा तो 15 अक्तूबर, 1716 को, बदनसिंह ने 2000 घुड़सवारों से बैज़िद खाँ पर अचानक हमला कर दिया। इस लड़ाई में बैज़िद खाँ घायल हो गया। किंतु राजपूतों की कुमुक आने पर बदनसिंह को पीछे हटना पड़ा। जयसिंह ने कामा में अपना आधार शिविर बनाया। कुछ दिनों बाद (अक्तूबर के अन्त में) उसने (गोवर्द्धन से 4 मील उत्तर में स्थित) राधाकुंड पर कब्जा कर लिया तथा शत्रु पर दो तरफ से दबाव डाला।[54] जयसिंह के पहुँचने पर स्थानीय जाट आबादी अपने घरों से भागकर इधर-उधर चली गई या थून में आकर एकत्रित हो गई, जहाँ 'चूड़ामन अंत तक लड़ते रहने के लिए कृतसंकल्प' बैठा था।[55] विशाल प्राचीरों, गहरी खाई से घिरे तथा घने जंगलों के बीच स्थित थून का किला बहुत मज़बूत था। चूड़ामन ने 20 वर्षों के लिए नहीं तो कई वर्षों के लिए अवश्य रसद जमा कर रखी थी। थून की घेराबंदी की पूर्वसंध्या पर उसने व्यापारियों से कहा कि वे अपना माल यहीं छोड़कर थून से बाहर चले जाएँ। उसने उनको यह आश्वासन दिया कि यदि वह विजयी रहा तो उनके माल की भरपाई जरूर कर देगा।[56] अपने स्वयं के योद्धा कबाइलियों के अतिरिक्त चूड़ामन के पास उसके किले में 12000 संन्यासी पेशेवर योद्धा और थे। उसने शाहजहाँपुर तथा बरेली के अनेक अफ़गानों को भी तीन रुपए प्रतिदिन के वेतन पर सेवा में रखा हुआ था। इसके अतिरिक्त, मेवातियों[57] सहित स्थानीय लोगों का भी उसे समर्थन प्राप्त था जो छापामार युद्ध से शत्रु को उत्पीड़ित करने के लिए सदा तत्पर रहते थे।

नवंबर 1716 के दूसरे सप्ताह में शाही फौजें थून के निकट पहुँच गईं। उसी माह की 9 तारीख को रूपसिंह 2,000 घुड़सवारों से राजा की अग्रिम पंक्ति पर टूट पड़ा। थून के निकट घमासान युद्ध हुआ जिसमें रूपसिह घायल हो गया तथा उसका भाई अनीराम बहादुरी से लड़ता हुआ खेत हुआ। उसी दिन जयसिंह ने थून के निकट अपना डेरा डाल दिया तथा किलों को घेरने की तैयारी करने लगा।[58]

मोटे तौर पर जयसिंह की समस्या दो प्रकार की थी : पहली यह कि उसे

---

54. *अख़बारात,* 16, 18, 19, 20, 27 अक्तूबर, 1716
55. *मेम्वोआर दे यात,* 14-15
56. *शिवदास,* 19-20 और *इक़बाल,* 26-27 का दावा है कि व्यापारियों को चले जाने के लिए चूड़ामन ने नहीं, बल्कि जयसिंह ने कहा था। यह विचित्र प्रतीत होता है। सच्चाई तो इसके विपरीत है। देखें इर्विन कृत *लेटर मुग़ल्स,* I, 324; कानूनगो कृत *जाट्स,* 52
57. *शिवदास,* 16, 17, 18; *इक़बाल,* 23, 24; *अखबारात,* 20 अक्तूबर, 1716; सतीश चंद्र कृत *पार्टीज एंड पॉलिटिक्स,* 124
58. *अख़बारात,* 9, 21 नवंबर, 1716; *कँवर,* II, 418

थून पहुँचने के लिए अत्यधिक घने और काँटेदार जंगलों से अपना रास्ता बनाना पड़ रहा था, दूसरी समस्या थी, जाटों के अचानक हमले की जिनका मुकाबला भी आसान नहीं था। वस्तुतः, यह कार्य बहुत कठिन था, किंतु शांत और स्थिर रहते हुए राजा प्रारंभ से ही अथक प्रयास करता रहा। अपनी चुनिंदा सेनाओं को सामरिक महत्त्व के स्थानों पर तैनात करने के लिए उसने जंगल साफ करने और खाइयाँ खुदवानी, *सबात* और चौकियाँ बनवानी शुरू कर दीं।[59] किंतु जंगलों और निकट स्थित गढ़ियों में शरण लिए हुए जाट अकसर बाहर निकलकर आक्रामकों को उत्पीड़ित करते या उनसे लड़ाइयाँ कर दिया करते थे। इस प्रकार मोहकम सिंह ने राजा की फौजों पर बहज (गोवर्द्धन से 9 मील पश्चिम में बहोर) में हमला करके उन्हें पीछे ढकेल दिया। थून में 11 दिसंबर, 1716 को एक और घमासान युद्ध का समाचार दर्ज हुआ है जिसमें राजा ने जाटों क़ो काबू में कर लिया।[60] लेकिन कुल मिलाकर प्रगति बहुत धीमी थी जिससे शहंशाह क्षुब्ध हो गया। अतः, 13 मार्च, 1717 को उसने राजा को नाराज़गी-भरा एक पत्र लिखा कि राजा की नियुक्ति को यद्यपि सात महीने हो गए हैं, किंतु थून पर एक ओर से भी 'कब्ज़ा नहीं किया जा सका है, पूरी तरह से पराजित कर देने की तो बात ही नहीं है...जाट लोग जंगल में छिपे बैठे हैं जहाँ से शाही सेना पर हमले करते रहते हैं।'[61] उसने राजा को आदेश दिया कि थून और डीग पर कब्ज़ा करने के लिए अथक प्रयास किए जाने चाहिए। इस प्रक्रिया को तेज़ करने के लिए (मई-जून 1717 में) वर्षा प्रारंभ होने से पूर्व आगरा के नायब सूबेदार, नुसरत यार खाँ के माध्यम से (शाहजंहाई मन का भारी गोला फेंकनेवाली) एक बड़ी तथा 84 छोटी तोपें भेजी गईं। इसके अतिरिक्त आगरा से 300 मन बारूद, 150 मन सीसा और 500 अग्निबाण (राकेट) भेजने के आदेश दिए गए। इन आदेशों के जारी किए जाने के आसपास ही लाहौर के सूबेदार, अब्दुस्समद खाँ, तथा अजमेर के सूबेदार सैय्यद खान-ए-जहाँ, दिल्ली पहुँचे। तथापि, अब्दुस्समद को भेजने का विचार तो त्याग दिया गया, किंतु सैय्यदों के मामा खान-ए-जहाँ को थून भेजा गया, ऊपरी तौर पर तो इसका उद्देश्य राजा की सहायता करने का बताया गया था, किंतु खान-ए-जहाँ की बाद की गतिविधियों से जैसा प्रकट हुआ, उसका मुख्य उद्देश्य राजा को कुंठित करना था।[62]

---

59. *शिवदास,* 17; *इक़बाल,* 239 *रोज़नामचा,* 175; *अहवाल,* 59
60. *अख़बारात,* 17, 21 नवंबर 1716; *कँवर,* II, 418; यू.एन. शर्मा, कृत *इतिहास* में 258ff
61. *पार्टीज़ एंड पॉलिटिक्स,* 124-125 में जयपुर रिकार्ड (परिशिष्ट व्यक्तिगत II, 143) उद्धृत।
62. *कँवर,* II, 418, 421; *शिवदास,* 17-18; *रोज़नामचा,* 137; इक़बाल 24; अहवाल, 59; *सियर,* I, 139; *एम.यू.* I, 439; *के.के.* (II 777) का कथन है कि खान-ए-जहाँ कुछ

फिर भी, नए कुमुक के आने के बाद भी कुल स्थिति में कोई अधिक परिवर्तन नहीं हुआ। जयसिंह न तो अटल आत्मरक्षकों को कुचल सका और न ढीठ डाकुओं को। शूरवीर रूपसिंह और मोहकम सिंह अपने छापामार दस्तों के साथ आक्रामकों का सफलतापूर्वक मुकाबला करते रहे। दिसंबर 1717 के दूसरे सप्ताह में भुसावर (थून के दक्षिण में) पर हमला किया जिसकी रक्षा तब चूड़ामन का भाई अतीराम कर रहा था। सहायता करनेवाले सैनिकों का नेतृत्व करते हुए मोहकम सिंह एवं रूपसिंह बहादुरी से लड़े किंतु फिर भी दबा दिए गए। इसके बाद थून के दक्षिण में आक्रामकों का मुकाबला करने के लिए जाट पीछे हटकर झरसौली आ गये। इस प्रकार की अनवरत लड़ाइयों में दोनों पक्षों की 'भारी क्षति हुई'। राजा की सेना की उपस्थिति के बावजूद लुटेरों से सड़कें और ग्रामीण क्षेत्र मुक्त नहीं कराए जा सके। उदाहरणतया जाट और मेवातियों के एक गिरोह ने होडल के निकट व्यापारियों के एक काफिले को लूट लिया और उनका 20 लाख रूपए मूल्य का माल लेकर चंपत हो गए।[63]

इस घेरेबंदी को अब तक 18 महीने हो गए थे और निकट भविष्य में सफलता मिलने की कोई संभावना भी दृष्टिगोचर नहीं हो रही थी। घने जंगल, जाटों के निरंतर अचानक हमले, स्थानीय लोगों का विद्वेष और असहयोग, दरबार से जाटों को गोपनीय प्रोत्साहन और दुर्भिक्ष के कारण[64] वस्तुओं की महँगाई ने जयसिंह के मार्ग को कंटकाकीर्ण बना रखा था। नवंबर 1717 में राजा के स्थान पर मोहम्मद अमीन खाँ को मालवा का सूबेदार नियुक्त कर दिया गया। इससे राजा की आय के साधनों पर भी असर पड़ा जबकि अब तक जाट अभियान में वह स्वयं अपनी जेब से काफ़ी खर्च कर चुका था। अतः, इससे राजा की कठिनाइयाँ और भी बढ़ गईं। जनवरी 1718 में किसी समय उसने शहंशाह की सेवा में निवेदन किया कि अधिकतर लड़ाइयों में वह शत्रु को धूल चटा चुका था किंतु 'जहाँपनाह के नजदीकी लोगों द्वारा' प्रेरित और उत्तेजित किए जाने से जाटों की हिम्मत बढ़ गई है। राजा ने यह स्वीकार किया कि इस कारण उसके अभियान से कोई लाभ नहीं हुआ।[65] कुछ हद तक जयसिंह का यह कहना सही था, क्योंकि हम यह जानते ही हैं कि वज़ीर, अब्दुल्ला खाँ, खान-ए-जहाँ चूड़ामन को गुप्त रूप से रसद और बारूद

महीनों तक राजधानी के बाहर निष्क्रिय होकर बैठ गया। यू.एन. शर्मा कृत *इतिहास,* 260-261 भी।

63. *शिवदास,* 17-18, *इक़बाल,* 23, 25; *अख़बारात,* 5, 6, 9 'मोहर्रम', जैसाकि यू.एन. शर्मा कृत *इतिहास* में उद्धृत, 267; *के.के.* II, 777 भी; *अहवाल,* 59; *सियर,* I, 139
64. *शिवदास,* 16, 18; *इक़बाल,* 23-26; *रोज़नामचा,* 175
65. *कँवर,* II, 425

पहुँचाकर उसके पक्ष का समर्थन करते थे।[66] 'फिर भी युद्ध के अधिक समय तक खिंचने के कारण चूड़ामन के साधनों पर असर पड़ने लगा। इस प्रकार तंगहाल होकर जाट सरदार ने दिल्ली में अपने प्रतिनिधि के माध्यम से अब्दुला खाँ से समझौते की बात चलाई तथा 30 लाख रुपए पेशकश और 20 लाख रुपए वज़ीर को भेंट स्वरूप, इस प्रकार कुल 50 लाख, देने का प्रस्ताव किया।[67]

उधर फर्रुख़सियर का यह खयाल था कि राजा बहुत जल्दी ही जाटों को धूल चटा देगा, किंतु इतने लंबे समय के बाद भी जब वह सफल नहीं हो सकता तो शहंशाह को इससे 'नाखुशी' हुई। इस बीच अब्दुल्ला खाँ भी राजा की असफलता पर चोट करता रहा। उसने एक उपहासात्मक प्रकार से अपनी बात यों कही कि 'चूड़ामन का उन्मूलन राजा (जयसिंह) के वश और शक्ति के बाहर की बात है।'[68] उसने शहंशाह को याद दिलाया कि अब तक कोई डेढ़ वर्ष बीत चुके हैं तथा एक बहुत बड़ी धन राशि (दो करोड़) खर्च हो चुकी है और जयसिंह के मासिक खर्च भी भारी हैं, फिर भी 'अब तक कुछ भी नहीं हो सका है, और अल्लाह ही जाने कि यह (राजा का अभियान) कब खत्म होगा।' इसके बाद वज़ीर ने सूचित किया कि अपने प्रतिनिधि के जरिए चूड़ामन ने क्षमा याचना की है तथा शहंशाह के दरबार में अपनी पत्नी, पुत्रों और भतीजों के साथ स्वयं उपस्थित होकर 30 लाख रुपए की पेशकश देने का प्रस्ताव किया है।[69] बहरहाल, केवल इतने से ही शहंशाह उसे मुआफ़ करने को राज़ी नहीं हुआ। इसके साथ ही वह चूड़ामन से एक आश्वासन और चाहता था कि थून और डीग के किले तोड़ दिए जाएँगे और भविष्य में उनकी मरम्मत कभी नहीं की जाएगी, तथा अपने पुत्रों और भतीजों के साथ आगरा सूबा में अन्यत्र कहीं चूड़ामन शहंशाह की सेवा करना स्वीकार करेगा। अंततः निस्सहाय शहंशाह ने, यद्यपि बहुत अनिच्छा से, वज़ीर के सुझाव को स्वीकार कर लिया। मार्च, 1718 में चूड़ामन को क्षमादान

---

66. *रोज़नामचा,* 176 और 175
67. *शिवदास,* 20, 25; *इक़बाल,* 27 तथापि, ये दोनों यह संकेत देते हैं कि इसी प्रस्ताव के बल पर चूड़ामन तटस्थ अब्दुल्ला खाँ को अपने पक्ष में करने में सफल हुआ। यह आश्वस्तकारी प्रतीत नहीं होता। अधिक-से-अधिक इसका अर्थ यह लिया जा सकता है कि इस प्रस्ताव के फलस्वरूप अब्दुल्ला ने इसके मामले में अधिक रुचि लेना प्रारंभ कर दिया। *के.के.,* II, 777 भी देखें; *अहवाल,* 59; *सियँर,* I, 139; *एम. यू.* I, 439; *मजमा-उल-अखबार* (इलियट में VIII, 360-361) ने अब्दुल्ला खाँ और हुसैन अली में भ्रम पैदा कर दिया है।
68. *रोज़नामचा,* 176
69. *शिवदास,* 20 और 25; *इक़बाल* 27; *रोज़नामचा,* 137, 176; सतीश चंद्र कृत *पार्टीज़ एंड पॉलिटिक्स,* 125

देते हुए शहंशाह ने जाट अभियान समाप्त करने के आदेश दिए।[70] शहंशाह की ओर से अब्दुल्ला खाँ ने खान-ए-जहाँ को लिखा कि वह चूड़ामन को 'सांत्वना' देते हुए उसकी संपत्ति की रक्षा का 'वचन' देकर चूड़ामन को उसके पुत्रों, भाई और भतीजों के साथ सुरक्षित लाकर दरबार में हाजिर करे।[71] यहाँ यह बात मार्के की है कि चूड़ामन के विशिष्ट अनुरोध[72] को ध्यान में रखते हुए इस युद्ध के मुख्य व्यक्ति, जयसिंह, को शांति वार्ता से अलग रखा गया और यह कार्य खान-ए-जहाँ द्वारा संपन्न किया गया। राजा के उद्यमों और प्रयासों का सम्मान करते हुए एक पृथक् प्रशंसात्मक फ़रमान भेजा गया, किंतु साथ ही युद्ध तुरत समाप्त करने के लिए भी कहा गया क्योंकि चूड़ामन के संधिप्रस्ताव पर उसे 'वचन और लिखित करार भेज दिया गया।'[73] इन छिपे घटनाक्रमों ने राजा को अत्यधिक मर्माहित किया, क्योंकि वह यह मानकर चल रहा था कि अब सफलता उसकी पकड़ से दूर नहीं है। किंतु उसने आज्ञा का पालन करते हुए युद्ध बंद कर दिया।[74] खान-ए-जहाँ ने चूड़ामन को दिलासा दिया। चूड़ामन ने सैय्यद और राजा को ईराकी और अरबी नस्ल के दो-दो घोड़े भेंट किए। चूड़ामन ने खान-ए-जहाँ को अपने साथ किले में ले जाकर अपने भंडार में रखी रसद तथा युद्ध-सामग्री दिखाई।

तदुपरांत, जाट सरदार अपने पुत्रों, भाई तथा भतीजों सहित सैय्यद के साथ दरबार की ओर चल दिया।[75] चूड़ामन 31 मार्च, 1718 (10वीं जमादी प्रथम, 1130 अल हिजरी) को दिल्ली पहुँचा और सीधे वज़ीर के पास गया और उसके महल के निकट ही एक गृह में उसने अपना पड़ाव किया। उनके बीच की इस मित्रता को देखकर शहंशाह मर्माहत हुआ तथा 'वज़ीर से उसके मन-मुटाव को इसने और

---

70. *फ़रमान,* मार्च 1718 और *फ़रमान,* कपट द्वारा, 185, वी. एस. भटनागर द्वारा *जयसिंह* में उद्धृत, 80
71. *शिवदास* में फरमान की प्रतिलिपि, 21 और 20; *इक़बाल,* 28 और 27; *रोज़नामचा,* 176; *के.के.* II, 777 भी देखें; *अहवाल,* 59
72. देखें, *अहवाल,* 59; *सियर,* I, 139
73. *शिवदास* ने फ़रमान का सार-संक्षेप दिया है, 21-22 और 20 भी; *इक़बाल,* 28-29 और 27 भी; *रोज़नामचा* 176
74. *शिवदास,* 22; *रोज़नामचा,* 176; *इक़बाल,* 29; *के.के.* भी देखें, II, 777; *अहवाल,* 59; *सियर,* I, 140; *मेम्वोआर दे यात,* 15, में इस घेरेबंदी के प्रथम भाग का विवरण वहीं तक ठीक-ठाक है जहाँ तक उसका उल्लेख फर्रुखसियर के शासन काल के संदर्भ में किया गया है। किंतु थून की दूसरी और सफल घेरेबंदी के अंत से मिलाकर इसे भ्रमित कर दिया गया है।
75. *शिवदास,* 22; *इक़बाल,* 29

सुदृढ़ कर दिया।'[76] वज़ीर अब्दुल्ला खाँ ने चूड़ामन को औपचारिक तौर पर शहंशाह के समक्ष 9 अप्रैल, 1718 (19वीं जमादी प्रथम) को पेश किया। चूड़ामन ने 1,000 अशर्फियाँ तथा उसके पुत्र मोहकम सिंह और दो भतीजों, रूप सिंह तथा संभवतः बदनसिंह, ने पाँच-पाँच सौ अशर्फियाँ भेंट कीं। शहंशाह की तरफ से उन्हें विशेष खिलअत और घोड़े भेंट किए गए। जाट सरदार के अन्य साथियों को साधारण खिलअतें दी गईं।[77] वैंदेल दावे के साथ कहता है कि चूड़ामन को शहंशाह से 'फतेह सिंह' की उपाधि छोटे राजाओं की आज्ञप्ति के साथ मिली।[78] इस संधि की शर्तों को अंतिम रूप अब्दुल्ला खाँ के जरिए दिया गया था। वज़ीर ने 20 अप्रैल को शहंशाह से निवेदन किया कि चूड़ामन पर 20 लाख रुपयों की पेशकश और जिस माल की अदायगी लगाई गई है वह किश्तों में अदा की जाएगी। फर्रुखसियर ने इस पर अपनी स्वीकृति दे दी।[79]

तथापि, शहंशाह और जयसिंह दोनों ही इन घटनाक्रमों पर अंदर-ही-अंदर जल रहे थे। मई 1721 में जयसिंह ने चूड़ामन से अपना हिसाब चुकाने का एक हल्का-सा प्रयास किया। उसने पेशकश की अदायगी करने तथा अन्य किले छोड़ने के लिए उस पर दबाव डाला। इससे एक कदम और आगे बढ़कर फर्रुखसियर ने उन्हें तुरत विजित करने के आदेश दे दिए।[80] उसने यह नहीं सोचा था कि इन परिस्थितियों में जाट-किलों को विजित करने की संभावनाएँ बढ़ी नहीं थीं। इस बीच चूड़ामन ने शाही खजाने में 30 लाख रुपए किसी प्रकार जमा करा दिए।[81] कुछ समय बाद जयसिंह अपनी फौजें थून से वापस करके 19 मई (29 जमादी द्वितीय) 1718 को दरबार में वापस आ गया। अगले माह उसने जाटों के थून और

---

76. *कँवर,* II, 426-427; *अहवाल* 59; *सियर,* I, 140; *के.के.* II, 777 भी देखें।
77. *कँवर,* II, 427; *रोज़नामचा,* 178 और 137; *शिवदास* 22 और 25; *इक़बाल,* 30; *शाह,* 2, भी। यू.एन. शर्मा (*इतिहास* 271) का कथन है कि चूड़ामन के मंसब में वृद्धि कर दी गई थी, तथा 'उच्च एवं अलंकारिक उमरा पदक' भी उसे दिया गया था।
78. *मेम्वोआर* दे *यात,* 84
79. *कँवर,* II, 427, सतीश चंद्र (*पार्टीज़ एंड पॉलिटिक्स,* 125) और उनके बाद ही डॉ. *पांडेय* (*भरतपुर,* 21) का कथन है कि चूड़ामन के डीग, आदि का आत्मसमर्पण कर दिया था। जैसाकि बाद के विवरण से विदित होता है, यह आत्मसमर्पण केवल कागजी था।
80. *फ़रमान,* कपटद्वारा, 18/185; यू.एन. शर्मा द्वारा पर *इतिहास,* 272 उद्धृत,
81. *शिवदास,* 25-26, कँवर को उद्धृत करते हुए शर्मा *इतिहास,* 272) ने बताया है कि चूड़ामन ने 50 लाख का भुगतान किया। जहाँ तक हम इसका निष्कर्ष निकाल सके हैं, *कँवर* ने चूड़ामन पर मात्र निर्धारित धनराशि की चर्चा की है।

झरसौली किलों की चाभियाँ शहंशाह को सौंप दीं,[82] यद्यपि, बाद की घटनाओं से जैसा विदित होता है, यह आत्मसमर्पण केवल कागज़ तक ही सीमित रहा।

जयसिंह के अभियान के निष्कर्ष :

जयसिंह का जाट अभियान पर्याप्त महत्त्व का था। इतने जबर्दस्त सैनिक दबाव को सहन कर लेने से चूड़ामन 'कीर्तिमान' बन गया।[83] इसके अतिरिक्त शाही दरबार में गुटबंदी की राजनीति को भी इसने प्रभावित किया। वस्तुतः चूड़ामन के प्रकरण ने शहंशाह और सैय्यदों के बीच पहले से स्थित मनमुटाव को अधिक बढ़ा दिया और शीघ्र ही यह उनके मतभेद का 'मुख्य विषय' बन गया। रुष्ट होने के कारण शहंशाह ने दूसरी बार चूड़ामन से मिलना अस्वीकार कर दिया।[84] वज़ीर से शहंशाह की बिगाड़ विशेषतया जयसिंह के इस दावे से उजागर हो गई कि यदि चूड़ामन को अब्दुल्ला खाँ का प्रयोजनमूलक समर्थन प्राप्त न होता तो अगले महीने में वह या तो गिरफ्तार हो चुका होता या जंगल में भाग जाने के लिए मजबूर कर दिया जाता।[85] शिवदास का कहना है कि शहंशाह अपने चमचों के उकसाने पर अब्दुल्ला खाँ को आदेश दे बैठा कि वह 'विष की गाँठ, चूड़ामन और रतनचंद को सरकार के हवाले कर दे। लेकिन वज़ीर ने ऐसा करने से इनकार कर दिया और कहा कि यदि शहंशाह की मर्जी हो तो चूड़ामन को उसके घर वापस भेजा जा सकता है। इससे शहंशाह 'आगबबूला' हो गया वज़ीर को 'पकड़कर मार डालने'[86] की बात सोचने लगा। अब्दुल्ला खाँ द्वारा दक्षिण से हुसैन अली को तुरंत वापस बुलाने[87] और उसके बाद फर्रुखसियर को सिहांसनच्युत किए जाने में इस घटना का विशेष महत्त्व है।

जाट युद्ध ने सैय्यदों और जयसिंह के बीच भी मनमुटाव पैदा कर दिया[88], और अनिच्छुक होते हुए भी उसे दरबारी राजनीति में अंततः फँस जाना पड़ा। अब्दुल्ला खाँ के कुचक्रों से राजा अपने उद्योग तथा परिश्रम के फल के उपभोग

---

82. *कँवर,* II, 427; *फ़रमान* कपट द्वारा 19/163, यू. एन. शर्मा, द्वारा इतिहास पृ. 272 पर उद्धृत 272 पर; *रोज़नामचा,* 179 भी देखें; *शिवदास,* 23; *इक़बाल,* 30; *के.के.* II, 777
83. *मेम्वोआर दे यात,* 16
84. *के.के.* II, 777; *अहवाल,* 59; *सियर,* I, 140 और 138; *एम.यू.* I, 439
85. *रोज़नामचा,* 194; *सियर,* I, 140 भी देखें; इर्विन कृत *लेटर मुग़ल्स* I, 337, 345
86. *शिवदास,* 24; *इक़बाल* 31; *रोज़नामचा,* 194
87. चूड़ामन और रतन चंद के मामले ने क्या गंभीर रूप धारण किया इसकी चर्चा करते हुए अब्दुल्ला खाँ ने अपने भाई को पत्र लिखा। *शिवदास,* 25-26; *इक़बाल* 32-34
88. *रोज़नामचा,* 175-176, 228

से वंचित होने से चिढ़कर सैय्यदों का कटु शत्रु बन गया। उधर सैय्यदों से उनके साँझा दुर्भाव ने फर्रुखसियर और जयसिंह को निकट आने का मार्ग प्रशस्त कर दिया। यह द्रष्टव्य है कि जब प्रत्येक अन्य अमीर सैय्यदों के पाले में पहुँच गया जयसिंह अन्त तक शहंशाह के साथ रहा।[89]

इस प्रसंग ने जयपुर वंश तथा जाट सरदारों की पुश्तैनी शत्रुता को भी तेज कर दिया। सैय्यदों के समर्थन से जाटों ने न केवल राजा की सैनिक कार्यवाहियों को ही विफल कर दिया, अपितु उसे राजनयिक अपमान भी झेलने के लिए मजबूर कर दिया। इस दोहरी पराजय से राजा अवश्य ही बदले की भावना से जल रहा होगा। जहाँ तक चूड़ामन का संबंध है जाट युद्ध के प्रति जयसिंह के उत्साह ने एक और प्रमाण दे दिया कि आमेर के राजा जाट सत्ता के प्रादुर्भाव के विरुद्ध थे। इसके फलस्वरूप चूड़ामन राजा अजित सिंह से निकट संबंध स्थापित करने के लिए उद्यत हो गया जिसने उसे जयसिंह से रक्षा करने का आश्वासन दिया।[90] इस चतुर जाट ने इस प्रकार एक राजपूत राजा की शत्रुता को अन्य राजपूत की मैत्री से प्रभावहीन करने का प्रयास किया।

अंततः, जयसिंह के अभियान ने चूड़ामन को सैय्यद बंधुओं के अधिक निकट कर दिया जो उसे अपने उद्देश्य के लिए 'एक नया और उपयोगी साथी' समझने लगे।[91] शक्तिशाली हिंदू तत्त्वों के प्रति उनकी उदार नीति ने इस प्रकार के संबंधों की स्थापना को सुविधाजनक बनाया। तथापि, यहाँ यह समझने की बात है कि इसके बाद से जाट प्रसंग में सैय्यद बंधुओं की भूमिका जाटों की रक्षा से अधिक अपने विरोधियों को क्षति पहुँचाने में अधिक थी। जहाँ तक अब्दुल्ला खाँ का प्रश्न है, उसकी प्रक्रिया अब उलट गई थी, उसने चूड़ामन की साज-सामान से सहायता करने के लिए जोड़-तोड़ करने की अपेक्षा पहले से अधिक जटिल परिस्थिति में भी चूड़ामन के लिए अनुकूल शर्तें मनवाईं। इस प्रकार व्यक्तिगत कृतज्ञता तथा निज-स्वार्थ ने उसे सैय्यद बन्धुओं से 'एकता और सौहार्द की शृंखला' को सुदृढ़ करने के लिए प्रेरित किया।[92] वह उनके निकटतम अनुषंगियों तथा मित्रों में से एक बन गया[93] और इस तरह उसे उच्च सम्मान और प्रसिद्धि

---

89. इर्विन कृत *लेटर मुग़ल्स,* I, 371
90. एम. मित्र, *अजित सिंह,* 250 (काइयो, हिस्टारिकल एसेज, 60, 63 को उद्धृत करते हुए); कानूनगो कृत *जाट्स,* 57
91. जोनाथन स्कॉट, *फरिश्ताज़ हिस्ट्री ऑफ द डकन,* लंदन : 1794, *के.के.,* II, भाग V, 150
92. *एम.यू.,* I, 439
93. *शिफ़ा-ए-इक़बाल* (अलीगढ़ विश्वविद्यालय इतिहास विभाग पुस्तकालय पांडुलिपि), 4a; *शिवदास,* 76 और 90; *मेम्वोआर* दे *यात,* 84; *सियर,* I, 271; *एम.यू.* I, 439; कानूनगो कृत *जाट्स,* 53, 54

मिली। यह तो हम जानते ही हैं कि सत्ता अपने पास बनाए रखने के अतिरिक्त, सैय्यदों का लक्ष्य स्थानीय शक्तियों से मैत्री के द्वारा, राज्य को व्यापक बनाना था।[94] इस स्थिति का जायज़ा लेते हुए यह प्रतीत होता है कि वज़ीर और मीर बख्शी से चूड़ामन की मैत्री ने उसकी गतिविधियाँ को नया, यद्यपि भ्रामक महत्त्व प्रदान किया। सरकार की बागडोर जिनके हाथ में थी उनसे घनिष्ठता से यह अर्थ निकलता था कि सभी व्यावहारिक दृष्टियों से मुग़ल सरकार की नजरों में अब वह बाग़ी नहीं रह गया था।

तथापि, इस तस्वीर का एक दूसरा रुख भी है। जिस प्रकार एक सिद्ध विद्रोही (जाट) को शहंशाह की इच्छा के विरुद्ध अनुग्रह प्रदान किया गया था वह पहले से ही पतनोन्मुख मुग़ल सत्ता के लिए अत्यधिक खतरनाक था।[95] इसने चूड़ामन की उद्धृत कार्यवाहियों को प्रमाण रूप में स्थापित कर दिया[96] और उक्त विचार के लोगों के लिए एक अनिष्टकारी मिसाल भी स्थापित कर दी। इसके अतिरिक्त जाट युद्ध से राजशाही को धन, सामग्री तथा समय की सारी क्षति हुई, फिर भी चूड़ामन की शक्ति को कुचला नहीं जा सका। इसके अतिरिक्त, इन दो महीनों में मालवा से जयसिंह की अनुपस्थिति ने मराठों को चौथ वसूल करने और इस सूबे में अपनी धाक जमाने का एक अवसर प्रदान कर दिया।[97]

वज़ीर और मीर बख्शी के सहयोगी के रूप में चूड़ामन

इसके बाद से चूड़ामन का इतिहास सैय्यद बंधुओं के इतिहास से एकीकृत हो गया। वह या तो सदा उनके साथ बना रहा या बुलाए जाने पर तुरत पहुंच जाया करता था, और अपने उपकारकों की सभी गतिविधियों में कंधे-से-कंधा मिलाकर सक्रिय रूप से काम करता रहा। जैसाकि ऊपर देखा जा चुका है, चूड़ामन के कारनामों ने फर्रुखसियर और अब्दुल्ला खाँ के झगड़े को और बढ़ा दिया। कहीं उनकी हत्या न कर दी जाए इस डर से वज़ीर ने बाहर निकलना बंद कर दिया तथा दरबार में हाजिर होने से भी बाज़ आने लगा। उसने अपने भाई हुसैन अली को भी दक्कन से बुला लिया। उसकी इस चाल से भयभीत होकर फर्रुखसियर ने अब्दुल्ला खाँ से समझौता करना ही बेहतर समझा। शहंशाह मिलने के लिए उसके घर गया तथा दोनों ने कसमें खाईं और वायदे किए। इसके दूसरे दिन (9 दिसंबर, 1718 को) अब्दुल्ला खाँ दरबार में हाज़िर हुआ तथा रीति के अनुसार नज़र पेश की। किंतु

94. सतीश चंद्र कृत *पार्टीज़ एंड पॉलिटिक्स,* 128-129
95. *शाह,* 2
96. *मजमा-उल-अख़बार,* इलियट में, VIII, 361
97. के.के. I, 781; जी.एस. सरदेसाई द्वारा संपादित *सेलेक्शन फ्रॉम द पेशवाज़ दफ्तर,* XXX, 17a, 17b

यह सब उनकी पारस्परिक शत्रुता पर एक झूठा पर्दा ही सिद्ध हुआ।[98] ठीक उसी दिन अपराह्न में टिक्का (बिका) हजाराई के नेतृत्व में शाही बंदूकधारी चूड़ामन और अजित सिंह के सैनिकों से भिड़ पड़े जिससे दोनों ही पक्षों के सैनिक हताहत हुए। अब्दुल्ला खाँ की हवेली भी हमले से बाल-बाल ही बच सकी। तीन घंटे बाद रात का अँधेरा होने पर ही लड़ाई रुक सकी। दूसरे दिन प्रातः गाज़ी-उद्-दीन (मीर आतिश), सैय्यद कुली खाँ कुल और सैय्यद नजमुद्दीन अली खाँ ने बीच में पड़कर विपक्षियों को शांत किया, तथा फर्रुखसियर ने ज़फर खाँ को भेजकर अजित सिंह से क्षमा माँगी।[99] इन तूफानी दिनों में फर्रुखसियर ने अपने शक्तिशाली शत्रुओं को शांत करने तथा अपने समर्थकों को इनामात देकर मामले को निपटाने के प्रयास किए। उसके समर्थकों में एक जयसिंह था जो चूड़ामन के मामले में अब्दुल्ला खाँ की भूमिका के कारण उससे नाराज था। तथापि, वज़ीर के डर से जयसिंह को पुरस्कृत करने में शहंशाह हिचक रहा था। अतः, उसने पहले वज़ीर और राजा के बीच सुलह कराने के प्रयास किए और इस उद्देश्य से उसने ज़फर खाँ को राजा को समझा-बुझाकर अब्दुल्ला खाँ से मिलने के लिए उसके पास भेजा (30 दिसंबर, 1718)। वह इसके लिए तैयार हो गया तथा वज़ीर से भेंट करने पहुँच गया। इसके तुरत बाद वज़ीर और उसके पश्चात् स्वयं शहंशाह भी राजा से भेंट करने गए (5, 6 जनवरी, 1719)। फिर भी उनके संबंधों में सुधार के लक्षण दिखाई नहीं दिए।[100]

इसके बाद के दिनों में फर्रुखसियर को राजच्युत करने की घटनाएँ तेज़ी से आगे बढ़ीं जिसमें चूड़ामन ने अपने उपकारक की सहायता की। सैय्यद बंधुओं ने जाटों सहित अपने सहयोगियों के साथ किले और महल पर कब्जा कर लिया। अपनी निराशा की स्थिति में शहंशाह ने मात्र अजित सिंह से यमुना की ओर किले के पूर्वी द्वार से निकल भागने में सहायता करने की असफल प्रार्थना की, क्योंकि वहाँ कोई नहीं था। अब्दुल्ला खाँ ने जब यह सुना तो उसने अपने विश्वस्त चूड़ामन को उस द्वार पर पहरे का भार सौंपा, ताकि उधर से कोई निकलकर भागने न पाए। जाट सरदार ने अपने संबंधियों और सैनिकों के साथ निष्ठापूर्वक अपने काम को अंजाम दिया। उसने किले के सभी द्वारों और महल की चाबियाँ अपने कब्ज़े में ले लीं। जब इतिकाद खां ने फर्रुखसियर से चाबियाँ न देने का अनुरोध किया तो उसने अपनी मजबूरी दिखाई। इस दुर्भाग्यपूर्ण स्थिति के लिए इतिक़ाद खाँ को फटकारते हुए फर्रुखसियर ने उसे दीवान-ए-खास से बाहर निकाल दिया और हरम

98. *कँवर,* II, 433; *रोज़नामचा,* 219, 237-238
99. *रोज़नामचा,* 219; *कँवर* II, 433; के.के. II, 800; के.आर. कानूनगो और राम पांडेय दोनों किसी कारणवश इस घटना की चर्चा से चूक गए।
100. *रोज़नामचा,* 227-228; इर्विन *लेटर मुग़ल्स,* I, 364-365

में जाकर छिप गया। इसके तुरंत बाद ही उसे सिंहासनच्युत करते हुए अंधा करके कारावास में डाल दिया गया तथा सैय्यद बंधुओं के नामज़द, रफ़ी-उद-दरजात के लिए रास्ता साफ हो गया।[101]

लगभग दो माह बाद, एक प्रतिद्वंद्वी शहंशाह नेकूसियर के सिंहासनारूढ़ होने के पश्चात्, हुसैन अली ने आगरे के किले तथा उसकी रक्षक सेना की घेराबंदी कर ली थी (8 मई, 1719) तथा इस गाढ़े वक्त में चूड़ामन ने हुसैन अली की सहायता की। इस विद्रोह से सैय्यद बंधुओं के प्रभुत्व को जबर्दस्त धक्का लगने की संभावना थी। विद्रोहियों को जयसिंह, छबीला राम और नज़्म-उल-मुल्क से सहायता की अपेक्षा थी। खतरे का पूर्वानुमान करके आगरा के नए सूबेदार, ग़ैरत खाँ, तथा आगरा क़िला के मनोनीत-कमांडेंट, समंदर खाँ, को पहले ही आगरा के लिए रवाना कर दिया गया था। तथापि, विद्रोहियों ने उनका मुकाबला किया। यह समाचार सुनकर सैय्यदों ने तुरंत चूड़ामन, राजा भीमसिंह तथा अन्य लोगों को गैरत खाँ की सेना को प्रबलित करने के लिए भेजा।[102] बाद में हुसैन अली स्वयं दिल्ली से कूच करके जुलाई के प्रारंभ में आगरा पहुँच गया। इसी समय बारहपुला (दिल्ली) से ग्वालियर तक शाही राजमार्ग का प्रभार चूड़ामन को सौंप दिया गया।[103] अतः जाट सरदार गोविंद सिंह जाट और नंदा जाट के पुत्रों के साथ आगरा के लिए

---

101. *रोजनामचा,* 243-246; *शिवदास,* 37 और 38; *कँवर,* II, 438-441; *इक़बाल,* 47-49; के.के. II, 813, 814-816; *मेम्वोआर दे यातं*, 84; में कहा गया है कि चूड़ामन और अजित सिंह ने इस मौके पर लूट का काफी माल बटोर लिया। चूड़ामन की 1719 की कारगुज़ारियों से संबंधित आर. पांडेय का विवरण (*भरतपुर,* 22) भ्रामक है। यू.एन. शर्मा (*इतिहास,* 278) ने *उमरा-ए-हुनूद* के हवाले से कहा है कि रफ़ी-उद-दरजात को गद्दीनशीन करते हुए उसका एक हाथ चूड़ामन ने और दूसरा अजित सिंह ने थामा था। कई अन्य अधिक वज़नी और महत्त्वपूर्ण स्रोतों तथा आधुनिक अध्येताओं, इर्विन (उद्धृत कृति, I, 389), एम. मित्र (*अजित सिंह,* 209) आदि जैसे, के रहते इस कथन को स्वीकार नहीं किया जा सकता, क्योंकि इन्होंने बताया है कि यह कार्य अब्दुल्ला खाँ ने किया था। इसी प्रकार इन्होंने एक संदिग्ध दावा यह भी किया है कि 18 फ़रवरी की लड़ाइयों में जाटों ने मराठों का साथ दिया था। जहाँ तक हमारी सूचना है, उन्होंने ऐसा नहीं किया। यहाँ तक कि इर्विन ने भी (कृति उद्धरण, I, 382, ff), जिन्होंने इस घटना का बहुत बारीकी से चित्रण किया है, इस संदर्भ में जाटों की कहीं चर्चा नहीं की है। शर्मा की प्रवृत्ति जाटों को अविवेकपूर्ण ढंग से, और कहीं-कहीं तो बहुत मुखर रूप से, समसामयिक घटनाओं से जोड़ने की प्रतीत होती है।
102. *के.के.* II, 823-828; *मेम्वोआर दे यात,* 84; *शिवदास,* 39ff; इक़बाल, 50ff
103. क़ामराज, *इबरतनामा,* 68a, इर्विन द्वारा *लेटर मुग़ल्स* में उद्धृत, I, 413 fn, 422 भी, सतीश चंद्र कृत *पार्टीज एंड पॉलिटिक्स,* 150

प्रस्थान कर गया। किले की घेरेबंदी के समय वह यमुना की ओर खाइयों में अवस्थित होकर डेरा डाले रहा। यहाँ उसने संकटग्रस्त घिरे हुए लोगों से समझौता-वार्ता का अपना तरीका इस्तेमाल किया। किले का रक्षक दल उसे तथा उसके नामराशि चूड़ामन हज़ारी (जो हुसैन अली की सेवा में था) को किले के भीतर ले गया जहाँ शाहज़ादा नेकूसियर और उसके भतीजे मिर्जा असग़री के संबंध में गंगाजली हाथ में लेकर कसमें खाई गईं कि उन दोनों को 50 लाख रुपए की धनराशि के साथ जाट सरदार को सौंप दिया जाएगा। इन दोनों शाहज़ादों को इस धनराशि के साथ राजा जयसिंह के राज्य में पहुँचा दिया जाना था। तथापि, चूड़ामन स्वर्ण के साथ शाहज़ादे को हुसैन अली के पास ले गया जिसने शाहज़ादा को तो अपनी हिरासत में ले लिया, किंतु धन, एक हाथी, एक विशेष खिलअत तथा 5000 की मंसब जाट को दे दी।[104] इसके बाद दोनों चूड़ामनों ने बक्सरिया हज़ारिस से एक समझौता किया जिसके अंतर्गत किले के द्वार खोल दिए गए। चूड़ामन जाट ने उक्त समझौते के अनुसार बक्सरियों के परिवारों को सुरक्षित बाहर निकल जाने दिया। फिर 2 अगस्त, 1719 को किले और नेकूसियर पर हुसैन अली ने कब्जा कर लिया।[105]

इसके कुछ समय बाद शहंशाह, रफ़ी-उद-दौला, ने अपने पूर्ववर्ती का अनुसरण करते हुए कब्र की राह ली तथा सैय्यद बंधुओं ने शाहजादा रोशन अख्तर (मोहम्मद शाह) को अपने शिविर बिदियापुर (फतेहपुर सीकरी से 6 मील उत्तर) में सिंहासनारूढ़ कर दिया। दो दिन बाद, (20 सितंबर, 1719), नए शहंशाह के समक्ष पेश होकर चूड़ामन ने उसे 9 मोहरें भेंट कीं।[106] इसके बदले में जाट सरदार को एक विशेष खिलअत भेंट की गई।[107]

सितंबर 1720, में चूड़ामन ने अपने पुत्र, मोहकम सिंह को हुसैन अली के साथ नियुक्त किया[108] जो निज़ाम-उल-मुल्क के विरुद्ध युद्ध के लिए दक्कन को कूच कर रहा था। इसी समय (लगभग अगस्त, 1720 में), उसकी मूल्यवान सेवाओं

---

104. *शिवदास,* 44; *इक़बाल,* 56; *मेम्वोआर* दे *यात,* 84, में कहा गया है कि जिस शाहज़ादे की चर्चा की गई है वह अली ज़फ़र, नेकू सियर का भाई था। इससे पूर्व का अधिकारी व्यक्ति। *कँवर,* II, 449, ने भी कहा है कि यह शाहजादा उसका भाई था; के.के. 836; 'लेटर मुग़ल्स', I, 424-425, 414 से तुलना करें।
105. *शिवदास,* 44; *इकबाल,* 56; *कँवर,* II, 448-450
106. *कँवर,* II, 451, 453-454; इस अधिकारी व्यक्ति के मत के अनुसरण का दावा करते हुए डॉ. पांडेय (*भरतपुर,* 22) ने लिखा है कि जाट ने ग़ैरत खाँ के ज़रिए पाँच मोहरें पेश कीं। वस्तुतः, उस दिन यह भेंट पेश करनेवाला गुलाम अली था।
107. *कँवर,* II, 454
108. देखें, *शिवदास,* 72 और 67; *एम.यू.* I, 439

का सम्मान करते हुए हुसैन अली ने दक्कन से लौटकर चूड़ामन को राजा[109] की उपाधि दिलाने का वचन दिया। तथापि, सेना के टोडा भीम के निकट पहुँचने पर हुसैन अली अपनी विरोधियों द्वारा रचे गए एक षड्यंत्र का शिकार (28 सितंबर) हो गया।[110] मोहकम सिंह सहित उसके मुख्य अनुषंगी गिरफ्तार कर लिए गए। अपने जीवन से निराशा होकर जाट ने इस्लाम धर्म स्वीकार कर लेने का प्रस्ताव किया। किंतु मोहम्मद शाह ने ऐसा करना बुद्धिमानी नहीं समझा। इसके विपरीत एक खिलअत देकर उसे घर वापस जाने की अनुमति दे दी।[111] मोहकम सिंह के प्रति प्रदर्शित यह दया भाव सैय्यदों के अन्य समर्थकों के साथ किए गए अपमानजनक व्यवहार के बिल्कुल विपरीत था।[112] शहंशाह की इस सद्भावना प्रदर्शन का उद्देश्य चूड़ामन को अपने पक्ष में करने के लिए था। इसी मंतव्य से कुछ और भी अनुग्रह के बड़े-बड़े वायदे उससे किए गए। परिस्थितियाँ बदल चुकी थीं इसलिए चूड़ामन ने स्वयं भी फिलहाल शहंशाह के प्रति समर्पित हो जाना ही बुद्धिमानी समझा।[113] उसने मुगल सेना की उत्तर में यमुना की ओर वापसी का नेतृत्व किया। उसने सम्राट को अपनी जमींदारी से होकर जानेवाले निर्धारित मार्ग को छोड़ देने के लिए राज़ी कर लिया। इसके स्थान पर वह सेना को अपने शत्रु, जयसिंह के राज्यक्षेत्र से होकर ले गया,[114] बाद में (अक्तूबर), एक शक्तिशाली जाट सरदार खेमकरण सोगरिया भी बरसाना के निकट शाही जुलूस में शामिल हो गया। उसे पृष्ठरक्षण में रखा गया।[115] प्रसंगवश, मोहम्मद क़ासिम के विवरण से यह निष्कर्ष निकलता है कि लगभग एक वर्ष से अधिक समय से खेमा जाट के संबंध सैय्यदों से शत्रुतापूर्ण थे। इसका कारण यह हो सकता है कि हुसैन अली द्वारा आगरा की घेरेबंदी के दौरान खेमा के कब्जेवाले दुर्ग फतेहपुर को तोड़ने के लिए उसने दिलावर अली खाँ को भेजा था।[116] यह स्पष्ट नहीं है कि खेमा के इस निर्णय पर पहुँचने के लिए फतेहपुर दुर्ग पर हमले की घटना किस सीमा तक उत्तरदायी हो सकती है।

---

109. इर्विन कृत *लेटर मुग़ल्स,* II, 214; तत्पश्चात्, कानूनगो कृत *जाट्स,* 55
110. *शिवदास,* 70; *कँवर,* II, 471; *के.के.,* II, 904; *इक़बाल,* 79-80; विवरण के लिए देखें, इर्विन कृत *लेटर मुग़ल्स,* II, 51ff
111. *शिवदास,* 72
112. वही; *के.के.,* II, 909 भी देखें।
113. *शिवदास,* 76; *अहवाल,* 105; इर्विन कृत *लेटर मुग़ल्स,* II. 68
114. *शिवदास,* 76
115. *शिवदास,* 86-87
116. क़ासिम कृत *इबरतनामा,* 283, *लेटर मुगल्स,* I, 429, में चर्चा

इस बीच अपने भाई के त्रासद अंत का समाचार सुनकर अब्दुल्ला खाँ ने दिल्ली की ओर कूच कर दिया। फरीदाबाद पहुँचने पर जाट और मेवाती लुटेरों ने उसे बहुत पीड़ित किया।[117] उसने नई सेना जुटाई और उसके बाद प्रतिद्वंद्वी शहंशाह, मोहम्मद इब्राहीम, को साथ लेकर वह मोहम्मद शाह का मुकाबला करने के लिए बिलोचपुरा की तरफ बढ़ा।[118] सैय्यदों के गोपनीय पत्र के प्रतिक्रिया स्वरूप चूड़ामन तथा सैय्यद के अनेक अन्य अनुयायियों ने युद्ध के पूर्व ही मोहम्मद शाह को छोड़कर सैय्यद का साथ पकड़ लिया।[119]

अब्दुल्ला खाँ के साथ पुनः हो जाने के पीछे चूड़ामन के उद्देश्यों का आकलन सदा उचित रूप से नहीं किया गया। सैय्यद के प्रति उसकी 'निष्ठा और कृतज्ञता' पर संदेह करने के पर्याप्त कारण कहीं नहीं मिलते।[120] सैय्यदों के औदार्य के प्रति सुस्पष्ट शब्दों में अपनी हार्दिक कृतज्ञता और आभार प्रकट करते हुए चूड़ामन ने (मोहम्मद शाह के शिविर में) मोहम्मद अमीन खाँ के सामने यह स्वीकार किया कि उन्होंने 'मुझ पर इतने एहसान किए हैं कि यदि मुझे हज़ार जन्म मिले और धन भी हजार गुना अधिक हो तो अपने परिवार और बच्चों सहित मैं सर्वस्व उन्हें दे दूँ।'[121] इर्विन का मानना है उसका यह निर्णय इस तर्क पर आधारित था कि अब्दुल्ला खाँ की पराजय की स्थिति में मोहम्मद शाह से क्षमा प्राप्त कर लेना अधिक सरल होगा, बजाय अब्दुल्ला खाँ से।[122] इस आशय के दावे में एक सहज अंतर्विरोध है। अब्दुल्ला खाँ से क्षमा प्राप्त कर लेना कहीं सरल था, क्योंकि उसकी नीति सदा जाट और हिंदू-समर्थक रही थी, और उसकी इस नीति के कारण ही उसके मुग़ल विपक्षी उसके विरुद्ध एकजुट हुए थे।[123] हुसैन अली की हत्या के बाद चूड़ामन सीधे अपने संरक्षक के पास जाने से कतराता रहा उसका कारण जान लेना कठिन नहीं है। उसके राज्यक्षेत्र के पीछे विशाल शत्रु सेना की उपस्थिति, इस मार्ग से होकर उसने कूच करने की निर्धारित योजना, तथा अब्दुल्ला खाँ की गतिविधियों की अनिश्चितता से वह ड़रा हुआ था, और इसी कारण वह यह मार्ग अपनाने से बाज़ आ रहा था। इन परिस्थितियों में यह स्पष्ट है कि वास्तविकताओं की अनदेखी करनेवाला व्यक्ति ही इस तरह की अविवेकपूर्ण कार्यवाही करके मुग़लों को चिढ़ने

---

117. *कँवर,* II, 471; *शिवदास,* 80 भी; *इक़बाल,* 80
118. *शिवदास,* 82ff; के.के., II, 914-918; *कँवर,* II. 471, *इक़बाल,* 85, 87-88; *अहवाल,* 104
119. *शिवदास,* 92, 87 और 90; *के.के.,* II, 919; *इक़बाल,* 88 *अहवाल,* 104
120. कानूनगो कृत *जाट्स,* 56
121. 'लेटर मुग़ल्स', II, 68, में उद्धृत क़ासिम।
122. इर्विन कृत 'लेटर मुग़ल्स', II, 81
123. ऊर्ध्व, पृ. 75

का मौका देता।[124] परिस्थितियों को देखकर चूड़ामन ने समयोचित निर्णय लिया। मोहम्मद शाह के साथ मिलकर उसने चतुराई से न केवल शहंशाह के संदेह को दूर कर दिया, बल्कि अपने तालुके को भी लूटे जाने तथा नष्ट होने से बचा लिया। इन सब प्रक्रियाओं से गुजरते हुए चूड़ामन ने बीच में ही अपने संरक्षक अब्दुल्ला खाँ से एक हो जाने का रास्ता निकाल लिया। इस प्रकार यह स्पष्ट हो जाता है कि शाही संगत में चूड़ामन की उपस्थिति एक संभावित खतरे को टालने की थी। सैय्यद के प्रति उसकी निष्ठा में संदेह करने की गुंजाइश अब नहीं रह जाती। जैसा कि हम आगे देखेंगे कि वह उस समय तक अब्दुल्ला खाँ ने साथ जुड़ा रहा जब तक कि उसको अपने मंतव्य की सिद्धि दूर नहीं दिखाई देने लगी।

अपने भाई और पुत्र के साथ अब्दुल्ला खाँ के पक्ष में आते हुए, चूड़ामन अपने साथ सैय्यद को भेंट करने के लिए तीन हाथी और कुछ ऊँट भी लेता आया था। किंतु अब्दुल्ला खाँ ने दो हाथी और ऊँट उपहारस्वरूप चूड़ामन को वापस कर दिए।[125] 'इक़बालनामा' का लेखक, जो हसनपुर के युद्ध में (2-3 नवंबर, 1720, 13-14 मोहर्रम) मौजूद था, ने इस प्रकार विवरण दिया है : चूड़ामन ने अब्दुल्ला खाँ को उस दिन (13वीं मोहर्रम, 1131 अल हिजरी) युद्ध शुरू न करने का परामर्श दिया। उसने विनाशलीला समाप्त करने के बारे में बहुत बातें कीं तथा सैय्यद अब्दुल्ला खाँ को समझाया कि वह सैकड़ों प्रकार की चालों तथा तरकीबों और राजपथ पर डकैतियों से लड़ाई के कठिन कार्य को सरल बना देगा। किंतु उसके सुझाव को स्वीकार नहीं किया गया।[126] बहरहाल, अब्दुल्ला खाँ ने तेज घोड़ियों पर सवार होकर चूड़ामन की फौजों को मोहम्मद शाह के शिविर के पीछे मँडराते रहने के लिए तैनात कर दिया। अनेक शत्रु सैनिकों को मौत के घाट उतारते हुए चूड़ामन ने 200 बंदूकचियों के साथ पश्चिम दिशा से शत्रु शिविर में रास्ता बना लिया। किंतु किशनगढ़ के राजा राजबहादुर, राजा गोपाल सिंह भदौरिया तथा अन्यों ने उसे पीछे ढकेल दिया। कुछ जाट दक्षिण में टूट पड़े और उनके माल-असबाब में से कुछ लूट लाए। ज़फ़र खाँ, मुज़फ्फर खाँ और मोहम्मद खाँ बंगश ने उनका सामना किया और उन्हें फिर पीछे भगा दिया। जाटों ने फिर पूर्व दिशा में लखनऊ के मीर मुशरिफ़ तथा अलवी खाँ तरीन पर आक्रमण किया, किंतु युद्ध के बाद पीछे धकेल दिए गए। इनके हमलों ने बहुत गड़बड़ी पैदा कर दी तथा 'घबराहट से उत्पन्न गड़बड़ी' में मुग़लों के अनेक अनुयायी और व्यापारी निकट ही यमुना में कूद पड़े। जाटों ने यमुना के पश्चिमी घाट पर भागकर आए प्रत्येक व्यक्ति को लूटे बिना नहीं छोड़ा। अपने अनपेक्षित हमलों को जारी रखते हुए नदी के किनारे

124. तुलना करें कानूनगो कृत *जाट्स,* 55

125. के.के. II. 919; *अहवाल,* 104-105; *एम.यू.,* I, 439, स्कॉट कृत *दक्कन,* II, 180

126. *इक़बाल,* 88

रेतीले टीलों पर माल से लदे बैलों और ऊँटों को पकड़ लिया। एक समय तो वह मोहम्मद शाह के सामने से भी गुजरा जिसने स्वयं चूड़ामन पर चार तीर चलाए और उसके पीछे सैनिकों का एक भारी दस्ता लगा दिया। इसी बीच अपने पक्ष के काफी लोगों द्वारा दूसरी ओर भाग जाने के बावजूद अब्दुल्ला खाँ बहादुरी से लड़ा, किंतु वह घायल होकर पकड़ा गया। मुग़ल सैनिकों ने सैय्यदों के शिविर को लूटना शुरू कर दिया, जिसमें चूड़ामन भी शामिल हो गया। अंत में वह माल और शाही दानाध्यक्ष विभाग के दस्तावेजों से लदे 1000 बैलों और अनेक ऊँटों को लूटकर अपने देश वापस चला गया।[127]

---

127. *इक़बाल,* 95-96; *शिवदास,* 90-91 और 92; *कँवर,* II, 471-472; के.के. II, 930-931; *अहवाल* 105 और 109; *तारीख-ए-हिंद* (ले. रुस्तम अली, रघुवीर सिंह लायब्रेरी सीतामऊ पांडुलिपि) 488-489; *सियर,* I, 271-272; *मेम्वोआर* दे *यात,* 84; *एम. यू.,* I, 439-440; इर्विन कृत *लेटर मुग़ल्स,* II, 85ff.

4

सैय्यद बंधुओं के पतन के बाद मुग़ल-जाट संबंध (1720-1722)

राव चूड़ामन द्वितीय से मित्रवत् संबंध स्थापित करते समय सैय्यद बन्धुओं ने सरकार पर अपना नियंत्रण स्थायी बनाने के लिए एक उदीयमान शक्ति का उपयोग करने का इरादा किया था। किंतु विधना के मन कुछ और था। जो कभी 'राजाओं के नियंता' थे अब स्वयं उनके पास अपने पैर रखने को भी भूमि नहीं रह गई थी, तथा उनका तख्ता उलट जाने से चूड़ामन ने एक कृपालु संरक्षक खो दिया, जिसने उनकी न केवल कठिन समय में रक्षा की थी, अपितु प्रभुता और प्रतिष्ठा के उस सोपान पर चढ़ा दिया था जिसकी उसने कभी कल्पना भी नहीं की थी। अब वह मुग़लों के अपरिहार्य क्रोध का निशाना बन गया था, क्योंकि घृणास्पद सैय्यदों से उसके संबंधों ने आग में घी का काम किया था। यह कहना ग़लत नहीं होगा कि चूड़ामन के प्रति दरबार की प्रतिकूलता का बहुत बड़ा कारण सैय्यद बंधु थे जिनके विरोध का स्वर अब आमतौर पर अधिक सशक्त हो गया था। सैय्यदों के एक अन्य अनुषंगी अजित सिंह[1] का दमन भी इसका एक उदाहरण है। इस तरह चूड़ामन और अजित सिंह पर आए बुरे दिनों ने इन दोनों साथियों को और अधिक निकट कर दिया। अब इन दोनों ने आपस में गठबंधन करके यह वायदा किया कि आवश्यकता पड़ने पर वे एक-दूसरे की सशस्त्र सहायता करेंगे। अतः, 1721 में चूड़ामन ने मुग़लों के विरुद्ध राजा की सहायता के लिए अपने पुत्र मोहकम सिंह के नेतृत्व में एक फौजी दस्ता अजमेर भेजा था। उसने (लगभग सितंबर, 1721 में) अजित सिंह के विरुद्ध मुग़ल फौजों का नेतृत्व करने के लिए आगरा से दिल्ली जाते हुए सादत खाँ को भी मार्ग में रोकने का प्रयास किया था।[2] जाट सरदार ने छत्रसाल बुंदेला से भी निकट संबंध स्थापित किए, जिससे उसे लोहागढ़ के मुग़ल अभियान (1710) के दौरान एक सहयोद्धा के रूप में 1721 में किसी समय

---

1. विवरण के लिए देखें, *शिवदास,* 117ff
2. एम. मित्र कृत *अजितसिंह,* 250 (ऐतिहासिक निबंधों पर आधारित); इर्विन कृत *लेटर मुग़ल्स,* II, 110, 121; कानूनगो कृत *जाट्स,* 57

(अप्रैल-मई में संभवतः) मिलने का मौका मिला था। चूड़ामन ने मोहम्मद खाँ बंगश के नायब, दिलेर खाँ से छत्रसाल के युद्ध के समय भी संभवतः उसके अनुरोध पर सहायता भेजी थी।[3]

जाटों के विरुद्ध सादत खाँ की प्रथम कार्यवाही (फरवरी-सितंबर, 1721)

सैय्यदों के हटने के तुरंत बाद (हसनपुर की लड़ाई के तीन माह पश्चात्) जाटों पर मुग़लों का दबाव पड़ने लगा। सादत खाँ, जिसने हुसैन अली खाँ को उखाड़ने में मुख्य भूमिका अदा की थी, को आगरा का सूबेदार बनाकर (अक्तूबर, 1720) पुरस्कृत किया गया।[4] अपनी नई नियुक्ति का भार सँभालने के लिए उसने फ़रवरी, 1721 में दरबार से प्रस्थान किया। मथुरा के जाट दुर्दमनीय प्रतीत हो रहे थे, अतः उसने उनके विरुद्ध मोर्चा लिया तथा विद्रोहियों को अपनी गढ़ियों में शरण लेने के लिए बाध्य कर दिया। तब उसने इनको घेर लिया और मथुरा के निकट स्थित इनमें से चार पर कब्जा करने में सफलता प्राप्त कर ली। इसमें अनेक आत्मरक्षक मारे गए, तथा इस प्रक्रिया में सादत खाँ भी अपने 400 सैनिकों से हाथ धो बैठा। इससे प्रसन्न होकर शहंशाह ने उसे खिलअत तथा रत्नजड़ित एक कटार के साथ बधाई संदेश भेजा।[5]

तथापि, अपनी इस सफलता को वह अबाध नहीं रख सका, क्योंकि इस बीच अजित सिंह को दमित करने के लिए उसे कुछ समय के लिए बुला लिया गया था। उसकी अनुपस्थिति में उसके नायब, नीलकंठ नागर ने उसके अधूरे काम को पूरा करने के लिए कदम बढ़ाया। 10,000 घुड़सवारों तथा इससे भी अधिक पदाति सेना लेकर फतेहपुर सीकरी के आसपास के गाँवों पर वह टूट पड़ा तथा पिचूना (भरतपुर से 8 मील दक्षिण) तक घुसता चला गया। यहाँ उसने कुछ ग्रामीणों और उनके पशुओं को पकड़ लिया। किंतु जब वह वापस आ रहा था जो चूड़ामन द्वारा पहले से तैनात मोहकम सिंह तथा हलेना का शार्दूल सिंह छह हज़ार घुड़सवारों और पदाति सेना को लेकर उस पर टूट पड़े (16 सितंबर, 1721, 5वीं ज़िल-हिज्जा)। यद्यपि उसकी सेना संख्या में दुगुनी थी किंतु नीलकंठ सूरमा जाटों को झेल नहीं सका और मात खा गया। युद्ध के दौरान उसे गोली लग गई तथा अपने हाथी के

---

3. इर्विन कृत *लेटर मुग़ल्स,* II, 121, *शिवदास* भी देखें, 101ff; इर्विन का अनुसरण करते हुए कानूनगो कृत *जाट्स,* 57
4. ए.एल. श्रीवास्तव कृत *फर्स्ट टू नवाबज् ऑफ अवध* (लखनऊ, 1933), 24
5. *सियर,* I, 315; श्रीवास्तव कृत *अवध,* 27-28; कानूनगो ने आर. पांडेय की तरह उक्त घटना की उपेक्षा कर दी है। यह पांडेय की ग़लत धारणा ('भरतपुर' पृष्ठ 24) के कारण हो सकता है कि सादत खाँ आगरा में नीलकंठ नागर की मृत्यु के बाद जाकर बसा।

होदे में ही वह मरकर लुढ़क गया। जो भाग सके, भाग लिए, तथा शेष ने अपने घोड़े और शस्त्र डाल दिए और वे जाटों के कैदी बन गए। मोहकमसिंह सभी हाथियों, बंदियों तथा अन्य सामान को लेकर अपने स्थान पर पहुँचा तथा प्रत्येक बंदी से उसकी हैसियत के अनुसार अर्थदंड के रूप में धन वसूल किया।[6]

इसी बीच, सिनसिनवाड़ा जाटों में अंदर-ही-अंदर एक तूफ़ान उठने लगा था, जिसके लिए अधिकतर जिम्मेदारी स्वयं चूड़ामन की अपनी उद्धता, और अक्खड़पन, तथा उसका अविवेकपूर्ण व्यवहार था। जाट सरदारों का एक वर्ग, बदनसिंह के नेतृत्व में, चूड़ामन के उजड्ड, कठोर और अभद्र व्यवहार, लूटपाट और डकैती तथा छलपूर्ण दाँव-पेंच के प्रति अत्यधिक लगाव और उसके उपयोग का विरोधी था। यह वर्ग विरोध में उठ खड़ा हुआ तथा इसने विस्तार के लिए शांतिपूर्ण और सुव्यवस्थित नीति अपनाने के साथ पड़ोसियों और मुग़ल दरबार से मैत्रीपूर्ण संबंध बनाने के लिए दबाव डालना शुरू कर दिया। तथापि, चूड़ामन ने अपने अविवेक में बदनसिंह को गिरफ्तार कर लिया।[7] इससे अन्य जाटों को चूड़ामन के गोपनीय इरादों के प्रति संदेह हो गया तथा उन्होंने बदनसिंह को मुक्त करने के लिए आंदोलन कर दिया। अंततः चूड़ामन को झुकना पड़ा और उसने बदनसिंह क़ो (लगभग 1721 में) छोड़ दिया।[8]

सादत खाँ की दूसरी कार्रवाई : (सितंबर, 1721-1722)

स्पष्टतया, इन घटनाक्रमों ने जाट नेतृत्व में गहरी दरार डाल दी। कारागार से मुक्त

6. *शिवदास,* 121-122, 125; *सियर,* I, 328; *इक़बाल,* 106; गंगा सिंह द्वारा उद्धृत 'पथेना रासो', कृति उद्धरण 88-91
7. कानूनगो कृत *जाट्स,* 57; वी.एस. भटनागर कृत *जयसिंह,* 102b; टॉड कृत *राजस्थान,* 652 (विवरण में अंतर; गंगा सिंह कृति उद्धरण 88-90) यद्यपि इनमें से किसी ने भी अपने पक्ष में किसी अधिकारी कृति को उद्धृत नहीं किया है, किंतु उनके समान दावे, बदनसिंह का सादत खाँ के पास जाना तथा अन्य घटनाओं के कारण, सही प्रतीत होते हैं। तथापि, बदनसिंह की दूसरी कारगुजारियों के बारे में वे चुप हैं। यू.एन. शर्मा (*इतिहास,* 303-305), उपर्युक्त से आमतौर पर सहमत होते हुए, बदनसिंह द्वारा चूड़ामन के 'व्यापक राज्य' को विभाजित करने की ज़िद को रेखांकित करते है। वह बदनसिंह की सादत खाँ के पास जाने की बात तो कहते हैं किंतु उसकी गिरफ्तारी पर चुप हैं।
8. कानूनगो कृत *जाट्स,* 57 स्थानीय परंपरा के अनुसार, कैलूरी (जटोली से 2 मील दक्षिण-पश्चिम) के एक देशावर परिवार में मोहकम सिंह को ब्याहने से संबंधित चूड़ामन के निर्णय ने बदनसिंह के समर्थकों को और भी उत्तेजित कर दिया और उन्होंने उससे समस्त सामाजिक संपर्क तोड़ देने की धमकी दी। गंगा सिंह के कृति उद्धरण, 90 को भी देखें।

होने के बाद, बदनसिंह ने सादत खाँ का साथ देने के लिए आगरा का रास्ता पकड़ा। सादत खाँ को अपने नायब की भारी पराजय के बाद तुरत विद्रोही क्षेत्र पहुँचने का आदेश दिया गया था। सादत खाँ के आने पर बदनसिंह ने उससे भेंट की, तथा सादत खाँ ने भी उसे अपने पक्ष में कर लेने में बुद्धिमानी समझी, अतः उसे एक खिलअत और हाथी की ज़ंजीर भेंट स्वरूप दी।[9] 'सुजान चरित्र' से हमें पता चलता है कि सादत खाँ ने बदनसिंह के भाई, रूपसिंह से भी अंतरंग संबंध स्थापित कर लिए।[10] इसी समय के आसपास (लगभग 17 सितंबर-10 अक्तूबर, 1721–छठी से ज़िल हिज्जा के अंत तक, 1133 अल हिजरी) चूड़ामन ने कोई घातक विष खाकर आत्महत्या कर ली[11], और नेतृत्व उसके ज्येष्ठ पुत्र मोहकम

9. *शिवदास,* 122
10. *सुजान,* 60
11. जिन ऐतिहासिक प्रमाणों तक हमारी पहुँच है उनमें चूड़ामन की मृत्यु के समय और प्रकार के भिन्न विवरण दिए गए हैं। जाटों के संबंध में प्रासंगिक प्रमाण-पुरुषों में फ्रांसू ने इस प्रकरण की बिल्कुल उपेक्षा कर दी है, जबकि वैंदेल ने (*मेम्वोआर दे यात,* 15, 84 और 1 एफ़.एन.) की टिप्पणी अनिश्चित है, क्योंकि उसने कहा कि उसकी मृत्यु जयसिंह की दूसरी चढ़ाई के समय या उसके बाद हुई थी (अर्थात् सितंबर-अक्तूबर, 1722) और ऐसा बताया जाता है कि उसे मोहकम सिंह ने विष दिया था। वैंदेल से आंशिकतौर पर सहमत होते हुए *रुस्तम* (495) का खयाल है कि उसकी मृत्यु जयसिंह से युद्ध के दौरान हुई थी। *सियर* (I, 329) और *मजमा-उल-अख़बार* (इलियट में, VIII, 361) चूड़ामन को जयसिंह से युद्ध के प्रारंभ होने तक जीवित बताया गया है। किंतु उसकी मृत्यु किस प्रकार हुई इस बारे में दोनों में मतैक्य नहीं है। *सियर* का कहना है कि बदनसिंह के साथ छोड़ देने पर घिरे हुए लोगों द्वारा मुसीबतें झेलने पर मोहकम ने चूड़ामन को धिक्कारा, जिस पर चूड़ामन ने विषपान कर लिया जिससे उसकी मृत्यु हो गई। 'मजमा-उल-अख़बार' बताता है कि जब बदनसिंह ने थून किले को खुलवाने में जयसिंह की सहायता की तो चूड़ामन ने निराशा होकर किले की बारूद में कूदकर अपनी जान दे दी। स्पष्टतया इन सूत्रों से हमें अधिक सहायता नहीं मिलती। एक समकालीन लेखक *शिवदास* (118-119), जिसने अपने विवरण मोहम्मद शाह के शासक के चौथे शासकीय वर्ष पर समाप्त किए हैं, ने चूड़ामन की मृत्यु की चर्चा तो की है किंतु जयसिंह के युद्ध का जिक्र नहीं किया, जिससे यह अर्थ निकलता है कि चूड़ामन उस प्रकरण से पहले ही मर गया था, अर्थात् निश्चित तौर पर कहा जाए तो उसकी मृत्यु चौथे शासकीय वर्ष में हुई थी। इससे भी अधिक परिपोषी साक्ष्य *तारीख-ए-मोहम्मदी* ('लेटर मुग़ल्स', II 122 एफ़.एन. में उद्धृत) का है। इसके अनुसार चूड़ामन की मृत्यु ज़िल-हिज्जा, 1133 अल-हिजरी (अर्थात् 12 सितंबर–10 अक्तूबर, 1721 के बीच) में हुई। *खफ़ी खाँ* (II, 944) अप्रत्यक्ष रूप से इसका समर्थन करता प्रतीत होता है, क्योंकि वह कहता है कि चूड़ामन की मृत्यु सादत खाँ के दूसरे

सिंह[12] को स्थानांतरित हो गया। सादत खाँ ने अपना दूसरा अभियान इन असंतुष्ट

आक्रमण के शुरू होने से पहले हो गई थी (अर्थात्, सितंबर, 1721 के उत्तरार्द्ध में)। मान्यत::, *कँवर खाँ* (II, 483), यद्यपि उसकी मृत्यु की तारीख के बारे में चुप है, लेकिन वह यह जरूर कहता है कि जयसिंह से थून की रक्षा चूड़ामन के पुत्रों ने की थी, न कि स्वयं चूड़ामन ने। इस प्रकार यदि वह अपने समकालीन लेखक शिवदास के प्रभावशाली साक्ष्य, तथा *तारीख-ए-मोहम्मदी,* संकेतत: ख़फ़ी खाँ, का स्पष्ट रूप से समर्थन नहीं, तो उसका खंडन भी तो नहीं करता। जैसाकि ऊपर देखा जा चुका है, चूड़ामन ने नीलकंठ के विरुद्ध कार्यवाही के लिए मोहकम और शार्दूल को 16 सितंबर को आदेश दिए थे, जिससे स्पष्ट हो जाता है कि उसकी मृत्यु इसके बाद, यानी 17 सितंबर और 10 अक्तूबर, 1721 के बीच हुई थी। उसकी मृत्यु किस प्रकार हुई, इस संबंध में शिवदास का कहना है कि उसका एक धनी रिश्तेदार नि:संतान मर गया था। बिरादरी ने चूड़ामन को बुलाकर मृतक का समस्त धन और ज़मींदारी उसे (चूड़ामन) सौंप दी। चूड़ामन के दूसरे पुत्र, जुलकरन ने इसमें अपने हिस्से की माँग की, जिस पर दोनों भाइयों बीच कुछ कहा-सुनी हो गई। जुलकरन अपने आदमियों को इकट्ठा करके मोहकम के घर पर उससे भिड़ पड़ा। इस बीच चूड़ामन को खबर लग गई और वह उन दोनों को शांत करने वहाँ पहुँच गया। किंतु मोहकम ने कुछ अपशब्दों का इस्तेमाल किया और अपने पिता से भी लड़ने को उद्यत हो गया। इस पर क्रोध और दु:ख में चूड़ामन ने सदा अपने साथ रहनेवाले घातक विष का पान कर लिया। वहाँ से वह निकट के एक बाग़ में गया जहाँ उसकी मृत्यु हो गई। जब अधिक देर हो गई तब लोग उसे खोजने निकले तो उन्होंने बाग़ में उसे मृत पाया। इस संबंध में अन्य संबद्ध अधिकारी इतिहासकारों में से कँवर खाँ ने तो इस प्रश्न की बिल्कुल उपेक्षा कर दी, तथा खफ़ी खाँ ने उसकी मृत्यु की चर्चा मात्र इस तरह की है जैसेकि उसकी मृत्यु प्राकृतिक थी। 'तारीख-ए-मोहम्मदी' ने बिना कारण बताए दोनों भाइयों, थाम सिंह (?) और मोहकम सिंह, के झगड़ने तथा उन्हें शांत करने के चूड़ा के असफल प्रयास से संबंधित शिवदास की बात का संक्षेप में, समर्थन किया है। किंतु चूड़ामन को झगड़े के दौरान ही मर जाना दिखाकर उसने इस जगह शिवदास से भिन्नता भी दिखाई है। उक्त घटना के इस अंश का समर्थन किसी अन्य सूत्र के नहीं किया है, जबकि विषपान करके आत्महत्या की बात तत्कालीन स्थानिक परंपरा से मेल खाती है। शिवदास ने लिखा है कि थून में ज़हर खा लेने के बाद चूड़ामन अपने घोड़े पर नौथा नामक एक गाँव (नदवई से 5 मील दक्षिण में) पहुँचा जहाँ वह एक पीपल के पेड़ के नीचे अचेत होकर गिर गया। वहाँ उसे खोजने आए लोगों के पहुँचने के कुछ ही क्षणों बाद उसकी मृत्यु हो गई। नौथा के पीपल के एक वृक्ष के निकट ही एक चबूतरा है जिसका संबंध वहाँ के लोग चूड़ामन द्वितीय से जोड़ते हैं।

12. *मेम्वोआर दे यात,* 16; *तवारीख-ए-हुनूद,* 14a; *सियर,* I, 329; एलेक्ज़ेंडर डाउ कृत द *हिस्ट्री ऑफ हिंदुस्तान* (लंदन : 1812), II. 352

जाट बंधुओं के दिशा निर्देशन में प्रारंभ किया। वीरता और दृढ़संकल्प का दूसरा नाम सादत खाँ था, यद्यपि उसने समस्त संभव प्रयत्न कर डाले किंतु मोहकम सिंह के नेतृत्व में लड़ रहे जाटों को मार भगाने में वह असफल रहा। जाटों के किलों की अनुपगम्यता और दृढ़ता तथा उनकी गुरिल्ला, छापामार, चालों और रणकौशल के आगे सादत खाँ की कूटनीति और शौर्य की एक नहीं चली।[13] संभवत: बदनसिंह भी सादत खाँ की क़ारर्वाइयों के दौरान ही निराश होकर वापस चला गया।

राव चूड़ामन द्वितीय का चरित्र और मूल्यांकन

मुग़ल-जाट संबंधों का अध्ययन करने के लिए आगे बढ़ने से पूर्व यहाँ थोड़ा रुककर चूड़ामन के और उसके कार्यों का आकलन कर लेना समीचीन होगा। राव चूड़ामन द्वितीय इतिहास के उन व्यक्तियों में से एक था जिन्हें नियति ने असाधारण रूप से उदार और वदान्य सिद्ध कर दिया था। 'मजमा-उल अख़बार' ने, जो यद्यपि बाद की कृति है, ठीक ही अनुमान लगाया है कि '...उसका सौभाग्य ऐसे पानी की तरह था जिसने उसके जीवन के सफल *करिअर* के खेत को खाद की तरह बनकर उपजाऊ बना दिया था...।'[14] अपने स्वयं के प्रयासों से अधिक कई तरह की आकस्मिक परिस्थितियों के एक-साथ पैदा हो जाने से वह नीचे से उठकर एक पंचहज़ारी मंसबदार की ईर्ष्यणीय ऊँचाई तक पहुँच गया और इस प्रकार दिल्ली तथा चंबल के बीच के क्षेत्र का बेताज का राजा माना जाने लगा। उसके ग्रह-नक्षत्र उसके घटनापूर्ण *करिअर* की शुरुआत से ही उस पर कृपालु रहे। यह उसका सौभाग्य ही था कि एक सरदार (फतेह सिंह) असफल हो गया तो नेतृत्व उसके हाथ आ गया, यद्यपि यह नेतृत्व उसके पास ख्यातिप्राप्त राजाराम से उतरते हुए सीधे उसके पास नहीं आया था। इसके अतिरिक्त यह तथ्य भी ध्यान देने योग्य है कि जाटों का मुखिया वह तब बना था जब मुग़ल सत्ता का सूर्य अस्त होने लगा था। इससे चूड़ामन को अपने उद्देश्य की प्राप्ति का स्वर्ण अवसर मिल गया। इसके अतिरिक्त यहाँ एक और बात ग़ौरतलब है कि इस दौरान वह अपने आतंकवादी कार्यों से कभी विमुख नहीं हुआ फिर भी उसे शाही अनुग्रह बार-बार प्राप्त होते रहे। इस संबंध में भी भाग्य ने उसका साथ दिया कुछेक तत्कालीन अमीर-उमरा की कृपादृष्टि उस पर बराबर बनी रही।

यद्यपि हमारे अधिकारी-इतिहासकारों ने उसके चरित्र के विषय में कुछ अधिक नहीं कहा है, फिर भी उसके द्वारा किए गए कार्यों के आधार पर कोई निष्कर्ष तो

---

13. तुलना करें *शिवदास,* 123, 125 और 127; *के.के.* II, 944-945; *एम.यू.* I, 426-27, और 440 (केवल खफी खाँ की बात लिख दी है)।
14. इलियट में *मजमा-उल-अख़बार,* VIII, 360; फ्रैंकलिनकृत द *हिस्ट्री ऑफ* द *रेन ऑफ शाह आलम* (लंदन, 1798), 51

निकाला ही जा सकता है। महत्त्वाकांक्षी, निडर तथा लाभ के लिए शिकार की तलाश में रहने वाला चूड़ामन द्वितीय असाधारण स्तर का चालाक व्यक्ति था। उसके चरित्र के जो कुछेक पहलू दृष्टिगोचर हुए हैं उनसे यह सिद्ध होता है कि वह एक जटिल और दुरूह व्यक्ति था। हुसैन अली की हत्या के बाद उसकी गतिविधियों से उसके धैर्य और उसकी दूरदर्शिता का परिचय मिलता है, किंतु आत्महत्या के उसके कृत्य से उसकी आवेगशीलता भी प्रगट होती है। सैय्यद बंधुओं से संबंधों से उसकी निष्ठा और कृतज्ञता भावना भी प्रकट होती है। इसके साथ ही उत्तराधिकार के युद्धों में उसके आचरण से विदित होता है कि वह अविवेकी तथा धोखेबाज था। इसी प्रकार, अपने भतीजे, बदनसिंह, से उसके व्यवहार में जहाँ निरंकुशता और दुराग्रह की गंध आती है, वहीं अपने ज्येष्ठतम पुत्र, मोहकम सिंह द्वारा अत्यधिक उत्तेजित किए जाने पर भी वह जब शांत रहा तो इससे यह स्पष्ट हुआ कि अवसर आने पर वह संयम और आत्मनियंत्रण में भी रह सकता था। चूड़ामन ने अपने जीवन-भर धन और लूटपाट के प्रति पूरा लगाव रखा। इसके पहले और बाद के जाटों में भी इसकी कमी नहीं थी। किंतु इतने महत्त्व और इसके स्तर के किसी अन्य जाट नेता ने इतनी लूटमार नहीं की जितनी चूड़ामन को करते पाया गया। इस प्रक्रिया में उसने अपने अनुयायियों के लिए एक ग़लत मिसाल क़ायम कर दी। अपने दुष्कर्मों से तथा उसकी तरह कुछ अन्यों के ऐसे ही कार्यों ने जाटों को इतना बदनाम कर दिया कि सूरजमल सदृश यशस्वी और लब्धप्रतिष्ठ व्यक्तियों के महान कार्य भी इस अपकीर्ति को नहीं धो सके। चूड़ामन के ऐसे कृत्य और उसके अक्खड़पन ने जाटों के ही एक वर्ग को उसके विरुद्ध कर दिया। उसके जीवन के इस पक्ष के कारण यदि उसके समकालीन तथा बाद के लेखकों ने, किसी जाट प्रमुख की अपेक्षा, यदि उसकी तीव्रतम भर्त्सना की तो इसमें आश्चर्य की क्या बात है? उसे 'उपद्रवकारी'[15], 'घृणित नीच', 'धूर्त', निकम्मा', 'देशद्रोही नस्ल से संबंधित', 'जन्मजात लुटेरा',[16], 'पंकोत्पन्न दैत्य'[17], 'बदकार', 'पुश्तैनी विश्वासघातियों में से एक'[18], 'डाकुओं का सरगना'[19], 'ख़ुराफाती'[20], 'अभ्यस्त लुटेरा'[21], आदि विशेषणों से संबोधित करके निंदित किया गया। फिर भी यह तो स्वीकार करना ही पड़ेगा कि उसके गुणों को रेखांकित किए बिना इस प्रकार के अपशब्दों का उसके प्रति प्रयोग करना यह प्रदर्शित करता है कि

---

15. *शिवदास,* 16 और 24
16. इलियट में *के.के.,* VIII, 511, 512, 514, 515 और 532.
17. *इक़बाल,* 88
18. *अहवाल,* 105
19. *इमाद,* 83, कानूनगो कृत *जाट्स,* 47-48
20. *एम.यू.,* I, 438
21. इर्विन कृत लेटर *मुग़ल्स,* I, 231

अधिकतर लेखक अपने विचारों में निष्पक्ष नहीं थे। इससे यह प्रतीत होता है कि जैसेकि उसमें कोई गुण तो थे ही नहीं, और लगातार लूटमार करने के अतिरिक्त उसका कोई अन्य उद्देश्य भी नहीं था। युद्धों के दौरान लूटमार करने का जहाँ तक संबंध है उस बारे में यह नहीं भूलना चाहिए कि यह तो उस युग का एक सामान्य दस्तूर था।[22] इस प्रकार के कार्यों के उदाहरण तो मुग़लों, मराठों और यहाँ तक कि राजपूतों के संबंध में भी आसानी से दिए जा सकते हैं। चूड़ामन के समकालीन लोगों द्वारा उसकी इस तरह की आलोचना अधिकतर अधिकारीय दृष्टिकोण को प्रतिबिंबित करता है। जैसाकि हम देखते हैं, उस पर अधिकतर आघात उसके जीवन के उज्ज्वल पक्ष की उपेक्षा करते हुए उसके केवल एक ही पहलू–लेकिन जो अंधकारमय था–पर किए जाते रहे।

चूड़ामन एक अच्छा योद्धा, एक उत्कृष्ट रणनीतिज्ञ तथा एक गुणी कूटनीतिज्ञ था। उसके नाम से उल्लेखनीय सफलताएँ भले ही संबद्ध न हो, किंतु अपने शत्रुओं की चालों को अनेक बार निष्फल कर देने का श्रेय तो वह ले ही सकता था। राजा जयसिंह के आक्रमणों से थून की रक्षा करने में उसने कमाल किया था। चूड़ामन एक दक्ष सैन्य संगठनकर्ता भी था। सेना के प्रशिक्षण, उपस्कर तथा विस्तार के प्रति उसने जो रुचि प्रदर्शित की उससे जाट सेना एक संगणनीय बल के रूप में विकसित हो गई। शस्त्रों तथा युद्धोपकरणों से सुसज्जित थून जैसे मिट्टी के मज़बूत किले बनाकर उसने जाट प्रतिरक्षा प्रणाली को भी समुन्नत किया। प्राप्त अवसरों और साधनों का कुशलतापूर्वक उपयोग करते हुए तथा बड़े लोगों से अपने संबंधों को लाभ में परिणत करके चूड़ामन अत्यधिक शक्तिशाली बन गया था। अपने प्रभाव क्षेत्र की समस्त जनता का वह वास्तविक शासक तथा विधायक बन गया था।[23] फिर भी, उसे 'महान् क्रांतिकारी' या 'महान युगप्रवर्तक' घोषित करने तथा उसकी निरंतर लूटमार की तुलना 'एक क्रांति' से करने के पर्याप्त प्रमाण हमारे पास नहीं हैं।[24]

उसके नेतृत्व में जाट शक्ति का तेज़ी से विकास हुआ। स्वभाव से फितरती होने के कारण, अपने लक्ष्य की प्राप्ति के लिए उसमें परिस्थितियों को अपने अनुरूप कर लेने की विलक्षण क्षमता थी। औरंगज़ेब के शासनकाल के अन्त तक वह एक कट्टर विद्रोही बना रहा, किंतु बाद में अपनी सुविधा के लिए उसने मुग़ल दरबार

---

22. *तारीख-ए-अहमद शाही* (मेरी अपनी माइक्रो-फ़िल्म की प्रतिलिपि, ब्रिटिश संग्रहालय मूल से प्राप्त Br. Mus. Or 2005), 133b, इसमें मल्हारराव होल्कर की एक महत्त्वपूर्ण टिप्पणी सुरक्षित है जिससे सैनिकों की आम प्रवृत्ति का परिचय मिलता है। मराठा लूट (1754 में) के विरुद्ध इमाद की आपत्ति पर मल्हार ने कहा, "ये सैनिक हैं। वे हमेशा यही करते हैं।"
23. कानूनगो कृत *जाट्स,* 45, 49
24. यू.एन. शर्मा कृत *इतिहास,* 185, 188, 201, 308, आदि।

से अपनी निष्ठा प्रदर्शित करने में भी देर नहीं लगाई। इसके बदले उसे पहली बार शाही अनुग्रह प्राप्त हुआ। किंतु फर्रुखसियर के शासन के दौरान वह फिर अपनी पर आ गया तथा उसने मुग़लों की कठिनाइयों से लाभ उठाने का प्रयास किया। उसे दबाने के अनेक प्रयास किए गए जो असफल रहे और अंततः चूड़ामन को अतिरिक्त छूट देकर ही वश में किया जा सका। तथापि, मजबूरी में दी गई छूट से उस उद्देश्य की प्राप्ति नहीं हो सकी जिसके लिए वह दी गई थी। इसके बजाय कि चूड़ामन निष्ठावान् बन जाता उन्होंने अपने अनुग्रह से उसे इस बात का एहसास दिला दिया कि उसमें शरारत करते रहने की अपूर्व शक्ति है, और इस प्रकार उसके दुराग्रह की धार तेज़ होती चली गई। इसके साथ-साथ स्वार्थ की प्रेरणा से वह शक्तिशाली सैय्यद बंधुओं के निकट होता चला गया और उधर उन्होंने, ऊपर बताए गए कारणों से, चूड़ामन को इतना समर्थन दिया कि फर्रुखसियर अत्यधिक नाराज़ हो गया। उधर शहंशाह उसे मिटा देने के लिए उद्यत था और इधर वज़ीर तथा मीर बख्शी उसे पूरा संरक्षण दे रहे थे, जिससे जाट समस्या आम तौर पर और स्वयं चूड़ामन की स्थिति बहुत रोचक बन गई थी। और वह भी उस समय जब शहंशाह स्वयं आपसी कलह में फँसा हुआ था और इतिक़ाद खाँ जैसे संदिग्ध चरित्र के व्यक्तियों को संरक्षण देता था तो वह मात्र एक गुट का नेता बनकर रह गया था। इस प्रकार मुग़ल दरबार में जाटों से संबंधित नीति एक गुट तक सीमित होकर लटकी हुई थी।

चूड़ामन के उत्थान में सैय्यद बंधुओं की भूमिका का आकलन उचित ढंग से नहीं किया गया है। इसके अतिरिक्त संबद्ध स्थानों पर हमने जो विवरण दिए हैं उनके साथ ही यह ध्यान भी रखा जाना चाहिए कि जाट इतिहास में पहली बार उनका एक मुखिया सल्तनत के एक वज़ीर और एक मीर बख्शी का विश्वस्त मित्र और साथी बनने तक की ऊँचाई पर पहुँचने में सफल हुआ था। उनके अकेले समर्थन-संरक्षण के बल पर चूड़ामन इतनी उन्नति कर गया था, और इसके लिए सैय्यद बंधुओं के प्रति सार्वजनिक तौर पर कृतज्ञता ज्ञापन करने में उसने कभी संकोच नहीं किया। बस एक राजा की उपाधि, जिसके लिए उससे वायदा भी किया गया था, हुसैन अली की हत्या के कारण नहीं मिल सकी, शेष उसे वह सब प्राप्त हुआ जिसकी वह अभिलाषा कर सकता था। इसके बदले में सैय्यद बंधुओं के अंतिम दिनों तक यह कृतज्ञ जाट उनकी बहुत निष्ठापूर्वक सेवा करता रहा। चूड़ामन के जीवन में यही एक सुखद अपवाद था, अन्यथा उसका पूरा दामन उसकी अद्वितीय चालाकियों और छलछिद्र से दाग़दार था। बहरहाल, सैय्यदों से उसका साहचर्य और मित्रता एक विशुद्ध वरदान सिद्ध नहीं हुआ। इससे उनके विरोधियों को और अधिक ईर्ष्या होने लगी तथा उनसे द्वेष बढ़ गया।

यह कहा जाता है कि चूड़ामन अपने कार्यों के 'पदचिह्न पीछे नहीं छोड़

गया', अतः बदनसिंह को 'नए सिरे से काम करना पड़ा'।[25] यह कथन पूर्णतया सत्य प्रतीत नहीं होता। हाँ, यह तथ्य तो अकाट्य है कि चूड़ामन द्वितीय स्वयं को एक दूरदर्शी राजपुरुष सिद्ध नहीं कर सका। उसमें वह दृष्टिशक्ति, दुनियादारी और सौजन्य नहीं था जो जाटों जैसे कबाइली तथा लोकतांत्रिक लोगों के सफल नेता बनने के लिए आवश्यक है। यद्यपि वह उनके बीच ही पैदा हुआ और पला-बढ़ा, किंतु उनकी संवेदनशीलता और भावनाओं को समझने और उनकी कद्र करने से चूक गया। फलतः, अपने पास उपलब्ध साधनों और हैसियत के बावजूद वह उन्हें एक सूत्र या राज्य में पिरोकर रखने में सफल नहीं हुआ। इसके विपरीत, उसके ही जीवन काल में असंतोष और आपसी मनमुटाव उभरने लगा था। इन परिस्थितियों में बदनसिंह को उसकी प्रणाली में पर्याप्त परिवर्तन करके और जाट राज्य की स्थापना के लिए दूरदर्शी नीतियाँ अपनानी पड़ीं। फिर भी, चूड़ामन को उसकी यथोचित मान्यता न देना न्यायोचित नहीं होगा। कोई 14,000 संख्या में सशस्त्र सैन्य बल, कई मज़बूत कच्चे किले, पर्याप्त धन-दौलत और अपनी शक्ति और सामर्थ्य से भिज्ञ जनता को वह अपने पीछे छोड़कर गया था और इस तरह उसने जाट राज्य के आविर्भाव में एक ठोस अंशदान किया था। चलिए, उसकी सभी त्रुटियाँ हमने मानीं, किंतु इस तथ्य को तो हम नज़रअंदाज़ नहीं कर सकते कि उसकी मृत्यु के समय जाटों की सामान्य स्थिति उस समय से काफी बेहतर थी जब चूड़ामन ने उनका नेतृत्व सँभाला था। उसके सैनिकों तथा अनुयायियों में कुछ कमी हो जाने के अतिरिक्त उसके जीवन के शेष कार्य उस समय तक अक्षुण्य पाए गए थे जब उसके पुत्र मोहकम सिंह ने अपने पिता द्वारा रिक्त स्थान पर आसन जमाया था। जैसाकि हम आगे देखेंगे, जयसिंह के हाथों मोहकम सिंह की पराजय ने निश्चय ही उदीयमान जाट शक्ति को एक झटका जरूर दिया था। किंतु चूड़ामन की मृत्यु के बाद जो कुछ हुआ उसकी जिम्मेदारी तो हम उसके सिर नहीं मढ़ सकते। इसी प्रकार यह समझ लेना भी ज्यादती होगी कि उसकी उपलब्धियों को नष्ट कर दिया गया और जो ज़मींदारी बदनसिंह को स्थानांतरित की गई थी वह उजड़ी हुई प्रतीत हो रही थी जिसमें विगत नेताओं द्वारा सतत प्राप्त उपलब्धियों के चिह्न दृष्टिगोचर नहीं हो रहे थे। बहरहाल, चूड़ामन का बहुचर्चित खजाना जयसिंह के हाथ नहीं लग सका,[26] और बाद में वह बदनसिंह के काम आया।[27] इसी प्रकार एक अकेली सैनिक असफलता चूड़ामन काल में निर्मित आत्मविश्वास के कारण जाटों के उत्साह और उनकी स्फूर्ति को ठंडा नहीं कर सकती थी। यदि इतना भी बाकी बच रहा तो यह भी उसके उत्तराधिकारियों के लिए कोई कम मूल्यवान नहीं था क्योंकि

---

25. सरकार कृत *फ़ाल,* II, 426
26. *के.के.,* II, 945-946, *एम.यू.,* I, 440
27. *मेम्वोआर दे यात,* 18; जदुनाथ सरकार (*फ़ाल,* II, 430) ने स्वयं इसे स्वीकार किया है।

किसी भी जाति के उद्भव और उसकी उन्नति के लिए यह आवश्यक तत्त्व है।

'राजा' मोहकम सिंह (लगभग सितंबर-अक्तूबर, 1721-18 नवंबर, 1722)[IV]

अपने पिता के स्थान पर मोहकम सिंह नेता बना। जाट शासकों की वंशावली का विवरण देते हुए, फ्रांसू ने उसे प्रथम राजा बताया है जिसने थून में अपना राज स्थापित किया था।[28] तथापि, यह प्रतीत होता है कि राजा की उपाधि उसने स्वयं ही धारण कर ली थी।[29]

क्रोधी स्वभाव, तथा निरंकुश और झगड़ालू प्रवृत्ति का मोहकम सिंह एक नेता के रूप में अयोग्य था।[30] ऐसा कहा जाता है कि नेता का खाली पद उसने जबर्दस्ती हथिया लिया था, जो तत्कालीन जाटों में प्रचलित रिवाज़ के प्रतिकूल था। अधिकतर जाट सरदारों (जाहिर है कि वे बदनसिंह के साथी होंगे) ने इसे पसंद नहीं किया। वे उसके अविनीत तथा उग्र स्वभाव से भी घृणा करते थे तथा वे उसे पद्च्युत करना चाहते थे।[31] ऐसी स्थिति उत्पन्न होने से अंदरूनी कलह फिर बढ़ गई। बदनसिंह की 'वीरता और योग्यता' से ईर्ष्यावश मोहकम सिंह ने उसे खोह (डीग से 6 मील पश्चिम) के कारावास में बंद कर दिया। उसकी कोठरी के बाहर उसने दो प्रहरी तैनात करके बहिर्गमन और अन्तःप्रवेश दोनों को रोकते हुए उनको यह आदेश दिया कि वे किसी को भी उससे मिलने न दें।[32] इस प्रकार अल्पावधि में ही यह बदनसिंह का दूसरा कारावास था। उसके प्रति मोहकम सिंह का यह दुर्व्यवहार उसके प्रति सहानुभूति पैदा करने में सहायक बना। फ्रांसू के अनुसार बदनसिंह के सद्व्यवहार के कारण उससे स्नेह करनेवाले लगभग 22 सरदारों (संभवतः राजाराम का पुत्र, अजान का फतेह सिंह, आरिग का अनूप सिंह, अती राम का पुत्र, हलेना का शार्दूल सिंह, सीही और हेलक के गूजर, बरसाना के पुरोहित

IV. डॉ. राजपाल सिंह के अनुसार उक्त शीर्षक का काल (1721-नव.1722) चूड़ामन के समय का है, देखें, राइज ऑफ दी जाट पावर, पृ. 36-42 —संपादक

28. *तवारीख-ए-हुनूद* 14a और 14b
29. डाउ कृत *हिंदुस्तान,* II, 352
30. *सियर,* I, 329; उसके चरित्र के लिए देखें 'परिशिष्ट-1' तुलना करें *तवारीख-ए-हुनूद* 16b
31. गंगा सिंह, कृति उद्धरण, 93; *तवारीख-ए-हुनूद* 15a, भी देखें।
32. *तवारीख-ए-हुनूद* 14a-15a, उसकी चूड़ामन द्वारा, प्रथम गिरफ्तारी, की ओर इन्होंने ध्यान नहीं दिया। वस्तुतः, उसने इस नेता के समस्त प्रासंगिक विवरण छोड़ दिए हैं; साथ ही *इंपीरियल गज़ेटियर* भी देखिए, VIII, 75; सोमनाथ कृत *माधव जयति* ; यू. एन. शर्मा द्वारा *इतिहास,* 310 में उद्धृत।

कालू राम और लालजी तथा अन्यों)[33] ने मोहकम सिंह से अनुरोध किया कि वह अपने चचाजात भाई को मुक्त कर दे किंतु उसने इनकार कर दिया। अंत में उन्होंने मोहकम के गुरू, मक्खन दास बैरागी, से हस्तक्षेप करने का अनुरोध किया। उनके अनुनय-विनय से प्रभावित होकर बैरागी ने अपने शिष्य को आदेश दिया कि वह बदनसिंह को मुक्त कर दे। मोहकम ने अनिच्छापूर्वक उसे यह कहते हुए छोड़ दिया कि 'यह तो निश्चित है कि आपने ब्रज की प्रभुता बदनसिंह को सौंप दी है।' इस प्रकार आजादी प्राप्त करने के बाद बदनसिंह अपनी जागीर कुम्हेर लौट आया और इस घृणास्पद नेता को उखाड़ फेंकने की तरकीबें सोचने लगा। अंततः, उसका ध्यान जयसिंह की ओर गया तथा इस संबंध में राजा की सहायता प्राप्त करने के लिए उसके पास गया। अपनी निष्ठापूर्वक सेवाओं और साहस से उसने राजा की 'निकटता और प्रतिष्ठा' प्राप्त कर ली। फिर उसने राजा को मोहकम सिंह पर चढ़ाई करने और इस धृष्ट विद्रोही को समाप्त करने के लिए तैयार कर लिया। बदनसिंह ने राजा जयसिंह को यह लालच भी दिया कि इस प्रकार 'ब्रजभूमि पर उसका आधिपत्य स्थापित हो जाएगा।'[34]

आपसी फूट और रंजिश बढ़ने के कारण जिस समय मोहकम सिंह की शक्तिक्षीण हो रही थी उसी समय उसने तथा उसके भाई जुलकरन ने मुगलों को और उत्तेजित कर दिया। उन्होंने मुग़लों के पड़ोस में व्यापक उपद्रव शुरू कर दिए। उन्होंने शाही राजमार्ग पर लूटमार करना शुरू कर दिया तथा गाँवों और कस्बों में डकैतियाँ डालीं। शाही राजस्व अधिकारियों को खदेड़कर खलीसा और जागीर महलों से गैरकानूनी ढंग से मालगुजारी वसूल कर ली। इन उपद्रवियों की दबाने में सादत खाँ असफल रहा। इससे सरकार को भारी चिंता हुई, जैसाकि निज़ाम-उल-मुल्क को भेजे गए फ़रमान से भी विदित होता है जिसमें उसे इस तथा अन्य अत्यावश्यक समस्याओं से निपटने का आदेश दिया गया है।[35]

जयसिंह का द्वितीय अभियान (अगस्त-नवंबर, 1722)

अंततः, जयसिंह को दूसरी बार जाटों पर चढ़ाई करने के आदेश मिले जिसके लिए

33. यू.एन. शर्मा कृत *इतिहास,* 304, 310
34. *तवारीख-ए-हुनूद* 15a-17a; दीक्षित भी देखें, कृति उद्धरण, 29; टॉड कृत *राजस्थान,* 652 (विवरण में भिन्नता है); तुलना करें *के.के.,* II, 945; *एम.यू.,* I, 440; *मेम्वोआर दे यात,* 16; *इंपीरियल गज़ेटियर,* VIII, 75; यू.एन. शर्मा (*इतिहास* 310-11) बताते हैं कि जयसिंह के पास जाने से पूर्व बदनसिंह ने जरगाँवा (भुसावर से 8 मील दक्षिण) के रतीराम जाट से भेंट की और अपने पुत्र, सूरजमल का विवाह उसकी पुत्री से कर दिया जिसका नाम हँसिया था।
35. *शिवदास,* 123, 125 और 127; *कँवर,* II, 484, भी देखें; *एम.यू.* I, 440; *तवारीख़-ए-हुनूद* 16b

वह स्वयं भी उत्सुक था। इस कार्य के लिए 9 अप्रैल, 1722 (चौथी रजब) को राजा गिरधर बहादुर, ओरछा के अर्जुन सिंह, कामां के अजित सिंह तथा अन्य लोगों को राजा के सहायतार्थ उसके अधीन कर दिया गया।[36] कोई 14-15 हज़ार घुड़सवार, तोपखाना और गोलाबारूद से उसे लैस किया गया।[37] जयसिंह और मुज़फ़्फ़र खाँ को 19 अगस्त, 1722 (18वीं ज़ीक़दा) को कूच के लिए तैयार रहने के आदेश दिए गए। बख्शियों से 50,000 घुड़सवारों के आक्रमणकारी सैन्य बल तैयार रखने के लिए कहा गया था।[38] जयसिंह को सादत खाँ के स्थान पर 22 अगस्त (21वीं ज़ीक़दा) को आगरा का सूबेदार तथा मथुरा का फौजदार नियुक्त किया गया। जाट अधिकृत राज्यक्षेत्र उसे जागीर में दे दिए गए। सैय्यद मुज़फ़्फ़र खाँ (आगरा में जयसिंह का नायब) हामिद खाँ, इरादत मंद खाँ और मोहम्मद खाँ बंगश जैसे कुछ अन्य अमीर-उमरा भी राजा की सहायता के लिए नियुक्त किए गए। इस तरह उसने कूच किया और अभी जब वह थून के मार्ग पर ही था तब ही डीग से आते हुए बदनसिंह एक बार फिर उससे मिला तथा कुछ उपहार दिए। जयसिंह ने इसके बदले में उसे एक ढाल और तलवार भेंट की।[39]

पहले की ही तरह जयसिंह ने अपना काम जंगल कटवाकर और आगे खाइयाँ खुदवाते हुए शुरू किया। जाटों ने यदा-कदा कई हमले किए, जिन सबमें वे असफल रहे, और इसके फलस्वरूप दोनों ओर के सिपाही हताहत हुए। थून में रोज़ झड़पें हो रही हैं इस आशय का समाचार दरबार में 15 अक्टूबर, 1722 (15 कीं मोहर्रम) को दिया गया, जहाँ यह भी बताया गया कि मोहकम सिंह बड़ी बहादुरी से उनका मुकाबला कर रहा है।[40] 21 अक्तूबर, 1722 को दरबार में यह समाचार आया कि शत्रु के तीन बहिर्वर्ती किले शाही सेना के कब्ज़े में आ गए हैं जिसके फलस्वरूप शत्रु पक्ष में बहुत निराशा है। माँगे जाने पर एक बड़ी तोप, 300 बाँस, 500 मन

36. *कँवर,* II, 480; *के.के.,* II, 945, भी देखें; *रुस्तम,* 495; *एम.यू.,* I, 440; *मजमा-उल-अख़बार* इलियट में, VIII, 361
37. *के.के.,* II, 945
38. *कँवर,* II, 482; *रुस्तम,* 495, भी देखें; *मजमा-उल-अख़बार* इलियट में VIII, 361
39. *कँवर,* II, 482; शाकिर खाँ कृत *तज़किरा-ए-शाकिर खाँ* (आर.एस.एल. सीतामऊ पांडुलिपि), यहाँ के बाद इसकी चर्चा *शाकिर* नाम से की जाएगी, 2; *मेम्वोआर दे यात,* 84; *सियर,* I, 329 (इसके अंग्रेजी अनुवाद में इसको 'अजित सिंह सेवाई' के नाम से लिखा गया है जो स्पष्टतया जयसिंह सवाई के नाम से भ्रमवश लिखा गया है); स्कॉट कृत *दक्कन,* II, 187; 'ज़हीर-उद्-दीन मलिक कृत *मोहम्मद शाह'* (अप्रकाशित शोध प्रबंध, मुस्लिम विश्वविद्यालय, अलीगढ़), 171; दस्तूर *कौमवर,* VII 435 और फ़रमान (कपटद्वारा), 160, 27/36 यू.एन. शर्मा द्वारा उद्धृत, *इतिहास,* 313-315
40. *कँवर,* II, 483; *के.के.,* II, 945; *रुस्तम* 495; *एम.यू.,* I. 440

बारूद और सीसा तथा 100 रहकला शाही शस्त्रागार से भेज दिए गए।[41] इसके पहले मोहकम सिंह ने अजित सिंह से सहायता का अनुरोध किया था। तदनुसार, 3 लाख रुपए पेशगी देने तथा दैनिक खर्च वहन करने के वायदे पर उसने विजयराज भंडारी के नेतृत्व में एक सैन्य बल भेज दिया। वह बल जोबनेर (जयपुर से 26 मील उत्तर-पश्चिम) तक आया और वहाँ उसने डेरा डाल दिया (अक्तूबर, 1722)[42]। इस बीच बदनसिंह ने थून किले के भेद्य स्थानों तक जयसिंह को रास्ता दिखा दिया। उसने मोहकम सिंह के अनेक कप्तानों को भी बहला-फुसलाकर राजा के पक्ष में कर लिया। दो महीनों तक शाही फौजों का सामना करने के बाद मोहकम सिंह साहस छोड़ चुका था और उसने किले से भाग निकलने का फैसला कर लिया। लेकिन भागने से पहले उसने शत्रु को मारने के लिए किले में सुरंगें बिछा दी थीं। किले में फर्श पर बारूद बिछा दी गई थी। इसके बाद जितना भी संभव हुआ वह खजाना लेकर किले से रात के अँधेरे में चंपत हो गया (लगभग 8 नवंबर को) और साँभर में अजित सिंह के पास पहुँच गया। अगली सुबह राजा किले में प्रवेश करना चाहता था। थून में पर्याप्त रसद रहने के बावजूद मोहकम के भाग जाने से बदनसिंह को संदेह हो गया कि उसने कोई-न-कोई धोखे का काम किया है। अतएव, उसने राजा को किले में जाने से रोक दिया और इस प्रकार एक भयंकर त्रासदी से राजा को बचा लिया। जयसिंह ने अपना प्रवेश स्थगित ही किया था कि किले से भयंकर विस्फोट की आवाज़ें आने लगीं और 'पत्थर हवा में उड़ते दिखाई देने लगे।' जयसिंह ने उसका और उसके साथियों का जीवन बचाने के लिए बदनसिंह का बहुत आभार प्रकट किया।[43] इसके बाद चूड़ामन के बहुचर्चित खजाने की तलाश बहुत मनोयोग से की गई किंतु वहाँ कुछ भी नहीं मिला। जयसिंह ने थून नगर और किले को नष्ट करके भूमि पर गधों से हल चलवा दिए और इस प्रकार जनता की दृष्टि में उसे घृणात्मक बना दिया।[44] फिर 10 नवंबर, 1722 (11वीं सफ़र, 1135 हिजरी)

---

41. *कँवर,* II. 483; *एम.यू.,* I, 440, भी देखें।
42. पंचोली राय चंद-जयसिंह, 28 अक्तूबर, 1722, जयपुर अभिलेखागार, वी.एस. भटनागर द्वारा अपनी कृति *जयसिंह,* 103, में उद्धृत; एम. मित्र कृत *अजित सिंह,* 250
43. *तवारीख-ए-हुनूद,* 17a-18b; *कँवर,* II, 484, *के.के.,* II, 945, भी देखें; *रुस्तम,* 495; *मेम्वोआर दे यात,* 15-16; *सियर,* I, 329; *एम.यू.,* I, 440; इलियट में *मजमा-उल-अख़बार* VIII, 361
44. बहरहाल, थून का पुनर्निर्माण हो गया था, यद्यपि दूसरे स्थान पर, और वह भी जाट देश में वैंदेल के आने के बहुत पहले। देखें *मेम्वोआर दे यात,* 15; *तवारीख-ए-हुनूद* (19b) की पार्श्व टिप्पणी में एक रोचक घटना का वर्णन किया गया है कि भरतपुर पर मराठों के आक्रमण (1754) के समय, मोहकम सिंह को शांत करने के लिए, मल्हरराव ने थून के पुराने स्थल को हाथियों से जुतवाकर वहाँ मोती बुआ दिए थे।

को जयसिंह के वकील जगरा ने थून की विजय एवं चूड़ामन के पुत्रों के भाग जाने का शुभ समाचार शहंशाह को दिया, तथा अपने स्वामी की ओर से उसको 500 मोहरें पेश कीं। मोहम्मद शाह ने राजा को मोहकम और उसके परिवार को गिरफ्तार करने का आदेश दिया।[45]

कुछ दिनों बाद, बदनसिंह के थून स्थित शिविर में जयसिंह ने उससे एक मैत्री-अनुबंध किया। राजा ने उसके सिर पर पगड़ी बाँधी। फ्रांसीसी मिशनरी ने लिखा है कि उसने जाट सरदार को 'ब्रज के राजा' की उपाधि भी दी, टीका, निशान, नक्कारा और पँचरंगा ध्वज (जो जयपुर के राजाओं का भी था) भी दिया। किंतु बदनसिंह ने 'ठाकुर' कहलाना अधिक पसंद किया तथा कोई अन्य उपाधि स्वीकार नहीं की।[46] सामान्य तौर पर वैंदेल के कथन की पुष्टि करते हुए, फ्रांसू ने यह और लिखा है कि अपने सिक्के जारी करने का अधिकार और सदर (आगरा) की कोतवाली भी बदनसिंह को दी गई।[47] मई 1723 में शहंशाह ने चूड़ामन की ज़मीदारी का कुछ हिस्सा बदनसिंह को प्रदान करने का आदेश जयसिंह को दिया और इस प्रकार उसके नेतृत्व को स्वीकार किया। जून 1725 में एक लिखित अनुबंध के अंतर्गत जयसिंह ने चूड़ामन की भूमि औपचारिक रूप से जाट सरदार को इस शर्त पर दे दी कि वह 83 हजार रुपए वार्षिक कर जयपुर को देगा।[48] फ्रांसू के अनुसार बदनसिंह को जो भूमि दी गई थी उसमें मथुरा, वृंदावन, महावन तथा हिसार, छत्ता, कोसी, होडल आदि के परगने शामिल थे, जिनसे 50 से 60 लाख रुपए तक मालगुजारी मिलती थी।[49] उसने वे क्षेत्र भी शामिल कर लिए प्रतीत होते हैं जो बदनसिंह के अधीन धीरे-धीरे बाद में आए थे। इस प्रकार इस नए जाट सरदार ने अपना जीवन जयपुर के एक सामंत की हैसियत से प्रारंभ किया। इस संबंध में जानने की एक रोचक बात यह है कि महाराजा सूरजमल जब अपने उत्कर्ष की पूर्ण विकसित अवस्था में था और जयपुर के राजा माधो सिंह से कहीं आगे बढ़ चुका था, तब भी वह औपचारिक तौर पर राजा के सामन्ती आसामी की भाँति

---

45. *कँवर,* II, 484; *के.के.,* II, 945-946; *मेम्वोआर दे यात,* 15; *तवारीख-ए-हुनूद* 18b; *एम.यू.* I, 440; *भास्कर,* 3081; इलियट में *मजमा-उल-अख़बार,* VIII, 361; स्कॉट कृत *दक्कन,* II, V भाग 187; जहीर-उद्-दीन मलिक कृत *मोहम्मद शाह,* 172
46. *मेम्वोआर दे यात,* 16, मुख्य भाग और पाद-टिप्पणी; *रुस्तम,* 495; *दस्तूर कौमवार,* VII, भी देखें, *इतिहास* 321 में यू.एन. शर्मा द्वारा उद्धृत; *एस.पी.डी.* XXX, 134; *सियर,* I, 329-330; *एम.यू.* I. 440; इलियट में *मजमा-उल-अख़बार,* VIII 361.
47. *तवारीख-ए-हुनूद* 18b
48. *कपटद्वारा कागज़ात,* 73, वी.एस. भटनागर द्वारा *जयसिंह* में उद्धृत, 103; यू.एन. शर्मा कृत *इतिहास,* 321-322
49. *तवारीख-ए-हुनूद',* 18b

ही व्यवहार करता रहा।[50] [V]

जयसिंह के द्वितीय अभियान के परिणाम

जाटों पर जयसिंह की दूसरी चढ़ाई पहली की अपेक्षा कुछ कम उल्लेखनीय नहीं थी। थून तथा अन्य किलों पर विजय से मुग़लों तथा जयपुर राजा की दीर्घकाल से सँजोई अभिलाषा पूरी हुई थी। शहंशाह ने तो इस खुशी में तीन दिन तक लगातार नगाड़े बजवाए थे।[51] जयसिंह ने अपने पिछले अपमान का बदला ले लिया था और साथ ही जयपुर शासकों की दुर्दांत जाटों को धूल चटाने की पुरानी इच्छा भी (मुग़लों के साथ ही) पूरी हुई। इससे उसकी कीर्ति एवं धन-संपत्ति में भी वृद्धि हुई।[52] जाटों पर अपनी व्यक्तिगत प्रभुता स्थापित करने की भी उसकी आकांक्षा फलीभूत हो गई। इसी प्रकार इस नए जाट सरदार की विनम्रता और अधीनता भाव ने भी राजपूतों की सामाजिक श्रेष्ठता के अहम् की तुष्टि भी की होगी।

तथापि, यदि हम कुछ ग़ौर से देखें तो इस उपलब्धि की लघुता और उसका छिछलापन स्पष्ट नज़र आने लगेगा। इस बात को तो मानना ही पड़ेगा कि जयसिंह की जीत जाट बिरादरी की आपसी रंजिश और शत्रुता के कारण हुई थी, जैसाकि एक परंपरागत स्थानीय कहावत से भी स्पष्ट होता है।[53] यह स्पष्टतया विवाद का विषय है कि बदनसिंह की सहायता और मार्गदर्शन के बिना क्या राजपूत इतनी आसानी और इतनी शीघ्रता से जीत सकते थे? इससे जयसिंह की विजय धूमिल पड़ जाती है। यह विजय भी अत्यधिक संदिग्ध प्रकार की थी। इसका एकमात्र निष्कर्ष यह है कि जयसिंह केवल चूड़ामन के पुत्रों की शक्ति को नष्ट करने में सफल हुआ था, न कि जाटों की शक्ति को। इस प्रकार जाटों की क्षति वास्तविक न होकर दिखावटी थी।[54] मुग़लों ने कुछ जाट किलों को तोड़ने या नष्ट करने और

---

50. देखें *मेम्वोआर दे यात*, 63; *सुजान*, 36; कानूनगो कृत *जाट्स*, 60; विपरीत देखें, पांडेय कृत *भरतपुर* 30-31

V. 1722-1725 को मध्यावधि की गतिविधियों के विस्तार के लिए देखें, राजपाल सिंह, *राइज ऑफ दी जाट पावर*, पृ. 36-42. —संपादक

51. *कँवर*, II, 484; *मेम्वोआर दे यात*, 84, पार्श्व टिप्पणी।

52. अपनी सेवाओं के पुरस्कार स्वरूप राजा को (जून 1723 में) 'राजा-ए-राजेश्वर', श्री राजाधिराज, महाराज सवाई जयसिंह' की उपाधि प्राप्त हुई। देखें, इर्विन कृत लेटर *मुग़ल्स*, II, 124

53. लेन चहति हे दिल्ली आगरा घर की थून दई।
बन्धु बैर अनबन के कारण कैसी कुमति ठई॥

54. सतीश चंद्र कृत *पार्टीज़ एंड पॉलिटिक्स*, 178-179; विपरीत देखें, सरकार कृत *फ़ाल*, II, 426

विद्यमान जाट नेता मोहकम सिंह को भगाने के अतिरिक्त और कुछ भी प्राप्त नहीं किया। यद्यपि यह एक विरोधाभास प्रतीत हो सकता है, किंतु उनकी विजय जाटों के लिए एक अप्रत्यक्ष वरदान सिद्ध हुई। इस जीत ने केवल अयोग्य और अलोकप्रिय मोहकम को योग्य बदनसिंह के लिए जगह खाली करने को बाध्य किया, जिसने आगे चलकर जाट वैभव को अपूर्व शिखर पर स्थापित करने में सफलता पाई। इस प्रक्रिया में उसने यह दिखा दिया कि वह पूरे साम्राज्य में नहीं तो कम-से-कम सूबा आगरा में अवश्य ही मुग़ल सत्ता के लिए मोहकम सिंह, यहाँ तक कि उसके पिता, से भी अधिक खतरनाक है। जयपुर वंश के संबंध में भी बदनसिंह, या उसका पुत्र (सूरजमल) न सही, लेकिन उसका पौत्र (जवाहरसिंह) अपने समकालीन जयपुर राजाओं के लिए अवश्य चिन्ता का विषय बन गया था।[55] फिर भी विडंबना यह थी कि मुग़ल शहंशाह और जयसिंह ने स्वयं ही तो बदनसिंह के लिए मार्ग प्रशस्त किया था। इन टकराती धाराओं को दृष्टिगत रखते हुए वैंदेल शोकग्रस्त प्रतीत होता है, जब वह कहता है, "किंतु यह जयसिंह ही तो था जिसने जो बनाया उसे स्वयं ही बिगाड़ दिया।"[56] इस तरह, उस वक्त जैसा भी प्रतीत हुआ हो, असलियत में मुग़ल दरबार के लिए प्रसन्न होने, या उस घटना के प्रति संतुष्ट होने, जैसी कोई बात नहीं थी।

इस युद्ध का एक निष्कर्ष यह निकला कि जाटों के नए नेतृवर्ग के कछवाहों से और दूसरी ओर राठौरों से संबंध में उलट-फेर हो गया। कछवाहे जो कभी इनके शत्रु थे अब उनके परम मित्र बन गए, तथा अजित सिंह द्वारा मोहकम सिंह को शरण देने के कारण राठौरों से जाटों का मनमुटाव हो गया।

मोहकम सिंह का चरित्र और मूल्यांकन

मोहकम सिंह ने युद्धकला और राजनीति संबंधी अनुभव अपने पिता राव चूड़ामन द्वितीय के सहायक बनकर प्राप्त किए थे। रूपसिंह की तरह कई बार उसने अपनी वीरता तथा जीवटवाले योद्धा होने का प्रमाण दिया था। वह अपने गुरू, मक्खन दास बैरागी का बहुत सम्मान करता था, किंतु उसमें अपने परिवार के प्रति स्नेह की कमी दिखाई देती थी। अपने पिता की तरह उसमें भी लूटमार के जीवन के प्रति लगाव था। एक व्यक्ति के रूप में वह घृणास्पद, ईर्ष्यालु, और स्वार्थी था और इस कारण मित्रों की अपेक्षा उसने शत्रु अधिक बना लिए थे। उसकी आकांक्षाएँ तो बहुत ऊँची थीं, किंतु उन्हें पूरा करने के लिए उसमें दृष्टि और संकल्प, दोनों की कमी थी। इसी प्रकार, निडर और साहसी होते हुए भी खतरे को झेलने और

---

55. *मेम्वोआर दे यात,* 16
56. वही।

उससे निकलने का मार्ग खोजने का धैर्य उसमें नहीं था।

पदाधिकारी के रूप में मोहकम का कार्यकाल बहुत छोटा था इसलिए उसके नेतृत्व संबंधी गुणों का मूल्यांकन करना कठिन है। बहरहाल, उसकी अक्षमता तो स्पष्ट है। घमंडी और असंयमी होने के कारण वह अपने ही लोगों में विश्वास जगाने में असफल रहा। अपनी मूर्खता से वह उन नीतियों से चिपका रहा जो उसके पिता के जीवनकाल में ही अस्वीकृत कर दी गई थीं। अतएव, अपने पिता से जो आपसी फूट उसे विरासत में मिली थी वह उसके जमाने में और भी बढ़ गई जिससे अनेक सरदार उसका साथ छोड़कर चले गए तथा मुग़लों की सहायता करके उन्होंने इसे भागने के लिए मजबूर कर दिया। इसके बाद मोहकम सिंह कोई अर्द्धशताब्दी तक भगोड़े की तरह रहता रहा। बाहरी सहायता से अपनी पैतृक संपत्ति प्राप्त करने से संबंधित उसकी गतिविधियाँ बदनसिंह के शासन काल के बहुत बाद तक चलती रहीं। सहायता के लिए उसने अजित सिंह, मल्हारराव होल्कर, इमादुलमुल्क, शहंशाह अहमद शाह तथा कई अन्य से संपर्क किया और इस क्रम में जाट शासकों में चिंता भी उत्पन्न कर दी। इसके अतिरिक्त, उसके इन कुचक्रों तथा दुरभिसंधियों के संबंधित व्यक्तियों के प्रति जाट नीतियों को भी प्रभावित किया, और इसी प्रकार उन्होंने भी जाटों के संबंध में अपनी नीति निर्धारित की। अंततः सब ओर से निराश होने के बाद मोहकम सिंह एक विनीत प्रार्थी के रूप में राजा सूरजमल और राजा रंजीत सिंह के द्वार पर खड़ा पाया गया। इन दोनों, विशेषतया सूरजमल, ने उदारतापूर्वक उसकी आवश्यकताएँ पूरी करने का प्रबंध किया। अंत में मोहकम सिंह अजमेर चला गया जहाँ काफी अच्छी अवस्था पाकर सूरजमल के मुख्त्यार, जीवाराम जाट की उपस्थिति में उसका निधन हो गया।[57]

57. मोहकम के बाद के जीवन के लिए देखें *मेम्वोआर दे यात,* 1, पाद-टिप्पणी; *तारीख-ए-अहमद शाही,* 94b 98b, 102b-103b, 106b-107a, 131b; *तवारीख-ए-हुनूद* 19b-20a, 26a; *एस.पी.डी.* (सेलेक्शंस फ्राम द पेशवाज़ दफ़्तर, जी.एस. सरदेसाई द्वारा संपादित), XXX, 134. II, 23, XXVII, 83; *एम.यू.,* I, 440; परिशिष्ट 'A' भी देखें।

5

जाट-राज्य का प्रादुर्भाव : नीति और उपाय (1723-1756)

जाटों के नेता के रूप में ठाकुर बदनसिंह के प्रादुर्भाव से जाट इतिहास में एक नए युग का सूत्रपात हुआ। इसने पहले के अनिश्चित और अस्थिर विस्तार पर स्थायी विजय और स्थिर विकास की शक्तियों का वर्चस्व स्थापित किया।[1] बहरहाल, बदनसिंह ने विरासत में जो स्थिति पाई थी यदि वह 'लगभग निराशाजनक'[2] नहीं तो कठिन[3] अवश्य थी। उस समय जाटों में किसी प्रकार की एकजुटता[4] नहीं थी, इसके विपरीत कबाइली, या वंशगत, तथा व्यक्तिगत स्वतंत्रता के अभ्यस्त होने के कारण वे नीतिगत विषयों में दो विरोधी शिविरों में बँटे हुए थे। बदनसिंह को सबसे बड़ा खतरा मोहकम सिंह से था जो सत्ता छिन जाने के बाद उसे पुनः प्राप्त करने के उद्देश्य से बराबर दाँवपेंच करता रहता था। इसमें कोई संदेह नहीं कि चूड़ामन और उसके पुत्रों के समर्थक, जैसेकि खेमा[5], भूरे सिंह और मेंडू का दयाराम[6], छतर

---

1. *इक़बाल,* 210; *मेम्वोआर* दे *यात,* 16; कानूनगो कृत *जाट्स,* 60; भटनागर कृत *जयसिंह,* 103
2. विपरीत देखें, सरकार कृत *फ़ाल,* II, 427
3. लेखक का हिंदी में लेख, 'बदनसिंह के काल में भरतपुर का प्रादेशिक विस्तार', *उपलब्धि* (संवत्, 2025), 66
4. लेखक का उपरोक्त लेख
5. जयसिंह द्वारा थून की दूसरी घेरेबंदी के दौरान खेमा की कारगुज़ारियों की निश्चित सूचना हमें प्राप्य नहीं है। तथापि, *शाहनामा मुनव्वर कलाम* (शिवदास 103) में हमें इस बारे में एक उल्लेख मिलता है जिसमें खेमा को (दो मोहरों की) एक भेट शहंशाह को पेश करते हुए दिखाया गया है, 1133 अल हिजरी (जुलाई, 1721 के तीसरे सप्ताह के आसपास) में नौरोज़ पर्व के कुछ ही पहले की यह बात है तथा कुछ शाही उच्चपदस्थ अधिकारी भी उसके साथ थे। इससे हम इस निष्कर्ष पर पहुँच सकते हैं कि यह सरदार अपनी निष्ठा बराबर प्रदर्शित करता रहा था और इस प्रकार जयसिंह की डाँट-फटकार से बचता रहा।

सिंह[VI] और फतेहपुर के निकट स्थित मोतिया का प्रधान[7] या तो मोहकम सिंह को पुनः सत्ता में लाने, या फिर अपना अधिकार जमाने, अथवा दोनों कार्य करने की घात लगाए बैठे थे। डकैती का माल हथियाने और मुग़लों से रक्षा ये दो जादुई-करिश्मे (अपने अनुयायियों की संख्या बढ़ाने के लिए) चूड़ामन और उसके उत्तराधिकारियों ने आज़माए हुए थे। लेकिन चूँकि बदनसिंह का लूटमार में विश्वास नहीं था।[8] इसलिए जाट, जो चूड़ामन के इस रास्ते के अभ्यस्त हो चुके थे अवश्य ही दूर बैठकर तमाशा देख रहे होंगे। इसके अतिरिक्त, ऐसे संकेत भी नहीं मिलते कि एक साँझा नेता के प्रति निष्ठा पर आधारित एकजुटता उन लोगों में थी जो प्रारंभ से ही उसका समर्थन करते रहे थे। 'वस्तुतः, समस्त जाट सरदार अपने-अपने अलग फौजी दस्ते[9] बनाए हुए थे और, जहाँ तक संभव हो सकता था, अपना पृथक् अस्तित्व कायम रखने के लिए कृतसंकल्प थे। इसके फलस्वरूप, शक्ति और संपत्ति विभिन्न जाट मुखियों के बीच बँटी हुई थी।[10] फिर भी यदि बदनसिंह को कोई स्वाधीन जाट राज्य स्थापित करना था तो प्रशासन का कोई-न-कोई तंत्र बनाना तो उसके लिए अनिवार्य ही था। इस योग्य होते हुए भी चूड़ामन ने इस दिशा में कुछ भी नहीं किया था। अंततः अपनी छवि को बनाने के लिए उसे इस प्रकार के संभावित

---

6. भूरे सिंह और दयाराम नंदा जाट के क्रमशः पुत्र और पौत्र थे (देखें, *इमाद*, 82) ऐसा प्रतीत होता है कि नंदा इसी समय कभी मर गया था क्योंकि इसके बाद उसका नाम कहीं नहीं आया, भूरे और दयाराम ही मेंडू में उसके उत्तराधिकारी दिखाई देते रहे हैं।

VI. डॉ. द्विवेदी भ्रांति से मुड़सान के बजाए मेंडू को नन्दराम के उत्तराधिकारियों का गढ़ समझ बैठे हैं। सूरजमल ने आगरा जिले के भदौरिया राजपूत और मेंडू के पोरच राजपूत को परास्त करके अपने अधीन कर लिया था तथा नन्दराम जाट के वंशजों से मुड़सान किला भी खाली करा लिया था। जदुनाथ सरकार, *फॉल ऑफ दी मुगल एम्पायर,* II (1991), 266; *एस.पी.डी.,* XXI, 100 तथा XXVII, 206; *राजवाड़े,* I 285, 295; मेंडू अलीगढ़ से 20 मील दक्षिण और हाथरस 22 मील दक्षिण में है। मुड़सान हाथरस से 7 मील पश्चिम में है। इन स्थानों की स्थिति के लिए देखें, एच. एम. सिद्दीकी, *अलीगढ़ डिस्ट्रिक्ट : ए हिस्टोरिकल सर्वे,* 110; 113 फु. नो. 4; 207 फु. नो. 6; 210 फु. नो. 7 तथा 211 फु. नो. 6. नन्दराम के वंशजों के इतिहास और उनके मुड़सान, हाथरस, सासनी, बेसवाँ, तोछीगढ़ आदि किलों के वर्णन के लिए देखें, जगबीर सिंह, *दी जाट रूलर्स ऑफ अपर दो आब।*

—संपादक

7. विद्रोही खेमा जाट से उसकी निकटता से स्पष्टतया यह निष्कर्ष निकाला जा सकता है। देखें *तवारीख-ए-हुनूद* 21a-21b
8. आगे देखें, 105-106
9. *अजायब,* 122; देखें, *तवारीख-ए-हुनूद* 15a
10. *मेम्वोआर दे यात,* 17

विचार को मिटाना था[11] कि वह जयसिंह का पिछलग्गू या आश्रित अथवा एक निकम्मा व्यक्ति है।[12]

इस प्रकार, बदनसिंह के जिम्मे आया काम कोई आसान नहीं था। किंतु साहस, धैर्य, अप्रतिम बुद्धिमता और चतुराई'[13] जैसे गुणों से संपन्न बदन सिंह अपनी जिम्मेदारियों के अनुरूप साबित हुआ। चूँकि आंतरिक राज्यक्षेत्रीय संघटन और उसका विस्तार हमारे इस अध्ययन का विषय नहीं है। अतः यहाँ हम साम्राज्य के कामकाज में उसकी भूमिका के समुचित आकलन के लिए केवल प्रासंगिक तथ्यों पर ही विचार करेंगे। प्रारंभ में उसका राजनीतिक सिद्धांत जिसका अनुमोदन उसके सुयोग्य उत्तराधिकारी सूरजमल ने भी किया था कि जाट-शक्ति को 'विलयित-संकलित' करते हुए उसे एक ही नेता के अधीन करके अधिक शक्तिशाली बनाया जा सकता है।[14] स्पष्ट रूप से यदि कहें तो बदनसिंह, जो एक संगठित राजनीतिक व्यवस्था की आवश्यकता को महसूस कर रहा था, अपने रियासती रूप को 'एक सार्वभौम सत्ता की वास्तविकता'[15] में परिवर्तित करने के लिए अधीर था। इसके लिए सबसे पहले यह आवशयक था कि वह विभिन्न जाट-मुखियों की जमीन-जायदाद जब्त करके उन्हें समर्पण के लिए मजबूर कर दे। किंतु ऐसा कोई भी प्रयास करने से पूर्व उसे जाटों को गहरी जड़ों तक जमे उनके लोकतांत्रिक और व्यक्तिवादी स्वभाव को चोट न पहुँचने पाए यह सुनिश्चित कर लेना था। इसके साथ-साथ संभावित मुग़ल-विरोध का भय भी जुड़ा हुआ था।

अतः बदनसिंह ने सावधानी से आगे बढ़ने का फैसला किया, उसने दबाब के साथ मैत्री, बल के साथ तुष्टीकरण और राजसी वैभव के साथ विनम्रता का मिश्रण किया। उसने पैदल सैनिक और घुड़सवारों की एक सुसज्जित सेना तैयार की।[16] थून, सोगर और सिनसिनी[17] के पहले नष्ट हो चुके किलों के स्थान पर

---

11. सरकार (फ़ाल, II, 428 जैसे कुछ आधुनिक अध्येताओं के विचार से बदनसिंह की आशंकाएँ सच साबित हुई हैं क्योंकि वह कहते हैं कि जयसिंह ने उसे 'धूल से उठाकर ऊपर बिठाया है।' यह बहुत अंश में मानने योग्य नहीं है। जयसिंह की सहायता जिस परिमाण में भी हो जिस व्यक्ति ने पराक्रमी चूड़ामन और मोहकम सिंह के विरुद्ध मोर्चा सँभाला वह इतना निम्न स्तर का हो नहीं सकता।
12. *मेम्वोआर दे यात,* 16-17
13. *तवारीख-ए-हुनूद,* 14b; 'दीर्घ नगर वर्णन', 3-4, *रसपीयूष निधि* और *माधव विनोद* सोमनाथ में, 3-4, 318, तुलना करें *मेम्वोआर दे यात* 16
14. *मेम्वोआर दे यात,* 29
15. सरकार कृत *फ़ाल* II, 428-429; कानूनगो कृत *जाट्स,* 60 भी देखें।
16. *मेम्वोआर दे यात,* 17
17. बदनसिंह उस समय जयसिंह का कृपापात्र और अभिषंगी था। अतः, ऐसा प्रतीत होता है कि वैंदेल (*मेम्वोआर दे यात,* 19) का यह मान लेना सही नहीं था कि सिनसिनी,

डीग और कुम्हेर में नए किले बनवाए। इनमें पहले की नींव जयसिंह ने रखी।[18]

अपनी शक्ति और प्रतिष्ठा को बढ़ाने की दृष्टि से उसने लगभग इंग्लैंड के ट्यूडर हेनरी सप्तम की भाँति कामा और सहर[19], तथा शायद सलेमपुर, होडल वछामदी और पथेना जैसे प्रमुख सरदारों के परिवारों में राजनीतिक दृष्टि से विवाह भी किए।[20] तथापि, समझाने-बुझाने के बाद भी जिन्होंने अधीनता स्वीकार नहीं की, उनके साथ उसने अलग ढंग का बर्ताव किया। चूड़ामन और मोहकम सिंह के कट्टर अनुयाय ही इसी श्रेणी में आते हैं। उनका स्वतंत्र अस्तित्व और मोहकम-समर्थक पूर्वानुराग विस्तार और स्थिरता में बाधक तो थे ही, साथ ही उसके अपने अस्तित्व के लिए भी खतरनाक थे। इसके अलावा, अतीत में लूटमार के जीवन का स्वाद चख लेने के बाद वे उसी से लिपटे रहे। इसमें संदेह की कोई गुंजाइश नहीं कि वे लालची सरदार और साथ ही स्थानीय अपराधी ही उस तमाम लूटमार में शामिल थे, जिसे वैंदेल ने गलती से केवल बदनसिंह के मत्थे मढ़ दिया है। उसका दृढ़तापूर्वक कहना है कि सैय्यदों से सत्तापहरण के बाद उत्पन्न प्रशासनिक अव्यवस्था के बीच बदनसिंह किसी भी तरह के दंड से मुक्ति की अवधारणा में गाँवों को उजाड़ता, घरों, बगीचों, मस्जिदों, मजारों, प्रतिमाओं आदि को नष्ट करता हुआ, गडरे, पत्थर, चूना, एक शब्द में कहें तो निर्माण के लिए जो भी उपयोगी लगा, उसे हथियाता हुआ विचरता रहा। दो से तीन सौ के झुंडों में हथियारबंद जाट डकैत कुल्हाड़ी और मशाल लेकर, तुरही बजाते हुए धनी लोगों के घरों पर धावा बोलते।[21] एक अन्य स्थान पर, बदनसिंह पर आरोप लगाया गया है कि उसने अपनी फौज के एक हिस्से को ग्रामीण इलाकों, दिल्ली जानेवाली सड़क और आगरा के बाहरी इलाकों को लूटने के लिए तैनात किया। बदनसिंह के प्रति वैंदेल का खब्त उस समय हाथ से बाहर जाता दिखाई देता है, जब वह कहता

जो सिनसिन बाड़ा सत्ताधारी सरदारों का पुश्तैनी स्थान था और इस समय भी स्वयं बदनसिंह के ही कब्ज़े में था, भी नष्ट हो गया था।

18. *तवारीख-ए-हुनूद,* 19a ; *सुजान,* 217 और 219; *मेम्वोआर* दे *यात,* 19 और 27, *दीर्घ,* 1-2 भी।
19. *तवारीख-ए-हुनूद,* 19a, 20a; कानूनगो कृत *जाट्स,* 61; सरकार कृत *फ़ाल,* II, 432
20. बदनसिंह की अनेक रानियाँ थीं और उसके कई पुत्रों में से केवल सूरजमल की छह पत्नियाँ थीं (इनमें से लगभग सभी बदनसिंह के जीवन काल में ही ब्याही गई थीं)। यह बताना सम्भव नहीं है कि इनमें से कितने विवाह उपर्युक्त लक्ष्य को ध्यान में रखकर किए गए थे। जिन स्थानों की चर्चा ऊपर की गई है उनके मालिक वे सरदार थे जिन्होंने अपनी पुत्रियों के विवाह सूरजमल से किए थे। देखें, *तवारीख-ए-हुनूद* 22a-22b, 26b; *पथेना रासो,* गंगा सिंह द्वारा उल्लिखित, कृति संदर्भ, 100; *मेम्वोआर* दे *यात* 63, तुलना करें, *तारीख-ए-अहमद शाही,* 23a
21. *मेम्वोआर* दे *यात,* 20

है कि वह सरदार क्रूरता और लूटपाट के लिए बदनाम चूड़ामन से भी आगे निकल गया, और वह इस आशा की सूचना देता है कि उसके गिरोह संख्या में कहीं अधिक थे, ज्यादा साहसी थे और बेहतर तरीके से पोषित थे जिसके फलस्वरूप उन्होंने व्यापक और पाशविक कहर बरसाया।[22]

यह आरोप अधिकांशतया विकृत और सुनी-सुनाई बातों पर आधारित प्रतीत होता है। इससे तो इनकार नहीं किया जा सकता कि जाटों के इस नेता ने लूट का माल हड़पा,[23] और अपने शत्रुओं की जमीन-जायदाद को जब्त किया, पर निरंकुश और बेजोड़ तोड़फोड़ और डकैती की बात उस व्यक्ति के मामले में अविश्वसनीय लगती है, जिसने इन बातों का और चूड़ामन तथा मोहकम सिंह के जमाने की अन्य नीच प्रवृत्तियों का अपनी जान खतरे में डालकर भी विरोध किया। ऐसा प्रतीत होता है कि सैय्यदों से संबंधित मामले को यहाँ जोड़कर वैंदेल शायद यह बताना चाहता है कि उक्त तथाकथित तबाही मोहम्मद शाह के शासनकाल के प्रारंभिक कुछेक वर्षों में हुई थी जबकि यह कालावधि तो अधिकतर मोहकम सिंह की गतिविधियों से संबंधित है। तथापि इसके बाद की कालावधि के संदर्भ में यह सत्य है, कम-से-कम इन दिनों बदनसिंह के पास चूड़ामन जैसे साधन नहीं थे कि उसे शस्त्र शक्ति में, जिसे वैंदेल लूटपाट से जोड़ता है, उससे भी बढ़-चढ़कर बताया जा सके। वास्तविकता तो यह है कि-स्वयं फादर वैंदेल के अपने वक्तव्यों में विरोधाभास है। एक ओर वह बदनसिंह की शस्त्र संबंधी महत्ता की चर्चा करता है तो दूसरी ओर वह स्वीकार करता है कि उसने (बदनसिंह) अपनी पदाति सेना का गठन 'धीरे-धीरे' किया था।[24]

इसी तरह, एक ओर, वह बदनसिंह और उसके आदमियों पर क्रूरता का आरोप लगाता है तो दूसरी ओर, वह उस नेता के 'मधुर, विनम्र और समर्पित' तौर-तरीकों की प्रशंसा करता है 'जो अन्य दूसरों से बिलकुल विपरीत थे।[25] इसलिए वैंदेल का अनुमोदन करते हुए उसे स्वीकार करना[26] खतरनाक होगा, क्योंकि जिन बातों का वह हमें विश्वास दिलाना चाहता है, उसके बारे में वह स्वयं पूरी तरह आश्वस्त नहीं है।

सौभाग्य से, वैंदेल की मान्यताओं को अस्वीकार करने के लिए हमारे पास समकालीन साक्षियाँ भी हैं। लूटमार के प्रति बदनसिंह की वितृष्णा की साक्षी देते हुए 'इकबालनामा' जोर देकर कहता है कि उसने-

---

22. *मेम्वोआर दे यात'*, 17; *तारीख-ए-भरतपुर*, 4b, भी देखें।
23. एक बार बदनसिंह ने संकेत से स्वयं यह स्वीकार किया। देखें, *सुजान*, 217
24. *मेम्वोआर दे यात*, 17
25. *मेम्वोआर दे यात*, 16
26. इस प्रकार सरकार कृत *फ़ाल*, II, 429, 430-431; यह उल्लेखनीय है कि के.आर. कानूनगो ने वैंदेल के कथन पर जरा भी ध्यान नहीं दिया है।

"खुशियों के बीज बोए और गुणों के पौधे को पल्लवित किया। उसने अपने पूर्ववर्तियों की आदतों और व्यवहारों के विपरीत कार्य किया...जो लूटपाट के अभ्यस्त थे..... (और)..... जो राहजनों की तरह चोरी और डकैती करते थे।"[27]

बाद का एक-अधिकारी विद्वान (शाहनवाज खाँ) भी, जो यद्यपि जाटों के बेहद निर्मम आलोचकों में से एक था, उक्त तथ्य का समर्थन करता है। उसका कहना है कि बदनसिंह के अधीन जाटों ने लूटमार की आदत छोड़ दी थी।[28] यह भी महत्त्वपूर्ण है कि पोलिश इतिहासकार जिसने अन्य जाट सरदारों की लूट पर गौर किया, बदनसिंह के मामले में बिल्कुल चुप है। इसके अलावा यदि बदनसिंह वस्तुतः राहजनी में लिप्त रहा होता तो सड़कों पर सामान्य यातायात की स्थिति नहीं रहती, यह एक ऐसा तथ्य है, जिसके बारे में वैंदेल भी कुछ नहीं कहता उसे साबित करना तो दूर रहा इसके विपरीत हमें एक प्रत्यक्षदर्शी से पता चलता है कि अपने पिता के शासनकाल में सूरजमल ने जाट प्रभाव में आनेवाले क्षेत्रों में मुख्य मार्गों पर निरंतर आवागमन को सुनिश्चित रखा।[29] इसी तरह अन्य समकालीन इतिहासकार (*तारीख-ए-अहमद शाही* और *तारीख-ए-आलमगीर सानी*) इस बात की पुष्टि करते हैं कि बदनसिंह की रियासत एक बेहद सुरक्षित जगह थी, जहाँ बाहरी खतरे के समय राजधानी के आतंकित लोग पनाह के लिए भागते थे और जाट न केवल उनकी सुरक्षा की व्यवस्था करते थे, वरन उनके साथ अच्छा व्यवहार भी किया जाता था।[30] यदि बदनसिंह ने लूटमार और आतंक का राज शुरू किया होता तो इस बात पर आश्चर्य होता है कि बहुसंख्यक शरणार्थियों ने एक बदनाम डकैत के अड्डे में कैसे अपने-आप को पूरी तरह हवाले कर दिया। सचाई तो यह है कि समकालीन हिंदुस्तान में संभवतः लोगों का धन-दौलत और इज्जत कहीं और उतनी सुरक्षित नहीं थी, जितनी बदनसिंह और सूरजमल के अधिकार क्षेत्र में जैसाकि कई अवसरों पर देखा जा सकता है कि गहरे संकटों के दिनों में लोगों ने वहीं जाकर पनाह ली। इस तथ्य पर बल देने की आवश्यकता नहीं कि संबंधित शासक के मानवीय दृष्टिकोण और अपने क्षेत्र में जिस तरह की शांति और व्यवस्था उन्होंने कायम की थी उन्हीं से वे प्रभावित हुए थे। यह विश्वास रातोंरात तो पैदा नहीं हुआ था और न राजनीतिक स्थिरता संयोगवश प्राप्त की गई थी। ये दोनों बदनसिंह और उसके शासनपाल (रीजेंट) सूरजमल द्वारा शुरू में ही अपनाई गई दयालु

27. *इक़बाल,* 210
28. *मसीर-उल-उमरा,* I, 441
29. *सुजान,* 10
30. *तारीख-ए-आलमगीर सानी,* ऐनन (रघुवीर सिंह लायब्रेरी, सीतामऊ, पांडुलिपि), 166, *तारीख-ए-अहमद शाही,* 33a

दृष्टिकोण और नीतियों का परिणाम थे। इसके अलावा बदनसिंह संबंधी वैंदेल की धारणा को झुठलाने के लिए ठोस लिखित प्रमाण के साथ-साथ परिस्थितिजनक साक्ष्य भी यहाँ मौजूद हैं। लूटपाट और डकैती कभी उसकी नीति नहीं रही और न वह स्वयं व्यक्तिगत रूप से उनसे संबंधित रहा।[31] ज्यादा-से-ज्यादा वैंदेल के वर्णन में एक यही बात प्रासंगिक हो सकती है कि अपने नेतृत्व के पारंपरिक दौर में बदनसिंह के पास स्थानीय लुंठकों[32] और अन्य सरदारों को दबाने के लिए पर्याप्त शक्ति नहीं थी और इसीलिए कुछ समय तक उनका साथ देना उसकी मजबूरी थी। समकालीन साक्ष्यों के प्रकाश में, वैंदेल के वर्णन में जो एकमात्र तथ्य प्रासंगिक प्रतीत होता है, वह है, आगरा के ग्रामीण इलाकों में जब-तब होनेवाली लूटमार और अराजकता। इनमें से ज्यादातर उत्पात खेमा जाट जैसे सरदारों द्वारा ही किया गया था—जिसे फ्रांसू ने 'एक कुख्यात डाकू'[33] कहा है। अपनी चिरपरिचित शैली का अनुसरण करते हुए उन्होंने न केवल अपनी धन-लिप्सा की संतुष्टि की वरन् जाहिर तौर पर अपने शत्रु बदनसिंह की भी योजनाओं में पलीता लगाने का प्रयास किया।

स्पष्ट है कि जाट नेता लंबे समय तक उनकी विनाशकारी गतिविधियों का मूक दर्शक नहीं बना रह सकता था। जैसे ही उसने पर्याप्त शक्ति अर्जित कर ली वैसे ही उसने उनसे निटपना शुरू कर दिया। पथेना का सरदार विजयराम गरासिया चूँकि चूड़ामन और उसके पुत्रों का घनिष्ठ सहयोगी था, उसने अतीत में भी बदनसिंह का विरोध किया। वह अभी भी उसका विरोध कर रहा था। गरासिया को अपने निकट लाने के प्रयत्न में उसने सूरजमल का विवाह उसकी बेटी कल्याण कौर (कल्याणी) से कर दिया।[34] पर यह मैत्रीपूर्ण कदम भी उसके तौर-तरीकों को बदलने में असफल रहा। अतः उसने शार्दूल (हलैना के अतिराम के पुत्र) को पथेना की जागीर भेंट कर दी। उसे वह पहले ही अपने पक्ष में मिला चुका था। शार्दूल ने विजयराम की हत्या कर दी और पथेना पर अधिकार कर उसे बदनसिंह की अधीन

---

31. प्रोफ़ेसर के.आर. कानूनगो (*जाट्स,* 60 और 62) ने ठीक ही कहा है कि 'ईमानदारी से शांति स्थापना का इच्छुक' बदनसिंह को 'दस्यु जीवन में कोई रुचि नहीं थी' और 'अपने पूर्ववर्तियों की भाँति लूटपाट के बजाय शासन ही उसका उद्देश्य था...'। भटनागर कृत *जयसिंह* भी देखें, 103
32. एक उदाहरण पर्याप्त होगा, 8 जुलाई, 1723 को नकिता के निकट एक संगठित जाट गिरोह ने कपड़े की गाँठों से लदी एक दोमंजिली गाड़ी लूट ली थी। *अख़बारात,* 15 शव्वल, मुहम्मशाह शासन का पाँचवाँ साल।
33. *तवारीख-ए-हुनूद* 20b
34. सूरजमल की एक रानी का नाम कल्याणी था जिसकी तसदीक फ्रांसू ने की है, देखें, *तवारीख-ए-हुनूद* 22b

कर दिया।[35] उसी तरह उसने मेंडू के भूरे सिंह और दयाराम को सूरजमल द्वारा पराभूत (वर्ष 1730) करा दिया।[36] [VII] इसके पश्चात् चूड़ामन के एक अन्य प्रबल समर्थक फतेहपुर के ठाकुर खेमा जाट की बारी आई। सन् 1733 में सूरजमल ने उस पर आक्रमण किया और वहाँ स्थित उसकी गढ़ी को नष्ट कर दिया। पर जैसाकि आमतौर पर विश्वास किया जाता है, इस लड़ाई में खेमा नहीं मारा गया।[37] वह कुछ समय और तब तक जिंदा रहा जब तक कि सूरजमल ने आरिंग के भुंदा राम जाट द्वारा (वर्ष 1753) उसका अंत न करवा दिया।[38] यह भी कहा जाता है कि बदनसिंह ने अपने रास्ते से छत्तर सिंह को भी जो चूड़ामन का 'दायाँ हाथ' था, हटा दिया।[39] फिर 1730 के प्रारंभिक काल में सूरजमल ने बयाना और रूपवास के सिकरवार और गूजर उपद्रवियों को भी कुचल दिया। उसने उनके किलों को ध्वस्त कर दिया और उस क्षेत्र पर अपना अधिकार जमा लिया। सालाना नजराना देने का वचन देने के बाद यह बदनसिंह को औपचारिक रूप से सौंप दिया गया। और इसके बाद वैर में किले के निर्माण का काम शुरू कर किया गया। यह स्थान प्रतापसिंह को जागीर के रूप में दिया गया।[40]

यदि वह ऐसे शक्ति संपन्न सरदारों की उखाड़ फेंकने में सफल हो सकता था तो छुटभैयों को अन्य जाटों के बराबर बना देना उसके लिए कोई कठिन काम नहीं था। धीरे-धीरे उसने आगरा और मथुरा जिलों के आसपास के क्षेत्र तक अपना वर्चस्व स्थापित कर दिया। एक जमींदार की हैसियत से बढ़कर वह एक छोटा राजा बन गया जो अपना कामकाज चला सकता था और अपने पड़ोसियों के मन में भय-आदर उत्पन्न कर सकता था।[41] नए-नए क्षेत्रों को पाने के बाद उसने अपनी फौज भी बढ़ायी। साथ-ही-साथ नए क़िलों का निर्माण भी जारी रखा। उसने अपने ठिकानों को कुछ तो दूसरों से हथियायी गई छोटी तोपों से और ज्यादातर स्वयं

---

35. *पथेनारासो,* गंगा सिंह द्वारा उद्धृत, कृति उद्धरण 100-101, 91 भी।
36. *सुजान,* 6 तथापि, इसमें भूरे सिंह और दया राम का नाम नहीं है।

VII. सूरजमल के दरबारी कवि सूदन ने उक्त नामों का उल्लेख इसलिए नहीं किया क्योंकि मेंडू पोरख राजपूतों के अधिकार में था। नन्दराम जाट के वंशजों का गढ़ मुड़सान था। विस्तार के लिए देखें, अध्याय पाँच की पाद-टिप्पणी VII —संपादक

37. कानूनगो कृत *जाट्स,* 65-66; पांडेय कृत *भरतपुर,* 46
38. विवरण के लिए देखें, *तपारीख-ए हुनूद,* 20b 21b
39. गंगा सिंह कृति उद्धरण, 99-100
40. *सुजान,* 118, 222; *शाह,* 2; इमाद 84; *मेम्वोआर* दे *यात,* 19; सोमनाथ में *रस पीयूषनिधि,* 4; कानूनगो कृत *जाट्स,* 61; यू.एन. शर्मा कृत *इतिहास,* 348
41. *मेम्वोआर* दे *यात,* 17 और 29; *तवारीख-ए-हुनूद,* 18b भी; सरकार कृत *फ़ाल,* II, 429

द्वारा बनाई गई बड़ी तोपों से सुसज्जित किया।[42] जाटों में धन को जमीन में गाड़कर रखने का तरीका काफी लोकप्रिय था। अतः उस समय प्रचलित इस विश्वास को स्वीकार करने के लिए पर्याप्त आधार हैं कि बदनसिंह को किस्मत से चूड़ामन और उसके अन्य पूर्ववर्तियों का खजाना मिल गया था। इसी के फलस्वरूप वह अपने 'अपार' खर्च की जरूरतों को पूरा करने में समर्थ हुआ।[43] इसी बीच बदनसिंह ने एक राजा की हैसियत के अनुरूप अपना हरम बनाना भी शुरू किया।[44]

एक बार जब वह अपने गृह क्षेत्र में निर्विवाद शक्ति संपन्न बन गया तो बदनसिंह ने तत्कालीन आम रिवाज़ के अनुसार अपनी संपत्ति और सत्ता के विस्तार की शुरुआत कर दी।[45] उसकी अपनी सराहनीय संसाधन-क्षमता और विलक्षण बुद्धिमता के अलावा जिन तीन अन्य बातों ने उसके प्रयत्नों को सफल बनाया, वे थीं मुग़लों की आलस्य और उत्तरोतर बढ़ती मूढ़ता, जयसिंह की सद्भावना, संरक्षण और सूरजमल तथा प्रतापसिंह की अमूल्य सेवाएँ।[46] यहाँ हम अंतिम दो तथ्यों पर विचार करेंगे और पहले तथ्य की चर्चा बाद के अध्यायों में करेंगे।

जयसिंह और बदनसिंह के मध्य निकटस्थ संबंध सन् 1743 में इस राजपूत शासक की मृत्यु तक बने रहे। ऐसे अनेक कारण थे, जिनको लेकर जाट नेता को राजा के साथ मित्रता बनाए रखने और उसकी कृपा के लिए सतत प्रयत्न करते रहने के लिए मजबूर होना पड़ा। प्रथम, अपने राजनीतिक उत्कर्ष में उसकी भूमिका के लिए वह उसका आभारी था। दूसरे, जयसिंह के साथ उसकी घनिष्ठता उसके खिलाफ मोहकम सिंह के षड्यंत्रों का तोड़ हो सकती थी। तीसरे, जयसिंह साम्राज्य का एक सर्वाधिक प्रभावशाली उच्चपदस्थ व्यक्ति था।[47] अतः उसकी कृपा अधिकाधिक सत्ता और यश की प्राप्ति में उसी तरह सहायक हो सकती थी, जिस तरह सैय्यदों की सहायता ने चूड़ामन द्वितीय के मामले में किया था। चौथे, समकालीन राजनीतिक परिस्थितियों की पेचीदगियों ने भी संभवतः उसे उसी दिशा की ओर प्रेरित किया।

उसके समय की राजनीति में अलगाव न केवल असमयोचित वरन् खतरनाक भी था। इसके साथ ही बदनसिंह जैसा कुशाग्र और महत्त्वाकांक्षी व्यक्ति दंभी बनकर सबसे पृथक् रहने और साथ ही अपनी सत्ता के विस्तार का इरादा रखने का जोखिम

42. *मेम्वोआर दे यात,* 17, 27, 29
43. वही, 18
44. *मेम्वोआर दे यात,* 20-21; *तवारीख-ए-हुनूद,* 20a
45. *मेम्वोआर दे यात,* 17
46. लेखक का 'बदनसिंह के काल में भरतपुर का प्रादेशिक विस्तार' शीर्षक लेख, *उपलब्धि,* 65-66
47. सरकार कृत *फ़ाल,* I, 242

नहीं उठा सकता था, यहाँ तक कि उस समय के सर्वाधिक प्रभुत्वशाली लोग, दरबारी, अमीर-उमरा, मराठा, राजपूत आदि सभी सहयोगी तलाश करते थे। और सबसे अंत में, बदनसिंह जानता था कि हाल ही तक आमेर घराना पड़ोसी जाटों का निर्मम शत्रु रहा था। अतः उसकी कृपा के फलस्वरूप जो भी उसने प्राप्त किया था उसकी भृकुटि तनते ही वह सब खतरे में भी पड़ सकता था। इस तरह अपने उपकारकर्त्ता की सद्भावना को बनाए रखने की आवश्यकता पर जोर देने के लिए यह भी एक कारण था।

उधर जयसिंह के पास भी बदनसिंह के साथ मित्रता बनाए रखने और उसकी सहायता करने के उसके अपने कारण थे। कृतज्ञता ज्ञापन की भावना ने जयसिंह को भी द्रवित कर दिया था। यदि नेतृत्व प्राप्त करने में उसने बदनसिंह की सहायता की थी तो उसने भी थून में मौत के जबड़ों से उसके (राजा के) भी प्राण बचाए थे। इसके अतिरिक्त वह उनके साथ मित्रता बनाए रखता तो राजा जाटों की सहायता पर भी निर्भर रह सकता था। साथ ही उसके आश्रित के जाट मामलों का कर्ता-धर्ता होने से भी आगरा पर अपनी व्यक्तिगत सरदारी की जयसिंह की चिर लालसा भी अप्रत्यक्ष रूप से पूर्ण हो रही थी। इसके साथ ही राजा ने अनुभव किया कि उसके द्वारा जाट सरदार को संरक्षण देते रहने से उसका अपना व्यक्तित्व भी चमकता रहेगा।[48]

इस तरह बदनसिंह की उपयोगिता, साथ ही उसके सदैव कृतज्ञ बने रहने[49] का विश्वास हो जाने के बाद जयसिंह उस पर आमतौर पर अपनी कृपा बरसाता रहा। आगरा की सूबेदारी के दौरान बदनसिंह और सूरजमल सर्वाधिकार संपन्न व्यक्ति बन गए जो अपनी इच्छानुसार काम करने के लिए स्वतंत्र थे। वास्तव में राजा का सहकारी 'डिग्गी का कीरत सिंह' तो खुले तौर पर उनके पक्ष में था। जाटों द्वारा मुगल राज्य क्षेत्रों के अतिक्रमण में जयसिंह की सहमति थी और इस संबंध में जो भी शिकायतें होती थी उनकी वह सुनी-अनुसनी कर दिया करता था।[50] उसने जाट सरदार के लिए फरीदाबाद, आगरा और जयपुर के बीच की सड़कों की राहदारी भी प्राप्त कर ली।[51] अश्वमेध यज्ञ के अवसर पर जयसिंह ने सूरजमल को अपना पुत्र घोषित कर उसे आशीर्वाद दिया।[52]

अपनी ओर से बदनसिंह ने जयपुर राजा के कृपापूर्ण व्यवहारों का विनम्रता

---

48. सरकार कृत *फ़ाल,* II, 428
49. *मेम्वोआर दे यात,* 19-20
50. *मेम्वोआर दे यात,* 19-20; *तारीख-ए-अहमद शाही,* 23a; *सुजान,* 36
51. *तारीख-ए-अहमदशाही,* 23a; *मेम्वोआर दे यात,* 19; *सुजान,* 10, 40 (निहितार्थ)
52. कानूनगो कृत *जाट्स,* 63; पांडेय कृत *भरतपुर,* 34; यू.एन. शर्मा कृत *इतिहास,* 326; जे.एस. गहलौत कृत *राजपूताने का इतिहास* (जोधपुर, 1966), 103; दीक्षित कृत *ब्रजेंद्र वंश भास्कर,* 40-41

और समर्पण से प्रति उत्तर दिया। मुगल दरबार में तो वह एक बार भी नहीं गया, किंतु उसकी उम्र ने जब तक उसका साथ दिया, जयसिंह ने प्रति आभार व्यक्त करने के लिए वह प्रतिवर्ष जयपुर जाता रहा।[53] यदि *इकबालनामा* पर विश्वास किया जाए तो उसने राजपूत-नरेश की सलाह लिए बिना शायद ही कभी कोई कदम उठाया होगा।[54] जयसिंह की इस उदारता का बदला वीर जाट योद्धाओं ने जयसिंह और उसके उत्तराधिकारियों के आह्वान पर अपना खून बहाकर चुकाया। एकाधिक बार उन्होंने जयपुर शासकों के हरावल दस्तों के रूप में वीरतापूर्वक युद्ध कर उन्हें अवसादपूर्ण स्थितियों से बचाया। सूदन के इस कथन में रंचमात्र भी अतिशयोक्ति नहीं है, जब गंगवाना की लड़ाई में सूरजमल के शौर्य प्रदर्शन को दृष्टिगत रखते हुए वह कहता है कि जाट ने अपने हाथ में तलवार उठाकर 'कुरम (जयसिंह) की रक्षा की।'[55] इस युद्ध के अतिरिक्त जाटों ने 1740 में जोधपुर के विरुद्ध, 1744 में कोटा के विरुद्ध, 1748 में माधोसिंह के विरुद्ध जयपुर नरेशो के पक्ष में युद्ध किया।[56]

फिर भी, दोनों के मध्य मैत्री पर आवश्यकता से अधिक बल नहीं दिया जाना चाहिए। उसके तल में पारस्परिक संदेह और ईर्ष्या की भावना भी छिपी थी। सामाजिक-राजनीतिक विवादों[57] के वर्षों पुराने इतिहास के साथ दो अत्यंत निकट पड़ोसी अपनी मित्रता की घोषणाओं के प्रति सचमुच ईमानदार नहीं हो सकते थे। खासकर तब जब आगरा प्रांत पर अधिकार की उनकी अपनी-अपनी महत्त्वाकांक्षाएँ एक-दूसरे से टकरा रही थीं। उस समय व्याप्त इस संदेह पर विश्वास का आधार है कि यद्यपि जयसिंह ने बदनसिंह को खुलेआम अपनी फौजें नहीं दीं, तथापि उसने गुप्त रूप से उसे मुगल सत्ता को कमजोर करने के लिए 'नियुक्त' किया, ताकि वहाँ उसका वर्चस्व स्थापित हो सके।[58] कथितार्थ से इसका यह आशय है कि एक स्वतंत्र और शक्तिशाली जाट राज्य के उद्भव में वह चुप बैठनेवाला आखिरी

---

53. इस उद्देश्य के लिए उसने जयपुर के बाहरी क्षेत्र में एक हवेली, बाग़ तथा अन्य मकानात बनवाए। इस मोहल्ले का नाम 'बदनपुरा' रखा गया। *मेम्वोआर दे यात,* 27; प्रतिकूल टिप्पणी के लिए देखें, पांडेय कृत *भरतपुर,* 33
54. *इक़बाल,* 157
55. *सुजान,* 6
56. इसका संबंध जयपुर के आंतरिक मामलों से था तथा मुग़ल साम्राज्य के ऐश्वर्य से इसका कोई प्रत्यक्ष संबंध नहीं था। हमने उसके विवरण यहाँ नहीं दिए हैं क्योंकि हमारे विषय से इसका कोई लेना-देना नहीं है। इसके विवरण डॉक्टर राम पांडेय कृत *भरतपुर* में मिल जाएँगे।
57. सरकार कृत *फ़ाल,* II, 423; कानूनगो कृत *जाट्स,* 62, भी देखें।
58. *मेम्वोआर दे यात,* 19

व्यक्ति हो सकता था। यहाँ यह उल्लेखनीय है कि जयसिंह ने पहरताल अथवा बयाना की पहाड़ी पर बदनसिंह को प्रस्तावित किला बनाने से रोक दिया था, ताकि कहीं इसकी महत्त्वपूर्ण सामरिक स्थिति उसके स्वामी के मन में आमेर से स्वतंत्र होने का लालच न भर दे।[59] जयसिंह ने अपने लक्ष्यों के अनुरूप जाट-नीति को टालने में भी अपने प्रभाव का उपयोग किया जो बहुधा जाट हितों के लिए हानिकारक था। जाट क्षेत्र में (1763) बाजीराव के कूच के दौरान उसके रुख को उदाहरण रूप रखा जा सकता है।[60]

अतः अंतिम विश्लेषण में जयसिंह जाटों की सहायता करने की बजाय अपने छिपे उद्देश्यों की पूर्ति का प्रयास कर रहा था। और इस दौरान वह बदनसिंह से उसके प्रति दास-जैसे समर्पण के प्रदर्शन की अपेक्षा कर रहा रहा था।[61] यह प्रबल महत्त्वाकांक्षाओं के उफान का समय था। उसका कम-से-कम अपनी गृहभूमि पर निजी आधिपत्य के लालच को छोड़ देना एक चमत्कार ही होता। अतः स्थिति यह थी कि बदनसिंह की अपने स्वयं के एक स्वतंत्र राज्य की कामना और दूसरी ओर, जयसिंह के छिपे उद्‌देश्यों से, जहाँ तक उनका पड़ोसी क्षेत्रों से संबंध था, उसे कष्ट पहुँचना ही था। जयपुर के क्षेत्रों में छापा मारनेवाले मेव विद्रोहियों के साथ उसकी समझ-बूझ की जड़ में संभवतः उपरोक्त कारणों के साथ-साथ उसका अपना विस्तारवादी उद्‌देश्य ही था। फलतः जयसिंह को जाट-प्रमुख को सिनिसनी, थून और नगर की जमीनें, जिनकी 18 लाख रुपए वार्षिक आय थी, देने के लिए विवश होना पड़ा।[62]

इस परिप्रेक्ष्य में देखने पर प्रतीत होता है कि जयसिंह और बदनसिंह के क्रियाकलाप जैसे जयसिंह द्वारा सूरजमल को आशीर्वाद देना और बदनसिंह का जयपुर दरबार में हाजिरी बजाना, एक चतुराई-भरे खेल का हिस्सा थे जिनका उद्देश्य अपने आंतरिक उद्‌देश्यों को छिपाना था। एक ओर वे दोनों परस्पर-विरोधी महत्त्वकांक्षाएँ पाले हुए थे, तथापि वे एक-दूसरे के प्रति सौहार्द प्रदर्शन में लगे थे, यह सब देखकर यह आश्चर्य होता है, कहीं वे एक-दूसरे को पछाड़ने में तो नहीं लगे हुए थे। तत्कालीन परिस्थितियों में यह स्पष्ट था कि पारस्परिक उपयोगिता, साथ ही कृतज्ञता के भारी पड़ रहे विचारों ने ही इन दोनों को साथ रखा।

तथापि, क्षेत्र-विस्तार में बदनसिंह को जिस तथ्य ने सर्वाधिक सहायता पहुचाई, वह उसके ज्येष्ठ (जीवित) पुत्र और मनोनीत उत्तराधिकारी सूरजमल का अमूल्य

---

59. पांडेय कृत *भरतपुर*, 34-35; यू.एन. शर्मा कृत *इतिहास*, 326
60. आगे देखें, 136 एफ़
61. *मेम्वोआर दे यात*, 19-20
62. *इमाद*, 84; पांडेय द्वारा *भरतपुर* 33 में उद्धृत *तारीख़-ए-ख़ानजादाज* ; *तारीख-ए-भरतपुर*, 4b; कानूनगो कृत *जाट्स*, 61; यू.एन. शर्मा कृत *इतिहास*, 323

योगदान था। सन् 1707 के प्रारम्भ में[63] कामा की उसकी जाट रानी देवकी[64] से जन्मे, सूरजमल ने अपनी युवावस्था की शुरुआत में ही 'कुछ तौर-तरीकों तथा व्यवहार के साथ निर्भीकता' के लक्षण प्रदर्शित किए थे।[65] मिलनसार, सौम्य, और सादगीपूर्ण रहन-सहन में वह प्रायः सामान्य वस्त्र पहनता और अपनी मातृभाषा ब्रज बोलता था। वह बुद्धिमान, चतुर और साहसी था।[66] स्पष्टतः उसके दीर्घ कार्य काल के आरंभिक समय के बारे में गुलाम अली खाँ लिखता है, *समझदारी और चतुराई में तथा राजस्व और नागरिक विषयों के प्रबंध में आसफ जाहबहादुर (प्रथम निजाम) को छोड़कर हिंदुस्तान के सरदारों में उसका कोई सानी नहीं था।*[67] वह एक कुशल राजनीतिज्ञ भी था।[68]

दशक 1730 की शुरुआत में ही सूरजमल ने अपने पिता की, जो सहृदय शांतिप्रिय व्यक्ति प्रतीत होता है, सहायता की। शीघ्र ही उसका छोटा भाई प्रतापसिंह भी सहायक हो गया।[69] जैसे-जैसे बदनसिंह की उम्र बढ़ती गई और उसकी दृष्टि क्षीण होती गई,[70] राजकाज में सूरजमल की भागीदारी बढ़ती गई। धीरे-धीरे एक ऐसी स्थिति आ गई जब बूढ़े होते सरदार ने कामकाज चलाना शारीरिक तौर पर असंभव समझा। अतः उसने स्वेच्छा से अपने राज्य का कारोबार अपने प्रिय और योग्य पुत्र और स्पष्ट उत्तराधिकारी (सूरजमल) को शासनपाल[71] (गवर्नर) के तौर

---

63. इसका अनुमान मार्च 1757 में सूरजमल द्वारा अहमदशाह अब्दाली को लिखे गए पत्र से लगाया जा सकता है जिसमें उसने लिखा था कि वह मार्च, 1757 तक अपने (जीवन के) पचास पड़ाव पहले ही पूरे करा चुका है, देखें, दसवां अध्याय, पृ. 217
64. *तवारीख-ए-हुनूद* 20a; सूरजमल वस्तुतः, बदनसिंह का ही पुत्र था। इस बारे में विस्तारपूर्वक विचार के लिए देखें, परिशिष्ट 2
65. *मेम्वोआर* दे *यात,* 28
66. *इमाद,* 84; *तारीख-ए-भरतपुर,* 4b भी देखें; *मेम्वोआर* दे *यात,* 63; इलियट, VIII, 362, में *मजमा-उल-अख़बार* ।
67. *इमाद,* 84
68. *तारीख-ए-भरतपुर,* 4b
69. *मेम्वोआर* दे *यात,* 28 और 27 भी।
70. वही, 21; इलियट VIII, 362, में *मजमा-उल-अख़बार* ; तुलना करें *तवारीख-ए-हुनूद,* 20a
71. *मेम्वोआर* दे *यात,* 27 और 29; 'तवारीख-ए-हुनूद', 202; 'दीर्घ', 4-6; इलियट, VIII, 362, में मजमा-उल-अखबार'। किस भी प्रकार के समर्थन के अभाव में राम पांडेय का यह दावा (*भरतपुर,* भूमिका, III) कि सूरजमल द्वारा बदनसिंह के विरोधी दल का नेतृत्व किया जा रहा था मात्र लेखक की कल्पना प्रतीत होती है। इसके विपरीत *सुजान चरित्र* (5) में अपने पिता के प्रति स्नेहपूर्ण भक्ति का चित्रण किया गया है। इसके बावजूद, बाद में भी इस स्थिति में होते हुए भी उसने अपने विकलांग पिता

पर सौंपा, और स्वयं उसने शांत जीवन बिताने का निर्णय किया, केवल राजनीतिक जरूरतों के समय ही उसके इस सेवानिवृत्त काल में विघ्न डाला जा सकता था।[72] सूरजमल 1750 के आसपास शासनपाल (रीजेंट) बना।[73] पहले से अधिक बदनसिंह को मात्र राज करना था, जबकि सूरजमल वास्तविक शासक बन गया।

एक समर्पित पुत्र और एक शक्तिशाली राजा (जयसिंह) के अपने पक्ष में होने के साथ बदनसिंह ने तत्काल राज्य-विस्तार का काम शुरू कर दिया। स्पष्टता के लिहाज से हम परवर्ती जाट विस्तार की मुख्य घटनाओं की सूची देंगे, यद्यपि आगामी अध्यायों में भी कूटनीतिक इतिहास के साथ वे गुँथी हुई हैं। जैसाकि पहले इंगित किया गया है। अपने स्थानीय असंतोष एवं भौगोलिक निकटता के कारण मेवात ने बदनसिंह का ध्यान आकर्षित किया। इसने एक-एक कर यहाँ अपने पैर जमाए जिससे जयपुर नरेश को पीड़ा ही हुई, क्योंकि वह उसकी जमींदारी में ही

को निष्कासित नहीं किया, या उसे उससे अपना पीछा छुड़ाने का प्रयास नहीं किया, यह सिद्ध करता है कि उसका अपने पिता के प्रति पुत्रानुरूप अनुराग था। *मेम्वोआर दे यात*, 63, भी देखें।

72. मराठा आक्रमण, (1754 में) के समय राज्य के परामर्शदाताओं से बदनसिंह का चिंतापूर्ण विचार-विमर्श ध्यान देने योग्य है।

73. किसी भी इतिहासकार ने इसकी ठीक-ठीक तारीख नहीं बताई है। बहरहाल, वैंदेल और फ्रांसू ने कुछ संकेत छोड़े हैं। वैंदेल के इस कथन से कि सूरजमल ने (जिसका दिसंबर, 1763 में निधन हुआ) अपने राष्ट्र के भाग्य का निर्माण 'बीस वर्षों से अधिक समय तक किया' (*मेम्वोआर दे यात*, 63) हम यह निष्कर्ष निकाल सकते हैं कि वह यह तारीख 1740 के आसपास रखना चाहता था। जहाँ तक फ्रांसू की बात है वह (20a) कहता है कि बदनसिंह की मृत्यु, '20 वर्षों तक अंधे रहने के पश्चात्', जून 1756 में हो गई। इस प्रकार वह सूजरमल के शासन काल की शुरुआत 1736 मानता है। आधुनिक इतिहासकारों में से अकेले राम पांडेय (*भरतपुर*, 39) ने इस मुद्दे पर चर्चा की है। वह कहता है कि 1734 तक बदनसिंह की 'बादशाहत' (शासन) समाप्त हो गई। लेकिन इसके पक्ष में उसने किसी स्रोत को उद्धृत नहीं किया है और अपने इस निष्कर्ष पर पहुँचने के लिए न उसने कोई कारण ही बताया, किंतु एक बिल्कुल सामयिक दस्तावेज में एक प्रासंगिक संदर्भ की मात्र चर्चा भर से ये तीनों तर्क धराशायी हो जाते हैं। इसमें (देखें आगे, 137-138) पूर्णतया प्रतिरोध की भावना में बदनसिंह को 1739 में अपनी सेना का स्वयं नेतृत्व करते हुए बताया गया है। इससे यह स्पष्ट हो जाता है कि कम-से-कम 1739 तक उसमें युद्ध का सामना करने की पर्याप्त शक्ति थी। अतः, उसके स्वास्थ्य में गिरावट के लक्षण, जिसके कारण उसने सेवानिवृत्त का जीवन अपनाया, 1739 के बाद ही उभरे होंगे पहले तो नहीं।

प्रसंगवश, हमें *तारीख-ए-अहमद शाही* (43b) से विदित होता है कि 1752 में जब मुग़ल शहंशाह ने उसे 'महेंद्र' की उपाधि से विभूषित किया था तब दरबार

था। अंततः मोहम्मद शाह को 2,40,000 रुपए वार्षिक दर पर जाट सरदार के लिए खोह, नगर और कठूमर (मेवात में) के परगना बनाने पड़े।[74] इसका लाभ उठाते हुए उसने वहाँ अपनी स्थिति और मजबूत कर ली।[75] सन् 1738 में सूरजमल ने मथुरा एवं आगरा जिले के फरह, ओल, अछनेरा और उनके आसपास के पड़ोसी क्षेत्र पर कब्जा कर लिया।[76] फिर 1739 में नादिरशाह का हमला जहाँ मुग़ल साम्राज्य के लिए विनाशकारी सिद्ध हुआ, वहीं अंततः इससे बदनसिंह के क्षेत्र एवं भाग्य में भी अचानक बढ़ोतरी का मार्ग प्रशस्त किया। उसने दिल्ली और आगरा दोनों के पड़ोसी क्षेत्र पर नियंत्रण प्राप्त कर लिया। उसने अपने अधिकार क्षेत्र में और वृद्धि की, जहाँ उसने नए किले बनवाने शुरू किए।[77]

एक बार जब उसने आगरा और मेवात के ग्रामीण क्षेत्रों में सुरक्षित पैर जमा लिए तो यमुना के पार पूर्व में उसका विस्तार कार्य स्वाभाविक हो गया। उसके अधिकार क्षेत्रों के समीपवर्ती महलों में जाट ही प्रमुख रूप से बसते थे और औरंगज़ेब के जमाने से ही उन्होंने आगरा और मथुरा के अपने भाइयों से हाथ मिला रखे थे। उन क्षेत्रों के जाटों ने तत्कालीन व्याप्त परिस्थितियों का फायदा उठाने में कोई

में बदनसिंह स्वयं उपस्थित नहीं था। उसके लिए तो यह बहुत बड़ा दिन था जिस पर उसे वहाँ उपस्थित होना ही चाहिए था। यहाँ तक कि विश्वासघात और कृतघ्नता का डर, जिसके कारण वह अब तक दरबार में नहीं गया था (देखें *मेम्वोआर दे यात,* 26; तुलना करें, *सुजान,* 55), सूरजमल के मित्र, सफदरजंग, के रहते अब वह भी नहीं था; वस्तुतः सफदरजंग ने जाट सरदार के लिए परिस्थिति अनुकूल बनाई थी। इसके बावजूद इस अद्वितीय अवसर पर बदनसिंह अनुपस्थित रहा। इस तथ्य का यहाँ महत्त्व है। इसका एक सम्भावित निष्कर्ष यह हो सकता है कि वृद्धावस्था और क्षयशीलता (*मेम्वोआर दे यात,* 21) ने अब तक उसे शिथिल कर दिया था जिससे मजबूर होकर वह दरबार में नहीं गया था।

इन तथ्यों को दृष्टिगत रखते हुए वर्ष 1750 के आसपास का समय ऐसा प्रतीत होता है जब उसने अपने पुत्र से राज्य की देखभाल करने के लिए कहा हो। देखें, इलियट, VIII, 362, में *मजमा-उल-अख़बार* ।

74. *सुजान,* 6, 40 (निहितार्थ से) : *ऐशुब,* II, 316; यू.एन. शर्मा द्वारा उद्धृत, *इतिहास,* 323; सरकार कृत *फ़ाल,* II, 434
75. देखें, *सुजान,* 40; एस.पी.डी, XXI, 34; *तारीख-ए-अहमद शाही,* 21b; *सियर,* III, 312, मेवात को जाट शासक के अधीन धीरे-धीरे लाया गया था। जैसाकि देखा गया, जवाहरसिंह ने इसे अपने अधीन 1763 में करना प्रारंभ किया था, इसके पूर्व नहीं।
76. *आगरा गज़ेटियर,* 161; *मथुरा गज़ेटियर,* 198-199; इसके अतिरिक्त लेखक का 'बदनसिंह के काल में भरतपुर का प्रादेशिक विस्तार' शीर्षक लेख भी देखें, *उपलब्धि,* 67
77. *मेम्वोआर दे यात,* 27, 29; *शाह,* 2, भी देखें; *इक़बाल,* 210

सुस्ती नहीं की। इस तरह हमें पता चलता है कि महाबन के स्थानीय मुखिया ने वनतार शाह (P) का नाम धारण कर 5,000 घुड़सवारों की फौज गठित कर इलाकों को तहस-नहस करना शुरू कर दिया। उसके शासन के 22वें वर्ष (1741-42) में उपरोक्त जाट और उसके आदमियों ने फीरोजाबाद के फ़ौजदार हाकिम काज़िम की सारी संपत्ति लूटते हुए उसकी हत्या कर दी।[78] लगभग इसी समय सूरजमल ने मेंडू के किले पर कब्जा कर लिया। इसके फलस्वरूप उसे निचले मध्य दोआब में विस्तार के लिए पर्याप्त रास्ता मिल गया। *सुजान चरित्र* से यह तार्किक अर्थ निकाला जा सकता है कि अगहन, संवत 1802 (28 अक्तूबर से 27 नवंबर, 1745) तक जाट अर्वाचीन अलीगढ़ और बुलंदशहर जिलों के हिस्सों में घुस चुके थे।[79]

मोहम्मद शाह के शासनकाल में सूरजमल ने बल्लभगढ़ के अपने निकट संबंधी बलराम जाट (जो तेवतिया गोत्र का था) को अपना संरक्षण प्रदान किया। हमें यहाँ ज्ञात होता है कि उसके पिता चरणदास (चौधरी गोपाल सिंह के पुत्र) ने लगान की अदायगी रोक ली और मुगल अधिकारी मुर्तजा खाँ (फरीदाबाद में) को चुनौती दी। मुर्तजा खाँ ने उसे गिरफ्तार कर लिया। पर बलराम ने खाँ को चकमा देकर अपने पिता को रिहा करवा लिया। इसके बाद दोनों सूरजमल के पास गए और उसका तथा साथ ही स्थानीय समर्थन प्राप्त करके उस अधिकारी की हत्या कर दी।[80] थोड़े ही समय में चौधरी बलराम ने एक तालुका बना डाला और वहाँ मिट्टी का एक किला बनाया और उसे नाम दिया बल्लभगढ़। अपनी सफलता से प्रोत्साहित होकर और भरतपुर का शक्तिशाली समर्थन पाकर उसने पलवल और फरीदाबाद पर (जो निजाम की जागीर में थे) अधिकार कर लिया। समय के साथ वह समृद्धिशाली और पर्याप्त ताकतवर भी हो गया और 'राय' की उपाधि धारण कर उसने हथियाए हुए क्षेत्र पर शासन करना शुरू कर दिया।[81]

इस प्रकार मोहम्मद शाह की अकर्मण्यता और भीरुता का लाभ उठाते हुए बदनसिंह ने अपने अधिकृत क्षेत्र और अधिकार शक्ति में बहुत अधिक वृद्धि कर ली। उसके शासक के अंत तक आगरा सूबे का अधिकांश भाग और दिल्ली से फरीदाबाद तक का कुछ हिस्सा उसके या उसके कबीले के लोगों के नियंत्रण में आ गया था।[82] वह इतना शक्तिशाली हो गया कि हिंदुस्तान में सबसे अच्छे

---

78. *रुस्तम,* 579
79. *सुजान,* 60 और 91
80. *दिल्ली गज़ेटियर,* 213; *तारीख-ए-अहमद शाही* भी, 23a; इलियट, VIII, 212, में चहर *गुलज़ार शुजाई* ।
81. *तारीख-ए-अहमद शाही,* 22b, 23a और 39a; *इलियट,* VIII,212 में चहर गुलज़ार शुजाई
82. *तारीख़-ए-अहमद शाही,* 22b, 23a और 90a; *मेम्वोआर* दे *यात,* 34

लोगों में उसकी गणना होने लगी और उसे किसी भी हमले का प्रतिरोध करने की अपनी क्षमता पर भी विश्वास हो गया।[83] अपने द्वारा संचित धन-दौलत के मामले में वह बड़े-से-बड़े राजा से होड़ ले सकता था।[84] इस तरह केवल नाम को छोड़कर जाट राज्य का उसका चिर-पोषित स्वप्न साकार हो गया था।[85]

फिर भी, 'जाटों के भाग्योदय का प्रारंभ' अभी केवल 'आधा ही' हुआ था। अहमद शाह के आगे आनेवाले और अधिक संकटापन्न शासन में वह पूर्ण रूप से से उदित हुआ।[86] उसके शासन के प्रारंभिक काल में सूरजमल की सहायता पर निर्भर हो बलराम जाट ने पुनः अराजकता उत्पन्न करना शुरू कर दिया था और उसने फरीदाबाद के आसपास के और अधिक गाँवों पर कब्जा करने का विचार किया। अतएव नए वज़ीर सफदरजंग ने विद्रोहियों को स्वयं दंड देने का संकल्प किया।[87] तथापि, उसकी दंडात्मक कार्रवाई वस्तुतः उसके अपने शत्रु सूरजमल की मित्रता को परिश्रमपूर्वक प्राप्त करने में ही समाप्त हो गई। शाही वजीर से सूरजमल के गठबंधन ने उसकी छवि और प्रतिष्ठा में तो वृद्धि की ही, साथ ही राजा के रूप में (अक्तूबर, 1752) बदनसिंह की शाही मान्यता को भी सुनिश्चित कर दिया। उसे जागीरों के लिए राजकीय एकाधिकार पत्र दिए जाने के जो आदेश पहले दिए गए थे, उनके मामले को भी निपटाने में सहायता मिली।[88]

बलराम ने सन् 1752 में स्थानीय फौजदार फकीर अली को खदेड़कर सिकंदराबाद और दनकौर में शाही अधिकार को समाप्त कर दिया।[89] अप्रैल 1753 में उसके संरक्षक सूरजमल ने और अधिक महान कार्य संपन्न किया। अलीगढ़ में बहादुर सिंह बड़गूजर को उसकी फौजदारी से खदेड़कर सूरजमल ने घासेरा को

---

83. *मेम्वोआर दे यात,* 33, 27 और 29
84. *तारीख-ए-अहमद शाही,* 23a; *मेम्वोआर दे यात,* 33
85. काज़ी मुर्तज़ा हुसैन कृत *हदीक़त-उल-अक़ालिम* (लिथ. लखनऊ), 171
86. *मेम्वोआर दे यात,* 31 और 33
87. *तारीख़-ए-अहमद शाही,* 22b; इलियट, VIII, 212 में चहर *गुलज़ार शुजाई;* तथापि *मेम्वोआर दे यात,* 33, में बताया गया है कि सूरजमल ने बहुत दिलेरी से दिल्ली के सामने 'कुछ गाँवों और जमीन पर' कब्जा कर लिया।
88. *तारीख-ए-अहमद शाही,* 25b, 43b, 45a, 52a, 52b; *सुजान,* 54, 56-57, 60-62, 92, 98, 146, 147; *एस.पी.डी.,* II, 15; XXI, 44, 50 भी देखें; *मेम्वोआर दे यात,* 33, 34, 38, *तवारीख-ए-हुनूद* 21b-22a; तुलना करें *तारीख़-ए-आलमगीर सानी,* 108
89. *तारीख़-ए-अहमद शाही,* 39a-40a; *शाकिर,* 71 भी।
90. *सुजान,* 97 एफ़ एफ़; *तारीख-ए-अहमद शाही,* 47a, 52a, 52b, 106b लेखक का 'घसीरा के युद्ध का ऐतिहासिक पर्यालोचन' शीर्षक लेख भी देखें। *नागरी प्रचारिणी पत्रिका* (अभिनंदन ग्रंथ, संवत् 2024), 504 एफ़एफ़।

उसके संरक्षण से छीनकर उसे अमर सिंह के अधीन कर दिया।[90] इसके शीघ्र बाद उसके ज्येष्ठ पुत्र जवाहरसिंह ने दोआब में यमुना के पार कुछ जमीन पर अधिकार कर लिया।[91]

नव अधिकृत क्षेत्रों में जाट-नियंत्रण समकालीन राजनीति के उतार-चढ़ावों के अनुपात में कई उलट-फेर से होकर गुजरा। यद्यपि वह पूरी तरह खत्म तो नहीं हुआ तथापि भीतर और बाहर दोनों के भारी सैन्य दबाव के कारण सुदूर उत्तर और पूर्व में उनका यह एकाधिकार एक से अधिक बार कमजोर जरूर पड़ा। किंतु एक बार जब इसका पराभव हुआ तो जाट शासक ने प्रभावित क्षेत्र में अपने अधिकार को पुनः स्थापित कर लेने में सफलता प्राप्त कर ली। इस तरह 1753-1754 में इमाद-उल-मुल्क और उसके मराठा साथियों ने एक ओर, मथुरा से लेकर राजधानी के आसपास तक और दूसरी ओर, शिकोहाबाद तक के क्षेत्र में जाट-शासक को अधिकारच्युत कर दिया।[92] पर उनके जाते ही सूरजमल ने अपनी बाहरी चौकियों पर अधिकार कर लिया और कुछ नए क्षेत्र भी शामिल कर लिए।[93] इसके बाद 27 सितंबर 1754 (नौवीं-ज़िल हिज्जा) को उसने होडल में दिवंगत बलराम जाट के पुत्रों (किशन सिंह और बिशन सिंह)[94] के आधीन एक टुकड़ी पलवल पर अधिकार के लिए भेजी (जो इमाद की जागीर में पड़ता था)। अचानक हमला करके जाटों ने उस पर अधिकार कर लिया और स्थानीय कानूनगो संतोख राम को उसके द्वारा बलराम जाट की हत्या करने के लिए अक़ीबत महमूद खाँ को भड़काने के दंडस्वरूप मार डाला। उन्होंने स्थानीय काज़ी को भी पकड़ लिया। इमाद ने उस समय दिल्ली में मौजूद रघुनाथ राव की सहायता से अपने महलों को खाली कराने की असफल कोशिश भी की। जाटों में बल्लभगढ़ और मेवात के अपने महलों पर पुनः अधिकार कर लिया।[95] नवंबर, 1755 के दूसरे सप्ताह में जवाहरसिंह ने फतेह सिंह (दिवंगत बहादुर सिंह बड़गूजर का पुत्र) पर जिसने इमाद की सहायता से, घसेरा पर पुनः कब्जा कर लिया था यह कहकर हमला किया कि वह जयपुर

---

91. *सुजान,* 193
92. *तारीख-ए-अहमद शाही,* 89-92b, 94a, 94b, 104b-106a, 107a, 109b, 111a; *सुजान,* 203 एफ़एफ़।
93. *तारीख-ए-आलमगीर सानी,* 9; *एस.पी.डी.,* XXVII, 90; *शाह,* 2
94. दरबार के इतिहास में यहाँ (*तारीख़-ए-आलमगीर सानी,* 39) बलराम के पुत्रों के नामों की चर्चा नहीं की गई है। किंतु इस तथ्य से कि सूरजमल ने किशन सिंह और बिशन सिंह को बल्लभगढ़ का दुर्ग कमांडेंट और नाज़िम नियुक्त किया था (*दिल्ली गज़ेटियर,* 213) उससे यह निष्कर्ष निकाला जा सकता है कि संभवतः यही वे थे जिन्होंने उस सेना का नेतृत्व किया था।
95. *तारीख-ए-आलमगीर सानी,* 39-40, 47

के माधोसिंह से मिलने जा रहा है, वह अपने तालुके से (जो मेवात तक फैला था) निकला और फतेह सिंह को बेखबरी में धर दबोचा। अपनी जान बचाने के लिए वह भाग निकला और फर्रुखनगर के सरदार कामग़र खाँ बिलोच के पास जाकर शरण ली। और (इधर) जवाहरसिंह ने घसेरा और गढ़ी हरसारूँ के क्षेत्रों पर पुनः कब्जा कर लिया। अपनी सफलता से और प्रोत्साहित होकर जाटों ने सराय अली वरदी खाँ (दिल्ली में 24 मील दूर) तक हमले आयोजित किए। वजीर (इमाद) और शाहजादा अली गौहर उस समय पालम में डेरा डाले हुए थे। उनके आसन्न हमले की अफवाहों के बावजूद उन्होंने उस क्षेत्र पर बलात कब्जा करनेवालों को खदेड़ने के लिए कुछ नहीं किया।[96] यहाँ यह गौरतलब है कि अगले आठ वर्षों तक जवाहरसिंह मेवात को अधीन करने में व्यस्त रहा, जिसे सूरजमल अपने बेचैन और अति महत्त्वाकांक्षी पुत्र को देने के लिए एक पृथक् राज्य के रूप में विकसित करने की योजना बना रहा था।[97]

इसी बीच सूरजमल यमुना के इस पार सक्रिय था। प्रतीत होता है कि उसने मध्य दोआब के भिन्न-भिन्न क्षेत्रों में अपने आदमी तैनात कर रखे थे। एक मराठी पत्र में उल्लेख है कि घासीराम राजपूत (1754-55 ईस्वी) ने रुहिलों के फैजपुर तालुके पर अतिक्रमण किया था। उसने लगभग बीस गाँवों पर अधिकार किया और किलेबंदी की। आवश्यक गोला-बारूद के अभाव में अंताजी मानकेश्वर ने इन क्षेत्रों को खाली कराने में स्वयं को असमर्थ पाया।[98] इधर दूसरी ओर सूरजमल ने कोल (अलीगढ़), दनकौर, खुरजा आदि के क्षेत्रों पर कब्जा कर लिया और बाद में सिकंदराबाद को जो उस समय मराठों के अधिकार में था, नेस्तानाबूद करने के लिए फौज भेजी। जाटों की चेष्टा मात्र से उन्होंने शहर और किले दोनों को खाली कर दिया, जिस पर जाटों ने अधिकार जमा लिया। इस आसान सफलता के बाद उन्होंने ताल बेगमपुर परगना सहित आसपास के क्षेत्र पर भी अधिकार कर लिया।[99]

डासना-संधि का गहराई से अध्ययन करने पर प्रतीत होता है कि उपरोक्त इलाकों का अधिकांश भाग इन जागीरों का हिस्सा था जिसे (अहमदशाह के शासन काल में) सूरजमल और उसके आदमियों को औपचारिक रूप से दे दिया गया था, पर उन्हें हस्तांतरित नहीं किया गया था। अब उसने हथियारों की ताकत पर अपने दावे के

---

96. वही, 114
97. *लाइफ़ ऑफ नजीब-उद-दौला* (लेखक सैय्यद नूरुद्दीन हसन, सरकार द्वारा अंग्रेजी में अनूदित, *इंडियन हिस्टॉरिकल क्वार्टरली*, 1933 और *इस्लामिक कल्चर*, 1933, 60b; *मेम्वोआर दे यात*, 60, 46
98. *एस.पी.डी.*, XXVII, 93 इस फ़ैज़पुर की पहचान करना कुछ कठिन हो रहा है। मेरठ ज़िले में बाग़पत से 5 मील एक स्थान फ़ैज़पुर निनाना भी हो सकता है।
99. *तारीख-ए-आलमगीर सानी*, 106

लिए दबाव डाला। तथापि, उसकी हाल की गतिविधियों ने दरबार को व्यस्त कर दिया, खासकर वजीर को और उपरोक्त भू-क्षेत्र को दोबारा प्राप्त करने के लिए वजीर, शहंशाह, राजा नागरमल (खलीसा का दीवान) और दामोदर पंडित के मध्य रोजाना विचार-विमर्श होता था। वजीर ने युद्ध का निर्णय किया और नजीब को सूरजमल के खिलाफ लड़ाई के लिए जाने का आदेश दिया। किंतु नागरमल ने इसके बजाय बातचीत से मामला सुलझाने की वकालत की। अतः सुजान सिंह (उसके एजेंट) और मेघराज (नजीब के वकील) ने जाट वकील से समझौता वार्ता शुरू की। पर सूरजमल जिसे, 'अपनी श्रेष्ठ शक्ति पर गर्व था', अपने लाभों को छोड़ने के लिए कतई तैयार नहीं था और उसने हठधर्मिता प्रदर्शित की। उसने केवल 5 लाख रुपए देने का प्रस्ताव किया, पर हाल ही में अपने कब्जे में आए क्षेत्रों को छोड़ने से स्पष्ट इनकार कर दिया। इससे वज़ीर को नाराजगी हुई और उसने दंड देने के लिए एक भारी हमले की योजना बनाई। यद्यपि यह हमला किया नहीं गया, तथापि नजीब को नए आदेश मिले और 17 जून, 1755 को जेटा गूजर और उसके घरेलू सहायक-दस्तों के साथ वह गाज़ी-उद्-दीन नगर की ओर बढ़ गया।

दूसरी ओर सूरजमल जो ग्रामीण इलाकों को दबाने में व्यस्त था युद्ध की मुद्रा में नजीब के खेमे से छह से आठ मील तक बढ़ गया। इधर नागरमल शुरू से ही युद्ध के खिलाफ था और उसने वजीर को सूरजमल से समझौते के लिए मना लिया। इबादुल्ला और मोहम्मद आशिक (जो वजीर के विश्वस्त लोग थे) नजीब के पास गये और उसके तथा जाट राजकुमार के बीच मध्यस्थता की जिसके पश्चात् डासना में संधि (लगभग 10 जुलाई, 1755 के आसपास) हुई। उसके अनुसार सूरजमल ने दोआब में कोल सहित अपने उन तमाम महलों पर अपना अधिकार बनाए रखा जो सिकंदराबाद पर कब्जे के पूर्व उसके अधीन थे। इस अंतिम स्थान का इसे खाली करना था। इन तमाम क्षेत्रों के लिए 26 लाख रुपए निष्कासन किराए के रूप में तय किए। इसमें से जावेद खाँ और जहाँगीर खाँ द्वारा पहले उसे दी गई जागीरों के, जो वास्तव में उसे सौंपी नहीं गई थीं, नगद मुआवजे के रूप में 18 लाख रुपए घटा दिए गए। शेष आठ लाख की राशि में से जाट राजकुमार ने दो लाख रुपए दिए और पचास हजार रुपए प्रति मास की दर से एक वर्ष में बकाया राशि अदा कर देने पर सहमत हो गया। इस संधि के बाद सूरजमल अपनी फौजों को चार से छह मील पीछे ले गया।[100]

सूरजमल जब अपने उत्तर और पूर्व के मामलों में व्यस्त था—तब भी वह अपने कबीले के राजा भीमसिंह जाट[101], गोहद (चकला ग्वालियर) के जमींदार

---

100. *तारीख-ए-आलमगीर सानी,* 105-109; सरकार कृत *फ़ाल,* II, 438-439; *नूर,* 32b
101. मुर्तज़ा हुसैन का बयान है कि भीम सिंह के पूर्वजों में से एक वीर पुरुष था, लेकिन उसके आँख एक ही थी। इसलिए वह 'काना' के नाम से जाना जाता था। वह बीरबल

की सहायता की अति व्यग्र पुकारों का जवाब देना न भूला, इस स्थान पर किला बनाने के बाद राणा ने अपने अधिकार क्षेत्र में वृद्धि की[102] और इस प्रक्रिया में ग्वालियर के शाही किले पर अधिकार कर लिया। इस किले के सेनापति ने दुर्ग पर अंधकार की बाट जोहते मराठों की अपेक्षा उसे (राणा भीमसिंह जाट को) वरीयता दी। वह मराठा महत्त्वाकांक्षा के विपरीत था। अतः उन्होंने गोहद की घेरेबंदी कर डाली (लगभग जून, 1755 में)।[103] अब स्थानीय जाटों ने सहायता के लिए अपने बड़े भाइयों–भरतपुर के जाटों–के द्वार खटखटाने शुरू किए और भीमसिंह ने अपने दूत फतेहसिंह को सूरजमल के पास भेजा। उसने उपकृत किया और फतेह सिंह के साथ पाँच सौ घुड़सवारों और 2000 पैदल सैनिकों की फौज गोहद भेजी। इस सहायता से उत्साहित होकर जाटों ने आरंभ में 15,000 मराठा फौजों को बुरी तरह परास्त कर दिया, किंतु कुमुक आ जाने पर मराठों ने अतत: जाटों को पराजित कर दिया। लड़ाई में जो, लोग मारे गए उनमें 125 जाट घुड़सवार भी थे।[104] यहाँ एक मराठा चिट्ठी में किए गए एक महत्त्वपूर्ण उल्लेख पर गौर करना प्रासंगिक होगा।

के नेतृत्व में लड़ने के लिए काबुल गया था जहाँ वह युद्ध में मारा गया। उसकी सेनाओं को सम्मानित करने के लिए अकबर ने काना के वंशजों को गोहद की ज़मींदारी पुरस्कार स्वरूप दी थी। गोहद के इन सरदारों के नाम के साथ 'राणा' शब्द किस प्रकार जुड़ा इस बारे में मुर्तज़ा हुसैन ने दो कथन दिए हैं। एक कथन के अनुसार 'काना' ने शाही शिकार दल के साथ रहते हुए एक शेर को मार डाला जिस पर शहंशाह प्रसन्न हुए और उन्होंने कहा, "यह राणा है न कि काना"। उसके बाद से वह और उसके उत्तराधिकारी स्वयं को 'राणा' कहने लगे। दूसरा कथन यह है कि गोहद के इस जाट सरदार के पुरखे नौशे खान के थे। अतः अपने उच्च कुल का बखान करने के लिए वे राणा कहने लगे। देखें *हदीक़त,* 164

102. भीम सिंह और उसके उत्तराधिकारियों के प्रयासों के फलस्वरूप जाट शासन के तीन अत्यधिक महत्त्वपूर्ण केंद्रों में से एक के रूप में उभरा था (अन्य दो थे भरतपुर और पटियाला) जब तक वैंदेल ने अपने विवरण लिखे तब स्थिति यही थी। देखें *मेम्वोआर दे यात,* 4, पादटिप्पणी।

103. *हदीक़त,* 164-165

104. *एस.पी.डी.,* II, 45, XXIX, 60, XXVII, 118, 113 में भी; पी.एम. जोशी द्वारा संपादित *एस.पी.डी.,* (बंबई, 1957) I, 175, नई श्रृंखला भी देखें; *हदीक़त,* 165; मुर्तज़ा हुसैन बिलग्रामी ने एक विचित्र और काल्पनिक कहानी का वर्णन किया है कि गोहद की घेराबंदी के समय राणा भीम सिंह की संबंधी एक सुंदर युवती को सूरजमल ने पकड़ लिया और उससे विवाह कर लिया, अतः बाद में वह (सूरजमल) चित्र सिंह (गोहद के एक भावी शासक, जो राणा चित्र सिंह लोकेंद्र बहादुर कहलाता था) द्वारा मार डाला गया। तथापि, सत्यापन, जाँच-पड़ताल, करने पर बाद में उसने इस पूरी कथा को झूठ पाया। *हदीक़त,* 164-165

गोहद के जाटों की चर्चा करते हुए एक स्थल पर लिखा गया है कि वे 'सूरजमल (की सहायता) पर निर्भर रहे, इसे यह सिद्ध करने के लिए प्रारंभिक साक्ष्य के रूप में लिया जा सकता है कि जैसाकि 'बल्लभगढ़ के जाट राय के मामले में हुआ, सूरजमल ने गोहद के जाट राणा के प्रति भी अपने संरक्षणात्मक व्यवहार का प्रदर्शन किया।[105] इससे पता चलता है कि क्यों कृतज्ञ राणा[106] और राय भी अकसर भरतपुर के झंडे तले स्वयं अभियान में शामिल होते थे।

बल्लभगढ़ और गोहद के उदाहरणों में पता चलता है कि सूरजमल ने अन्य लोगों के साथ बझोड़, कजरौरा, और करौली के जाट सरदारों के प्रति भी इसी तरह का व्यवहार प्रदर्शित किया।[107] यह महत्त्वपूर्ण है क्योंकि सूदन ने भी इस मामले में सरसरी तौर पर एक संकेत दिया है।[108]

---

105. *एस.पी.डी.*, II, 45
106. *एस.पी.डी.*, XXI, 26; विलियम इर्विन का लेख द *बंगश नवाब्स ऑफ फ़र्रूखाबाद* (जनरल ऑफ एशियाटिक सोसाइटी ऑफ बंगाल, 1879), 97
107. बझौर और कजरौरा दो जाट जागीरदारियाँ थीं। मुर्तज़ा हुसैन जब इन स्थानों की यात्रा पर गया था तब हिंदूपत जाट और भरत सिंह जाट क्रमशः इनके सरदार थे। जहाँ तक करौली का संबंध है, विलग्रामी के दौरे के समय इस पुराने राजपूत राज्य का कुछ भाग जाटों के अधीन था और कुछ पर मराठों का कब्जा था। *हदीक़त* 165 और 169
108. *सुजान* (213-214) से यह प्रतीत होता है कि (1753-54 में) मराठा आक्रमण के समय बदनसिंह का राज्य क्षेत्र उत्तर में रामगढ़ (अलीगढ़) से दक्षिण में कल्याणपुरी (करौली का पुराना नाम) तक, पश्चिम में हरियाणा से पूर्व में इटावा (संभवतः यह एटा रहा होगा, गलती से इटावा लिखा गया है) और आगे गोपचा (ग्वालियर या उस क्षेत्र के इसी नाम के एक पर्वत) तक, और दक्षिण-पश्चिम में निमरन (पटौदी से 33 मील दक्षिण-पश्चिम) से उत्तर-पूर्व में शाहपाऊ (मथुरा से 31 मील पूर्व में) तक, और उत्तर-पश्चिम में गढ़मुक्तेश्वर तक फैला था। यहाँ यह देखना होगा कि अलंकारिकता की अभिव्यक्ति ने इस संदर्भ की स्पष्टता को धूमिल कर दिया है। इसके अतिरिक्त, भौगोलिक स्थानों का वर्णन भी ठीक-ठीक नहीं है। वस्तुतः, इनसे वास्तविक दिशा के बजाय दक्षिण भाग की ओर चलता प्रतीत होता है। इसी तरह, यह विश्वास करना भी कठिन है कि ग्वालियर, और करौली जैसे दूरस्थ क्षेत्र जाट राज्य के अधीन थे। फिर भी, एक ऐसे व्यक्ति की लेखनी से यह विवरण आया है जिसका ज्ञान जाटों के बारे में बहुत गहरा था तो जो कुछ भी सूदन में कहा गया है उसे यों ही नहीं छोड़ा जा सकता। हाँ, यह निष्कर्ष तो निकालना उचित होगा कि बदनसिंह के कृपालु और संश्रयात्मक रुख के कारण अन्य क्षेत्रों के जाटों पर भी उसका प्रभाव रहता था, जिससे अपने उत्साह के कारण सूदन ने उन क्षेत्रों को भी भरतपुर राज्य में शामिल कर लिया हो। इसमें कोई आश्चर्य नहीं कि उन कोलाहलपूर्ण दिनों में जाट अपने संरक्षण के लिए भरतपुर के राजा की ओर निहारते रहे हों, क्योंकि उनके कबीले का वही सबसे शक्तिशाली व्यक्ति था।

मध्य दोआब और मेवात का जहाँ तक प्रश्न है, दुर्भाग्य से इन क्षेत्रों में सूरजमल की गतिविधियों के संबंध में हमें क्रमबद्ध पूर्ण विवरण नहीं प्राप्त हुआ है। तथापि यत्र-तत्र जो थोड़े बहुत उल्लेख हैं, उनसे यह अर्थ निकाला जा सकता है कि जलेसर और शिकोहाबाद के हिस्से को पुनः प्राप्त करने के साथ वह स्वयं दिल्ली की ओर अग्रसर होता रहा।[109] और अन्य स्थलों की अपनी पुरानी स्थिति में भी उसने सुधार किया।[110]

उन दिनों उसकी जो सबसे मूल्यवान उपलब्धि रही–वह थी मेवात में अलवर दुर्ग पर अधिकार। उसके संरक्षक को पचास हजार रुपयों की रिश्वत देकर और पाँच सौ आदमी भेजकर जयपुर के माधोसिंह ने अवलर पर अधिकार कर लिया था। जब सूरजमल को इसका पता चला तो उसने रूपराम कटारी के अधीन 5000 सैनिकों की शक्तिशाली फौज भेजी और दुर्ग की घेरेबंदी शुरू कर दी गई। शीघ्र ही जवाहर सिंह भी उससे जा मिला। बाद में हुए युद्ध में जाटों ने आसानी से जीत हासिल कर ली और इस तरह राजपूतों से किला छीन लिया (लगभग 23 मार्च, 1956 के आसपास)। जयपुर शासक यद्यपि इस पराजय पर कुढ़कर रह गया तथापि उसने स्वयं पर नियंत्रण रखा क्योंकि जाटों को खदेड़ बाहर करने में उसने को स्वयं कमजोर पाया।[111] इससे पता चलता है कि सूरजमल ने राजपूत दखलदारों को हराकर अलवर का अधिग्रहण किया न कि उसके "संरक्षक के साथ समझौता करके।"[112]

यदि हम जाटों के विस्तार का सूक्ष्मता से अध्ययन करें तो तीन मुख्य घटनाएँ सामने आती हैं। प्रथम, बदनसिंह और सूरजमल ने जातिगत जाट क्षेत्रों पर अपनी नजरें गड़ाएँ रखीं। हमें यह धारणा इस तथ्य से प्राप्त होती है कि जब उन्होंने अलीगढ़ और बुलंदशहर जिलों और उनके आसपास के क्षेत्रों पर एक बार कब्जा कर लिया तो बजाय पूर्व में और आगे जाने के वे यमुना के बाईं और उत्तर दिशा में मेरठ की ओर बढ़े। द्वितीय, यद्यपि उन्होंने अपने अधिकार में अधिकाधिक भूमि को लाने का प्रयत्न किया तथापि वे बल्लभगढ़ और गोहद जैसे विनम्र जाट सरदारों की सहायता करने के खिलाफ भी नहीं थे। यह युद्ध और राजनीति में उनके पुष्ट सामान्य ज्ञान को उद्घाटित करता है–क्योंकि यदि वे चाहते भी तब भी समस्त जाट क्षेत्र पर अचानक अधिकार असम्भव था–तो यह एक जाट संघ को स्थापित करने की

109. *शाह,* 2; *एस.पी.डी.,* XXVII, 206 ओर 172
110. *मेम्वोआर* दे *यात,* 43; *तारीख-ए-भरतपुर,* 4b भी देखें।
111. *एस.पी.डी.,* नई शृंखला, 189; *एस.पी.डी.,* XXVII, 128 भी देखें। जाटों द्वारा अलवर पर कब्जा करने के बाद शाह वलीउल्लाह (*शाह,* 2) ने अफसोस जाहिर किया कि मुगलों के किसी भी उच्च पदस्थ व्यक्ति ने इतना साहस नहीं दिखा था कि सूरजमल के आदमियों को अलवर हथियाने से रोक लेते।
112. सरकार कृत *फ़ाल,* II, 438

दिशा में उनके प्रयत्नों का भी प्रतीक है।[113] अंत में अपनी बिरादरी, या कबीले के व्यक्तिवादी स्वभाव के प्रति तमाम आदर रखते हुए भी वे अपनी सत्ता के प्रति प्रतिरोध को सहन करने के लिए सामान्यतः तैयार नहीं थे। मोहकम सिंह के राजनैतिक साथियों और बाद में मुरसान के दुर्दांत सरदार[114] (भूरे सिंह) का दमन इस तथ्य की पुष्टि करता है।

बदनसिंह के शासनकाल के अंत में जाट-राज्य

अब यहाँ जाट अधिकृत क्षेत्रों की चर्चा करते हैं। अलवर पर महत्त्वपूर्ण अधिकार के बाद दो माह से कुछ ही अधिक समय बीता था कि बदनसिंह के शासनकाल का अंत हो गया। उस समय उसके अधिकृत क्षेत्र लंबाई में दिल्ली के पड़ोस से लेकर आगरा से आगे तक था, और चौड़ाई में मेवात से पुश्तैनी भरतपुर क्षेत्रों से लेकर मेरठ, एटा (जलेसर) और मैनपुरी (शिकोहाबाद) जिलों तक फैला था। विस्तृत होने के साथ-साथ उसका राज्य आर्थिक रूप से संपन्न और फौजी दृष्टि से ताकतवर था।[115] पिछले दो तथ्यों से इस बात पर ध्यान गया है कि कैसे 1750 के पूर्व ही वह बड़े-से-बड़े राजा की स्पर्धा कर रहा था। बाद की अवधि में भी उसने अपनी पूर्व की गति बनाए रखी। उसकी मृत्यु के समय उसके अधिकृत क्षेत्र एक करोड़ रुपयों के वार्षिक राजस्व के समतुल्य थे[116] और इस बात में शक की जरा भी गुंजाइश नहीं है कि सूरजमल जैसे प्रशासनिक योग्यता और कुशलतावाले व्यक्ति द्वारा राजकाज देखने के कारण उसने इस राशि से अधिक नहीं तो कम-से-कम उतनी राशि की वसूली तो की ही थी।[117] यह तथ्य कि आशान्वित जनसमुदाय जब कभी भी शरण लेने के लिए जाट राज्य में पहुँचा, उसे वहाँ शांति और सुरक्षा मिली। पूर्व के प्रशासनिक दमन से मुक्ति ने उस काल की आम अराजकता और उत्पातों के मध्य स्थानीय जनता के लिए बेहतर जीवन-परिस्थितियों को जन्म दिया। इसने बिना किसी अवरोध के खेती, जो परिश्रमी जाटों का मुख्य जीवन-साधन है, और साथ ही वाणिज्य-व्यापार के लिए भी मार्ग प्रशस्त किया जिसका एक

---

113. देखें, कानूनगो कृत *जाट्स,* 147
114. *एस.पी.डी.,* XXI, 100; देखें, सरकार कृत *फ़ाल,* II, 445
115. *शाह,* 2; *खज़ाना-ए-अमीरा* (ले. मीर गुलाम अली खाँ बिलग्रामी, लीथो संस्करण), 99; इलियट, VIII, 362, में *मजमा-उल-अख़बार*
116. *शाह,* 2; *सुजान* (207) में बताया गया है कि 1753-54 में बदनसिंह के राजकोष में सात करोड़ नकद थे; *तवारीख-ए-हुनूद,* 22a; जाटों के वैभव के अतिशयोक्तिपूर्ण विवरण के लिए देखें, *दीर्घ,* 6
117. *मजमा-उल-अख़बार* (इलियट, 362 में) का यह कथन ग़लत है कि उसके अधीन क्षेत्रों से 'दो करोड़ से अधिक' प्राप्त होते थे।

चश्मदीद साक्षी के विवरणों से पता लगाया जा सकता है।[118] यह प्रतीत होता है कि सूरजमल का राज्य उस काल के सर्वोत्तम सुशासित रजवाड़ों में से एक था।

जहाँ तक सशस्त्र शक्ति का संबंध है, जाट नरेश के पास एक नियमित सुसज्जित और लड़ाकू सेना थी। उसमें लगलग 30,000 नियमित सैनिक और इससे अधिक अनेक किलों में स्थित दुर्ग सैन्य दल भी थे।[119] उसे आसानी से हिंदुस्तान की सर्वोत्तम श्रेणी में रखा जा सकता है। आगे के अध्याय यह दिग्दर्शित करेंगे कि कैसे अनेक-अवसरों पर उसने तत्कालीन सर्वोत्तम सेनापतियों में से एक के अधीन लड़ते हुए विजय भी हासिल की।

सेना के अतिरिक्त सूरजमल ने पर्याप्त रूप से शक्तिशाली किलों का भी जाल तैयार किया। उसके पिता के और उसके काल में जो प्रमुख किले बनाए गए या जिन की मरम्मत की गई, वे हैं, भरतपुर (1743-1750), डींग, कुम्हेर, वैर, रामगढ़ (उर्फ अलीगढ़), रामघाट (?), खुरजा, किशनगढ़, निमरान, थून (एक अन्य स्थल पर निर्मित) सिनसिनी, सौंख, सोगर, सहर, कामा, नोह आदि।[120] ये किले उसकी शान-शक्ति तो उजागर करते ही थे, साथ ही इसकी प्रतिरक्षा को भी मजबूत बनाते थे। उनकी जबर्दस्त किलेबंदी की गई थी। उनमें भरपूर संग्रह किया गया था। साथ ही भलीभाँति रक्षित भी थे। विशेषकर प्रथम चार तो देशीय प्रतिभा के

118. *सुजान,* 212-213; *दीर्घ* 1 भी देखें।

119. वास्तविक प्रमाण की कमी से ठीक-ठीक संख्या का पता नहीं चल सका है। *मजमा-उल-अख़बार* (इलियट, VIII, 362 में) ने दावा किया है कि इस काल में यह संख्या 1,00,000 थी। इसने बिल्कुल विपरीत एक मराठी पत्र (*एस.पी.डी.,* XXI, 105) ने सरसरी तौर पर यह संख्या 20,000 लिखी है। ये दोनों ही स्वीकार योग्य नहीं हैं। यदि पहली संख्या बहुत बढ़ा-चढ़ाकर लिखी गई है, तो दूसरी बहुत कम है। यहाँ पर एक सुसंगत तथ्य याद रखना उचित होगा। हम यह जानते हैं कि प्रथम बंगश और गृहयुद्धों (*सुजान,* 64, 146) में भाग लेने के लिए निकलते समय अपने साथ 15,000 सैनिक ले गया था। यह सोच लेना अनुचित नहीं होगा कि ऐसा करते समय अपने राज्य की रक्षा के लिए कम-से-कम इतनी फौज तो वह पीछे छोड़कर भी गया होगा। इससे अनुमान लगाया जा सकता है कि उसके पास 30,000 नियमित सैनिक थे, और इनके अतिरिक्त किलों में स्थायी तौर पर तैनात सैनिक अलग से थे। यह संख्या सन् 1756 के संदर्भ में बिल्कुल संभावित प्रतीत होती है, तथा हमें यह भी ध्यान रखना चाहिए कि मात्र सात वर्ष बाद, दुर्ग रक्षक सैनिकों के अतिरिक्त, नियमित फौज की संख्या 40,000 बताई जाती है। देखें, *मेम्वोआर दे यात,* 67

120. *सुजान,* 212-213; *तारीख-ए-अहमद शाही,* 109b; *तारीख-ए-आलमगीर सानी,* 220; *मेम्वोआर दे यात,* 19 और 51; *तवारीख-ए-हुनूद,* 20b, 22b; सोमनाथ में *रस पीयूषनिधि,* 6-7; *नूर,* 32b, 60b; *इमाद,* 84, *सियर,* IV, 27-28; *बलदेव सिंह,* 30, 42; यू.एन. शर्मा द्वारा उद्धृत, *इतिहास,* 327; इस सूची में उनके नाम नहीं हैं जो दूसरों से छीने गए थे।

आश्चर्यजनक सृजन थे। उनके मिट्टी के परकोटे, जिन पर ईंटें और चट्टानें लगाई गई थीं, विस्तार में अविश्वसनीय रूप से अजेय थे, जबकि आसपास खोदी गई खाई बहुत अधिक चौड़ी थी और वह इतनी गहराई तक खोदी गई थी कि धरती के भीतर से पानी फूट निकला था। इसके अलावा 'दो या तीन कोस' पर एक दूसरा परकोटा, जो शायद शहर की दीवार थी, उनके चारों ओर था, जिनके बाद एक कोस की दूरी पर *मरहला* थे। शक्तिशाली गढ़ और ऊपर छोटी-बड़ी तोपों के अतिरिक्त इन किलों में प्रचुर खाद्यान्न, चारा, गोला-बारूद, बान, और सीसा का भी संग्रह था, जो बिना किसी बाहरी सहायता के अनेक वर्षों तक चल सकता था। उनकी दीवारें, विशेषकर कुम्हेर और डीग की, तो वस्तुतः तोपों की कतारों से सजी थीं। इन सबने उक्त किलों को अजेय बना दिया था।[121] समकालीन विद्वानों ने इन जाट किलों की शानदार ताकत की भूरि-भूरि प्रशंसा की है। कुछ को उद्धृत किया जाए तो एक प्रत्यक्षदर्शी कहता है कि जाट किलों में जितनी अधिक सामग्री एकत्र थी, वह भारत के किसी अन्य स्थान में नहीं थी। वह आगे लिखता है कि एशिया में किसी ताकत के पास इतनी क्षमता नहीं थी कि वह आक्रमण द्वारा इन अभेद्य किलों पर अधिकार कर ले।[122] उनके निर्माता सूरजमल ने भी 'सिकंदर के किलो'[123] के साथ गर्व से उनकी तुलना करते हुए इसी बात पर जोर दिया। गुलाम हुसैन की नजरों में एक पृथक् ग्रंथ से कम में तो जाट किलों और उनकी प्रतिरक्षा के साधनों का न्यायपूर्वक विवरण नहीं दिया जा सकता।[124]

बदनसिंह का चरित्र एवं उपलब्धियाँ

ब्रजराज बदनसिंह ने बुधवार, 9 जून, 1756 (ज्येष्ठ सुदी एकादशी संवत 1813) को अपनी अंतिम साँस ली।[125] मृत्यु के समय उसकी अवस्था अवश्य ही 75 वर्ष से अधिक रही होगी।[126] पूरी तरह दृष्टिहीन हो जाने के बाद उसने 'संसार

---

121. *तारीख-ए-आलमगीर सानी,* 215; *मेम्वोआर दे यात,* 27, 39, 40 और 44; *सियर,* IV, 27-28; *सुजान* 222,*तारीख-ए-अहमद शाही,* 109b; इलियट, VIII, 361, *मजमा-उल-अख़्वार* । .
122. *मेम्वोआर दे यात,* 40 पाद-टिप्पणी।
123. आगे देखें, अब्दाली को उसका पत्र, अ. X, पृ. 217टि. 45; *मेम्वोआर दे यात,* 40 पाद-टिप्पणी, 44
124. *सियर,* IV, 28
125. *तवारीख-ए-हुनूद* 20a; *दिल्ली क्रानिकल* का अनुसरण करते हुए के.आर. कानूनगो (*जाट्स,* 64) तथा अन्य अध्येताओं ने यह तारीख 7 जून बताई है। यद्यपि फ्रांसू बाद के इतिहासकार हैं, किंतु इस संबंध में वह 'दिल्ली क्रानिकल' से अधिक विश्वसनीय है, क्योंकि जो तारीख (9 जून) उसने लिखी है वह जाट दरबार के मुंशियों के फ़ारसी रिकार्डों पर आधारित है।
126. हमारे स्रोतों (*सुजान,* 217 और *मेम्वोआर दे यात,* 21) में उसकी वृद्धावस्था की तो

त्याग दिया' और अपने दिन 'ईश-चिंतन' में बिताए। गरीबों और निराश्रितों को दान देने के लिए उसने (डीग परगना स्थित) कसावली ग्राम का राजस्व अपने हाथों में रखा।[127] पूजापाठ के अतिरिक्त उसकी महान राजनीतिक उपलब्धि–जाट राज्य की स्थापना–की सुखदायी स्मृतियों ने उसकी दृष्टिहीनता की व्यथा को संभवतः अवश्य कम कर दिया होगा।

व्यवहार में गरिमामय और मिलनसार बदनसिंह एक मेधावी और चतुर व्यक्ति था, जो जानता था कि उसे जो अवसर प्राप्त हुए है उनका लाभ किस तरह उठाया जाए। उसकी वीरता का बखान करते हुए फ्रांसू हमें बताता है कि *एक सैनिक की कला में वह बेजोड़ था* और *भाला फेंकने (की कला) में उसे कौशल प्राप्त था।*[128] तथापि यह कौशल उसके सैन्य जीवन के प्रति उसकी आम उपेक्षा से मेल नहीं खाता, जैसाकि शासक के रूप में उसके बाद के जीवन से स्पष्ट है। यहाँ तक कि राजकाज भी ज्यादातर उसका बेटा सूरजमल ही चलाता था। बदनसिंह की मुख्य रुचि असैनिक कार्यों–मुख्यतः राजनीति और कूटनीति पर ही केंद्रित थी, जिनमें उसने स्वयं को पर्याप्त निष्णात प्रदर्शित किया।

इतिहास में एक व्यक्ति के रूप में बदनसिंह का महत्त्व परस्पर विरोधी सरदारों के क्षेत्रों का आकस्मिक संगठन कर एक राज्य-निर्माण के उसके प्रयत्नों एवं साथ ही अपने बेहद लोकतांत्रिक कबीले के लोगों को राजतंत्र के अनुरूप बना सकने पर आधारित है। उसके नेतृत्व की शुरुआत के समय तक, निस्संदेह, जाटों ने अपने लिए एक स्थान बना लिया था, किंतु वह स्थिर होने की बजाय अस्थिर अधिक था। उन्होंने संगणीय शक्ति प्राप्त कर ली थी, पर उसमें साहचर्य और उचित दिशा का अभाव था। तत्कालीन गलत बातों को सुधारने और उनके लोगों का सही दिशा में नेतृत्व करने का कार्य बदनसिंह के ही जिम्मे था।

सुविधा और वैभव की उसकी समझ ने बदनसिंह को राजतंत्र की ओर अकर्षित किया था। तथापि, एक यथार्थवादी होने के नाते वह उस दिशा में बढ़ने के ख़तरे की कल्पना कर सकता था। अतः वह सावधानी के साथ उल्लेखनीय धैर्य और कौशल दिखाते हुए आगे बढ़ा। एक ओर तो उसने बाहरी विरोध को निरस्त्र

चर्चा की गई है किंतु उसकी मृत्यु के समय वास्तविक उम्र का कोई जिक्र नहीं है। उसके जन्म भी तारीख भी नहीं बताई गई है। इस बारे में एक ही संकेत स्थायी परम्परा से मिलता है जिससे उसका जन्म 1680 दशक के प्रारम्भ में हुआ माना जाता है (ऊर्ध्व, 23 एफ)। इससे यह समझा जा सकता है कि अपनी मृत्यु से पूर्व बदनसिंह 75 वर्ष की अवस्था से आगे बढ़ चुका होगा। उसका पुत्र सूरजमल इस समय लगभग 50 का था इससे भी स्थायी परंपरा पर विश्वास करने की बात को बल मिलता है।

127. *तवारीख-ए-हुनूद* 20a

128. वही, 14b; अतिशयोक्तिपूर्ण विवरण के लिए देखें *दीर्घ,* 3-4; *रस पीयूषनिधि* और 'माधव विनोद', सोमनाथ में, 3'4, 318

करने का प्रबन्ध किया[129] और दूसरी ओर कपटियों को दबाकर और वफादारों को पुरस्कृत करके अपनी आंतरिक स्थिति को सुदृढ़ करने का प्रयास किया। दोनों प्रकार से वह अपनी महिमा में ऊँचा उठता गया और उस ऊँचाई तक पहुँच गया जिस तक उसका कोई पूर्वज नहीं पहुँच पाया था।

राजा की शक्ति के साथ उसने राजाओं जैसी शान-शौकत भी चाही। इस तरह अपनी छवि को ऊँचा बनाने के लिए उसने अपनी वंश परंपरा को भगवान कृष्ण से जोड़ना चाहा।[130] उसके दरबारी चारणों ने मातृपक्ष से उसका संबंध करौली के राजपूत वंश से जोड़ा।[131] बदनसिंह अपेक्षित शान-शौकत और प्रदर्शन के साथ राजधानी (डीग) में अपना दरबार लगाता था।[132] उसने विशेष उद्देश्य से नियुक्त मुस्लिम अधिकारियों की सहायता से शाही तहजीब का प्रचलन किया। संस्कृति और अभिजात-वर्गीय मुसलमानी प्रशिक्षण के प्रति उसने अपनी अभिरुचि प्रदर्शित की जैसाकि अन्य बातों के अलावा जवाहर सिंह, प्रताप सिंह और बहादुर सिंह की जीवन शैली और शिक्षा से स्पष्ट है।[133]

उसने जो अपना विशाल हरम बनाया था वह भी एक राजसी ठाठ-बाट का हिस्सा था। उसमें 150 स्त्रियाँ[134] थीं जो एक असाधारण संख्या थी। एक अन्य अनुमान के

129. *मेम्वोआर दे यात,* 19, 31
130. *सुजान* 4-5, 211, *दीर्घ,* 3; *रस पीयूषनिधि* और *माधव विनोद* सोमनाथ में, 3, 318; *तवारीख-ए-हुनूद* 13a
131. *मेम्वोआर दे यात,* 28; सूदन ('*सुजान,* 218) ने दरबार में किसी 'भूपत भटवार' की चर्चा की है। वैंदेल का संकेत किसी दरबारी भाट-जागा की ओर हो सकता है। तथापि, फ्रांसू (*तवारीख-ए-हुनूद,* 13a-14a) ने उसका वंशविवरण बयाना के राजपूतों से खोजा है। उसके अनुसार सिनसिनवाड़ा वंश के जाट, जिनसे बदनसिंह और उसके पहले के सरदार, उत्पन्न हुए थे, सोभू ठाकुर तथा देवसानी की संतति हैं। उसने लिखा है कि शताब्दियों पूर्व सुबुक्तगीन (?) के डर से सोभू बयाना से भागकर सिनसिनी आ गया था। उस समय सिनसिनी में कलाल रहते थे। उनसे मैत्रीपूर्ण संबंध स्थापित हो जाने के बाद उसने समस्त कलाल पुरुषों को पीने की दावत दी। जब वे सब नशे में हो गए तो उस ठाकुर ने विश्वासघात करके उन सबको तलवार से मौत के घाट उतार दिया, किंतु शिव की उपासक उनकी एक युवती देवसानी से विवाह कर लिया। इस विवाह से पहली संतान हुई, और इस प्रकार सिनसिनवाड़ा वंश के जाटों का आविर्भाव हुआ। सिनसिनवाड़ियों ने एक सिनसिन कुमार नामक एक देव की उपासना शुरू कर दी जिसका मंदिर सबके लिए पूजा का स्थल बन गया जिसकी स्थापना सिनसिनी में हो गई, देखें, राम पांडेय कृत *भरतपुर,* 28
132. *सुजान,* 217ff; *दीर्घ,* 3 और 6 भी; सोमनाथ, में *माधव विनोद* 318; कानूनगो कृत *जाट्स,* 63
133. *इमाद,* 84; सोमनाथ, 4-5, 6-7, 318-320 में *रस पीयूष निधि* और *माधव विनोद,* कानूनगो कृत *जाट्स,* 63
134. *मेम्वोआर दे यात,* 20, 23

अनुसार तो यह संख्या 400[135] के आसपास बताई जाती है। जैसाकि एक समकालीन ने मत व्यक्त किया है, इसकी देश के किसी अन्य हरम के समकक्ष आसानी से तुलना की जा सकती थी।[136] यदि यह प्रवृत्ति स्त्रियों के प्रति उसकी आसक्ति की ओर संकेत करता है और जो उस समय के मानदंड के अनुरूप था, तो वह महान, गौरवशाली और समृद्ध दिखाई देने की उसकी लालसा की भी पुष्टि करता है।[137] अपनी प्रतिष्ठा की भावना को किसी आघात से बचाने के लिए उसने अपनी बेटियों का भी खून बहा दिया था।[138] बदनसिंह ने कोई शिक्षा पाई थी या नहीं, यह जानने का हमारे पास कोई साधन नहीं है, तथापि बदनसिंह और उसके उत्तराधिकारियों ने विद्वानों और कलाकारों को अपना संरक्षण प्रदान किया। सूदन और सोमनाथ ऐसे दो प्रख्यात व्यक्ति थे। अपने से पूर्व के लोगों की बनिस्बत बदनसिंह ने वास्तुकला में गहरी रुचि ली। यदि इस क्षेत्र में हम सूरजमल के निर्माण कार्यों को अलग भी कर दें तो हम अनेक महलों, सरोवरों, मंदिरों और उद्यानों के साथ उसका नाम जुड़ा पाते हैं–जिन पर उसने काफी धनराशि लगाई थी। डीग का दुर्ग, जिसमें उसके सुंदर जलमहल और उद्यान भी शामिल हैं, के निर्माण का आरंभ उसी ने कराया था। कुम्हेर में उसने अनेक घर, एक रानिवास-प्रासाद और एक किला बनवाया था।[139] कामा और सहर में भी उसने महल बनवाए जो आज जीर्ण-शीर्ण अवस्था में हैं। वैर में एक किले के अतिरिक्त उसने एक विशाल उद्यान भी बनवाया, जिसमें एक सुंदर हवेली थी, जिसे 'सफेद महल' कहा जाता था। उसने बीच में जलाशय भी बनवाए जिसे 'फुलवारी' नाम दिया गया था। उसने वृंदावन में 'धीर समीर' नाम से एक मंदिर भी बनवाया।[140] यह सारे कार्य उसकी कलात्मक रुचि की पुष्टि करने के साथ निस्संदेह उसकी शान-शौकत की महत्ता भी प्रतिपादित करते हैं।

इस तरह अपने कार्यों और व्यवहार द्वारा बदनसिंह ने अपनी उच्चता की प्रतिष्ठा की महत्ता भी प्रतिपादित करने का प्रयत्न किया। राजा की उपाधि प्राप्त करने की उसकी एक दीर्घ लालसा थी।[141] यद्यपि जोधपुर के अजीत सिंह और अभय सिंह उसे अपने पत्रों में 'राजा' से संबोधन करते थे तथापि वह इस शाही

135. *तवारीख़-ए-हुनूद,* 19a में यद्यपि फ्रांसू का दावा है कि ये सभी 400 'रानियाँ उसकी पत्नी थीं, किंतु इस संख्या में रखैले भी शामिल थीं। *मजमा-उल-अख़बार,* इलियट, में 361-362
136. *मेम्वोआर दे यात,* 20
137. वही, 20, 23
138. बदनसिंह ने उन्हें कत्ल कर दिया था इस डर से कि कहीं मुग़ल शहंशाह उन्हें मांग न ले जैसेकि वे राजपूतों की राजकुमारियों के लिए करते थे। देखें, *तवारीख-ए-हुनूद* 19a; *मेम्वोआर दे यात,* 20
139. *तवारीख-ए-हुनूद,* 19a
140. ग्राउज़ कृत *मथुरा,* 139; *डिस्ट्रिक्ट गज़ेटियर,* मथुरा 198; कानूनगो कृत *जाट्स,* 64
141. कानूनगो कृत *जाट्स,* 62

उपाधि की औपचारिक स्वीकृति चाहता रहा। वह तब सनकी प्रतीत होता है, जब 1730 में उसने अपने अधिकारियों (खिज्र खाँ और नूर अली खाँ) के माध्यम से सरबुलंद खाँ से (जो उस समय आगरा में था) अनुरोध किया कि वह ठाकुर की बजाय उसे राजा कहकर संबोधित करे।[142] जयसिंह की ईर्ष्या और कुछ विश्वासघात के भय और कुछ अपनी दृष्टिहीनता के कारण मुग़ल दरबार में हाजरी बजाने की उसकी हिचकिचाहट[143] ने स्पष्टतः उसकी चिर आकांक्षा के पूर्ण होने 1752 तक विलंब किया। अंततः, 1752 में सफदरजंग ने शहंशाह को उसे 'महेंद्र'[144] की उपाधि के साथ राजा बनाने के लिए प्रेरित किया।

इन सब घटनाक्रमों के सम्मिलित परिणामों के कारण बदनसिंह ने अपने कबीले के लोगों का पर्याप्त आदर एवं उन पर अधिकार अर्जित कर लिया। तथापि, यह मान लेना कि जाटों ने 'राजा' की व्यवस्था या संस्था को पूरी तरह से या तत्काल मान लिया तो यह जाट-चरित्र के आधारभूत तत्त्वों की उपेक्षा करना होगा। स्वयं बदनसिंह को इस विषय में कोई भ्रम नहीं था। इससे इस विवेचनीय तथ्य पर प्रकाश पड़ता है कि वह या उसके पुत्रों ने सबकुछ चाहने के बावजूद मुग़ल-शैली जैसे पूर्ण राजतंत्र का सपना कभी नहीं देखा। इसकी बजाय उन्होंने समझदारी के साथ अफगानी शैली जैसी व्यवस्था पर संतोष किया जो उनके लोगों के चरित्र एवं भावनाओं के लिए ज्यादा उपयुक्त थी।

उपसंहार के रूप में यद्यपि सूरजमल का योगदान बदनसिंह के कार्यों के अधिकांश हिस्से से जुड़ा है तथापि जाट राज्य को आकार देने का श्रेय मूल रूप से बदनसिंह को ही मिलना चाहिए। यह उसकी महान उपलब्धि थी।[145] बदनसिंह ने जाट राज्य की रूपरेखा बनाई और सूरजमल उसका प्रथम वास्तविक राजा था।

---

142. अभयसिंह से युद्ध के बाद सरबुलंद खाँ आर्थिक दृष्टि से तंगी में था। बदनसिंह ने उसे एक लाख रुपए देने की पेशकश की, लेकिन खान ने इस पेशकश को विनम्रतापूर्वक अस्वीकार कर दिया और बदनसिंह को भेंटस्वरूप एक घोड़ा तथा एक रत्नजड़ित तलवार भेजी तथा जो पत्र भेजा उसमें उसे ठाकुर नाम से संबोधित किया। जाट सरदार ने 5,000 रुपए के साथ वह पत्र वापस भेज दिया तथा उससे अनुरोध किया कि उसे (बदनसिंह को) राजा कहकर संबोधित किया जाए, जो उपाधि हुसैन अली ने पहले चूड़ामन को देने का वचन दिया था और बाद में 1722 में जयसिंह ने उसे इस उपाधि का वादा कर लिया किंतु निभाया कभी नहीं। इस पर सरबुलंव खाँ ने अपनी सीमाएँ बताईं, किंतु आश्वासन दिया कि यदि शहंशाह का विश्वास उसे फिर प्राप्त हो गया तो इसके लिए वह प्रयास जरूर करेगा। इस तरह उसने पत्र और रुपए बदनसिंह को वापस भेज दिए। *मसीर-उल-उमरा*, III, 801., *खिज्र*, 122; *हदीक़त*, 381; इर्विन द्वारा *लेटर मुग़ल्स*, II, 213-214, में उद्धृत।
143. *मेम्वोआर दे यात*, 26-27; कानूनगो कृत *जाट्स*, 62
144. *तारीख-ए-अहमदशाही*, 43b
145. लेखक का 'बदनसिंह के काल में भरतपुर का प्रादेशिक विस्तार', उपलब्धि 70

6

साम्राज्य के अधीन जाटों का सामंती रूप (1723-1748)

जाट नीतियाँ और जाट राज्य के उदय के फलितार्थ

पिछले अध्याय में यह विचार किया गया कि 1756 तक धीरे-धीरे सूरजमल ने आगरा प्रांत के बड़े-बड़े भागों और दिल्ली के कुछ हिस्सों पर अपने नियंत्रण का विस्तार किया। उसके अधीन क्षेत्र एक करोड़ रुपए मूल्य का था जो कुल राजस्व का लगभग आठवाँ हिस्सा होता था, परंतु एक लंबे समय में इसका अधिकांश भाग शाही खजाने को कभी नहीं दिया गया।[1] यह स्पष्ट है कि ऐसे समय में जब कि सल्तनत बुरी तरह सिकुड़ गई थी, दो राजधानियों (दिल्ली और आगरा) के बीच जाटों के बलात् कब्जों ने उसे बहुत बड़ी राज्यक्षेत्रीय और आर्थिक क्षति पहुँचाई। सम्मान के बतौर उसे जो हानि हुई निस्संदेह वह भी बहुत बड़ी थी। साथ ही जाटों की निडरता ने औरों को भी हमला करने के लिए प्रोत्साहित किया होगा। इस प्रकार सल्तनत की व्याधि को बढ़ाने में जाटों का भी अंशदान था।[2]

तथापि, जाट-विस्तार को एक अलग-थलग घटना के रूप में देखना न्याय-संगत नहीं होगा। उस पर निरपेक्ष भाव से समूची सल्तनत के आम संदर्भ में विचार किया जाना चाहिए। जाटों के अतिक्रमणों की तमाम प्रतिक्रियाओं को मान लिया जाए तो भी ये संगत प्रश्न बने ही रहते हैं कि क्या 1739 से प्रारंभ हुए काल, जब जाटों ने अधिकतर विस्तार किया, में शहंशाह की जाट क्षेत्रों पर कोई प्रभावी पकड़ थी; और यदि बदनसिंह ने अपने हाथ अलग रखे होते तो क्या वह अन्य दूसरी विस्तार में जुड़ी ताकतों को कुचल सकता था? और यदि नहीं तो जाट-आक्रमण ने बनावटी नुकसान की अपेक्षा उसे कितनी वास्तविक क्षति पहुँचाई?

यह हमें प्रवर्तमान परिस्थितियों को याद करने के लिए प्रेरित करती है, जिसकी खासियत थी मोहम्मद शाह का ओछापन और अकर्मण्यता, सरदारों की आत्मसंतुष्टि और ईर्ष्या, प्रशासनिक और आर्थिक संकट तथा फौजी नपुंसकता। शाकिर का शेर,

---

1. *तारीख़-ए-अहमद शाही,* 2b; शाह, 2; सरकार कृत *फ़ाल,* II, 33
2. *मेम्वोआर दे यात,* 1; *शाह* 2, भी देखें।

जिसका अर्थ है कि यदि घर का मालिक बच्चों जैसा बरताव करे तो वह बरबाद हो जाता है,[3] जितना मोहम्मद शाह पर सटीक बैठता है, उतना ही उसके तुरत बाद के उत्तराधिकारियों पर भी। सदा की भाँति निष्क्रिय और उदासीन शहंशाह को भयानक अनुभवों या नादिर के हमले ने भी कोई बुद्धि नहीं दी। वह इस बात को समझने में असफल रहा कि शासन करने के लिए हरम की सुंदरियों की बाँहों या खेलकूद और आमोद-प्रमोद में डूबे रहने की बनिस्बत किसी और चीज की ज्यादा जरूरत होती है, और यह कि केवल तलवार से लैस हाथ ही लोगों में भय की भावना और सत्ता पर नियंत्रण रखते हैं। शासक द्वारा इस उपेक्षा का उसके सारे सरदारों ने तीव्र गति से लाभ उठाया। कुछ अपवादों को छोड़कर, हर सरकार के फौजदार और हर प्रांत के सूबेदार ने खालिसा और जागीर की जमीन का राजस्व अदा करने से इनकार किया। इसके बजाय वे 'दरबार को कभी-कभी उपहार और तोहफा भेज दिया करते थे।'[4] यही नहीं, निजाम-उल-मुल्क, सफरदरजंग और अली वर्दी खाँ-जैसे कुछ शाही सूबेदारों ने अपने-अपने प्रान्तों में अर्द्ध-स्वाधीन शासन की स्थापना कर रखी थी और इस तरह निष्ठा के लबादे में शहंशाह की सत्ता का उल्लंघन करने के लिए वे औरों को भी उकसाया करते थे, इतना अधिक कि 'प्रत्येक क्षेत्र के घमंडी और अहंकारी लोगों ने अपना सिर उठा लिया'[5] और हर जमींदार राजा बन गया तथा हर राजा, महाराजा।[6]

आगरा का सूबा तो निस्संदेह उसी सल्तनत के भीतर रहा। खालिसा परगने तो नादिर के हमले के बाद भी राजस्व भेजते रहते थे उनमें से कुछ आगरा के पास स्थित थे जो बदतर होती अराजकता में जाट सरदार द्वारा हथिया लिए गए थे।[7] परंतु यदि सामान्य चलन को ध्यान में रखें तो यह प्रतीत होगा कि उपरोक्त कुछ परगनों को छोड़कर 1739 के बाद जाट नियंत्रण में आए शेष क्षेत्रों ने अवश्य राजस्व देना बंद कर दिया होगा। निहितार्थ से इसका यह मतलब हुआ कि जाट विस्तार के परिणामस्वरूप शाही खजाने को उतनी वास्तविक क्षति नहीं हुई होगी जितनी कि आंकड़े हमें विश्वास दिलाना चाहते हैं। और यदि कुछ निष्कासित अधिकारी शाही खजाने को यदा-कदा कुछ भेजते रहे या उपहार देते रहे होंगे तो जाट अतिक्रमणकारियों के संबंध में ऐसे उदाहरणों की कमी नहीं

---

3. *शाक़िर,* 89
4. *तारीख-ए-अहमद शाही,* 2b-3b; इलियट, VIII, 73 में *जौहर-ए-समसम; मेम्वोआर दे यात,* 29-30
5. इलियट, VIII, 73, में *जौहर-ए-समसम; तारीख-ए-अहमद शाही,* 3a-3b
6. ऊर्ध्व, 77; इलियट, VIII, 60, में *रुस्तम अली*।
7. शेष को नजीब-उद-दौला, इमाद और राजपूतों ने हड़प लिया। *तारीख-ए-आलमगीर सानी,* 28; *तारीख-ए-अहमद* शाही, 2b-3a; सरकार कृत *फ़ाल,* II, 35

रही।[8] इसी तरह तुलनात्मक दृष्टि से जिस आसानी के साथ सूरजमल ने क्षेत्र का विस्तार किया उससे यह अनुमान लगाया जा सकता है कि शहंशाह की सत्ता छिन्न-भिन्न होने की एक प्रतिक्रिया स्वरूप उसका पड़ोसी क्षेत्र, व्यावहारिक रूप से 'अस्वामिक भूमि', या 'लावारिस जमीन' बन गया था और जिसके पास भी आवश्यक ताकत थी वह उस पर अधिकार कर सकता था और इस संदर्भ में यह सब आंशिक रूप से उसकी नीतियों और कार्यों के कारण हुआ। यह उतना प्रासंगिक नहीं है जितनी कि मुगल सरकार की उजागर नपुंसकता और कमजोरी अनिवार्यतया हमले को न्योता देती है। इससे तो कुछ लोग ही इनकार करेंगे कि जाट ऐसा न करते तो भी ऐसी परिस्थितियों में कंगाल और ढहती सल्तनत आगरा को अपने कब्जे में रखे रहने में सफल नहीं हो पाती, विशेषकर जयसिंह और साथ ही मराठों की महत्त्वाकांक्षाओं को देखते हुए। मालवा, गुजरात और उड़ीसा को छीनने तथा बंगाल, बिहार और राजस्थान तथा आगरा के कुछ हिस्सों को रौंदने के बाद मराठे अब आगरा के क्षेत्रों को हड़पने के लिए लालायित दिखाई दे रहे थे।[9] मुगल सत्ता का अंत केवल समय की बात थी और जहाँ तक सल्तनत के संपूर्ण हितों का सवाल था, इससे कोई फर्क नहीं पड़ता था कि हमलावर कौन है।

ऐसी स्थिति में वक्त का इशारा समझते हुए हिसाबी बदनसिंह ने विस्तार के लिए मिले अवसरों का स्वयं लाभ उठाया और इस तरह इस संघर्ष में उसने दूसरों से बाज़ी मार ली। ऐसा करते हुए उसने अपने युग में सर्वत्र व्याप्त भावना के अनुरूप ही आचरण किया। जेसुइट फादर (वैंदेल) का यह लिखना सही है कि उन दोनों (सूरजमल और प्रतापसिंह) में से कोई भी इससे भिन्न व्यवहार नहीं कर सकते थे' यह उसके उस कथन के विपरीत है, जिसे वह '(समूचे) देश का सिद्धांत' कहता है![10] विडंबना यह थी कि अपने हितों के लिए आगरा के सूबेदार (जयसिंह) और शाही वजीर ने स्वयं उसके अवज्ञापूर्ण या विद्रोही उद्देश्यों के लिए बढ़ावा दिया। हम यह पहले ही देख चुके हैं कि जयसिंह और उसके सहायक ने कौन-सी भूमिका अदा की। जहाँ तक वजीर, कमरुद्दीन का सवाल है, या तो चापलूसी द्वारा या भारी सौगातें देकर बदनसिंह और सूरजमल ने उसका समर्थन हासिल कर लिया और उसने अली मोहम्मद रुहेला के हितों की तरह ही उनके हितों का पक्ष लिया। जब भी दरबार में कोई शिकायत ले जाई जाती तो 'जाटों का महान वकील' (वजीर) उन्हें यह संकेत करके चुप करा देता कि बदनसिंह ने सल्तनत के लिए कितना कुछ किया है और जोर देकर यह समझाता कि सल्तनत की प्रतिष्ठा के लिए जाटों जैसे शक्तिशाली जमींदारों का होना आवश्यक है, जो

8. *आगे देखें,* 119, 231ff; *तारीख़-ए-आलमगीर सानी,* 330
9. इर्विन कृत *लेटर मुग़ल्स,* II] 275
10. *मेम्वोआर दे यात,* 29

जरूरत के वक्त (भविष्य में भी) काम आ सकते हैं। वैंदेल शिकायत करता है कि ऐसे परिणामों के ऐसे नाजुक मसले यह वजीर इस तरह के विचार बनाया करते थे। वजीर और सूबेदार के इस तरह के व्यवहार यह दर्शाते हैं कि नवजात जाट शक्ति की जड़ों को जमाने में मुग़ल सरकार का प्रत्यक्षतः स्वयं कितना बड़ा हाथ था। संयोग से यह तथ्य कि कमरुद्दीन और जयसिंह दरबार में प्रतिस्पर्धा गुटों का प्रतिनिधित्व करते थे।[12] फिर भी बदनसिंह और सूरजमल ने दोनों का एक साथ समर्थन पाने में सफलता हासिल की इससे मुगल सरकार के प्रति जाट नीति की प्रारंभिक कार्य-शैली की जानकारी मिलती हैं। प्रतिस्पर्धी गुटों को खुश कर उन्होंने संभावित विरोध को पहले ही दरकिनार कर दिया,[13] यद्यपि जैसे-जैसे उनकी जड़ें जमती गईं, उनमें किसी भी खतरे का सामना करने का आत्मविश्वास बढ़ता गया।[14]

तथापि, मुग़ल सल्तनत के लिए हानिकारक, सूरजमल ने लूटमार के छापों और दमनात्मक प्रशासन से जाट क्षेत्रों को कुछ शांति और सुरक्षा प्रदान की[15], क्योंकि आगे चलकर अस्थिरमति और शक्तिहीन मुग़ल सम्राट इस प्रकार की प्रत्याभूति प्रदान करने के योग्य नहीं रह गए थे। उसने यह सफलता ऐसे समय प्राप्त की जब सल्तनत के अधिकांश भागों को लूटकर मराठे बारंबार उसे रौंद रहे थे। इस तरह अपने लोगों को संभावित विनाश से बचाने में सूरजमल उचित समय पर कदम उठाता दिखाई देता है। निहितार्थ से यह प्रकट होता है कि स्वयं के संरक्षण[16] की प्रवृति ने भी उसकी विशिष्ट महत्त्वाकांक्षा का मार्गदर्शन किया जिसे कि स्वयं शाही सरकार द्वारा भी कोई कम बढ़ावा नहीं मिला। यदि गंभीर इतिहास में विरोधाभासों की कोई प्रासंगिकता है तो वह वर्तमान संदर्भ में व्यक्त होती है। यह हम मान लें भरतपुर शासकों की बजाय यदि सदा लूटने-खसोटनेवाले और दुर्दम्य मराठा, जिन्हें आगरा अपने अधीन न होने का मलाल था,[17] यहाँ स्वयं को जमा लेते और अपने खतरों को शाही राजधानी के इतने पास ले आते तो हम दिल्ली हुकूमत और स्थानीय जनता की समूची तुलनात्मक किस्मत की कल्पना कर सकते हैं।

सूरजमल के अधीन जाट नीति का एक नया पक्ष यह था कि उसने अपने

---

11. *मेम्वोआर दे यात,* 19, 31 और 20
12. यहाँ यह बात ध्यान देने की है कि मराठा समस्या के बारे में इन दोनों के विचारों में भिन्नता थी।
13. *शाह,* 2
14. *मेम्वोआर दे यात,* 27
15. ऊर्ध्व, 106, 123; भटनागर कृत 'जयसिंह', 103
16. *मेम्वोआर दे यात,* 29
17. रघुनाथ राव का पत्र, *एस.पी.डी.,* II, 84

पूर्ववर्तियों (हाँ, बदनसिंह को छोड़कर) के समान कभी सिद्धांत रूप में मुगल सार्वभौमिकता को अस्वीकार नहीं किया और शहंशाह और उसके वजीरों के पक्ष में सदैव रहते हुए उसके सैनिक अभियानों में भाग लिया। यह उस समय प्रचलित चातुरीपूर्ण कार्यरीति के साथ-साथ उसकी अपनी इष्ट सिद्धि और विश्वास को भी प्रदर्शित करता है। हम जानते हैं कि उस समय के तमाम महत्त्वाकांक्षी व्यक्तियों, जिनमें निज़ाम, सादत खाँ, सरबुलंद खाँ, अली वर्दी खाँ, नजीब-उद-दौला और इमादुल मुल्क जैसे सल्तनत के स्तंभ शामिल थे, ने या तो अपना स्वतंत्र राज्य स्थापित किया या शाही जमीन हड़प ली, फिर भी वे स्वयं को शहंशाह का निष्ठावान सेवक कहते नहीं थकते थे। इसी प्रकार यद्यपि सूरजमल ने भी काफी बड़े क्षेत्र हथिया रखे थे फिर भी वह अपने को शहंशाह का पुराना और निष्ठावान सेवक दर्शाता था।[18] उसके समकालीन लोगों की ऐसी ऊँची घोषणाओं में ईमानदारी की कमी है। इनको पढ़कर एक अवसादपूर्ण पीड़ा होती है। इसमें एकमात्र प्रायश्चितपूर्ण पक्ष यह था कि सूरजमल ने शहंशाह के तमाम अभियानों में उसकी निष्ठापूर्वक सेवा करने की तत्परता दर्शाई[19] सिवाय उनमें जिनसे उसकी स्थानीय स्थिति को क्षति हो सकती थी। इसके अलावा इमाद और मराठों के विपरीत वह शाही प्रतिष्ठा को नुकसान पहुँचाने से भी बाज़ आता रहा और नजीब के समान उसने किसी विदेशी शत्रु से भी तालमेल नहीं किया। यह तो स्पष्ट है कि उसने यह सब अपने क्षेत्रीय लाभों की औपचारिक प्राप्ति के लिए किया।[20] पर उसके भीतर तत्कालीन राजनीतिक परिस्थिति में एक संतुलनकारी तत्त्व के रूप में सल्तनत को बचाए रखने का भी उद्देश्य था जिससे इनकार नहीं किया जा सकता। अपनी तमाम महत्त्वाकांक्षाओं के बावजूद सूरजमल ने कभी मुगल सत्ता की समाप्ति नहीं चाही।[21] जाट नीति और भरतपुर राज्य के उदय के समस्त निहितार्थों का आकलन करते समय ये समस्त पक्ष भी हमारे ध्यान के हकदार हैं।

शाही मामलों में जाट भागीदारी

सल्तनत के प्रति जाट नीति और जाटों के प्रति सल्तनत की नीति का सर्वेक्षण करने के बाद अब हम शाही मामलों में जाट भागीदारी की ओर अपना रुख कर सकते हैं। हम पहले ही देख चुके हैं कि सूरजमल को आगरा, दिल्ली और जयपुर के मध्य शाही मार्गों की देख-रेख का कार्य और मेवात का एक भाग पट्टे पर सौंपा गया था। यह भी प्रतीत होता है कि खेमा जाट को भी उसकी प्रतिष्ठा के

---

18. सुजान, 14, 40, 52, 55; *मसीर-उल-उमरा,* I, 440, 441; *तारीख-ए-भरतपुर,* 4b
19. *सुजान,* 60 में सूरजमल का वक्तव्य
20. सरकार कृत *फ़ाल,* II, 431, पाद-टिप्पणी।
21. आगे देखें, 198ff

उपयुक्त कोई पद सौंपा गया था।[22]

भिन्न प्रकारों के इन तीन प्रसंगों को छोड़कर जाट संबंधी अनेक संदर्भ इस अवधि में (1749 तक) लड़ी गई अनेक लड़ाइयों[23] में उनकी हिस्सेदारी से संबंधित हैं।

सूरजमल की गतिविधियों के संबंध में पहला विवरण पेशवा बाजीराव के दिल्ली पर अचानक धावे (मार्च 1737) के समय का है। किंतु यह अस्पष्ट और अपर्याप्त है। मराठी पत्र हमें बताते हैं कि सूरजमल आगरा स्थित उराबाग़ में 500 सैनिकों के साथ पड़ाव डाले रहा, यह संभवतः मराठों के खिलाफ, आनेवाले सादात खाँ और कमरुद्दीन का साथ देने के लिए था। यद्यपि यह स्पष्ट नहीं है, किंतु यह प्रतीत होता है बाद में वह सादात खाँ की फौज के हरावल दस्ते के रूप में शामिल हुआ था।[24] दूसरी ओर पेशवा मुगल फौजों को चकमा देकर डीग के पश्चिम से गुजरते हुए[25] दिल्ली की ओर बढ़ा और वहाँ उसने दहशत फैला दी। *इकबालनामा* से यह तर्कसंगत आशय निकाला जा सकता है कि मराठों की आम गतिविधियों

---

22. *तवारीख-ए-हुनूद* में (20b) में दावा किया गया है कि खेमा को आगरा की सूबेदारी शहंशाह (संभवतः मोहम्मद शाह) ने सौंपी थी। इसका एक ही आधार था कि शहंशाह इस जाट की शक्ति, स्फूर्ति से प्रसन्न थे कि उसने एक शेर को कुश्ती में पछाड़कर मार डाला था। तथापि, यह समझ लेना हास्यास्पद है कि इतना बड़ा पद एक ज़रा-सी बात पर दे दिया गया था। इसके अतिरिक्त सामयिक स्रोतों ने भी इसका संपोषण समर्थन नहीं किया है। अतः, ऐतिहासिक दृष्टि से इसको सही नहीं माना जा सकता। ऐसा प्रतीत होता है कि फ्रांसू ने किसी भ्रमवश किसी छोटे पद को सूबेदारी से जोड़ दिया है।
23. सन् 1727-28 के दौरान बुंदेलखंड के युद्धों का विवरण देते हुए (देखें, इर्विन कृत *लेटर मुग़ल्स,* II, 233-234 में उद्धृत एक पत्र) मोहम्मद शाह बंगश ने अपने खरीतों में से एक में किसी 'जाट' की चर्चा की है जो उसके विरुद्ध बुंदेलों के साथ उससे लड़ा था। उसने जाटों और मराठों को बुंदेलों का 'भाई बंधु' बताया है। किन जाटों से उसका मतलब है यह स्पष्ट नहीं किया गया है। यह तो हम जानते ही हैं कि चूड़ामन द्वितीय ने बुंदेलों का साथ दिया था। किंतु सूरजमल ने बुंदेलों की कभी सहायता की हो या उससे सहायता प्राप्त की हो इस आभास की सूचना हमें नहीं मिलती। सूरजमल जैसे चालाक व्यक्ति ने मुग़लों के विरुद्ध बेकार में ही कोई भड़काऊ काम नहीं किया होगा। इतनी दूर के क्षेत्र बुंदेलखंड में उनकी कोई रुचि नहीं थी। इससे यह प्रतीत होता है कि यहाँ जिन जाटों की चर्चा है वे सूरजमल के अनुयायियों के अतिरिक्त ही कोई होंगे। हो सकता है कि यह मोहमक सिंह हो जो ऐसे किसी सहयोगी की तलाश में था या कोई स्थानीय जाट सरदार हो जिसकी चर्चा मोहम्मद बंगश ने की है।
24. *एस.पी.डी.,* XXX, 190, XV, 20, 29, इनके अतिरिक्त 37, 47, 22 भी देखें।
25. *रुस्तम,* 529

ने और विशेषकर बाजीराव के धावे ने सूरजमल और उसके लोगों के लिए गहरी चिंता उत्पन्न की।[26] इधर कुछ समय से अतिक्रमण करते मराठों के प्रति उनकी अपनी शिकायतें थीं। सन् 1732 तक चंबल के दक्षिण में बने रहने के बाद उन्होंने नदी पार आगरा से कुछ मीलों दूर तक अपनी गतिविधियाँ बढ़ा दीं। उनके दल के दल ग्रामीण इलाकों में लोगों को लूटते, गाँवों को नष्ट करते विचरते थे। उन्होंने मनमाना लगान लादा और उसमें असफल होने पर 'जटवाड़ा', (यह नाम मराठी चिट्ठियों में मोटे तौर पर गोहद से छाता तक के क्षेत्र के लिए प्रयुक्त किया गया है) भदावर और अन्य स्थलों को लूट लिया। इस प्रकार हमें एक खबरनामे से पता चलता है कि 1735 के लगभग कैसे सहस्त्रों लालची लोगों ने जटवाड़ा में 'रसद का एक-एक दाना तक खा डाला', जिसके फलस्वरूप स्थानीय जनता को बहुत परेशानी उठानी पड़ी।[27] अब उनके क्षेत्रों के हृदय स्थल से बाजीराव के अभियान के साथ मराठा खतरा सचमुच उनके दरवाजे पर दस्तक देता प्रतीत हो रहा था। इससे स्वाभाविकतया जाटों में प्रतिक्रिया उत्पन्न हुई। यह निश्चयपूर्वक नहीं कहा जा सकता कि वे मराठों के खिलाफ नए सिरे से संगठित अभियान के लिए खड़े हुए या नहीं, लेकिन जयसिंह, जो हमलावरों के साथ मिला हुआ था[28] ने जाटों को शांत किया क्योंकि वे इस मौके पर पहले ही स्पष्ट किए गए कारणों से राजा को नाराज़ नहीं कर सकते थे।[29] यही वे अदृष्ट प्रभाव थे जिनकी ओर 'इक़बालनामा' संकेत करता प्रतीत होता है। जाटों की प्रतिक्रिया, यद्यपि मूलतया वह स्वरक्षण की अंत:प्रेरणा से उत्पन्न हुई थी, सही मार्ग की ओर ही बढ़ गई। सल्तनत का हित तो माँग करता था कि बढ़ते हुए मराठा-खतरे के प्रति एक संगठित और निर्भीक कदम उठाया जाए। किंतु, ऐसा कोई प्रयास किया नहीं गया।[30]

---

26. *इक़बाल,* 157
27. *एस.पी.डी.,* XIV, 52, XV, 4, 8, 10-13, 15, 47, 89
28. *एस.पी.डी.,* XIV, 47, 39, 31, XV, 89; रघुवीर सिंह कृत *मालवा,* 266, 279; सरकार कृत *फ़ाल,* I, 257-259; जी.एच. खरे कृत *सम न्यू रिकार्ड्स ऑन द मराठा-जयपुर रिलेशंस,* I.H.R.C., XIV (1948); प्रतिकूल टिप्पणी के लिए देखें, सतीशचंद्र कृत 'राजा जयसिंह सवाइज़ कंट्रीब्यूशन टु इम्पीरियल पॉलिटिक्स', कार्यवाही आई.एच.सी. 1948
29. ऊर्ध्व, 96
30. यहाँ एक रोचक बात जानने की यह है कि साथ-ही-साथ कुछ जाट धन के लिए अपनी तृष्णा पूरी करने में लगे हुए थे। इस प्रकार हमें यह पता चलता है कि पलवल और होडल के बीच एक गाँव मितरोल के जाटों ने अमीर-उल-उमरा और मोहम्मद खाँ के राजधानी लौटते हुए उनके माल-असबाव को लूट लिया था। इस पर शाही फौज ने उस गाँव को लूटकर उसमें आग लगा दी थी। *रुस्तम,* 543; *रुस्तम* के अंशों का अनुवाद करते हुए इलियट ने (VIII,55) गलती से होडल को कोडल लिखा है।

उसके बाद जाट टुकड़ियाँ मुग़ल सेना के साथ भोपाल तक गईं–जहाँ उन्होंने 9 दिसंबर, 1737 को बाजीराव के खिलाफ विफल-से युद्ध में अपना अच्छा जौहर दिखाया। दिल्ली के लिए पेशवा के अभियान ने मोहम्मद शाह को आतंकित कर दिया था और उसने निज़ाम-उल-मुल्क को दरबार में बुलवाया और उसे आदेश दिया कि मालवा और बुंदेलखंड से मराठों को खदेड़ दिया जाए। इसके बाद आसफ शाह एक फौज के साथ निकला और कई अन्य टुकड़ियों के साथ प्रताप सिंह के नेतृत्व में जाट भी उससे आ मिले। प्रतिपक्षी सेनाओं का भोपाल में मुकाबला हुआ। निजाम ने जो यद्यपि एक प्रसिद्ध और अनुभवी सेनापति था, जरूरत से ज्यादा सतर्कता दर्शाई जो अंत में उसके पराभव का कारण सिद्ध हुई। मराठों पर एक दम से हमला करने की बजाय वह भोपाल के किले के पड़ोस में एक स्थान पर जम गया, जहाँ उसके पीछे तालाब और आगे एक नाला था। इस तरह मराठों से घिर जाने का उसने स्वयं उन्हें अवसर दे दिया और इस प्रकार मराठों ने उसे बहुत परेशान किया। फिर 14 दिसंबर (तीसरी रमजान) को उसने जाटों और राजपूतों को आगे बढ़ने और दुश्मन से लड़ने के लिए भेजा। दूसरी ओर से रानोजी शिंदे और अन्य लोग आगे बढ़े और बाद में हुई लड़ाई में दोनों पक्षों की क्षति हुई। तथापि, कोई भी निर्णायक लाभ प्राप्त नहीं कर सका। बारह दिन बाद जब निजाम अचानक भोपाल की ओर बढ़ा तो मराठों ने पीछे से हमला कर दिया। वे जाट ही थे जिन्होंने इस अचानक हमले को झेल लिया। जब वे आगे बढ़ते मराठा दस्तों से जूझ रहे थे तो मुगल तोपखाने ने गोलाबारी शुरू कर दी और निजाम किसी तरह किले तक अपना रास्ता बना सका। इसके बाद मराठों ने किले की पूरी तरह घेरेबंदी कर डाली और अंत में व्यवहारतया हारकर मराठों को मालवा सौंपते हुए निजाम को एक अपमानजनक शांति (दुराहा सराय, 6 जनवरी, 1738) पर दस्तखत के लिए विवश होना पड़ा।[31]

प्रसंगवश, उपरोक्त दो घटनाएँ एक त्रुटि को सुधारने में सहायक हो सकती हैं, वह यह कि 1748 में या 1749 में जाट और मराठा पहली बार आमने-सामने

---

31. *सुजान,* 5, 212 तथापि, निज़ाम और प्रताप सिंह के सिर पर विजय का सेहरा बाँध देना गलत होगा। इस घटना की सरसरी तौर पर चर्चा में जाटों द्वारा प्रदर्शित शौर्य ही एकमात्र तथ्य है। *एस.पी.डी.,* XV, 58, 59, XXX, 207, XXII, 368, 369; 'राजवाड़े', VI, 177; 'ब्रह्मेंद्र स्वामी चरित्र', 33-36, 116, 134 रघुवीर सिंह द्वारा चर्चित, *मालवा,* 287-294; भटनागर कृत *जयसिंह,* 155; *मासीर-उल-उमरा,* (I,441) का कहना है कि 'अपने एक *संबंधी* को' भोपाल भेजनेवाला मोहकम सिंह था। यह भ्रामक है। वाई. हुसैन (द *फर्स्ट निज़ाम,* 178-181) ने इस युद्ध में जाटों की भागीदारी की उपेक्षा कर दी है।

हुए।[32] इसके बाद, जाटों ने नादिर शाह के विरुद्ध मुग़लों की सहायता की। विदेशी आक्रमणकारियों के विरुद्ध लड़ने की अपनी ख्याति के अनुरूप वे ईरानी हमलवार का विरोध करने के लिए करनाल तक गए (फरवरी 1739)। बदनसिंह और सूरजमल दिल्ली के दक्षिण तक आगे बढ़ें जहाँ वे घटनाक्रमों पर नजर रखने के लिए ठहर गए, परंतु उन्होंने जयसिंह के वकील, राव कृपाराम, के अधीन एक दस्ता रवाना किया। युद्धभूमि में जाटों को शहंशाह के दायीं ओर अमीर-उल-उमरा की फौज के साथ तैनात किया गया था।[33] परंतु जिस व्यक्ति (कृपाराम) को उनका नेतृत्व करना था, वह कायर निकला तथा ईरानी तोपखाने की निरंतर गोलाबारी के सामने भाग खड़ा हुआ।[34] नेता के कायरतापूर्ण पलायन ने जाटों सहित शेष सेना का मनोबल जरूर गिराया होगा, जिससे वे भी भाग लिए। मोहम्मद शाह और उसके सरदारों की घोर पराजय और बेहद अपमान के बाद अब सुरक्षाहीन राजधानी ने करनाल के विजेताओं के कठोर अत्याचारों का अनुभव किया। लूटपाट, बलात्कार, कत्लेआम द्वारा उन्होंने शहर में आतंक और भयानक सनसनी फैला दी। नादिर शाह के फरमान द्वारा राजधानी की सड़कें बंद कर दी गईं और शहर के खाद्यान्न गोदामों को ताले लगा दिए गए। इसके परिणामस्वरूप अनाज बेहद महँगा और दुर्लभ हो गया और अकाल ने शहर को जकड़ लिया। अकेले दिल्ली ही नहीं, उसके आसपास कई मीलों तक के गाँवों ने ईरानी हमलवारों के अत्याचारों का अनुभव किया।[35]

इन अत्याचारों के दौरान ही जाट प्रमुख बदनसिंह और उसके पुत्र सूरजमल ने, जो उस समय दिल्ली के पड़ोस में डेरा डाले पड़े थे, संतप्त लोगों की काफी सहायता की। एक प्रत्यक्षदर्शी हमें बताता है कि, 'थाना राय (?) बदेल सिंह जाट, और चितवाड[36] के ज़मीदार (?) ने जाटों की सहायता के साथ बख्तियार खाँ की सराय तक डेरा डाला था, जबकि नादिर शाह की चौकी किशनदास के तालाब

---

32. कानूनगो कृत *जाट्स,* 87; हरिराम गुप्त (संपादित) *मराठाज़ एंड पानीपत* (चंडीगढ़, 1961), 45; पांडेय कृत *भरतपुर,* 57
33. मिर्ज़ा जमन्स जर्नल, फ्रेज़र द्वारा उद्धृत, *नादिर शाह,* 81; *इक़बाल,* 186, 174
34. *इक़बाल* 186; पेशवा बाजीराव का पत्र, सेलेक्शंस फ्रॉम पेशवाज़ दफ्तर, XV, 71
35. फ्रेज़र कृत *नादिर शाह,* 97-110; इलियट VIII, 88-91 में *आनंद राम मुखलिस; इक़बाल,* 203-209; *लेटर मुग़ल्स* में सरकार, II, 364ff.
36. 'चितवाड़' की पहचान करना कठिन है। हाथरस से लगभग 4 मील दक्षिण में इसी नाम का एक और स्थान चितवार है। यही स्थिति 'थानाराय' की भी है। दिल्ली के दक्षिण में पड़ाव डाले हुए सूरजमल के लिए यह ग़लती हो सकती है। यहीं से भगौड़ा बाबू राव मल्हार करनाल से आते हुए गुज़रा था। *राजवाड़े,* VI, 131

से आगे नहीं थी।"[37] जैसाकि एस.एच. असकरी का बयान है[38], एक लड़ाकू फौज़ के साथ बदनसिंह द्वारा डेरा डाला जाना 'प्रतिरोध' के दृष्टिकोण को प्रदर्शित करता था, यद्यपि उपरोक्त लेखक यह स्वयं नहीं कहता कि बदनसिंह और इधर-उधर घूमते किजिलबाश समूहों के साथ कोई मुठभेड़ हुई थी। तथापि हमारे पास बदनसिंह (प्रकारांतर से सूरजमल भी) द्वारा नादिर की क्रूरता के शिकार लोगों की पीड़ा को कम करने के लिए की गई चेष्टाओं के निश्चित प्रमाण हैं। राजधानी के लोगों की दुःखद अवस्था ने दयालु जाट की भावनाओं को उद्वेलित कर दिया। इक़बालनामा का लेखक कहता है :

> उसने (बदनसिंह) आज्ञा दी कि उन स्थानों (राजधानी) से जो भी उसकी ओर आएगा, उसे उसके संरक्षण में आश्रय और शरण मिलेगी और इसमें कोई हस्तक्षेप नहीं करेगा। फलस्वरूप, दुर्भाग्य के मारे और लूटे-खसोटे, बर्बाद हो गए बहुत से लोग आए और उनकी देखभाल की गई तथा प्रत्येक के साथ उसकी दशा और परिस्थिति के अनुसार दयालुतापूर्वक व्यवहार किया गया और उनकी सहायता की गई। कई लोग जो अनाज लेने फरीदाबाद गए थे, उन्हें रक्षा के लिए पहरेदार मिले जिन्होंने उन्हें सुरक्षित पहुँचाया। इस परिस्थिति में कई लोग अनाज और खाद्यान्न (जो ईरानियों की भारी गोलाबारी के बीच आया) लाने में व्यस्त हो गए और दो सेर से पाँच और छह सेर तक दाम बढ़ गए।[39]

पूर्व के अध्याय में यह देखा गया कि 1740 के दशक तक जाटों का प्रथम श्रेणी की सैन्य शक्ति के रूप में विकास हो चुका था। एक कुशल सेनापति के रूप में सूरजमल और लड़ाकू योद्धाओं के रूप में उसके जाटों की ख्याति दूर-दूर तक फैल गई 'और भूमि के सर्वोच्च व्यक्ति द्वारा उसकी सैनिक सहायता की बारंबार याचना की जाने लगी थी।'[40] गंगवाना (1741) की लड़ाई में उनकी भागीदारी का उल्लेख पहले किया जा चुका है। उसके बाद भरतपुर की सेनाओं ने रुहेला-अभियान

---

37. ऐन एनानिमस जर्नल ऑफ नादिर शाहज़ ट्रांजैक्शंस इन इंडिया, अनुवाद एस.एच. असकरी 'ए कंटेंपोरेरी करस्पांडेंस डिस्क्राइविंग द ईवेंट्स ऐट दिल्ली ऐट द टाइम ऑफ नादिर शाहज़ इनवेज़न आई.एच.सी. की कार्यवाही, X (1947), 366
38. असकरी, कृति उद्धरण; भूमिका, कार्यवाही, आई.एच.सी. (1947), 358
39. *इक़बाल,* 210; *तारीख-ए-आलामगीर सानी,* 166; इस अवसर पर खरीसा (संभवतः घासेरा) के राव बहादुर सिंह की भूमिका लगभग बदनसिंह जैसी रही, *इक़बाल,* 197
40. सरकार कृत *फ़ाल,* II, 434; *तारीख-ए-भरतपुर,* 4b; *सुजान,* 11; *मेम्वोआर दे यात,* 30

में मोहम्मद शाह और सफदरजंग का साथ दिया (मई 1745)। '*मेम्वोआर दे यात*' ही एकमात्र स्रोत है, जिसने इस युद्ध में जाटों की भागीदारी की चर्चा की है। परंतु यह भी हमें अधिक जानकारी नहीं देता सिवाय उनकी शानदार लड़ाई (जो वैसे एक शर्मनाक अभियान था) की चर्चा करने के और उन्हें अपने तमाम अभियानों में (तब तक के) सर्वाधिक सम्मानित निरुपित करने के। उसमें आगे कहा गया है कि इस अभियान की समाप्ति के बाद शहंशाह ने सूरजमल को 'सरोपा' भेंट किया। इस अभियान, जो मुग़ल फौज के लिए शर्मनाक था, ने सूरजमल की प्रसिद्धि में वृद्धि की और अब वह एक बड़ी भूमिका के लिए तत्पर था।[41]

लगभग छह मास बाद, अगहन संवत् 1802 (28 अक्तूबर से 27 नवंबर, 1745) में सूरजमल ने फतेह अली (अलीगढ़ के सूबेदार साबित खाँ के पुत्र) की मोहम्मद शाह के चतुर्थ बख्शी सादात खाँ के एजेंट[42] असदखान खानजादा के खिलाफ सहायता की। दिल्ली द्वारा दिए गए 10,000 सैनिकों के साथ असद अली ने बाद में अलीगढ़ जिले में फतेह अली की पैतृक जागीर पर कब्जा कर लिया। इसने फतेह अली को सशंकित कर दिया और उसने अपने वकील की मार्फत सूरजमल से (जो यमुना के निकट स्थित नोह नामक स्थान पर शिकार के लिए निकला था) सहायता की याचना की। बाद में फतेह अली इखू में खुद इस अनुरोध के साथ उससे मिला और प्रस्तावित अभियान की योजनाओं के बारे में चर्चा की। यह निश्चित प्रतीत होता है कि असद की गतिविधियों के कारण उसके अपने स्थानीय हितों के प्रभावित होने की संभावना ने भी फतेह अली के हितों की रक्षा के उसके निर्णय को प्रभावित किया। प्रतिपक्षी सेनाएँ चंदोस (अलीगढ़ से 16 मील दूर) के पड़ोस में आपस में मिलीं, और एक त्वरित कार्रवाई में सूरजमल ने असद को पूरी तरह रौंदकर उसे मार डाला और उसके सैनिकों को भगाने के लिए विवश कर दिया। इसके बाद 7 मील तक उनका जबर्दस्त पीछा किया गया और बहुत भारी माल पीछा करनेवाले जाटों को मिला। सूरजमल ने जवाहरसिंह को कोल भेजा और स्वयं अपने पिता से मिलने सहर लौट आया।[43] प्रसंगवश यह बात जान लेने की है कि असद खाँ के खिलाफ सूरजमल का युद्ध कुछ वर्षों बाद उसके लिए

---

41. *मेम्वोआर दे यात,* 30-31; सरकार कृत *फ़ाल,* II, 434; इस अभियान के विवरण के लिए देखे सरकार कृत *फ़ाल,* I, 57ff; (सुजान, 16-26; भरतपुर गजेटियर, 63–सं.)
42. सरकार कृत *फ़ाल,* I, 309, 341; *सुजान,* एक यही कृति है जिसमें इस अभियान का वर्णन किया गया है, इसमें भी दोनों के पारस्परिक संबंधों को स्पष्ट नहीं किया गया है। तथापि, इसने असद खां के प्रति सलावत खाँ की गहन रुचि का खुलासा किया है, *सुजान,* 40
43. *सुजान,* 9-24; सूरजमल ने पहले किसी सुल्तान खाँ (?) को अविभूत किया था। (*सुजान,* 10)

कुछ कठिनाई पैदा करनेवाला सिद्ध हुआ।

करनाल की तरह मनुपुर में भी एक जाट फौजी दस्ते ने एक अन्य विदेशी हमलावर अहमद शाह के खिलाफ मुगल सेना के लिए काम किया। दुर्भाग्य से मनुपुर की लड़ाई (मार्च 1748) में जाटों की भूमिका की मुरतजा हुसैन ने विस्तार से चर्चा नहीं की है, वही एक मात्र इतिहासकार है जिसने इस महत्त्वपूर्ण और अब तक अज्ञात तथ्य की चर्चा करने पर ध्यान दिया है।[44]

यहाँ हम संक्षेप में दो भाइयों राजा ईश्वरी सिंह और माधोसिंह के आपसी झगड़े के दौरान जाटों द्वारा हासिल एक शानदार उपलब्धि की चर्चा करते हैं। यह जयपुर राजवंश का अंदरूनी मामला है, जो यद्यपि हमारे विषय की परिधि में नहीं आता। जब सात संघीय रियासतों के शत्रुतापूर्ण और प्रबल सम्मिलन का उसे सामना करना पड़ा तो ईश्वरी सिंह ने सूरजमल से सहायता का अनुरोध किया। इस पुकार का उत्तर देते हुए सूरजमल और उसके 10,000 वीर जाट सैनिकों ने उन पर व्यक्त विश्वास का पूर्णतः औचित्य सिद्ध किया। बगरू के युद्ध (प्रथम सप्ताह, अगस्त 1748) में सूरजमल ने उसके विरोधी मल्हारराव होल्कर के अधीन मराठों को पराजित कर के.आर. कानूनगो के अनुसार, 'मानवेतर शौर्य' का परिचय दिया। यद्यपि पूरी तौर पर देखा जाए तो यह अभियान अंततः जयपुर-नरेश के खिलाफ गया।[45]

कर अदायगी के लिए जाटों से मराठों का तकाज़ा

इस अवधि की एक दिलचस्प बात, जिसकी अभी तक उपेक्षा की गई, जाटों से मनमाना कर लेने के लिए मराठों के दबाव की शुरुआत है। प्राप्त साक्ष्य से पता चलता है कि 1730 दशक से मराठे उगाही के लिए जाटों के प्रदेश में जाते रहते थे। इसमें असफल होने पर उन्होंने अपने सनातन व्यवहार के अनुसार लूटपाट का सहारा लिया। सन् 1736 में एक मराठा सरदार इसके लिए भदावर और जाटवाड़ा जाने के संकल्प के बारे में लिखता है, हालाँकि इसे आशंका थी कि चंबल के पार दिल्ली के रास्ते पर पैसा (एकत्र करने की संभावना) बहुत कम है।[46] लगभग इसी समय बाजी भीमाराव ने गोहद के जाटों को वसूली की सीमा में लाने की असफल चेष्टा की।[47] कालांतर में जब उत्तर में मराठों की गतिविधियाँ ज्यादा बढ़ गईं, जाटों ने उनकी उत्पीड़क माँगों का दबाव महसूस किया। सन् 1748 में यशवंत राव पंवार और रामचंद्र ने जाटों से फैसला करने के लिए जाटवाड़ा में प्रवेश किया।[48]

---

44. *हदीक़त,* 135
45. *सुजान,* द्वितीय जंग; कानूनगो कृत *जाट्स,* 67ff; सरकार कृत *फ़ाल* I, 239ff.
46. *एस.पी.डी.,* XIV. 54, XXX, 196
47. *एस.पी.डी.,* XIV, 52
48. वही, XXVII, 34

अगले वर्ष अप्रैल में दतिया से एक अन्य मराठा फौज रवाना की गई, जो ग्रामीण इलाकों में तहस-नहस करती, नरवर के राणा से कर वसूल करती आगरा के पड़ोस तक आ पहुँची। सूरजमल ने अपने वकील को मराठों के पास भेजा, पर साथ ही प्रतिरोध के लिए स्वयं को तैयार भी किया। अंततः दामोदर महादेव जाट के पास गया और पैसों के मामले में कोई समझौता हो गया।[49]

49. वही, XXVII, 42, 43, 44, 46, 53, 54; एस.पी.डी.नई शृंखला, I, 103

7

शाही मामलात में जाटों का बढ़ता महत्त्व-I (1749-1753)

मोहम्मद शाह के शासन के अंत तक जिन जाटों की गिनती मुग़ल सेना के मात्र सहायकों में होती थी वही अब अहमद शाह के शासनकाल में साम्राज्य के कार्यों में खुलकर महत्त्वपूर्ण भूमिका अदा करने लगे। नया शहंशाह अक्षम और अशक्त था। वह अपना अधिकतर समय विलासिता और बचकाने कार्यों में व्यतीत करता था। उसने अपना समस्त राज-काज कुचक्री और भ्रष्ट हिजड़े जावेद खाँ को सौंप रखा था जो शासन संबंधी कार्यों से नितांत अनभिज्ञ था। राजमाता ऊधमबाई में न तो क्षमता थी और न कोई समझ किंतु उसके इरादे और महत्त्वाकांक्षाएँ बहुत बुलन्द थीं। ऐसे समय में जबकि राजकोष खाली पड़ा था और सैनिक अपने बक़ाया वेतनों के भुगतान के लिए लगभग रोज़ ही दंगों पर आमादा रहते थे वह अपने जन्मदिन के जश्नों पर पैसा पानी की तरह बहाती थी।[1] वस्तुतः, मुग़ल साम्राज्य 'बच्चों का खेल'[2] बनकर रह गया था। चूँकि शासन में डर नाम की चीज़ नदारद हो चुकी थी इसलिए अमीर और ज़मीदार मन भरके जायदादें हथिया रहे थे।[3] इस समय विघटन का दौर चल रहा था, तथा 'साम्राज्य' शब्द मज़ाक का पर्याय प्रतीत होता था। यह मात्र एक कबाइली रजवाड़ा बनकर रह गया था जिसका अपना कोई सैन्य बल नहीं था, केवल बड़े-बड़े अमीरों के पास जो अपनी फौजें थीं, उनसे ही काम चल रहा था। नए वज़ीर, सफ़दरजंग ने साम्राज्य को प्रतिष्ठित करने के कुछ प्रयास किए, तो तूरानी अमीरों ने उसके विरुद्ध षड्यंत्र प्रारंभ कर दिए जो वे लगातार करते रहे। इधर स्वयं शहंशाह का भी विश्वास उस पर से उठ गया, और वह एक को दूसरे गुट से लड़ाते-भिड़ाते रहने की विनाशकारी नीति का अनुसरण करने लगा। ऐसी परिस्थितियों में सफ़दरजंग को वे युक्तियाँ खोजने के

---

1. *तारीख़-ए-अहमद शाही,* 13b-15a, 21a, 25a, 28b, 46b, 85b और 86a, 108; सरकार कृत, *फ़ाल* I, 328ff
2. *शाह,* 2
3. सरकार कृत *फ़ाल,* I, 343, 339, 344, 345, 461

लिए मजबूर होना पड़ा जिनसे एक ओर, वह अपने विरोधियों को कमज़ोर कर सके और दूसरी ओर, शक्तिशाली मित्र बना सके।[4]

साम्राज्य की इन विपरीत परिस्थितियों में जाटों को अपनी संपत्ति बढ़ाने तथा तत्कालीन राजनीति में अपनी महत्ता प्रदर्शित करने का एक अनोखा अवसर मिला।[5] वे अपनी निष्ठा तो साम्राज्य के प्रति व्यक्त करते रहे, किंतु साथ ही भूभाग हथियाने में भी वे किसी से पीछे नहीं रहे। इसके अतिरिक्त, उन्होंने यह भी स्पष्ट कर दिया कि वे अपने मामलों में किसी के हस्तक्षेप को बर्दाश्त नहीं करेंगे। अब हम इन्हीं घटनाक्रमों पर विचार करेंगे।

जाटों के विरुद्ध सफ़दरजंग का प्रथम अभियान

मोहम्मद शाह ने तो जाटों के प्रति समान्यतया सुलह-समझौते की नीति का अनुसरण किया, किंतु उसके उत्तराधिकारी ने सूरजमल और उसके अनुयायियों के साथ प्रारंभ में दंडात्मक रुख अपनाया। उसके वज़ीर और मीर बख्शी ने जाटों को रणभूमि में उतारा, यद्यपि बख्शी कुछ पहले ही दिल्ली से जा चुका था[6], यह वज़ीर ही था जो उनके मुकाबले में सबसे पहले आया था। नवंबर, 1749 (जिल हिज्जा, 1162 अल हिज़री) के मध्य में सूरजमल और उसके संरक्षणाधीन, बलराम द्वारा सफ़दरजंग की जागीर में पड़नेवाले फ़रीदाबाद को छोड़ने से इनकार कर देने पर वज़ीर दिल्ली से बाहर आया। उसने बलराम से फ़रीदाबाद को तुरत ही खाली करवा लिया और सूरजमल को संदेश भिजवाए कि जो शाही इलाक़ा उसने हड़प रखा है, उसे वह लौटा दे। बहरहाल, सूरजमल ने जो भूभाग इतने परिश्रम से कमाए थे उनको छोड़ने के लिए वह तैयार नहीं था, और वज़ीर की तलवार का दम-खम परखने की तैयारी करने के लिए उसने डीग, कुम्हेर तथा अन्य दुर्गों की मोर्चाबंदी करनी शुरू कर दी। इस बीच सफ़दरजंग को उसने 'कभी आत्मसमर्पण करने के आश्वासन दिए तो कभी प्रतिशोध की भी धमकियाँ दे डालीं'। परिस्थिति उस समय अनिश्चित हो गई जब वज़ीर ने क़ासिम खाँ बंगश की हार और मृत्यु (12 नवंबर) का समाचार सुना और वह राजधानी वापस आ गया।[7]

---

4. विवरण के लिए देखें, श्रीवास्तव कृत *अवध,* 130ff; *ए हिस्ट्री ऑफ द फ्रीडम मूवमेंट* (कराची : 1957), I, 215 में मिर्जा अली अजहर को भी पढ़ें।
5. *मेम्वोआर दे यात,* 31-33
6. *तारीख़-ए-अहमद शाही,* 21a और 22b; ए.एल. श्रीवास्तव कृत *अवध,* 141, में कहा गया है कि सफ़दरजंग और सलावत खाँ में सूरजमल के विरुद्ध आपसी समझौता था।
7. *तारीख़-ए-अहमद शाही,* 22b; *चहर गुलज़ार शुजाई ;* इलियट में, VIII, 212-213, यद्यपि इसकी तारीख ग़लत है, लेकिन दरबार द्वारा प्रस्तुत राज्यकाल के इतिहास के मुकाबले 'चहर' ने इस घटना की चर्चा कुछ विस्तार से की है जिससे स्पष्टतया

सूरजमल द्वारा मीर बख्शी पराजित

कुछ सप्ताह बाद मीर बख्शी, सलावत खाँ जुल्फ़िकार जंग, जिसके पास नारनौल की फ़ौजदारी[8] के साथ ही आगरा और अजमेर की सूबेदारी भी थी, ने सूरजमल से मूर्खतापूर्ण झगड़ा मोल ले लिया। दरबार और नागौर के मुखिया, बख्त सिंह के मध्य एक समझौता हुआ था जिसके अधीन सिंहासनारूढ़ रामसिंह से जोधपुर की गद्दी छीनने में बख्शी को बख्त सिंह की सैन्य सहायता करनी थी। जोधपुर का राजा राम सिंह, बख्त सिंह का भतीजा था। इसके बदले में बख्त सिंह ने मराठा हस्तक्षेपियों, या दखलअंदाज़ियों, तथा अन्य स्थानीय विद्रोहियों से आगरा और अजमेर की रक्षा करने में सलावत खाँ की सहायता करनी थी। इसी उद्देश्य से सलावत खाँ नवंबर, 1749 में 15 से 20 हज़ार[9] सैनिकों को लेकर दिल्ली से अजमेर के लिए रवाना हुआ था।

उधर जाते हुए कुछ समय तक पटौदी में रुककर, मेवात को उजाड़ने के बाद, नीमराना किले (पटौदी से 33 मील दक्षिण-पश्चिम) की ओर बढ़ा जो उसने 30 दिसंबर, 1749 को जाट दुर्गरक्षकों से छीन लिया। अब बख्शी ने अपना मूल कार्यक्रम बदल दिया तथा पहले आगरा जाकर जाटों पर हमला करने का निश्चय किया। कार्यक्रम में इस परिवर्तन से उसके साथी उद्विग्न और हतोत्साहित हो गए। उन्होंने उसे समझाया कि इस समय 'जाटों से झगड़ा मोल लेना ठीक नहीं होगा', तथा इस पर तो उस समय विचार किया जाना चाहिए जब बख्तसिंह उनके साथ आ जाए तथा राजपूत युद्ध में सफलता प्राप्त करने के बाद उनके सिपाही उत्साह से भरे हुए हों। किंतु महत्त्वहीन दुर्गरक्षकों पर आसानी से विजय प्राप्त कर लेने से बख्शी फूलकर कुप्पा हो गया था। उनकी उचित राय की उसने उपेक्षा कर दी, तथा उसने अग्रिम दस्ते के शिविर को वापस बुलाकर आगरा के लिए प्रस्थान कर दिया। उसने रात का पड़ाव सराय शोभचंद में किया।[10]

सफ़दरजंग के प्रथम अभियान की घटनाओं से दूसरे अभियान की घटनाएँ मिल गई हैं। एक सामयिक कृति होने के बावजूद '*तारीख़-ए-अहमद*' ने कुछ स्थानों पर घटनाओं के बहुत संक्षिप्त तथा ग़लत विवरण दिए हैं। उदाहरणतया, उसने (*तारीख़-ए-अहमद शाही*, 27b) लिखा है कि दूसरे अफ़गान युद्ध में जाटों ने भाग नहीं लिया था।

8. *तारीख़-ए-अहमद शाही*, 29a और 21a; *सियर*, III, 317; तुलना करें *सुजान* 40
9. *तारीख़-ए-अहमद शाही*, 21b संख्या के संबंध में शांत है। एक अन्य सामयिक कृति, *सुजान चरित्र*, (38) यह संख्या प्रकटतया 20,000 दिखाता है, जबकि *सियर* (III,311) के लेखक ने, जिसके चाचा बख्शी की सेवा में ही थे, 'लगभग 15,000 सैनिक' लिखे हैं।
10. *सियर*, III, 311-313; *एस.पी.डी.*, XXVII, 58, XXI, 26; *तारीख़-ए-अहमद शाही*, 21b, सरकार कृत *फ़ाल*, I, 306-308; तुलना करें *सुजान*, 37-39

इस बीच सूरजमल अपनी सेना लेकर निकटवर्ती एक स्थान नौगाँव की ओर प्रस्थान कर गया था। यहाँ से उसने अपने वकील को बख्शी के पास भेजा और उससे खुशामद की कि वह देश (मेवात) की लूटपाट न करे क्योंकि यह इलाका (मोहम्मद शाह द्वारा) उसे दिया गया था[11], तथा वह शहंशाह के मातहत की तरह रह रहा है। तथापि, सलावत खाँ ने रुक्षता और दंभ से उसकी याचिका अस्वीकार कर दी। असद खाँ की हत्या की कैफ़ियत तलब करते हुए, उसने सूरजमल से दो करोड़ रुपयों की माँग की, और इसके साथ ही उसकी जागीर की भूमि खाली करने और 'शहंशाह के साथ मिलने' को कहा। सलावत खाँ की अंतिम माँग को स्वर्गीय कमरुद्दीन के साथ सूरजमल के पुराने संबंधों को दृष्टि में रखते हुए समझना होगा। यहाँ उसका मतलब यह था कि वह कमरुद्दीन के पुत्र, इंतिज़ाम-उद-दौला और उसके साथियों से संबंध तोड़कर मीर बख्शी तथा उसके दोस्त, वजीर से नाता जोड़े। अंत में बख्शी ने सूरजमल को सचेत किया कि या तो वह इन शर्तों को माने अथवा युद्ध के लिए तैयार रहे।[12]

सूरजमल ने इस चुनौती को स्वीकार कर लिया और शीघ्र ही अपने सहायकों (गोकुलराम, सुरतीराम, बलराम, प्रताप कछवाह आदि), गोहद के राणा तथा 6,000 घुड़सवार-सैनिकों को लेकर आगे बढ़ गया। अपनी शेष फौज उसने वहीं छोड़ दी। बख्शी पर आक्रमण करने और उसे सब तरफ से घेरने के लिए उसने अपने सैनिकों को पाँच दस्तों में विभाजित कर दिया और 31 दिसंबर, 1749 की रात में आगे बढ़कर उसने बख्शी को अपने घेरे में ले लिया। अगले दिन (1 जनवरी, 1750) दोपहर में फ़तेह अली (वही जिसकी सूरजमल ने असद खाँ के विरुद्ध सहायता की थी, 1745) के अधीन लड़ रही सलावत की फौज को सराय से कोई तीन मील दूर घेरकर उसकी मरम्मत शुरू कर दी। सूर्यास्त से दो घंटे पूर्व अली रुस्तम खाँ और हकीम खाँ खेशगी के नेतृत्व में कुमुक आई। किंतु घुड़सवार जाट बंदूकधारियों के हमले को मुग़ल झेल नहीं सके। बख्शी के पाले में हड़बड़ी मच गई। जाटों ने अपनी बंदूकों से गोलियों की बौछार करके लाशों के ढेर लगा दिए। बख्शी की फौज के दक्षिणी सिरे पर हाकिम खाँ हाथी पर बैठकर कमान सँभाले हुए लड़ रहा था। हर नारायण ने उसके हाथी की ओर अपना घोड़ा दौड़ाकर खान को मार डाला। हरावल दस्ते का संचालन कर रहा अली रुस्तम गंभीर रूप से घायल हो गया और जाटों

---

11. तुलना करें, ऊर्ध्व, 113-114
12. *सुजान,* 39f; *तारीख़-ए-अहमद शाही,* 21b में बताया गया है कि ईश्वरी सिंह ने सूरजमल की सेना बुलाई थी।
13. *सियर* III, 313f; *सुजान,* 41-51; *एस.पी.डी.,* XXI, 26; XXVII, 58; *तारीख़-ए-अहमद शाही,* 21b

ने असाधारण विजय प्राप्त कर ली। वे फिर सलावत खाँ के शिविर पर टूट पड़े और चार 'घड़ी' तक उसे लूटते रहे। अमीर-उल-उमरा तो इतना आतंकग्रस्त हो गया कि वह भागने को हो लिया, किंतु कमांडरों की सतर्कता के कारण ही उसे इस कायरतापूर्ण कृत्य से रोका जा सका।[13] अंततः, दो-तीन दिन तक बुरी तरह घिरे रहने के बाद मजबूर होकर बख्शी ने सुलह के लिए प्रार्थना करने का निश्चय किया। उसने अपने वकील (संभवतः फतेह अली) को सूरजमल के पास इस प्रस्ताव के साथ भेजा कि वह उस सारी जमीन को छोड़ देगा जिस पर उसने अभी-अभी कब्जा किया है। इस पर जवाहरसिंह को सुलह की शर्तें बताने के लिए बख्शी के पास भेजा गया (लगभग 4 जनवरी, 1750 के आसपास)। उसकी शर्तें यह थीं : (1) बख्शी के लोग न तो पीपल के वृक्ष काटेंगे और न हिंदू मंदिरों या उनके किसी अन्य उपासना स्थलों को अपवित्र या क्षतिग्रस्त करेंगे, (2) बख्शी के राजपूत अभियान में स्वयं भागीदारी करते हुए सूरजमल अजमेर की मालगुजारी के रूप में राजपूतों से 15 लाख रुपए वसूल करेगा बशर्तें बख्शी नारनौल से आगे न बढ़े।[14]

सराय शोभाचंद का विलक्षण युद्ध सूरजमल के जीवन की एक शानदार और सम्मानजनक घटना है। इसके पहले कोई भी जाट-नेता मुग़ल साम्राज्य के मुख्य सेनापति को इस प्रकार धूल नहीं चटा सका था। उसकी इस सफलता से मेवात का उसका राज्यक्षेत्र वापस मिल जाने के अतिरिक्त कोई पूंजीगत लाभ उसे नहीं हुआ था। तथापि, उसके सम्मान में अभिवृद्धि हुई थी और उसमें आत्मविश्वास भी बढ़ा था जो इस बात से स्पष्ट होता है कि अजमेर की मालगुज़ारी वसूल करने जैसे कठिन कार्य को उसने स्वीकार किया था और जहाँ तक मुग़ल सल्तनत का संबंध है, इससे एक बार फिर सिद्ध हो गया कि उसका पतन अत्यधिक निम्नस्तर पर पहुँच गया है।

बख्शी की जो अवमानना हुई उसके लिए उसका ही उतावलापन जिम्मेदार था। इतने खतरनाक अभियान की ओर बढ़ने से पूर्व उसने आवश्यक सतर्कता और सावधानी नहीं बरती थी। एक नहीं, अनेक इतिहासकारों ने यह प्रमाणित किया है कि इस युद्ध के लिए सूरजमल को मजबूर किया गया था और उसने यह 'लड़ाई मात्र आत्मरक्षा के लिए'[15] लड़ी थी। यह बात उल्लेखनीय है कि ऐसी स्थिति में होते हुए भी सूरजमल ने अमीर-उल-उमरा को मारने या गिरफ़्तार करने का प्रयास नहीं किया। इसके विपरीत उसने अपनी 'अशिष्टता' के लिए खेद व्यक्त किया तथा अपनी निष्ठा का भरोसा भी

---

14. *सियर,* III, 314-315; *सुजान,* 51f
15. *सियर,* III, 314; *एस.पी.डी.,* XXVII, 58; *सुजान,* 40

दिया।[16] उसकी इस विनम्रता ने निस्संदेह, उसकी व्यावहारिक बुद्धिमता का परिचय दिया। अब चूँकि उसका तात्कालिक लक्ष्य प्राप्त हो चुका था इसलिए उसने बख्शी के स्वाभिमान को लगी ठेस पर मरहम लगाने का प्रयास किया। इसके साथ ही यह घटना पराजित शत्रु के प्रति उसकी वीरोचित सदाशयता को भी प्रदर्शित करती है। अपने कट्टर दुश्मन, वज़ीर, इमाद को बाद में शरण देना इस सदाशयता का एक और उदाहरण है।

सियर से यह अनुमान लगाया जा सकता है कि इस युद्ध के बाद सलावत खाँ और सूरजमल ने नारनौल की ओर कूच कर दिया जहाँ बख्त सिंह को सूरजमल के साथ बख्शी के हाल में हुए आपसी समझौते की भनक पड़ी। इससे मारवाड़ में बख्त सिंह को अपना भविष्य उज्ज्वल प्रतीत नहीं हो रहा था। अतएव, उसने बख्शी को मूल योजना पर चलने अर्थात् उसके साथ मिलकर अजमेर की ओर कूच करने के लिए राज़ी कर लिया। इससे सूरजमल नाराज़ हो गया तथा जवाहरसिंह के अधीन 5,000 घुड़सवार सैनिक छोड़कर वह स्वयं वहाँ से चला आया। उसके संरक्षित गोहद के राणा ने भी ऐसा ही किया और फतेह सिंह को 200 घुड़सवार देकर वह भी वहाँ से आ गया।[17]

इसका चाहे जो भी औचित्य रहा हो, किंतु बख्त सिंह को बेहतर समझते हुए सूरजमल को छोड़ देना सलावत खाँ की सबसे बड़ी सामरिक ग़लती थी। यह सच है कि वे दोनों ही स्वार्थ के वशीभूत थे। किंतु प्रश्न अपेक्षाकृत अधिक लाभ का था, सलावत खाँ यह नहीं सोच पाया कि सूरजमल–जिसकी श्रेष्ठ और उत्तम शक्ति को अभी हाल ही में वह परख चुका था–निश्चय ही उस व्यक्ति (बख्त सिंह) से बेहतर है जो स्वयं उसकी अपनी (बख्शी की) शक्ति पर निर्भर था। जैसा होना था वही हुआ, सलावत खाँ बरबाद, अपमानित और दिवालिया होकर वापस लौटा। राजपूत अभियान में न उसे विजय मिली और न धन हाथ लगा।[18] राजस्थान में मुग़लों का वर्चस्व स्थापित करने का यह अंतिम अवसर भी हाथ से निकल गया।

---

16. *सुजान,* 52; *सियर,* III, 314
17. *सियर* III, 315; *सुजान* (52) ने यहाँ एक रोचक सूचना दी है कि इस युद्ध के बाद सूरजमल ने मथुरा में अपना विवाह रचाया। *एस.पी.डी.,* XXI, 25, 26 और 34 भी।
18. देखें, सरकार की टिप्पणी (*फ़ाल,* I, 357)। आगरा और अजमेर की सूबेदारी से सलावत खाँ को कुछ भी मालगुजारी नहीं मिली। इसका कारण था जाटों को नाराज रखने की उसकी लक्ष्य रहित नीति, वस्तुतः, उस क्षेत्र को वे ही व्यवस्थित रख सकते थे। राजपूत अभियान के लिए देखें, *फ़ॉल* I, 310 एफ़एफ़।

जाटों के विरुद्ध सफ़दरजंग का द्वितीय अभियान : जुलाई, 1750

फ़र्रुख़ाबाद में उत्पन्न समस्याओं का समाधान करने के बाद राजधानी लौटकर लगभग छह माह बाद सफ़दरजंग ने एक बार फिर बलराम जाट पर चढ़ाई कर दी। बलराम इस बीच बहुत शक्तिशाली हो गया था। उसके सैनिकों ने दिल्ली के निकट शम्सपुर में वज़ीर की चौकी पर हमला करके उन्हें वहाँ से खदेड़ दिया। यह समाचार सुनकर सफ़दरजंग ने एक नया दस्ता भेजा, किंतु उपद्रवकारी दबने के बजाय मुकाबला करने को तैयार हो गए। इस पर वह स्वयं निकल पड़ा तथा शम्सपुर के निकट उसने रात बिताई। यहाँ उसको पठानों के भयंकर विद्रोह की खबर मिली। इससे एक बार फिर उसके हौसले पस्त हो गए तथा वह जाटों से समझौता कर लेने के लिए तत्पर हो गया। उधर वज़ीर के आने से हतप्रभ हो जाने के कारण बलराम भी सुलह के लिए तैयार हो गया। एक मराठा वकील, जो दोनों के बीच मध्यस्थता कर रहा था, ने बलराम की दोनों कलाइयाँ आपस में बाँधकर खिज़राबाद में (जुलाई, 1750) वज़ीर के समक्ष पेश कर दिया। सफ़दरजंग ने उसे अपना अनुयायी होने का वादा लेकर क्षमा कर दिया और इस तरह अवैध तरीके से उसने (बलराम) जो कुछ अपने कब्जे में किया था उसे एक प्रकार से उसे ही दे दिया। वज़ीर फिर तुरंत दिल्ली लौट गया।[19]

वज़ीर और सूरजमल के मध्य मैत्री-संधान

पेशवा के प्रतिनिधित्व (एजेंट) के खरीते से ज्ञात होता है कि वज़ीर जब बंगश देश के लिए दिल्ली से प्रस्थान करने को था तब 'जाट' (सूरजमल) वज़ीर के निमंत्रण पर दिल्ली के पड़ोस में कहीं आया था। वज़ीर ने अपने एक अधिकारी को उसका स्वागत करने के लिए भेजा था। इसके बाद वह स्वयं भी गया और खिज़राबाद के निकट किशनदास के तालाब पर दोनों में बातें हुईं। फिर सूरजमल को विदा करके नवाब वज़ीर राजधानी वापस आ गया।[20]

इन दोनों ने क्या बातें कीं और किन विषयों पर की इसके विवरण हमें ज्ञात नहीं हैं। तथापि, यह तो स्पष्ट है कि उक्त वार्ता के पश्चात् दोनों एक मैत्री-संधान

---

19. *दिल्ली क्रॉनिकल* (रघुवीर सिंह लायब्रेरी, सर जदुनाथ सरकार कृत संक्षिप्त अनुवाद की पाण्डुलिपि); *तारीख़-ए-अहमद शाही,* 22b-23a; कानूनगो कृत *जाट्स,* 80; श्रीवास्तव कृत *अवध,* 147f; देखें, *मेम्वोआर दे यात,* 33
20. *एस.पी.डी.,* II, 15, इस पत्र पर दिसंबर, 1749 की तारीख मुद्रित है जो सही नहीं लगती। उस घटना को द्वितीय बल्लभगढ़ अभियान के बाद रखकर प्रोफेसर श्रीवास्तव (*अवध,* 147) ने भी मुद्रित तारीख पर संदेह व्यक्त किया है। *मेम्वोआर दे यात,* 33 उस 'भेंटवार्ता' की पुष्टि करता हैं किंतु यह गलत है कि इसके तुरंत बाद सूरजमल दरबार में चला गया।

में बँध गए।[21] शाही वज़ीर का स्वयं चलकर आना सूरजमल के प्रति ऐसे अद्वितीय और अभूतपूर्व सम्मान का प्रदर्शन था जो शासन के सर्वोच्च अधिकारी द्वारा किसी भी जाट नेता को नहीं दिया गया था। तत्कालीन राजनीतिक परिदृश्य में यह भरतपुर परिवार के प्रति बढ़ते सम्मान का द्योतक था। इसके साथ ही वज़ीर की मजबूरियों को भी यह दर्शाता है, जिसकी चर्चा पहले की जा चुकी है, जिससे प्रभावित होकर वह जाट नेता को प्रसन्न करने के लिए इतनी दूर गया था। स्पष्टतया, सूरजमल ने इसे लाभदायक समझा और वज़ीर की सदाशयता का सम्मान करते हुए उससे समझौता करना बेहतर समझा। इस प्रकार पारस्परिक गुणों की स्वीकृति तथा अन्यान्य लाभों की संभावनाओं ने 1750 में नवाब और सूरजमल को एक-दूसरे से बाँध दिया। अधिक स्पष्ट रूप से कहा जाए तो गलत नहीं होगा कि इन दोनों ने अपने-अपने चाचा, क्रमशः सादत खाँ और रूप सिंह के दिनों की मैत्री को नवीकृत और सुदृढ़ किया।[22]

सूरजमल और प्रथम अफ़गान अभियान

अफ़गान विद्रोह के पुनरावर्तन से सफ़दरजंग चिंतित था। अतः, उसने वहाँ चढ़ाई करने की एक योजना बनाई और उसी के अनुसार दिल्ली से (25 जुलाई, 1750) रवाना हो गया। मार्ग में उसे अपने सहायक नवल राय की मृत्यु और उसकी पराजय का दुःखदायी समाचार मिला। परिस्थिति की गंभीरता को महसूस करते हुए उसने अतिरिक्त फ़ौज एकत्रित करने का फैसला किया तथा अन्य लोगों के अतिरिक्त[23], जाटों को भी सूचित किया। उसने सूरजमल (जो उस समय सहर में था) को पत्र लिखकर उससे तुरन्त सहायता देने का अनुरोध किया।[24]

तदनुसार, वज़ीर के साथ शामिल होने के लिए (जुलाई, 1750 के अंत में कभी) सूरजमल कोल आया।[25] 'सुजान चरित्र' के अनुसार वज़ीर ने अपने इस मूल्यवान सहयोगी का स्वागत करने के लिए अपने अधिकारियों में से एक को भेजा।[26] जब सूरजमल उसका अभिवादन करने के लिए गया तो वज़ीर ने अत्यधिक

---

21. *अमीरा,* 80; *मेम्वोआर* दे *यात,* 33, *इमाद,* 73, 85 और 94
22. *सुजान,* 54 और 60
23. *दिल्ली क्रॉनिकल* ; *तारीख़-ए-अहमद शाही,* 25b-26a; *एस.पी.डी.,* II, 14a; *सियर,* III, 292; *इमाद,* 74; *शाकिर,* 63; श्रीवास्तव कृत *अवध,* 156
24. *सुजान,* 54f
25. वही, 56; *तारीख़-ए-अहमद शाही,* 25b; *एस.पी.डी.,* II, 23; *अमीरा,* 80; *मेम्वोआर* दे *यात,* 34; *हदीक़त,* 174; *गुलिस्तां* 37; *गुल-ए-रहमत* (लीथो. आगरा, 1836), 56
26. *सुजान* (56) ने इस संबंध में इस्माइल के नाम की चर्चा की हैं यह ग़लत है। तथ्य यह है कि वह सफ़दरजंग के साथ मरहरा में शामिल हुआ था। संबंधित व्यक्ति इस्माइल के अतिरिक्त कोई और होगा।

आत्मीयता दिखाई तथा इस नई समस्या पर बातें करते हुए वह उसके हाथों को अपने हाथों में थामे रहा। सूरजमल ने राय दी कि भदावर के हिम्मत सिंह सदृश व्यक्तियों से कुछ और सहायता जुटा लेनी चाहिए। फिर शिष्टाचार प्रदर्शित करते हुए वज़ीर भी उसके पास आया।

सूरजमल ने यह कहते हुए उसका अभिवादन किया, "हम ज़मींदार आपके अभ्यागम से सम्मानित महसूस करते हैं।" वार्तालाप करते हुए सफदरजंग ने अपने अतिथेय से अनुरोध किया कि वह उसका पूरी तरह और हार्दिक समर्थन करें। सहायता का आश्वासन देते हुए सूरजमल ने बुलाई गई फ़ौज की संख्या बढ़ाकर 15,000 कर दी।[27] कोल से निवृत्त होकर वज़ीर फिर (अगस्त के प्रारंभ में) मरहरा गया, जहाँ वह अन्य सहयोगियों की फौजों की प्रतीक्षा करने के लिए एक माह रुका। अंततः इन फ़ौजों की पूरी संख्या (लगभग 70,000 सैनिक) आ जाने पर सफ़दरजंग ने अपना कूच जारी रखते हुए अपना आखिरी पड़ाव रामचतौनी के निकट बनाया। दूसरी तरफ़ 20,000 अपनी फ़ौज तथा 10,000 रुहेलों को लेकर अहमद खां बंगश शत्रु का मुकाबला करने के लिए तैयार खड़ा था।[28] 'सुजान चरित' के अनुसार अहमद खाँ ने अपने वकील को सूरजमल के पास भेजकर उससे अनुरोध किया कि वह उसके विरुद्ध न लड़ें। किंतु जाटों के राजा ने वज़ीर से अपनी मित्रता तोड़ने से इनकार कर दिया।[29]

अंततः, 13 सितंबर, 1750 को प्रातः 9 बजे युद्ध शुरू हो गया। सफदरजंग अपनी अधिकतर सेना लेकर केंद्र में खड़ा था, जबकि सूरजमल सैन्याग्र के लगभग निकट, वज़ीर की दाहिनी ओर, सेना का संचालन कर रहा था और इस्माइल खाँ वज़ीर के बाएँ था। उधर अहमद खाँ बंगश ने अपनी सेना को दो भागों में विभाजित कर रखा था; पहले भाग में 10,000 सैनिक शत्रु के विरुद्ध रुस्तम खाँ अफ़रीदी के नेतृत्व में तैनात थे, और दूसरी तरफ की सेना को बंगश ने अपने अधीन छिपाकर तैनात किया था, ताकि अचानक हमला किया जा सके। एक रोचक कहानी यह बताई जाती है कि रुस्तम खाँ ने बंगश सरदार को सलाह दी कि सैनिक (अर्थात् वह स्वयं) दूसरे सैनिक (अर्थात् सूरजमल) से लड़े और नवाब (अर्थात् अहमद खाँ)

27. *सुजान,* 56-64 सूरजमल के साथ जो उल्लेखनीय सरदार गए थे उनके नाम हैं बल्लभगढ़ का बलराम, गोकुलराम, मोहनराम, सुरतिराम, मंसाराम, कृपाराम, प्रताप कछवाहा, हरनागर मिसूर, समरसिंह चंदेल, चैन सिंह और तिलक सिंह तोमर। *गुलिस्तां* (37), *गुल* (56) और सम्भवतः इनका अनुसरण करते हुए इर्विन (*बंगश नवाब्ज़ ऑफ फ़र्रुखाबाद,* जर्नल ऑफ एशियाटिक सोसाइटी ऑफ बंगाल, 1878-79, 67) ने खींचकर जाट सेना की संख्या 30,000 कर दी। यह ग़लत है।

28. श्रीवास्तव कृत *अवध,* 155-157

29. *सुजान,* 69-70

दूसरे नवाब (अर्थात् सफ़दरजंग) से भिड़े।[30]

पठानों के बढ़ने और दोनों ओर की तोपों की गरज के साथ युद्ध प्रारंभ हुआ। सूरजमल और इस्माइल खाँ ने आगे बढ़कर रुस्तम खाँ का मुकाबला किया। बल्लभगढ़ के बलराम जाट ने दोनों सेनाओं के बीच एक ऊँचे टीले पर कब्जा करके अपनी तोपें वहाँ जमा दीं। जाटों की तोपों ने पठानों पर प्राणांतक हमले में आग उगलनी शुरू कर दी और एक बार तो उन्हें पीछे हटा दिया। किंतु शीघ्र ही; 7,000 सैनिकों को लेकर रुस्तम खाँ अपने साथियों से जा मिला और अन्ततः जाटों की तोपों सहित वह जगह भी छीनने में सफल हो गया। बलराम और उसके जाट साथी बहुत बहादुरी से लड़े, किंतु शत्रु के अधिक सैनिक आ जाने से उन्हें भारी क्षति उठानी पड़ी। चैन सिंह, साहेब राम और तिलक सिंह तोमर उन लोगों में शामिल थे जो इस लड़ाई में काम आए। इस पर सूरजमल ने अपने मामा, सुखराम को तुरंत बलराम की सहायता के लिए भेजा और यह आदेश दिया कि तलवारों के बजाय तीर और तोडेदार बंदूकों से युद्ध किया जाए, और वह स्वयं इस्माइल खाँ और हिम्मत खाँ के साथ अर्द्धचंद्राकार स्थिति में आगे बढ़ गया तथा तोड़ेदार बंदूकों और तीरों का उपयोग करते हुए पठानों पर झपट पड़ा। रुस्तम खाँ और उसके साथी बहुत वीरता से लड़े, किंतु वे शत्रु का मुकाबला नहीं कर सके। कोई छह-सात हज़ार पठानों के साथ रुस्तम खाँ मारा गया। दूसरी तरफ़ तीन-चार हज़ार जाट खेत हुए। सूरजमल ने भागते हुए शत्रुओं का अलीगंज तक पीछा किया तथा उनसे खूब माल लूटकर लाया।[31] इस प्रकार उसने युद्ध के इस क्षेत्र में पूरी तरह विजय प्राप्त कर ली।[32]

लेकिन जो कुछ सूरजमल ने प्राप्त कर लिया उसका स्वामी (अपने क्षेत्र में) वह नहीं कर सका। इससे इस युद्ध का नक्शा ही बदल गया तथा सूरजमल की मेहनत भी बेकार गई। अहमद खाँ से सफ़दरजंग के युद्ध के विवरणों से हमारा अधिक मतलब नहीं है। यहाँ इतना ही याद रखना पर्याप्त होगा कि अपने सैनिकों का मनोबल बढ़ाने के लिए अहमद खाँ बंगश ने यह अफ़वाह फैला दी कि रुस्तम ने लड़ाई जीत ली है। अब यदि वे ऐसा नहीं कर सके, अर्थात् अपने शत्रु, जो इस समय उनसे लड़ रहा है यानी वज़ीर को पराजित नहीं कर सके तो अफ़रीदी

---

30. इर्विन कृत *बंगश नवाब्ज़,* 71
31. कानूनगो (*जाट्स,* 81) का खयाल है कि सूरजमल ने फ़र्रुखाबाद पर कब्जा कर लिया था।
32. सूरजमल के भाग के लिए देखें, *सुजान,* 72,-90; *सियर,* III, 295; *इमाद,* 74; *हदीक़त* 171 और 174; *तारीख़-ए-अहमद शाही,* 26b; *अमीरा,* 80-81; *एस.पी.डी.,* II, 23, 21 और 20 भी; *गुलिस्तां,* 38f, *गुल,* 57 एफ; मेम्वोआर दे यात, 340 इर्विन कृत बंगश नवाब्ज़ 71-72 और 84; *शाकिर,* 63-64 भी देखें।

उन पर हँसेंगे।[33] अतएव अफ़गानों ने निश्चय करके वज़ीर पर हमला बोल दिया, जिसने पीछा करनेवालों को कुमुक भेजकर अपनी स्थिति बहुत खतरनाक ढंग से कमजोर कर ली थी। स्थिति उस समय और भी गंभीर हो गई जब राव बहादुर सिंह, मीर बक़ा, कामग़र खाँ बिलोच और शेरजंग (जिनमें से अधिकतर शत्रु से मिले हुए थे) जैसे हरावल फौज में तैनात सेनापति रणक्षेत्र से भाग निकले। सफ़दरजंग की मजबूरी का लाभ उठाते हुए अफ़गानों ने दो तरफ़ से उस पर हमला कर दिया। बंदूक की एक ही गोली ने हाथी पर बैठे वज़ीर को हौदे में ही ढेर कर दिया। पूरी तरह पिट जाने के बाद उसे किसी प्रकार से बचाकर युद्ध क्षेत्र से बाहर लाकर मरहरा में सुरक्षित स्थान पर दिल्ली की ओर रवाना कर दिया गया।[34]

अफ़रीदियों का पीछा करके जब विजयी सूरजमल लौटा तो उसने सफ़दरजंग की पराजय और पलायन की खबर सुनी। कुछ समय के लिए उसने पलाश वृक्षों की छाया में प्रतीक्षा की तथा आगे नहीं बढ़ा। अहमद खाँ बंगश को इससे चिंता हुई, तथा उसने अपने आदमियों को जाटों की तरफ जाने से मना कर दिया। सूरजमल स्वयं भी अफ़गानियों की गतिविधियों के प्रति सशंकित था। अतः, वह रणभूमि से बाहर आ गया और काली नदी के किनारे रात व्यतीत करने के पश्चात् अपने घर वापस हो गया।[35]

दो अफ़गान अभियानों के बीच दरबार की राजनीति और जाट

मुसीबत कभी अकेले नहीं आती। रामचतौनी की पराजय ने अंततः सफ़दरजंग को समस्याओं के त्रिकोण में फँसा दिया। अत्यधिक अपमान और उससे उत्पन्न मानसिक पीड़ा में ग्रस्त होकर उसे अब अपने राज्य क्षेत्रों की सुरक्षा की चिंता होने लगी जो अब असुरक्षित हो गए थे। उसके विजयी शत्रुओं ने उसके क्षेत्र के काफी भाग को रौंद डाला और शेष को हड़पने के प्रयास करने लगे। कोढ़ में खाज तो तब पैदा हुई जब उसके दरबारी विरोधियों को भी लाभ उठाने का यह स्वर्ण अवसर मिल गया। शहंशाह के इशारे पर जावेद खाँ, ऊधम बाई और इंतज़ाम ने उसकी संपत्ति और महल के अधिग्रहण की योजना बना डाली और वज़ारत से उसको हटाकर इसके पुराने दावेदार इंतज़ाम-उद-दौला को सौंपने का प्रबंध कर लिया।[36]

उपलब्ध साक्ष्य से यह ज्ञात होता है कि इस विषम कष्टावस्था में उसका ध्यान आशाभरी दृष्टि से पुनः अपने विश्वस्त और शक्तिशाली मित्र सूरजमल की ओर गया। '*मेम्वोआर दे यात*' में बताया गया है कि 'उसे (सूरजमल) अपने बच्चों

---

33. *इमाद,* 73; *गुलिस्तां,* 38; *गुल* 58; इर्विन कृत *बंगश नवाब्ज,* 72
34. विवरण के लिए देखें, श्रीवास्तव कृत *अवध,* 160-62
35. *सुजान,* 91, इसमें कहा है कि क्रोध में आकर सूरजमल ने पठानों पर पुनः आक्रमण का इरादा किया था। *गुलिस्तां,* 39 भी देखें; इर्विन कृत *बंगश नवाब्ज,* 75

की श्रेणी में रखने का सम्मान देते हुए उसने (सफ़दरजंग) और कई जागीरें देने का वादा करके वापस भेजा', तथा इसी तरह के और भी कई इनामात बख्शते हुए उसे अपनी मैत्री में और भी अधिक मज़बूती से जकड़ लिया।[37] '*मेम्वोआर दे यात*' तो बाद की कृति है, किंतु समकालीन स्रोतों सहित अन्य कृतियों से भी इसकी पुष्टि हुई है।[38]

वज़ीर में उसकी राजनीतिक चतुराई के अंश को यथोचित श्रेय देने के बावजूद हम ऊपर जो कुछ देख चुके हैं उससे इतना तो स्पष्ट होता ही है कि अपने साहसिक कार्यों में सूरजमल पर वज़ीर की निर्भरता और उसी अनुपात में तत्कालीन राजनीतिक लेन-देन में सूरजमल की हिस्सेदारी बढ़ती जा रही थी।

तथापि, इधर सफ़रजंग द्वारा सूरजमल से अपनी मैत्री को सुदृढ़ करने के प्रयास किए जा रहे थे, उधर उतनी ही तत्परता से उसके दरबारी विरोधी उसमें पलीता लगा रहे थे। इस कार्य के लिए षड्यंत्रकारी जावेद खाँ ने सूरजमल के महत्त्वाकांक्षी पुत्र जवाहरसिंह (जो अपने पिता के शासन की दीर्घावधि से बेचैन था) को अपना मोहरा बनाया। उसने जवाहरसिंह को बुलाकर शहंशाह के समक्ष पेश किया। जवाहर को शहंशाह ने 'राय' की उपाधि के अतिरिक्त कुछ अन्य प्रकार से भी 'उपकृत' किया,[39] जो सामान्यतया 'अत्यधिक सम्माननीय लोगों' को बख्शे जाते हैं, वैसे उचित तो यह होता कि इस तरह के उपहार उसके पिता या शासक पितामह को दिए जाते। इस तरह 'भारी आशाओं से भरकर' जवाहरसिंह को फ़िलहाल वापस भेज दिया गया और उस दिन की प्रतीक्षा की जाने लगी जब उचित अवसर आने पर उसके पिता की शक्ति को क्षीण करने और इस तरह सफ़दरजंग को कमज़ोर करने के लिए उसका उपयोग किया जाना था। वैसे तो इनका निशाना तो सफ़दरजंग ही था।[40] एक प्रकार से यह घटना, दो वर्ष बाद जावेद ने बलराम जाट को जो प्रोत्साहन देना प्रारंभ किया था उसकी अग्रचारी थी।[41]

---

36. पूर्ण विवरण के लिए देखें, श्रीवास्तव कृत *अवध,* 163-164
37. *मेम्वोआर दे यात,* 34
38. *तारीख़-ए-आलमगीर सानी 108,* (केवल जागीरों के समर्पण के लिए); *तवारीख-ए-हुनूद* 21b-22a; *सियर,* 92 भी।
39. *मेम्वोआर दे यात,* 34; *सुजान* 5; इसमें बताया गया है कि अहमद शाह ने उसे 'नौबत' के अधिकार भी दिए थे। उस अवसर पर जवाहर को कोई मंसब दिया गया था या नहीं यह उक्त स्रोतों से पुष्ट नहीं हो पाया है। तथापि, हमें *दिल्ली क्रॉनिकल* से पता चलता है कि जवाहरसिंह के पास 3000 ज़ट और 2500 घोड़ों का एक मंसब उस समय था जब कुछ समय बाद (मार्च 1751) इसे बढ़ाकर 4000 ज़ट और 3500 घोड़े किया गया था।
40. *मेम्वोआर दे यात,* 34-35
41. *तारीख़-ए-अहमद शाही,* 39aff

जाट और द्वितीय अफ़गान अभियान

किंतु इस सौभाग्यशाली जाट के प्रति किए गए उद्देश्यमूलक उपकार को जावेद खाँ भुना नहीं सका क्योंकि 70 लाख रुपए घूस लेकर वह स्वयं ढीला पड़ गया तथा सफ़दरजंग को क्षमा दिलवाकर पुनः विज़ारत दिलवा दी। सफ़दरजंग ने अब अपनी हार का बदला लेने के बारे में गंभीरता से विचार करना शुरू कर दिया जिस पर वह वहाँ से लौटने के बाद सदा विचार करता रहता था। इस्माइल बेग, राजा लक्ष्मी नारायण, राजा नागरमल और सूरजमल तथा अन्य सहयोगियों को बुलाया गया तथा विचार-विमर्श के पश्चात् मराठों से भी सहायता प्राप्त करने का भी निर्णय किया गया। सफ़दरजंग ने मराठा और जाट सेनाओं को प्रतिदिन क्रमशः पच्चीस हजार रुपए (या पैंतीस हज़ार रुपए) और पंद्रह हज़ार रुपए देने का वायदा किया। समस्त आवश्यक तैयारियाँ करने के बाद वज़ीर ने कूच कर दिया। आगरा पहुँचकर उसने 20 हज़ार मराठा सैनिकों को शादिल खाँ (कोल और जलेसर का बंगश सूबेदार) के विरुद्ध तैनात कर दिया और जाटों सहित शेष सेना को लेकर फ़रुखाबाद की ओर कूच कर गया। मराठा सैनिकों के इस दस्ते ने क़ादिरगंज में (20 मार्च, 1751 के आसपास) शादिल खाँ की छोटी-सी फौज को पराभूत करके शादिल खाँ को भागने के लिए मजबूर कर दिया।[42]

यह सुनने पर अहमद खाँ बंगश ने इलाहाबाद की घेरेबंदी उठा ली, और अपनी राजधानी की ओर बढ़कर उसने फतेहगढ़ में डेरा डाल दिया। यहाँ उसने गंगाधर तांतिया के अधीन मराठा सैनिक दस्ते को पराजित कर दिया। तदनंतर, मराठों और जाटों को लेकर सफ़दरजंग पहुँच गया तथा उसने फतेहगढ़ को पूर्व की ओर को छोड़कर तीन तरफ़ से घेर लिया। इस क़िले में रोज़ ही झड़पें होती रहीं, किंतु किसी भी पक्ष को कोई निर्णायक लाभ नहीं मिला। जब यह घेरेबंदी एक माह से भी अधिक खिंच गई तो सादुल्ला खाँ अपनी 12,000 रोहिला सैनिक कुमुक को लेकर फतेहगढ़ की दूसरी ओर गंगातट पर पहुँच गया। यहाँ से उसने अहमद बंगश को शेखी बघारते हुए यह संदेश भेजा कि अगले दिन वह सफ़दरजंग, सूरजमल और मराठा सेनापतियों के सिर लेकर उसके पास पहुँच जाएगा।

उसके पहुँचने से वज़ीर को चिंता हुई और उसने सूरजमल, मल्हार राव होल्कर तथा जयप्पा शिंदे को विचार-परामर्श के लिए बुलाया। यहाँ यह निर्णय लिया गया

42. *सियर,* III, 304-305; *अमीरा* 83; *सुजान,* 92; *एस.पी.डी.,* II, 32, XXVI, 176; *मजमा-उल-अखबार* इलियट, VIII, 362 में; इर्विन कृत *बंगश नवाब्ज़,* 83 और 86; श्रीवास्तव कृत *अवध,* 176, 179-180; खैरुद्दीन मोहम्मद, इलाहाबादी कृत *इबरतनामा* (ब्रिटिश संग्रहालय, 1932 से प्राप्त माइक्रो फ़िल्म का अंश), 15a; *तारीख़-ए-अहमद शाही,* 27b का कहना गलत है कि उस समय सफ़दरजंग अपने साथ जाटों को नहीं ले गया था।

कि सादुल्ला खाँ को नदी के पार बंगश सेना तक पहुँचने से रोका जाए। तदनुसार, खांडेराव और तांतिया के अधीन मराठे तथा जवाहरसिंह और (गोहद के) राणा भीमसिंह के अधीन जाट आगे बढ़ लिए और सिंगीरामपुर में नदी पार करके उन्होंने बहादुर खाँ के अधीन सादुल्ला खाँ के सेनामुख पर हमला कर दिया। वे लड़े तो बहुत बहादुरी से किंतु एक ओर से मराठों और दूसरी ओर से जाटों के आक्रमण को झेल नहीं सके। अन्ततः, पराजित होकर वह मारा गया। कोई दस-बारह हज़ार अफ़गान मारे गए या घायल हुए (अप्रैल, 1751)। बहादुर खाँ के धुर्रे उड़ जाने से इस लड़ाई का रूप ही बदल गया। सादुल्ला भी डर के मारे आमला भाग गया। उसके भागने की खबर सुनकर महमूद खाँ बंगश भी साहस हार बैठा और गंगापार अपने पिता के पास पहुँच गया। जवाहरसिंह ने उसे घेर लिया होता, किंतु गोहद के भीम सिंह ने ऐसा नहीं होने दिया क्योंकि बंगश परिवार से उसकी मित्रता थी। अहमद बंगश निरुत्साहित तो पहले ही था, और अब शिविर से उठती ऊँची-ऊँची लपटों को देखकर वह स्वयं तथा दुर्गरक्षक घबरा गए। उस रात ही वह किले से निकलकर गंगा पार करके आमला भाग गया। मराठों और जाटों ने भगोड़ों का बहुत दूर तक पीछा किया, और वे उनके इतने निकट थे कि शिकारपुर में नदी को पार करते हुए उनकी दशा बहुत दयनीय हो गई थी। भगोड़ों में से अनेक या तो शत्रु के हाथ आ गए या नदी में डूब गए। अगले दिन सवेरे (19 अप्रैल) फतेहगढ़ पर विजेताओं का कब्ज़ा हो गया। इसके बाद वर्षा के कारण युद्ध में शिथिलता आ गई और सफ़दरजंग लखनऊ चला गया। किंतु मराठों ने अफ़गानों को खूब लूटा तथा अपना घर भर लिया।[43]

वर्षा के बाद सफ़दरजंग वापस आ गया और नवंबर, 1751 में उसने रुहेलखंड के अनियत तथा असंबद्ध युद्ध को पुनः प्रारंभ कर दिया। इधर-उधर कुछेक छिटपुट झटके लगने के अतिरिक्त शाही सेना दबाव बनाए रखने में सफल रही तथा अफ़गानों और उनके साथियों को उसने कुमायूँ के तराई क्षेत्रों में खदेड़ दिया। चिल्किया में अफ़गानों के डेरे से छह मील के फासले पर वज़ीर और उसके मित्रों ने अपने पड़ाव डाल दिए। दोनों पक्षों के बीच यदाकदा झड़पें और तोपों से गोलों के आदान-प्रदान होते रहे, किंतु इनका कोई निर्णयात्मक परिणाम नहीं निकला। ऊबड़-खाबड़ कठिन क्षेत्र, अगम्य वन प्रदेश, अफ़गान शिविर को घेरे झरने और

---

43. *सियर,* III, 305-307; *शाकिर* 84; *सुजान,* 93-95 (यहाँ के बाद इसमें रुहेलखंड के युद्ध की उपेक्षा की गई है। हो सकता है कि इसका लेखक युद्ध अभियान को स्थगित कर दिए जाने बाद जाटों के साथ वापस आ गया हो, (देखें, कानूनगो कृत *जाट्स,* 83, तथापि, सूरजमल अंत तक ठहरा रहा); इर्विन कृत *बंगश नवाब्ज़,* 87-100 जाटों की संख्या इसने 40,000 दिखाई है जो बहुत अधिक प्रतीत होती है; श्रीवास्तव कृत *अवध,* 180-185

सरिताएँ, और सबसे बड़े सैन्य मित्र मराठों की बढ़ती उपेक्षा की भावना, क्योंकि वायदे के अनुसार लूट में कम हिस्सा उन्हें मिला, अतः उन्होंने शाही अभियान के मार्ग में बाधाएँ उत्पन्न करनी शुरू कर दी थीं। होल्कर और सूरजमल दोनों ने ही अफ़गानों के ठौरों में प्रवष्टि होने के लिए प्रयास किए, किंतु वे असफल रहे। इस बीच वज़ीर उतावला हो चला था। उसने अपने मित्रों से एक बात पर असहमति व्यक्त की कि दो महीने में उन्हें वहाँ पहुँचने का कोई योग ही नहीं मिल रहा है। अंततः शूरवीर राजेंद्र गिरि गोसाईं आगे आया तथा उसने शत्रु के डेरे पर (नजीब खाँ तथा अन्य लोगों के अधीन) आक्रमण करने का निर्णय लिया। किंतु जयप्पा ने धोखा दिया और पूरी योजना से अहमद बंगश को अवगत कर दिया जिससे गोसाईं की पराजय हो गई। तदनंतर, दिल्ली में शहंशाह को अब्दाली के हमले की सूचना मिली जिससे वह चिंतित हो गया और उसने वज़ीर को आदेश दिया कि वह अफ़गानों से सुलह करके तुरन्त राजधानी वापस आ जाए। अब सफ़दरजंग के पास कोई विकल्प नहीं रह गया था। अतः एक वर्ष से अधिक समय से चल रहे युद्ध को उसने समाप्त कर दिया और अफ़गानों से शांति समझौता कर लिया (अप्रैल, 1752)। इसके बाद वह लखनऊ में शासन को पुनः पटरी पर लाने के लिए उधर चला गया, ओर मराठे कन्नौज चले गए, जबकि सूरजमल अपने घर वापस चला गया।[44]

इस प्रकार सफ़दरजंग के पक्ष में यह अभियान समाप्त हुआ। कुल मिलाकर उसके लाभ दिखावे में अधिक, किंतु यथार्थ में कम थे। इसके दोनों सैन्य मित्रों ने प्रारंभ में तो उसे पर्याप्त सफलता दिलाई किंतु अंत में कोई भी प्रभावशाली सिद्ध नहीं हुआ। चिल्किया में विशेष रूप से मराठे भी कुछ नहीं कर सके। वस्तुतः, वे दोहरी चाल चल रहे थे और इस अभियान को उन्होंने इस तरह की चाल से निष्पादित किया जिससे अंततः लाभ उनको ही मिले[45], जबकि सफ़दरजंग को शत्रु को नीचा दिखाने का खोखला-सा संतोष भर मिल सका। चिल्किया में तो सूरजमल से भी सफलता बचकर निकल गई। किंतु अपनी शक्ति के अनुपात में मालिक की सेवा उसने पूरी निष्ठा और लगन से की।[46]

---

44. इर्विन कृत *बंगश नवाब्ज़,* 108-122; श्रीवास्तव कृत *अवध,* 185-189; निम्नलिखित स्रोतों ने उपर्युक्त घटनाओं का वर्णन जाटों की भूमिका खोजे बिना किया है। *तारीख़-ए-अहमद शाही,* 27b-28b; *इमाद,* 86ff; *गुलिस्तां,* 40-44; *गुल,* 62-66; *शाकिर,* 64; *हदीक़त,* 175
45. श्रीवास्तव कृत *अवध,* 190
46. *सियर,* IV, 29; *मजमा-उल-अखबार* इलियट, VIII, 362; डो का यह कहना (द *हिस्ट्री आव हिंदुस्तान,* II, 322) कि सहायता करने के बजाय सूरजमल ने वज़ीर को निरुत्साहित किया, निराधार है।

8

शाही मामलात में जाटों का बढ़ता महत्त्व-II

जाट और दरबार के घटनाक्रम : 1752-1753

दिसंबर, 1751 में अहमद शाह अब्दाली ने पंजाब में अपने तीसरे हमले का नेतृत्व किया, जिसका उद्देश्य 1750 में उसे अभ्यर्पित चार महालों से प्राप्त कर (नजर) की अपनी माँग के लिए दबाव डालना था। लाहौर पर उसके कब्जे की खबर (जो 13 मार्च को दिल्ली पहुँची) ने राजधानी में जबर्दस्त घबराहट पैदा कर दी। अतः अपनी सुरक्षा के लिए अनेकानेक भयभीत बाशिंदे मथुरा और सूरजमल के आधिपत्य के अन्य 'बेहद सुरक्षित' समझे जानेवाले क्षेत्रों की ओर भाग निकले।[1] इन परिस्थितियों के बीच, अहमदशाह ने वज़ीर को जरूरी संदेश भेजकर उससे कहा कि वह किसी भी कीमत पर मराठों को (जो तब कन्नौज में थे) अपने साथ लेकर आए। तदनुसार सफदर जंग ने मराठों के साथ अन्य बातों के अलावा इन शर्तों पर एक सहायक सुरक्षा संधि की :

(1) 50 लाख रुपयों के एवज में पेशवा को अब्दाली और स्थानीय विद्रोहियों से शहंशाह की रक्षा करनी थी और शाही भूमि पुनः हस्तगत करके शहंशाह को सौंपनी थी। (2) इसके बदले में पेशवा को (मथुरा की फौजदारी सहित) आगरा तथा (नारलौल की फौजदारी समेत) अजमेर के सूबेदार का पद दिया जाना था।[2]

इस संधि (जिसने मराठा-विस्तार का रास्ता खोल दिया) विशेषकर उसकी दूसरी शर्त ने महत्त्वाकांक्षी सूरजमल को, जिसकी आगरा प्रांत पर लंबे समय से नजर थी, चिंता में डाल दिया। माधोसिंह और बख्त सिंह भी इस संधि पर नाराज हुए। अतः अंताजी आगे लिखता है, वे तीनों ही वज़ीर के पास गए और पेशवा को आगरा तथा अजमेर बख्शने पर अपनी नाराजगी व्यक्त की और मराठों को दक्षिण में वापस ढकेलने के प्रस्तावित अभियान का खर्च वहन करने का प्रस्ताव किया।[3] यद्यपि वजीर के अपने दिमाग में ही एक ऐसी भी योजना थी[4], पर उसे व्यावहारिक

---

1. *तारीख़-ए-अहमद शाही,* 33a, 37b
2. विवरण के लिए देखें, *राजवाडे,* I, 1; *तारीख़-ए-अहमद शाही,* 33a और 34a भी देखें।
3. *एस.पी.डी..* XXI. 50 और 57

रूप नहीं दिया गया था। जहाँ तक सूरजमल की आपत्ति थी, उसे मथुरा की फौजदारी से संतुष्ट होना पड़ा। जो उसे बाद में (लगभग अक्तूबर 1752 के अंत में) वज़ीर के जरिए मिल गई।

उससे पहले, दिल्ली लौटने पर (25 अप्रैल), सफदरजंग को यह जानकर बेहद खीझ हुई कि वह तो केवल नाम का वज़ीर है जबकि उसकी सारी शक्तियाँ और स्वाधिकार तो जावेद खाँ के पास जा चुके हैं। वस्तुतः जावेद खाँ सदा से इसका कट्टर दुश्मन रहा था, उसके उद्देश्यों को निष्फल करने, उसकी ताकत कमजोर करने, उसके खिलाफ शहंशाह को भड़काने, तथा यदि भारी रिश्वत न दी जाए तो वजारत से उसे हटाने के षड्यंत्र जावेद खाँ करता रहता था। अन्य शत्रुतापूर्ण कार्यों के साथ उसने सफदरजंग के सबसे शक्तिशाली साथी सलावत खाँ को (जो वज़ीर की तरह ही शिया था) मीर बख्शी के पद से बर्खास्त करवा दिया था और इसके स्थान पर तूरानी गुट के स्तंभ गाजीउद्दीन फिरोजजंग को नियुक्त करवा दिया था।[6] अब उसने सफदरजंग से (बल्लभगढ़ के) बलराम जाट को तोड़ने के प्रयास किए, यह प्रयास पहले उसके द्वारा सूरजमल के पुत्र (जवाहरसिंह) को सोद्देश्य शहंशाह की कृपादृष्टि तथा अनुग्रह दिलाने के प्रयत्न की याद दिलाता है।

बलराम का किस्सा और जावेद की हत्या

यह घटना इस प्रकार हुई: 2 जुलाई, 1752 (पहली रमज़ान, 1165 अल हिजरी) को जब वज़ीर यमुना पार के अपने खेमे से दिल्ली में अपनी हवेली जा रहा था, तब नवाब जावेद बहादुर अंगूरी बाग में (जो वज़ीर के रास्ते पर पड़ता था) इस आशा से बैठ गया कि वज़ीर उसे आदाब बजाएगा। पर सफदरजंग इस हिजड़े की परवाह किए बिना सीधा चला गया। इससे जावेद बेहद नाराज हुआ और उसने तत्काल बलराम (जो तब दिल्ली में था) को बुलवाकर[7] उसे खिलअत दी, और उसे सिकंदराबाद का फ़ौजदार नियुक्त किया तथा उसे हुक्म दिया कि वह उस पर कानूनन नियुक्त व्यक्ति कमरअली को बलपूर्वक निकाल बाहर करे, उसने बलराम को यथासंभव अधिक-से-अधिक उपद्रव करने के लिए भी प्रोत्साहित किया।

---

4. *शाकिर,* 65; *एस.पी.डी.,* XXI, 44
5. *तारीख़-ए-अहमद शाही,* 45a; अपने एक खरीते में अंताजी ने लिखा है (*एस.पी.डी.,* XXI, 44) कि वज़ीर ने सूबा आगरा की जिम्मेदारी सूरजमल और माधो सिंह को सौंपने का प्रयास किया था।
6. सरकार कृत *फ़ाल,* I, 364, 368-369
7. कुछ समय से बलराम अवश्य ही जावेद के संपर्क में रहा होगा तभी वह तुरंत तैयार मिल गया। यहाँ एक बात महत्त्व की है कि द्वितीय अफ़ग़ान अभियान के संदर्भ में बालू का नाम नहीं आया है। इससे लगता है कि इस बार वह पीछे ही रहा।

बलराम ने, जो अधिक विवेकपूर्ण तथा उचित-अनुचित में भेद करनेवाला नहीं था, सौपे गए काम को बेहद खुशी के साथ अंजाम दिया। सिकंदराबाद पहुँचने पर उसने क़मरअली से शहर खाली करने को कहा, क्योंकि फौजदारी अब उसके पास थी। जब क़मरअली ने हुक्मकामा दिखलाने पर जोर दिया तो बलराम ने उसके पुत्र का तो वध कर दिया और उस पर भी हमलावर हो गया और उसे मारकर भगा दिया। जाट ने जिले पर कब्जा कर लिया और जो कुछ भी उसके हाथ में आया उसे लूट लिया। उसने घरों के फर्श खोद डाले और धन वसूल करने के लिए स्थानीय व्यापारियों को यातनाएँ दीं। जब उस रात इस भयानक किस्से की खबर दी गई तो दरबार में वज़ीर और जावेद दोनों मौजूद थे। सफदरजंग ने अपने प्रतिद्वंद्वी से पूछा :

> क्या बात है? यदि बालू को तुमने उस जगह का नया फौजदार नियुक्त किया है तो वह वहाँ लूटमार क्यों कर रहा है और लोगों को मार क्यों रहा है? यदि वह तुम्हारी इच्छाओं के विपरीत काम कर रहा है तो मैं वहाँ जाकर उसे कैदी बनाकर लाता हूँ।

जावेद इसका उत्तर तो टाल गया किंतु जाट को उसने स्वयं दंड देने का प्रस्ताव किया। दूसरे दिन जावेद ने अपने *जमादार* नरसिंह राय के अधीन फौज का एक अपर्याप्त दस्ता इस स्पष्ट हिदायत के साथ भेजा कि उसे जाट से लड़ना नहीं है। सफदरजंग ने भी राजेंद्र गिरि गोसाईं को बलराम के खिलाफ भेजा। पर नरसिंह ने उसे गोसाईं के आगमन की खबर दे दी और उसे अपनी सारी लूट के साथ हिजड़े की जागीर में दनकौर (बल्लभगढ़ से 15 मील पूर्व) भाग जाने दिया। इसी बीच राजेंद्र गिरि आ पहुँचा और बाद में एक मुठभेड़ भी हुई, पर वह किसी तरह सुरक्षित बल्लभगढ़ पहुँच गया। और इस तरह शहंशाह की निजी जागीर को भड़कावे में आकर लूटनेवाले के खिलाफ अभियान का तमाशा समाप्त हुआ। बलराम द्वारा त्रस्त लोगों ने न्याय की गुहार की परंतु कोई फल नहीं निकला।[8] सफदरजंग ने बलराम को बुलवा भेजा। पूछने पर उसने साफ-साफ बता दिया कि उसने जो भी अत्याचार किए हैं, वे 'नवाब बहादुर के प्रोत्साहित किए जाने पर किए हैं।' यह सुनकर नवाब (जावेद) का सिर पश्चात्ताप से झुक गया और उसने अपनी शरारत भरी भूमिका के लिए माफी माँगी।'[9]

उपरोक्त विवरण से प्रतीत होता है कि जावेद खाँ एक बेहद चतुराई भरा खेल खेल रहा था। जाटों के एक वर्ग को बहकाकर वह वज़ीर के ओहदे को, भले ही थोड़ा गिराना चाहता था और यदि इच्छित काम नहीं हुआ तो चालाकी

8. *तारीख़-ए-अहमद शाही,* 38a, 39a-40a; *शाकिर,* 71
9. *शाकिर,* 71 तथापि, यहाँ भ्रमवश बलराम के स्थान पर सूरजमल का नाम दिया गया है।

से अपने प्रतिद्वंद्वी को, शहंशाह की निजी जागीर को अत्याचारी लूटनेवालों के संरक्षक के रूप में बदनाम करना चाहता था।

बलराम के किस्से ने सफदरजंग को क्रोध से पागल कर दिया और उसने अपने रास्ते से सबसे बड़े रोड़े जावेद को हटाने का संकल्प कर लिया। क्रोध के क्षणिक आवेश में शहंशाह ने खुद उसे इसी आशय का संदेश भेजा।[10] सफदरजंग ने अब अपने पक्के सहयोगी सूरजमल को जाहिरा तौर पर राजनीतिक मामलों पर मलाह-मश्विरे के लिए, परंतु असलियत में संभावित विरोध को संयुक्त रूप से कुचल देने के लिए बुलवाया।

सूरजमल ने अनुकूल उत्तर दिया और अपनी फौज का नेतृत्व करते हुए कालका पहाड़ी पर शिविर डाला। (लगभग अगस्त, 1752 के तीसरे सप्ताह में) माधोसिंह का एक एलची और (बल्लभगढ़ का बलराम अपनी-अपनी फौजों के साथ उससे आ मिले। उनके आगमन के उद्देश्य पर जावेद उत्कंठित हो उठा क्योंकि अतीत में वे (अर्थात् सूरजमल का पुत्र जवाहरसिंह और बलराम जाट)[11] उसके संरक्षण की याचना किया करते थे। उसने इच्छा की कि इस अवसर पर भी वे पहले उससे मिलें और अपने मामलों पर चर्चा करें। तथापि, राजधानी में वज़ीर की मौजूदगी से इनसे इच्छित पृथक् मुलाकात का कोई रास्ता न ढूँढ़ा जा सका। इसके बाद यह तय हुआ कि 27 अगस्त, 1752 (27वीं शव्वल) को जावेद

10. *इमाद,* 91; *अमीरा,* 85; इलियट, VIII, 133, में *बयान-ए-वाक़य*
11. *तारीख-ए-अहमद शाही,* 40a-40b इस कृति के इस परिच्छेद में आए 'इनहा' (ये) शब्द का अर्थ निकालने में सावधानी रखनी होगी। बाह्य तौर पर यह जो कुछ भी संकेत देता हो, व्यक्तिगत रूप से सूरजमल से इसको संबद्ध नहीं किया जा सकता। एक साधारण तथ्य से यह स्पष्ट हो जाता है कि इनकी मैत्री-संधि के बाद से वजीर कभी भी सूरजमल के बगैर दिल्ली से बाहर नहीं रहा। किंतु यह बात बालू या सूरजमल के असंतुष्ट पुत्र जवाहरसिंह के बारे में नहीं कही जा सकती। यह तो हम जानते ही हैं कि इन दोनों पर जावेद कृपालु था और महत्त्व की एक बात यह भी है कि ये दोनों सफ़दरजंग के झंडे तले नियमित रूप से नहीं गए, पहले अफ़गान अभियान में जवाहर पीछे ही रहा और दूसरे में बलराम नहीं गया। अतः यह स्पष्ट है कि यहाँ जिन जाटों की चर्चा है व वस्तुतः बलराम और जवाहर थे और सूरजमल के बजाय यही किसी समय के कृपापात्र थे जिनको (केवल कागज़ों पर) *तारीख-ए-आलमगीर सानी,* 108, में चर्चित जागीरें तथा अन्य इनामात मिले थे। और फिर भी यदि दोनों स्थानों (अर्थात् *तारीख-ए-आलमगीर सानी* और *तारीख-ए-अहमद शाही* में इस संदर्भ में) में सूरजमल का नाम आया है तो वह संभवतः इस कारण कि वास्तव में इस काल के जाट संबंधी प्रकरण में इसका ही नाम श्रेष्ठ था जिसकी चर्चा हर जगह कर दी गई होगी। इसका सबसे बड़ा प्रमाण यह है कि सिंहासनारूढ़ राजा, बदनसिंह के जीवन काल में भी सब लेन-देन सूरजमल के नाम से ही होते थे।

वज़ीर की हवेली जाए और वहाँ वे दोनों सूरजमल तथा अन्य लोगों से भेंट करें। निर्धारित तिथि को सफदरजंग ने सूरजमल को बुलाने के लिए इस्माइल खाँ को भेजा, उसे हिदायत दी कि जावेद को सूरजमल के आगमन की खबर दे दे और उससे अनुराध करे कि सूरजमल से वार्तालाप करने के लिए वह उसके निवास स्थान पर आए। इसके शीघ्र बाद जावेद आ गया, तत्पश्चात् दोपहर में सूरजमल आया और तीनों के बीच विचार-विमर्श हुआ। शाम को वज़ीर अपने प्रतिद्वंद्वी (जावेद) को एक भीतरी कमरे में ले गया जहाँ संक्षिप्त बातचीत के बाद मुगल सैनिकों ने उसे मौत के घाट उतार दिया। इस कत्ल की खबर से भारी हो-हल्ला तो हुआ, पर कोई शत्रुतापूर्ण गतिविधि नहीं हुई। यह अफवाह फैल गई कि वजीर ने सूरजमल को भी मार डाला है। इस पर क्रुद्ध जाट सिपाहियों ने इसकी हवेली घेर ली और जब सूरजमल खुद बाहर आया और वह उनके सामने थोड़ी देर बैठा रहा, तभी उनकी आशंका दूर हुई।[12]

जो भी हो, सफदरजंग को वह चाहे जितना अनिवार्य लगा हो, किंतु जावेद की विश्वासघातपूर्ण हत्या के परिणाम अपेक्षा के विपरीत हुए। उसने शाही परिवार को नाराज कर दिया, अमीर-उमरा उससे दूर हो गए। और चारों तरफ शंकाएँ पैदा हो गईं। शहंशाह ने, जो सदा दूसरों पर निर्भर रहने का अभ्यस्त था, अब वज़ीर के अधिक क्षमतावान और खतरनाक तूरानी विरोधियों, इंतजाम और नए मीर बख्शी इमाद, पर विश्वास करना शुरू कर दिया। उस तरह एक संगठित और अधिक शक्तिशाली विरोधी पक्ष अस्तित्व में आ गया जिसके कारण अंततः वज़ीर का पराभव हुआ।[13] तथापि, जावेद के खात्मे ने सफदरजंग को पहली बार वजीर की हुकूमत और विशेषाधिकारों के प्रयोग के लिए समर्थ बनाया। आगामी कुछ महीनों में उसने स्वयं जो कुछ हासिल किया, उसके अलावा उसने अपने समर्थकों के हितों को बढ़ावा दिया और विरोधियों को अलग-थलग किया। सूरजमल सदैव उसके साथ रहा था। अपनी कृतज्ञता व्यक्त करने के बतौर उसने 20 अक्तूबर, 1752 (11वीं ज़िल-हिज्जा, 1165 अल हिजरी) को अपने मित्र

---

12. *तारीख़-ए-अहमद शाही,* 40b-41a; इलियट, VIII, 133, में *बयान-ए-वाकय* ; *शाकिर,* 71; *अहवाल,* 199; *तारीख-ए-मुज़फ्फरी,* इलियट, VIII, 317; *एस.पी.डी.* XXI 54, 50; 'इमाद' 91; 'इबरत', 15a; *मेम्वोआर दे यात,* 35-36, में जावेद और उसकी हत्या पर पूरे दो पृष्ठ दिए गए हैं। फिर भी इसमें बालू के प्रकरण की कोई चर्चा नहीं है (वस्तुतः इस पांडुलिपि में बलराम के नाम की कोई चर्चा नहीं की गई है) और इस कृत्य के समय सूरजमल की उपस्थिति का भी कोई जिक्र नहीं है। श्रीवास्तव कृत *अवध,* 207f भी देखें; सरकार कृत *फ़ाल,* I, 372 से तुलना करें।
13. विवरण के लिए देखें, श्रीवास्तव कृत *अवध,* 210ff
14. *तारीख़-ए-अहमद शाही,* 43b; जे.एन. सरकार (*फ़ाल,* II, 435) और इनका अनुसरण

एवं सहयोगी को शहंशाह के सामने पेश किया, जिसने बदनसिंह को (जो तब भरतपुर में था) 'महेंद्र' की उपाधि प्रदान की और इस तरह उसे राजा बना दिया, और सूरजमल को भी 'कुमार बहादुर ब्रजेंद्र' की उपाधि प्रदान की।[14] स्पष्ट समय का उल्लेख किए बिना वैंदेल दावा करता है कि अहमद शाह ने उसे (सूरजमल को) जसवंत सिंह (जोसंद सिंग) की उपाधि दी जिसका अर्थ उसे राजा के रूप में मान्यता दिया जाना था, और उसे नगाड़े बजवाने का भी अधिकार दिया गया, परंतु यह विशेषाधिकार शहंशाह के निवास के 12 कोस के भीतर अमल में नहीं लाया जा सकता था।[15] कुछ दिनों बाद सूरजमल को मथुरा का फौजदार भी नियुक्त कर दिया गया, जिसे मराठों से हुई संधि के अनुसार पेशवा के पास रहना था। इसके फलस्वरूप एक वार्षिक नजराने पर उसके हाथों में आगरा सूबे के यमुना के दोनों ओर के अधिकांश भाग की सूबेदारी आ गई।[16] ये समस्त अनुग्रह सूरजमल को पहले (मार्च, 1751 में) 3,000 ज़ट और 2000 घोड़ों की मनसब, और उसके पुत्र रतन सिंह को 'राव' की उपाधि और उसके दूसरे पुत्र जवाहरसिंह को 1,000 ज़ट और एक हजार घोड़ों की मनसब के अलावा थे। यह जवाहरसिंह के पहले ओहदे के अलावा था। अब उसे 4,000 ज़ट और 3,500 घोड़ों का धारक बना दिया गया था।[17]

इस सम्मान ने जाट-वज़ीर संबंधों और भरतपुर राज्य के उदय और विकास में महत्त्वपूर्ण स्थान प्रदान किया है। यद्यपि उसके प्रमुख के पास सारी मूलभूत योग्यताएँ थीं, तथापि, मुगल शहंशाह द्वारा शासकीय तौर पर स्वीकृत शाही उपाधि और अधिकार का अभाव था। अब बदनसिंह को शाही उपाधि मिलने से उसकी पूर्ति हो गई थी। इसका अर्थ शहंशाह द्वारा जाट राज्य को मान्यता देना भी था। अब बदनसिंह हिंदुस्तान के राजाओं में स्थान पाने का वैधानिक दावा कर सकता

करते हुए राम पांडेय (*भरतपुर*, 53, 47) ने सूरजमल की उपाधि 'राजेंद्र' लिखी है। यह सही प्रतीत नहीं होती। अपेक्षित शब्द 'व्रजेंद्र' में पहला अक्षर जिस प्रकार उक्त पांडुलिपि में लिखा गया है उससे हमें प्रतीत होता है कि 'राजेन्द्र' के बजाय 'व्रजेंद्र' ही होगा। लेखक का मंतव्य 'राजेंद्र' नहीं होगा वह लेखक द्वारा राजेंद्र गिरि गोसाईं जैसे प्रसिद्ध व्यक्ति के नाम 'राजेंद्र' (तारीख-ए-अहमद शाही, 449) लिखते समय उसके पहले अक्षर की शैली से स्पष्ट हो जाता है। अतः, सूरजमल की उपाधि लिखते समय नूरुद्दीन (नूर 33a) ने भी 'बजेंद्र' लिखा है, अर्थात 'महाराजा ब्रजेंद्र बहादुर' और सोमनाथ कृत 'श्रीमान महाराजा ब्रजेंद्र, श्री सुजान सिंह' (*ब्रजेंद्र विनोद*, काशी नागरी प्रचारिणी सभा, 212) ने भी इसी प्रकार लिखा है।

15. *मेम्वोआर दे यात*, 33; देखें *तारीख-ए-भरतपुर*, 4b; *तारीख-ए-आलमगीर सानी* (158) में सूरजमल द्वारा ढोल बनवाने की चर्चा।
16. *तारीख-ए-अजमद शाही*, 45a; *मेम्वोआर दे यात*, 33
17. *वाक़य-ए-शाह आलम सानी*, 70 कानूनगो द्वारा *जाट्स*, 83-84 के उद्धृत।

था। वैंदेल अंत में कहता है कि अब मुगल महान ने स्वयं जाटों के प्रमुख को राजा बना दिया था, जैसे कि जयसिंह और अन्य राजा थे। यहीं से उनके राजनीतिक उत्कर्ष के 'युग' के सिलसिले की शुरुआत मानी जानी चाहिए।[18]

उदारमना वज़ीर के प्रति कृतज्ञ होने के लिए जाट राजकुमार के पास समस्त कारण थे। वह उस समय अपने घर चला गया।[19] पर कुछ ही समय बाद वह राजधानी लौट आया और जब तक वह चकला कोल (अलीगढ़) के फौजदार घसीरा के राव बहादुर सिंह के खिलाफ अभियान पर नहीं गया, तब तक सफदरजंग के पास ही रहा।[20]

सूरजमल का बहादुरसिंह के विरुद्ध अभियान

ऐसा प्रतीत होता है कि जमीन और अन्य बातों को लेकर सूरजमल और राव बहादुर सिंह बड़गूजर के बीच एक विवाद था।[21] वज़ीर खुद राव से नाराज था, संभवतः उसके प्रथम बंगश अभीयान के दौरान अहमद बगंश के साथ राव के विश्वासघातपूर्ण मेल के कारण[22] बड़गूजर उस समय मल्हार राव होल्कर के शिविर में शामिल हो गया था और जाट वकील ने लगभग केवल इसी आधार पर आक्रमण को उचित ठहराया।[23] अतः, चूँकि वज़ीर और सूरजमल दोनों असंतुष्ट थे तो कहा जाता है कि वज़ीर ने सूरजमल के अधीन आक्रमण की आज्ञा देने के लिए शहंशाह को प्रेरित किया।[24]

लगभग फरवरी, 1753,[25] के प्रथम सप्ताह में सूरजमल निकला और अपने

---

18. *मेम्वोआर दे यात,* 33-34; सरकार कृत *फ़ाल,* II, 435
19. *तारीख-ए-अहमद शाही,* 45a
20. सुजान, 97-98; *एस.पी.डी.,* XXVII, 68; XXI, 54.
21. *सुजान* 118; लेखक का 'घसीरा के युद्ध का ऐतिहासिक पर्यालोचन' (नागरी प्रचारिणी पत्रिका, संवत्, 2024, 510-511) शीर्षक आलेख भी पढ़ें। कहानी यह है कि घसीरा के मीणों ने सूरजमल के कुछ ऊँट चुरा लिए थे। लेकिन पूछे जाने पर राव ने न ऊँट वापस किए और न अपराधियों को, जिससे जाट राजकुमार उत्तेजित हो उठा था।
22. बाद में युद्ध के निर्णायक अवसर पर वज़ीर के हरावल दस्ते से राव भाग निकला। देखें, अध्याय, VII, प्रथम अफ़गान अभियान।
23. *सुजान,* 119 और 214 भी।
24. वही, 97-98 तथा 119 भी।
25. *तारीख-ए-अहमद शाही,* 47a, इस अभियान की चर्चा करने के लिए यही एक मात्र अन्य स्रोत है, किंतु इसका विवरण बहुत संक्षिप्त है। अतएव, सामान्यतया हमने *सुजान चरित्र* के विस्तृत विवरण का सहारा लिया है, जिसका लेखक, पहले के विपरीत, घटना स्थल पर उपस्थित था।

राज्य से पर्याप्त फौज आ जाने तक यमुना के पास समोगर में कुछ समय ठहरा। चूँकि उस समय बहादुर सिंह कोल में था, इसलिए अपनी शेष फौज को समोगर में छोड़कर सूरजमल चुनिंदा 4,000 घुड़सवारों के साथ उस स्थान की ओर बढ़ा। कोल में अपनी स्थिति की कमजोरी अनुभव करते हुए बहादुर सिंह ने वहाँ जाट से मुठभेड़ को टाला और अपने शक्तिशाली गढ़ घसीरा पहुँचने में सफल हो गया। यह एक विस्तृत और काफी शक्तिशाली किला था, जिसमें पर्याप्त मात्रा में अग्न्यास्त्र और गोला-बारूद और 8,000 दुर्गरक्षक सैन्यदल मौजूद था। इसके अतिरिक्त उसकी दक्षिण और पश्चिम प्राचीरों की ओर वर्षा के पानी का एक सरोवर इन दोनों छोरों को सुरक्षा प्रदान करता था। इसी बीच राव के पलायन के बाद, सूरजमल ने कोल पर कब्जा कर लिया और एक टुकड़ी वहाँ छोड़कर राव का उसके चक्करदार रास्ते पर जबर्दस्त पीछा किया और घसीरा पर उसने उत्तर तथा पूर्व की ओर से हमला किया।[26]

राव 5,000 तोड़ेदार बंदूकधारियों और लगभग 800 घोड़ों के साथ पूर्वी द्वार से बाहर निकला और जाटों के साथ, जिनका नेतृत्व स्वयं सूरजमल कर रहा था, युद्ध में भिड़ गया। राव बेहद वीरतापूर्वक लड़ा, लेकिन वह घायल हो गया, इसलिए उसे पीछे हटना पड़ा। पर उत्तरी दिशा में जाटों को, जो जवाहरसिंह के अधीन थे, किले से हुई गोलाबारी के फलस्वरूप भारी क्षति उठानी पड़ी। सूरजमल ने जल्दबाज जवाहरसिंह को पहले खाइयाँ खोदने और फिर लड़ाई करने का आदेश दिया। लेकिन अगले पखवाड़े की छिटपुट लड़ाई से भी कोई निर्णायक परिणाम नहीं निकला। तब सूरजमल ने किले के दक्षिणी और पश्चिमी रास्तों का निकट से निरीक्षण किया। वहाँ जगह-जगह कुछ सूखे हिस्से दिखाई देने पर वह स्वयं पश्चिमी छोर पर आ गया और जवाहर को दक्षिणी दिशा की ओर भेज दिया, और इस तरह घसेरा पर पूरी तरह घेरा डाल दिया। गोलाबारी जारी रही और हर दिन कई जाट शिकार होते रहे। पर कालांतर में मुकम्मिल घेरेबंदी और उसके साथ चल रही लड़ाई में किले में फँसे राव को जबर्दस्त परेशानियों में डाल दिया और इस सबने राव को अनिच्छापूर्वक अपने दूत जालिम सिंह को सूरजमल के साथ संधि तय करने के लिए भेजने को विवश होना पड़ा। सूरजमल ने घेराबंदी उठाने की प्राथमिक शर्त के रूप में 10 लाख रुपए नकद और किले के हथियार और गोला-बारूद देने की माँग की। राव वास्तव में इन अपरिमित माँगों को पूरा नहीं करना चाहता था, लेकिन वह पूरी तरह से इनकार भी नहीं कर सकता था। अत: वह टालमटोल करने लगा।

उसके छल प्रपंच ने सूरजमल को गुस्से से भर दिया और उसने राव को हटाने और घसीरा पर कब्जा करने का संकल्प किया। घेरेबंदी को और कठोरता

26. *सुजान*, 98-103; *तारीख-ए-अहमद शाही*, 47a

से बढ़ा दिया गया। 23 अप्रैल, 1753 (वैशाख कृष्ण पक्ष की षष्ठी) पैम सिंह, पृथ्वी सिंह, राजाराम और सैय्यद मीरपनाह के नेतृत्व में शूरवीर जाटों ने आगे बढ़ना शुरू किया और घातक गोलाबारी के बावजूद वे किले की दीवारों पर चढ़ने और फाटकों को खोलने में सफल हो गए। घसीरा में जाटों को भारी क्षति उठानी पड़ी। उनमें से पंद्रह हजार खेत रहे, पर इसके पूर्व उन्होंने दुश्मन की फौज भी निराशाजनक स्थिति तक घटा दी। तथापि, राव की फौज नष्ट की जा सकती थी, पर उसकी इच्छाशक्ति नहीं। वह एक-दूसरे किले में चला गया, उसने अपने परिवार को तलवार से मौत के घाट उतार दिया और शेष बचे सैकड़ों लोगों को बाहर दौड़ाकर उसने शिव सिंह को एक भीषण युद्ध में उलझा दिया। एक बंदूक की गोली उसके शरीर में बिंध गई तथापि डल्ला मेव द्वारा एक अन्य शेष के साथ सिर कलम किए जाने तक वह मैदान में डटा रहा। इस तरह सूरजमल ने एक रक्तपातपूर्ण लड़ाई जीती। यहाँ घसीरा में ही उसे वजीर से प्रशंसात्मक शब्दों में लिपटा तत्काल सहायता का बुलावा मिला। अतएव घसीरा में अमर सिंह के नेतृत्व में एक जाट दुर्गरक्षक सेना छोड़कर वह दिल्ली चला गया।[27]

जाट और गृहयुद्ध

सूरजमल ने रात (30 अप्रैल, 1753) फरीदाबाद में बिताई। फिर 1 मई (27वीं जमादी, II, 1166 अल हिजरी) को 15,000 घुड़सवारों और पैदल सिपाहियों के साथ वह अपने पुराने मित्र और संरक्षक से उसके खिजराबाद (दिल्ली से 6 मील दक्षिण) स्थित शिविर में जा मिला। इसके पूर्व उसके पुत्र और तत्कालीन मीर आतिश, शुजा-उद-दौला ने उसका स्वागत किया।[28] दूसरे दिन वज़ीर ने पास ही स्थित जाट शिविर में पहुँचकर सूरजमल से परामर्श किया।[29]

सूरजमल जब घसीरा के लिए चला था तब सफदरजंग का भाग्य उत्कर्ष की ओर था, परंतु इस बीच ऐसा काफी कुछ घट चुका था जिसने उसे धीरे-धीरे, लेकिन निश्चित रूप से उतार के रास्ते पर ला दिया था। परंतु अपनी विवेकहीनता

---

27. *सुजान,* 103-140, 146; *तारीख-ए-अहमद शाही,* 50b, 52a-52b, 106b; इस लेखक कृत 'घसीरा के युद्ध का ऐतिहासिक पर्यालोचन' शीर्षक आलेख (नागरी प्रचारिणी पत्रिका, संवत् 2024, 505-512 भी देखें; वज़ीर के आह्वान के लिए केवल *मेम्वोआर दे यात,* 37; *तवारीख-ए-हुनूद,* 21b; *शाकिर,* 73; *सियर,* III, 332; इलियट, VIII, 320, में *तारीख-ए-मुज़फ्फरी; हदीक़त* 136
28. *तारीख-ए-अहमद शाही,* 52a, 52b; *सुजान,* 146; *मेम्वोआर दे यात,* 37 में गलत बयान किया है कि उसने अधीन 8 से 10 हज़ार जाट थे; इलियट, VIII, 134 में *बयान-ए-वाक़य; शाकिर,* 73; *सियर,* III, 332; *हदीक़त* भी देखें (136 और 171)।
29. *सुजान,* 146-147

के साथ ही अपने विरोधियों की चतुराई के कारण सफदरजंग राजमहल और राजधानी पर अपना नियंत्रण खो बैठा और उसे अपने दिल्ली निवास-स्थान को छोड़ने के लिए विवश होना पड़ा। मार्च 1753 को वैसे तो अभी भी वह काफी प्रभावशाली स्थिति में था, पर मुख्यत: उस समय घसीरा में फँसे 'सूरजमल से सहायता प्राप्त करने की' प्रतीक्षा से उत्पन्न अपनी अनिर्णय और निष्क्रियता की स्थिति के कारण वह धीरे-धीरे यह लाभ भी खो बैठा।[30] फलत: 'हर बीतने वाला दिन उसके खिलाफ और उसके शत्रुओं के पक्ष में जाता रहा।' और इस कारण जैसे-जैसे हर दिन बीतता गया, सफदरजंग की ताकत घटती रही और उसके विरोधियों की ताकत बढ़ती रही। एक ओर जहाँ वह अपनी निष्क्रिय फौज के खाने-पीने पर भारी खर्च उठा रहा था, उसके विरोधी, विशेषकर इमाद-उल-मुल्क ने अपने अतिरिक्त संसाधनों (लगभग, 2,70,00,000 रुपयों के करीब), उत्साहपूर्ण नेतृत्व और धार्मिक भावनाओं का फायदा उठाने की बेहद चतुराई के साथ न केवल अपनी खुद की एक ताकतवर फौज खड़ी कर ली, वरन उसने धीरे-धीरे बहुत बड़ी संख्या में (कुल 23,000 आदमी) सफदरजंग के लोगों को अपनी ओर मिला लिया। इसके अलावा भाड़े के मराठों[31] और रुहेला[32] साथियों के साथ-साथ अन्य हिमायती (राजपूत, गूजर, बिलौच) भी बाद में उससे आ मिले, जिससे धीरे-धीरे दुश्मनों की संख्या बढ़ती गई। इन बाधाओं के साथ सफदरजंग के अपने अच्छे सेनापतित्व का अभाव भी जुड़ गया।[33] यह वह पृष्ठभूमि थी, जिसके विरुद्ध सूरजमल को उसके (सफदजंग के) झंडे तले आगामी युद्ध के दौरान लड़ना था।

सूरजमल के आगमन के तीन दिन बाद भूतपूर्व मीर बख्शी, सलावत खाँ भी वज़ीर से आ मिला। कायर होने का आरोप लगाकर ताना कसते हुए उसने ढुलमुल सफदरजंग को एक जबर्दस्त हमले के लिए उकसाया। सूरजमल ने उसका समर्थन किया। अगले दिन सफदरजंग ने आवेश के साथ इंतिजाम और इमाद की बर्खास्तगी की माँग की; और शहंशाह को धमकी दी कि ऐसा न होने पर वह उनके घरों यहाँ तक कि उनके शाही किले पर हमला कर देगा। शहंशाह ने शुजा-उद-दौला

---

30. इलियट, VII, 135, 134 में *बयान-ए-वाक़य* ; *आफ़ताबनुमा,* 357; *अहवाल* 119
31. *इमाद* ने अपने वकील महबूब राम को औरंगाबाद से मल्हारराव होल्कर को बुला लाने के लिए भेजा था, लेकिन सूरजमल के आदमियों ने उसे रास्ते में (पलवल के निकट) ही रोक लिया; *तारीख-ए-अहमद शाही* 50b
32. सूरजमल ने सफ़दरजंग को सलाह दी थी कि वहाँ आ रहे नजीब को 15,000 रुहेलों के साथ बीच में ही रोक लिया जाए, किंतु, इस संबंध में सफदरजंग के प्रयास व्यर्थ गए। *नूर,* 8b-9a
33. सफदरजंग की चूकों और कठिनाइयों के विवरणों के लिए देखें, श्रीवास्तव कृत '*अवध*', 223ff; सरकार कृत *फ़ाल,* I, 471ff.

को बर्खास्त कर दिया और नदी के किनारे खाइयों के काम को पूरा करने का आदेश दिया। खुले आक्रमण के लिए मना करते हुए सफदरजंग ने सूरजमल और राजेंद्र गिरि गोसाईं को पुरानी दिल्ली, विशेषकर अनाज मंडी पर हमला करके लूटने का हुक्म दिया। यदि 'सुजान चरित्र' पर विश्वास किया जाए तो सूरजमल ने पहले सफ़दरजंग को ऐसा न करने के लिए समझाया, क्योंकि ऐसा करने पर वज़ीर के (और साथ ही स्वयं उसके) माथे पर एक अमिट दाग लग जाएगा।[34] तथापि, सफदरजंग ने यह अंदाज लगाया कि शहर की आबादी के हितों का खयाल कर शहंशाह मामले को चरम सीमा तक नहीं ले जाएगा और अंततः झुक जाएगा। अतः वह 'राजनीतिक' लूट को, जो एक भीषण हमले की भयानकता जैसी ही थी, एक उपाय के बतौर अपनाने के अपने निर्णय पर अडिग रहा।[35]

परिणामतः, जाटों, नागाओं और वज़ीर के किजिलबाश के सिपाहियों ने 9 मई, 1753 को दिल्ली को ध्वस्त करना शुरू किया। *बयान-ए-वाक़य* के अनुसार सलावत खाँ स्वयं भी पुराने शहर को लूटने और उजाड़ने में शामिल हो गया।[36]

लुटेरों ने लाल दरवाजे के पास शहर के पूर्वी हिस्से को लूट लिया अधिकतर गरीब और मध्यवर्ग के लोगों को उनके घरबार से वंचित करके अन्यत्र शरण लेने के लिए खदेड़ दिया। अगली सुबह सैय्यद बाड़ा, पंचकुई, अब्दुल्ला नगर, तारक गंज और बिजल मस्जिद के आसपास के इलाकों को इन्होंने लूट-खसोट डाला। लुटेरों ने लोगों से निर्दयतापूर्वक दुर्व्यवहार किया उनके मकानों को ध्वस्त कर दिया और चुरनिया तथा वकीलपुरा को 'चिरागहीन' कर दिया। प्रत्येक दिन पुरानी दिल्ली के किसी-न-किसी इलाके में जाट और किजिलबाश सिपाही प्रकट होते। शहर में भयंकर तहलका मच गया। आंतकित लोग जो कुछ ले जाना संभव था, उसे लेकर तितर-बितर हो गए और उन्होंने नए शहर में पनाह ली। एक सप्ताह में पुराना शहर पूरी तरह लूटकर ध्वस्त कर दिया गया।

स्थानीय जनता की स्मृति में जाटों का यह अत्याचार बहुत बाद तक 'जाटगर्दी' के नाम से जीवित रहा। जो भी परिस्थितियाँ और (उन्हें जारी किए गए) हुक्म रहे हों, जाटों ने जो क्रूरता दिखाई यह घोर निंदा की पात्र है और अधिकांश इतिहासकारों ने ऐसा किया भी है।[37] भारत की राजधानी की कैसी बदकिस्मती

---

34. *सुजान,* 147-148
35. श्रीवास्तव कृत *अवध,* 230 और 232; शाह वलीउल्लाह (*शाह,* 2) जो उस समय दिल्ली में ही रहता था, के अनुसार सफदरजंग ने स्वयं भी लूटमार में हिस्सा लिया था।
36. इलियट, VIII, 135, 136-137, में *बयान-ए-वाक़य* ; *शाह,* 2
37. *तारीख-ए-अहमद शाही,* 53b-55a; *सुजान,* 149-165 (अतिशयोक्तिपूर्ण विवरण); इलियट, VIII, 136-137, में *बयान-ए-वाक़य* ; *शाह,* 2; *इमाद* 96; *शाकिर,* 74;

थी! केवल दो दशकों (1739-1761) के थोड़े ही समय में यह 'नौ गर्दियों की शिकार हुई'। दो हमलावर शहंशाहों, नादिर शाह और अहमद अब्दाली द्वारा कुल मिलाकर सात बार, भिन्न-भिन्न मराठा सरदारों द्वारा आठ बार, वज़ीर इमादुल मुल्क के उकसावे पर चार बार और जेटा गूजर तथा बहादुर खाँ विलोच द्वारा एक-एक बार वह ध्वस्त कर गई।[38] और जैसाकि इतना ही पर्याप्त न था, इसी बीच औरों के साथ मिलकर जाटों ने दिल्ली की लूटपाट की सूची में एक और इजाफा किया। आश्चर्य होता है कि क्या यह वही सूरजमल और उसके जाट थे, जिन्होंने 1753 के पहले और बाद में (1757 के एकमात्र अपवाद को छोड़कर) इसी दिल्ली की आबादी के हजारों लोगों को कई बार शरण दी थीं; दूसरों की लोलुप क्रूरता से उन्हें बचाया था और जिन्होंने अपने बीच 'असहाय, सताए गए और असंतुष्ट लोगों को' रहने देने के लिए नाम कमाया था,[39] और जिन्होंने पानीपत से आए हजारों शरणार्थियों की देख-रेख पर केवल एक बार में लाखों रुपए खर्च कर दिए थे।

इस अन्याय-अत्याचारपूर्ण कांड ने शहंशाह और सफ़दरजंग के बीच सारे नाते तोड़ दिए। उसने सफदरजंग को वजारत से बर्खास्त कर दिया और उसके स्थान पर इंतिज़ाम-उद-दौला को इस पद पर नियुक्त किया। भूतपूर्व वज़ीर के अनुयायियों और उन सभी लोगों के घरों और संपत्ति को जिन पर उससे सहानुभूति रखने का शक था, लूट लिया गया। शहंशाह ने भिन्न-भिन्न जमींदारों और मुखियों को पत्र भेजकर सफदरजंग के खिलाफ अपने साथ शामिल होने को कहा।[40] शहंशाह ने और सफदरजंग के विरोधियों ने सूरजमल को कभी भारी सम्मान का वायदा देकर और कभी बदला लेने की धमकी देकर तोड़ने को कोशिश की। पर निष्ठावान जाट ने उन दोनों के प्रति 'तिरस्कार का भाव अपनाया'।[41]

उधर अपनी बर्खास्तगी के बदले में सफदरजंग ने अकबर आदिल शाह के नाम से एक प्रतिद्वंद्वी शहंशाह को तख्त पर बैठा दिया और अपने को वज़ीर और सलावत को मीर बख्शी बना दिया। सूरजमल ने इस कार्रवाई को सहमति व्यक्त की।[42] रोजाना की मुठभेड़ों में शाही पक्ष से (17 मई की रात को) नई दिल्ली से 3 मील दक्षिण में स्थान फीरोजशाह के कोहटीला को छीन लिया। इस्माइल

मेम्वोआर दे यात, 38, *सियर,* III, 334; *दिल्ली क्रॉनिकल; आफ़ताबनुमा,* 359; *अहवाल,* 119; *तारीख-ए-मुजफ्फरी* (इलियट, VIII, 320 में); *तवारीख-ए-हुनूद,* 21b

38. गुप्ता कृत *पानीपत,* 321ff
39. *मिरात,* 893
40. श्रीवास्तव कृत *अवध,* 231-232
41. कानूनगो कृत *जाट्स,* 85; *मेम्वोआर दे यात,* 38 पाद-टिप्पणी
42. *तारीख-ए-अहमद शाही,* 54b; *सुजान,* 148, 149, इलियट, VIII, 135 में *बयान-ए-वाक़य।*

खाँ ने उस पर तोपें चढ़ा दीं और गोलाबारी शुरू कर दी। कुछ गोले किले के भीतर जा गिरे परंतु शाही सेना के जाट अपनी जगह पर डटे रहे। इसने अन्य मुगल तोपचियों को जोश से भर दिया और उन्होंने लाल दरवाजे पर रखी तोपें चलानी शुरू कर दीं, जिससे कोहटीला को कुछ नुकसान हुआ। अब इस्माइल ने और आगे अपनी खाइयाँ बढ़ाईं और इंतजाम के मकान पर कब्जा करने के लिए उसने एक बारूदी सुरंग लगाई जिसमें 5 जून को पलीता लगाया गया। इस मौके पर जाट और गोसाईं दुश्मन की ओर लपके और अब यह लगने लगा था कि जीत हो जाएगी कि नजीब तथा शहंशाह के अन्य पक्षधर सहायता के लिए आ पहुँचे और उन्होंने उसे पीछे धकेल दिया। इस पर 5,000 तोड़ेदार बंदूकधारी घुड़सवार जाट और किजिलबाश यह लड़ाई जारी रखने के लिए आगे बढ़े जबकि शाही समर्थकों ने हाफिज बख्तावर, सादल खाँ और अन्य लोगों को कुमुक लेकर नजीब के पास भेजा। यह युद्ध बहुत लंबा और रक्तपातपूर्ण था किंतु अनिर्णायक रहा। गोलाबारी का यह द्वंद्वयुद्ध सारी रात लगभग चार बजे सुबह तक चलता रहा। इस्माइल ने कोहटीला खाली कर दिया, जिस पर शाही समर्थकों ने कब्जा कर लिया। अब उन्होंने सफदरजंग के खेमे पर गोलाबारी शुरू कर दी जिसने उसे दक्षिण में ताल कटोरा की ओर (शहर से 4 मील दूर) हट जाने के लिए विवश किया।[43]

तथापि, जाटों और किजिलबाशों ने शहर के इस या उस हिस्से पर छिटपुट हमले जारी रखे, परंतु शाही समर्थक तुरंत जा पहुँचते और चौकियों को फिर से कायम कर लेते। 12 जून की शाम को ईदगाह के पास एक मुटभेड़ हुई जिसमें कई जाट सैनिक और उनके अधिकारी मारे गए। वहाँ तैनात मीर मुंशी याह्या खाँ के सूरजमल से संबंध थे। अतः उसे गिरफ्तार कर लिया गया तथा उसकी जायजाद जब्त कर ली गई।[44]

सफ़दरजंग से 14 जून को हुई तालकटोरा की लड़ाई में अपने वीर सेनापति राजेंद्र गिरि गोंसाईं की मृत्यु से एक जबर्दस्त धक्का लगा। उस दिन पहले ही पहल गोसाईं, इस्माइल खाँ और सुरतीराम गौड़ के नेतृत्व में जाटों ने दुश्मन के सभी ठिकानों पर हमले कर दिए थे। इस हमले का आघात सहते हुए जाटों और किजिलबाशों ने विद्रोही बदख्शी और मराठा टुकड़ियों को भारी क्षति पहुँचाई। उनकी जीत नजर ही आ रही थी कि इमादुल मुल्क कुमुक लेकर वहाँ दौड़ा और बड़ी लड़ाई के बाद उसने शत्रु को खदेड़ दिया। गोलियों की बौछारों के बीच राजेंद्र गिरि और सुरतीराम घायल हो गए। इसमें राजेंद्र गिरि की दूसरे दिन मृत्यु हो गई। इस साहसी संन्यासी की मृत्यु ने सफदरजंग को इतना जबर्दस्त सदमा पहुँचाया

---

43. *तारीख-ए-अहमद शाही,* 55b, 57b; इलियट, VIII, 138, में *बयान-ए-वाक़य;* नूर 9a, 9b, 10b, 11b.

44. *तारीख-ए-अहमद शाही,* 58b

कि पूरे दस दिनों तक वह पूरी तरह निष्क्रिय रहा।[45]

अब तक सफदरजंग प्रायः यह प्रतिद्वंद्विता हार चुका था। उसके गिरते मनोबल और सबके प्रति उदासीनता ने उसके अनुयायियों में और कमी कर दी। यहाँ तक कि शेरजंग जैसे उसके उच्च-पदाधिकारियों और रिश्तेदारों ने भी पाला बदल दिया और उसके पक्ष के पलायन तथा नई फौज आ जाने के कारण शाही समर्थकों की ताकत बढ़कर, 1,00,000 सैनिकों की हो गई। टूटा दिल लेकर पड़े स्वामी और उसकी बुरी तरह घट गई ताकत तथा हर्षोन्नत शत्रु के प्रतिदिन नई कुमुक पाने के कारण सफदरजंग के उद्देश्यों की निराशाजनक स्थिति सूरजमल से छिपी नहीं रह सकती थी। और वह अपनी बर्बादी को न्यौता दे, ऐसा अव्यावहारिक भी नहीं था। अतः वह एक सम्मानजनक शांति के लिए व्यग्र हो उठा, हालाँकि न तो उसने सफदरजंग के पक्ष से अपना पाला बदला और न पीछे हटा। उसने अपने प्रतिनिधियों को (जून के अंत में) वज़ीर इंतिज़ाम के पास क्षमादान और शांति के लिए समझौता करने भेजा, पर इसी शर्त पर कि उसे अपने अधिकार के सारे क्षेत्रों के साथ रहने दिया जाए। वज़ीर ने इसका उत्तर दिया और सूरजमल के साथ संधि तय करने के लिए अपने आदमी भेजे। इसी समय शहंशाह ने राजा देवी दत्त और रामनाथ को सूरजमल के पास भेजने के लिए प्रोत्साहित किया। उसने रात जाट शिविर में बिताई और फिर जाट प्रमुख की शहंशाह को संबोधित एक याचिका लेकर लौट आया। तथापि, इस पर हुई चर्चाओं के दौरान इमादुल मुल्क, जो अंतिम फैसले तक लड़ाई पर अड़ा रहा, ने इस प्रस्ताव का विरोध किया और फिलहाल शांति का यह प्रयास असफल हो गया।[46]

इसी बीच छिटपुट लड़ाई जारी रही। फिर 1 जुलाई को एक घमासान युद्ध हुआ जिसमें तोपखाने भी प्रमुख भूमिका थी। एक जाट बख्शी गोकुलराम इस बात पर क्रुद्ध था कि पहले हुई लड़ाई में उसका भाई सुरतीराम घायल हो गया था। अतः उसने नागाओं के साथ एक सुदृढ़ आक्रमण का संचालन किया और अपने शत्रुओं को पराजित किया, फलतः उनमें से कई तो भाग खड़े हुए। परंतु इस प्रक्रिया में वह एक गोले से गंभीर रूप से घायल हो गया। पीछा जारी रखा जाए, यह इस जाट सेनापति की अंतिम इच्छा थी। परंतु चूँकि जाट इस सदमे से अचंभित थे, वे अपने लाभ को उसके अंतिम परिणाम तक नहीं ले जा सके। इस तरह विजय एक बार फिर सफदरजंग के हाथों में आने से रह गई।[47]

सूरजमल ने सफदरजंग को परामर्श दिया कि शहर और किले की सुरक्षित

---

45. *तारीख-ए-अहमद शाही,* 58b-59a; *सुजान,* 172-173; *दिल्ली क्रॉनिकल; गुलिस्तां,* 49; *गुल* 73
46. *तारीख-ए-अहमद शाही,* 60a-60b; श्रीवास्तव कृत *अवध,* 236
47. *सुजान,* 174-176; *तारीख-ए-अहमद शाही,* 60a-60b ; श्रीवास्तव कृत *अवध,* 237

सीमा से दूर, शत्रु को खुले में जाने के लिए वह एक रणनीति के तहत दक्षिण में और पीछे वापस आ जाए। सफदरजंग इस पर राजी हो गया और चिराग़ दिल्ली और इसके बाद 16 जुलाई को तिलपत (दिल्ली से 12 मील दक्षिण में) चला गया। जैसे वे पीछे हटे, इमाद ख़िजराबाद तक आगे बढ़ गया। शाही फौजों ने आसपास के इलाकों को तहस-नहस कर दिया, वे धन-दौलत, जायदाद और औरतें खींच कर ले गए। 25 जुलाई को जवाहरसिंह, बलराम और राजा गूजर के अधीन जाटों ने रुहेलों पर हमला किया और फिर गढ़ी मैदान के किले पर घेरा डाल दिया। एक लंबी और भीषण लड़ाई छिड़ी जिसमें दोनों पक्षों ने अपने विशिष्ट संयम और शानदार वीरता का प्रदर्शन किया। अंततः जाटों की विजय हुई। उन्होंने रुहेलों को कुचल दिया और उनकी तोपों और हथियारों पर कब्जा करते हुए, भागने पर विवश कर दिया। कुल मिलाकर सब जगह जीत के बावजूद इस हार ने इमाद को 'गुस्से से पागल कर दिया'। दूसरे दिन ही वह दिल्ली गया और उसने शहंशाह से स्वयं कमान सँभालने की प्रार्थना की, ताकि मामले को निपटाया जा सके परंतु वजीर की सलाह पर अहमद शाह ने इसे इनकार कर दिया।[48]

कुछ दिनों बाद सूरजमल ने बदरपुर और सराय बख्तावर के बीच अपना खेमा गाड़ दिया। 30 जुलाई (29वीं रमजान) को उसके सिपाही बदरपुर नहर के पास आ धमके और शाही फौजों से झड़पों के बाद फिर वापस लौट गए। कुछ समय चुप्पी के बाद 19 अगस्त (19वीं शव्वल) को जाट, किजिलबाश और नागा आगे बढ़े और तुगलकाबाद और यमुना के बीच यहाँ-वहाँ छिटपुट लेकिन भीषण लड़ाई हुई जिमसें जाटों और रुहेलों ने अपने शौर्य का प्रदर्शन किया। एक स्थान पर शिव सिंह के अधीन जाटों की एक टुकड़ी ने मराठों से भी मुकाबला किया। प्रारंभ में जाटों का पलड़ा भारी रहा परंतु शिव सिंह की जाँघ में एक भाल लगा। शीघ्र ही मराठे एकजुट हो गए और जाटों को पीछे धकेल दिया गया। अगली सुबह सफदरजंग फरीदाबाद चला गया और कुछ दिनों बाद बल्लभगढ़ के दक्षिण तक पीछे हट गया। इसी बीच इमाद आगे बढ़ता रहा और फरीदाबाद के उत्तर में पहुँचकर बल्लभगढ़ किले रूपी काँटे को निकाल फेंकने का फैसला किया। इसी बीच अपने वेतनों की बकाया राशि की माँग करते हुए कुछ सिपाही और शाही तोपची अपनी चौकियों से हट गए। इस पर सफदरजंग ने अपने आदमियों को फिर से इकट्ठा किया और हमला बोल दिया, परंतु इसका कोई फल नहीं निकला। फिर 7 और 8 सितंबर को 5 से 6 हजार जाट फरीदाबाद तक पुनः आगे बढ़ आए। उन्होंने अपने थोड़ी-थोड़ी देर बाद के हमलों से शत्रु की रसद पूर्ति मार्ग को काट दिया। हालाँकि इस प्रक्रिया में उन्होंने अपने एक सरदार मोहकम सिंह को खो दिया। स्थिति

48. *तारीख-ए-अहमद* शाही, 66a, 64a; *सुजान,* 176-181; सुजान, इलियट, VIII,139, में बयान-ए-वाक्य।

के इस मोड़ ने इमाद को 'निरुत्साहित' कर दिया और उसने एक बार फिर शहंशाह से सहायता की प्रार्थना की, पर इसका भी कोई बेहतर परिणाम नहीं निकला। यह सोचकर कि वह अकेले अपने दुश्मनों को नहीं कुचल सकता, इमाद ने होल्कर और शिंदे से (जो तब दक्षिण में थे) सहायता माँगी। उसने वचन दिया कि वह एक करोड़ रुपयों के अलावा इन सबके ऊपर अवध और इलाहाबाद की सूबेदारी देगा, जिसका कि मराठों को पहले ही आश्वासन दिया जा चुका था।[49]

इसी बीच वज़ीर और शहंशाह, इमाद की क्षमता और तेजी से बढ़ती उसकी प्रतिष्ठा से भयभीत हो, शांति के लिए आतुर हो उठे। अतः एक ओर जहाँ उन्होंने माधो सिंह को आने और शांति-स्थापना में सहायता करने के लिए लिखा, वहीं दूसरी ओर उन्होंने सूरजमल के द्वारा पुनः किए जा रहे निवेदनों के प्रति अनुकूलता दिखाई। ठीक उसी दिन जब इमाद शहंशाह से मिला (12 सितंबर) सूरजमल ने वज़ीर से संपर्क किया और शांति-स्थापना के लिए कुछ लाख रुपए देने का वचन दिया। इंतिज़ाम ने 14 सितंबर को अपने वकील लुतफुल्ला बेग को सूरजमल के पास भेजा और फिर दोनों ने मिलकर सफदरजंग से भेंट की। तदनंतर, कट्टर इमाद की विवशता का लाभ उठाकर सूरजमल और सफदरजंग की फौजों ने आगे बढ़कर हमला कर दिया और सराय बख्तावर खाँ, बदरपुर तथा कुछ अन्य स्थानों पर शाही फौजों को पराजित कर दिया। लगभग एक सप्ताह बाद सफदरजंग की फौजों ने दक्षिण दिशा से बख्तावर खाँ की शाही चौकियों पर हमला कर दिया जबकि जाटों ने (जिन्हें सफदरजंग के दूतों राजा लक्ष्मीनारायण, राजा जुगल किशोर तथा अन्यों के साथ लुतफुल्ला बेग को बदरपुर तक सुरक्षित पहुँचाने के लिए भेजा गया था) उत्तर दिशा से हमला कर दिया। बीकानेर और (अंताजी के अधीन) मराठों द्वारा बख्तावर खाँ को कुमुक पहुँचाने तक सारी रात घमासान लड़ाई चलती रही और हमलवारों को पीछे खदेड़ दिया गया। इस विश्वासघाती हमले ने शहंशाह और उसके दरबारियों को ठीक ही अचंभे में डाल दिया। कट्टरवादियों को एक मौका मिल गया और वजीर की तमाम कोशिशों के बावजूद शांति वार्ताएँ एक बार फिर भंग हो गईं (22 सितंबर 24वीं जीक़द)।[50]

फरीदाबाद के तालाब पर 29 सितंबर को इस श्रृंखला की अंतिम उल्लेखनीय लड़ाई लड़ी गई। सफदरजंग और सूरजमल ने, इमाद के अधीन नई फौजें पहुँचने से पूर्व शाही फौजों पर एक भीषण हमला करने का फैसला किया। जवाहरसिंह को (जो उसी समय अपने पिता से आ मिला था) पीछे रखकर ये दोनों आगे बढ़े और गोलाबारी के बीच कई मराठों को मारते हुए शाही चौकियों के दाईं ओर के

49. *तारीख़-ए-अहमद शाही*, 67a-67b, 69b, *सुजान*, 181-193; *दिल्ली क्रॉनिकल*; श्रीवास्तवकृत *अवध*, 239
50. *तारीख-ए-अहमद शाही*, 72b-74b, *दिल्ली क्रॉनिकल*।

भाग को काबू कर लिया। तथापि, हाफिज बख्तावर, अबू तुब और अन्य लोगों के नेतृत्व में लगातार आई कुमुक ने लड़ाई फिर से जारी रखी। अंत में इमाद और नजीब एक और कुमुक लेकर आए। इस अवसर पर शानदार साहस का प्रदर्शन करते हुए इमाद अपने हाथी को दुश्मनों के बीच ले गया और एक भीषण लड़ाई के बाद, जिसमें दोनों पक्षों को भारी नुकसान हुआ, वह जाटों को परास्त करने में सफल हुआ। जो घायल हुए उनमें इस्माइल और सदा राम (एक जाट सेनापति) भी थे। अपने दुश्मनों को दक्षिण में और पीछे धकेलते हुए इमाद ने नजेसर पर कब्जा कर लिया और पास के बल्लभगढ़ पर गोलाबारी शुरू की, जबकि नजीब ने सीही पर कब्जा कर लिया और मराठों के साथ उसने जाट आबादी को लूटा।[51]

कुछ दिनों बाद शहंशाह के आदेश के अनुसार माधो सिंह आ पहुँचा। अब तक इमाद को छोड़कर हर व्यक्ति लड़ाई खत्म करने के लिए वाकई व्याकुल था। व्यर्थ की इस लड़ाई में भारी खर्च के अलावा मराठों के साथ इमाद के मेल-जोल ने वज़ीर, शहंशाह, सफदरजंग और सूरजमल को चिंतित कर दिया था। सूरजमल ने वज़ीर के माध्यम से शांति-स्थापना की कोशिश की थी लेकिन इमाद के विरोध के कारण वह असफल रहा था। अब अक्तूबर के मध्य में उसने नजीब के माध्यम से इमाद से सीधे समझौता वार्ता शुरू की। इस बार इमाद मान गया और उसने नजीब और बहादुर खाँ बिल्लौच और अजीत सिंह को बल्लभगढ़ और शाही चौकियों के बीच एक स्थान पर सूरजमल से समझौता वार्ता करने का निर्देश दिया। सूरजमल यथास्थिति बनाए रखना चाहता था, अर्थात् उसे अपने वर्तमान प्रदेश को और सफदरजंग को इलाहाबाद और अवध की सूबेदारी रखने दी जाए। उसने नजराने के तौर पर कुछ लाख रुपए देने की भी पेशकश की। इन प्रस्तावों पर इमाद सहमत नहीं हुआ। इसके विपरीत उसने सूरजमल को सारे महल और यही नहीं जो मूलतः उसके पिता के पास थे, उन्हें भी सौंपने के लिए कहा। सफदरजंग के मामले में उसने कहा कि उपरोक्त दो प्रांतों के (जिन्हें वास्तव में वह अपने लिए रखना चाहता था) बदले उसे अहमदाबाद, गुजरात दिए जा सकते हैं। बख्शी ने यह भी जोड़ा कि नजराने और क्षतिपूर्ति के रूप में भारी धनराशि देने पर ही शांति रखी जा सकती है और ऐसा न होने पर लड़ाई जारी रहेगी। इस तरह इमाद की माँगों की अतिशय कठोरता ने फिर से समझौता वार्ताओं को भंग कर दिया।[52]

तथापि, अपने प्रतिद्वंद्वी वज़ीर की (जिसे शहंशाह का समर्थन था) गुप्त नीति

---

51. *तारीख-ए-अहमद शाही,* 75b-76a; *सुजान* (193-201) ने इस संघर्ष में सूरजमल को विजय मिली यह कहकर गलती की; *दिल्ली क्रॉनिकल; अखबारात,* 25 सितम्बर, पेशवा दफ्तर पूना (आर.एस.एल. खंड XXIX भाग द्वितीय, पृष्ठ 73 में) यह गलत कहा गया है कि बल्लभगढ़ शाही फौज के हाथ आ गया।

52. *तारीख-ए-अहमद शाही,* 78a, 78b

के कारण इमाद को बहुत जल्दी अपने कदम वापस लेने पड़े। शहंशाह द्वारा उसकी (बख्शी की) पीठ पीछे समझौते की योजना का भांडा फूट गया। इससे बख्शी खिन्न हो गया, जो इस बात का श्रेय लेना चाहता था अत: उसने सूरजमल से संवाद शुरू किया था। परंतु इंतिजाम उससे आगे निकल गया। उसने व्यवस्था की कि माधो सिंह के शिविर में शहंशाह जाएँ और वहाँ सूरजमल से संधि करें। तदनुसार 25 अक्तूबर (27वीं ज़िल हिज्जा) को अहमद शाह, जिससे बाद में इंतिजाम आ मिला, खिजराबाद गया। परंपरा के अनुसार अपना नजराना भेंट करने के बाद माधो सिंह ने शहंशाह को 9 अशर्फियाँ भेंट कीं और सूरजमल को क्षमा करने के लिए प्रार्थना की। जाट वकील ने अशर्फी भेंट की और ऐसी ही प्रार्थना की। शहंशाह ने भेंट स्वीकार कर ली। सूरजमल को माफ कर दिया और दिल्ली लौट आया। वज़ीर ने इस बात पर 'बेहद खुशी' मनाई कि (सूरजमल से) सुलह इमाद द्वारा नहीं की गई। (बल्लभगढ़ के पास स्थित) अपने शिविर से सूरजमल माधोसिंह के शिविर में गया, जहाँ वह वज़ीर से, जो पूर्व व्यवस्था के अनुसार प्रतीक्षा कर रहा था, मिला और उसे अशर्फियाँ भेंट कीं। बाद में वज़ीर चला गया, पर सूरजमल और अकीबत महमूद (इमाद का एजेंट) राजा के शिविर में उस रात और बाद में पाँच दिनों तक रुके रहे।[53] इस पर विश्वास करने के प्रत्येक कारण हैं कि सूरजमल ने भी अपने पुराने मित्र सफदरजंग के लिए 'सम्मानजनक क्षमा' को प्राप्त करने में योगदान दिया।[54] शहंशाह से मुलाकात के बाद पहली नवंबर (चौथी मुहर्रम) को सूरजमल अपने शिविर में लौट आया।[55] इसी प्रकार गुप्त रीति से सफदरजंग के साथ भी (7 नवंबर को) सुलह की गई।

सफदरजंग के दृष्टिकोण से, गृहयुद्ध में जाटों की भूमिका के अपने आकलन में जे.एन. सरकार कुछ अनुदार प्रतीत होते हैं। वह कहते हैं की कि जाटों द्वारा दिल्ली की लूटपाट ने 'राजधानी और उसके आसपास के क्षेत्रों के लोगों को सफदरजंग से दूर कर दिया' और 'निष्ठावान जाट सहयोगी' सफदरजंग के पक्ष में 'एक भी रण क्षेत्र को बदल देने में असफल रहे।'[56] दिल्ली की लूटपाट और उसके समस्त पहलुओं पर हम पहले ही विचार कर चुके हैं। जहाँ तक दूसरे प्रश्न

---

53. *तारीख-ए-अहमद शाही*, 81b-83a; *एस.पी.डी.*, XXVII, 83; *राजवाडे* I, 17; *सुजान*, 201; *मेम्वोआर दे यात*, और *तवारीख-ए-हूनूद*, यद्यपि इसमें जाटों का ही विषय लेकर वर्णन हैं, किंतु गृहयुद्ध में सूरजमल की हिस्सेदारी की उपेक्षा कर दी है।
54. फ्रैंकलिन (*शाह आलम*, 3) का कथन है कि इंतज़ाम ने शहंशाह को 'मंसूर अली के पक्ष में जाटों की मध्यस्थता को स्वीकार करने' के लिए राज़ी किया था। शर्मा कृत *जयपुर*, 176 भी देखें; कानूनगो कृत *जाट्स*, 86
55. *तारीख-ए-अहमद शाही*, 83a-83b
56. सरकार कृत *फ़ाल*, I, 452.

का संबंध है, गढ़ी मैदान की लड़ाई में जाटों की विजय उनकी नजर से छूट गई प्रतीत होती है। इस बारे में एक उदाहरण का उल्लेख किया जा सकता है, जाटों ने 1 जुलाई के अभियान में शाही फौजों को मात दे दी थी, परंतु अंतिम क्षणों में संयोग से उनके बख्शी के मारे जाने से उन्हें एक स्पष्ट विजय से वंचित रह जाना पड़ा। इसके साथ ही, यदि हम इस बात का ध्यान रखें कि जाटों को कैसे स्वामी और परिस्थितियों के मध्य लड़ना पड़ा तो यहाँ और अधिकांश अन्य क्षेत्रों में भी उनका निष्पादन उपरोक्त दृष्टिकोण के अंतर्निहित अभिप्राय की पुष्टि नहीं करता।

शौर्य और साहस की जाटों में कमी नहीं थी या वे अपने संख्या बल की कमी पूरी नहीं कर पाए। सफदरजंग के 15,000 जाटों का लाभ उसी दिन (जून के प्रारंभ में) अप्रभावी हो गया था जब नजीब 15,000 सिपाहियों और 2,000 जेटा गूजरों के साथ विरोधी पक्ष से आ मिला था और फिर सफदरजंग, जिसका सेनापतित्व कमजोर या ज्यादा-से-ज्यादा औसत दरजे का था और बाद में निराश भी हो गया था। साथ ही उसकी फौज से लोगों की अंतहीन भगदड़ थी। और उनके खिलाफ था इमाद जैसा वीर और चतुर सेनानायक जिसके पास काफी बड़ी फौज थी (17,000 तो बताई ही गई है, उसके ऊपर 83,000 और भी)।

इस संदर्भ में सूरजमल और उसके आदमियों से चमत्कार की अपेक्षा करना व्यर्थ होगा। जैसाकि ऊपर देखा गया, अधिकाधिक अभियानों में जाटों ने प्रारंभिक बढ़त हासिल की, परंतु लगातार कुमुक के आने से अंततः शत्रु का पलड़ा भारी हो गया। परंतु सूरजमल के बिना, अकेले सफदरजंग की, उसकी अविच्छेद कमज़ोरियों को देखते हुए, क्या दशा होती इसकी कल्पना करना कठिन नहीं है। हालाँकि जाट सरदार अपने साथी को विजय हासिल कराने में निश्चय ही असफल रहा, तथापि, यह नकारात्मक उपाय अपने आप में सफदरजंग को सूरजमल की शस्त्रों से सहायता का वास्तविक महत्त्व प्रकट करता है। यह सत्य है कि जब लड़ाई कुछ समय आगे बढ़ रही थी तो उसके बाद सूरजमल की सुलह की इच्छा थी, परंतु वह भी निराशाजनक परिस्थितियों में फिर भी अपने मित्र की कीमत पर नहीं। सफदरजंग के संकट के समय उसके संबंधियों और उच्च पदाधिकारियों ने उसका साथ छोड़ दिया था, परंतु सूरजमल निष्ठापूर्वक उसके साथ खड़ा रहा, और जब वह समझौता वार्ताएँ (इमाद के साथ) कर रहा था तब भी वह अपने साथी के हितों की रक्षा के लिए पूरे प्रयत्न करना न भूला।[57]

एक-दूसरे से अलग होते हुए दोनों (सफ़दरजंग और सूरजमल) के दिल ज़रूर

---

57. कानूनगो (*जाटस्*, 86) ने लिखा है, 'शहंशाह द्वारा अवध और इलाहाबाद की नवाबी सफदरजंग को न लौटाए जाने तक जाट राजा ने अपनी तलवार म्यान में डालने से इनकार कर दिया।'

दुखे होंगे, जिन्होंने अतीत में एक-दूसरे के लिए इतना कुछ किया था। विदा होते समय (मथुरा में 17 नवंबर के आसपास) सफदरजंग ने सूरजमल को एक शानदार खिलअत भेंट की थी, और सूरजमल ने अपने 'प्रिय मित्र', भूतपूर्व वजीर को 'घोड़े, ऊँट, गाड़ियों तथा अन्य ऐसी ही वस्तुएँ बड़ी संख्या में' उसके घर लौटते हुए दी थीं।[58]

सूरजमल ने शाही क्षेत्रों पर कब्जा कर लिया था और शाही वज़ीर और मीर बख्शी दोनों के खिलाफ था, परंतु पूर्व वज़ीर की सहायता करते समय वह जिस तरह शहंशाह के खिलाफ लड़ा था, वैसा उसने पहले कभी नहीं किया था। यह एक बड़ी बात थी और मुगल तख्त के प्रति हमेशा वफादारी का दम भरने के उसके सामान्य आचरण के प्रतिकूल थी। किंतु विद्रोह तो सदा विद्रोह ही रहता है। फिर भी यहाँ यह ध्यान रखने योग्य है कि सफदरजंग और निहितार्थ से सूरजमल की भी लड़ाई वस्तुतः इंतिजाम और इमाद और प्रकटतः शहंशाह के विरुद्ध थी। सफदरजंग ने कहा था, "इंतिज़ाम और इमाद मेरे दुश्मन हैं और मेरा काम उन्हीं से है।" शहंशाह, जो न 'स्वयं अपना मालिक था' और न 'स्वयं के विवेकानुसार काम करता था', एक शून्य मात्र था। शहंशाह के विद्रोहियों को कुलचने के लिए स्वयं आगे आकर इमाद बाहरी तौर पर अपने को शहंशाह का सबसे 'आज्ञाकारी सेवक दर्शाना चाहता था। परंतु शहंशाह को (और नए वज़ीर को भी) वास्तविकता समझने में कुछ माह लग गए और फिर उसने अपने बख्शी को निष्प्रभावी बनाने के लिए एक उपाय के रूप में स्वयं विद्रोहियों को क्षमा देना और अपने ही बख्शी के विरुद्ध उन्हें अपने पक्ष में बनाए रखना चाहा। यह ध्यान देने योग्य एक दिलचस्प तथ्य है कि विद्रोह के बावजूद सफदरजंग और सूरजमल हमने जो ऊपर वर्णन किया है, उससे आगे कभी नहीं गए, जबकि इमाद को निष्ठा प्रदर्शन करते हुए दो शहंशाहों को मौत के घाट उतारा था। कुछ भी तकनीकी बातें क्यों न हों, तथ्य यह है कि विद्रोह की समाप्ति के पूर्व ही वही शहंशाह और तत्कालीन वज़ीर विद्रोहियों के और विद्रोही उनके करीब आना शुरू हो गए थे।

---

58. *मेम्वोआर दे यात,* 38–39; यहाँ, उस समय प्रचारित निराधार अफ़वाह का खंडन किया गया है कि जाटों ने पराभूत सफदरजंग के खजाने को अपने कब्जे में ले लिया था। तथापि, यह तो जरूर संभव हो सकता है, जैसाकि तवारीख-ए-हुनूद, 21b, में संकेत दिया गया है कि युद्ध में जो कुछ भी लूट गया था वह सफदरजंग ने सूरजमल के पास ही रहने दिया था और इस प्रकार युद्ध में जाट सैन्य दस्तों पर जो खर्च हुआ था वह उसने पूरा कर दिया।

9

जाट प्रतिरोधी शक्तियों के चक्रवात में-I (1754-1757)

राजकुमार सूरजमल का सफदरजंग से मैत्री-गठबंधन अमिश्रित वरदान नहीं था। एक ओर, यदि उसकी समृद्धि और प्रतिष्ठा में इससे वृद्धि हुई तो दूसरी ओर, इसने उसे दरबार की पेचीदी राजनीति में भी उलझा दिया। इसके अतिरिक्त, उसकी अमीरी ने लोभियों को उत्कंठित किया तो उसकी ताकत ने महत्त्वाकांक्षी और उससे पीड़ित दोनों लोगों में आक्रोश भी उत्पन्न किया। और इसके साथ ही इसकी स्थिर महत्त्वाकांक्षाओं ने उसे भयंकर कठिनाइयों में फँसा दिया, फिर भी अपने राजनीतिक चातुर्य, दृढ़संकल्प और साहस के कारण वह अपने सारे शत्रुओं को विस्मित करता हुआ उनसे साफ निकल आया। अब हम यहाँ इन्हीं घटनाक्रमों पर चर्चा करेंगे।

जाटों पर इमाद-मराठा आक्रमण (नवंबर 1753-मई 1754) : उसके कारण

गृहयुद्ध में, विशेषकर उसके अंतिम चरणों में, अशुभ घटनाक्रमों के बीज छिपे हुए थे। उसकी औपचारिक समाप्ति को मुश्किल से अभी दो सप्ताह बीते थे कि खांडोजी होल्कर अपने पिता (जो सुलह के बारे में सुनते ही स्वयं जयपुर चला गया था) के इस आदेश पर कि 'उसे सूरजमल के खिलाफ अभियान में बख्शी (इमाद) के साथ शामिल होना है',[1] दिल्ली आ गया (21 नवंबर) और जाटों के खिलाफ कार्रवाई अगले सप्ताह फिर से शुरू हो गई।

यह स्पष्ट है कि बख्शी सूरजमल और उसके साथियों से सफदरजंग को उनके द्वारा दी गई सहायता के कारण क्रुद्ध था।[2] तथापि, केवल यही कारण उन

1. *तारीख-ए-अहमद शाही,* 88a, 94a; सरदेसाई कृत *मराठाज़,* II, 390-391
2. *शाकिर,* 76; *सियर,* III, 335; डो कृत *हिंदोस्तान,* II, 323; *फ्रैंकलिन,* 3; कानूनगो कृत, *जाट्स,* 86; *तारीख-ए-मुजफ्फरी* (इलियट, VIII, 321, में) में कहा गया है कि दिल्ली को लूटने के लिए सफदरजंग का साथ देकर सूरजमल ने जो कुछ किया उसके लिए इमाद उसे दंडित करना चाहता था।

पर आक्रमण को पूरी तरह स्पष्ट नहीं करता। इसमें कुछ और भी बातें थीं, जिन पर ध्यान नहीं दिया गया है। हम देख चुके हैं कि किस तरह वज़ीर (इतिज़ाम) ने सूरजमल से मिलकर अंतिम क्षणों में सुलह कराने के श्रेय से उसे वंचित कर दिया था। निर्णायक सैन्य विजय और राजनयिक सफलता, इन दोनों की प्राप्ति उसे नहीं हो सकी थी। इसके अतिरिक्त अपने घोर शत्रु, वज़ीर, के साथ सूरजमल की निकटता जो गृहयुद्ध के अंतिम चरणों के दौरान स्पष्ट हो गई थी, को भी वह बर्दाश्त नहीं कर सकता था। वज़ीर और बख्शी, दोनों यह जानते थे कि उस समय सूरजमल ही एकमात्र ऐसा व्यक्ति था, जो बख्शी की बढ़त को रोक सकता था।[3] अतः वज़ीर ने (सफरदजंग के साथ-साथ) उससे भी मैत्री संबंध स्थापित करके उसका समर्थन किया, जबकि असलियत में बख्शी उसे बर्बाद करना चाहता था। वजीर बहुत चतुराई से जाट राजकुमार को नाराज करना बचा गया।[4] उसके (जाट के) शत्रु के पुत्र, फतेह सिंह, द्वारा घसीरा को पुनः प्राप्त करने की प्रार्थना को सुनने से उसने जिस तरह इनकार किया, उससे यह बिल्कुल स्पष्ट हो जाता है।[5] वज़ीर इमाद की महत्त्वाकांक्षाओं को प्रतिबंधित करने के उद्देश्य से हमेशा सूरजमल की ताकत को अक्षुण्ण रखना चाहता था, अतः उसने जाट युद्ध का विरोध किया।[6] (जैसाकि हम आगे देखेंगे कि जाटों की परेशानियों से वह कितना व्यथित हुआ था)। इमाद यह भाँप गया, लेकिन उसने इसका अनुमान दूसरी तरह से लगाया, शक्तिशाली मराठा तो पहले से ही उसके पक्ष में थे और अब यदि संभव हुआ तो मुग़ल तख्त तक पहुँचने के लिए[7] केवल सूरजमल को ही 'जड़ से उखाड़ फेंकना था।[8]

इसके साथ-साथ प्रस्तावित जाट-अभियान बद से बदतर हो रहे आर्थिक संकट को सुलझाने में भी मदद कर सकता था। खजाना खाली था और भूखी फौज अपनी बकाया राशि चुकाने के लिए निरंतर उपद्रव कर रही थी।[9] जाटों ने शाही जमीनों और इमाद की खुद की फरीदाबाद की जागीर पर कब्जा कर लिया था। इस स्थिति में वह उन्हें वहाँ से हटाना, किराया वसूल करना, और समृद्धिशाली जाट राज्य पर भारी कर लादना और इस तरह फौजों को तनख्वाह की अदायगी करना चाहता था।

---

3. सरकार कृत *फ़ाल,* I, 531-532
4. श्रीवास्तव कृत *अवध,* 247
5. *तारीख-ए-अहमद शाही,* 106b; हमें यह सूचना नहीं है कि और अधिक निराशोन्मत्त मोहकम सिंह ने भी उससे सहायता माँगी थी, यदि उसने ऐसा किया था तो उसे अवश्य भगा दिया गया होगा।
6. *तारीख-ए-अहमद शाही,* 106b
7. *तारीख-ए-अहमद शाही,* 95b, 108b, *सियर,* III, 335
8. वही, 106b; *मिरात,* 763
9. *तारीख-ए-अहमद शाही,* 87a, 88a-b, 102b-103b, 105a, 107a 110a, 113b

इसके लिए इमाद ने एक अभिनव योजना बनाई। उसने सूरजमल के कट्टर दुश्मन मोहकम सिंह के दावों पर तत्परता से विचार करना प्रारंभ किया। अपनी जागीर पुन : प्राप्त करने के लिए (अकीबत महमूद के जरिए) 11 दिसंबर, 1753 को इमाद की अनुकंपा चाही। इसलिए 24 दिसंबर को वह खिजराबाद के उसके खेमे से इमाद के निवास पर गया। सूरजमल के खिलाफ अपनी योजना के लिए इमाद ने इस व्यक्ति को सर्वाधिक उपयुक्त पाया और उसने उसे अपना समर्थन दिया।[10] उसने शहंशाह से ज़ोर देकर आग्रह किया कि वह उसके साथ चले, दिल्ली के दक्षिण में जाटों का दमन करे और लगान वसूले या दो करोड़ रुपयों के बदले में, जो वह देने को तैयार था, मोहकम को उसकी पैतृक जमींदारी वापस बहाल करे। शहंशाह ने पहले तो इच्छा व्यक्त की कि मोहकम सिंह 'नलबंदी' के अतिरिक्त सात आना प्रति रुपए की दर के साथ नकद पाँच करोड़ रुपए तत्काल अदा करे।[11] परंतु बाद में वह दो करोड रुपयों पर मान गया।[12] इस योजना का क्रियान्वयन उतना ही कठिन था, जितना कि उसकी रूपरेखा तैयार करना आसान था। फिर भी इससे इमाद और मराठों को सूरजमल के खिलाफ अपने आश्रित की सेवाओं का इस्तेमाल करना संभव हो गया।

यदि इमाद के मन में केवल सल्तनत की सेवा करने का ही पवित्र इरादा होता तो जाट अपहारकों की संपत्ति छीनकर राज्य के कर्जों को चुकाना और उनसे बकाया राशि वसूल करना, एक प्रशंसनीय प्रस्ताव था। यह तथ्य कि उसने खुद 'खलीसा' और 'सर्फ-ए-खास' की आय का गबन किया था, और यही नहीं, सिपाहियों के वेतन बाँटने के लिए (शहंशाह द्वारा) दी गई रकम (15 लाख) भी उसने हड़प ली थी और इस पर भी उन्हें शहंशाह और वज़ीर के खिलाफ हर दिन उपद्रव करने के लिए भड़काता रहता था[13], यह दर्शाता है कि जाटों द्वारा किए गए अधिग्रहणों के दुष्प्रभावों पर जोर देते वक्त वह केवल सूरजमल से अपनी निजी शत्रुता के कारण उससे निपटने के लिए कानूनी आधारों को उठा रहा था। हमारे पास ऐसा कोई प्रमाण नहीं है कि दूसरे हमलावरों के अधीन भूमि को पुनः प्राप्त करने के लिए इमाद ने ऐसा ही उत्साह दिखाया। ऐसा प्रतीत होता है कि बादशाह इस खेल की असलियत समझ गया और बाहरी तौर पर उसने जो भी मुद्रा अपनाई हो, भीतरी तौर पर वज़ीर की सलाह से, वह 'जाट युद्ध के दौरान इमाद से अलग रहा[14], जैसाकि वह गृहयुद्ध के समय भी अलग था।

तथापि, अपने मराठा सहयोगियों के आगमन और सहमति के बिना, अपनी

---

10. *तारीख-ए-अहमद शाही,* 94b, 98b
11. वही, 102b-103a
12. वही, 131b, 103b भी
13. *तारीख-ए-अहमद शाही,* 103a-104b, 110a-110b, 113b, 120a
14. *तारीख-ए-अहमद शाही,* 133a, 92a, 92b

तमाम शिकायतों के बावजूद इमाद अपने पंगु संसाधनों के साथ अकेले जाटों की ताकत को ललकारने का साहस नहीं कर सकता था। किसी भी ऊँची बोली बोलने वाले के पक्ष में अपनी तलवार उठाने को सदा तैयार मराठों के पास इमाद का साथ देने के लिए एक और प्रलोभन था। उन्होंने उसे अपना मनपसंद आदमी पाया था।[15] तथापि, सूरजमल के खिलाफ उनके अपने मनसूबे थे। संपन्न इलाकों को लूटना और दूसरों से धन वसूलना उनकी नीति की चिरस्थायी विशेषता थी। अतः जैसाकि एक समकालीन ने कहा है, इन 'पेशेवर लुटेरों' के लिए जाट राज्य की निरंतर बढ़ती धन-दौलत और आम खुशहाली ने सहज ही एक बहुत बड़ा आकर्षण बना दिया।[16] कभी न तृप्त होनेवाले उनके लोभ के साथ सूरजमज की उत्तेजना भी शामिल हो गई।[17] हम जानते हैं कि उनके बढ़ाव का विरोध करने की कोशिश में भरतपुर की फौजें एकाधिक बार शाही फौजों के साथ शामिल हुई थीं। केवल कुछ माह पूर्व ही सूरजमल ने उन्हें उत्तर से निकाल बाहर करने के लिए युद्ध में अपने हिस्से का खर्च वहन करने का प्रस्ताव कर राजपूतों के साथ मिलकर उनके खिलाफ एक संयुक्त मोर्चा बनाने का प्रयत्न किया था।[18] नवंबर, 1753 में पुनः उसने दौरे पर आए जयपुर नरेश के साथ उनके खिलाफ एक समझौता कर लिया था।[19] स्पष्टतः जाटों की इस मराठा-विरोधी नीति ने उन्हें बेहद नाराज कर दिया था, यद्यपि यह उनकी (मराठों की) ही कारगुजारियों का स्वाभाविक परिणाम था। जाट दूत (रूप राम कटारी) के सामने मल्हार राव होल्कर की यह व्यंग्योक्ति कि (जाटों के विरुद्ध) वह कुछ तो अपनी इच्छा से और बादशाह (निहितार्थ में इमाद) के कहने पर आया है, इस बात की पूर्णतः पुष्टि करती है।[20] सूरजमल ने पहले ही काफी ताकत हासिल कर ली है और यदि उसे अभी नहीं कुचला गया तो वह बाद में खतरनाक साबित हो सकता है, प्रतीत होता है कि मराठों ने ऐसा ही तर्क किया हो।

इसके अतिरिक्त मोहकम सिंह की दृढ़ाग्रहों ने भी मराठों को इसी लक्ष्य की ओर मोड़ा। शायद ही कोई ऐसा क्षमतावान व्यक्ति बचा होगा जिसका दरवाजा उसने

---

15. *तारीख-ए-अहमद शाही,* 88a, 93a, 94a, 98a
16. *मेम्वोआर दे यात,* 39
17. विपरीत. देखें, कानूनगो कृत *जाट्स,* 87
18. ऊर्ध्व, 158
19. दिल्ली से जवाहरसिंह के साथ माधों सिंह कामा गया (17 नवंबर) जहाँ से बदनसिंह उसे डीग ले गया। सूरजमल से मराठा समस्या पर विचार करके वह जयपुर गया। *सुजान,* 202, 203; *तारीख-ए-अहमद शाही,* 89b; सरकार कृत *फ़ाल,* I, 519; विपरीत, देखें, *मेम्वोआर दे यात,* 132 (हिंदी संस्करण)
20. *सुजान,* 214

न खटखटाया होगा। वह कम-से-कम 1735[21] से मराठों के संपर्क में था। उसने मल्हारराव होल्कर की नौकरी के साथ उसकी अनुकंपा भी हासिल की।[22] 1753 में एक मराठा सरदार ने पेशवा से अनुरोध किया था कि वह उसे और उसके भाई जुलकरन को एक सांत्वनापूर्ण पत्र भेजे कि जब मराठे जाट देश में आए तो वे उनसे मिलें और तब उनकी 'समस्याएँ हल हो जाएँगी।'[23] इसके साथ ही जैसा मल्हारराव होल्कर ने बताया है, मराठा आक्रमण का एक और सहायक कारण सूरजमल द्वारा घसीरा के राव बहादुर सिंह बड़गूजर की हत्या से उत्पन्न उनका क्रोध भी था।[24]

इस तरह उपरोक्त विश्लेषण के प्रकाश में यह स्पष्ट हो गया है कि इमाद होता या न होता, मराठा स्वयं आगे-पीछे अपनी फौजें जाटों पर हमले के लिए ले आते। सौभाग्य से अपने स्वामी, बख्शी, में उन्होंने एक ऐसा व्यक्ति पाया था जो खुद भी उन्हीं लोगों पर अपना कहर बरसा करने के लिए कटिबद्ध था। इस तरह एक 'मुकम्मिल समझौते'[25] के बाद ही इमाद और मराठों ने जाटों के खिलाफ कार्रवाई हाथ में ली थी। प्रारंभ में उद्धृत खांडोजी के वक्तव्य से भी इसकी पुष्टि होती है।

उनके अभियान की नीति के सूक्ष्म अवलोकन से यह प्रतीत होता है कि इमाद और उसके सहयोगियों ने दो दिशाओं से सूरजमल को गिरफ्त में लेने की कोशिशें कीं। इमाद और खांडोजी ने उत्तर के कमजोर मोर्चे की ओर से हमला किया जबकि मुख्य मराठा फौज ने पश्चिम से आक्रमण किया। सबसे पहले जयपुर जाने के पीछे रघुनाथ राव का उद्देश्य न केवल राजपूतों से बकाया राशि उगाहना था, वरन माधो सिंह को सूरजमल से पृथक् भी करना था। उसके आगमन तक इमाद और खांडोजी को सूरजमल के उत्तरी इलाकों पर हमला करना था, जो अपने पीछे मराठा दस्तों के होने के कारण उनकी प्रतिरक्षा के लिए पर्याप्त फौजें नहीं

---

21. *एस.पी.डी.,* XXX, 134
22. *तवारीख़-ए-हुनूद,* 19b
23. *एस.पी.डी.,* XXVII, 83
24. *सुजान,* 214
25. *अमीरा,* 51; *अख़बार-ए-महाबत* (इलियट में, VIII,384); *तारीख-ए-मुज़फ्फरी* (इलियट, VIII, 321 में), तो यहाँ तक कहता है कि इमाद की 'मराठों ने खुशामद' की थी कि वह सूरजमल पर हमला करे; जी.एस. सरदेसाई (*मराठाज़,* II, 390-391) का कहना है कि होल्कर ने खांडोजी और गंगाधर तांतिया को इमाद के पास भेजकर 'जाट के विरुद्ध अभियान के लिए योजना तैयार' करने को कहा था। वे दिल्ली पहुँच गए थे इसलिए उन्होंने 'निश्चय किया कि (तुरंत) युद्ध प्रारंभ कर दिया जाए', *इबरत,* 15b

भेज सकता था। जाट शक्ति के समूल नाश की इससे बेहतर योजना नहीं बनाई जा सकती थी।[26]

नवंबर, 1753[27] के अंतिम सप्ताह में सूरजमल ने अपने दूत रूपराम कटारी को जयपुर स्थित मराठा शिविर में भेजा। इसका उद्देश्य मराठों के असली इरादे और ताकत का पता लगाना था और संभव हो सके तो एक सम्मानजनक समझौते के लिए बातचीत करना भी। मल्हारराव होल्कर ने दो करोड़ की माँग की, पर दूत केवल चार लाख रुपए देने पर राज़ी था। होल्कर ने उसे ठुकरा दिया और जब उसने जाटों का सर्वनाश कर देने की अपनी धमकी दोहराई तो दूत ने उसे तत्काल उत्तर दिया, "तुम चार लाख आदमियों की सहायता लेकर भी जाट किलों पर आक्रमण नहीं कर सकते।[28] जब वार्ताएँ अभी चल ही रही थीं तो रूपराम ने सूरजमल को संदेश भिजवाया कि मराठे तो 'युद्ध के लिए उतारू हैं', अतः वह अपने-आपको अच्छी तरह तैयार कर लें।[29] तदनुसार राजा बदनसिंह ने डीग में अपने दरबारियों को सलाह-मशविरे के लिए बुलवाया। उन सभी ने अपमानजनक समर्पण की अपेक्षा सम्मानजनक युद्ध को पसंद किया और ज्यादा जोश-खरोश के साथ युद्ध की तैयारियाँ शुरू कर दी गईं। अपने वीर सहयोगियों की सहायता के साथ सूरजमल ने डीग, भरतपुर, कुम्हेर और वैर के मुख्य किलों की कड़ी प्रतिरक्षा की व्यवस्था की क्योंकि अंततः वहीं जाटों के भाग्य का निर्णय होना था।[30]

---

26. इमाद-मराठा-जाट युद्ध जो नवंबर, 1753 में प्रारंभ हुआ था मई 1754 तक जारी रहा यह एक लंबा घटनाक्रम था। मेवात और अलीगढ़ के अभियानों का डीग या कुम्हेर से अलग करके अध्ययन करना ग़लत होगा। क्योंकि मेवात या अलीगढ़ या भरतपुर राज्य के वैसे ही हिस्से थे जैसे कि डीग और कुम्हेर थे।
27. *सुजान* (203-204) ने कोई तारीख नहीं दी है। लेकिन चूँकि इसने बलराम की हत्या (29 नवंबर, 1753) के बारे में रूपराम के प्रस्थान के 'कुछ ही दिन बाद' कहा है तो उससे अर्थ यह निकलता है कि रूपराम नवंबर के अंतिम सप्ताह में गया था।
28. विस्तृत विवरण के लिए देखें, *सुजान* 203-204, 206-207, 215, 226; सरकार कृत *फ़ाल,* I, 520; *बाखर* का अनुसरण करते हुए, जोकि बाद का स्रोत है, क़ानूनगो (*जाट्स* 88) और पांडेय (*भरतपुर,* 58) एक संदेहास्पद दावा करते हैं कि मल्हार ने एक करोड़ माँगे थे जबकि रूपराम ने 40 लाख का वायदा किया और सूरजमल ने ढिठाई से मराठों को तोप के गोले और बारूद भेज दी।
29. *सुजान,* 206
30. विस्तृत विवरण के लिए देखें, *सुजान,* 217ff; *मेम्वोआर दे यात,* 39 भी।

उत्तर और पूर्व में आक्रमण

जाट वकील का जयपुर प्रस्थान लगभग मेवात में इमाद-मराठा के हमले की शुरुआत के समय ही हुआ। 26 नवंबर, 1753 (29वीं मुहर्रम, 1167 अल हिजरी) को इमाद ने अपने मुख्य एजेंट अक़ीबत महमूद को 500 बदख्शियों और 20,000 मराठा सैनिकों के साथ फरीदाबाद को, जो उसकी जागीर था, परंतु कुछ समय से बलराम के कब्जे में था, पुनः जीतने के लिए भेजा। राजस्व और नजराना माँगे जाने पर बलराम लड़ाई के लिए तैयार हो गया। इस पर इमाद ने 700 अतिरिक्त सिपाही और उन्नत किस्म की 30 तोपें और राकेट भेजे। कुछ प्रतिरोध के बाद बलराम ने समर्पण का निश्चय किया। अतः वह अकीबत से मिला। उसे अशर्फियाँ भेंट की और बकाया राशि चुकाने का वचन दिया।[31] अकीबत ने सूरजमल के पास भी अपने आदमी भेजे और उससे पेशकश की बकाया राशि की माँग की, परंतु अपनी विशाल सेना से गौरवान्वित उस जाट सरदार ने उसकी उपेक्षा कर दी। इसी समय अकीबत ने देखा कि पलवल के किसान राजस्व की अदायगी में टालमटोल कर रहे हैं। उन्होंने यह दिखावा किया कि बलराम शायद उनसे फिर लगान माँग ले। उस स्थान के कानूनगो संतोष राय ने (जो बलराम द्वारा बर्खाश्त किए जाने के कारण उसका जानी दुश्मन बन गया था) अकीबत से कहा कि जब तक वह बलराम को नहीं मार डालेगा, तब तक जिले पर पुनः कब्जा करना संभव नहीं होगा। उसके द्वारा भेजे गए एक थानेदार को स्थानीय किसानों ने, जो बलराम का साथ दे रहे थे, निकाल बाहर किया। अतः 29 नवंबर (दूसरी सफर) को अकीबत बल्लभगढ़ के एक मैदान में लौट आया और बलराम को बुलवा भेजा। बलराम अपने एक या दो पुत्रों, अपने दीवान और 250 घुड़सवारों और पैदल सिपाहियों के साथ आ गया।[32]

बलराम की हत्या के तरीके के मामले में इतिहासकारों में मतभेद है। दरबारी इतिहासकार कहता है कि अकीबत ने यह कहकर कि इमाद ने उसके साथ सुलह कर ली है, (यद्यपि यह गलत था) और उगाही में देर के कारण इमाद उसे फटकार रहा है, इस बात पर जोर दिया कि बलराम वायदे के मुताबिक नजराना अदा करे। बलराम ने जवाब दिया कि वह 'अपनी जेब में पैसा लेकर नहीं आया है, जिसे उसने लगान एकत्र करने के बाद ही देने का वायदा किया था। और यदि वह (अकीबत) उस भूभाग को छीनना चाहता है तो इसके लिए उसे लड़ाई लड़नी पड़ेगी। इस जवाब से अकीबत नाराज हो उठा और उसके बाद आवेश में आकर दोनों बहस करने लगे। जब बलराम ने अपनी तलवार पर

31. *तारीख-ए-अहमद शाही,* 89a-90a
32. वही, 90a-91a

अपना हाथ रखा तो आफ़ताब खाँ के नेतृत्व में बदख्शी उस पर टूट पड़े और उसके पुत्रों, दीवान और नौ अन्य लोगों के साथ उसे मार डाला। इस प्रक्रिया में दो उनके साथी भी मारे गए।[33] उधर 'सुजान चरित्र', में कहा गया है कि अकीबत ने अपने दूत को बलराम के पास भेजा, जिसने उसकी आशंकाएँ मिटाने के लिए बड़ी-से-बड़ी पाक कसमें खाईं। जब जाट आया तो अकीबत ने उससे बहुत 'मीठे शब्दों' में बात की, पर पास में छिपे हत्यारे उस पर टूट पड़े और बलराम तथा उसके पुत्रों का सिर काट दिया।[34] जो भी सच रहा हो, ये दोनों स्रोत इस बात पर सहमत हैं कि बलराम की हत्या पूर्व-नियोजित थी। इस कृत्य के बाद बल्लभगढ़ का तोपखाना आधी रात तक गोलाबारी करता रहा, इसके बाद बलराम के परिवार के शेष जीवित सदस्य सूरजमल के पास भाग गए। अकीबत ने तोपखाने, खजाने और अन्य वस्तुओं के साथ किले पर कब्जा कर लिया। बल्लभगढ़ का नाम बदलकर निजामगढ़ कर दिया गया और बालू के सिर को फरीदाबाद के पास एक खंभे पर लटका दिया गया, ताकि उससे दूसरे विद्रोहियों को सबक मिल सके। बलराम और उसके किले के पतन के समाचार ने वज़ीर को 'दुखी' कर दिया।[35]

बलराम की मृत्यु का समाचार मिलने पर सूरजमल ने जवाहर सिंह को, जो तब डीग में था, फौजों को बुलाने और स्पष्टतः दुश्मन की गतिविधियों पर निगरानी रखने के लिए बरसाना की ओर रवाना होने का संदेश भेजा।[36] इसी बीच, अपनी सफलता से उत्साहित होकर अक़ीबत ने अपने हमले को और सख्त कर दिया। इसके पहले दिसंबर में उसने मितरौल और हथीन (पलवल से 12 मील दक्षिण-पश्चिम में) गाँवों को लूट लिया। ग्रामीणों ने दिन भर उसका कड़ा प्रतिरोध किया, परंतु रात में उन्होंने अपने घरों को खाली कर दिया। इसके बाद उसने पलवल के आसपास के दूसरे ग्रामों पर हमला किया। इमाद के बुलावे पर 20 दिसंबर को वह दिल्ली गया। फिर 27 दिसंबर (पहली रबी I) को उसने गंगाधर और सुखराम को फरीदाबाद की ओर भेजा और उसी दिन वह स्वयं भी खांडोजी और उसकी सारी फौज को अपने साथ लेकर जाटों के विरुद्ध कार्यवाही करने के उद्देश्य से उनके पीछे चल दिया। पर उनकी अनुपस्थिति के दौरान वहाँ परिस्थितियाँ बदल चुकी थीं। अक़ीबत द्वारा अपने पीछे छोड़े गए जमादार की सिपाहियों द्वारा हुक्म उदीली करने का लाभ उठाकर जाटों ने गढ़ी हथीन और अन्य स्थानों पर फिर से

---

33. *तारीख़-ए-अहमद शाही,* 91b
34. *सुजान,* 204
35. *तारीख-ए-अहमद शाही,* 91b-92b, 106b; *सुजान* 205 भी; डो कृत *हिंदोस्तान,* II, 324
36. *सुजान,* 205

कब्जा कर लिया। इस परिस्थिति से निपटने में असफल होकर, अकीबत और मराठों ने इमाद से स्वयं आने का अनुरोध किया और इसलिए वह मौन बादशाह के अपने साथ आने की प्रतीक्षा किए बिना दिल्ली से बल्लभगढ़ की ओर लपका।[37]

अपनी पारस्परिक समझ-बूझ के अनुसार खांडोजी और इमाद ने यमुना के दोनों किनारों पर जाटों पर साथ-साथ दबाव डाला। जबकि मराठा लुटेरों के किसी भी दिन आ धमकने की आशंका से सूरजमल अपने कबीले के संघर्षरत लोगों को सहायता पहुँचाने की स्थिति में नहीं था। दिसंबर, 1753 के अंत में होडल को अपना आधार बनाकर खांडोजी ने गढ़ी हथीन, जोरगढ़ी (?) और पनाह गढ़ी सहित अनेक जाट गढ़ियों को लूटा और उन पर कब्जा कर लिया। वह नंदगाँव और बरसाना गया, जिन्हें जवाहर सिंह ने पहले ही खाली कर दिया था। दूसरी ओर मराठों ने शिकोहाबाद स्थित जाट चौकी को उखाड़ फेंका था।[38] दस हजार सैनिकों के साथ फतेह अली खाँ ने (जिसे 1745 में सूरजमल ने असद खाँ से बचाया था) जाट दुर्गरक्षकों द्वारा खाली किए जाने पर कोल पर कब्जा कर लिया।[39] इन सफलताओं से अकीबत महमूद उत्साहित हो गया। अतः 5 जनवरी, 1754 (10वीं रबी I, 1167 अल हिजरी) को उसने बलराम के एक भाई के अधीनस्थ जाटों के घंगोला पर अचानक हमला कर दिया। अकीबत ने गाँव लूट लिया, जाट को मार डाला, छह अन्य लोगों को बंदी बना लिया और वहाँ अपनी खुद की चौकी स्थापित कर दी।[40]

इसके बाद 8 जनवरी (13वीं रबी I), को अकीबत के साथ इमाद बल्लभगढ़ से पलवल चला गया, इधर मोहकम सिंह को उसने खांडोजी के पास होडल भेजा। इमाद ने सूरजमल के कट्टर दुश्मन फतहसिंह को शानदार खिलअत भेंट की और उसे अपने पिता की जागीर पर नियुक्त कर दिया, साथ ही आदेश दिया कि आसपास के जाटों को लूटे, मारे और उन्हें गिरफ्तार करे।[41] माह के लगभग मध्य में इमाद ने अकीबत, मोहकम सिंह और फतेह सिंह को 5-6 हजार सिपाहियों के साथ मेवात में नारनौल और रेवाड़ी की ओर भेजा तथा सैफुल्ला खाँ, जाहिद बेग और अन्य लोगों को बड़ी तादाद में फौज के साथ कोल, सिकंदराबाद और जलेसर की तरफ भेजा। इस तरह नदी के दोनों ओर जाटों का एक बड़ा क्षेत्र उसके हाथ में पड़ गया। फिर 3 फरवरी (9 रबी II) को यह पता चला कि जाट अधिकारियों को खदेड़ देने के बाद मराठा फौजें मथुरा और आगरा के आसपास के ग्रामीण इलाकों

---

37. *तारीख-ए-अहमद शाही,* 93b, 94b, 97a, 102a, 104b-105a
38. *तारीख-ए-अहमद शाही,* 105a, 105b; सुजान 215-217
39. *तारीख-ए-अहमद शाही,* 105b-106a
40. *तारीख-ए-अहमद शाही,* 106a
41. वही, 106a-106b

को दबाने में लगी हैं। खांडोजी को वहाँ का हाकिम बना दिया गया।[42] आतंक के कारण इन क्षेत्रों से बहुत बड़ी संख्या में लोगों ने भागकर जाट राजा के पास शरण चाही।[43]

जाट किलों की घेराबंदी

इन पराजयों के बीच 16 जनवरी, 1754 को रघुनाथ राव के नेतृत्व में एक विशाल मराठा सेना जाट देश के मध्य आ धमकी।[44] खांडोजी, (जयपुर के) हरगोविंद नातानी और इमाद भी उससे आ मिले। अब सिपाहियों की संख्या, भयावह रूप से बढ़कर, 80,000 हो गई। इसमें देश में तब मौजूद 'सर्वोत्तम सेनाओं' का समावेश था।[45] तथापि सूरजमल अविचिलित रहा,[46] हालाँकि संख्या की दृष्टि से उसकी ताकत दुश्मनों से कम थी। जैसाकि ऊपर बताया गया है, उसके शत्रुओं ने उसके विरुद्ध एक चतुर योजना बनाई थी, पर व परिपक्व कुशाग्र बुद्धि जाट सरदार उनसे भी अधिक चतुर था, और इसी कारण वह पूरे चार माह तक 'दक्षिण की टिड्डियों' का सफलतापूर्वक सामना करता रहा।[47] बहुत पहले नवंबर में ही मराठों के आक्रमक मंसूबों की जानकारी पा लेने के कारण सूरजमल ने बाहर निकलकर इमाद-खांडोजी की जोड़ी का उत्तर और पूर्व में सामना न करने की समझदारी दिखाई क्योंकि उसमें दोहरा खतरा था। उसके राज्य के मध्य में अचानक हमला हो सकता था और वह स्वयं दो तरफ की आग के बीच फँस सकता था। उसकी यह रणनीति उसके साधनों के अनुरूप ही थी। स्पष्टतः वह अपने दुश्मनों को खींचकर अपने किलों के सामने लाना चाहता था। ये किले उसी तरह उसकी मुख्य शक्ति थे, जिस प्रकार उसके दुश्मनों के लिए उनका भयावह संख्या बल था। अतः ऐसे जबर्दस्त खतरे का सामना

---

42. *तारीख-ए-अहमद शाही,* 107a, 108b, 111a, 109a-109b भी। इस अवसर पर इमाद ने अक़ीबत द्वारा *सर्फ-ए-खास महल* (रिवाड़ी एवं अन्य) से वसूले गए 50,000 रु. का गबन किया।
43. *मेम्वोआर दे यात,* 40; *सुजान,* 223 भी; देखें, *तारीख-ए-अहमद शाही* 107a
44. *एस.पी.डी.,* XXVII, 79 (रघुनाथ राव ने 16 जनवरी को नगर में, 17 से 19 तक जालूखार में (डीग के निकट ये दोनों स्थान हैं), 20 जनवरी से 27 फरवरी तक पिंचोरा में (कुम्हेर के निकट) 28 फरवरी से 22 मई तक कुम्हेर के पहले मैदान में, खेमा डाला था; *सेलेक्शंस फ्राम द पेशवाज़ दफ़्तर,* XXI, 60; *तारीख-ए-अहमद शाही,* 109b; *मेम्वोआर दे यात,* 39; *मिरात,* 763; *अमीरा,* 51; *सियर,* III, 335; *सुजान,* 224-225 (उनके आगमन की घोषणा मात्र); *तारीख-ए-मुज़फ्फरी* (इलियट, III, 321 में)
45. *मेम्वोआर दे यात,* 39; *सुजान* (206) और *तारीख-ए-मुज़फ्फरी* (इलियट, VIII, 321 में) ने मराठों की संख्या 60,000 बताई है।
46. *मेम्वोआर दे यात,* 39
47. वही, 43

करने के लिए उसके पास में जो भी थोड़ा समय था, उसमें रसद इकट्ठा कर ली और किलों को मजबूत करना शुरू किया। राजा बदनसिंह, उसके मंत्री गजसिंह और जवाहर सिंह के निजी मार्गदर्शन में राजधानी डीग की प्रतिरक्षा के लिए व्यापक प्रबंध किए गए। उसकी किलेबंदी अच्छी तरह कर दी गई और उसके दसों दरवाजों और चारों मरहलों पर पहरेदारों की व्यवस्था की गई। भरतपुर किले के आसपास जंगलों में भारी संख्या में आए शरणार्थियों तथा चारा आदि एकत्रित करनेवालों को बसा दिया गया और शीघ्र ही अल्पावधि में बुर्जों से युक्त फसीलें बनाकर तैयार कर दी गईं। इस किले की प्रतिरक्षा दीवान चैन सिंह की और वैर के किले की बहादुर सिंह को सौंपी गई थी।[48] सूरजमल ने स्वयं कुम्हेर में ठहरने का निश्चय किया, जो उस समय एक 'साधारण दुर्ग' था।[49] यह उस महान जाट सेनानायक की प्रशंसनीय कुशाग्र बुद्धि का परिचायक था। डीग और भरतपुर के मध्य स्थित होने के साथ-साथ कुम्हेर एक रेतीले मैदान के बीच स्थित था; और वहाँ ताजे पानी का कोई सोता भी नहीं था।[50] उसे चुनने का उद्देश्य स्पष्टतः यह था कि यदि डीग और भरतपुर के अधिक महत्त्व को ध्यान में रखकर दुश्मन उन पर ध्यान केंद्रित करे तो वह दोनों में से किसी पर भी पीछे से पहुँच सकता था। और यदि उसकी यहाँ मौजूदगी को देखकर वे कुम्हेर आते हैं (जो वह शायद चाहता भी था और मराठों ने ऐसा किया भी) तो शत्रुओं को डीग और भरतपुर, दोनों ओर से परेशान करने की गुंजाइश बनी रहेगी, जबकि रेतीले और जलविहीन मैदान में शत्रु के खेमे किले की गोलाबारी से और आनेवाली ग्रीष्म महीनों में प्रकृति के कोप से भी अरक्षित रहेंगे।

फिर भी विरोधियों की जबर्दस्त संयुक्त ताकत को देखते हुए वह कुम्हेर में भी कोई खतरा नहीं उठाना चाहता था। भले यह अविश्वसनीय प्रतीत हो, पहले के दो महीनों में जाटों ने कुम्हेर की किलेबंदी कुछ इस तरह की कि वह पहले से 'ज्यादा बड़ा' हो गया।[51] उसमें इतनी अधिक मात्रा में रसद इकट्ठा की गई थी कि भारत में कोई किला उसकी बराबरी नहीं कर सकता था। उसकी दुर्जेय प्राचीरों पर वस्तुतः छोटी-बड़ी तोपों की कतारें लगा दी गई थीं।[52] लंबी मारवाली कुछ तोपें तो इस तरह रखी गई थीं कि शत्रु किले की दीवारों के पास फटक भी नहीं सकता था और इस तरह मराठा-झुंडों के भी प्रभावपूर्ण आक्रमण को असंभव बना दिया गया था। स्थिति यह थी कि उसने मुख्यतः अपनी पसंद के स्थान पर ही दुश्मन को हमला करने के

---

48. *सुजान,* 217ff; *मेम्वोआर दे यात,* 39; असंगत टिप्पणी के लिए देखें, *तारीख-ए-अहमदशाही,* 109b
49. *मेम्वोआर दे यात,* 39
50. वही, 39
51. वही, 40
52. वही, 40 साथ में पाद-टिप्पणी भी।

लिए प्रेरित किया और जो परिणाम निकला, वह नीचे वर्णित हैं :

अपने आगमन के तुरंत बाद मराठे किलों की ओर लपक गए, किंतु जाटों की गोलीबारी के सामने वे टिक नहीं सके तथा वापस आने के लिए मजबूर हो गए। बाद में सूरजमल बाहर निकल आया और एक घमासान युद्ध हुआ, जिसमें दोनों पक्षों के लोग बड़ी संख्या में हताहत हुए। इसके बाद अपनी रणनीति के अनुसार वह कुम्हेर लौट गया जो मराठों द्वारा डीग और अन्य स्थानों के साथ घेरेबंदी का मुख्य निशाना बन गया।[53] इस तरह जो घेरेबंदी शुरू हुई वह चार माह तक जारी रही। परंतु इन किलों की दुर्भेद्यता ही मराठों के लिए घातक सिद्ध हुई। उपयुक्त तोपों के अभाव में उनके अच्छे-से-अच्छे हमले भी निष्प्रभावी रहे। तथापि, अपनी भारी संख्या के कारण वे ग्रामीण इलाकों की बरबादी करने में सफल रहे।[54]

तवारीख-ए-हुनूद में एक रोचक घटना दर्ज है, जो स्पष्टतया मोहकम सिंह की चोट खाई भावनाओं को शामिल करने के लिए थी, कि मल्हारराव होल्कर ने थून के (ध्वस्त किले के) स्थान पर हाथियों से हल चलवाया और 'अनाज के बजाय मोती' बोए। इसके बाद उसने 'डीग दुर्ग में स्थित जाट फौजों के साथ शानदार लड़ाई लड़ी।'[55]

जमादी I में (24 फरवरी से 25 मार्च तक) होल्कर के बुलावे पर इमाद-उल-मुल्क मथुरा से कुम्हेर आया। अकीबत भी उसके पीछे था। उसने भी किले पर हमले के लिए 'प्रतिदिन छापे' मारे, पर विफल रहा।[56] इसी बीच इमाद के जरिए दिल्ली और आगरा स्थित शाही शस्त्रागारों से होल्कर बड़ी तोपें मँगवाने की विफल कोशिशें करता रहा। तथापि, उपर्युक्त वर्णित कारणों से वज़ीर, इमाद और उसके साथियों द्वारा सूरजमल के दमन के विरुद्ध था। अतः उसने शहंशाह को न केवल तोपें भेजने से इनकार करने के लिए वरन् जाट राजकुमार को इस आशय के गोपनीय पत्र लिखने के लिए भी मना लिया कि मीर बख्शी उसके (सूरजमल) विरुद्ध जो युद्ध लड़ रहा है उसमें शहंशाह की सहमति नहीं है। स्पष्ट

---

53. *तारीख-ए-अहमद शाही,* 109b; एस.पी.डी., XXI, 60; *मेम्वोआर दे यात,* 40; *अमीरा,* 51; *सियर,* III, 315; *चहर गुलज़ार शुजाई* और *तारीख-ए-मुज़फ्फरी* (इलियट, VIII, 208, 321); *मिरात* 763; स्काट कृत *दक्कन,* II, 229
54. एस.पी.डी., (XXI, 60) ने गलत बयानी की है कि 'सूरजमल ने कुम्हेर में पूरे शहर को लूट लिया।' *तारीख-ए-अहमद शाही,* 110a; *मेम्वोआर दे यात,* 40; *मिरात,* 763; इलियट, VIII, 209, में *चहर गुलज़ार शुजाई।*
55. *तवारीख-ए-हुनूद* 19b; हाथियों और मोतियों का उपयोग करके, ऐसा लगता है कि होल्कर भूतपूर्व सरदार के स्थान को शुद्ध करना चाहते थे जैसा कि हम पहले देख चुके हैं कि इस स्थान पर गधों से हल चलवाकर जयसिंह ने इसे अपमानित कर दिया था।
56. *तारीख-ए-अहमद शाही,* 114a

है कि इनमें से ऐसे कुछ पत्र और इमाद और होल्कर ने बीच में ही हस्तगत कर लिए। अब इमाद ने अकीबत को तोपें देने के लिए शहंशाह को आतंकित करने के लिए भेजा, परंतु इसका कोई परिणाम नहीं निकला।[57] इधर मराठे भी पूरी तरह शाही शस्त्रागार पर आश्रित नहीं थे। मार्च के प्रारंभ में नारो शंकर को झाँसी से चार बड़ी तोपें और पर्याप्त मात्रा में बारूद और सीसा कुम्हेर लाने की आज्ञा दी गई थी।[58] इसी प्रकार यह खबर भी थी कि मुज़फ्फर खाँ भी मालवा में कुछ स्थानों से तोपें लाने के लिए सिर-पैर मार रहा था।[59] फिर भी ये चीजें, जब कभी भी आई होंगी वे किलों की दीवारों पर कोई असर डालने में नाकाम रहीं।

तदनंतर मराठों पर एक विपत्ति टूट पड़ी। एक दिन (मार्च के मध्य में) खांडोजी (जिसे पहले ही होडल से बुलवाया गया था) अपनी पालकी पर सवार होकर अपनी अग्रिम चौकी[60] गंगरसौली (कुंभेर से 4 मील उत्तर) का निरीक्षण कर रहा था, तभी किले के बारूदखाने ने गोलाबारी शुरू कर दी और संयोग से एक ज़ंबुर्क गोली से वह मारा गया। खांडोजी के शव को देखकर मल्हारराव व्यथा से भर गया। इस घटना ने सूरजमल को भी द्रवित कर दिया। उसने शोक संतप्त होल्कर को (शोक वस्त्र) भेजे और होल्करों की कट्टर शत्रुता को भूलकर अपनी गहन हार्दिक संवेदनाएँ भेजीं। तथापि, इस व्यवहार के बावजूद अपने एकमात्र पुत्र की मृत्यु ने होल्कर को गुस्से से पागल कर दिया और उसने खांडोजी के हत्यारों को 'नेस्त नाबूत' करने की कसम खाई। इसके बाद घेरेबंदी पहले से अधिक कड़ी कर दी गई।[61] दुर्दमनीय प्रतिरक्षकों ने जब-तब छापे मारकर और मुठभेड़ करके इसका उत्तर दिया। इस तरह घेरा डालने वालों का ध्यान बाँटकर उन्हें घेरेबंदी को और कड़ा करने से रोक दिया। दुश्मन की गोलाबारी से जब-तब क्षतिग्रस्त किले की दीवारों की मरम्मत के लिए उन्होंने 'अथक परिश्रम' किया। वैंदेल ने इस संबंध में लिखा है कि दिन में पड़ी दरार को रात होते ही इस तरह भर दिया जाता था कि दूसरे

---

57. *तारीख-ए-अहमद शाही,* 109b-110a, 114b, 120a, 131a; *एस.पी.डी.,* XXI, 60; *शाकिर,* 76; *अमीरा,* 51; *मेम्वोआर दे यात,* 41-42; *सियर,* III, 335-336; *तारीख-ए-मुज़फ्फरी* (इलियट, VIII, 321); *मिरात* (763) ने विभिन्न कारण देते हुए कहा है कि शहंशाह ने इमाद को युद्ध से बाज़ आने के लिए लिखा था; डो कृत *हिंदोस्तान,* III, 324-325
58. *एस.पी.डी.,* XXVII, 81 और 134 भी
59. वही, XXI, 59
60. कुम्हेर से 4 मील उत्तर में गंगरसौली में एक समाधि है जिसमें खांडोजी की संगमरमर की एक प्रतिमा है जिसका तात्पर्य यह है कि वह यहीं मारा गया था।
61. *तारीख-ए-अहमद शाही,* 117a-117b, 121b; *एस.पी.डी.,* XXI, 59; *मेम्वोआर दे यात,* 41; *तवारीख-ए-हुनूद* 19b; *इलियट,* VIII, 209, 321 में चहर *गुलज़ार शुजाई* और *तारीख-ए-मुज़फ्फरी; फ्रैंकलिन, शाह आलम,* 3 भी देखें।

दिन उसके चिह्नों का पता लगाना भी मुश्किल होता था।[62]

फिर भी मराठा स्रोत 'भाऊ बखर' के आधार पर यह कहा जाता है कि सूरजमल का विनाश अब कुछ ही दिनों की बात प्रतीत होने लगा था कि रानी हांसिया ने अपने निराश पति को उत्साहित किया, और जयप्पा शिंदे की आतुरतापूर्वक माँगी गई अनुकंपा ने सूरजमल को अपने आसन्न सर्वनाश से बचाया।[63] यह संभव है कि जाट-शिंदे के संपर्क में आ गए होंगे जिसकी, होलकरों से दुश्मनी सर्वविदित थी। परंतु शेष वर्णन अतिरेक प्रतीत होता है। जाटों के किले जो अपनी सुदृढ़ता के लिए समस्त समकालीनों के लिए प्रशंसा के पात्र थे और जो पचास वर्ष बाद भी अंग्रेजों को भी दो वर्षों तक चक्कर में डाले रहे थे, अकेले होल्कर के गुस्से के आगे कहाँ झुकने वाले थे। सूरजमल एक साहसी व्यक्ति था उसने बेहद संकटापन्न स्थितियों में भी अपनी स्वाभाविक शांति एवं संतुलन को बनाए रखा। वर्तमान विषय में कुम्हेर, उसके शब्दों का ही प्रयोग किया जाए तो, 'लगभग अपराजेय' था और उसमें 'एक वर्ष से अधिक' चलनेवाली रसद मौजूद थी। यह सब उसकी तथाकथित बढ़ती निराशा को झुठलाता है। तथ्य यह है, जिसकी समकालीन स्रोतों ने पुष्टि की है, कि दुश्मनों की 'बाढ़' के बावजूद जाट निरंतर धावे बोलते रहे, और इस तरह उन्होंने शत्रु को 'बेहद चिंता' में डाले रखा। ऐसी कोई रात नहीं थी जब वे आक्रमण करने से चूकते थे वैसे ही जैसे कि कोई दिन खाली नहीं जाता था जब वे दुश्मन के कारवाँ पर हमला नहीं करते थे। किले की गोलाबारी की सहायता से वे चारों और इस तरह घूमते-फिरते थे 'जैसे आसपास कोई दुश्मन ही न हो या उन्हें जरा भी कोई क्षति पहुँचा सकता हो।'[64] मराठा-पत्र और दरबारी इतिहास भी आमतौर पर प्रतिरक्षकों की इस चुनौतीपूर्ण भावना का समर्थन करता है। इसी प्रकार, हमें पता चलता है कि डीग की जाट फौजों से लड़ाई के दौरान नरो शंकर की सुरक्षा का तलाश करनी पड़ी थी।[65] एक अन्य पत्र मराठों और डीग के धावा मारनेवाले जाट दस्तों के बीच मुठभेड़ की ओर संकेत करता है। तथापि जब दत्ताजी उस स्थल पर आया तो जाट दस्ते गायब हो गए।[66] 1 अप्रैल, 1754 (7वीं जमादी, II) की रात को सूरजमल ने कुम्हेर दुर्ग के बाहर जयपुर के सेनापति, नतानी, से मुलाकात की। इसके बाद जाट तोपखाना दस्ता बाहर निकल

---

62. *मेम्वोआर दे यात,* 40
63. कानूनगो कृत *जाट्स,* 89-91; *तवारीख-ए-हुनूद* 19b और *बहर गुलजार शुजाई* (इलियट, VIII, 209 में) यह विश्वास दिलाना चाहते हैं कि खांडोजी की मृत्यु ने मराठों को ही हताश कर दिया था। यह भी भ्रामक है।
64. *मेम्वोआर दे यात,* 40, साथ ही पाद-टिप्पणी 41 भी देखें।
65. *एस.पी.डी.,* XXVII, 96
66. *एस.पी.डी.,* II, 38

आया और मैदान में शत्रु की चौकियों पर टूट पड़ा। यह लड़ाई बराबर की रही और दोनों पक्षों को क्षति पहुँची।[67] 30 अप्रैल को फिर से एक जाट टुकड़ी ने शिवदेव पर अचानक हमला किया और 41 मराठा सैनिकों को मारकर 29,500 रुपए छीन लिए।[68] उसके पूर्व (लगभग मार्च के अंत में) बहादुर सिंह के नेतृत्व में वैर से जाट सैनिक एक मराठा टुकड़ी पर टूट पड़े और होल्कर परिवार की कुछ (दो या तीन) प्रतिष्ठित महिलाओं के पास से 'काफी धन' छीन ले गए। इस निर्भीकता से मल्हार ने सच ही अपमानित अनुभव किया। तथापि, सूरजमल ने उन महिलाओं को सम्मानपूर्वक वापस भेजने की सौजन्यता प्रदर्शित की।[69] ये छिटपुट प्रसंग सूरजमल की काल्पनिक निराशा और उसके आसन्न सर्वनाश को झुठलाने के लिए पर्याप्त हैं।

इसके साथ ही सूरजमल के संतुष्ट हो चुप बैठने के लिए निश्चय ही कोई कारण नहीं था। उसके खिलाफ अब तक के सर्वाधिक भयावह बेशुमार शत्रुओं ने जंग छेड़ रखी थी। उसका ग्रामीण इलाका, जो पहले ही उनके द्वारा तहस-नहस कर दिया गया था, अभी भी उनकी दया पर निर्भर था। इसके अलावा रोजाना की झड़पें भी नुकसान पहुँचा रही थीं, जबकि अंतिम निष्कर्ष में वह 'इस युद्ध से कुछ भी पाने की अपेक्षा' नहीं कर रहा था।'[70] अंत में इमाद की बड़ी तोपों को पाने की लगातार कोशिशों ने भी उसे जल्दी युद्ध समाप्त करने के लिए आतुर कर दिया होगा। अतः उसने वज़ीर और शहंशाह को पत्र लिखकर निवेदन किया कि यदि इमाद और मराठे अपने मंसूबों में कामयाब हो गए तो इससे उसका (इमादा) का सिर फिर जाएगा और वह खुद तख्त की ओर नज़र रखने लगेगा और सल्तनत के साथ-साथ वजारत का भी नाश कर डालेगा। उसने उन्हें सुझाव दिया कि वे राजधानी से बाहर निकलें और राजपूतों तथा सफदरजंग के साथ एक संयुक्त मोर्चा बनाकर, साझा दमनकारियों-मराठों को उत्तर भारत से खदेड़ दें। एक बार मराठा खतरे में छुटकारा पा लेने के बाद वह स्वयं भी इस प्रस्तावित मोर्चे में शामिल हो जाएगा।[71] यह प्रस्ताव, निस्संदेह, अपनी तात्कालिक समस्याओं से छुटकारा पाने

---

67. *तारीख-ए-अहमद शाही,* 121b; मराठों को संदेह था कि नतानी गोपनीय तौर पर जाटों से साँठगाँठ किए हुए था (देखें, *एस.पी.डी.,* XXVII, 94), और यह उक्त घटना के प्रकाश में निराधार भी प्रतीत नहीं होता।
68. *एस.पी.डी.,* XXVII, 81 और 94 भी।
69. *मेम्वोआर दे यात,* 41
70. वही, 40
71. *सियर,* III, 336; (इलियट VIII, 384 में, *अख़बार-ए-मुहाबत;* स्कॉट-कृत *दक्कन,* II, 229; *इबरत,* 156 : इलियट VIII, 321 में, *तारीख-ए-मुज़फ्फरी* भी; श्रीवास्तव कृत *अवध,* 248; कानूनगो कृत *जाट्स,* 92-93; *अमीरा,* 51

की उसकी चतुराई प्रदर्शित करता है। परंतु इसके साथ ही वह उसके दो वर्ष पूर्व अपनाए गए रुख से भी मेल खाता है। ऐसा प्रतीत होता है कि उसने अपने पुराने मित्र सफदरजंग को भी पत्र लिखा। शायद यही कारण था कि नवाब को निरुत्साहित करने के प्रत्यक्ष प्रयत्न में रघुनाथराव ने उसे सूरजमल पर अपनी विजय की झूठी सूचना भेजी।[72]

तदनंतर इमाद और मराठा भी एक ऐसी लड़ाई छेड़ने से स्वयं भी 'ऊब चुके' थे और शर्मिंदगी महसूस कर रहे थे, जो उनकी तमाम कोशिशों के बावजूद उनके पक्ष में नहीं हो पाई थी। वे पहले ही भारी खर्च के नीचे आ चुके थे, तथा आसपास से समस्त रसद जुटाकर थक चुके थे। इसके साथ ही कुम्हेर के रेतीले खुले मैदान के उनके पड़ाव ने, जहाँ सिर पर तपता सूरज था और उनके निकटवर्ती क्षेत्रों में पानी, अनाज, चारे का अभाव था, उन्हें तंगहाल बना दिया था।[73] जबकि दुश्मन के किलों की अभेद्यता और उनके गर्वीले रक्षकों की दृढ़ता पहले की तरह अब भी उनकी हँसी उड़ा रही थी। इसके साथ ही वर्षा ऋतु निकट ही थी, जो आनेवाले महीनों में सैन्य कार्रवाइयों को असंभव बना देती। असहायावस्था की इस पृष्ठभूमि में, जिसकी इतिहासकारों ने उपेक्षा कर दी है, घेरा डालनेवालों को जवाबी आक्रमण की भी गंध मिल गई थी। इसने स्वभावतः इस छलनामयी लड़ाई से स्वयं को 'निकालने' के लिए उन्हें व्याकुल बना दिया। अंततः 18 मई, 1754 को या उससे बिल्कुल पहले शांति स्थापित हो गई। बख्शी के साथ वार्ताओं में हरनाथ सिंह जाट ने भाग लिया। यह तय हुआ कि सूरजमल मराठों को 30 लाख रुपए देगा। यह राशि उस दो करोड़ की राशि से अलग थी–जिसे इमाद ने जाट पर बतौर बकाया कर के रूप में लादी थी और जिसे शहंशाह को देना था, पर अब उसके बदले यह राशि उसे इमाद और मराठों को देनी थी। रूपराम ने 30,00,001 रुपए तीन वर्ष में किश्तों में चुकाने का इकरारनामा मराठों के लिए कर दिया।[74]

अपने शांत अपराजेय साहस, कुशल प्रतिरक्षात्मक रणनीति और दूरदर्शितापूर्ण कूटनीति से सूरजमल 80,000 लोगों के गठबंधन के मंसूबों को विफल करने में सफल हुआ। इससे सारे भारत में उसे 'अत्यधिक प्रसिद्धि' मिली।[75] प्रतिशोधपूर्ण इमाद और लुटेरे मराठों ने उसके अस्तित्व को मिटाने में कोई कसर नहीं छोड़ी

---

72. राजवाडे, I, 35
73. *मेम्वोआर दे यात,* 40-41
74. *तारीख-ए-अहमद शाही,* 128a, 131b भी देखें; *एस.पी.डी.,* XXVII, 81, XXI 60; *मेम्वोआर दे यात,* 42 भी; *इबरत* 15b; *तारीख-ए-आलमगीर सानी,* 9; *अमीरा,* 52; *सियर,* III, 338; (इलियट, VIII, 322 में; *तारीख-ए-मुज़फ्फरी* कानूनगो कृत *जाट्स* में बताया गया है कि मराठों को 60 लाख रुपए दिए जाने थे, जो सही नहीं है।
75. *मेम्वोआर दे यात,* 42, 43

थी, पर वे अपने प्रकट उद्देश्य में असफल रहे। उनके द्वारा दर्शाई गई लूट-खसोटवाली शत्रुता जाटों के हृदय में गहरे पैठ गई और उससे आनेवाले दिनों में और पानीपत के दौरान उनके प्रति जाट-नीति भी सहज प्रभावित हुई।

दरबारी राजनीति में जाट युद्ध एक महत्त्वपूर्ण मसला बना रहा। इमाद से आतंकित शहंशाह और वज़ीर भी सूरजमल की तरह ही सोचते रहे। वज़ीर ने सफदरजंग, सूरजमल और माधोसिंह के पास मराठों के विरुद्ध सहायता के लिए गोपनीय पत्र लिखे। उसने व्यवस्था की कि बादशाह दिल्ली से बाहर कोल तक जाए और सफदरजंग के साथ (जो मेहदीघाट तक आया था) मिलकर आगरा की ओर बढ़े। सूरजमल और राजपूत राजाओं को भी उनसे आ मिलना था और तब मराठा-विरोधी अभियान की शुरुआत होनी थी।[76] परंतु इस योजना को बनाना उसके क्रियान्वयन से भिन्न था। बेहद जर्जर साजोसामान के साथ शहंशाह दिल्ली के बाहर निकला और सिकंदराबाद तक पहुँचा। दूसरी ओर 18 मई को इमाद ने कुम्हेर छोड़ दिया और मथुरा में पड़ाव डाला। फिर 23 तारीख को रघुनाथ राव ने उसका अनुसरण किया और 25 तक मथुरा में रहा। उसी रात होल्कर के अधीन उसके हरावल दस्ते सिकंदराबाद की ओर बढ़े और बाद में वहाँ घटी घटनाओं (26 मई) ने प्रस्तावित मोर्चे के गठन की सारी आशाएँ ध्वस्त कर दीं। सिकंदराबाद में कायर बादशाह और वज़ीर के साथ जो कुछ भी हुआ उसके लिए सूरजमल या और कोई समर्थ राजा उत्तरदायी नहीं था।[77] एक सप्ताह बाद दिल्ली में इमाद ने वजारत हड़प ली और अहमदशाह की जगह अपने कठपुतली, आलमगीर द्वितीय[78] को सिंहासनारूढ़ कर दिया।

सूरजमल और शाही वजारत

इमाद-मराठा हमले के पश्चात् सूरजमल की नीति मुख्यतः तीन मुख्य उद्देश्यों पर केंद्रित रही, अर्थात् अपने पूर्व अधिकृत क्षेत्रों को पुनः प्राप्त करना और बदतर अराजकता के मध्य अपने हिस्से के नए क्षेत्रों को हड़पना, यह देखना कि एक अनुकूल उम्मीदवार वजारत पाए और सबके साझा दमनकारी मराठों को उत्तर भारत से खदेड़ना। इनमें से प्रथम की हम पाँचवें अध्याय से पहले ही वर्णन कर चुके हैं। अब शेष दो पर चर्चा करेंगे।

---

76. *तारीख-ए-अहमद शाही,* 133a, 125b, 126b; *तारीख-ए-मुज़फ्फरी* (इलियट, VIII, 327 में); स्कॉट कृत *दक्कन,* II, 229; *मेम्वोआर दे यात,* 42, 43; श्रीवास्तव कृत *अवध,* 248-249; *एस.पी.डी.,* XXI, 60; *अमीरा,* 51
77. कानूनगो कृत *जाट्स,* 94-95; *अवध,* 249
78. उपर्युक्त घटनाक्रमों के विवरण, देखें *तारीख-ए-अहमदशाही,* 125b से अंत तक; साथ ही *एस.पी.डी.,* XXVII, 79

शाही राजधानी में घटनाक्रमों ने तत्कालीन सभी महत्त्वाकांक्षी व्यक्तियों में जीवंत रुचि पैदा कर दी, क्योंकि उनका रुख उनके अपने भाग्य को बना या बिगाड़ सकता था। जाटों के मामले में दरबार के शक्तिशाली तत्त्वों से उनका संबंध चूड़ामन द्वितीय के दिनों से ही उनके उत्थान और विकास के लिए एक महत्त्वपूर्ण शर्त थी। जाटों के भाग्य की वृद्धि में मुनीम खाँ, जुल्फ़िकार खाँ, खान-ए-दौरां सैय्यद बंधु, उमरुद्दीन, जावेद खाँ, सफ़दरजंग और इंतज़ामं-उद-दौला किसी-न-किसी रूप में सहायक रहे थे। एक ढाल का काम करते हुए इन विशिष्ट व्यक्तियों ने उनके लिए शाही अनुकंपा प्राप्त की और उनके द्वारा बलात् हड़पी गई जमीन को (जैसाकि बदनसिंह के मामले में) कानूनी स्वीकृति दिलवाई। यह सत्य है कि शती के मध्य तक शाही वज़ीर (केवल सफदरजंग को छोड़कर) मात्र छायारूप बनकर रह गए थे और अब वे स्वयं (सफदरजंग, इंतिजाम और बाद में इमाद) सहायता के लिए अपराजेय जाट राजकुमार पर ही भरोसा किए हुए थे। फिर भी वे, विंशेषकर वज़ीर, अभी भी प्रतिष्ठा और अधिकार के धनी थे। तथापि, इंतिजाम के स्थान पर उसके निर्दयी शत्रु इमाद की नियुक्ति के साथ सूरजमल को पहली बार दिल्ली में एक विरोधी दरबार का सामना करना पड़ा। जैसाकि हम देखेंगे, इमाद के मराठा पेशकारों विशेषकर मल्हारराव होल्कर को भी उसके खिलाफ गहरी खुंदक थी। यह व्यवस्था उसकी महत्त्वाकांक्षाओं के विरुद्ध बैठी। ऐसा प्रतीत होता है कि उसने यह अनुमान लगाया कि एक मित्रभावी वज़ीर उसके उद्यमशील कार्यों को कानूनी जामा पहनने और उसकी प्रतिष्ठा को भी बढ़ाने में एक सुविधाजनक माध्यम सिद्ध होगा। अतः वह दिल्ली के कामकाज के सर्वेसर्वा के रूप में अपनी पसंद का व्यक्ति चाहता था।

पहले उसने इस संभावना का पता लगाया कि क्या इमाद के तोड़ के लिए उसके विश्वस्त हितैषी इंतिजाम को आगे बढ़ाया जा सकता है। अतः 22 नवंबर, 1754 को उसका दूत, रूपराम, जयसिंह पुरा (दिल्ली) में होल्कर के दीवान गंगाधर से मिला और वार्ता की। ये दोनों इस बात पर सहमत हो गए कि बल्लभगढ़ पहले की तरह सूरजमल के अधीन रहने दिया जाए और इंतिजाम को इस शर्त पर शहंशाह का परिचर बनाया जाए कि किले में इमाद के अधिकारियों की जगह शहंशाह के प्रति निष्ठावान लोग तैनात किए जाएँगे। इमाद किसी तरह भी शहंशाह को अपने हाथ से नहीं जाने देना चाहता था। अतः इस प्रस्ताव को रद्द करते हुए वह जयसिंहपुरा से अंदर चला और रघुनाथ राव के पास गया। रघुनाथ राव को यह विश्वास हो गया कि इंतिजाम के अधीन धन की संभावना नहीं बढ़ेगी और इस तरह इमाद वजारत रखे रहा।[79]

कुछ महीने बाद एक अधिक सक्षम आकांक्षी जाट राजकुमार के पास पहुँचा।

---

79. *तारीख-ए-अहमद सानी*, 47-48; सरकार कृत *फ़ाल*, II, 40ff

उसके मित्र सफदरजंग का बेटा और उसका उत्तराधिकारी शुजा ने शाही वज़ारत की आकांक्षा अपने दिल में पाल रखी थी। पानीपत में इमाद की दुर्गति का लाभ उठाते हुए,[80] शुजा ने अपने दूत अली कुली खाँ दाग़स्तानी को अपने परंपरागत मित्र सूरजमल और अहमद बंगश के पास इमाद की वजारत से बर्खास्त करने में उनकी सहायता माँगने के लिए भेजा।[81] सूरजमल ने इस प्रस्ताव को पसंद किया और शुजा भी उसके शत्रु के खिलाफ सहायता करने के लिए सहर्ष तैयार हो गया। अली कुली खाँ ने सैफुद्दीन मोहम्मद और राजधानी में मौजूद किशनचंद सूद से भी संपर्क किया। तानाशाह इमाद से छुटकारा पाने के साधन के रूप में शहंशाह ने भी इस योजना को अपनी सहमति दे दी।[82] इस परिवर्तन को लाने के लिए, जो तत्कालीन परिस्थितियों में शहंशाह के साथ-साथ सूरजमल के लिए भी बेहतर सिद्ध होता,[83] आवश्यक फौजें तैयार की गईं। तथापि इस षड्यंत्र के मुख्य सूत्रधार शुजा द्वारा उसके क्रियान्वय में की गई लापरवाही और विलंब ने इमाद को जमे रहने का प्रयास करने का मौका दे दिया। वह दिल्ली दौड़ा आया (मई 1755) और उसने तत्काल स्थानीय षड्यंत्रकारियों को कुचल दिया। इस तरह षड्यंत्र शुरू होने से पहले ही कुचल दिया गया।

इसके बाद उसने मुख्य षड्यंत्रकारी सूरजमल से बदला लेने का प्रयत्न किया और उसके खिलाफ एक दंडात्मक अभियान की योजना बनाई गई। यद्यपि, उस पर अमल नहीं हो सका, उसने शहंशाह के नाम पर नजीब को (17 जून, 1755-7 रमजान) प्रत्यक्षतः दोआब में सूरजमल द्वारा हाल ही में अधिकृत क्षेत्रों से उसे उखाड़ने के लिए भेजा, परंतु वस्तुतः, वह शुजा के साथ उसकी भागीदारी पर अपनी नाराज़गी व्यक्त करना चाहता था। शक्तिशाली जाट, जिसने 'वज़ीर और रुहेला की फौजों की पूरी तरह उपेक्षा कर दी'; युद्ध की मुद्रा में आगे बढ़ा।[84] परंतु इसी बीच राजा नागरमल ने, जो युद्ध नहीं चाहता था, हस्तक्षेप किया और सुलह के लिए अपने प्रयत्नों में सफल हुआ। इस शांति समझौते पर डासना में (10 जुलाई, 1755) पहले ही वर्णित शर्तों पर दस्तखत हुए।[85] इमाद को जो अपने दुश्मन को सजा देना चाहता था, उसकी बजाय अब उसके अधिकांश क्षेत्रीय इलाकों को कानूनीतौर पर उसके अधिकार को स्वीकृति देनी पड़ी। परंतु सूरजमल अभी भी शांत नहीं हुआ था। इसके बाद के महीने के एक मराठी खरीते में लिखा है :

---

80. विवरण देखें, *तारीख-ए-आलमगीर सानी,* 81ff
81. वही, 101
82. वही, साथ ही ए.एल. श्रीवास्तव कृत *शुजा-उद-दौला* (आगरा : 1961), I, 20
83. कानूनगो कृत *जाट्स,* 109
84. *तारीख-ए-आलमगीर सानी,* 105
85. देखें, अध्याय, V, साथ ही *तारीख-ए-आलमगीर सानी,* 105-109

वज़ीर और जाट के दिल मिल नहीं सके हैं। जाट धमका रहा है, परंतु वज़ीर के पास (सूरजमल से निपटने की) ताकत नहीं है।[86]

शुजा उच्च पद के लिए बहुत अधिक लालायित था और इस झटके के बावजूद उसके लिए उम्मीद छोड़ देना मुश्किल था। इसमें शक की जरा भी गुंजाइश नहीं कि वह अपने 'पुराने कट्टर सहयोगी' सूरजमल के संपर्क में बना रहा। फिर भी वह (शुजा) आवश्यक पहल, साहस या इच्छाशक्ति का प्रदर्शन नहीं कर पा रहा था और चतुर सूरजमल अपने तमाम हितों के बावजूद इन परिस्थितियों में खुद को बाहर न निकल पानेवाली स्थिति में फँसाना नहीं चाहता था। जहाँ तक इमाद का सवाल था, वह वजारत को बनाए रखने के लिए किसी भी सीमा तक जाने को तैयार था। उसने पहले सूरजमल को तोड़ने की कोशिश की। फिर शुजा को बंगश के खिलाफ 'भड़काने' की कोशिश की। उसने इलाहाबाद की सूबेदारी शुजा से अहमद बंगश को हस्तांतरित कर दी। (जुलाई, 1756 में) इससे शुजा चिंता में पड़ गया और वह बंगश को इलाहाबाद जाने से रोकने के लिए फर्रुखाबाद की ओर बढ़ा। अक्तूबर, 1756 के लगभग यह अफवाह फैली कि राजा सूरजमल[87] और शुजा ने गठबंधन कर लिया है और बंगश को उखाड़ते हुए वे वज़ीर से लड़ना चाहते हैं। इसने सूरजमल और उसके सलाहकारों, नागरमल और नजीब को उलझन में डाल दिया। नागरमल ने वज़ीर से सूरजमल की मुलाकात कराने की कोशिश की और नजीब ने वज़ीर को इलाहाबाद शुजा को बहाल करने के लिए तैयार किया। शुजा ने भी इस मामले को बढ़ाने के अपने इरादे छोड़ दिए। शुजा के प्रायः पीछे हटने के बाद इमाद को हटाने की कोशिश एक बार फिर खत्म हो गई। तथापि, वज़ीर फिर भी सूरजमल की गतिविधियों के बारे में चिंतातुर रहा।[88]

सूरजमल और शाही समस्याएँ : तिलपत वार्ता

तदनंतर, अब्दाली के दिल्ली आने की अफवाहों ने वज़ीर को और भी भँवर में डाल दिया। स्वयं कुछ भी कर सकने में असमर्थ और दूसरों से निराश इमाद अंत में सहायता के लिए अपने पुराने यद्यपि शक्तिशाली शत्रु सूरजमल की ओर मुड़ा। परंतु उसकी लगातार शत्रुता के फलस्वरूप जाटों को मनाना आसान नहीं था। अतः जैसाकि ऊपर बताया गया है, उसने राजा नागरमल की सेवाएँ चाहीं। राजा ने अपने दूत सुजान ब्राह्मण को सूरजमल के वज़ीर से मिलने के लिए राजी करने के उद्देश्य से भरतपुर भेजा। जाट राजा मान गया और संभवतः नवंबर, 1756 के प्रथम सप्ताह

86. *एस.पी.डी.*, II, 48
87. वह 9 जून, 1756, को अपने पिता की मृत्यु के बाद सिंहासनारूढ़ हुआ; *तवारीख-ए-हुनूद*, 20a-20b
88. *तारीख-ए-आलमगीर सानी*, 157-158; *शुजा*, 22-24

में तिलपत पहुँचा। नजीब उससे मिलने गया। उसके पीछे-पीछे नागरमल भी (लगभग 11 नवंबर–17वीं सफर), पहुँच गया जो वज़ीर की ओर से वार्ताओं के लिए जाट शिविर में रुक गया। वज़ीर का एक विश्वस्त मेहदी कुली खाँ इस सारे समय वहाँ मौजूद रहा।

एक भिन्न स्वर प्रतिध्वनित करते हुए जाट राजा ने कहा : *"हम जमींदार लोग शहंशाह की मदद से रहते हैं। इस वक्त दक्खिनी मराठों की सेना भारत के इन भागों (उत्तर भारत) में घुस आई है और वह रैयत के घरों को लूट रही है। छोटे-बड़े (सभी) जमींदारों के तालुकों को तहस-नहस और नष्ट करते हुए उसने विद्रोह, उपद्रव और अशांति फैला रखी है। और (इस परिस्थिति में) मुख्यत: जोधपुर, मेड़ता, जयपुर और (भरतपुर सहित) अन्य समस्त राजाओं ने नर्मदा के इस ओर (उत्तर में) उनके आगमन को रोकने और अपने कब्जे के स्थानों से उन्हें (मराठों) मार भगाने का (भी) और शाही इलाकों को शहंशाह को सौंपने का फैसला किया है। हम भी (हड़पे गए) महालों और यहाँ तक कि अपनी पुरानी जमींदारियों को भी छोड़ देंगे। इन प्रस्तावों को स्वीकार कर वजीर-उल-मुमालिक भी हमारा समर्थन और सहायता करें और अकबराबाद की ओर कूचकर मालवा और गुजरात को मराठों के चंगुल से मुक्त कराने की कोशिश करें।" "और इस तरह अपने घरों को सुरक्षित कर"*, जाट ने आगे कहा, *"संयुक्त फौजें फिर अब्दाली को खदेड़ने के लिए पंजाब की ओर कूच करें, जैसाकि 1748 में किया गया था।"*[89]

सलाह का यह अंश इस जाट राजपुरुष की राजनीतिक दूरदर्शिता और यथार्थ को समझ लेने की क्षमता को प्रकट करता है। वह मराठों और अब्दाली, दोनों को संकट का संभाव्य स्रोत मानता था। परंतु इन दोनों में से उसने मराठा समस्या को निपटाने को प्राथमिकता दी।[90] इसमें कोई संदेह नहीं कि उसका दृष्टिकोण मूलत: उसके निजी अनुभव द्वारा नियंत्रित था। उनके हाल के आक्रमणों के अतिरिक्त लुटेरे मराठा अभी बकाया राशि की, माँग कर रहे थे और जाट क्षेत्रों को लूट रहे थे, जबकि उसे अब्दाली की क्रूरताओं का अभी अनुभव ही करना था। परंतु अधिकांश अन्य राजाओं का भी ऐसा ही अनुभव था। मराठों की तरह अब्दाली ने सारे हिंदुस्तान को धमकी नहीं दी थी।[91] मराठों ने जर्जर होती सल्तनत के अधिकांश भाग को सीधे अपने राजनीतिक शासन के अधीन करके या उसे आर्थिक तौर पर अपना मातहत बनाकर अब तक सबसे अधिक धक्का पहुँचाया था। सच कहा जाए तो

89. *तारीख-ए-आलमगीर सानी,* 157-158; सरकार कृत *फ़ाल,* II, 84
90. प्रतिविचार के लिए देखें, कानूनगो कृत *जाट्स* 115
91. *पंजाब पर अहमद शाह अब्दाली की नज़र,* शीर्षक इंदु बंगा का आलेख देखें, 1968 के *भारतीय इतिहास कांग्रेस की कार्यवाही;* गंडा सिंह कृत *अहमद शाह दुर्रानी* (बंबई : 1959), 260-261

उनके झुंड-के-झुंड उत्तर भारत के मैदानी क्षेत्रों में पहुँचकर, सबसे धन निचोड़ने के अतिरिक्त और कुछ नहीं करते थे। उन्हें न शाही, न हिंदू और न मराठा हितों से कुछ लेना-देना था।[92] यदि सीधे तरीके से नियमित रूप से यह गैर कानूनी नजराने नहीं मिलते तो ये डकैत मनमानी लूट और अराजकता उत्पन्न करने के अपने चिर-परिचित तरीके का सहारा लेते।[93] इस प्रक्रिया में उन्होंने सबकी घृणा और नाराजगी अर्जित कर ली थी।

मराठों ने 1752 में अब्दाली से लड़ने और उसे खदेड़ने की जिम्मेदारी ली थी। फिर भी उन्होंने स्वयं पूरी तरह जोर नहीं लगाया। शाही प्रतिरक्षा की जिम्मेदारी पूरी तरह इनकी थी लेकिन उन्होंने अन्य लोगों द्वारा इस दिशा में जो भी पहल की गई, उसे भी पलीता लगाया। फरवरी, 1752 का उदाहरण इसे स्पष्ट करता है जबकि सामंतों और अन्य राजे (जाट सहित) बादशाह से यह निवेदन कर पीछे रहे कि चूँकि उसने उन्हें (मराठों को) आगरा और अजमेर तथा सभी 24 प्रान्तों की चौथ दे दी है और सारे अधिक़ार उनके हाथों में सौंप दिए हैं तो 'उन्हीं से पूछिए कि अब आगे क्या किया जाए।'[94] यहाँ यह बात ध्यान देने की है कि 1748 में अब्दाली के खिलाफ ये ही राजा शाही फौज के साथ शामिल हुए थे। परंतु मराठों से संधि के बाद आमतौर पर वे आगे नहीं आए।

सल्तनत की सेवा के बहाने मराठे हिंदुस्तान पर एकाधिकार की लालसा कर रहे थे।[95] यद्यपि उसके भाग्य की उन्होंने शायद ही कोई परवाह की, और न अपने विभाजित और पारस्परिक ईर्ष्यायुक्त नेतृत्व के कारण वे शासितों का कुछ भी भला करने के योग्य थे[96], तथा उनकी आम नीति के बारे में कुछ न कहना ही बेहतर होगा। उनकी विस्तारवादी कार्यवाहियों के बारे में शाही इतिहासकार की टिप्पणी है कि उन्होंने (मराठों ने) सारे हिंदुस्तान को लूटा और तहस-नहस किया था।[97]

इसमें कोई आश्चर्य नहीं कि इसीलिए सूरजमल ने यह वकालत की कि 'सल्तनत की सबसे अच्छी सुरक्षा'[98] पहले मुग़ल शहंशाह के नेतृत्व में संयुक्त मोर्चा

92. गुप्ता कृत *पानीपत,* 255-256, 121; सरकार कृत *फाल,* II, 226, 190; फ्रैंकलिन, *शाह आलम,* 5
93. आमतौर पर जनता पर क्या बीती एक विख्यात मराठा सरदार की पाप स्वीकारोक्ति से उसका अनुमान लगाया जा सकता है। उसने लिखा है : 'मैंने देश को जहाँ तक संभव हो सकता था उजाड़ डाला', *एस.पी.डी.,* XXI, 79
94. वही, XXI 79
95. श्रीवास्तव कृत *शुजा,* 38
96. गुप्ता कृत *पानीपत,* 121; हुसैन द्वारा संपादित, *फ्रीडम मूवमेंट,* I, भूमिका, 29
97. *तारीख-ए-आलमगीर सानी,* 380
98. सरकार कृत *फ़ाल* II, 84

बनाकर उत्तर से सामान रूप से सभी के स्थायी दमनकारियों को खदेड़ बाहर करने में है। उसकी निर्भीक योजना के अनुसार, उसके बाद पंजाब से आए अफगान हमलावर को खदेड़ने का काम हाथ में लिया जाना चाहिए और मनुपुर की लड़ाई के परिणाम को देखते हुए संयुक्त मोर्चा बनाकर किए जानेवाले इस कार्य से सफलता असंभव नहीं थी।

सूरजमल का प्रस्ताव ढहती सल्तनत के प्रति उसके सामान्य दृष्टिकोण को भी प्रतिबिंबित करता है। सबसे पहले यह अवश्य स्वीकार कर लिया जाना चाहिए कि वह कभी भी सल्तनत की पुरानी ओजस्विता और ताकत की बहाली की इच्छा नहीं कर सकता था, क्योंकि इससे निश्चित ही उसके अपने अस्तित्व के लिए खतरा पैदा हो जाता। पर साथ ही उसने किसी प्रकार भी उसकी (सल्तनत की) समाप्ति भी नहीं चाही।[99] मराठों और अब्दाली के विरुद्ध निर्भीक मोर्चा बनाने पर जोर देकर, विशेषकर हाल ही में हस्तगत क्षेत्रों को लौटाने (यदि और भी ऐसा करते) के प्रस्ताव द्वारा वह सल्तनत को एक नया जीवन देने की इच्छा रखता था।[100] इससे प्रतीत होता है कि उसने तर्क रखा कि यदि इसी तरह गिरावट चलती रही तो न केवल सल्तनत समाप्त हो जाएगी, वरन अपने अंतिम निष्कर्ष में उसके फलस्वरूप जन्मी राजनीतिक अस्थिरता ओर शून्यता के बीच विभिन्न राजाओं को भी भारी क्षति उठानी पड़ेगी। इस साझा खतरे को दूर करने के लिए वह उपरोक्त पुनर्व्यवस्था करने का समर्थन कर रहा था। वह, वस्तुतः एक महासंघ की स्थापना की बात सोच रहा था जिसमें मुगल बादशाह उसका सर्वोच्च प्रमुख और अर्द्धस्वतंत्र शासक-प्रमुखों के बीच समन्वयकारी कड़ी होता।[101] शहंशाह के दृष्टिकोण से यह एक आदर्श स्थिति तो नहीं होती। परंतु जो आदर्श होता है, वह सदैव व्यावहारिक तो नहीं होता। स्थितियाँ (बीते हुए दशकों में) ऐसे बिंदु पर जा पहुँची थीं कि अब उन्हें लौटाना (पुरानी स्थिति पर) एक असंभव कार्य था। किसी सत्ता का बिल्कुल न रहने से नाम के लिए रहना तो बेहतर है। अतः सूरजमल द्वारा प्रस्तावित योजना उस समय की पेचीदी राजनीतिक समस्याओं के लिए एक बुद्धिमतापूर्ण एवं यथार्थवादी समाधान थी।[102] सबसे अधिक दृष्टव्य उसका देशभक्तिपूर्ण एवं राष्ट्रवादी स्वर है उसने धरती पुत्रों के संयुक्त प्रयासों से, अहमदशाह अब्दाली की सहायता से नहीं, जो विदेशी होने के कारण इस जमीन के प्रति सहज लगाव नहीं रख सकता था, एक राजनीतिक पुनरुज्जीवन की परिकल्पना की थी।

परंतु इमाद-उल-मुल्क मराठों को, जिन पर इसकी वजारत निर्भर थी, दबाव

---

99. कंट्रा (प्रति दृष्टिकोण) देखें, डो कृत *हिंदोस्तान,* II, 339
100. कानूनगो कृत *जाट्स,* 116
101. वही, 116-117
102. सरकार कृत *फ़ाल,* II, 84

नहीं चाहता था। अतः उसने सूरजमल के समझदारी के प्रस्तावों की उपेक्षा कर दी। 'आजिज़ आकर' वह वज़ीर को उसके भाग्य पर छोड़कर घर लौट गया। दरबारी इतिहासकार के इन शब्दों में छिपी निराशा की भावना किसी से छिप नहीं सकती जब उसने कहा '...और सूरजमल सल्तनत की सेवा न कर सका।'[103]

मराठों के साथ संबंध

यद्यपि तिलपत-वार्ताएँ जाट-मराठा संबंधों की यथार्थ स्थिति उद्घाटित करती है, हम यहाँ उन पर कुछ विस्तार से चर्चा करने के लिए रुक जाते हैं। वैंदेल का दावा है कि जाट किलों की घेरेबंदी के कुछ समय बाद मराठों ने सूरजमल से एक 'समझौता' किया, जिसके अंतर्गत सूरजमल उनके 'उपक्रमों' का विरोध न करने और सारे उत्तरी भारत में अपनी फौजों के साथ उनके कूच में रोड़ा न डालने के लिए राजी हो गया। इसके प्रतिदान में मराठों ने उसे 'आगरा की सरकार' में अधिकाधिक जमीन पर, जिस पर उस समय मराठे काबिज़ थे, अधिकार करने की अनुमति दे दी।[104] तथापि, किसी भी मराठा या फारसी इतिहास में इसकी चर्चा नहीं मिलती। दरबारी इतिहास में मात्र एक उल्लेख है कि 29 सितंबर, 1754 (11वीं ज़िल हिज्जा 1167) को रघुनाथराव ने सूरजमल पर (जिसने दो दिन पहले ही पलवल पर कब्जा किया था) हमले में शामिल होने से इमाद को यह कहकर इनकार कर दिया कि उसने 'सूरजमल से सुलह कर ली है' और वह जाट को दिए अपने वचन से नहीं मुकरेगा।[105] परंतु इसका संबंध इस तथाकथित संधि से नहीं जोड़ा जा सकता, जिस पर वह इतिहासकार पूरी तरह चुप है। ज्यादा-से-ज्यादा यह कहा जा सकता है कि इस छलकामय जाट-युद्ध में पुनः फँस जाने से प्रमुख का इनकार या सूरजमल से वायदे के मुताबिक नज़राना पाने का लालच था, जो खुले विरोध से खतरे में पड़ सकता था। यह तथ्य कि उसने इमाद से सूरजमल को उसके महालों को खाली करने[106] की चेतावनी देने के लिए कहा था, तथाकथित संधि की भावना के विरुद्ध जाता

---

103. *तारीख-ए-आलमगीर सानी*,, 158; जी. सिंह (दुर्रानी, 170-171), ने *तज़किरा-ए-इमाद* (उनके द्वारा उद्धृत) की सत्यता पर ठीक ही शंका उत्पन्न की है कि सूरजमल से नजीब की भेंट वज़ीर से उसके मनमुटाव के लिए आंशिक रूप से जिम्मेदार है। क्योंकि, हम जानते हैं कि उसका मनमुटाव, बल्कि शत्रुता, दोनों में पहले से ही थी। एक यह कथन भी उसका शंकापूर्ण है कि सूरजमल ने जवाहर सिंह से 'किसी भी आपात स्थिति के लिए तैयार रहने' के हेतु राजधानी में ही रहने के लिए कहा था।
104. *मेम्वोआर दे यात,* 44
105. *तारीख-ए-आलमगीर सानी,* 39-40
106. *तारीख-ए-आलमगीर सानी,* 40

है। मराठों ने आगरा की सूबेदारी पास बनाए रखने के लिए कष्ट उठाए थे[107] और वे उसे पूर्णत: प्रशासनिक और आर्थिक नियंत्रण द्वारा रखना चाहते थे।[108] अत:, यह कहना कि उन्होंने उस सूबे को सौगात में दे दिया, संदेहजनक प्रतीत होता है, विशेषकर 1754 की परिस्थिति में। तथ्य यह है कि रघुनाथ राव ने स्वयं आगरा प्रांत पर जाट आधिपत्य के प्रति अपना नाराजगी जताई थी।[109] इसके अलावा हमारे पास यह दिखलाने के लिए ठोस साक्ष्य हैं कि कम-से-कम 1757 तक यदि उसके बाद नहीं तो, मल्हारराव होल्कर सूरजमल के साथ कटु अंत तक लड़ाई के मंसूबे रखता था,[110] और यही वह व्यक्ति था जो उत्तर में मराठों के कार्यों का नियंत्रण करता था। इससे भी कल्पित मैत्रीपूर्ण समझौते की बात झूठी पड़ जाती है। अंतत:, यदि ऐसी कोई बात होती तो मराठी खरीतों में उनका विशेष तौर पर उल्लेख होता। परंतु हम उनमें इसके बारे में हल्का-सा संकेत भी नहीं पाते। अत: 1754 जाट-मराठा समझौते के संबंध में वैंदेल का साक्ष्य स्वीकार करना संभव नहीं है।[111] यदि इस तरह की कोई बात हुई भी होगी तो वह (रघुनाथराव और सूरजमल के मध्य) मित्रता की सामान्य अभिव्यक्ति से अधिक नहीं होगी, जो सामान्यत: किसी युद्ध की समाप्ति पर होती है जबकि विरोधी लोगों के हृदयों में प्रतिहिंसा और शत्रुता बनी रहती है।

यही शत्रुता, अब्दाली के अपने चौथे हमले पर लौटने तक जाट-मराठा संबंधों को प्रभावित करती रही। जाटों के साथ सुलह के मुश्किल से दो माह बाद पुरुषोत्तम महादेव ने लिखा (जुलाई, 1754) :

श्री पंत और सूबेदार (क्रमश: रघुनाथ राव और मल्हार) दिल्ली में हैं। यहाँ (दिल्ली) मामलों को निपटाने के बाद जाट को कुचलना शेष है।[112]

पुरुषोत्तम, दरबार में पेशवा का राजनीतिक प्रतिनिधि था। उसका वक्तव्य जाटों को नष्ट करने की आधिकारिक मराठी नीति को प्रतिबिंबित करता है, ऐसा समझा जा सकता है। हमने देखा है कि 1755 में विट्ठल शिवदेव के नेतृत्व में मराठों ने सूरजमल के आश्रित गोहद के भीमसिंह जाट पर कैसे हमला किया और किस

---

107. *एस.पी.डी.,* XXI, 57, 44
108. वही, XXVII, 158
109. रघुनाथ राव के पत्र की भाव-भाषा की तुलना करें, *एस.पी.डी.,* II, 84
110. *एस.पी.डी.,* II, 80
111. प्रति दृष्टिकोण के लिए देखें, सरकार कृत *फ़ाल,* II, 437-438; गुप्ता कृत *पानीपत,* 48; कानूनगो (*जाट्स,* 96) ने वैंदेल के 'समझौते' की ठीक ही उपेक्षा की है, किंतु उसका ख्याल है कि मल्हार और इमाद ने सूरजमल को पटाने का प्रयास किया था।
112. *एस.पी.डी.,* XXI. 60

तरह सूरजमल ने अपनी फौजें भेजी थीं।[113] इसके बाद 27 दिसंबर, 1756 को मराठों ने जाटों से जलेमर जिला छीन लिया।[114]

दूसरी ओर सूरजमल स्वयं भी मराठा-विरोधी नीति पर कायम रहा। जुलाई, 1755 में जयप्पा की हत्या के बाद मारवाड़ के विजयसिंह ने मराठों को उत्तर से निकाल बाहर करने के लिए सूरजमल सहित विभिन्न राजाओं का एक शक्तिशाली मोर्चा बनाने का प्रयत्न किया था। उसने खर्च वहन करने का प्रस्ताव किया था और शहंशाह से संयुक्त मोर्चे का नेतृत्व करने की प्रार्थना की थी। यह आम चर्चा थी कि सूरजमल, माधो सिंह, वज़ीर और रुहेलों को लेकर शहंशाह मारवाड़ में दत्ताजी शिंदे पर टूट पड़ेगा।[115] तथापि, इतने खुले प्रस्ताव के बाद भी दिल्ली के नपुंसक दरबार में कोई उत्साह दिखाई नहीं दिया और इस दिशा में कुछ भी पर्याप्त कार्य नहीं किया गया। चूँकि सूरजमल उस समय अपने उत्तरी मामलों में खुद फँसा हुआ था, उसने अपने पुत्र को 10,000 सिपाहियों के साथ अंताजी के खिलाफ भेजा, जो 10,000 लोगों (जिनमें गोहद के जाट परिचर भी शामिल थे) का नेतृत्व करते हुए दत्ताजी के पास जा रहा था। जब वह करौली के पास मार नदी पार कर रहा था, तब जाटों और जयपुर बख्शी ने अंताजी के कूच को रोकने का प्रयास किया था, तब अंताजी को पहाड़ों का चक्कर काटकर जाने के लिए विवश होना पड़ा[116] और अंत में मराठा फौजों के साथ जा मिलने में सफल भी हो गया। हमारे पास बाद की जाट-गतिविधियों की कोई सूचना नहीं है। संयोगवश मराठा-विजयसिंह के इस अंतिम चरण में मराठों ने सूरजमल से लगभग सात लाख रुपए के पुराने हिसाब का तकादा किया था।[117] नवंबर, 1756 में सूरजमल ने 'मराठा भगाओं' नीति की कितनी पुरजोर वकालत की थी, यह ऊपर पहले ही देखा जा चुका है।

सूरजमल के विरुद्ध जवाहरसिंह का विद्रोह

जाटों पर अब्दाली के आक्रमण की चर्चा के पूर्व हम इसके पहले के एक आंतरिक जाट-संकट पर संक्षिप्त नजर डालें। राजा बदनसिंह की 9 जून, 1756 (जेठ सुदी एकादशी संवत् 1813) को मृत्यु हो गई। एक लंबे समय से वास्तविक शासक

---

113. *एस.पी.डी.*, II, 45, XXIX, 60, XXVII, 113, 118
114. वही, XXVII, 206
115. वही, 119, XXI, 73, II, 48; देखें, शर्मा कृत *जयपुर*, 177
116. वही, II, 54-56, साथ ही 52, XXI, 79, 70; तथापि एक अभ्यस्त शेखीबाज़ अंताजी ने दावा किया (*एस.पी.डी.*, II, 56) कि उसने सूरजमल को डराकर उसके देश पर कब्जा कर लिया।
117. *एस.पी.डी.*, XXI, 80

सूरजमल अब सिंहासनारूढ़ हुआ।[118] महाराजा ब्रजेंद्र बहादुर उसकी उपाधि थी।[119] ऐसा प्रतीत होता है कि इसके तत्काल बाद जवाहरसिंह ने स्पष्टतः तिलपत रवाना होने तक (नवंबर, 1756 के प्रथम सप्ताह तक) अपने पिता के खिलाफ विद्रोह का झंडा उठा लिया जिससे जाट-राज्य हिल उठा।

असीम साहस का धनी और युद्ध करने में प्रसन्नता महसूस करनेवाला युवा जवाहरसिंह एक अधीर, खर्चीला और बेहद महत्त्वाकांक्षी व्यक्ति था। उसके दरबार और परिवारों पर उसका खर्च, उसके पिता द्वारा निर्धारित एक अच्छी राशि से ज्यादा था, और वह अधिक के लिए जोर देता रहता था। सूरजमल उसके तौर-तरीकों को सख्त नापसंद करता था। परंतु उसकी जब-तब बहुधा दी जाने वाली फटकार ने जवाहर सिंह के दिमाग को और भी चिढ़ा दिया था। पहले ही बहुत छोटी उम्र में उसने उच्च महत्त्वाकांक्षाओं को पालना शुरू कर दिया था। हम यह जान चुके हैं। 1751 में जावेद खाँ ने असंतुष्ट जवाहरसिंह को उसके पिता के खिलाफ भड़काने की कोशिश की थी। सूरजमल ने उसे डीग का सूबेदार बनाकर संतुष्ट करने की कोशिश की। परंतु इस पद ने उसकी भूख को और बढ़ा दिया। उधर कुछ चाटुकार, जो बलराम और सूरतीराम के बढ़ते प्रभाव से नाराज थे, जवाहरसिंह के इर्द-गिर्द मँडराने लगे और इन दो अधिकारियों के खिलाफ उसके कान में विष भरने लगे। सूरजमल ने अपने लिए समस्या बने अपने पुत्र को फटकारा कि जिन अधिकारियों को बर्खास्त कर दिया जाना चाहिए वे उसके सलाहकार बनकर उसे भड़काते रहते हैं तथा उनके भड़कावे में आ भी जाता है। परंतु इसका कोई फल नहीं निकला।

कुछ अपने और कुछ दुष्ट चापलूसों के भड़कावे के कारण जवाहरसिंह ने विद्रोह की तैयारी की और डीग के किले पर मोर्चा जमा लिया। समझाने-बुझाने में असफल हो जाने पर सूरजमल के पास स्वयं अपने पुत्र पर घेरा डालने के अलावा कोई अन्य रास्ता नहीं बचा। मामले को जल्दी निपटाने के लिए उसने जवाहरसिंह के समर्थकों के परिवारों को गंभीर परिणामों की चेतावनी दी। विद्रोही राजकुमार बाहर आया और किले की दीवारों के नीचे-राज्य की सेनाओं के साथ भीषण लड़ाई छिड़ गई। उसके समर्थकों को खदेड़ दिया गया, पर निर्भीक युवक को नहीं। वह घमासान युद्ध के बीच कूद पड़ा, परंतु तलवार, भाले और गोली के तीन गंभीर घावों से असमर्थ हो गया। सूरजमल, जो अपने बेटे की बजाय

---

118. *तवारीख-ए-हुनूद*, 20a-20b; तथापि, इसमें जवाहर के विद्रोह की चर्चा नहीं है, जबकि *मेम्वोआर दे यात* (45ff, 63) ने उस राजतिलक की तारीख नहीं बताई है। सभी परिस्थितियों को देखते हुए संभावना तो यही है कि सूरजमल ने सिंहासनारोहण बदनसिंह की मृत्यु के बाद किया था और जवाहर का विद्रोह उसके बाद हुआ था।

119. इसका अनुमान *नूर*, 33a, और *ब्रजेंद्र विनोद*, 212 से किया जा सकता है।

डीग खो देना पसंद करता, तत्काल उसकी ओर दौड़ा और उसे उन लोगों से छुड़ा लाया जो उसके चिल्लाने के बावजूद धराशायी राजकुमार को मारने की जल्दी में थे। जवाहरसिंह बच गया, पर उसके घावों के कारण उसका दायाँ हाथ कमजोर और एक पैर लँगड़ा हो गया।[120] सूरजमल ने अपने महत्त्वाकांक्षी बेटे को एक छोटी रियासत के रूप में मेवात सौंपने पर गंभीर रूप से विचार किया।[121][VIII]

---

120. *मेम्वोआर दे यात,* 44-47, साथ ही 83-84; इसमें सूरजमल की व्यक्तिगत सादगी का अतिशयोक्तिपूर्ण वर्णन किया गया है। यहाँ अंकित इस आशय का लोक विश्वास कि स्वर्गीय राजा के दबे हुए खजाने की हुंडी पत्र जवाहर के पास था जिसे अत्यधिक घायल पुत्र को दबाकर सूरजमल ने प्राप्त करना चाहा था, वह भी अविश्वसनीय प्रतीत होता है, न केवल इसलिए कि इसके विरुद्ध ठोस साक्ष्य है, बल्कि सामान्य, या सहजबुद्धि के आधार पर भी।

121. *मेम्वोआर दे यात,* 46; साथ ही *नूर,* 60b भी देखें।

VIII. लेखक ने जवाहर सिंह के प्रारंभिक जीवन का वर्णन केवल वैंदेल के आधार पर किया है। जवाहर सिंह के आरंभिक जीवन के सही आकलन के लिए देखें, राजपाल सिंह, *राइज ऑफ दी जाट पावर,* एनेक्चर III, पृ. 243-250.

10

जाट प्रतिरोधी शक्तियों के चक्रवात में–II

अहमदशाह अब्दाली का जाट अभियान

सूरजमल को आंतरिक संकट से मुश्किल से राहत मिली ही थी कि अब्दाली ने भारत पर हमला कर दिया (दिसंबर, 1756)। कुछ तो स्वयं और कुछ मुग़लानी बेगम, नजीब और अन्य लोगों[1] के अनुनय-विनय के कारण रास्ते में बिना किसी प्रभावकारी प्रतिरोध का सामना किए वह शाही राजधानी पर आ धमका (जनवरी, 1757)। हमलावरों ने योजनाबद्ध तरीके से राजधानी की आबादी को लूटा, यातनाएँ दीं और अत्याचार किए। आलमगीर को अपदस्थ कर दिया गया, इमाद को गिरफ्तार कर लिया गया और शाह को दो करोड़ की अदायगी का वचन देने पर इंतिजाम को वज़ारत सौंप दी गई। अफ़गानों के कहर से बचने के लिए शहर की लगभग आधी आबादी लोकप्रिय शरण-स्थली जाट प्रदेशों में इकट्ठी हो गई। तथापि, अपने पूर्व व्यवहार के विपरीत जाटों ने इस बार बदरपुर से मथुरा तक प्रत्येक चौकी पर शरणार्थियों से पैसा ऐंठकर उनकी कठिनाइयों को और बढ़ा दिया। फिर भी, इतनी बड़ी संख्या में लोगों का आना जारी रहा कि मथुरा में रहने की कोई जगह मिलना मुश्किल हो गया। चोरियाँ एक आम बात हो गईं।[2]

हमलावरों के अपने प्रदेश पर हमला कर सकने की दूरी तक खतरनाक कूच ने सूरजमल के लिए एक अभूतपूर्व स्थिति पैदा कर दी।[3] उसे बेहद सावधानी, दूरदर्शिता और साहस से निपटाने की जरूरत थी। इसके पूर्व 19 दिसंबर को इमाद

---

1. विवरण के लिए देखें, गंडा सिंह कृत *दुर्रानी,* 148ff; नूर 14b भी; फ्रैंकलिन (*शाह आलम,* 4-5) का यह कहना ग़लत है कि मंसूर अली खाँ (जो बहुत पहले मर चुका था) और सूरजमल ने भी शाह को निमत्रित किया था।
2. *तारीख-ए-आलमगीर सानी,,* 166-167 और 236; *डी.सी.; एस.पी.डी.,* XXI, 96, XXVII, 144, यह कहना गलत है कि वज़ीर ने सूरजमल के पास शरण ली थी; सरकार कृत *फ़ाल,* II, 111, 88 भी देखें।
3. राजवाड़े, I, 54, *मेम्वोआर दे यात,* 47
4. *डी.सी.;* देखें, *एस.पी.डी.,* XXI, 96

(जिसने शाही सुरक्षा की सूरजमल की योजना को पहले ठुकरा दिया था) ने उसे, मराठों और शुजा को पत्र लिखकर सहायता माँगी थी।[4] इमाद की प्रार्थनाओं में विवशता का तत्त्व स्पष्ट झलक रहा था। सूरजमल के मन में संदेह था कि एक बार जब खतरा टल जाएगा तो वह अपने मराठा-मित्रों, जिनके इरादों से वह उतना ही भयभीत था, की सहायता से उसके (जाट के) विनाश का प्रयत्न करेगा।[5] अतः, उसने बुद्धिमानी दिखाते हुए ऐसे साँप को दूध पिलाने से इनकार कर दिया। इसके विपरीत उसने इस अवसर का उस शरारत करनेवाले से छुटकारा पाने के लिए उपयोग करने का विचार किया। जनवरी 1757 के अंत में अब्दाली के प्रति समर्पण की मंशा व्यक्त करते हुए, अपने साझा शत्रु 'मल्हारराव के बेटे और दादा साहिब रघुनाथ राव के मुँह बोले भाई' इमाद को उखाड़ फेंकने और उसे 'अटक के पार कहीं' कैद कर रखने की प्रार्थना करते हुए अब्दाली के पास पैरवी करने के लिए नजीब, नागरमल और अन्य लोगों की इच्छा के अनुसार अपना एक दूत भेजा। इसके बदले में इन अर्जीदारों ने शाह को 60 लाख रुपए नजराना देने का वायदा किया।[6]

शाह द्वारा इमाद से इंतिजाम को वजारत हस्तांतरित करने में मराठों ने सूरजमल का भी हाथ होने का संदेह किया। एक रिपोर्ट में लिखा गया है कि इमाद का तख्ता उलटने की जड़ में इंतिज़ाम और सूरजमल थे। 'खान-ए-खाना वज़ीर बन गया। (वर्तमान) वजीर को कैद किया गया और (इस तरह) जाट का प्रभाव बढ़ गया।' यह भी विश्वास किया जाता था कि अब्दाली की वापसी की कीमत के तौर पर इंतिजाम, सूरजमल और शुजा स्वयं और राजधानी के स्रोतों से डेढ़ करोड़ रुपया इकट्ठा करने पर सहमत हो गए थे। इसके बाद वे उनके साझा अत्याचारी मराठों को दंड देंगे।[7] सचाई जो भी रही हो, मराठों को सूरजमल की शरारतों के बारे में पक्का यकीन हो गया था और वे इस अवसर पर उसके इस तरह के व्यवहार पर नाराज भी थे। उनकी मंडली में यह चर्चा जोरों पर थी कि अब्दाली को खदेड़ने के बाद वे सूरजमल से अपने मामले का निपटारा करेंगे।[8]

उधर अब्दाली ने जाट राजा की अनुपस्थिति में उसके निवेदन से संतुष्ट होने से इनकार कर दिया। फरवरी 1757 के प्रारंभ में उसने सूरजमल को पत्र

---

5. *एस.पी.डी.,* XXI, 100, 101
6. *एस.पी.डी.,* XXI, 96; गुलाम हुसैन समीन का विवरण (*'इंडियन ऐंटिक्वेरी'* में डब्ल्यू. इर्विन द्वारा अनूदित, 1907), 46; यहाँ वह यह कहकर गलत करते हैं जब वह उमदा बेगम से इमाद की शादी (21 फरवरी) के बाद सूरजमल की अर्जी देने की बात कहते हैं।
7. *एस.पी.डी.,* XXVII, 166, XXI, 100
8. *एस.पी.डी.,* II, 80 में पेशवा का पत्र देखें, *एस.पी.डी.,* XXI, 100, XXVII, 166

लिखकर आदेश दिया कि वह अपने कब्जे की जमीन छोड़ दे, धन अदा करे और स्वयं उसके दरबार में हाज़िर हो।[9] इमाद की किस्मत से अब्दाली की धोखेबाजी साफ जाहिर थी। अतः चतुर जाट न तो हमलावर के सामने पेश हुआ, न उसे धन और न अपनी भूमि देकर कायरतापूर्ण सुरक्षा चाही। फिर भी दुर्रानी के टिड्डीदल से लड़ाई की नौबत लाना भी उसके लिए मूर्खतापूर्ण होता। मुगल शहंशाह और उसके दरबारी दुर्रानी के आगे दंडवत झुक गए थे और धोखेबाज नजीब उससे जा मिला था, फलतः हमलावर की फौज एक लाख हो गई थी।[10] उसने मथुरा में अंताजी से ठीक ही कहा था :

> *ईरान के पादशाह ने केवल पचास हजार सिपाहियों के साथ भारत के साम्राज्य पर कब्जा कर लिया है। किसी ने उस पर एक गोली भी नहीं चलाई एक व्यक्ति ने भी (उसका विरोध करते हुए) अपने जीवन की बलि नहीं दी। तब मैं (अकेला) क्या कर सकता हूँ?*[11]

इन परिस्थितियों में जाट राजा ने विलंबकारी चालें अपनाईं। उसने 4 फरवरी के कुछ समय बाद, अपने वकील को प्रत्यक्षतः तो शर्तों पर चर्चा करने और अफगान-दरबार में रिश्वत देने भेजा, पर असल में वह हमलावर के खिलाफ एक प्रभावकारी साथी की संभावना तलाशने के लिए और इसमें असफल होने पर इसी बीच अपनी प्रतिरक्षा को संगठित करने के लिए समय पाना चाहता था।[12] राजपूत और अन्य प्रमुख मुस्लिम नवाब या तो हिचकिचा रहे थे या असहाय थे।[13] केवल मराठा ही बचे थे जिनकी ओर अपने संकट के समय सूरजमल सहायता के लिए देख सकता था। उन पर अब्दाली को खदेड़ने की जिम्मेदारी भी थी। तदनुसार, नवंबर, 1756 में पेशवा ने एक सेना का नेतृत्व करते हुए रघुनाथ राव और मल्हार राव को दिल्ली भेजा।[14]

---

9. *एस.पी.डी.,* XXI, 99; *समीन,* 46 भी।
10. संदर्भ गुप्ता कृत *पानीपत,* 85; एक मराठी रिपोर्ट (*एस.पी.डी.,* XXI, 101) ने यह कहकर कोई अतिशयोक्ति नहीं दर्शाई कि भारतीय रुहेलों पठानों के पास जो कुछ था 'वह अब्दाली का था'।
11. *एस.पी.डी.,* XXI, 99
12. वही, XXI, 99
13. जयपुर और जोधपुर के शासकों ने शाह के प्रति अपनी निष्ठा व्यक्त की थी। देखें, *एस.पी.डी.,* XXI, 101, 105; जी. सिंह कृत *दुर्रानी,* 242, बंगश सरदार ने भी अपनी निष्ठा प्रदर्शित की। शुजा को दबा दिया गया था। देखें, श्रीवास्तव कृत *शुजा,* 31, तुलना करें, *एस.पी.डी.,* XXI, 105
14. सरदेसाई कृत *मराठाज़,* II, 405

यदि उनकी इच्छा रही होती तो वे समय रहते आसानी से हमलावर का मुकाबला करने पहुँच सकते थे। परंतु स्थल पर मौजूद अपने अधीनस्थों की बेहद अनुनय और आग्रह भरी प्रार्थनाओं के बावजूद राह में (कभी इंदौर और कभी राजस्थान) घूमते-घामते रहे और इस तरह मटरगश्ती करते रहे। उनमें से एक (अंताजी) ने लिखा कि उस समय सूरजमल न तो धन अदा कर रहा था और न अब्दाली का साथ दे रहा था, मराठा आसानी से उससे मिल सकते थे। परंतु यदि उसके (जाट की) धैर्य ने जवाब दे दिया और वह हमलावर से मिल गया तो 'हमारी (मराठों के) क्या सुरक्षा रहेगी?[15] यह दर्शाता है कि उत्तर स्थित मराठा सरदार जाट सहायता के लिए उनकी स्वयं सहायता के इच्छुक सूरजमल से कम आतुर नहीं थे। अब्दाली से युद्ध के लिए दृढ़निश्चयी सूरजमल ने अपने धन और लोगों के साथ (मराठों से) मिलने का प्रस्ताव किया, बशर्ते मराठा सेना वहाँ पहुँच जाए।[16] पर रघुनाथ राव पीछे ही रहा। इन परिस्थितियों में सूरजमल ने अपने उत्तरी इलाकों की रक्षा करने के प्रयास में अपने बेटे को भेजा और दूसरी ओर वह स्वयं अपने राज्य के मध्य स्थल, जो अफगान-कोप का सर्वाधिक संभावित लक्ष्य बन सकता था, की प्रतिरक्षा में जुट गया।[17]

इसी बीच अहमदशाह ने सूरजमल पर (कुम्हेर में), बाल गोविंद साहूकार और खान-ए-समन, जिसने उसके पास शरण ले रखी थी, को लौटाने के लिए जोर डाला। परंतु जाट राजा ने साहसपूर्वक यह कहते हुए इनकार कर दिया कि 'मैं राजा नागरमल और अन्य लोगों को, जो मेरी शरण लिए हुए हैं, कैसे भेज सकता हूँ?'[18] स्पष्टतः अहमदशाह अब तक घरघुसड़ू सूरमाओं के संपर्क में आया था, जिनसे भिन्न जाट राजा अलग मिट्टी का बना हुआ था। क्रूर अहमदशाह के लिए यह बर्दाश्त के बाहर था। एक ओर जहाँ कोई देशी शाहजादा उसके आदेशों की अवज्ञा का साहस नहीं जुटा सका था, वहाँ एक घमंडी जाट ने उसकी सत्ता को ही ललकार दिया।[19] अब्दाली ने अब स्वयं जाट राजा के विरुद्ध कूच का निश्चय किया और उसने एक छापामार दस्ते को फरीदाबाद भेजा। जवाहरसिंह, जो इस समय बल्लभगढ़ में था, 5 से 6 हजार लोगों को साथ लेकर उन पर टूट पड़ा और कोई 60 लोगों

15. *एस.पी.डी.,* XXI, 105 और 100, 101, 110 भी। अंतिम पत्र के लेखक का कहना है कि यदि रघुनंदन राव और होल्कर को आने में देर होती तो मराठे, जाटों तथा रुहेलों की दृष्टि में हँसी के पात्र बन जाते।
16. *एस.पी.डी.,* XXI, 99, 101, *राजवाडे,* I, 54 भी देखें।
17. *तारीख-ए-आलमगीर सानी,* 200; *एस.पी.डी.,* XXI, 96, II, 80; 'समीन', 48
18. *समीन,* गंडा सिंह द्वारा उद्धृत, *दुर्रानी,* 172; *एस.पी.डी.,* XXI, 96; *तारीख-ए-आलमगीर सानी,* 236
19. फ्रैंकलिन, *शाह आलम,* 6

को मारकर और 150 घोड़ों पर कब्जा कर उन्हें पूरी तरह रौंद डाला। इससे दुर्रानी और भी अधिक भड़क उठा और उसने अब्दुस्समद खाँ को रात में जाकर घात लगाकर छिपने का आदेश दिया और 100 सवारों को जाटों को अपने छिपे स्थलों से बाहर निकालने के लिए भेजकर और उन्हें पूरी तरह नष्ट कर देने के आदेश दिए। अब्दुस्समद खाँ ने अपने स्वामी की आज्ञा का अक्षरशः पालन किया। जवाहर सिंह अफगान-चाल का शिकार होने से बाल-बाल बचा। वह भागकर बल्लभगढ़ में बच निकला, परंतु उसके कई लोग मारे गए। इसके बाद अफगानों ने अनेक जाट गाँवों पर हमला किया, उन्हें लूटा और जितने ग्रामीणों को वे मार सकते थे, उन्हें मारा। वे लूट का सामान और 500 कटे सिर लेकर फरीदाबाद वापस लौटे।[20]

इसके पश्चात् 22 फरवरी को अहमदशाह ने दिल्ली छोड़ी और धीरे-धीरे आगे बढ़ता हुआ 26 फरवरी को फरीदाबाद पहुँचा। पहले उसने यह कहते हुए बल्लभगढ़ की उपेक्षा कर दी कि उसके लक्ष्य डीग और कुम्हेर हैं। परंतु इमाद के आग्रह और वहाँ जवाहरसिंह की मौजूदगी ने उसे अपनी योजना बदलने के लिए बाध्य किया। उसने स्वयं बल्लभगढ़ पर हमला किया। उसने (27 फरवरी के आसपास) जहान खाँ के अधीन 20,000 तथा नजीब[21] के अधीन भी इतने ही लोग इन निर्देशों के साथ भेजे :

> *अभिशप्त जाट की सीमाओं तक जाओ और उसके अधीन प्रत्येक नगर और जिले को नरसंहार कर लूट डालो। मथुरा हिंदुओं का पवित्र नगर है...उसे तलवार के घाट उतार दो। अपनी पूरी ताकत के साथ उसके राज्य और देश में कुछ नहीं छोड़ो। अकबराबाद तक प्रत्येक स्थल को जमीदोज़ कर दो।*

उसके आदेश का अक्षरशः पालन करने में अफग़ान चूक न जाएँ इसलिए उसने एक और आदेश जारी किया :

> *वे जिस जिस जगह पहुँचें, उसे तहस-नहस कर दें, कत्लेआम करें, जो भी लूट का माल वे पाएँगे वह उनके लिए मुफ्त सौगात होगी। काफिरों के सिर काटने और लानेवाला हर व्यक्ति उन्हें मुख्यमन्त्री के खेमे के आगे डाल दे, ताकि उसकी एक ऊँची मीनार बन जाए। एक खाता तैयार किया जाए और उन्हें सरकारी खजाने से पाँच रुपया प्रति सिर दिया जाए।*[22]

---

20. *समीन,* 48-49; *तारीख-ए-अहमद शाही,* 195
21. *तारीख-ए-आलमगीर सानी,* 192ff; *समीन,* 58, 48-51; *अमीरा,* 53 और 99 भी; *मेम्वोआर दे यात,* 47; *सियर,* III, 350, *इबरत,* 17a, 16b; गुप्ता कृत *पानीपत,* 85 और 105
22. *समीन,* 51

बल्लभगढ़ पर हमला (3 मार्च)

बल्लभगढ़ का किला ज़ाट किलों में सबसे कमजोर था। दुर्रानी की तोपों के भारी गोलों के मुकाबले इस किले में घुमावदार तोपें और तोड़ेदार बंदूक ही मात्र अग्नेयास्त्र थे। इसके अतिरिक्त जवाहरसिंह जो चौमुँहा में पराजय के बाद अभी-अभी लौटा था, अवश्य नई ताकत इकट्ठा नहीं कर पाया होगा। दुश्मन के गोलों के आगे ज्यादा देर सामना करने में असमर्थ वह मराठा सरदारों (अंताजी और शमशेर बहादुर) के साथ रात के अँधेरे (3 मार्च) में किजिलबाशों के वेश में बच निकला था। अफगानों ने किले का दरवाजा तोड़ दिया और शेष बचे लोगों को मौत के घाट उतार दिया। इमाद ने लाश-दर-लाश जवाहरसिंह की खोज की, परंतु असफल रहा। हमलावारों ने 12,000 रुपए, चाँदी-ताँबे के बरतन, काँसे की मूर्तियाँ, 14 घोड़े, 11 ऊँट और बड़ी मात्रा में खाद्यान्न तथा कपड़े हथिया लिए। अब्दाली दो दिन और रुका रहा और उसने कत्लेआम और लूटपाट का आदेश दिया। फरीदाबाद के आसपास के क्षेत्र वीरान हो गए और बचे हुए भयभीत लोग सुरक्षा के लिए अन्यत्र भाग गए।[23]

इसके बाद अब्दाली स्वयं चारों ओर मृत्यु और विनाश फैलाता दक्षिण की ओर बढ़ा। एक प्रत्यक्षदर्शी ने सूक्ष्म विवरण देते हुए बताया है कि अफगान धीमी गति से (एक कूच पाँच कोस अर्थात् 10 मील से ज्यादा नहीं होता) आगे बढ़े जिसके बाद एक दिन का विश्राम किया जाता :

> *आधी रात में ही खेमे के लोग हमले के लिए निकलते...एक घुड़सवार घोड़े पर और 10 से 20 अन्य घोड़ों को जो पहले घोड़े की पूँछ से बाँधे होते, ले जाता...सूर्योदय की एक घड़ी बाद मैंने उन्हें आते देखा। प्रत्येक घुड़सवार ने अपने घोड़ों पर लूट का सामान लाद रखा था और उसके ऊपर बंदी बनाई गईं लड़कियाँ और गुलाम थे। कटे सिर चीथड़ों में बाँधे गए थे...और बंदियों के सिर पर रखे गए थे...कटे सिरों को फिर एक रजिस्टर में दर्ज किया जाता और फिर उनसे ढेर और मीनारें बनाई जातीं। यह एक असाधारण प्रदर्शन था...जहाँ भी नज़र जाती थी केवल कटे सिर ही दिखाई देते...इस तरह का कत्लेआम और लूटमार प्रतिदिन होता। रात को बंदी स्त्रियों की चीखों से, जिन पर बलात्कार किया जाता, कान बहरे हो जो...ऐसा सब अकबराबाद के सारे रास्ते होता रहा और ग्रामीण इलाकों का कोई भी हिस्सा नहीं छोड़ा गया।*[24]

---

23. *समीन*, 56, 58-59; *तारीख-ए-आलमगीर सानी*, 198; डी.सी.; एस.पी.डी., XXI, 108, और 118 भी; साथ ही *अमीरा*, 99; *सियर*, III, 352; फ्रैंकलिन, *शाह आलम*, 6-7
24. *समीन*, 55 और 60; जी. सिंह, *दुर्रानी*, 176 पाद-टिप्पणी। प्रत्यक्षदर्शी के विपरीत साक्ष्य के आधार, पर यह तर्कसंगत प्रतीत नहीं होता।

चौमुँहा युद्ध (28 फ़रवरी)

इसके पूर्व मथुरा के निकट पहुँचने पर अफगानों का मजबूत हरावल दस्ता उस अरक्षित शहर पर टूट पड़ने की योजना बना रहा था। परंतु अपने उस पवित्र स्थान की रक्षा के लिए जवाहर सिंह के नेतृत्व में 10,000 जाट अपने प्राणों की बाजी लगाए राह में दृढ़तापूर्वक डटे थे। (उत्तर में 4 मील दूर) चौमुँहा में 28 फरवरी को दोनों विरोधियों के बीच एक घमासान और लंबा युद्ध शुरू हुआ। जाटों ने अपने परंपरागत शौर्य और साहस का परिचय दिया परंतु उनके विरुद्ध अपार कठिनाइयाँ थीं। उन्हें जहान खाँ के श्रेष्ठ सेनापतित्व का, जो ज्यादा बड़ी फौज का नेतृत्व कर रहा था, सामना करना था। नौ घंटों की भीषण लड़ाई के बाद जाट प्रतिरोध टूट गया और दोनों पक्षों के कुल मिलाकर 10 से 12 हजार लोग मारे गए। जो घायल हुए उनकी संख्या गणना के बाहर थी। जब दो संदेशवाहकों के जरिए मुगल शहंशाह को यह खबर मिली तो उसने अपनी प्रसन्नता व्यक्त की और प्रत्येक संदेशवाहक को 300 रुपए का पुरस्कार दिया।[25] सूरजमल को संदेह था कि अफगान शायद भरतपुर, डीग या कुम्हेर की ओर मुड़ें, इसलिए वह युद्ध के लिए तत्पर होकर वहीं डटा रहा।'[26]

मथुरा में रक्तपात

'अपनी अमानुषिकता के खून-रिसते चिह्नों',[27] का ठप्पा लगाकर अफगानों ने मथुरा और उसके आसपास के पवित्र इलाकों के आम लोगों पर कहर बरसा दिया। उनका एकमात्र अपराध उनका पैसा और दूसरे धर्म में विश्वास था। इसके बाद 1 मार्च को तड़के जहाँन खाँ और नजीब इस स्थान के लोगों पर टूट पड़े। उन्हें अंधाधुंध मारा, कुचला और लूटा गया। यद्यपि होली दो दिन पूर्व ही मनाई गई थी, अब वह फिर से खेली गई, परंतु रंग से नहीं, हिंदुओं के खून से। धन की खोज में घरों को ढहा दिया गया और उनमें आग लगा दी गई। हिंदुओं के पूजास्थल अपवित्र किए गए और मंदिर नष्ट कर दिए गए, मूर्तियाँ तोड़ दी गईं और सड़कों पर 'चौगान की गेंदों की तरह' उन्हें ठोकर मारी गईं। अफगान लुटेरों ने अपने धर्मावलंबियों को भी नहीं छोड़ा। संगठित लूट से असंतुष्ट जहान खाँ ने शहर की बची आबादी पर एक लाख का जुर्माना ठोका। अपने ऐसे ही मिशन के लिए वह उसी रात अन्यत्र निकल पड़ा। पर इससे लोगों की अपनी बदकिस्मती में कोई राहत नहीं मिली।

---

25. *तारीख-ए-आलमगीर सानी,* 199-200; नूर 15b; देखें 'राजवाडे', I, 63; *एस.पी.डी.;* XXI, 107; सरकार कृत *फ़ाल,* II, 118
26. *तारीख-ए-आलमगीर सानी,* 200; *मेम्वोआर दे यात,* 47 भी।
27. *मेम्वोआर दे यात,* 47

'राक्षसी'[28] दुर्रानी की 'नाटकीय मार्गदर्शक' नजीब उन पर और निर्मम अत्याचार करने के लिए तीन दिनों तक रुका रहा। उसने ज्यादा-से-ज्यादा दौलत लूटी और अपने साथ कई सुंदर स्त्रियों को बंदी बनाकर ले गया। जिन स्त्रियों ने यमुना या कुएँ के गहरे पानी में शरण लेने के लिए छलाँग लगा दी, वे सौभाग्यशाली थीं, परंतु जो बच रहीं उन्हें 'मौत से बदतर हालात' का सामना करना पड़ा। अफगान सिपाहियों ने क्रूरतापूर्वक उनके शील को भंग किया। एक पखवाड़े के बाद समीन ने जो देखा, उसे वह इस तरह लिखता है :

> *प्रत्येक गली और बाजार में मारे गए लोगों के सिर कटे पड़े थे और पूरा शहर जल रहा था। (यमुना का) बहता पानी पीले रंग का हो गया था। मानो खून के कारण प्रदूषित हो गया हो। एक व्यक्ति (मुसलमान जौहरी) ने कहा, 'कत्लेआम के बाद कई दिनों तक पानी खूनी लाल रंग का बहता रहा। अब चौदह दिन बीत गए हैं और पानी पीला हो गया है।*

संन्यासियों को उनकी कुटिया में ही कत्ल कर दिया गया। प्रत्येक कुटी में एक कटा सिर पड़ा था, जिसके मुँह में एक मृत गाय का सिर था, जिसे एक रस्सी से उसके गले से बाँध दिया गया था। एक मुस्लिम जौहरी ने समीन को बताया कि अफगान प्रतिदिन पहले से गिराए गए घरों को दबे खजाने की खोज में खोदने आते रहे।[29]

वृंदावन का विनाश (लगभग 6 मार्च)

ग्रामीण इलाकों के दुःखों की भी ऐसी ही कहानी थी। अफगानों ने चारों ओर बलात्कार और भीषण रक्तपात मचाया। 6 मार्च को एक, अन्य पवित्र स्थल वृंदावन के लोगों को जहान खाँ और नजीब द्वारा तलवार के घाट उतार दिया गया और संपत्ति लूट ली गई। हमारा सूचना देनेवाला वर्णन करता है :

> *जहाँ भी आप नजर डालेंगे, आप कटे लोगों के ढेर ही देखेंगे, लाशों की तादाद और बहते खून के कारण आप मुश्किल से ही अपनी राह बना पाएँगे। एक*

---

28. गुप्ता कृत *पानीपत,* 85; साथ ही *एस.पी.डी.,* XXI, 144, 176 भी; जी. सिंह कृत *दुर्रानी,* 177, देखें, नजीब की गोकशी बरारी घाट पर 1757 में; 'नूर', 17a-17b

29. *तारीख-ए-आलमगीर सानी,* 199, 215; *समीन,* 60 और 62; *नूर,* 15b; *डी.सी.; एस.पी.डी.,* (नई सीरीज़), I, 198; *एस.पी.डी.,* XXI, 107, 108, II, 71, XXVII, 152; 'राजवाडे', I, 63; *अमीरा,* 99; *मेम्वोआर दे यात,* 47; *सियर,* III, 352; सरकार कृत *फ़ाल,* II, 118-120; तुलना *शाह आलमनामा* (Bib. Ind. नई सीरीज़ संख्या 1324), 28; *तारीख-ए-अहमद* (सुल्तान-उल-मताबे : 1266 अल हिजरी), 9

स्थल पर, जहाँ हम गए। हमने दो सौ मृत बच्चों को ढेर में पड़े देखा। हवा में दुर्गंध, बदबू और सड़ांध इतनी थी कि अपना मुँह खोलना और साँस लेना तक मुश्किल था।[30]

गोकुल के नागाओं के साथ रक्त-रंजित मुठभेड़ (16 मार्च)

ग्रामीण इलाकों को लूटता, उजाड़ता, लोगों का कत्लेआम करता हुआ अहमदशाह अब्दाली धीरे-धीरे आ रहा था। उसने आसपास के क्षेत्रों की छानबीन करने के लिए अपने सिपाहियों को 50-50 के समूह में बाँट दिया था। शेरगढ़, हसनपुर, नदीना और अन्य स्थानों पर रुकता हुआ, वह 15 मार्च, 1757 को मथुरा पहुँचा और पास स्थित महावन में ठहरा। 16 मार्च को लालची हमलावर ने, एक टुकड़ी को (अपने खेमे से दो मील दूर) गोकुल लूटने भेजा। लेकिन उस स्थान के 4,000 लड़ाके नागा संन्यासी अपने धार्मिक मंदिरों की रक्षा करने के लिए दृढ़-संकल्प थे। एक भीषण युद्ध में 2,000 नागा मारे गए, परंतु मरने के पूर्व उन्होंने इतने ही अफगान सिपाही भी मार डाले। पर कोई भी पक्ष हार मानने को तैयार नहीं था। बंगाल के सूबेदार का एक प्रतिनिधि जुगल किशोर उस समय अब्दाली के खेमे में मौजूद था। उसने संन्यासियों से लड़ाई की निरर्थकता बताई, क्योंकि उनके पास धन नहीं मिल सकता था। अत: अब्दाली ने अपने सिपाहियों को वापस बुलवा लिया[31] और गोकुल इस प्रकार व्यापक अफगान कहर का अपवाद बन गया। संयोग से यह घटना दर्शाती है कि अब्दाली की अर्थलिप्सा उसके धार्मिक उन्माद पर भारी पड़ गई। लगभग इसी समय सरवर खाँ धवलपुरी को विध्वंस करने गया।[32]

आगरा में लूटपाट और नरसंहार (21 मार्च)

लगभग 20 मार्च को जहान खाँ और नजीब को 'अपने हमले और नरसंहार के कार्य से' वापस बुलवाया गया और उनसे कहा गया :

अकबराबाद जाओ जहाँ कई धनी लोग हैं, जो जाट की प्रजा हैं। इन्हें कत्ल कर दिया जाए या बंदी बना लिया जाए तथा उनकी संपत्ति जब्त कर ली जाए।[33]

---

30. *समीन,* 60 और 62 : साथ ही *एस.पी.डी.,* II, 71 भी देखें।
31. *समीन,* 60-62; राजवाड़े, I, 63; साथ ही *तारीख-ए-आलमगीर सानी* भी, 215; डी. सी.
32. *एस.पी.डी.,* XXI, 111-112
33. *समीन,* 63; सरकार कृत *फ़ाल,* II, 122, में कहा गया है कि अब्दाली की योजना अपने आस्थान आगरा से चलकर जाट किलों पर कब्जा करके सूरजमल से नज़राना वसूल करने की थी।

स्पष्टतः दो मास की लगातार लूटपाट के बावजूद धन-दौलत के लिए अब्दाली की प्यास बुझी नहीं थी। 15,000 आदमियों के साथ जहान खाँ 21 मार्च को सुबह आगरा पहुँचा। लाखों निर्दोष लोगों को भयानक बदकिस्मती से बचाने के लिए शहर के कुछ प्रमुख साहूकारों ने सेनापति की प्रतीक्षा की और 5 लाख रुपए देने का वायदा किया। परंतु वह कोरे वचन नहीं, पैसा चाहता था जिसकी तत्काल व्यवस्था कर पाना उनके लिए आसान न था। जहान खाँ अपना धीरज इसलिए भी खो बैठा, कि पुरानी राजधानी की आम लूट में ज्यादा बेहतर संभावनाएँ थीं। अतः उसने शहर में प्रवेश कर लूटपाट शुरू कर दी और नीला गुंबद तक कत्लेआम करता चला गया। तथापि, किले को कब्जे में लेने के उसके सतत् प्रयास दुर्गरक्षकों द्वारा विफल कर दिए गए। जहान खाँ जब आगरा में ही था कि उसके स्वामी ने 'अचानक' उसे (23 मार्च को) एक जरुरी संदेश भेजकर उसे महावन बुलवाया। अतः वह लूट का माल और वायदे के मुताबिक दिए जानेवाले रक्षा शुल्क में से एक लाख रुपए लेकर आगरा से वापस चला आया और 24 मार्च को अब्दाली से जा मिला।[34]

अब्दाली की वापसी का कारण

अहमदशाह ने अपने 'इरादों को गुप्त' रखा और तीन दिन बाद[35] अचानक उसने, डीग और कुंभेर पर कब्जे की कसम को पूरा करने का बिना कोई प्रयत्न किए स्वदेश-यात्रा शुरू कर दी। उसके शिविर में बीमारी फैल जाना उसकी वापसी का एक मुख्य कारण था। अफगानों के बुरे कर्मों का अंततः उन पर ही भंडा फूटना शुरू हो गया था। जिस यमुना जल का वे उपयोग करते थे वह (वृंदावन और मथुरा जैसे) पूर्व के स्थानों में 'जिन्हें' उन्होंने 'कसाईखानों'[36] में बदला हुआ था, प्रदूषित होकर उन तक पहुँच गया था। इसके फलस्वरूप हैजा फैल गया जिससे प्रतिदिन 150 लोग मर जाते थे।[37] तथापि, उसकी वापसी में महामारी का एक कारण के रूप में उपयुक्त आधार पर अध्ययन किया जाना चाहिए। यह मानने के लिए पर्याप्त आधार है कि जाट देश से वापसी के समय तक हैजे का प्रकोप काफी कम हो गया था। इमली की 100 रुपए प्रति सेर अनाप-शनाप कीमत उसके व्यापक उपयोग की ओर संकेत करती है। चूँकि उससे बना पेय लाभदायक था[38], उसने संक्रमण

---

34. *तारीख-ए-आलमगीर सानी,* 215, 222; *समीन,* 65; *एस.पी.डी.,* (नई सीरीज़), I, 198; राजवाड़े, I, 63; *एस.पी.डी.,* XXVII, 146, 152, 155; XXI, 111, और 108, 118 भी, तथा II, 71; *मेम्वोआर दे यात,* 47; जी. सिंह कृत *दुर्रानी,* 179-180
35. *तारीख-ए-आलमगीर सानी,* 206; गुप्ता कृत *पानीपत,* 89
36. सरकार कृत *फ़ाल,* II, 125
37. *समीन,* 64-65
38. वही, 65

को रोका होगा और बचे रोगियों को भी स्वस्थ किया होगा। इसके अलावा हमें ज्ञात है कि अफगान सिपाही पैदल रवाना हुए क्योंकि उनके घोड़ों की लूट का माल ढोने के लिए जरूरत थी। यहाँ तक कि अपने खच्चरों को भी इस काम में लगाने के लिए उन्होंने अपना गोला-बारूद भी छोड़ दिया।[39] इसका यह भी अर्थ निकलता है कि अब्दाली की फौज लगभग स्वस्थ हो गई थी। अत्यंत दस्त और उल्टियों से पीड़ित सिपाही चल ही नहीं सकते थे, स्वदेश के लिए लंबी और कष्टकारक यात्रा तो दूर की बात है। दो बातों में से एक सही होनी ही चाहिए; या तो बीमारी गंभीर नहीं रही थी, या फिर खेमे के साजो-सामान की तरह रोगियों को भी छोड़ दिया गया था, जिसके बारे में हमें कोई जानकारी नहीं है। अंत में अंताजी बापू, हिंगने और शमशेर बहादुर जैसे मराठी सरदारों ने (जो इस सारे समय देश में थे) अब्दाली की वापसी में महामारी पर एक कारण के रूप में जरा भी ध्यान नहीं दिया है,[40] यद्यपि उनके शत्रुओं को प्रकृति के इस दंड पर उन्हें खुशियाँ मनानी चाहिए थीं। यह सब दर्शाता है कि शुरू में उसका कोई भी रूप क्यों न रहा हो, थोड़े से समय में ही हैजे के खतरे पर न्यूनाधिक रूप से काबू पा लिया गया था। अतः महामारी भले महत्त्वपूर्ण हो अब्दाली की वापसी का एकमात्र कारण यह नहीं थी, जैसाकि आमतौर पर विश्वास किया जाता है।[41]

घटनाक्रम का प्रवाह यह अर्थ भी निकालता है कि 'जाटों का धमकीभरा आचरण',[42] और जाट किलों के प्रति अब्दाली के मन में भय के साथ-साथ पास के जयपुर राज्य[43] से मराठा सेना के आगमन ने भी डीग और कुम्हेर जैसे अपने लक्ष्यों की ओर देखे बिना ही, उसकी वापसी में योगदान दिया। अब्दाली ने कुम्हेर में सूरजमल को शुल्क देने के लिए बार-बार लिखा, पर समय बढ़ाने के लिए वह मात्र समझौता वार्ताएँ[44] चलाता रहा। अपने कूटनीतिक चातुर्य द्वारा उसने एक

---

39. *एस.पी.डी.,* II, 71
40. नरो शंकर (*एस.पी.डी.,* XXVII, 146) ने एक जगह कहा है कि दुर्रानियों को गर्मियाँ अनुकूल नहीं बैठती थीं। किंतु इसको फैलाकर महामारी की भयावहता से नहीं जोड़ा जा सकता।
41. कानूनगो कृत *जाट्स,* 105; सरकार कृत *फ़ाल,* II, 125-126; जी. सिंह कृत *दुर्रानी,* 180-181
42. सरदेसाई कृत *मराठाज़,* II, 405
43. *एस.पी.डी.,* XXVII, 155
44. *एस.पी.डी.,* XXVII, 146 का कहना है कि एक चरण पर तो सूरजमल बीस लाख देने को तैयार था, *शाह आलमनामा,* 28 और के.आर. कानूनगो कृत *जाट्स,* 106, बाद के स्रोतों पर विश्वास करते हुए अविश्वसनीय संख्या क्रमशः पचास लाख और एक करोड़ तक खींच ले गए।

ओर अब्दाली को अपने किलों की दुर्भेद्यता के बारे में भास कराया तो दूसरी ओर उसने उसे प्रच्छन्न धमकी भी दी। जैसाकि नीचे वर्णित है, उसकी घोषित विनम्रता व्यंग्योक्तियों से पूर्ण शब्दावली से परिपूर्ण थी और हर्षदायक विनम्रता के स्थान पर उनमें दंश अधिक झलकता था।

वृंदावन पर अचानक दूसरे हमले के बाद अब्दाली जब शेरगढ़ पहुँचा तो उसने धन वसूल करने के और प्रयास में जाट को एक पत्र (जुगल किशोर के माध्यम से) लिखा तथा एक अधिकारी भी भेजा। आक्रमणकारी अब्दाली ने उसे यह धमकी भी दी थी कि यदि वह नहीं माना तो उसके किलों के साथ उसे भी नष्ट कर दिया जायेगा। सूरजमल ने उसे, यद्यपि सुसंस्कृत भाषा में, व्यंग्यपूर्ण उत्तर दिया :

> *हिंदुस्तान के साम्राज्य में मेरा कोई महत्त्वपूर्ण स्थान या सत्ता नहीं है। रेगिस्तान में रहने वाले अनेक जमींदारों में से मैं भी एक हूँ और मेरी मूल्यहीनता के कारण इस काल के किसी भी शहंशाह ने मेरे मामलों में हस्तक्षेप करना अपनी मर्यादा के योग्य नहीं समझा। अब आप महामहिम जैसा ताकतवर शहंशाह यदि रणभूमि में मुझसे मिलने और विरोध करने के लिए आमादा है, और अपनी फौजों को इस नाचीज़ के पास लाएगा तो यह कार्रवाई मात्र शाह की प्रतिष्ठा और महानता के प्रतिकूल होगी, किंतु वह मेरे जैसे अकिंचन की प्रतिष्ठा के बढ़ाने में सहायक होगी तथा उसके लिए गर्व का विषय होगी। दुनिया कहेगी कि ईरान और तूरान का शहंशाह भयग्रस्त होकर एक कंगाल खानाबदोश से अपनी सेना लेकर भिड़ बैठा। ये शब्द मात्र आप, महामहिम के लिए बेहद शर्म का कारण बनेंगे...इसके अतिरिक्त अंतिम परिणाम भी अनिश्चय से मुक्त नहीं है। यदि इस सारी शक्ति और साजो-सामान से आप मेरे जैसे कमजोर को नष्ट करने में सफल हो भी गए तो उससे क्या श्रेय मिलेगा आपको? परंतु यदि ईश्वरेच्छा से, जिसे कोई भी नहीं जानता, कहीं पासा पलट गया (अर्थात् अहमदशाह को पराजय अंगीकार करने के लिए विवश होना पड़ा) तो यह सारी ताकत और वर्चस्व जो, ग्यारह वर्ष की अवधि में आप महामहिम द्वारा प्राप्त किया गया है, एक क्षण में लुप्त हो जाएगा।*
>
> *...जहाँ तक मेरे संहार और विनाश के लिए जारी धमकी और हिंसक आदेश का प्रश्न है, तो योद्धागण इस संबंध में भयभीत नहीं हुआ करते। यह तो सर्वविदित है कि किसी भी बुद्धिमान व्यक्ति की इस नश्वर जीवन में कोई आस्था नहीं होती। जहाँ तक मेरा प्रश्न है, मैं पहले ही अवस्था के पचास चरण पार कर चुका हूँ और शेष के बारे में अनभिज्ञ हूँ। इससे बढ़कर मेरे लिए आशीर्वाद नहीं होगा कि मैं...रणभूमि में वीर सिपाहियों से लड़ता हुआ*

जाम-ए-शहादत पिऊँ और समय (की पुस्तक) के पृष्ठों पर अपना और अपने पूर्वजों का नाम याद के लिए छोड़ जाऊँ कि एक शक्तिहीन किसान ने ऐसे महान और शक्तिशाली सम्राट से बराबरी के स्तर पर लड़ते हुए अंतिम साँसें लीं जो शक्तिशाली राजाओं को धूल चटा चुका था। और यही गुण सम्पन्न मंशा मेरे निष्ठावान अनुयायियों और साथियों की भी है। यदि मैं आपके दरबार की देहरी पर उपस्थिति होने का मन बना भी लूँ तो मेरे मित्रों का सम्मान मुझे ऐसा करने की अनुमति नहीं देता। इन परिस्थितियों में, यदि महामहिम मुझे क्षमा करेंगे और अपना ध्यान ज्यादा महत्त्वपूर्ण अभियानों में लगाएँगे तो आपकी प्रतिष्ठा और कीर्ति में कोई क्षति नहीं होगी।

(मेरे) तीन किलों के बारे में, जो आपके कोप का निशाना हैं और जिन्हें आप महामहिम के सरदारों ने मकड़ी के जाले की तरह (कमजोर) समझा है, इसकी सच्चाई तो वास्तविक युद्ध के बाद ही परखी जा सकती है। ईश्वर की इच्छा हुई तो वे सिकंदर की दुर्गप्राचीरों जितने ही अजेय सिद्ध होंगे।[45]

जाट-दुर्रानी समझौता-वार्ताओं का सार प्रस्तुत करते हुए बाद का एक इतिहासकार लिखता है कि जाट राजा ने कुम्हेर को नहीं छोड़ा और स्वयं युद्ध के लिए तैयार रहा। उसने अब्दाली के दूतों से कहा :

आपने अभी तक भारत पर विजय प्राप्त नहीं की है। यदि आपने एक अनुभवहीन बच्चे (इमाद) को पकड़ लिया है तो उसमें गर्व की क्या बात है? यदि आप का कोई इरादा है तो फिर (मुझ पर आक्रमण में) देरी क्यों? मैंने इस किले पर बहुत बड़ी राशि खर्च की है। शाह मुझसे लड़ने की कृपा कर सकते हैं, क्योंकि भविष्य में दुनिया यही याद रखेगी कि विलायत से एक बादशाह आया, उसने दिल्ली जीती परंतु एक अदना जमींदार के सामने असहाय ही रहा।[46]

अहमदशाह अब्दाली की ताकत और उसकी सत्ता को तिलमिलानेवाले व्यंग्य में लिपटी शायद यह सबसे अधिक शक्तिशाली चुनौती थी, जिसका शायद ही उसने भारत में सामना किया हो। फिर भी उसने उसे स्वीकार करने का साहस नहीं किया। यह तर्क कि 'प्राणों की भयानक हानि' और 'प्रतिदिन बढ़ती गरमी' ने उसे ऐसा करने से रोका विश्वसनीय प्रतीत नहीं होता।[47] यदि हम महामारी की निरंतर भयंकरता को स्वीकार कर भी लें तो प्रतिदिन होनेवाली मौतों की अधिकाधिक

---

45. *तज़किरा-ए-इमाद-उल-मुल्क,* 243-245, जी. सिंह कृत *दुर्रानी,* 181-183 में उद्धृत।
46. *जाम-ए-जहाँनुमा,* जी. सिंह कृत *दुर्रानी* में उद्धृत, 183

संख्या उसकी रवानगी के वक्त तक हजार से ज्यादा पार नहीं हुई होगी। और इसे इतनी विशाल सेना के संदर्भ में 'भयानक' नहीं कहा जा सकता। जहाँ तक गरमी का सवाल है, यह स्मरण रखना चाहिए कि यह तो मात्र शुरुआत थी, (मार्च) और उसकी चरम परिणति तो अभी काफी दूर थी। फिर हम जानते हैं कि 1760 में यही अब्दाली एक पूरी भारतीय ग्रीष्म ऋतु का उसकी तमाम तीखी गरमी के साथ सामना कर चुका था। ठोस प्रमाण यह संकेत करते हैं कि जाट किलों की दुर्भेद्यता और साथ में उनके स्वामी की आक्रामक मुद्रा ने अब्दाली को इन किलों के खिलाफ बढ़ने से रोका उनको नष्ट करने का काम 'मानवीय पकड़ (शक्ति) के परे था, इस पर जोर देते हुए *तारीख-ए-आलमगीर सानी* में लिखा है, 'चूँकि अहमदशाह ने अंदाज लगाया कि इन मजबूत किलों को नेस्तनाबूद करने में उसे वर्षों लग जाएँगे, अतः उसने इस अभियान से दूर रहना ही बेहतर समझा।' इससे भी अधिक दरबारी इतिहास अब्दाली की वापसी के लिए मजबूर होने में इस तथ्य को अफगान बीमारी से ज्यादा वरीयता देता है।[48] *जाम-ए-जहाँनुमा* यह कहकर इसकी पुष्टि करता है कि 'जाट किलों की शक्ति से भयभीत (होकर) शाह वापस लौट गया।'[49] सूरजमल की चतुराई और निर्भीकता का फल निकला। अब्दाली ने जिन्हें—डीग, कुम्हेर भरतपुर को 'मकड़ी का जाला' समझा था, उन्हीं के भय ने उसके दिमाग को उद्वेलित कर दिया।

जाट के रुख के अलावा मराठा सेना भी जयपुर के पास आ गई थी और अपनी अपार लूट को सुरक्षित ले जाना भी शाह की चिंता का कारण बन गया।[50] ऐसा विश्वास किया जाता है कि उसने 'सूरजमल से इस बात का आश्वासन चाहा कि वह दिल्ली तक (नहीं पहुँचेगा) उसे (पीछे से हमला कर) धोखा नहीं देगा।[51] दूसरी ओर जाट दूतों ने, यह भरोसा करने के लिए कि शाह निश्चित रूप से अफगानिस्तान लौट रहा है उसके साथ दिल्ली के पड़ोस तक गए। वे नज़र देने के संबंध में अपने स्वामी की हठधर्मिता और दे देने की मुद्रा को बारी-बारी से अपनाते रहे। पर जब उसके इरादे बिल्कुल निश्चित हो गए तो तेज ऊँट सवारों ने यह समाचार सूरजमल को दिया और उसने सात लाख की तय नज़र में से (पाँच लाख शाह को और शेष दो लाख उसके वजीर को) जिसका पहला आधा भाग

---

47 जी. सिंह कृत *दुर्रानी,* 183

48. *तारीख-ए-आलमगीर सानी,* 215

49. *जाम-ए-जहाँनुमा, दुर्रानी* में उद्धृत, 183; सरदेसाई कृत *मराठाज़,* II, 405 भी।

50. गुप्ता कृत *पानीपत,* 88 और 89; *एस.पी.डी.,* XXI, 119, XXVII, 146, 155; *अमीरा,* 100

51. *एस.पी.डी.,* II, 72, ऐसा समझा जाता था कि सूरजमल अपने सैनिकों के साथ शाह का पीछा कर रहा था। देखें, *एस.पी.डी.,* XXI, 116.

दिल्ली में देना था और शेष भाग शाह के अगले पड़ाव पर देना था, एक भी कौड़ी दिए बिना शाह की ओर से वार्ता करनेवालों को भगा दिया।[52]

शाह के अभियान के अंतर्निहित कारण

अफगानों के कारनामों का सूक्ष्म अवलोकन हमें उनके जाट-अभियान के अंतर्निहित कारणों के भीतर झाँकने का मौका देता है। इसका अभी तक मूल्यांकन नहीं किया गया है। के.आर. कानूनगो यह सुझाते प्रतीत होते हैं कि अब्दाली का हठी सूरजमल पर हमला दिल्ली के तख्त पर कब्जा करनेवाले के रूप में उसके राजनीतिक कर्तव्य का अंग था[53] यह स्वीकार योग्य नहीं है। दूसरी ओर सरकार और गंडा सिंह जाट राजा द्वारा शाह की नजराने वसूल करने, उसकी हाजिरी देने, हाल ही में कब्जे में किए गए इलाकों को लौटाने तथा कुछ शरणार्थियों को उसके हवाले करने की माँग को पूरा न करने को इस अभियान की आवश्यकता के कारणों के रूप में उल्लेख करते हैं।[54] परंतु ये कारण भी उपयुक्त परिप्रेक्ष्य में इस मामले के प्रत्येक विषय में उपयुक्त प्रतीत नहीं होते।

नज़राने को छोड़कर ये सारे विषय भड़कावे के रूप में थे और इस तरह वे तात्कालिक थे, न कि मूलभूत कारण। अफगान-अभियान का प्राथमिक उद्देश्य जाट संपत्ति को हथियाना था। स्वदेश में धन की कमी, इस देश से धन ऐंठ ले जाने की इच्छा भारत में अब्दाली की आएदिन की कार्यवाही का एकमात्र उद्देश्य था।[55] दिल्ली में की गई उसकी हाल की लूट (जाट युद्ध के बाद दूसरी बार की गई उसकी लूट से वह बच नहीं सकी) यह दर्शाती है कि मराठों की तरह उसकी अर्थलिप्सा अतोषणीय थी। एक तत्कालीन इतिहासकार ने ठीक ही लिखा है कि :

---

52. *एस.पी.डी.,* XXI, 111, II, 72, XXVII, 155; तुलना *मेम्वोआर* दे *यात,* 48; भाऊ बाखर पर विश्वास करते हुए प्रोफेसर कानूनगो (*जाट्स,* 106-107) ने तय की गई नज़राने की राशि 10 लाख बताई है, यद्यपि एक अन्य स्थान पर (जाट्स, 144) यह राशि पांच लाख है। जी. सिंह (*दुर्रानी,* 183-184), भी स्पष्टतया कानूनगो का अनुसरण करते हुए 10 लाख लिखते हैं; *तारीख-ए-आलमगीर सानी,* 215, का कहना है कि चूँकि सूरजमल को बाध्य नहीं किया गया था इसलिए उसने कोई भी नजराना देना स्वीकार नहीं किया।
53. कानूनगो कृत *जाट्स,* 98
54. सरकार कृत *फ़ाल,* II, 115 और 114; जी. सिंह कृत *दुर्रानी,* 172
55. सरदेसाई कृत *मराठाज़,* II, 372; गुप्ता कृत *पानीपत,* 68-69, 164; तुलना, जी सिंह कृत *दुर्रानी,* 261
56. *एस.पी.डी.,* XXI, 100; स्कॉट (*दक्कन,* II, 233) का कथन है कि राजधानी की दौलत से असंतुष्ट रहने के कारण अहमद शाह ने जाट राजा के विरुद्ध कूच किया था।

उसके (सूरजमल) पास अकूत धन है। हिंदुओं का कट्टर-शत्रु (अब्दाली) उसे नोचे बिना नहीं छोड़ेगा।[56]

भरतपुर के खजाने के अतिरिक्त, संपन्न जाट देश भी धनलोलुप आक्रमणकारी के लिए एक सम्मोहक लालच की वस्तु थी। अतएव, उसने एक व्यवस्थित ढंग से जाट क्षेत्रों की लूट का कार्यक्रम बनाया था जिससे उसको अच्छे परिणाम मिलने की आशा थी।

जैसाकि बंगश दूत ने (अब्दाली के शिखर में) कहा है, यह अभियान जाट 'काफ़िरों' के विरुद्ध अब्दाली का जेहाद' का एक रूप भी था।[57] अफगानों ने बच्चों सहित भारी संख्या में नागरिकों की हत्या की थी, जिसमें नरसंहार की गंध आती है। इसके अतिरिक्त, उन्होंने उनके रहने के स्थानों तथा पूजा-स्थलों को पूर्णतया नष्ट कर दिया था। संयोग से यह अफ़ग़ानी लुटेरेपन को मराठों से पृथक् करती है। अब्दाली राजनीतिक लक्ष्यों के लिए धर्म के उपयोग की नीति के विरुद्ध न था। लेकिन वह न धार्मिक उन्मादी[58] था और न विदेशी होने के नाते स्थानीय जनता (जिसमें जाटों की संख्या बहुत बड़ी थी) के प्रति इतना निर्मम होने के लिए उसके पास पर्याप्त कारण थे। फिर भी उसके कूच के दौरान उन्हें ऐसे भयानक उत्पीड़न का शिकार होना पड़ा।

काफ़ी बड़ी सीमा तक इसका रहस्य, एक दिल्ली के शाह वलीउल्लाह के नेतृत्व में शक्तिशाली जाट-मराठा-सिख विरोधी आंदोलन की कार्रवाई में ढूँढ़ा जा सकता है। उसका अंतिम लक्ष्य इस्लाम को उसकी पुरानी परंपराओं में पुनर्जीवित करना और उसके माध्यम से हिंदुस्तान को प्रभावकारी मुस्लिम वर्चस्व के आधीन रखना था। यह नजीब (जिसका शाह वलीउल्लाह ने उत्साह बढ़ाया और परामर्श दिया) के माध्यम से होना और जेहाद की भावना से ओतप्रोत इस्लामी सिपाहियों द्वारा प्राप्त किया जाना था।[59] इस मार्ग में विस्तारवादी जाट सबसे ज्यादा नुकीले काँटे समझे जाते थे,[60] क्योंकि राजधानी की चारदीवारी के भीतर ही, मुगल सत्ता

---

57. *समीन,* 62
58. अपनी ओर से तो धार्मिक मामलात में उन्माद का प्रदर्शन नहीं करता था। देखें, जी. सिंह कृत *दुर्रानी,* 339-341, यहाँ यह बात ध्यान देने की है कि उसे जब एक बार सूचना मिल गई कि साधु-संतों के पास धन नहीं है तो उसके धार्मिक स्थलों को नष्ट किए बिना अपनी सेना को गोकुल से वापस बुला लिया था।
59. के.ए. निज़ामी कृत *शाह,* भूमिका और *फ्रीडम मूवमेंट* भी, I, 512ff; गुप्ता कृत *पानीपत,* 118; पहले, शाहवलीउल्लह ने (*शाह,* 31) अपनी आशाएँ फ़ीरोज़ जंग पर केंद्रित की थीं। नजीब को प्रोत्साहित करते हुए उसने वज़ीर और इमाद को अपने तरीके सुधारने के लिए कहा था। *शाह,* 30, 33 और 26 भी।
60. *फ्रीडम मूवमेंट* में निज़ामी, I, 522

को पहले उखाड़नेवाले यही लोग समझे जाते थे। शाह वलीउल्लाह कहा करता था कि इनको पराभूत कर लेने से धार्मिक और भौतिक, दोनों फायदे सुनिश्चित रहेंगे।[61] उसने नजीब को समझाया कि जब तक इन तीनों निर्दयी समूहों का समूल नाश नहीं किया जाता तब तक शहंशाह, सरदार और जनता कोई भी शांति से नहीं रह पाएगा।[62]

अपने समय में शाह साहिब जैसा प्रभावशाली व्यक्ति[63] जब जाटों के 'समूल नाश' की उसको सलाह देता है तो इसका प्रभाव तत्कालीन प्रमुख व्यक्तियों, नजीब पर अवश्य पड़ा होगा, क्योंकि वह स्वयं भी जाटों से संबंधित विषयों सहित अन्य मामलों पर उसका मार्गदर्शन और प्रेरणा लिया करता था[64] और यही नजीब भारत के संबंध में अब्दाली का 'मार्गदर्शक' था और इस तरह उसे ही इस सारी 'मूर्खता की जड़' माना जाता है।[65] उसने और जहान खाँ ने कितना कहर बरसाया, यह पहले ही देखा जा चुका है।

शाह वलीउल्लाह (लगभग फरवरी, 1757)[66] द्वारा अहमदशाह अब्दाली को

---

61. *शाह,* I, साथ ही 7-9, 20, 34, 35 और 39 भी।
62. वही, 7
63. यहाँ तक कि (अहमदशाह और आलमगीर जैसे) मुग़ल शहंशाह भी, वज़ीर (इमाद) और (फ़ीरोज़ जंग तथा नजीब जैसे) अन्य प्रमुख अमीर तथा (ऊधम बाई एवं ज़ीनत महल जैसी) रानियाँ भी शाह साहब से विचार-विमर्श करना गौरव की बात मानते थे, *शाह,* 3-11, 20, 26, 28, 30-34; साथ ही *मुकद्दमा* भी, 20ff
64. नजीब को शाह साहब के पत्रों से इसका अर्थ सहज ही निकाला जा सकता है, *शाह,* 4-10
65. *एस.पी.डी.,* XXVII, 144; राजा केशव राव (*एस.पी.डी.,* XXI, 176) भड़क उठा, "इस दुष्ट (नजीब) ने मथुरा में हत्याएँ कराईं।" सरकार कृत *फ़ाल,* II, 92, भी।
66. *शाह,* 2, उसके लगभग सभी अन्य पत्रों की तरह इसमें भी तारीख नहीं है। के.ए. निज़ामी (*फ्रीडम मूवमेंट,* I, 531f) और उसी की तरह एच.आर. गुप्ता (*पानीपत,* 121) इस विचार के प्रतीत होते हैं कि यह पत्र (अर्थात् दूसरा) किसी समय अक्तूबर, 1758 में, लिखा गया था, लेकिन 1757 में तो बिलकुल नहीं। तथापि, यहाँ वर्णित दो चर्चाएँ इस प्रकार की मिलती हैं जो उक्त संसूच्य तारीखों से सहमति व्यक्त करती प्रतीत नहीं होती। एक जगह शाहवलीउल्लाह ने लिखा है 'एक साल गुज़रने को है', और यह वह वक्त था जब सूरजमल ने अलवर पर कब्जा किया था। देखें, *एस.पी.डी.,* XXVII, 128; *एस.पी.डी.* (नई सीरीज़), I, 189; चूँकि जाट ने वह किला 23 मार्च, 1756 के आसपास फतह किया था, अत: शाह का पत्र भी 23 मार्च, 1757 के 'निकट ही का समझा जा सकता है', किंतु अक्तूबर, 1758 या इसके बाद का नहीं। इसके अतिरिक्त, एक और बात ध्यान देने योग्य है कि शाह अब्दाली से यह अनुरोध तो करता है कि वह (अब्दाली) नादिर की तरह वापस न चला जाए, जाटों और मराठों

लिखे गए खत ने भी उस शहंशाह को जाटों के प्रति और कठोर होने के लिए और अधिक प्रेरित किया। सामाजिक-राजनीतिक स्थितियों और जाट-मराठा खतरे के स्वरूप की संक्षिप्त चर्चा करने के बाद प्रसिद्ध धर्मशास्त्री ने भारत में हिंदुओं की तुलना में मुसलमानों की दयनीय स्थिति का वर्णन किया। वह लिखता है :

> *सरकारी तंत्र का सारा नियंत्रण हिंदुओं के हाथों में है। सारी धन-दौलत और समृद्धि उनके (हिंदुओं) घरों में इकट्ठा है, और उधर मुसलमान गरीबी तथा विपत्ति में दबे हुए हैं।*

यदि यह स्थिति और बिगड़ने दी गई तो इस्लाम का नामोनिशान कहीं भी बाकी नहीं बचेगा। उसने उसे बयाना तथा जाट राज्य में सूरजमल द्वारा मुसलमानों को सताए जाने की भी सूचना दी। उसने लिखा–"किसी में भी वहाँ (जाट राज्य में) अजान और सलात पुनःप्रतिष्ठित करने की ताकत नहीं है।"[67] प्रसिद्ध विद्वान संत ने अब्दाली से प्रार्थना की कि "वह मराठा और जाटों को बिना सबक सिखाए। नादिरशाह की भाँति वापस न लौटे। उसकी धार्मिक भावनाओं के लिए अत्यंत मार्मिक प्रार्थनाएँ करते हुए उसने उसे याद दिलाया कि सर्वाधिक शक्तिशाली मुस्लिम शहंशाह होने के नाते यह उसका अनिवार्य कर्तव्य भी है कि वह मराठों और जाटों को कुचले और इस तरह अपने भाइयों (भारत के मुसलमानों) को 'गैर मुस्लिमों के शिंकजे से' निकाले।" उसके अलावा आलमगीर द्वितीय (जो अपने महान नामराशि जैसे विचारों का था) और उसके सरदारों ने भी हमलावर से रुके रहने और मराठा तथा जाटों को कुचलने के लिए प्रार्थनाएँ कीं।[68]

इन सबसे और कुछ नहीं, हमलावर के दिमाग में केवल अपरिहार्य प्रतिक्रिया ही हो सकती थी, यद्यपि यहाँ यह ध्यान रखने योग्य है कि वह महान संत निर्दोष जनता पर अत्याचार का विरोधी था, चाहे वह हिंदू हो या मुसलमान।[69] चूँकि मराठा उसकी मार की पहुँच के बाहर थे[70], अहमदशाह ने, जिसकी जाट संपत्ति पर पहले

को कुचले बिना, किंतु उसने अब्दाली के विद्यमान विध्वंसक जाट अभियान की किंचित चर्चा कहीं भी नहीं की है। इसका जब अलवर की घटना के साथ रखते हुए विचार किया जाता है, तो उससे निश्चय ही यह अर्थ निकलता है कि यह पत्र अब्दाली के जाटों पर चढ़ाई के पूर्व लिखा गया था, अर्थात 22 फरवरी, 1757 से पहले किसी समय।

67. तथापि सूरजमल की मुसलमानों के प्रति सामान्यतया उदार नीति से भिन्न अर्थ निकालने की आवश्यकता होती है। आगे देखें, 299
68. *एस.पी.डी.,* XXVII, 152; देखें, *समीन,* 49
69. देखें, *शाह,* 6
70. *समीन* (51) के अनुसार इस अवसर पर अहमदशाह ने अपने इस संकल्प को व्यक्त

ही नजर थी और सूरजमल के निरन्तर प्रतिरोध ने जिसे और उत्तेजित कर दिया था, अंत में उस शासक के विरुद्ध उसने अपनी सारी शक्ति लगाने का फैसला किया। इस तरह अनेक प्रकार की परिस्थितियों ने संयुक्त रूप से उसके क्रोध को बढ़ाया और जाटों पर एक शक्तिशाली हमला उसे अनेक पुरस्कार देनेवाला लगा; उसके भारतीय प्रशंसक खुश होंगे, उसे धार्मिक गौरव प्राप्त होगा[71] और सूरजमल के उकसावों का बदला भी ले लिया जाएगा। इन कारणों के बावजूद वह हमेशा कीमती लूट और खिराज वसूली के साथ प्रतिबद्ध रहा।

शाह के अभियान के परिणाम

इसके परिणाम निस्संदेह भयानक थे। लूटपाट, नरसंहार और अपवित्रीकरण की भयानक कहानियों को दोहराने की जरूरत नहीं। उन्हें पहले ही बताया जा चुका है। अफगानों के कारनामों से समीन ने 'कयामत के दिन' के दृश्य की कल्पना की है।[72] दिल्ली से आगरा तक के गाँव पूरी तरह उजाड़कर खंडहर बना दिए गए थे।[73] किसी भी गाँव में 'एक आदमी' भी नहीं बचा था और अत्याचारी अफ़गानों द्वारा रौंदे गए इलाकों में 'दो सेर अनाज और चारा' तक पाना मुकिश्ल था।[74]

तब भी मनुष्य-निर्मित विपत्ति के चिह्न बिल्कुल स्पष्ट थे, जब जेसुइट फादर ने 11 वर्ष बाद यह लिखा :

> *रुहेलों के साथ मिलकर दुर्रानी की बर्बरता ने (ब्रज में) पूरी तरह आग लगा दी थी, रक्तपात किया गया था (और) आगरा के आसपास के इलाके तथा स्वयं वह शहर पहले से ज्यादा उजाड़कर रख दिया गया था। हम आज भी इस घड़ी (अर्थात् 1768) उसके दुःखद चिह्न देख सकते हैं।*[75]

अफगानों ने अपने हाथों की पहुँच के भीतर के सारे क्षेत्रों को पूर्णतः लूटकर अपार

किया कि वह हिंदुस्तान से मराठों का नाम तक मिटा देने के लिए प्रयास करेगा। महत्त्वपूर्ण बात तो यह है कि मराठों को भी यह आशंका थी कि वह आगरा से मालवा की ओर कूच करेगा। *एस.पी.डी.,* XXVII, 166

71. मथुरा तथा उसके आसपास के स्थानों में नजीब और जहान खाँ की कारगुज़ारियों के देखने के बाद अहमदशाह की इच्छा एक ऐसे हीरो के रूप में भविष्य में याद किए जाते रहने की हुई 'जिसने इस्लाम के काफ़िरों (सूरजमल की प्रजा) के खून से शांति प्रदान की थी...' *समीन,* 63
72. *समीन,* 60; के.आर. कानूनगो की टिप्पणी है (*जाट्स,* 100) 'यह युद्ध नहीं था, बल्कि एक विशाल स्तर पर नरमुंड एकत्रित करने का अभियान था।'
73. *तारीख-ए-आलमगीर सानी,* 215; *एस.पी.डी.,* XXI, 108 भी; *इबरत,* 17a
74. *एस.पी.डी.,* XXI, 99, 111
75. *मेम्वोआर दे यात,* 47

धन-दौलत इकट्ठा की। जैसाकि ऊपर उल्लेख किया गया है, अब्दाली को अपने तोपखाने को वहीं छोड़ना पड़ा (बाद में जिस पर सूरजमल ने कब्जा कर लिया) और खच्चरों तथा घोड़ों पर लूट का माल लादने के लिए अपने सिपाहियों को पैदल वापसी का आदेश देना पड़ा था। इसी उद्देश्य के लिए औरों से घोड़े, ऊँट, यहाँ तक कि गधे भी छीन लिए गए थे।[76]

लूट का अधिकांश हिस्सा, जिसे ढोने के लिए इतने अधिक वाहनों की जरूरत थी, स्पष्टतः जाट इलाकों से ही हथियाया गया था। एक रिपोर्ट के अनुसार अकेले मथुरा शहर से 25 लाख रुपयों की कीमत का लूट का माल ले जाया गया था।[77] और यह तब था जब लुटेरों ने केवल सोने-चाँदी को ही अपनाया। तथापि, शेष माल को वे वहाँ और अन्य स्थानों में नष्ट करना नहीं भूले।[78]

यद्यपि, नरो शंकर के अब्दाली को रौंदने के आशावाद की पुष्टि करना संभव नहीं है, यह निश्चित है कि यदि रघुनाथराव आ जाता और सूरजमल से मिल जाता तो लोग उसके बहुत से अत्याचार से बच सकते थे। तथापि, वह पीछे ही रहा जब कि तथ्य यह है कि अब्दाली का प्रतिरोध करने की जिम्मेदारी उसकी और उसके आदमियों की थी ब्रज की गलियों में खून की धाराएँ बहती रहीं, और उसके मंदिरों को अपवित्र किया जाता रहा तथापि कोई भी मराठा (और साथ ही कोई राजपूत भी) कार्रवाई के लिए उद्वेलित नहीं हुआ। यद्यपि, यह तर्क किया जाता है कि मराठों ने पवित्र तीर्थस्थलों की रक्षा साथ ही उन्हें मुक्त कराने तथा उनकी पवित्रता की रक्षा का वचन देने के बदले में शुल्क का दावा किया था।[80] उनके व्यवहार को स्पष्ट करते हुए हमें उनके पास पर्याप्त संसाधनों के अभाव पर आवश्यकता से ज्यादा जोर नहीं देना चाहिए।[81] यह उल्लेखनीय है कि बाद में जल्दी ही उन्होंने शुल्क वसूल करने के लिए 20,000 लोगों को आगरा रवाना किया।[82] और अन्य कोई व्यक्ति नहीं,

---

76. *एस.पी.डी.,* II, 71 और 72
77. *राजवाडे,* I, 63; विभिन्न स्थानों से 12 करोड़ रुपयों के मूल्य का लूट का माल एकत्रित किया गया था जिसे ढोने के लिए 30,000 घोड़े, ऊँट, आदि का आवश्यकता थी। बड़ी संख्या में युवतियों को भी बलात् अफ़ग़ानिस्तान ले जाया गया था। देखें, रघुवीर सिंह कृत *ब्रज,* 189
78. *समीन,* 60
79. *एस.पी.डी.,* XXVII, 146
80. सरदेसाई कृत *मराठाज़,* II, 378
81. जे.एन. सरकार (*फ़ाल,* II, 189-190) का मानना है कि उक्त कारणों से यह कार्य रघुनाथ राव के लिए असंभव था। तथापि, जी.एस. सरदेसाई, (*मराठाज़,* II, 404) तथा एच.आर. गुप्ता (*पानीपत,* 106) इससे सहमत नहीं हैं।
82. आगे देखें, पृ. 229

बल्कि उनके अपने एक सेनापति (अंताजी,) ने अब्दाली से युद्ध की सूरजमल की तत्परता की पुष्टि की है, बशर्ते उतनी ही संख्या में मराठे भी इस स्थल पर उससे आ मिलते।[83] इससे यह निष्कर्ष निकलता है कि अपने शत्रु (सूरजमल) की विपत्ति में प्रच्छन्न आनंद और उनके पास निर्भीक पहल के अभाव ने उनकी गतिविधियों को प्रभावित किया। संकट के समय उनके अलग-थलग रहने का पानीपत के दौरान सूरजमल की नीति को प्रभावित करना ही था, यद्यपि मराठों की उदासीनता स्वयं उसकी अब तक की मराठा-विरोधी नीतियों के कारण था।

अफगानों द्वारा जाट राज्य के हिस्सों के विनाश से भी उसके संसाधनों पर विपरीत प्रभाव पड़ना अवश्यंभावी था। तथापि, उसकी सैन्य शक्ति और समृद्ध कोषागार प्रायः अप्रभावित ही रहे।[84] अपनी असंख्य सेना के बावजूद अब्दाली भी सूरजमल या उसके मुख्य किलों को नष्ट करने में उसी प्रकार असफल रहा, जिस प्रकार तीन वर्ष पूर्व मराठे असफल रहे थे। इसके अतिरिक्त नज़राने के रूप में वह 'एक कौड़ी' भी प्राप्त नहीं कर सका। इस तरह शूरवीर और चतुर जाट राजा ने अकेले ही[85] एक और तूफान, जो सबसे भयंकर था, को भी झेल लिया जबकि मुग़ल सम्राट और उसके दरबारी इससे ग्रस्त होकर पड़े थे।[86] यही नहीं, वह उत्तर में एक 'शक्तिशाली और समृद्धतम' राजा के रूप में उभरा।[87]

---

83. *एस.पी.डी.,* XXI, 105
84. देखें, *मेम्वोआर दे यात, 48*
85. इतिहास के तथ्य टी.एस. शेजवलकर के कुछ-कुछ इस देशोन्मादी दावे को झुठलाते हैं (*पानीपत,* 1761, पूना, 1946, 48) कि अंताजी ने (अपनी छोटी सी सेना के बल पर) सूरजमल के राज्य और उसने किलों के लिए ढाल का काम किया। सच्चाई तो इसके विपरीत है। अफ़ग़ानों द्वारा खदेड़े जाने पर वह तथा अन्य मराठा सरदार सुरक्षा के लिए जाट राज्य में छिपे रहे और वहाँ से तभी निकले जब शाह वापस चला गया।
86. जी. सिंह कृत *दुर्रानी,* 344; साथ ही सरदेसाई कृत *मराठाज़,* II, 405 भी।
87. राजवाड़े, I, 71; *तवारीख-ए-हुनूद,* 22a भी।

11

सावधानीपूर्ण मुक्ति का काल-I (1753-1760)

पानीपत के भाग्यनिर्णायक युद्ध के पूर्व के चार वर्षों की यह खासियत थी कि उनमें परस्पर विरोधी-शक्तियों के आपसी दाँव-पेंच, सिद्धांतहीन कूटनीति, अस्थिर नीतियों और निम्नकोटि के षड्यंत्रों में वृद्धि हो गई थी। शायद ही कोई व्यापक दृष्टिकोण को सँजोना चाहता था। तत्कालीन राजनीतिज्ञ निजी स्वार्थ और अपने संकीर्ण हितों के लिए उपयुक्त नीतियाँ बना और त्याग रहे थे। उन्हें न तो साम्राज्य की चिंता थी और न सम्राट की। वैसे भी सम्राट तो स्वयं अपने शरीर का भी स्वामी नहीं रहा था। अव्यवस्था और अराजकता तेजी से बढ़ रही थी। ऐसे ही समय में दिल्ली के साम्राज्य पर अधिकार के लिए अफगान (जो इस बखेड़े में शामिल होनेवाले नए लोग थे) और मराठा प्रतिस्पर्धा में भिड़कर एक-दूसरे के गले काट रहे थे। प्रकारांतर से इसने समूचे हिंदुस्तान को खतरे के कगार पर पहुँचा दिया था।

जाट राज्य के लिए तो यह खतरा सन्निकट था। वह 'खतरनाक क्षेत्र के सबसे पास' था और 'अत्यधिक संपन्न होने की दुर्भाग्यपूर्ण ख्याति' उसे प्राप्त थी।[1] दोनों प्रतिस्पर्धी जाट राजा की तरफदारी की कीमत को अच्छी तरह जानते थे। तथापि, विडंबना यह थी कि पहले की भाँति दोनों ही उसकी संपत्ति हथियाना चाहते थे। इसके अलावा आगरा सूबे पर उसके कब्जे से मराठा नाराज थे[2], जबकि अब्दाली समर्थक देशी लोग (राजनीतिक इस्लाम और नजीब की ताकतें) उसकी प्रजा का समूल नाश चाहते थे। इसके साथ तत्कालीन और बाद के सम्राटों ने भी उसके प्रति अपने क्रोध को छिपाकर नहीं रखा था। उसका कट्टर शत्रु, नजीब अब दिल्ली सरकार का वास्तविक मालिक था। अपनी तरफ़ से रुहेला सरदार अपने संसाधनों और ताकत से उससे निपटने लायक शक्तिशाली नहीं था। पर उसे ताकतवर दुर्रानी

---

1. सरकार कृत *फ़ाल,* II, 441
2. देखें, रघुनाथराव का पत्र, नवंबर, 1757, *एस.पी.डी.,* II, 84, XXVII, 158, XXI, 168

का अटूट समर्थन प्राप्त था, उद्धत जाट को कुचलने में उसकी हाल की असफलता के कारण उत्पन्न उसके कोप को सहज ही समझा जा सकता है। इस तरह स्पष्ट है कि अफगान-मराठों के युगल खतरे का जितना सामना उसे करना था, उतना किसी अन्य प्रमुख राजा, यहाँ तक कि शुजा को भी, नहीं करना था। कम-से-कम और किसी को इतनी समूची शक्ति से किए गए हमलों का सामना नहीं करना था। तथापि, उस समय जैसी स्थितियाँ थीं, उसमें सूरजमल को किसी बाहरी सहायता की बहुत कम संभावना थी–यह ऐसी स्थिति थी, जिसके लिए आंशिक रूप से उसकी अपनी उदासीन नीतियाँ[3] और साथ ही उसके विस्तारवादी इरादे भी जिम्मेदार थे, जिसने उत्तर में[4] राजपूत और समीपस्थ दोआब में बंगशों, मराठों और रुहेलों की महत्त्वाकांक्षाओं को काट दिया था।

तथापि इस पेचीदी परिस्थितियों में सूरजमल के सर्वोत्तम गुण उभरकर सामने आए। उससे निपटने के लिए उसने 'अद्‌भुत क्षमता', 'धैर्य' और 'कूटनीतिक चतुराई' का परिचय दिया। (राजकौशल के लिए सतर्कता और संयम की जरूरत होती है)। स्थिति की आवश्यकताओं के संदर्भ में उसने अपनी नीतियों को पुनर्व्यवस्थित किया और अफ़ग़ान-मराठा खींच-तान के बीच वह अपनी चालों में सावधानी और संयमित राजनीतिक उत्साह बरतने की नीति की ओर मुड़ा। परंतु उसने इन अवसरों को यों ही नहीं जाने दिया। जैसाकि हम देखेंगे, परिणाम पहले से भी अधिक संतोषजनक और प्रसन्नतादायक निकला। अंत में इस बखेड़े में जहाँ प्रत्येक भारतीय राजा 'न्यूनाधिक मात्रा में' बरबाद हो गया, वहीं, भरतपुर समूचे भारत में सर्वाधिक शक्तिशाली ताकत के रूप में विकसित हुआ।[5]

अब्दाली की वापसी के बाद जाट राजा के लिए तात्कालिक चिंता युमना के दोनों किनारों पर अपनी चौकियों को फिर से स्थापित करना था, जिन्हें असंख्य अफ़गान सैनिकों के आगे उसे खाली करना पड़ा था। उसने आगरा के शाही किले पर भी कब्जा जमा लिया।[6] कुछ छिटपुट उल्लेख दर्शाते हैं कि प्रचलित आम नीति का (जिसमें नजीब जैसे शीर्षस्थ मुगल अधिकारियों की नीति भी शामिल है[7])

3. उदाहरणतया, हमने देखा है कि उसने शिंदे के विरुद्ध युद्ध में राजपूतों की पूरी सहायता नहीं की थी (1755), यद्यपि वह खदेड़ने संबंधी मराठा नीति को प्रबल समर्थन था।
4. अलवर पर 1756 में विरोधी महत्त्वाकांक्षाएँ ध्यान देने योग्य हैं।
5. *मेम्वोआर* दे *यात,* 54, 49; सरकार कृत *फ़ाल,* II, 441, 442
6. *तारीख-ए-आलमगीर सानी,* 222-223; सरकार कृत *फ़ाल,* II, 136, 138, 159, देखें, *एस.पी.डी.,* XXVII, 172
7. 'अत्यधिक बेईमान' नजीब ने शाहजादा की मुख्य दोआबवाली जागीर की आमदनी भी हड़प ली। मुग़ल शहंशाह के साथ वह इमाद से भी अधिक अपमानजनक व्यवहार करता था। शहंशाह, आलमगीर, II, ने लिखा है, "इस रुहेला के हाथों में तो मैं कैदी बनकर रह गया हूँ"। नूर 15b-16a; गुप्ता कृत *पानीपत,* 106

अनुसरण करते हुए उसने अपने पुराने कब्जेवाले स्थानों में कुछ और बढ़ोतरी भी की। रिवाड़ी जिले के प्रायः सारे खलीसा परगानों पर अधिकार कर (जुलाई, 1757) उसके लोग मराठों से आगे निकल गए।[8] जातिगत साम्य के कारण जाट क्षेत्रों के प्रति उसके लिए अतिरिक्त आकर्षण था। मई 1758 तक वह 5,000 की सेना के साथ मेरठ के इर्द-गिर्द के इलाकों को निपटाने में व्यस्त था।[9] इसके तत्काल बाद वह वापस लौट आया और पलवल में ठहरा।[10]

जाट-मराठा पुनर्मेल (लगभग जून, 1757)

लगभग मई, 1757 के मध्य में रघुनाथराव ने अपने मुख्य प्रतिनिधि सखाराम बापू के आधीन 20, 000 की एक सेना बिट्ठल शिवदेव, गंगाधर तांतिया तथा अंताजी के साथ आगरा की ओर भेजी। वैर तालुका पहुँचने पर उन्होंने जाट राजा से अपने पुराने नजराने माँगे। आगरा की सूबेदारी में होल्कर के प्रतिनिधि, विट्ठल शिवदेव, और जाट के पूर्णाधिकार प्राप्त दूत रूपराम कटारिया ने भुसावर (एक समीपस्थ स्थान) में 27 मई को समझौता-वार्ता शुरू की। मराठा प्रतिनिधि ने सूबे के पूर्ण प्रशासनिक और वैत्तिक नियंत्रण पर जोर दिया। अंततः दोनों पक्षों के बीच एक 'मित्रतापूर्ण समझौता' हो गया, जिसके अंतर्गत जाट राजा को 1754 के बकाया नजराने की किश्त[11] अदा कर देने की शर्त पर आगरा किले सहित अपने कब्जे वाले स्थानों को अपने पास बनाए रखने की अनुमति दे दी गई।

जाट-मराठा संबंधों में यह समझौता एक मोड़ सिद्ध होता है। उनकी अपनी-अपनी विवशताओं ने उन्हें इस समझौतों के लिए बाध्य कर दिया। यहाँ यह स्मरण रखने योग्य है कि अब्दाली के अधीन बना हाल ही का गठबंधन जाटों और मराठों, दोनों के विरुद्ध था। यद्यपि, 1757 में मराठे उसके हमले से बच निकले थे, परंतु तत्कालीन परिस्थितियों में उससे संघर्ष निश्चित था। और अभी भी उसकी कार्रवाइयों के फलस्वरूप उनके भाग्य अप्रभावित नहीं थे। उनके कठपुतली इमाद (जो अस्थायी तौर पर अब्दाली से मिल गया था) के स्थान अब उनका 'कट्टर शत्रु' नजीब दिल्ली में सर्वेसर्वा था। मुग़ल सरकार पर अपना वर्चस्व रखने की उनकी महत्त्वाकांक्षा के यह विपरीत था। इसके अतिरिक्त दोआब और अवध को फिर से हासिल करने के लिए दो मुग़ल शाहजादों और इमाद के अधीन दुर्रानी समर्थित अभियान के कारण दोआब में उनकी सत्ता को

8. *एस.पी.डी.,* XXVII, 193
9. वही, 226
10. *तारीख-ए-आलमगीर सानी,* 333
11. वही, 236; *एस.पी.डी.,* XXVII, 158, II, 79, 80, XXI, 148; सरकार कृत *फ़ाल,* II, 159; राजवाड़े, I, 136

भी ग्रहण लग गया था।[12] (दोआब में) जाट चौकियों को भी खतरा हो गया था। इस स्थिति ने भी सूरजमल, मराठों और शुजा को निकट लाने में योगदान दिया।[13] वर्तमान परिस्थितियों में नजीब को कुचलना और दिल्ली तथा दोआब में अपनी सत्ता फिर से स्थापित करना मराठों के तात्कालिक लक्ष्य थे। पंजाब को अपनी अधीनता में लाने के बाद धन इकट्ठा करने के लिए बिहार और बंगाल के लिए अभियान शुरू करना उनकी बाद की योजनाएँ थीं।[14] इन विवशताओं-दबावों के बीच यद्यपि मराठा भीतरीतौर पर पूर्वग्रह से भरे थे। किंतु जाट राजा से असामयिक तथा अनिश्चित संघर्ष से भी बचे रहे। पेशवा का पत्र (जुलाई, 1757) इसका उल्लेख करता है और मराठा नीति को, जो इधर कुछ समय से अवश्य परिपक्व होने लगी थी, उजागर करता है। उसने रघुनाथ राव को परामर्श दिया कि इस वर्ष की उसकी शरारत के बावजूद सूरजमल से दोस्ती की जाए। होल्कर और सूरजमल के आपसी मनमुटाव के बावजूद होल्कर को जाट राजा से लड़ाई से बचे रहना था। पेशवा ने अंत में लिखा कि 'जहाँ तक संभव हो सके, (मराठा) इस वर्ष जाट राजा से संघर्ष को टालें।[15] अतः कोई आश्चर्य नहीं कि मराठों ने सूरजमल से दोस्ती करने की कोशिश की। बिलकुल नकदी के बजाय उन्होंने उसके भुगतान के कोरे वचन पर संतोष बनाए रखा। (अतीत में उसके द्वारा भुगतान से बचते रहने के कृत्य के प्रकाश में यह समझौता इस तरह का था कि जैसे हुआ ही न हो) इसके अलावा उन्होंने जाट राजा के कब्जों का आदर किया, क्योंकि अपने दूरस्थ अभियानों को शुरू करते वक्त वे अपने पीछे एक नाराज सूरजमल को छोड़कर नहीं जाना चाहते थे।[16] यह स्पष्ट है कि अपनी तमाम श्रेष्ठ ताकत के बावजूद मराठे एक साथ दोनों चीजें नहीं प्राप्त कर सकते थे, अर्थात् अपने पैरों के पास जाट विस्तार को रोकना और साथ ही अपनी नई महत्त्वाकांक्षाओं को साकार करने के लिए अपनी सेनाओं को भेज सकना, साथ ही अब्दाली और उसके पिट्ठुओं का भी प्रभावशाली ढंग से सामना करना।

जाट राजा स्वयं भी यह नहीं चाहता था, कि मराठों के हाथ उसकी रियासत की अब और तबाही हो।[17] वैसे भी जब संभाव्य अफगान खतरा पहले ही मंडरा रहा था तब (मराठों से) एक नया मोर्चा खोलना मूर्खतापूर्ण ही होता। इसके अतिरिक्त हाल ही के अफ़गान अत्याचारों और वर्तमान मराठा व्यवहार के बीच अंतर इतना

---

12. इस निष्फल अभियान के विवरण के लिए देखें, सरकार कृत *फ़ाल,* II, 130ff
13. *एस.पी.डी.,* XXVII, 152; सरकार कृत *फ़ाल,* II, 9; *एस.पी.डी.,* II, 74
14. विवरण के लिए देखें *एस.पी.डी.,* II, 80; *राजवाड़े,* I, 136; गुप्ता कृत *पानीपत,* 93
15. *एस.पी.डी.,* II, 80
16. सरकार कृत *फ़ाल,* II, 136;
17. *तारीख-ए-आलमगीर सानी,* 236

स्पष्ट था कि वह सूरजमल की नज़रों से बच नहीं सका होगा। इसलिए परिस्थितियों के दबाव में और तुलनात्मक रूप से ताकतवर और साझा शत्रु के अधिक बड़े खतरे ने पूर्ववर्ती विरोधियों को समीप ला दिया। इसलिए 1754 की बजाय 1757[18] के मध्य में जाट-मराठा समझौते को सही-सही खोजा जा सकता है। फिर भी जिन दबावों के कारण यह समझौता हुआ, उनमें कुछ कमियाँ भी थीं। दोनों पक्षों में चोरी-छिपे कार्यवाहियाँ होती रहती थीं और संदेह अभी भी कायम था, यद्यपि अब वह घट जरूर गया था।

सूरजमल और अलीगौहर-इमाद कशमकश : इमाद के साथ सूरजमल का समझौता

(तीन मास बाद 1 सितंबर, 1757) मराठों और इमाद ने (जिसने मराठों को फिर से अपने पक्ष में कर लिया था) शहंशाह की मिलीभगत से अपने साझा शत्रु नजीब को दिल्ली से खदेड़ दिया था।[19] यह कहा जाता है कि इसमें जाटों ने भी उनसे सहयोग किया।[20] तथापि, दिल्ली में वास्तविक शासकों के परिवर्तन से आम हालात में कोई परिवर्तन नहीं हुए। विजयी वज़ीर इमाद की एकमात्र चिंता निर्विवाद सत्ता के लिए थी और वह राजधानी से संभावित विरोधियों को चुन-चुनकर निकाल बाहर करना चाहता था। मई, 1757 से मार्च, 1758 तक प्रत्यक्ष-उत्तराधिकारी मिर्जा अब्दुल्ला (जिसे अली गौहर और शाहआलम की उपाधि दी गई थी) रिवाड़ी-रोहतक जिलों में अपनी जागीरें फिर से प्राप्त करने के प्रयत्नों में उत्साहपूर्वक जुटा हुआ था। वज़ीर ने उसे वापस बुलवाया और उसकी गिरफ्तारी के लिए विश्वासघातपूर्ण योजनाएँ बनाते हुए उसने मई, 1758 में उस पर हमला कर दिया। तथापि, विट्ठल शिवदेव के खेमें से बचकर निकलने में शाहज़ादा सौभाग्य से सफल रहा और वहाँ से (मई के अंतिम सप्ताह में) वह उस सरदार के साथ अपनी जागीर में गया।[21]

राजा सूरजमल ने शहज़ादे की सेवा में उपस्थित रहने के लिए अपने पुत्र रतन सिंह को पटौदी भेजा। अपने पिता की ओर से जाट राजकुमार ने अली गौहर को 2,000 रुपयों, एक हाथी, 7 घोड़ों और कपड़ों के 5 थानों के साथ 101 अशर्फियाँ बतौर नज़राना और ऊँटों तथा गाड़ियों पर लदी खाद्यान्न सामग्री और अन्य रसद भी भारी मात्रा में भेंट की।[22] स्पष्टतः इमाद-अली गौहर विवाद को अपने स्वयं

---

18. प्रतिविचारों के लिए देखें, सरकार कृत *फ़ाल,* II, 437-438; गुप्ता कृत *पानीपत,* 48; कानूनगो कृत *जाट्स,* 96
19. विवरण के लिए देखे, सरकार कृत *फ़ाल,* II, 140ff
20. *मुहरबत,* 10; *शाह* में के.ए. निज़ामी, भूमिका, 43
21. अली गौहर के कार्यकलाप के विवरण सरकार कृत *फ़ाल* (में देखें), II, 161ff
22. *तारीख-ए-आलमगीर सानी,* 330

के लाभ की दिशा में मोड़ने के लिए यह चतुर जाट का एक सुविचारित कूटनीतिक कदम था। एक ओर इस व्यवहार से उसने भटकते युवराज को अपनी ओर करने का प्रयत्न किया, वहीं दूसरी ओर उसने इस प्रकार इमाद पर भी दबाव डाला ताकि वह जाट से समझौता कर ले। हमें ज्ञात नहीं कि अली गौहर की क्या प्रतिक्रिया हुई। पर इमाद अपने प्रतिस्पर्धी को जाट द्वारा सहायता देने से 'बहुत परेशान' हो गया।[23] इसके पहले (30, मार्च, 1758) उसने अपने एक अन्य प्रतिस्पर्धी इंतिज़ाम को निगरानी में रखा था। इंतिजाम द्वारा जाट और रुहेला राजाओं को सहायता-याचना के लिए लिखे गए पत्रों के पकड़े जाने के बाद उसने ऐसा किया था।[24] परंतु अली गौहर उसकी पहुँच के बाहर था और साथ ही यह भी प्रतीत होता था कि उसे जाट राजा का भी शक्तिशाली समर्थन प्राप्त है। अब वज़ीर ने जाट राजा को मनाना शुरू किया, जिसका कि 1753 से उसने निरंतर विरोध किया था।

2 जून 1758 (25वीं रमज़ान, 1171 अल हिजरी) को उसने पुराने मध्यस्थ नागरमल को (जिसकी जाट राजा से घनिष्ठता थी) बुलवाया और उससे कहा कि वह जाट राजा को मनाए कि वह अली गौहर की हिमायत न करे। असहाय आलमगीर द्वितीय से औपचारिक अनुमति लेकर वज़ीर ने 3 जून (27वीं रमज़ान) को अपना दूत अपने पुराने शत्रु (सूरजमल) के लिए छह कपड़ों का एक खिलअत तथा रत्नजड़ित शिरस्त्राण भेजा। स्पष्टतया, चतुर, दूरदर्शी जाट इसी प्रकार की स्थिति पैदा होने की प्रतीक्षा कर रहा था। उसी दिन नागरमल ने जाट राजा को पलवल स्थित उसके खेमे में वज़ीर का यह अनुरोध पहुँचाया। उसके बीच तीन दिनों तक समझौता-वार्ताएँ चलती रहीं। 6 जून (29वीं रमजान) को नागरमल नाहर सिंह (सूरजमल के एक अन्य पुत्र) के साथ वापस लौटा और वज़ीर को राजा के उत्तर से अवगत कराया। नाहर सिंह खिजराबाद में ही रहा।[25]

नाहर सिंह की दिल्ली के बाद हुई लंबी वार्ताएँ और बाद की घटनाएँ संकेत करती हैं कि अली गौहर के मामले ने पलवल-वार्ताओं को मूल विषय की ओर मोड़ा, अर्थात् जाट-वज़ीर संबंधों की ओर तथा यह भी संकेत दिया कि उनके प्रमुख मतभेदों को निपटारा कर लिया गया था। इसके एक पहले संकेत के रूप में सूरजमल ने अली गौहर को कोई भी सहायता करने के लिए कदम नहीं उठाया। इमाद ने पहले इसी की आशंका की थी। यह विश्वास किया जाता है कि बाद में (लगभग अगस्त, 1758 में) उसने शाहज़ादे के किसी उद्देश्य की पूर्ति के लिए सहायता

---

23. *तारीख-ए-आलमगीर सानी,* 330
24. *एस.पी.डी.,* XXVII, 226; सरकार कृत *फ़ाल,* II, 164
25. *तारीख-ए-आलमगीर सानी,* 332-333; अंताजी (*एस.पी.डी.,* XXI, 160) ने नागर मल के मिशन के प्रति निराधार संदेह किया है।

देने से बिल्कुल मना कर दिया।[26] तारीख-ए-आलमगीर सानी ने इस संबंध में एक ऐसी घटना का उल्लेख किया है, जिस पर अभी तक किसी का ध्यान नहीं गया था। यह घटना हमें बताती है कि बिहार और बंगाल को अधीन करने की अली गौहर की किसी भी योजना को विफल करने के लिए इमाद ने एक अन्य शाहजादे हिदायत बख्श को बिहार का सूबेदार बना दिया (फरवरी, 1759) और अली गौहर को बागी घोषित कर दिया। ऐसा करते समय यह कुटिल षड्यंत्रकारी सूरजमल की 'विशाल फौज' पर ही पूरी तरह निर्भर था। उसकी योजना यह थी कि हिदायत बख्श पहले आगरा रवाना हो, जाट-समर्थन ले और फिर बिहार के लिए प्रस्थान करे। परंतु इसी बीच (मार्च) सूरजमल के जयपुर रवाना होने की खबर आई। इससे वज़ीर निराश हुआ। 'उसने क्या सोचा था और क्या हो गया', दरबारी इतिहासकार ने टिप्पणी की है।[27]

हमारे उद्देश्य के लिए उपरोक्त योजना उतनी महत्त्वपूर्ण नहीं है, जितनी कि वह फरवरी-मार्च, 1759 में जाट-वज़ीर संबंधों पर प्रकाश डालती है। यह दर्शाती है कि यद्यपि वज़ीर ने मराठों का साथ नहीं छोड़ा था फिर भी वह जाट-शक्ति पर कितना निर्भर था। तथापि, दत्ताजी शिंदे[28] के आक्रामक तेवरों ने उसे जाट राजा के और अधिक निकट कर दिया। एक वर्ष बाद (9 जनवरी, 1760 को या उससे पूर्व) यह प्रक्रिया चरम परिणति पर पहुँच गई। जब मराठा-गठबंधन से मोहभंग होने के बाद इमाद अब्दाली के भय से सुरक्षा हेतु जाट दरबार में पहुँचा। उसने अपने परिवार और सामान को पहले ही (नवंबर, 1759 में) वहाँ भेज दिया था। कैसी विडंबना है! जैसाकि वैंदेल ने लिखा है, इमाद अब उसी सूरजमल के किलों के सामने गिड़गिड़ा रहा था, जिन्हें नष्ट करने के लिए 'कुछ ही समय पूर्व उसने समूचे हिंदुस्तान को हथियारबंद कर दिया था।' सूरजमल ने वज़ीर की प्रतिष्ठा के अनुरूप उपयुक्त तमाम आदर और ध्यान दर्शाया और उसे भरतपुर के अपने सबसे अच्छे महल में रखा। राजनीतिक जरूरतों और उसकी विशिष्ट उदारता ने ही शाही वजीर को संरक्षण देने में उसका मार्गदर्शन किया। इससे उसकी छवि और उज्ज्वल हुई।[29] तथापि, वज़ीर होने के साथ-साथ इमाद एक कुख्यात राजहंता भी था। अतः

---

26. फ्रैंकलिन कृत द *हिस्ट्री ऑफ द रेन ऑफ शाह आलम,* लंदन (1798), 9-10
27. *तारीख-ए-आलमगीर सानी,* 380
28. वज़ीर के प्रति शिंदे की आक्रामणशीलता के लिए देखें, सरकार कृत *फ़ाल,* II, 199, 202
29. *मेम्वोआर दे यात,* 49-50, 63; *इमाद,* 111; राजवाड़े, I, 143, 144; *एस.पी.डी.,* XXI, 176; *मिरात,* 892, 905-906; *शाकिर,* 100; नूर 27b; *सियर,* III, 375-376, इबरत, 21a; *गुलिस्ताँ,* 58; गुल, 83; *मजमाउल-अखबार* (इलियट, VIII, 363 में) मुहरबत, 10f; फ्रैंकलिन, *शाह आलम,* 15

ऐसे व्यक्ति को संरक्षण देने के कार्य ने उसके विरोधियों को एकजुट होने के लिए एक और अतिरिक्त कारण दे दिया। वज़ीर-जाट गठबंधन से शाहआलम अपने राजनीतिक भविष्य के प्रति चिंतित हो उठा। इमाद उसका कट्टर शत्रु था और सूरजमल इधर उसका साथ दे रहा था। उसे संदेह था कि कहीं इमाद सूरजमल की सहायता से तख्त के लिए किसी और को न खड़ा कर दे (स्पष्टतया उसने 30 नवंबर, 1759 को इमाद द्वारा शाहजहाँ द्वितीय को राजा के पद पर प्रतिष्ठापित किए जाने के बारे में नहीं सुना था) अतः उसने अब्दाली से दिल्ली का ताज देने की प्रार्थना की।[30]

जाट और अफ़ग़ान-मराठा-संघर्ष

अब हम संक्षेप में प्रसंगानुकूल मराठा गतिविधियों पर ध्यान दें रहे हैं। रघुनाथराव की वापसी (मई, 1758) के बाद दत्ताजी शिंदे के नेतृत्व में एक अन्य फौज उत्तर में आई (दिसंबर, 1758)। दत्ताजी ने नजीब को गिरफ्तार करने का असफल प्रयत्न किया। इसके फलस्वरूप युद्ध की नौबत आ गई और इसकी परिणति सुक्करताल की मराठा घेरेबंदी में हुई। (जुलाई, 1759)।[31] नजीब ने शानदार ढंग से अपनी रक्षा की। परंतु धर्म और अफगान-नस्ल के नाम पर उसने बार-बार अपने स्वामी अब्दाली से सहायता की याचना की। अभी घेरेबंदी जारी थी कि दत्ताजी को अब्दाली के आगमन का समाचार मिला। भारी मुसीबतों के कारण उसने अन्य लोगों के साथ-साथ जाट राजा से भी सहायता माँगी। इसके परिणामस्वरूप जाट राजा ने उसे रूपराम कटारिया के नेतृत्व में 5,000 सिपाहियों की फौज भेजी जो 8 नवंबर, 1759 को सुक्करताल में शिंदे से जा मिली।[32]

जाट राजा के निर्णय को कई बातों ने प्रभावित किया। इनमें सबसे महत्त्वपूर्ण उद्देश्य की ऐकान्तिकता थी। जहाँ एक समकालीन ने मल्हार राव को 'हिंदुस्तान का मुख्य विध्वसंक' बताया[33] है, और यह सारा कार्य उसने अपने संरक्षित, दत्तक पुत्र नजीब[34] के माध्यम से किया, दत्ताजी को अब्दाली के उसी 'धोखेबाज' समर्थक को कुचलना था।[35] सूरजमल का भी यही दृष्टिकोण था, ताकि 'भीतर से अब्दाली

---

30. *मुरासलात-ए-अहमद शाह दुर्रानी,* 21; जी. सिंह द्वारा उद्धृत *दुर्रानी,* 232-233
31. इस घेरेबंदी तथा अन्य गैर-जाट मामलात के लिए देखें, राजवाड़े, I, 140-145; *एस. पी.डी.,* XXIX, 56, XXI, 176; *डी.सी.; नूर,* 19b-20b, 22b-26b; *सियर,* III, 371ff
32- राजवाड़े, I, 143, 147; कानूनगो ने *(जाट्स,* 112) सूरजमल को शिंदे के निमंत्रण पर ध्यान नहीं दिया है। उनके अनुसार जाट फौजे दिल्ली गई थीं, न कि सुकरताल।
33. *मेम्वोआर दे यात,* 41, पाद-टिप्पणी
34. रघुनाथराव का वक्तव्य, सरदेसाई द्वारा *मराठाज़* में उद्धृत, II, 417
35. सरकार द्वारा *फ़ाल,* II, 232-233, में उद्धृत पेशवा का पत्र।

को देशद्रोहियों से किसी भी प्रकार की सहायता की संभावना समाप्त कर दी जाए।'[36] इस व्यापक प्रश्न के अतिरिक्त 1757 में रुहेला सरदार द्वारा किए गए अत्याचारों में और दोआब (मेरठ) में जाट क्षेत्रों में उसकी प्रतिस्पर्धी महत्त्वाकांक्षाओं ने भी जाट राजा को समान शत्रु के विरुद्ध मराठों का साथ देने के लिए जरूर प्रेरित किया होगा। इसके अतिरिक्त होल्कर की बनिस्बत कुम्हेर में किए गए उनके (विशेषकर जयप्पा के) व्यवहार के कारण शिंदे जाटों को ज्यादा पसंद थे। शिंदे होल्कर के स्थान पर आया और उसने अपने पूर्ववर्ती की नीतियों को बदल दिया। शायद जाट-निर्णयों को प्रभावित करनेवाला यहाँ भी एक कारण मौजूद है।[37]

सुक्करताल में वीर साहसी, रुहेला के समर्पण का कोई लक्षण नहीं दिख रहा था और पंजाब में मराठों की सफलताओं को विफल करने के बाद अब्दाली दत्ताजी को पीछे से धमका रहा था। अंततः 8 दिसंबर को दत्ताजी ने यह निरर्थक घेरेबंदी उठा ली। उसने अपने परिवार, भारी सामान तथा अपंग लोगों को दिल्ली ले जाने के लिए (लगभग 20 दिसंबर, 1759) जाटों की देख-रेख में सौंप दिया।[38] जबकि वह स्वयं उस विदेशी के बढ़ाव की रोकथाम के लिए रुक गया। पर भाग्य में कुछ और बदा था। दो मुठभेड़ों के बाद, पहली तरोरी (24 दिसंबर) और दूसरी यमुना के पास (29 दिसंबर), इसे दिल्ली वापस लौटने के लिए विवश होना पड़ा। यहाँ से उसने अपने और अपने अधिकारियों के परिवारों और भारी साजो-सामान को रूपराम कटारिया की देख-रेख में रेवाड़ी (जाट देश) की ओर (लगभग 4 जनवरी, 1760) भेज दिया।[39] 9 जनवरी, 1760 को दत्ताजी बरारी घाट में अब्दाली से वीरतापूर्वक लड़ता हुआ मारा गया[40] और इसके बाद अफगानों और हतोत्साहित मराठों के बीच वस्तुतः छिपने और पकड़ने का दौर शुरू हुआ जो अंततः सिकंदराबाद में होल्करों के लोगों की घोर पराजय के बाद (4 मार्च) समाप्त हुआ। उसी दिन मल्हार और गंगाधर क्रमशः आगरा और मथुरा भाग गए। रूपराम कटगरिया भी उनके साथ लौट आया। जहान खाँ ने मथुरा के इस पार यमुना तक पराजितों का पीछा किया। उन्होंने जाट राज्य या इटावा में शरण माँगी। इस तरह हमलावर संघ के खिलाफ़ मराठा-प्रतिरोध की कमर टूट गई।[41]

---

36. कानूनगो कृत *जाट्स,* 109
37. वही, 112; सरकार कृत *फ़ाल,* II, 199-200 भी।
38. राजवाड़े, I, 147; *एस.पी.डी.,* II, 110
39. तदनंतर बहुत बड़ी संख्या में लोग, हिंदू और मुस्लिम दोनों, अत्यधिक सुरक्षित शरण-स्थली, जाट राज्य की ओर भाग गए थे। '*मेम्वोआर दे यात,* 49; *एस.पी.डी.,* XXI, 176; *राजवाड़े,* I, 143, 144,150; *मिरात,* 892-93; *नूर,* 27b
40. अब्दाली से दत्ताजी की लड़ाइयों के विवरणों के लिए देखें, गुप्ता कृत *पानीपत* 126ff,
41. विवरण के लिए देखें, *एस.पी.डी.,* XXI, 182, 185-188, II, 120-121; *राजवाड़े,* I,

अपने संकट के दिनों में सूरजमल से अपनी पुरानी शत्रुता को होल्कर हजम कर गया। जैसाकि स्वयं उसके पत्र से पता चलता है, (3 जनवरी, 1760) उसने यह समझना शुरू कर दिया था कि आवश्यकता पड़ने पर उसका परम शत्रु कितना सहायक सिद्ध हो सकता है।[42] अब उसने उसके साथ अपने संबंधों को सामान्य करने के लिए कदम उठाए। आगरा से वह भरतपुर की दिशा में रवाना हुआ। जब वह वहाँ से 30 मील दूर था, सूरजमल जो शायद निकट ही कहीं था, (12 मार्च से पूर्व) उससे मिला। इसके बाद बेलपत्र और गंगाजल को लेकर मित्रता के पवित्र आश्वासन की कसम खाई गई। अपनी मित्रता के प्रमाण स्वरूप वरिष्ठ मराठा नायक ने जाट को खिलअत भेंट की जबकि उसने (जाट राजा ने) अपने भूतपूर्व शत्रु और उसके लोगों को पूर्ण सुरक्षा प्रदान की।[43]

अहमदशाह और सूरजमल (1760 में)

अब्दाली वज़ीर और सूरजमल की गतिविधियों और उनके नजीब से संबंधों के बारे में पूछताछ करता रहता था।[44] दत्ताजी को कुचलने के बाद उसने अपना ध्यान सूरजमल की ओर लगाया जिसने उसका साथ दिया था। 14 जनवरी को वह खिजराबाद आया और उसे (सूरजमल) तथा अन्य हिंदू तथा मुस्लिम सरदारों को नजराना अदा करने, उसके दरबार में हाज़िर होने और मराठों के खिलाफ उसका साथ देने का आदेश देते हुए पत्र लिखे। परंतु जिन्हें यह पत्र लिखा गया था उनका न तो विश्वासघाती अब्दाली और न निर्दयी लुटेरे मराठों पर विश्वास था। जाट

178, VI, 403; *डी.सी.;* *नूर,* 31a-31b; *शाकिर,* 100; *सियर,* III, 380-381; *शाहआलमनामा,* 123; 'मुहरबत', 11

42. *एस.पी.डी.,* II, 117; *राजवाड़े,* I, 164, भी। *अमीरा* (102--103); *सियर* (III, 380); *तारीख-ए-इब्राहीम खाँ* (इलियट, VIII, 272 में), स्कॉट (*दक्कन,* II, 239) का पाठान्तर और *सियर* का अनुसरण करते हुए कानूनगो (*जाट्स,* 118) के इस कथन को कि बरारी घाट के बाद अब्दाली के विरुद्ध एक साथ मिलकर प्रयास करने के लिए होल्कर ने जाट राजा से अत्याग्रह किया जिसमें वह असफल रहा, को स्वीकार नहीं किया जा सकता क्योंकि होल्कर ने इस कल्पित घटना की स्वयं ही कोई चर्चा नहीं की है। किसी भी मराठी खरीते या जाट इतिहासों में भी इसका उल्लेख नहीं है।
43. *एस.पी.डी.,* II, 121; गुप्ता कृत *पानीपत,* 132; जी. सिंह कृत *दुर्रानी,* 243, इस समय होल्कर की पूर्णतया असहायावस्था की बिल्कुल उपेक्षा करते हुए शेजवलकर (*पानीपत,* 49) ने एक विचित्र दलील दी है कि होल्कर और शिंदे के साथ जाट राजा सूरजमल मात्र इसलिए शामिल हो गया था क्योंकि अब्दाली से हारने के बाद वे कमज़ोर पड़ गए थे।
44. *एस.पी.डी.,* II, 106

राजा ने तो बहुत चतुराई से तब तक अब्दाली की माँगों को मानने से इनकार कर दिया जब तक कि वह हिंदुस्तान की सार्वभौमिकता पर प्रभावकारी और कानूनी कब्जे द्वारा अपने दावे को प्रमाणित नहीं करता। अपनी अवज्ञा भी इस पुनरावृत्ति पर अब्दाली आगबबूला हो उठा। इसी बीच नजीब ने भी उसे एक अभियान का नेतृत्व करने और जाट को 'नष्ट' करने के लिए उकसाया। अतः आंशिक तौर पर सूरजमल को दंड देने के लिए और उतने ही अंश में मराठा-भगोड़ों के साथ उसके संभावित संगम को रोकने के लिए वह दूसरी बार सूरजमल के विरुद्ध निकला। 27 जनवरी को उसने खिजराबाद छोड़ा और जाट राज्य की ओर बढ़ा। शेरगढ़ होता हुआ वह 6 फरवरी को डीग पहुँचा। अगले दिन उसने उस किले को घेर लिया। परंतु कुछ दिनों के अनुभवों ने उसे यह स्पष्ट कर दिया कि उसका यह कार्य कितना कठिन है, और मल्हारराव का पीछा करने के लिए, जो उस समय उत्तर की ओर बढ़ रहा था, वह डीग से चला गया।[45] जैसाकि पहले बताया जा चुका है, उसने मल्हार राव को पराजित कर दिया।

इसी बीच नजीब ने अपने मालिक को थोड़ा और रुकने तथा उसके दुश्मनों को कुचलने के लिए राज़ी कर लिया। अब्दाली के ठहरने के लिए उसने रामगढ़, (अलीगढ़) प्रस्तावित किया जो उसके शत्रु जाट राजा का था। तद्नुसार 5 मार्च को अब्दाली वहाँ पहुँचा और उसने उस स्थान की घेराबंदी कर दी। रामगढ़ एक सुदृढ़ और समस्त सामग्री से सुसज्जित किला था और लंबे समय तक सामना करने में समर्थ माना जाता था। परंतु यमुना तक बीच की जमीन पर अफगानों का कब्जा होने के कारण भरतपुर (60 मील) से दुर्गरक्षण सामग्री के लिए कट गया था। किले का सेनापति दुर्जन साल हतोत्साहित होने लगा और 19 दिनों के बाद उसने वह स्थान समर्पित कर दिया, जिसके आधे हिस्से को नए स्वामी ने लूट लिया। इस किले के अचानक और अनपेक्षित पतन तथा उसके साथ ही यमुना के पूर्व में अपने स्वामित्व के स्थानों की क्षति में सूरजमल को चिंता में डाल दिया। चूँकि अफ़गान गठबंधन का तो मुकाबला करना कठिन था इसलिए अब्दाली को खुश करने के

---

45. *डी.सी., एस.पी.डी.,* XXI, 186, 187, II, 118; *मिरात,* 906; *मेम्वोआर दे यात,* 51 भी; फ्रैंकलिन, *शाहआलम,* 15; *मुहरबत,* 12; जी. सिंह कृत *दुर्रानी,,* 233–234; गुप्ता कृत *पानीपत,* 138; टी.एस. शेजवलकर (*पानीपत,* 30) तथ्यों के बजाय कल्पना का सहारा लेते हैं, जब वह कहते हैं कि मल्हार की रणीनतियों ने जाट राजा को और राजपूत राजकुमारों को 'बचा' लिया। इन्होंने किसी तरह से इस बात की उपेक्षा कर दी है कि अब्दाली की मंशा राजपूतों को नष्ट करने की नहीं थी क्योंकि उनसे उसके संबंध सौहार्दपूर्ण थे। (देखें, एस.एच. अस्करी, दुर्रानी-राजपूत समझौता-वार्ता, 1759–1761) *इंडियन हिस्ट्री कांग्रेस* (1945) की कार्यवाही में, 258–259, और मात्र उसकी तूफानी कूच से जाट रक्षा पंक्ति में कुछ नहीं होना था।

उद्देश्य से सूरजमल ने समझौता-वार्ताएँ शुरू कर दीं। तथापि, अब्दाली यह चाल समझ गया, और उसने 45 लाख रुपए माँगे।[46]

जाटों को पक्ष में करने के प्रतिस्पर्धी प्रयत्न

संभावित अफगान-मराठा संघर्ष की छाया जैसे-जैसे लंबी होने लगी, समूचा राजनीतिक वातावरण गहरी और पेचीदी कूटनीति से भर उठा। प्रतिद्वंद्वियों ने सहयोगियों को वश में करने के लिए दबाव और अनुनय, धमकी और प्रलोभन इन सब का पूरी तरह उपयोग किया। उत्तर की शक्तियों में जाटों का स्थान महत्त्वपूर्ण था। शाहआलम द्वितीय के एक पत्र से हमें पता चलता है कि ताजदारी भूमि के शाही दीवान सहित अनेक सरदारों ने जाट राजा को 'हिंदुस्तान की कुंजी' निरूपित करते हुए अब्दाली को उसकी प्रासंगिक शक्ति से अवगत कराया था। तत्कालीन, अर्थात् 1760 की परिस्थिति में यह अनुमान शायद पूरी तौर पर सही नहीं हो। परंतु उसे मात्र 'मनगढ़ंत' मानकर रद्द भी नहीं किया जा सकता, जैसाकि असहाय शाहआलम ने अपने कट्टर दुश्मन इमाद के संरक्षक के खिलाफ पराजय की गाँठ के कारण किया था।[47] हम जानते हैं कि 1757 में ही उसे उत्तर का सबसे शक्तिशाली और समृद्धतम शासक मान लिया गया था।[48] निस्संदेह अवध के नवाब के पास मृत्यु को चुनौती देनेवाले नागाओं और किज़िलबाशों के दस्ते थे। परंतु जहाँ तक शांत, दृढ़ साहस का प्रश्न था, सूरजमल के जाट किसी से कम नहीं थे। और जहाँ तक सेनापतित्व का संबंध था, जाट योद्धा की तुलना में शुजा कुछ भी नहीं था। गुलाम अहमद लिखता है :

> *भारत में ऐसी कोई फौज नहीं है जो युद्धभूमि में उनका (सूरजमल द्वारा स्वयं प्रशिक्षित बंदूकधारी घुड़सवारों) सामना करने का हौसला दिखला सके।*[49]

इसके अलावा सूरजमल के पास कम-से-कम चार पर्याप्त विशाल और साजो-सामान से भरपूर (गोला-बारूद के साथ-साथ खाद्यान्न और चारे के मामले में भी) और उन दिनों सबसे मजबूत समझे जानेवाले किले थे, जो इतने सुदृढ़ थे

---

46. *नूर,* 31b- 32b; *डी.सी.; मेम्वोआर दे यात,* 51-52; *मिरात* 117; *गुलिस्ताँ,* 59; *गुल* 9; *इमाद* 83-84; *मुहरबत,* 12
47. *मुरासिलात-ए-अहमदशाह दुर्रानी,* 21, जी. सिंह द्वारा अपनी कृति *दुर्रानी,* में उद्धृत 232-233
48. *राजवाड़े,* I, 71
49. *सियर,* IV, 28, यदि इस टिप्पणी को उत्तर पानीपत काल की उस राजा से संबंधित मान ली जाए तो यह बात नहीं भूलनी चाहिए कि यह उत्कृष्टता रातोरात तो नहीं प्राप्त की जा सकती थी।

कि संपूर्ण एशिया महाद्वीप में कोई भी ताकत उन पर कब्जा करने में समर्थ नहीं मानी जाती थी। शुजा के पास ऐसा कुछ नहीं था।[50] ये किले सैनिक कार्यवाहियों के अड्डों के रूप में तथा विपत्ति आने पर शरणगाह की तरह काम दे सकते थे। इसके अतिरिक्त अपने अदृश्य कबाइली बंधन के कारण उनके मुख्य प्रवक्ता (जाट राजा) का दृष्टिकोण, राजधानी के, जो संभावित युद्ध क्षेत्र हो सकती थी और बाद में जैसा कि हुआ भी, इर्द-गिर्द फैली संपूर्ण लड़ाकू-जाट आबादी की मित्रता या शत्रुता को (किसी खास के पक्ष में) प्रभावित करता। गैर लड़ाकू लोगों का आम रुख भी, जो प्रत्यक्षतः निरर्थक था, निश्चित रूप से रसद पूर्ति को प्रभावित करता और इसका लंबी लड़ाई में अपना महत्त्व था। अतः सैन्य-उपयोगिता की दृष्टि से निश्चित ही शुजा की तुलना में सूरजमल का पलड़ा भारी था, यह एक ऐसा तथ्य है, जिस पर अभी तक जोर नहीं दिया गया है।[51] यदि हम 1760 में उनकी अपनी-अपनी स्थिति को ध्यान में रखें, तो यह तथ्य कि दोनों प्रतिद्वंद्वी (अब्दाली और मराठा) सूरजमल की बजाय शुजा को मनाने की ज्यादा चिंता कर रहे थे, हमें भ्रमित नहीं कर सकता। यह प्रतीत होगा कि अफ़गानों और मराठों, दोनों ने गठबंधन के लिए साथियों को ढूँढ़ने के प्रयास तेज किए तो शुजा की बनिस्बत सूरजमल पहले ही अफगान-मराठा प्रतिस्पर्धा में शामिल हो चुका था। सुक्करताल की घेरेबंदी के समय से ही (अर्थात् नवंबर, 1759 से) उसकी फौजें दोनों प्रतिद्वंद्वियों में से एक (मराठों) के साथ जुड़ी हुई थीं। इसके अलावा उस समय उसने अपने अफगान शत्रुओं से भागे अनेक मराठा भगोड़ों को आश्रय दिया था। अतः उसके एक प्रतिपक्षी के खिलाफ दूसरे के प्रति झुकाव के बारे में कोई शक नहीं किया जा सकता था। अफगानों की ओर से उनकी आनुपातिक निराशा की तुलना में मराठों की ओर से उनके अपने मूलभूत विश्वास के कारण उसे अपनी ओर करने में प्रयत्नों की गहनता तुलनात्मक रूप से कम थी। सूरजमल के विरुद्ध शुजा बराबरी का मामला खुला हुआ था। सुक्करताल से चुपचाप लौटने के बाद वह चतुराई से बाद के संघर्ष में किसी का पक्ष लेने को टालता रहा। उसकी निष्पक्ष मुद्रा दोनों पक्षों को बराबर के अवसर दे रही थी। सूरजमल की बजाय उसे मनाने के लिए ज्यादा प्रयत्न दर्शाने के रहस्य के पीछे संभवतः यही कारण था।

और फिर भी सूरजमल का समर्थन यदि न होता तो उसकी तटस्थता से दोनों

---

50. ऊर्ध्व, 124; *मेम्वोआर दे यात,* 39-40 भी; *तारीख-ए-आलमगीर सानी,* 200, 215
51. प्रतिविचारों के लिए देखें; श्रीवास्तव कृत *शुजा,* 76f सरकार कृत *फ़ाल,* II, 274ff तथापि एच.आर. गुप्ता (*पानीपत,* 137) ने स्वीकार किया है कि "लगभग उतना ही महत्त्वपूर्ण राजा सूरजमल, उत्तर भारत का सबसे अधिक धनी और शक्तिशाली हिंदू राजा भी था।"

ही पक्ष ललचाई दृष्टि से देखते रहते थे।[52] अहमदशाह ने 1757 में भयंकर निरंकुशता दर्शाई थी और हाल ही में उसने उस पर हमला किया था (फरवरी, 1760) अतः जाट राजा के साथ गठबंधन के इसके अवसर बहुत धूमिल थे।[53] यद्यपि उसने अपने दूत को निर्देश दिया था कि वह उसे अपने पक्ष में करने के लिए मनाए, मुख्य रूप से वह जाट-तटस्थता के लिए सारा ध्यान केंद्रित करता रहा। इसके अतिरिक्त उसने सूरजमल से काफी बड़ी धनराशि भी वसूल करने की चेष्टा की। इन सब उद्देश्यों को ध्यान में रखते हुए इसने 16 मई को हाफिज रहमत को जाट और साथ-ही-साथ मराठों से वार्ता करने के लिए मथुरा रवाना किया। रुहेला सरदार ने सूरजमल और गंगाधर यशवंत के साथ भरतपुर के लिए प्रस्थान किया। सूरजमल ने अफगान दूत के साथ मराठों की बातचीत में मध्यस्थ का काम किया, परंतु उनसे कोई फल नहीं निकला। जहाँ तक उसका अपना प्रश्न था, चूँकि वह हमलावर की बात मानने में अनिच्छुक था, समय पाने के लिए वह वार्ताओं को केवल खींचता रहा। अंततः जब भाऊ आ पहुँचा (8 जून) तो रुहेला सरदार को खाली हाथ रवाना कर दिया गया।[54]

यहाँ वर्तमान संदर्भ में सूरजमल के दिमाग की आंतरिक कार्यप्रणाली को परखना महत्त्वपूर्ण होगा। हम जानते हैं कि अकेला वही भारतीय राजा था जिसे लुटेरे अफगानों और लालची मराठों, दोनों से भारी क्षति उठानी पड़ी। अब दोनों अपनी-अपनी सेंकने के लिए उसकी मित्रता या तटस्थता हासिल करना चाहते थे। चतुर जाट राजा आसानी से समझ सकता था कि उनका (विशेषकर मराठों का) सौम्य व्यवहार उनकी अपनी जरूरतों का परिणाम था और एक बार काम खत्म हो जाने पर, विजेता अपने पुराने ढर्रे पर लौटने पर जरा भी नहीं हिचकिचाएँगे। राजा केशवराव ने सही आकलन किया है (16 मार्च, 1760) कि सूरजमल और अन्य लोग एक ओर मराठों से भयभीत थे तो दूसरी ओर अहमदशाह से।[55] अतः निश्चय ही दोनों के बीच चुनाव कठिन था। फिर भी इन परिस्थितियों में चुनाव तो करना ही था[56] और सूरजमल अब्दाली को त्याग दोनों बुराइयों में से छोटी बुराई,

52. गुप्ता कृत *पानीपत,* 137; कानूनगो कृत *जाट्स,* 138-139
53. देखें, गुप्ता कृत *पानीपत,* 137
54. देखें, *डी.सी.; एस.पी.डी.;* II, 127, 124; *शाकिर,* 100; *तारीख-ए-हुसैनी;* कानूनगो द्वारा उद्धृत *जाट्स,* 119 और 139 भी; सरकार कृत *फ़ाल,* II, 246-247, 274; गुप्ता कृत *पानीपत,* 138, शेजवलकर कृत *पानीपत,* 36; देखें, *मिरात,* 906; *गुलिस्ताँ,* 59; *गुल,* 84; *मुहरबत,* 12; सूरजमल को पराभूत करने में अहमद शाह की असमर्थता के विस्तृत विवरण के लिए देखें, *मेम्वोआर* दे *यात,* 55-56
55. *एस.पी.डी.,* XXI, 187 और 188 भी, देखें, 186; *मेम्वोआर* दे *यात,* 52, 51; *राजवाड़े,* I. 71 भी।
56. कानूनगो कृत *जाट्स,* 108

मराठों की तरफ झुका।

ऐसा प्रतीत होता है कि कई बातों ने उसकी सोच को प्रभावित किया। पहले तो यह याद रखा जाए कि वह एक स्वाभिमानी वंश का था जिसने अंतिम दम तक प्रायः हर विदेशी हमलावर का, स्वयं अहमदशाह तक का (मनुपुर में) विरोध किया था। अतः इस वंश के एक यशस्वी बेटे द्वारा शाह के साथ विश्वासघाती गठबंधन उसके राष्ट्रीय चारित्रिक विशिष्टताओं के अनुरूप नहीं था। अहमदशाह अब्दाली को अपने एक पत्र में (1757) सूरजमल ने इसी बात पर जोर दिया था।[57] तथापि, इसमें वजनदार तथ्य उसका अपना हित था। हम जानते हैं कि अहमदशाह आंतरिक जाट-विरोधी शक्तियों द्वारा उकसाया गया था। पानीपत की लड़ाई करवाने में नजीब के साथ शाह वलीउल्लाह मुख्य एजेंट था[58], जो सोचता था कि इस्लाम और मुस्लिम राजनीतिक वर्चस्व के पुनरुत्थान के लिए जाटों का समूल नाश इस दिशा में उनका एक बढ़ता कदम होगा।[59] उधर मराठों के सामने ऐसा कोई लक्ष्य नहीं था, फिर भी दोनों के बीच जो अंतर था, उसमें धार्मिक दृष्टि से विचार के लिए कोई स्थान नहीं था। इससे भी अधिक सूरजमल अब्दाली के भयंकर विनाश और नरसंहार (1757) को आसानी से नहीं भूल सकता था, जो मराठों के जालिमाना अत्याचारों से भी आगे निकल गया था। इन तथ्यों ने भी जाट राजा पर प्रभाव डाला और उसने अब्दाली के गठबंधन की पेशकश,[60] को जनवरी 1760 में, और बाद में भी ठुकरा दिया।

इसी बीच मराठों ने उसे अपने पक्ष में करने के प्रयास किए। एक खरीते से हमें पता चलता है कि सूरजमल इस शर्त पर मराठों की ओर से कहीं भी युद्ध करने के लिए 10,000 लोगों को तैनात करने पर तैयार हो गया कि मराठा उसके 'देश' में 'उपद्रव' करने से बाज़ आएँगे तथा चौथ वसूली के संबंध में उसे तकाज़ों से तंग नहीं करेंगे। इन शर्तों को स्वीकार करने का अर्थ उनको (मराठों को) अपनी पुश्तैनी आदत को त्यागना था। फिर भी, सूरजमल का समर्थन बनाए रखने के लिए मराठे इतने उत्सुक थे कि उन्होंने ये शर्तें मान लीं।[61] यहाँ यह उल्लेखनीय है कि

---

57. उर्ध्व, 217-218
58. शाह कृत *मुकद्दमा* (42) में के.ए. निज़ामी, *फ्रीडम मूवमेंट,* I, 532 में भी।
59. उर्ध्व, 221f
60. जी. सिंह कृत *दुर्रानी,* 243; कानूनगो कृत *जाट्स* 115-116
61. *एस.पी.डी.,* XXI, 190, तारीख के स्थान पर इस पत्र में केवल 19वीं मोहर्रम लिखा गया है, वर्ष की चर्चा नहीं है। सूरजमल के साथ ही बदनसिंह का नाम आने से यह सिद्ध होता है कि उक्त समझौता-वार्ताएँ बदनसिंह के जीवन काल में ही हुईं, अर्थात् 9 जून, 1756 से पहले। किंतु मराठों द्वारा सूरजमल को धन के लिए बराबर दबाते रहना इसके विरुद्ध जाता है। इस पत्र की भाषा तथा भाऊ के आचरण में जाट

जब भाऊ ने 8 जून, 1760 को जाट-प्रदेश में प्रवेश किया तो उसने अपने सिपाहियों को कड़े-से-कड़े दंड से भयातुर करते हुए जाटों को सताने या उनके क्षेत्र में लूटपाट करने पर रोक लगा दी।[62] इसके प्रतिदान में जाट-शासक ने अभावग्रस्त मराठा दलों को भारी मात्रा में खाद्यान्न तथा अन्य सामग्री की पूर्ति की जो उनके लिए एक मास से अधिक के लिए पर्याप्त थी।[63]

जाट भाऊ के साथ शामिल

शुरु से ही मराठा सेनापति ने मैत्रीबद्ध पक्षों को अपनी ओर करने का प्रयास शुरू कर दिया। उसने विभिन्न हिंदू-मुसलमान राजाओं की आक्रमणकारी को खदेड़ बाहर करने के लिए उनकी सहायता माँगी, परंतु इसमें उसे कोई सफलता नहीं मिली।[64] तथापि उत्तर दोआब की सर्वखाप पंचायत ने उसके आह्वान का जवाब दिया।[65]

बाणगंगा नदी के दक्षिण में स्थित अपने शिविर (आगरा से 20 मील दक्षिण) से भाऊ ने सूरजमल को यह अनुरोध करते हुए पत्र लिखा कि वह अपनी फौजों के साथ शीघ्र ही उससे आ मिले। तथापि, राजा ने विश्वासघात का संदेह किया अतः जब तक होल्कर और शिंदे ने उसकी सुरक्षा के लिए स्वयं शपथपूर्वक और निष्ठापूर्ण आश्वासन नहीं दिए तब तक वह मराठा शिविर में जाने से हिचकिचाता रहा। 30 जून, 1760 को होल्कर ने जाट राजा (जो 8 से 10 हजार सिपाहियों का नेतृत्व कर रहा था) और इमाद को भाऊ से मिलवाया। भाऊ ने स्वयं दो मील आगे बढ़कर अपने एकमात्र और महत्त्वपूर्ण साथी (सूरजमल) का सम्मानपूर्वक स्वागत किया। भाऊ ने जाट राजा से अपनी मित्रता के पवित्र प्रमाण के रूप में अपने हाथों में यमुना जल लेकर प्रतिज्ञा दोहराई। सूरजमल की मध्यस्थता से वजीर

की शर्तों के सम्मान से ऐसा प्रतीत होता है कि भाऊ का आगमन 8 जून 1760 के पूर्व हुआ था, न कि बाद में जैसाकि *एस.पी.डी.* के संपादक जी.एस. सरदेसाई ने अनुमान लगाया है। बदनसिंह के नाम का लिखा जाना, यहाँ लेखक के किसी भ्रम का परिणाम प्रतीत होता है।

62. *एस.पी.डी.,* II, 126; *राजवाड़े,* I, 199; भी; प्रति विचार के लिए देखें, डो कृत हिंदुस्तान, II, 339
63. सरकार कृत *फ़ाल,* II, 243-244; *मेम्वोआर दे यात,* 53
64. *राजवाड़े,* I, 174; *एस.पी.डी.* XXIX, 41; शेजवलकर कृत *पानीपत,* 37
65. हमें बताया गया है कि उक्त पंचायत के बाद, सिसौली में दानतराय जाट की अध्यक्षता में संपन्न, शोरम (मुज़फ्फरनगर) गाँव के चौधरी शिवलाल के नेतृत्व में एक सहायक सेना मराठों की सहायता के लिए भेजी गई थी। देखें, भाऊ का पत्र, *मुज़फ्फरनगर रिकार्ड्स* कान्हाराम, 19

ने भाऊ के साथ एक बैठक करके विचार-विमर्श किया।[66]

जब सूरजमल से उसका परामर्श माँगा गया तो उसने अब्दाली जैसे ताकतवर और चतुर शत्रु के साथ 'युद्ध-संचालन में सावधानी और समझदारी' पर जोर दिया। उसका सुझाव था कि महिलाओं, भारी उपकरणों–बड़ी तोपों और ऐसी अन्य चीजों, जिनका वर्तमान युद्ध में कोई उपयोग नहीं था, को झाँसी, ग्वालियर या उसके 'लोहे के समान चार किलों', में से किसी एक में भेज दिया जाए। रसद पूर्ति का मार्ग सुरक्षित और खुला रखा जाए। उसने आश्वासन दिया कि खाद्य सामग्री जाट इलाकों से प्राप्त की जा सकती है। जाट दिग्गज ने जमी हुई लड़ाई से अपनी असहमति व्यक्त की। इसके बदले में उसने इस बात पर जोर दिया कि भाररहित घुड़सवार अनियमित युद्ध में शत्रु को फँसाए। दूसरे शब्दों में उसके मित्र अपने परंपरागत और परीक्षण सिद्ध गुरिल्ला-प्रणाली को ही अपनाएँ रहें। कुशाग्र-बुद्धि जाट ने आगे कहा कि ताकतवर टुकड़ियाँ अफगान गृह प्रदेशों की ओर रवाना की जाएँ। इससे न केवल शत्रु की रसद पूर्ति का मार्ग कट जाएगा, वरन इससे ध्यान भी बँट जाएगा। जो अब्दाली के भारतीय साथियों को उसका साथ छोड़ने के लिए विवश करेगा। इस रणनीति से और बरसात के मौसम से परेशान होकर हमलावर वापस लौट जाएगा और उसके अफगान टट्टुओं को घुटने टेकने के लिए मजबूर कर दिया जाएगा। जाट राजा ने इस तरह का आकलन प्रस्तुत किया। होल्कर ने, जो एक सर्वाधिक अनुभवी सेनापति था, इस समझदारी से भरी सलाह का समर्थन किया। तथापि, युवा भाऊ ने उत्तर भारत और उसके लोगों से पूर्णतः अनभिज्ञ होने के बावजूद युद्ध की नई शैली, अर्थात् पैदल सिपाहियों द्वारा जमकर शत्रु से लड़ने की नीति को पसंद किया। अतः इसने इस परामर्श की उपेक्षा कर दी। उसके व्यवहार से सूरजमल और होल्कर, दोनों खिन्न हो गए। यद्यपि युद्ध की योजना पर मतभेदों के कारण खुली दरार तो नहीं पड़ी लेकिन सूरजमल और भाऊ के बीच संबंधों में वह गर्मी नहीं रही और मराठा पक्ष के प्रति सूरजमल ने अपने मन में जो थोड़ा-बहुत उत्साह विकसित किया था, वह बिल्कुल शुरू में ही प्रभावित हो गया।[67]

---

66. *पुरंदरे,* I, 387; एस.पी.डी., II, 127, '*अमीरा,*', 103; *सियर,* III, 382-83; *तारीख-ए-इब्राहीम खाँ* (इलियट, VIII, 274-275 में); *इमाद,* 121, 272; स्कॉट कृत *दक्कन,* II, 240; *मेम्वोआर* दे *यात,* 53, भी; *मिरात,* 907; नूर, 32b; कानूनगो कृत *जाट्स,* 123-124 और 132; डो (हिंदुस्तान', II, 339) का यह दावा ग़लत है कि 5000 जाट मराठों से मिल गए, फ्रैंकलिन, *शाह आलम,* 18

67. *इमाद,* 273-276 तथापि, इसका यह दावा कि आगरा में भाऊ ने सूरजमल को अपमानित किया सही प्रतीत नहीं होता, मात्र एक छोटे से कारण से कि अपनी आवश्यकताओं में फँसे होने के कारण अपने अकेले मित्र को इस अवसर पर वह छोड़ नहीं सकता था। कानूनगो कृत *जाट्स,* 125ff; *तारीख-ए-इब्राहिम खाँ* (इलियट, VIII, 275) का

तथापि, दोनों के बीच एकता का प्रदर्शन यथावत् बना रहा 14 जुलाई, 1760 को आगरा के पास भाऊ ने सूरजमल के साथ यमुना का निरीक्षण किया। उसे पार करना कठिन जानकर, यमुना को पारकर गोविंद बल्लाल के साथ जा मिलने की पूर्व योजना त्याग दी गई। फिर भी दो-तीन हजार दुस्साहसी जाट सैनिक बाढ़ग्रस्त यमुना को पारकर गए, किंतु एक भी मराठा ने ऐसी हिम्मत नहीं दिखाई, और इस तरह शेष सेना से जाट कट गए। अब भाऊ ने राजधानी पर कब्जे का निश्चय किया और 16 जुलाई को वह मथुरा पहुँचा। उसने 'दिल्ली को जीतने और उसका निपटारा' करने में जाट राजा से सहायता माँगी।[68] मथुरा से उसने सूरजमल और वज़ीर के मार्गदर्शन में होल्कर और शिंदे के अधीन एक ताकतवर फौज दिल्ली रवाना की। राजधानी पर कब्जा कर लिया गया (22 जुलाई, 1760) और शीघ्र ही वह वज़ीर के हाथों में चली गई। इसके बाद किले की घेरेबंदी की गई। अफगान वजीर के एक रिश्तेदार याकूब अली खाँ ने उसका बचाव किया, परंतु वह पर्याप्त नहीं था। सुरक्षित बाहर निकल जाने का वचन पाकर उसने किला खाली कर दिया और 1 अगस्त, 1760 को उसे सौंप दिया।[69] अली मोहम्मद खाँ, जिसने केवल एक वर्ष बाद ही लिखा था, आगे कहता है कि "हतोत्साहित सेनापति (याकूब अली खाँ) ने शांति-समझौता करने का निश्चय किया और वज़ीर तथा सूरजमल से एक 'कठोर प्रतिज्ञा' लेकर बाहर निकला। किले के भीतर सूरजमल का कब्जा हो गया। भाऊ के "दिमाग में बहुत दूर की कल्पनाएँ थीं...। उसने (जाट) बंदोबस्त को निरस्त करके वहाँ अपने आदमी तैनात कर दिए।" वज़ीर ने, जिसका सूरजमल ने समर्थन किया, मराठा सेनापति के सामने यह अभिवेदन किया कि चूँकि वह स्वयं किले की रक्षा करने में समर्थ है, अतः भाऊ अपने सैनिक वहाँ से हटा ले। परंतु भाऊ राजधानी पर अपने निजी नियंत्रण के लिए उत्सुक था, अतः उसने यह सुझाव अस्वीकार कर दिया।[70]

कथन है कि जाट योजना को भाऊ ने स्वयं अपने आप स्वीकार किया था किंतु अंततः विश्वासराव के प्रेरित करने पर उसे अस्वीकार कर दिया। यह गलत है। गुप्ता कृत *पानीपत,* 153; सरकार कृत *फ़ाल,* II, 256, भी पाद-टिप्पणी; विसंगत टिप्पणी के लिए देखें, शेजवलकर कृत *पानीपत,* 42f

68. *राजवाड़े,* I, 217, 217a, 216, साथ ही 204, 205 तथा 215; शेजवलकर कृत *पानीपत,* 43
69. *राजवाड़े,* I, 222-224, 226; डी.सी.; *एस.पी.डी.,* XXVII, 258; *नूर,* 33a, 33b; *मिरात,* 907; *इमाद,* 275; *मेम्वोआर दे यात,* 53; *अमीरा,* 103-104; *सियर,* III, 383-384; *शाहआलमनामा,* 171-172; *मिरात-ए-आफ़ताबनुमा,* 370; *अहवाल,* 124; मुहरबत, 12
70. *मिरात,* 907; *पुरंदरे,* I, 389 भी देखें (व्यष्टिक नियंत्रण बनाए रखने की अपनी इच्छा व्यक्त करते हुए)।

शुजा को अपने पक्ष में करने के लिए भाऊ ने, जो उसके संपर्क में था, उसे वजारत देने का वचन दिया।[71] दूसरी ओर, उसने वज़ीर पद पर उस समय आसीन व्यक्ति इमाद, को भी दिल्ली में पुनः स्थापित करने का आश्वासन दिया,[72] नहीं तो, वजीर मराठों के साथ नहीं मिलता और दिल्ली तक मराठों के साथ कूच नहीं करता। तथापि, भाऊ ने शुजा को दिए गए अपने गुप्त वचन अपने साथियों से छिपाए रखे।[73] यह तो केवल 1 जुलाई, 1760 को ही उन्हें (जाट राजा और इमाद) इस वास्तविकता का भान हुआ। उस दिन शुजा ने जो यमुना पार खेमा डाले पड़ा था, देवीदास के माध्यम से भाऊ को एक पत्र लिखा। इसमें इसने मराठा प्रस्तावों का उल्लेख करते हुए यह कहा कि यदि अन्य बातों के अलावा उसे (शुजा को) वज़ीर माना जाता है तो मराठे दक्षिण लौटने पर राजी हो जाते हैं और वह अब्दाली को वापस लौटने के लिए समझाएगा।

भाऊ के शिविर से सूरजमल की वापसी

यह राजदौत्य गुप्त न रह सका। सत्ता के भूखे इमाद और उसके सरंक्षक को इस संभावित 'पदच्चुति' ने नाराज कर दिया और वे दोनों उसी दिन तुगलकाबाद स्थित अपने शिविर में लौट गए। 'दिल्ली क्रॉनिकल' आगे लिखता है कि अगले दिन (अर्थात् 2 अगस्त को) मराठे (अपना) गुस्सा निकालने घोड़ों पर बाहर निकले।[74] यह उल्लेख (उपरोक्त कृति में) मुख्यतः जे.एन. सरकार और एच.आर. गुप्ता पर ही मुख्यतः आधारित है जिसमें यह स्थापित करने का प्रयास किया गया है कि 2 या 3 अगस्त को सूरजमल ने मराठों को त्याग दिया गया था।[75] और अंत में वह सीधे बल्लभगढ़ रवाना हुआ इसका उल्लेख यहाँ तक उपरोक्त कृतिकार ने भी नहीं किया है। उपरोक्त विद्वान ऐसे स्रोतों से अपने विवरण की पुष्टि करते हैं,[76] (एस.पी.डी., XXI, 190, एस.पी.डी. XXVII, 258 सहित) जो उपरोक्त सुझाई गई तिथियों में से किसी एक में भी जाट वापसी का स्पष्ट निश्चय नहीं करते।

---

71. विवरण के लिए देखें, श्रीवास्तव कृत *शुजा,* 78-80
72. *शाहआलमनामा,* 171; मिरात, 907 भी; जी. सिंह कृत *दुर्रानी,* 244, पाद-टिप्पणी; देखें, कानूनगो कृत *जाट्स,* 130
73. गुप्ता कृत *पानीपत,* 156
74. *डी.सी.*
75. एच.आर., गुप्ता (*पानीपत,* 156) के अनुसार सूरजमल ने 2 अगस्त और जे.एन. सरकार (*फ़ाल,* II, 255) के अनुसार 3 अगस्त 1760 का प्रस्थान किया।
76. इन अध्येताओं द्वारा जो भी प्रमाण ग्रंथ उद्धृत किए गए हैं उनमें केवल *तारीख-ए-मुज़फ्फरी* (1800 में लिखित) हमें अप्राप्य रही। तथापि, हम यह मान सकते हैं कि यदि इसमें तारीखों का उल्लेख होता तो के.आर. कानूनगो, जिन्होंने इसका उपयोग किया है, ने *दिल्ली क्रॉनिकल* का खंडन करते समय (*जाट्स,* 138) इसको अवश्य

इसके विपरीत उनके द्वारा किए गए कतिपय संकेत बाद की तिथि का सुझाव देते हैं, पर इस विसंगति का बिना स्पष्टीकरण दिए छोड़ दिया गया है।

सूरजमल की वापसी की तिथि के विवरण और तिथि को जानने के लिए प्राप्त स्रोतों के समालोचनात्मक परीक्षण की जरूरत है। प्रारंभ में ही यह ध्यान रखना चाहिए कि लगभग समकालीन और साथ ही महत्त्वपूर्ण परवर्ती कृत्तियों के अत्यधिक प्रचुर साक्ष्यों तथा 'साखाओं' और ऐसी ही शक्तिशाली स्थानीय परंपराएँ 2 या 3 अगस्त के बाद घटी सुपरिचित घटनाओं के साथ उसकी उपस्थिति को व्यक्त करती हैं। बड़ी संख्या में मराठी पत्रों में से केवल एक (जो भाऊ के शिविर से लिखा गया) सूरजमल के प्रस्थान का उल्लेख करता है। वह भी संक्षिप्त तथा कुछ अस्पष्ट भी। वह हमें बताता है कि सूरजमल तथा इमाद नाराज हो गए और वे मराठों को छोड़कर चले गए तथा महीपत राव चिटनिस, गंगोबा तात्यया तथा रामजी आनंद 'उन्हें वापस लाने गए हैं।' वह मात्र सितंबर, 1760 का उल्लेख करता है परंतु उस मास की कोई निश्चित तिथि का जिक्र नहीं है। महत्त्वपूर्ण यह है कि वह नरो शंकर को दिल्ली का सूबेदार नियुक्त होने की बात जरूर कहता है।[77] यह ऐसी घटना है जो 12 अगस्त, 1760 को घटी।[78] हमारे पास कुंजपुरा के निकट भाऊ के शिविर से 16 अक्तूबर को लिखा गया एक जीर्ण-शीर्ण पत्र है। उसमें यह महत्त्वपूर्ण रहस्योद्घाटन है कि उस समय सूरजमल बल्लभगढ़ में था और उसके पुत्र (?) के नेतृत्व में भरतपुर की सेनाएँ शीघ्र ही भाऊ से आ मिलनेवाली थीं। यह पत्र मराठों के इस विश्वास को भी प्रकट करता है कि 'जाट हमारा है' तथा आगरा-मथुरा मार्ग पर रसद-पूर्ति में व्यवधान पड़ने का कोई खतरा नहीं है।[79]

'दिल्ली क्रॉनिकल' में 24 सितंबर (1760) को की गई एक प्रविष्टि, जिसके विवरण का *मीरात-ए-अहमदी* (पानीपत के केवल आठ मास बाद लिखी गई कृति) समर्थन करती है, हमारे वर्तमान विषय पर अच्छा प्रकाश डालती है। हमें बताया गया है कि स्वयं को इस बात से आश्वस्त करने के लिए सूरजमल दोबारा मराठों से न जा मिलें, अहमदशाह अब्दाली और शुजा ने उस सरदार के लिए (जो बल्लभगढ़ में था) खिलअत भेजा तथा वांछित आश्वासन चाहा।[80] यह उल्लेख भाऊ बखर

उद्धृत किया होता। तथापि, इन्होंने *भाऊ बखर* का अनुसरण करते हुए जाट के प्रस्थान की तारीख 25 सितंबर और 25 अक्तूबर के बीच मानी है। यह भी उतनी ही संदेहपूर्ण है।

77. *एस.पी.डी.,* XXVII, 258
78. सरकार कृत, *फ़ाल,* II, 266-267
79. *राजवाड़े,* I, 259
80. *डी.सी., मिरात,* 908; गुप्ता कृत *पानीपत,* 138-139 भी।

के इस दावे को झुठलाता है कि भाऊ के कुंजपुरा प्रस्थान के ठीक पहले सूरजमल ने भाऊ को छोड़ दिया।[81] (अर्थात् अक्तूबर, 1760 में) यह उस लोकप्रिय 'साखा' का भी खंडन करता है, जिसमें जाट को कुंजपुरा तक पहुँचा दिया गया है।[82] इसके अलावा वे जाट की वापसी के बाद जो अवधि गुजरी है उसके बारे में भी एक महत्त्वपूर्ण संकेत करते हैं। स्पष्ट है कि अब्दाली का उपरोक्त व्यवहार उसकी इस आशंका से जन्मा था कि कहीं जाट को संतुष्ट करने के मराठा-प्रयास सफल न हो जाएँ। यह बिल्कुल निराधार भी नहीं था, यह 18 सितंबर को भाऊ द्वारा लिखे गए एक पत्र से पता चलता है। अपने इस पत्र में उसने गोविंद बल्लाल को आश्वस्त किया है कि वह अब्दाली के अफगान-साथियों के गृह प्रदेशों को आंतकित करने के लिए (शिकोहाबाद में) जाट फौज की सहायता ले सकता है।[83] हम जानते हैं कि सूरजमल नाराज लौटा था। और भाऊ इस तरह का विश्वास प्रकट कर सकता है, यह इस बात को दर्शाता है कि सितंबर के मध्य तक सूरजमल के साथ उसके संबंध आपेक्षिक रूप से सुधर गए थे। यह इस बात का आभास देता है कि जाट-वापसी के बाद इतन्ना पर्याप्त समय बीत गया था, कि असंतुष्ट सूरजमल से मराठों ने पुनः इतना संवाद स्थापित कर लिया था कि उससे अब्दाली चिंता में पड़ गया था। यह हमें वांछित तिथि को जानने के लिए और पीछे, अगस्त, 1760 से भी पीछे, लौटने के लिए प्रेरित करता है, और यह संकेत अन्य महत्त्वपूर्ण स्रोतों से भी मिलता है।

मीर गुलाम अली आजाद (जिसने लगभग दो वर्ष बाद लिखा) ने शुजा से मराठा मध्यस्थ की वार्ता के साक्ष्य के आधार पर अपना मत व्यक्त किया, और शुजा को उसी शिविर में होने के कारण वास्तविक तथ्य जानने का अद्वितीय अवसर प्राप्त था। जाट-वापसी की तिथि उसने भाऊ-शुजा वार्ताओं और नरो शंकर को राजधानी के सूबेदार के पद पर नियुक्ति (अर्थात् 12 अगस्त, 1760) के बाद की बताई है।[84] *तारीख-ए-इब्राहीम खाँ*[85] और *सियर* इसे ज्यों-का-त्यों स्वीकार करते हैं, जबकि सियर भाऊ द्वारा दीवान-ए-खास की रजत-छत को उखाड़ने के कार्य से (6 अगस्त) जाट सरदार को हुए क्षोभ को ही मुख्यतः उसकी वापसी का कारण मानता है।[86] जहाँ तक हम समझने में सफल हुए हैं, सुविज्ञ

---

81. कानूनगो कृत *जाट्स,* 132
82. हरियाणा के इमामुद्दीन और पार्टी द्वारा गाए जानेवाले 'साखा'। इसकी टंकित पांडुलिपि मेरे पास भूतपूर्व सांसद श्री जगदेव सिंह सिद्धांती, (दिल्ली), द्वारा भेजी गई थी।
83. *राजवाड़े,* I, 244; (वी.के. राजवाड़े) की भूमिका भी देखें।
84. *अमीरा,* 105
85. *तारीख-ए-इब्राहिम खाँ,* इलियट में, VIII, 277-278
86. *सियर,* III, 385

प्रत्यक्षदर्शी काशीराज[87] और *मीरात-ए-अहमदी*[88] भी इस घटना (वापसी) को छतवाली घटना के बाद की मानते हैं। गुलाम अली, जिसे सूचना देनेवाला राधाकिशन जाट राजा का एक विश्वस्त अनुयायी था, कहता है कि भाऊ की धन की अनाप-शनाप माँगों और जाट राजा पर उसकी संदेहपूर्ण निगरानी के कारण वह (जाट राजा) उसे (भाऊ को) छोड़कर गया था।[89] जहाँ तक *'शाहआलमनामा'* का संबंध है, वह जाट अलगाव को यद्यपि किसी खास घटना से नहीं जोड़ता, किंतु दिल्ली किले के कब्जे के काफ़ी दिनों बाद हुआ मानता है।[90] *'मेम्वोआर* दे *यात'* भी उपरोक्त विश्लेषण से प्राप्त हो सकने वाले आशय का समर्थन करता है। उसके अनुसार, जब भाऊ ने उत्तर की ओर (स्पष्टतः कुंजपुरा)[92] जाने का पहली बार विचार किया (लगभग 17 अगस्त, 1760)[91] तब ही सूरजमल वापस लौट गया। बखर तथा निरंतर मौजूद परंपरा जो भी संकेत देती हैं, वे सही नहीं हैं, परंतु दोनों इस बात से सहमत हैं कि उस समय सूरजमल भाऊ के ही साथ था। इस तरह विभिन्न प्रभावशाली तथा मज़बूत साक्ष्य हमें मराठा शिविर से सूरजमल की वापसी की तिथि को *दिल्ली क्रॉनिकल* की तथाकथित तिथि की बजाय किसी समय मध्य अगस्त, 1760 को मानने के लिए अधिक प्रेरित करते हैं।[IX]

---

87. काशीराज, जैसाकि डफ़. में उल्लेख किया है, *हिस्ट्री ऑफ द मराठाज़* (ऑक्सफ़ार्ड प्रेस : 1921), I, 520 पाद-टिप्पणी; साथ ही ओवेन कृत द *फ़ाल ऑफ* द *मुग़ल एंपायर,* 247
88. *मिरात,* 908
89. *इमाद,* 276
90. *शाहआलमनामा,* 173
91. भाऊ का कुंजपुरा जाने के संकल्प का प्रथम स्पष्ट उल्लेख 2 सितंबर, 1760 के एक पत्र में मिलता है। देखें, *राजवाड़े,* I, 237, इससे यह ध्वनित होता है कि यह योजना उसके मस्तिष्क में कुछ समय से पनप रही थी। यह उल्लेखनीय है कि उसे हम 17 अगस्त, 1760 में ही गोविंद बल्लाल को 500 बैल तुरंत भेजने का आदेश देते हुए पाते हैं, क्योंकि सामान खींचने के लिए इनकी आवश्यकता थी। देखें, *राजवाड़े,* I, 231, इससे प्रतीत होता है कि कुंजपुरा परियोजना पर भाऊ ने इसी समय से विचार करना प्रारंभ कर दिया था।
92. *मेम्वोआर* दे *यात,* 53; *तवारीख-ए-हुनूद* इसने पानीपत के दिनों की चुपचाप उपेक्षा कर दी है।

IX. डॉ. राजपाल सिंह भाऊ कैम्प से जाटों की वापसी 20 अगस्त, 1760 निर्धारित करते हैं। *सिंधियाज ऑफ ग्वालियर,* II. पृ. 217, पत्र न. 297 दिनांक 20 अगस्त, 1760; हरीराम गुप्ता, *पानीपत,* 161-162; *मिरात-ए-अहमदी,* 908; *राइज ऑफ जाट पावर,* पृ. 127 के फु.नो. 209 में उद्धृत।

12

सावधानीपूर्ण मुक्ति का काल-II

भाऊ के शिविर से सूरजमल की वापसी के कारण

तारीख की जाँच का काम तो हो गया। अब हम एक अन्य विवादग्रस्त विषय, अर्थात् भाऊ के शिविर से सूरजमल की वापसी की ओर मुड़ सकते हैं। कुछ अध्येताओं[1] ने इस घटना का कारण मुख्यतः जाट राजा के प्रति भाऊ का उद्धत व्यवहार बताया है। दूसरी ओर कुछ मराठा इतिहासकार[2] जहाँ मराठा सरदार को दोष से मुक्त करते हैं, वहीं केवल सूरजमल के स्वार्थीपन को ही उत्तरदायी ठहराते हैं। परंतु ये सारे इतिहासकार ज्यादातर मराठा स्रोतों पर ही निर्भर रहे, उन्होंने अन्य प्रासंगिक स्रोतों की उपेक्षा की।[3] इस तरह लिखा गया विवरण न तो पूर्ण था और न विश्वसनीय। निस्संदेह कुछ अन्य विद्वानों ने[4] और भी बहुत सारे स्रोतों पर विचार किया है, परंतु उन्होंने भी इस विषय पर प्रासंगिक सूचनाओं को छोड़ दिया है। इससे भी अधिक चूँकि उनका ध्यान अन्य विषय पर केंद्रित था, उन्होंने वर्तमान विषय को या तो तत्काल रद्द कर दिया या सामान्य रीति से उस पर विचार किया।

हम इस तथ्य को प्रारंभ में ही स्पष्ट कर देना चाहते हैं कि किसी एक कारण को निकालकर सामने लाना खतरे से खाली नहीं है। जाट-वापसी भिन्न-भिन्न कारणों की संयुक्त प्रक्रिया का फल थी। इनमें से कुछ तात्कालिक थे और कुछ स्थायी स्वरूप के थे। हम क्रमानुसार उन पर चर्चा करेंगे।

---

1. डफ़ कृत *ए हिस्ट्री ऑफ द मराठाज़,* I, 520; ओवेन कृत द *फ़ाल ऑफ द मुग़ल एंपायर,* 247; कानूनगो कृत *जाट्स,* 133ff.
2. शेजवलकर कृत *पानीपत,* 48-49; सरदेसाई कृत *मराठाज़,* II, 435
3. डफ़ ने सियर जैसे कुछेक फारसी इतिहास के अध्ययन से भी संकेत लिया है, जबकि ओवेन ने मुख्यतया मराठा ब्राह्मण काशीराज के ही विवरणों का अनुसरण किया है। के.आर. कानूनगो (*जाट्स* 136) के विवरण 'भाऊ बखर' का 'उन्मुक्त अनुवाद' है। इसी प्रकार शेजवलकर और सरदेसाई भी मराठी स्रोतों पर निर्भर हैं।
4. सरकार कृत *फ़ाल,* II, 255-257; गुप्ता कृत *पानीपत,* 156; जी. सिंह कृत *दुर्रानी,* 243f

हमने देखा कि अपने आश्वासनों के बावजूद दिल्ली में भाऊ वजारत की यथास्थिति बनाए रखने के प्रश्न पर मुकर गया और गोपनीय रूप से शुजा से बात करने लगा। भाऊ से इमाद-सूरजमल के अलगाव में इस बातचीत ने महत्त्वपूर्ण भूमिका निभाई। इस दोगली हरकत और विश्वासघात के बाद नरो शंकर और बालोजी पालहांडे को क्रमशः दिल्ली का सूबेदार और किले का अभिरक्षक नियुक्त किया गया। इस व्यवस्था का वजारत से कोई संबंध नहीं था। परंतु अपने अंतिम निष्कर्ष में भाऊ द्वारा इन महत्त्वपूर्ण पदों पर अपने सहायकों की नियुक्ति का तथ्य राजधानी और शाही मामलों में किसी और की सत्ता न रहने देने की उसकी महत्त्वाकांक्षा पर प्रकाश डालता है।[5] यह कहा जाता है कि जाट, होल्कर और शिंदे द्वारा इमाद को पुनर्स्थापित करने के अनुरोधों के बावजूद भाऊ अपने हठ पर कायम रहा।[6] इस तरह इमाद की सत्ता पुनः प्राप्त करने की सारी आशाएँ ध्वस्त हो गई। सूरजमल के निर्णय को प्रभावित करनेवाले कुछ और तथ्य भी थे। परन्तु उसके संरक्षित व्यक्ति इमाद के प्रति इस छल-प्रपंच ने उसे आपे से बाहर करते हुए भाऊ से तत्काल नाराज कर दिया। षड्यंत्रों के मामले में इमाद की बराबरी के बहुत कम लोग थे। अब इमाद ने अपने जाट संरक्षक को भी अलग करने के लिए अपना सारा जोर लगा दिया।[7]

'भाऊ साहेबांची कैफियत' को अनुमोदन के साथ स्वीकार करते हुए कुछ अध्येताओं ने आलोचन-दृष्टि-शून्य होकर यह मत व्यक्त किया कि सूरजमल राजधानी का 'रखवाला' बनने का इच्छुक था और उसने इस आशय की माँग भी की, परंतु भाऊ ने इससे इनकार कर दिया जो सूरजमल की वापसी का मुख्य, और एक अध्येता के अनुसार, एकमात्र कारण था।[8] सूरजमल की महत्त्वाकांक्षा को स्वीकार करते हुए भी साक्षियों और परिस्थितियों की समालोचनात्मक परीक्षा से इस निष्कर्ष

---

5. *पुरंदरे*, I, 389; भाऊ की कारगुजारियों से यह संदेह किया जाने लगा था कि वह विश्वासराव को दिल्ली की गद्दी पर आसीन करने के प्रयास कर रहा था। देखें, डफ़ कृति उद्धरण, 519; 'मुहरबत', 12
6. कानूनगो कृत *जाट्स*, 130, में उद्धृत 'भाऊ बखर'
7. डो कृत *हिंदोस्तान*, II, 340; गुप्ता कृत *पानीपत*, 156; रघुवीर सिंह ने (*ब्रज*, 190 में) कहा है कि सूरजमल क्रुद्ध हो गया था और उसने मराठा-अफ़ग़ान शांति-वार्ता के बाद उसे छोड़ दिया।
8. सरदेसाई कृत *मराठाज़*, II, 435, हम यह मानकर चलते हैं कि इस प्रश्न पर यह उसका पुनर्विचारित दृष्टिकोण है। 'पानीपत प्रकरण' (कानूनगो द्वारा *जाट्स* 136-137 में उद्धृत) ने भी जाटों द्वारा साथ छोड़ दिए जाने के कारणों में मराठा परिवारों को ग्वालियर भेजने से इनकार, इमाद की बहाली तथा चाँदी की छत उतारे जाने को जाटों द्वारा साथ छोड़े जाने के कारणों में गिनती की है, देखें, शेजवलकर, *पानीपत*, 43 और 49

पर पहुँचा जा सकता है कि इस दावे की कोई जरूरत नहीं थी। यह भी ध्यान रखना चाहिए कि 'कैफियत' के अलावा हमारे पास फारसी, फ्रेंच तथा मराठी में (उपरोक्त स्रोत के अतिरिक्त) व्यापक साक्ष्य उपलब्ध हैं, परंतु उनसे कहीं भी इस दृष्टिकोण की पुष्टि नहीं होती। समकालीन मराठी पत्राचार में इस मत की पूर्णतः अनुपस्थिति विचित्र होने के साथ ही अत्यंत महत्त्वपूर्ण भी है। जाट पक्ष की ओर से वैंदेल के पास भी कहने के लिए कुछ नहीं है, उसे प्रमाणित करने की बात तो दूर। 'भाऊ बखर'[9] तथा निरंतर मौजूद जाट परंपरा जो पानीपत के दिनों की घटनाक्रमों के बारे में बहुत संवेदनशील है, दोनों में से कोई भी इसकी पुष्टि नहीं करते।

इसके अतिरिक्त घटनाओं का अंतर्निहित तर्क भी इस विचार के विरुद्ध है। सूरजमल की नीति और प्रयत्नों के दोहरेपन अर्थात् इमाद की वजारत और दिल्ली के अभिभावकत्व के लिए उसके आग्रह को व्यावहारिक दृष्टि से उचित ठहराना कठिन प्रतीत होता है। इमाद की वास्तविक वजारत से दूसरा विकल्प उसके लिए अपने-आप अधिक-से-अधिक प्रत्याभूत हो जाता। एक जी-हुजूरिए वजीर का संरक्षक होना अपने आप में उसके सम्मान की वृद्धि का कारण[10] और उसके निजी हितों के लिए भी सहायक सिद्ध होता। यह तथ्य कि उसने अब इमाद के मामले का समर्थन किया और बाद में वह ऐसा ही करता रहा, निर्णायक प्रतीत होता है। दो में से एक बात गलत प्रतीत होती है : या तो सूरजमल ने वजारत के लिए अपने पोष्य-व्यक्ति को सहारा नहीं दिया, या उसने राजधानी के अभिभावकत्व के लिए माँग नहीं की। अतः प्रामाणिक स्रोतों, परंपरा और विहित संभावनाओं द्वारा संपुष्टि के अभाव में उपरोक्त दृष्टिकोण स्वीकार नहीं किया जा सकता, और यह दावा तो बिल्कुल नहीं कि अभिभावकत्व पाने में असफल होना ही उसकी वापसी का एकमात्र कारण था।

प्रत्यक्षतः उसके सारे अनुमान मुख्य रूप से वज़ीर के रूप में इमाद की पुनर्नियुक्ति से जुड़े हुए थे। अपने स्वयं के संसाधनों से शून्य होकर वज़ीर उस समय जाट राजा का पेंशनयाफ्ता और पूर्णतः उसी पर अवलंबित था।[11] अतः कोई आश्चर्य नहीं कि सूरजमल ने इमाद की पुनर्नियुक्ति को अपने निजी स्वार्थपूर्ण हितों को आगे बढ़ाने के लिए एक अच्छे अवसर के रूप में देखा। दिल्ली के वज़ीर की कृपा हासिल करने की परंपरागत जाट नीति अपनी परिणति पर पहुँचती प्रतीत

9. यदि यह इसके विपरीत होता तो के.आर. कानूनगो, जिन्होंने अपने विवरण के इस भाग को भाऊ बखर के वृत्तांत पर पूर्णतया आधारित किया है, इसकी ओर अवश्य संकेत करते।
10. *मेम्वोआर दे यात* 50
11. वही, 49-50; *मिरात* (908) का कहना है कि वज़ीर 'सूरजमल के कारण शक्तिशाली था।'

होती थी, परंतु भाऊ की अस्वीकृति न केवल उसके अनुमानों के लिए वरन् इमाद को उसकी प्रतिज्ञा के लिए भी खतरा बन रही थी।[12] इससे जाट सरदार की नाराज़गी के अतिरिक्त और कुछ नहीं होना था।

फारसी और मराठी साक्ष्य (उनमें केवल कोटियों का अंतर है) भाऊ द्वारा दीवान-ए-खास की चाँदी की छत को उतार लेने के कार्य पर भी सूरजमल को और नाराज करनेवाले एक अन्य कारण के रूप में जोर देती है। 'मीरात-ए-अहमद' ने मराठों की लूटपाट को आमतौर पर और छत को उतारने के कार्य की विशेष रूप से चर्चा करते हुए इन दो में से एक को सूरजमल की छटपटाहट का मुख्य कारण माना है।[13] इस मुद्दे पर सियर ज्यादा बल देता है। उसके अनुसार इस घटना ने उसे सबसे ज्यादा धक्का पहुँचाया और उसने मराठों को छोड़ दिया।[14] भाऊ बखर और स्थानीय परंपरा की भावना में इससे सहमति है। 'भाऊ बखर' ने लिखा है कि उसने बेहद जरूरतमंद भाऊ को उस स्थान को बदसूरत करने से रोकने के लिए पाँच लाख रुपए देने की भी पेशकश की थी क्योंकि उससे कोई श्रेय मिलनेवाला तो था नहीं, केवल 'विश्वासघात का कलंक' मिलता। परंतु इससे अधिक पाने की आशा में भाऊ ने उसकी उपेक्षा कर दी और छत उखाड़ दी। इससे वह क्रुद्ध हो गया और उसने भाऊ से कहा, "आपने तख्त (की पवित्रता) को नष्ट कर दिया है जबकि मैं भी वहाँ मौजूद हूँ तो इससे (अपने साथ) मुझ पर भी आपने कलंक लगाया है। जब भी मैं कोई अनुरोध करता हूँ, आप असहमत होते हैं और उसे अस्वीकार कर देते हैं।"[15] सूरजमल के ये उद्गार आंशिक तौर पर उसकी राजनीतिक वक्तृत्व कला थी, इससे तो इनकार नहीं किया जा सकता। परंतु अपने समय के एक चतुरतम कूटनीतिज्ञ और राजपुरुष[16] होने के नाते वह आसानी से ऐसे अनुचित कार्य से उत्पन्न कठिनाइयों की कल्पना कर सकता था।[17] इसीलिए उसने उस पर घोर आपत्ति की। जैसाकि हुआ, निस्संदेह भाऊ छत से नौ लाख रुपए प्राप्त कर सका, परंतु राजनीतिक दृष्टि से यह घातक सिद्ध हुआ। इसने उसके शत्रुओं को इस स्थिति से लाभ उठाने का एक यथार्थ आधार दे दिया।[18]

सैन्य रणनीति में निरंतर मतभेद तथा भाऊ द्वारा अंततः सूरजमल की रणयोजना

12. कानूनगो कृत *जाट्स,* 133
13. *मिरात,* 908
14. *सियर,* III, 385
15. *भाऊ बखर,* कानूनगो द्वारा (*जाट्स,* 131ff) उद्धृत
16. गुप्ता कृत *पानीपत,* 144, 153; साथ में सरकार कृत *फ़ाल,* II, 257
17. सरकार कृत *फ़ाल,* II, 442
18. *एस.पी.डी.,* XXVII 257; शेजवलकर कृत *पानीपत,* 46

की अंतिम अस्वीकृति भी सूरजमल के प्रस्थान का एक अन्य और महत्त्वपूर्ण कारण था। शुरू में ही मतभेद उत्पन्न हो गए थे जिसने इस प्रक्रिया में सूरजमल के उत्साह को ठंडा कर दिया। दिल्ली में सूरजमल ने एक और प्रयास किया। जब उसने भाऊ को सलाह दी :

> *दिल्ली को (अब जबकि वह वहाँ तक पहुँच गया है और उस पर कब्जा कर लिया है) युद्ध की किलेबंदी (आधार) बनाया जाए और ऐसे शक्तिशाली शत्रुओं (अब्दाली और उसके साथी) द्वारा रक्षित देश में और आगे न बढ़ा जाए। इस तरह (दिल्ली में रहते हुए) मराठी-जाट सेना को जिस चीज की भी जरूरत पड़ेगी वह (पास के) जाट प्रदेशों से पहुँचाई जा सकेगी और किसी भी स्थिति में दिल्ली पीछे हटने का काम दे सकती है।*

परंतु इस 'बुद्धिमत्ता पूर्ण' सलाह का भी वही हश्र हुआ जो उसके पहले हुआ था।[19]

इसका तर्कसम्मत आशय लगाया जा सकता है कि जब भाऊ ने पहली बार कुंजपुरा जाने का (लगभग अगस्त, के मध्य 1760) विचार किया था तब उसने यह सलाह दी थी।[20] यह नहीं कि भाऊ जो भी सोचता था, वह निरर्थक था, परंतु व्यावहारिक आधार पर सूरजमल की सलाह की गंभीरता को आसानी से चुनौती नहीं दी जा सकती। एक ओर जहाँ भाऊ उत्तर भारत की परिस्थितियों और उसके खिलाफ आमादा विरोधियों से बिल्कुल अनभिज्ञ था, जाट सरदार उनसे अच्छी तरह परिचित था। तथ्य तो यह है कि उत्तर भारत की लड़ाइयों का उसे उतने वर्षों का निजी अनुभव था जितना कि उस समय मराठा सेनानायक की कुल अवस्था थी। अब्दाली-जैसे उत्कृष्ट सेनापति के सामने सावधानी बरतने

---

19. *मेम्वोआर दे यात,* 53; कानूनगो द्वारा *जाट्स,* 132, में उद्धृत भाऊबखर; सामान्यतया परंपरा इसका समर्थन करती है। छपरौली (मेरठ) के निकट एक गाँव के जोगियों ने मुझे एक साखा गाकर सुनाई थी उसमें कहा गया था कि पुराना किला के निकट आहूत एक सर्वखाप पंचायत ने सूरजमल का नेतृत्व स्वीकार किया था।
    खाप खाप पंचायत बुलाकर रण की दासे बनाई, मेरे भाई-ई-ई।
    गूजर, अहीर, रोउ, रबे आए सैनी भाई नीरज आए गुसाईं।
    जब भाऊ का दल-बल दिल्ली में आया, भरतपुर महाराज सब ने नेता बनाया।
    मेरे भाई-ई-ई।
20. ऊर्ध्व, 248

और भारी-भरकम, अचल तोपखाने[21] और बड़ी संख्या में गैर लड़ाकू लोगों[22] को दूर रखने की सूरजमल की सलाह सैन्य दृष्टि से सही थी। अंतिम तीन बातों पर जोर देने का उद्देश्य एक ओर, लड़ाकू फौज को अधिक-से-अधिक गतिशीलता प्रदान करना था तो दूसरी ओर, शिविर के खाने-पीने के खर्च को भी काफी कम करना था। सूरजमल ने घुड़सवार सेना की त्वरित कार्यवाही को इसलिए नहीं पसंद किया कि पदाति सेना की कार्रवाई में खराबी थी, बल्कि इसलिए कि दोनों–मराठा और जाट पहली वाली कार्रवाई में माहिर थे। और कोई भी अपने शस्त्रागार के सर्वोत्तम अस्त्रों की उपेक्षा करके उससे भी बेहतर की आशा नहीं कर सकता।

इसी तरह दिल्ली में एक सुदृढ़ आधार बनाए रखने का सूरजमल का आग्रह भी इतना ही बुद्धिमानीपूर्ण था। उसमें वह अर्थ निहित था कि रसद-पूर्ति के रास्ते को ज्यादा लंबा न किया जाए और सतर्कता के साथ रसद की निरंतर पूर्ति को सुनिश्चित किया जाए। उसकी उपेक्षा के वास्तविक परिणाम बाद में देखे गए। दिल्ली से भाऊ के प्रस्थान के पश्चात् ही अब्दाली ने यमुना पार की, मराठा रसद पूर्ति के मार्ग को रोका और समय पर भाऊ को शिकंजे में कस लिया, जिससे वह कभी बाहर नहीं निकल पाया।[23] बुद्धिमान जाट ने दिल्ली की उपेक्षा कर सारे मराठा शिविर के उत्तर दिशा की ओर जाने की स्थिति में उपरोक्त संकट की आशंका पहले ही की थी, वह उसकी उपरोक्त सलाह की शब्दावलि से स्पष्ट है। कोई आश्चर्य नहीं कि इसकी सभी ओर से प्रशंसा की गई। कीन लिखता है कि "यदि उस पर अमल किया जाता तो (अब्दाली का) प्रतिरोध और अधिक सफल रहता और हिंदुस्तान का समूचा इतिहास ही कुछ और होता, वैसा नहीं जैसाकि उस समय से बन गया।"[24]

---

21. एक बार रख दिए जाने के बाद बड़ी तोपों (कुछ तो इतनी भारी थीं कि उनको खींचने के लिए 200 बैलों की आवश्यकता होती थी) को सेना के स्थान बदलने के साथ उनको भी हटाना कठिन होता था। पानीपत में तो वे कोई क्षति पहुँचाए बिना मात्र धमाका करने के अतिरिक्त और कुछ नहीं कर सकीं। एस.पी. संगर (संपादक-गुप्ता), *पानीपत,* 252
22. भाऊ की सेना में तो इनकी संख्या सैनिकों से आठ गुना ज्यादा थी। सरकार कृत *फ़ाल,* II, 352
23. सरकार कृत *फ़ाल,* II, 283; *एस.पी.डी.* XXVII, 259; *नूर,* 46b.
24. एच.जी. कीन कृत द *मुग़ल एंपायर* (लंदन : 1887), 77-78; *मेम्वोआर दे यात,* 53; सरकार कृत *फ़ाल,* II, 363, 258; कानूनगो कृत *जाट्स,* 128, 131, 133; ओवेन कृति उद्धरण, 242 : गुप्ता कृत *पानीपत,* 151 और 251; शेजवलकर कृत *पानीपत,* 48 भी.

तथापि, भाऊ ने घोर असहमति व्यक्त की। वह भारी तोपखाने, अपने प्रिय गारदी के पैदल बंदूकधारियों की मोर्चाबंदी की युद्ध शैली पर अड़ा रहा। उसने इस बात का खयाल नहीं किया कि वांछित परिणामों की प्राप्ति के लिए इस प्रणाली को अभी परंपरागत मराठा शैली से शामिल होकर उसका एक अंग बनना था।[25] उसके सहायकों की बहुत बड़ी संख्या ने जिन पर इस लड़ाई का अंतिम परिणाम निर्भर था, पहले इस प्रणाली से युद्ध नहीं किया था। उस पर उन्हें संदेह बना रहा और पानीपत में उस अभागे दिन उन्होंने मन लगाकर जोर नहीं लगाया।[26] क्या विडंबना है। अब्दाली स्वयं चाहता था कि मराठे अपनी परंपरागत युद्ध शैली की बजाय आमने-सामने की लड़ाई लड़ें।[27] इससे भी अधिक जिस प्रकार भाऊ ने जाट किलों को अपना आधार बनाने से इनकार किया और बाद में अपने शिविर की तमाम साज-सामान और गैर-लड़ाकू लोगों को लेकर, तथा दिल्ली में केवल 6,000 सिपाहियों की फौज छोड़कर, दिल्ली छोड़ गया, उससे यह प्रतीत होता है कि वह बाधाओं या एक सुदृढ़ आधार के संबंध में सूरजमल की चिंता से सहमत नहीं था।[28] इससे जो विनाशकारी परिणाम निकले उनसे हम भलीभाँति अवगत हैं।

उनके मतभेद केवल रणनीति तक ही सीमित नहीं थे। शत्रुओं के प्रति अपने-अपने दृष्टिकोणों में भी उनमें तीव्र मतभेद था। जिस अवधि में सूरजमल का प्रस्थान हुआ (अगस्त के मध्य 1760 में) उसी में भाऊ को भी घमंड से फूलता देखा गया। अन्य स्रोतों के अलावा भाऊ का अपना पत्राचार दर्शाता है कि भारतीय राजधानी के उसके आसान कब्जे ने उसका सिर फेर दिया था। किले पर पहली अगस्त, 1760 को अधिकार किया गया और अगले ही दिन उसने लिखा : "अफ़ग़ान सहयोगी अब्दाली का साथ छोड़ देंगे तथा शुजा हमलावर का साथ देने पर अब दलदल में फँसा अनुभव कर रहा है।... दिल्ली पर मेरे कब्जे ने उसकी (अब्दाली की) कमर तोड़ दी है।"[29] यही स्वर 21 अगस्त,

---

25. *राजवाड़े* I, 174; मेहरा (संपादक गुप्ता), *पानीपत,* 214ff
26. शेजवलकर कृत *पानीपत,* 116f : नाना फड़नवीस अफ़सोस करते हैं कि भाऊ "यद्यपि सभी अवसरों पर बुद्धिमानी का प्रदर्शन करते रहे हैं किंतु ऐसा प्रतीत होता है कि इस अवसर पर वह अपनी बुद्धि खो बैठे थे...उन्होंने युद्ध की अपनी शैली त्यागकर शत्रु की शैली अपना ली", मेहरा कृत (संपादक, गुप्ता) *पानीपत,* 213-214, में उद्धृत; *मिरात* (918) कहता है, जब उन्होंने (मराठों ने) अपनी शैली त्याग दी (युद्ध करने की कला) तो वे अपमानित हुए और संकट में पड़ गए।"
27. शेजवलकर कृत *पानीपत,* 107
28. सरकार कृत *फ़ाल,* II, 325, 363; संगर (सं. गुप्ता) कृत *पानीपत,* 251
29. *राजवाड़े,* I, 224; भाऊ के गर्व के संबंध में देखे. *मेम्वोआर दे यात,* 52; मीर दर्द उसे दिल्ली में मिला था तथा उसने इस नायक को 'बहुत घमंडी और दंभी' पाया, गुप्ता द्वारा *पानीपत* में उद्धृत, 154, पाद-टिप्पणी; *मिरात,* 907.

1760 को लिखे गए उसके पत्र में है, "दिल्ली पर मेरी विजय ने अब्दाली को भयभीत कर दिया है और उसके शिविर में दरार डाल दी है।"[30] उसकी अपनी प्रफुल्लता के अतिरिक्त, शांति के लिए शुजा की सतत पेशकश, अपने सहायकों की चापलूसी भरी सूचनाओं तथा उसके अनुग्रह के लिए याचना करते हुए कुछ अफ़ग़ान सरदारों (जैसे अहमद बंगश और सादुल्ला रुहेला) के षड्यंत्रों ने उसके घमंड तथा धृष्टता को और बढ़ा दिया।[31] इन सब बातों ने उसके इस विचार को पुष्ट किया कि उसके शत्रु भयभीत हैं, असंगठित हैं और यदि उसने केवल उन्हें सुरक्षित घर लौटने की अनुमति दी तो वे उसका आभार मानेंगे। अब्दाली की प्रारंभिक चिंताएँ जो भी रही हों, परंतु भाऊ द्वारा स्थिति के घोर अतिरंजित दृष्टिकोण को अपनाना और शांति प्रस्तावों में अब्दाली के उद्देश्यों की निराशापूर्ण दुर्बलता को खोजना, मूर्खतापूर्ण ही था।[32] तमाम व्यावहारिक दृष्टि से अब्दाली की क्षमताएँ पहले की भाँति थीं। उसके लिए एक अनोखी भविष्य दृष्टि तथा विवेक की जरूरत थी। परंतु घमंड से फूला भाऊ एक मूर्खतापूर्ण आशावाद का शिकार हो गया। जब वास्तविक प्रश्न अभी भी अधर में लटका था, तब किसी सेनापति के मस्तिष्क में इस तरह की भावना का आ जाना खतरे से खाली नहीं था। यह दर्शाने के लिए रंचमात्र साक्ष्य भी नहीं है कि भाऊ के इन दूर की कौड़ी–जैसे अनुमानों में किसी भी स्तर पर सूरजमल शामिल रहा। भाऊ की रणनीति (जिस पर वह अभी भी अड़ा हुआ था) के बारे में वह कभी आशांवित नहीं था, अब उसके घमंड, शत्रुओं को कम आँकने की नीति तथा ऐसी ही बातों ने हिसाबी और अनुमान–कुशल जाट को अंतिम परिणाम के बारे में किसी संदेह में नहीं रखा। उसने देख लिया कि मराठों का अंत अच्छा नहीं है।[33] यही नहीं, उसे ऐसे ओछे नेतृत्व के अधीन उनकी संभावित पराजय का पूर्ण विश्वास हो गया और उसने पानीपत के कई महीनों पूर्व इस आशय की पहले ही भविष्यवाणी कर दी थी। यह विश्वास ही संभवतः उसकी वापसी का एकमात्र कारण था।

इसके अतिरिक्त, दिल्ली में वार्ताओं के दौरान भाऊ ने अपने आक्रामक रवैये से जाट राजा को सीधे नाराज कर दिया, ऊपर इसका संकेत हो चुका है। 'भाऊ बखर' को इसके प्रमाण स्वरूप एकमात्र स्रोत मानते हुए टी.एस. शेजवलकर ने इस बात से पूर्णतः इनकार किया है कि मराठा नेता ने सूरजमल को कभी अपमानित

30. *राजवाड़े,* I, 233
31. वही, 236–237
32. सरकार कृत *फ़ाल,* II, 259–260, 279–280; गुप्ता कृत *पानीपत,* 155; *राजवाड़े,* I, 233, भी; *मिरात,* 911
33. *अमीरा,* 105; इसी प्रकार के कथन के लिए देखें, *तारीख–ए–इब्राहीम खाँ,* इलियट में, VIII, 277; *मेम्वोआर दे यात,* 53 भी।

किया या नीचा दिखाया था।[34] परंतु उसके पास अपनी इस अवधारणा जिसे उसने तथ्यों और परिस्थितियों के संशयात्मक विवेचन के आधार पर निर्मित किया है, का समर्थन करने के लिए एक भी इतिहासवेत्ता का साक्ष्य नहीं है। एक निरंतर जारी (सैनिक) स्थिति के बीच शीर्षस्थ सेनापतियों के बीच एक-दूसरे की पहल के संबंध में विचारों का आदान-प्रदान एक बहुत ही सामान्य प्रथा है। इस स्थिति में आसमान पर चढ़ा भाऊ, जिसके आदतन रूखेपन को विद्वान इतिहासकार ने स्वयं स्वीकार किया है,[35] एक प्रति-परामर्श को कैसे मान सकता था, इसका अनुमान आसानी से लगाया जा सकता है। सौभाग्य से हमारे पास इस सुरक्षित निष्कर्ष के लिए फ्रेंच इतिहासकार (1760 में जो भरतपुर में था) का साक्ष्य है, जिसका निरंतर मौजूद परंपरा भी समर्थन करती है, कि यदि भाऊ ने उसे मात्र भूमिधर (जाट) नहीं भी कहा हो तो भी उसने दिल्ली में उसकी सलाहों को ठुकराकर उसे चोट तो पहुँचाई ही।[36] इस संबंध में पूर्ण मौन रखकर समकालीन मराठी खरीते अप्रत्यक्ष रूप से इसकी पुष्टि करते हैं। इससे केवल अनिवार्य प्रतिक्रिया ही उत्पन्न हो सकती थी। कुछ समय पूर्व से ही पश्चात्ताप से भरे सूरजमल के धैर्य का प्याला अब लबालब भर चुका था।

उपरोक्त विश्लेषण से एक संबद्ध प्रश्न हमारे सामने प्रस्तुत होता है। यदि हम सूरजमल-भाऊ के संबंधों पर ज़रा सूक्ष्मता से विचार करें तो पता चलेगा कि कम-से-कम अगस्त 1760 में ही जाट मैत्री में मराठों की रुचि निश्चित ही कम हो गई थी, और यही वह अवधि है, जब जाटों ने उसका (मराठा पक्ष का) साथ त्याग दिया था। इसका विश्वासोत्पादक प्रमाण एक अगस्त के पहले तथा बाद में सूरजमल के प्रति भाऊ के व्यवहार में आए स्पष्ट अंतर से प्राप्त हो जाता है। होल्कर जैसे दिग्गज को जाट राजा की अगवानी के लिए भेजने में, अपने संधिबद्ध मित्र को सादर लिवाकर लाने के लिए स्वयं दो मील आगे बढ़ने में और जाट-मैत्री के लिए पवित्र प्रतिज्ञाओं द्वारा अपनी निष्ठा दर्शित करने तथा ऐसी ही अन्य बातों में जाट राजा के प्रति भाऊ द्वारा पहले दर्शाया गया पूर्ण आदर झलकता है। यह आदर-भाव उसके बाद के सूरजमल के प्रति हठपूर्ण तथा उपेक्षापूर्ण व्यवहार से सर्वथा विपरीत है, यद्यपि दोनों के बीच मतभेद तो प्रारंभ से ही रहे थे। इमाद के साथ उसका व्यवहार भी इस मामले में एक मुद्दा है। इसके रहस्य को उक्त तारीख के पहले और बाद में भाऊ द्वारा अपनी संभावनाओं के बारे में लगाए गए आकलनों के अंतर में खोजा जा सकता है। दुर्रानी की ताकत के प्रति उसके पहले के 'संपूर्ण

34. शेजवलकर कृत *पानीपत* 48-49

35. वही, 129

36. *मेम्वोआर दे यात*, 53, साथ में 64 पाद-टिप्पणी; कानूनगो कृत *जाट्स*, 133; देखें डफ़ कृत *मराठाज़*, I, 520; ओवेन कृत *मुग़ल एंपायर*, 247

आदर' तथा उसकी अपनी कठिनाइयों की प्रतीति एवं शुजा का अब्दाली से जा मिलने का निर्णय तथा शेष ताकतों द्वारा उसकी सहायता की प्रार्थनाओं की अस्वीकृति[37] ने जाट-सहयोग के महत्त्व को बढ़ा दिया था। अतः उसने अपने एकमात्र साथी के प्रति आदर-भाव रखना लाभदायक समझा। परंतु दिल्ली को लेने के बाद भाऊ ने देखा कि उसके विरोधी असंगठित हैं और घबरा गए हैं, इसके परिणामस्वरूप सफलता उसकी राह देख रही है। एक बार जहाँ जाट-मैत्री करने का उद्देश्य पूर्ण हो गया तो उसमें उसकी रुचि कम होनी ही थी। तूफान में दिए गए वचन शांति में विस्मृत कर दिए जाते हैं। भाऊ के अतिरंजित विश्वास ने उसे सूरजमल के प्रति, जब उसने उसके विचारों का अंधानुकरण नहीं किया तो, अत्यधिक कठोर रूप से उदासीन बना दिया। यह वर्तमान प्रश्न को एक नया आयाम देता है।

यह स्पष्ट है कि जब न तो उसकी प्रतिष्ठा सुरक्षित थी और न उसकी तर्क सम्मत आपत्तियों, उसके परामर्शों और हितों पर ध्यान दिया जा रहा था, और जब वह अंतिम परिणाम के बारे में भी इतना शंकालु हो चुका था तब सूरजमल-जैसा प्रतिष्ठित, मेधावी तथा आत्मसम्मानी व्यक्ति भाऊ के साथ नहीं ठहर सकता था। ऐसी स्थितियों में काम चलाना मल्हार जैसे मातहत (जिसके विचार भी जाट राजा जैसे ही थे) के लिए एक विवशता हो सकती है, परंतु सूरजमल न तो मातहत था और न उसकी प्रजा, बल्कि एक सहयोगी था जिसकी मित्रता आतुरतापूर्वक प्राप्त की गई थी। उसकी निष्ठा को भाऊ अधिकारपूर्वक नहीं माँग सकता था। किसी भी गठबंधन के लिए पारस्परिक विश्वास, आदर और वचनबद्ध शब्दों पर ईमानदारी से अमल तथा पारस्परिक समायोजन जीवन-रक्त हैं, परंतु वर्तमान विषय में वे उत्तरोत्तर कम होते गए। सूरजमल के लिए अब मराठी-गठबंधन भाऊ के आदेशों के प्रति जी-हुज़ूरिया समर्थन-भर रह गया था। यह उसे किस सीमा तक स्वीकार्य हो सकता था। इसका अनुमान आसानी से लगाया जा सकता है।

इन निर्णायक तत्त्वों के साथ मराठा-हित के लिए सूरजमल के संपूर्ण उत्साह के अभाव की अंशदायी भूमिका पर आवश्यक जोर देना जरूरी है। सूरजमल महत्त्वाकांक्षी तो था ही, उसने उत्तर में कभी भी मराठा-विस्तार को पसंद नहीं किया।

---

37. सरकार कृत *फ़ाल*, II, 258. भाऊ के घमंड और दिल्ली पर कब्जा हो जाने के बाद उसके अक्खड़पन को स्वीकार करते हुए सरकार का खयाल है कि उस घटना के बाद भी भाऊ ने स्थिति की गंभीरता को महसूस नहीं किया था। तथापि, हम यह समझ लेते हैं कि इस कथन से उसका तात्पर्य अगस्त के प्रथम दो महीनों से नहीं था, जिनकी परिणति से हम यहाँ संबद्ध हैं। संयोगवश, अपनी उपरोक्त टिप्पणी के लिए जिन दो पत्रों (*एस.पी.डी.*, XXVII, 255, 257) का वह अपने स्रोत के रूप में हवाला देते हैं वे भी विभिन्न कालावधियों की चर्चा करते हैं। पहले पत्र में 26 जून की तारीख दी गई है और दूसरे में 15 सितंबर बताई गई है।

हम जानते हैं कि मुगल शहंशाह अहमदशाह के दिनों से लेकर 1757 में उनके साथ गठबंधन तक सूरजमल की रुचि मराठा-विरोधी गठबंधन बनाने की रही थी। यद्यपि बाद के दबावों और खिंचावों से उसने मराठा-विरोधी नीति अपनाना बंद कर दिया था। तथापि सारे समय वह उनके इरादों के प्रति सशंकित ही रहा। जैसाकि पहले बताया जा चुका है, उसने उनका साथ इसीलिए दिया था कि वह अब्दाली की दुरभिसंधि की तुलना में इसे बेहतर समझता था। इनके साथ जुड़ जाने के बाद भी उसने विरोधी के साथी शुजा से विश्वासघातपूर्ण तरीके से संपर्क बनाए रखा।[38] इसमें भाऊ का नाराज़ होना तो स्वाभाविक ही था, ठीक उसी प्रकार जैसेकि उसकी (भाऊ की) शुजा के साथ अपनी विश्वासघाती पेशकश ने सूरजमल और इमाद को नाराज किया था। भाऊ ने उससे दो करोड़ माँगे या नहीं, हम नहीं कह सकते[39] क्योंकि हमने उसे पैसा माँगते हिचकिचाते देखा है[40]—परंतु उस सरदार की बदलती मन:स्थिति को देखते हुए ऐसी जबर्दस्त माँग का संदेह करने के लिए निश्चय ही उसके पास कारण थे। शायद यह मराठों का साथ छोड़ने का एक और संभावित कारण था।

इसके साथ ही यहाँ टी.एस. शेजवलकर से सहमत होने के लिए अपर्याप्त आधार है। ऊपर स्पष्ट की गई भाऊ की भूमिका को आसानी से भुलाते हुए वह अपनी जिज्ञासा को सूरजमल की तथाकथित घोर स्वार्थपरता तथा कुटिल चालों तक ही सीमित रखता है।[41] यह आकलन न केवल अत्यधिक अतिरंजित है, वरन् एक-पक्षीय भी है। सूरजमल की केवल स्वार्थपरता पर ढोल पीटना उस समय की सर्वव्याप्त भावना की उपेक्षा करना है। उस काल में हर व्यक्ति, जिनमें मराठे भी अपवाद नहीं थे, अपनी नीति और व्यवहार अपने हितों के अनुकूल ही बनाते थे। यह भी ध्यान में रखना है कि तत्कालीन संघर्ष से जाटों के हित कुछ अधिक जुड़े हुए नहीं थे, क्योंकि वह मूलरूप से अफगानों और मराठों के बीच राजनीतिक प्रभुता के लिए हो रहा था। इस संबंध में यह नारा बुलंद किया जाता है कि भाऊ 'भारत भारतीयों के लिए' ध्येय को लेकर लड़ा[42], परंतु आश्चर्य तो यह है कि जाटों को छोड़कर उसके आह्वान पर कोई भी मैदान में आगे नहीं आया। मराठों के सतत व्यवहार के प्रकाश में उनके उस काल के इतिहास का कोई भी गंभीर अध्येता इस निष्कर्ष पर पहुँचने में असफल नहीं होगा कि यहाँ 'भारतीय' से तात्पर्य और कोई नहीं, मराठे स्वयं ही थे। फिर भी, सूरजमल भाऊ के साथ रहा क्योंकि वह

---

38. शेजवलकर कृत *पानीपत,* 51; *शाहआलमनामा* भी, 173; *मिरात,* 908
39. *इमाद,* 276
40. *एस.पी.डी.,* XXI, 190
41. शेजवलकर कृत *पानीपत,* 49
42. वही, 123

अब्दाली-दुरभिसंधि की पराजय का आनंद उठाता। तथापि भाऊ की तत्कालीन गांभीर्य शून्यता और उसकी (सूरजमल की) नजर में गलत नीति से चिपके रहने की क्रिया ने सूरजमल को मराठा-पराजय का विश्वास दिला दिया। यदि उसने जानते-बूझते हुए स्वयं को मराठा स्वार्थपरता की बलिवेदी पर चढ़ा दिया होता तो शायद ही एस. शेजवलकर उसे इतना स्वार्थी नहीं कहता। विद्वान इतिहासकार शायद यह भूल गया है कि आसन्न विनाश से अपने अस्तित्व की रक्षा की भावना प्रत्येक व्यक्ति में होती है, और सूरजमल इसका अपवाद नहीं था।[43] हम जानते हैं कि बाद में जब भाऊ ने अपने अस्तित्व को खतरे में पाया तो उसने शुजा के पास स्वयं को बचाने के लिए केसर में डूबा अपने हाथ का छापा भेजा। यह दूसरी बात है कि अपनी अचूक अनुभूति से चतुर सूरजमल ने (भाऊ के नेतृत्व के अधीन), कठिनाइयों को पहले ही भाँप लिया, जब कि घमंडी भाऊ ने उसे तब जाना जब वह स्वयं उसमें आकंठ फँस गया था और उसे बचाना कठिन था। तथ्य तो यह है कि सूरजमल चक्की के दोपाटों (अफगानों और मराठों) के बीच फँस गया था। उसके अपने अस्तित्व के लिए सावधानी बेहद जरूरी हो गयी थी, जिसे असहानुभूतिपूर्वक स्वार्थपरता करार नहीं दिया जाना चाहिए।

जाट राजा को बलि का बकरा बनाने के उत्साह में प्रसिद्ध मराठा इतिहासकार ने उसके प्रति मराठों की अविवेकपूर्ण नीति की चुपचाप उपेक्षा कर दी है। सूरजमल स्वयं मराठों की आगे बढ़त का विरोधी था, यह पहले ही बताया जा चुका है। परंतु इस संबंध में मराठा इतिहास तो और भी गया गुज़रा है। अपने प्रारंभ से ही जाट राज्य के प्रति मराठा नीति, जैसाकि जे.एन. सरकार ने ठीक ही निरूपित किया है, 'दमघोट निरंकुशता' की थी।[44] मराठों ने 1754 में जाट राज्य के विरुद्ध सशक्त आक्रमण किया था। इसके बाद 1757 में उन्होंने (जो अब्दाली के विरुद्ध साम्राज्य के नियुक्त अधिकार-प्राप्त प्रतिरक्षक थे) आततायी अफगान टुकड़ियों द्वारा जाट राज्य के कुछ हिस्सों को लूटने, नष्ट करने, नरसंहार करने, अपवित्रीकरण करने के दौरान आपराधिक उदासीनता दर्शाई थी। इसके अतिरिक्त सूरजमल के कट्टर शत्रुओं मोहकम सिंह और जुलकरन के दावों को मराठा समर्थन, उनके तोड़-फोड़ वाले इरादों की कहानी कहता है। यहाँ तक कि मित्र के रूप में भी मराठे जाट राज्य के आंतरिक मामलों से लाभ उठाने से नहीं चूके। इस संबंध में 1758 में घटी एक घटना का उल्लेख किया जा सकता है, जब उन्होंने सूरजमल और उसके उद्धत बेटे जवाहरसिंह[45] के मतभेदों से लाभ उठाना चाहा। यह भी ध्यान देने की

---

43. *मेम्वोआर दे यात,* 53
44. सरकार कृत *फ़ॉल,* II, 256
45. *एस.पी.डी.,* XXVII, 226

बात है। यद्यपि, यहाँ अलीगढ़ के जाटों को (1760 में) लूटने[46] की महत्त्वाकांक्षा का उदाहरण देना संदेहजनक प्रतीत होता है। ऐसी कटु स्मृतियों ने ही मुख्य रूप से मराठा-हित के प्रति सूरजमल के ठंडे उत्साह को जन्म दिया।

उपरोक्त तथ्यों से परिचालित सूरजमल ने, जो प्रत्यक्षतः खिन्न हो चुका था,[47] भाऊ से अलग होने का फैसला किया। परंतु उसके शिविर से वापस होना आसान नहीं था। शायद शुजा से सूरजमल के चोरी-छिपे व्यवहार और अपने लोगों को पहले ही रवाना कर देने की क्रिया ने[48] भाऊ को शंकालु बना दिया था। प्रत्येक सेनापति संभावित पलायन के प्रति सतर्क रहता है क्योंकि उससे उसकी अपनी सेना में तो कमी होती ही है, तद्नुरूप उससे शत्रु की शक्ति भी बढ़ सकती है। यद्यपि सूरजमल ने कभी शत्रु से जा मिलने का विचार भी नहीं किया, तथापि भाऊ को इस आशय का संदेह था और उसने उसे निगरानी में रखने की कोशिश की थी। इसी बीच होल्कर ने सूरजमल की सहायता की और वह इमाद के साथ रात में शिविर छोड़कर बल्लभगढ़ चला गया।[49] इस तरह उस एकमात्र राजा ने भी, जो मराठों के आह्वान पर मैदान में आया था, उनका साथ छोड़ दिया। यह उनके

---

46. *राजवाड़े*, I, 187 को उद्धृत करते हुए जे.एन. सरकार (*फ़ाल*, II, 256) इस निष्कर्ष पर पहुँचे हैं। निस्संदेह इस पत्र की शब्दावली से यह संकेत मिलता है। किंतु इस कालावधि के अन्य खरीतों से यह स्पष्ट है कि इस समय अलीगढ़ को कब्जे में लेने की मराठों की मंशा से यह स्पष्ट हो जाता है कि इसमें उनका उद्देश्य अब्दाली को (जो उस समय वहाँ शिविर डाले पड़ा था) जाटों की सहायता से खदेड़ना था। एक बात यह भी महत्त्वपूर्ण है कि एक पत्र से स्पष्ट हो जाता है कि मराठा योजना दोआब में अपनी और जाटों की चौकियों को 'पुनर्स्थापित' करना था। देखें, *राजवाड़े*, I, 251, 261, साथ ही 174, 186, 204 और 205 भी देखें।
47. *इमाद*, 108
48. *मेम्वोआर दे यात*, 53
49. *मिरात-ए-अहमदी* (908) का दावा है कि भाऊ चाहता था कि सूरजमल और इमाद से उसे 'छुटकारा' मिल जाए और जाट शुजा की सहायता से 'मौत की घाटी' से बच निकला, क्योंकि शुजा ने तोपें दागकर उसके भाग निकलने का मौका बना दिया था। इसके कथन का यह भाग अतिरंजित प्रतीत होता है। यदि उसकी जान के लिए खतरा पैदा किया गया होता तो मराठों के लिए आमतौर पर और भाऊ की पत्नी के लिए विशेष तौर पर उसने वह सहानुभूति और दया न दिखाई होती जो उसने बाद में दिखाई थी; *मेम्वोआर दे यात*, 53; *इमाद*; 276; *भाऊ बखर* (विवरण में थोड़ा अंतर किंतु सामान्यतया परंपरा द्वारा समर्थित) को उद्धृत करते हुए कानूनगो ने लिखा है, *जाट्स*, 134-136; *तारीख-ए-इब्राहिम खाँ*, इलियट, VIII, 277-278 में; *शाह आलमनामा*, 173; मात्र प्रस्थान की घोषणा, *एस.पी.डी.*, XXVII, 258; *अमीरा*, 105; *सियर* III, 385; *मुहरबत*, 12

लिए विनाशकारी सिद्ध हुआ।[50]

जब उसे जाट के पलायन का पता चला तो भाऊ गुस्से से आगबबूला हो उठा। उसने कसम खाई कि एक बार वह लड़ाई से मुक्त हो जाए तो 'हिंदुस्तान में केवल जाटों की याद-भर छोड़ेगा।'[51] तथापि ऐसा नहीं होना था। शांति-वार्ताओं की निरर्थकता शीघ्र ही सामने आ गई और मराठों को युद्ध बिल्कुल निश्चित दिखाई देने लगा।[52] इसने भाऊ को ठंडा किया और उसने जाट राजा को मनाने का विचार किया। जाट राजा को पुनः उसका साथ देने के लिए मनाने[53] और यदि इसमें सफलता नहीं मिले तो कम-से-कम अब्दाली से न मिलने और मराठा रसद-पूर्ति का मार्ग खुला रखने को सुनिश्चित करने के लिए सितंबर, 1760 के पूर्वाद्ध में कभी उसने अपने सचिव चिटनीस, शिंदे के सचिव रामाजी अनंत और होल्कर के सचिव गंगोबा तात्या को भेजा।[54] चूँकि भाऊ का पर्दाफाश हो चुका था इसलिए वह क्षमायाचक-सा प्रतीत हुआ और सूरजमल को एक हाथी और खिलअत भेजकर अपनी अकिंचन स्थिति दर्शाई। उसने उससे अनुरोध करते हुए लिखा कि वह शत्रु की रसद-पूर्ति में बाधा खड़ी कर दे।[55]

दूध का जला छाछ फूककर पीता है। यद्यपि भाऊ के व्यवहार ने, जिसमें पश्चात्ताप की भावना थी, सूरजमल के क्रोध और क्षोभ को शांत किया प्रतीत होता है। फिर भी वह उसके साथ पुनः मिलने के लिए तैयार नहीं हुआ। इस बात का कोई प्रमाण नहीं है जो दर्शाए कि उनके (सूरज-भाऊ के) नीति-विषयक मतभेद दूर हो गए थे। तथापि, यह प्रतीत होता कि मराठा प्रतिनिधियों ने उसके अनुग्रह की याचना की, जिसके लिए वह सम्मानजनक ढंग से तैयार हो गया। यह महत्त्वपूर्ण है कि 18 सितंबर 1760 को हम भाऊ को, (मराठों द्वारा) शत्रु की रसद छीनने[56]

---

50. सरकार कृत *फ़ाल,* II, 256
51. *मेम्वोआर दे यात,* 53; कानूनगो कृत *जाट्स,* 136, में उद्धृत *भाऊ बखर* भी।
52. उदाहरणतया 12 सितंबर को टी.एस. पुरंदरे ने लिखा (*एस.पी.डी.,* XXVII, 256) "बहुत संभव है कि युद्ध हो जाए।" फिर 14 सितंबर को कृष्णाजी अनंत ने उस पर ज़ोर दिया (*एस.पी.डी.,* XXI, 191), "किंतु वार्ता से कोई लाभ नहीं होगा, उसके साथ ही युद्ध से ही निपटारा होगा।" बापूजी बल्लाल ने 15 सितंबर को प्रतिवेदित किया (*एस.पी.डी.,* II, 130), "युद्ध तो होगा...समझौता नहीं हो सकता।" उसी दिन नाना फ़ड़नवीस ने लिखा (*एस.पी.डी.,* II, 131) कि शुजा में "ईमानदारी प्रतीत नहीं होती। अतः वार्ता से कोई फल निकलनेवाला नहीं है।"
53. *एस.पी.डी.,* XXVII, 258
54. *मिरात,* 908
55. वही; *शाहआलमनामा* (173) में दावा किया गया है कि स्वयं को सुरक्षित जानकर सूरजमल ने भाऊ से अपने पापों के लिए क्षमा माँगी।
56. *राजवाड़े,* I, 244; *राजवाड़े* की भूमिका, 82, में भी देखें।

की कोशिश में (शिकोहाबाद की) जाट टुकड़ी की सहायता का गोविंद बल्लाल को विश्वास दिलाता पाते हैं। दूसरी ओर सूरजमल ने मराठा रसद-पूर्ति को आगरा-मथुरा मार्ग पर अबाध गति से जाने दिया। यह भाऊ के शिविर से अक्तूबर में लिखे एक खरीते से स्पष्ट होता है। इस खरीते के प्राप्तकर्ता को विश्वास दिलाया गया था कि 'जाट हमारा है।'[57] इसके बाद भी 4 नवंबर को भाऊ ने स्वयं इस बात पर जोर दिया कि सूरजमल मित्र है और वह किसी भी स्थिति में रसद-पूर्ति नहीं रोकेगा।[58]

अहमदशाह अब्दाली, जिसने जाट-मराठा दरार का अवश्य आनंद लिया होगा, सूरजमल से मराठों की इस नई पेशकश से चिंतित हो उठा। इसके पूर्व उसने बल्लभगढ़ में जाट राजा को शुजा की मार्फत एक खत और खिलअत भेजी थी।[59] सितंबर 1760 के अंतिम सप्ताह में उसने शुजा की मार्फत फिर से समझौता-वार्ताएँ शुरू कीं। वह (अब्दाली) अपने आपको इस बात का भरोसा दिलाना चाहता था कि सूरजमल मराठों से पुनः न मिले। अब्दाली ने उसे फिर से खिलअत भेजी (बल्लभगढ़ में)। दोनों ओर से कसमें खाई गईं। कूटनीतिक चतुराई दर्शाते हुए सूरजमल ने आश्वासन दिया कि वह मराठों से नहीं मिलेगा।[60] यद्यपि उसने पहले ही स्वयं ऐसा निर्णय कर लिया था, उसकी सहानुभूति अपने देशवासियों के साथ थी। ऊपर उल्लिखित एक जीर्ण-शीर्ण समकालीन खरीते (अक्टूबर, 1760) में उठाई गई ऐसी संभावना के बावजूद हम कह नहीं सकते थे कि किसी जाट राजकुमार के नेतृत्व में भरतपुर की सेनाएँ कुंजपुरा पहुँचीं और मराठों का साथ दिया या नहीं दिया।[61] शोरम के चौधरी शिवलाल जाट के नेतृत्व में सर्वखाप पंचायत की सहायक सेना (17,000 की संख्या में?) ने अवश्य ऐसा किया। उसने इस्सापुर के पास यमुना पार की और कुंजपुरा पहुँचकर भाऊ की सहायता की। भाऊ ने इस सहायता के लिए कृतज्ञता व्यक्त की जबकि चौधरी ने यमुना जल हाथ में लेकर उसके साथ रहने की कसम खाई।[62] एक अनुश्रुति है कि दोआब के जाटों ने रात के अंधकार

---

57. *राजवाड़े,* I, 259
58. वही, 264
59. *मिरात,* 908
60. *डी.सी.*
61. *राजवाड़े,* I, 259
62. कान्हाराम, 20, इसका समर्थन एक साखा से भी होता है, अर्थात् पंचायत सेना के 22000 सहायक सैनिक भाऊ के साथ हो गए थे। ये पंक्तियाँ मेरठ जिले में सबागे के जोगियों द्वारा गाए जानेवाले चारण काव्य में मिलती हैं।
    कुंजपुरे के खेड़े पर जमना-गंगा के आय मिले पंचायती,
    बाइस हजार के दल ने भाऊ राजा अपनाया खोल के छाती।

में अब्दाली के गस्ती दस्तों से बचते हुए मराठा सेना को रसद-सामग्री पहुँचाई।[63] यमुना के दोनों ओर के जाट आज भी पानीपत के दिनों में अपने पूर्वजों द्वारा मराठों की सहायता पर गर्व अनुभव करते हैं।[64]

पानीपत से भागे हुए लोगों को सूरजमल की सहायता

जैसाकि सर्वविदित है, बाद में पानीपत की लड़ाई में (14 जनवरी, 1761) मराठा पूरी तरह खदेड़ दिए गए थे। शत्रु के संहार से बचने के लिए कोई 50,000 से 1,00,000 बचे लोग सुरक्षा के लिए जाट राज्य की ओर भागे। भूख-प्यास, निरंतर भाग-दौड़ और आतंक से त्रस्त अभागे भगोड़े, जब तक जाट राज्य में नहीं पहुँचे, तब तक स्थानीय जनता द्वारा भी सताए जाते रहे। वहाँ पहुँचकर उन्हें सबसे उदार और आतिथ्यपूर्ण व्यवहार प्राप्त हुआ। मराठा गलतियों को भुलाकर महान जाट शासक ने उन्हें प्रत्येक आराम पहुँचाया। उसने उनके लिए भोजन, कपड़े, कंबल, निवास का प्रबंध किया और चिकित्सा सुविधाएँ प्रदान कराईं। प्रख्यात रानी किशोरी भी अपने पति के साथ शामिल हुई और ब्राह्मणों तथा महिलाओं के प्रति वह विशेष उदार थी। एक सप्ताह तक भगोड़ों को भरतपुर में निःशुल्क भोजन कराया गया, इसके बाद उन्हें ग्वालियर तक सुरक्षित पहुँचाया गया। प्रत्येक सामान्य आदमी को कम-से-कम एक सेर आटा और एक रुपया दिया गया। इस तरह जाट राजा ने इस मानवीय सेवा के कार्य में कुल मिलाकर 10 लाख रुपए खर्च किए। भगोड़ों में भाऊ की पत्नी पार्वती बाई और घायल शमशेर बहादुर भी था। जब वह डीग पहुँची तो उस भग्नहृदया महिला को जाट राजा ने सांत्वना बँधाई और दक्षिण में उसके सुरक्षित लौटने की व्यवस्था कर दी। परंतु सर्वोत्तम चिकित्सा सुविधा के बावजूद वह पेशवा के सौतेले भाई शमशेर बहादुर का जीवन नहीं बचा सका। महान जाट ने उसकी कब्र पर एक मसजिद और एक घर बनवाया।[65] जानकोजी शिंदे जैसे लापता लोगों की खोज में भी उसने मराठों की मदद की। उसके उदार व्यवहार पर सभी ने उसकी भूरि-भूरि प्रशंसा की। मराठे आज तक उस अवसर पर अपने पूर्वजों के प्रति दर्शाई जाट उदारता के प्रति गहनतम कृतज्ञता का अनुभव करते हैं। एक प्रत्यक्षदर्शी (वैंदेल) टिप्पणी करता है कि 'यदि सूरजमल चाहता तो पानीपत की दुखद कहानी कहने

---

63. निहितार्थ से नुरुद्दीन (नूर, 41a और 40b) ने इसकी प्रामाणिकता का सत्यापन किया है।
64. शेजवलकर कृत *पानीपत*, 70
65. यह भरतपुर में नखास सराय के सामने चारबाग़ में स्थित है।

के लिए एक भी जीवित मराठा दक्षिण तक नहीं पहुँच पाता।'[66] "उसकी महानता में यह तथ्य भी वृद्धि करता है कि उसने यह पूरी तरह जानते हुए भी कि ऐसा कर वह पानीपत के विजेताओं को उत्तेजित होने का एक और कारण दे रहा है, उसने पराजितों की सहायता की।[67]

दुर्रानी का जाट अभियान छिन्न-भिन्न (मार्च 1761)

अपनी प्रचंड विजय के बाद अब्दाली ने दिल्ली पर कब्जा कर लिया। दीवान-ए-खास में उसने अपना दरबार लगाया। उसने सूरजमल से समझौता-वार्ताएँ शुरू कीं। सूरजमल की ओर से शाही दीवान राजा नागरमल (जो अपनी कार्यालय-व्यवस्था के साथ जाट दरबार में था), राजा दिलेर सिंह, वज़ीर का पेशकार और मजलिस राय दिल्ली आए। इस बीच वेतन-वंचित अपने सैनिकों की माँग के कारण अब्दाली ने नजीब से कहा कि वह मराठा-खतरे से उसे बाहर निकालने की कीमत अदा करे। तथापि कुटिल रुहेला ने अपनी बजाय सूरजमल द्वारा अदायगी करने की कोशिश में राजा के दूतों को 21 फरवरी, 1761 की शाम को अब्दाली के सामने पेश किया। उसने जाट राजा को दुर्रानी के क्षमादान के बदले में पेशकश अदा करने की बात चलाई, लेकिन जीनतमहल, जो अपने पति के हत्यारे (इमाद) के संरक्षक से घृणा करती थी, ने उनका विरोध किया। बदले में उसने एकदम फौजी कार्रवाई करने पर जोर दिया। उसका तर्क था कि जाट राजा को जब तक ताकत द्वारा नेस्तनाबूद नहीं किया जाएगा, वह कुछ भी नहीं देगा।[68] 'राज्य और इस्लाम' के नाम पर नजीब ने भी जोर दिया कि अफ़ग़ान आगरा और उसके आगे तक कूच करें, ताकि शेष बचे मराठों और जाटों तथा अन्य लोगों, जिन्होंने आसपास कब्जा जमा रखा है, से भी निपटा जा सके और नज़राना वसूल किया जा सके।'[69] स्पष्टतः वह एक पत्थर से दो शिकार करना चाहता था। दुर्रानी की माँग को पूरा

---

66. *मेम्वोआर दे यात,* 53-54; नूर, 51b; *इमाद,* 312; *एस.पी.डी.,* XXVII, 271, XXIX, 1; *बयान-ए-वाक़ा,* कानूनगो द्वारा *जाट्स,* 140-141 में उद्धृत; *मिरात,* 917; मेहरा (संपादक गुप्ता) *पानीपत,* 240; फ्रैंकलिन, *शाहआलम* (23) का यह कथन गलत सूचना पर आधारित है कि नरो शंकर को सूरजमल के आदेशों पर लूट लिया गया था।
67. कानूनगो कृत *जाट्स,* 140
68. *डी.सी.; शाहआलमनामा,* 187; *मेम्वोआर दे यात,* 54; *एस.पी.डी.,* XXI, 202; *मिरात,* 919; नूर, 52b; जी. सिंह कृत *दुर्रानी,* 263. इस समय एक 'अफ़वाह उड़ी' थी कि नजीब के ज़ोर देने पर अब्दाली ने मालवा की ओर कूच करने का फैसला किया था, और सूरजमल ने एक दस्ता भेजने के प्रति अपनी सहमति दी थी। देखें, नूर 52b -53b.
69. *मिरात,* 919; देखें, *एस.पी.डी.,* XXI, 202 भी।

करने के लिए रास्ता निकाला जा सके और साथ ही शत्रु जाट राजा भी कुचल दिया जाए। यहाँ यह उल्लेखनीय है कि उल्लसित रुहेला ने सूरजमल को अपनी पानीपत-विजय का समाचार कुछ इस ढंग से सुनाया कि उसमें जाट सरदार के प्रति दुर्भावना की गंध आती थी।[70] जहाँ तक सूरजमल का सवाल है, वह इस बारे में किसी भ्रम में नहीं था। उसे आशंका थी कि उसका विजेता शत्रु संभवतः उस पर भी आक्रमण कर सकता है।[71]

तब एक अभियान की योजना बनाई गई। 7 मार्च, 1761 को शाहवली खाँ ने जीनत महल शाहज़ादा जवान बख्त और मिर्ज़ा बगर के साथ जाट राजा पर दबाव डालने के लिए आगरा की ओर प्रस्थान किया। परंतु दुर्रानी की फौजों ने मथुरा की ओर बढ़ने से इनकार कर दिया। भारत में लंबे प्रवास के बाद फौजियों को अपने घर की याद सताने लगी थी। इससे भी ज्यादा, सन्निकट गरमी में ये दुर्दमनीय जाटों का सामना करने से कतरा रहे थे, जो अपने किलों से उनका 'गोलियों और तोप के गोलों' से स्वागत करने के लिए कृतसंकल्प थे। अपने सैनिकों के विद्रोही तेवर ने अब्दाली को उन्हें तत्काल वापस बुलाने के लिए विवश कर दिया और 20 मार्च, 1761 को वह अपने घर रवाना हो गया, और अपने इस तीसरे और आखिरी अवसर पर भी, उसे सूरजमल से शायद कुछ नहीं मिला।[72] इस तरह संपूर्ण विनाश के मध्य सूरजमल दृढ़तापूर्वक खड़ा रहा। एक प्रत्यक्षदर्शी सही लिखता है कि "तत्कालीन भारत में ऐसा कोई व्यक्ति नहीं था जो उन्हीं परिस्थितियों में ऐसी उपलब्धि पाने में सफल होता।"[73]

इस देश से लौटते वक्त अहमदशाह अब्दाली ने शाहआलम की शहंशाह के रूप में पुष्टि की। नजीब को पुनः मीरबख्शी और इमाद को वज़ीर बनाया। इस तरह उसने शुजा को निराश किया जिसको इसी प्रकार का वचन देकर उसने उसे अपनी ओर मिलाया था। अब्दाली ने याकूब अली खाँ को इमाद के लिए जाट राज्य में खिलअत और वजारत का कलमदान पहुँचाने का निर्देश दिया।[74] तथापि, शाहआलम और जीनतमहल दिल्ली में अपने कट्टर शत्रु को पुनः स्थापित

---

70. मिरात, 918
71. *मेम्वोआर दे यात,* 54
72. *डी.सी.; मेम्वोआर* दे *यात,* 54 और 55-56 भी; *मिरात,* 919-920 (यह कहना इसका गलत है कि शुजा और नजीब कूच करके सूरजमल तक पहुँचे थे); कानूनगो (*जाट्स,* 144) का कहना है कि सूरजमल ने अब्दाली को एक लाख रुपया दिया। यह संभव प्रतीत नहीं होता, देखें, *एस.पी.डी.,* XXIX, 23 और 24; देखें, जी. सिंह कृत *दुर्रानी,* 263-364 पाद-टिप्पणी।
73. *मेम्वोआर दे यात,* 54
74. नूर, 53b-54b; *एस.पी.डी.,* XXI, 202, II, 103; राजवाड़े, I, 297

देखना सहन नहीं कर सकते थे। इस तरह नजीब भी इमाद की पुनर्नियुक्ति का विरोधी था। उसने अपने संरक्षक (अब्दाली) की इच्छा का कि वह उसके साथ मित्रतापूर्वक रहे, अनादर करते हुए इमाद को अलग रखने की कोशिश की। उसने यह कहते हुए शाही परिवार की आशंकाओं की दुहाई दी कि दिल्ली में प्रभुता प्राप्त करने के पश्चात् इमाद 'किसी और शहंशाह को तख्त पर बैठा देगा।' अंततः नजीब ने आनेवाले उत्तराधिकारी से सनद प्राप्त कर ली कि वह आकर राजधानी का कारोबार सँभाले और 7 अप्रैल, 1761 को उसने दिल्ली में प्रवेश किया और मीर बख्शी, फौजदार और प्रतिशासक (रीजेंट) की पोशाक पहनी। उसने दुर्ग की किलेदारी सहित अन्य महत्त्वपूर्ण पदों पर अपने ही लोगों को नियुक्त किया। इस तरह अब्दाली की वापसी को अभी एक पखवारा भी नहीं बीता था कि जोड़-तोड़ के द्वारा वह दिल्ली का तानाशाह बन बैठा। उधर अब्दाली के दूत को (जो 9 अप्रैल, 1761 को ही दिल्ली से मथुरा रवाना हुआ)। इमाद को मथुरा में वजीर की पोशाक अभी भेंट करना शेष ही था।[75]

75. *नूर,* 54a-55a; *डी.सी.;* सरकार कृत *फ़ाल,* II, 377 और 380; *राजवाड़े,* I, 297 भी; *मिरात* (920) का दावा है कि ज़ीनतमहल ने अब्दाली के प्रतिनिधि को जान-बूझकर दिल्ली में रोक लिया था और 5000 की सेना खड़ी करके इमाद के संभावित हमले से रक्षा के लिए राजधानी में तैनात किया था।

13

उच्चाकांक्षाओं के टकराव (1761-1763)

पानीपत का युद्ध यद्यपि एक महत्त्वपूर्ण घटना थी किंतु वास्तव में इसमें जो दाँव लगे हुए थे, उनको देखते हुए यह बेकार सिद्ध हुआ। यह कोई उल्लेखनीय फैसला नहीं कर पाया। मराठा-शक्ति को निस्संदेह, इससे जबर्दस्त धक्का लगा था, किंतु उनकी क्षति न तो स्थायी थी और न अपूरणीय। इसी तरह अफ़गान शहंशाह भी विजेता होने के बावजूद कोई स्थायी आर्थिक लाभ नहीं प्राप्त कर सका। यही नहीं, शीघ्र ही उसने पंजाब में दुर्दम्य सिखों के आगे बढ़ते-बढ़ाव को रोकने में निरंतर बढ़ती कठिनाइयों को भी अनुभव किया। दूसरी ओर, उसके भारतीय सहयोगियों को अब मराठों के स्थान पर शक्तिशाली जाटों का सामना करना था। जहाँ तक मुगल सल्तनत का प्रश्न था पानीपत का युद्ध उसके भयावह रोगों के लिए कोई रामबाण औषध भी सिद्ध नहीं हुआ था। इसके विपरीत अफग़ान-मराठा प्रतिस्पर्द्धा से तो पूरा "मुग़ल राजतंत्र ही दाँव पर लगकर उलट गया था।"[1] शाकिर ने अफ़सोस करते हुए कहा है कि "सल्तनत चारों ओर से शत्रुओं से घिर गई है।"[2] जो कुछ थोड़ा-बहुत बच गया था, उसे हथियाने के लिए वे दीवानगी की हद तक छीना-झपटी करते हुए निजी प्रभुता की आकांक्षा कर रहे थे। शाही राजधानी बिना शहंशाह और वज़ीर के थी, जो परस्पर तलवारें भाँज रहे थे। मीर बख्शी, जिसने सारे अधिकार हथिया लिये थे, काफ़ी शक्तिशाली था, परंतु वह अपने घोषित ताजदार (जो अपने ही प्रदेश में निर्वासित था) को सिंहासन पर बैठाने के लिए 'कोई बलिदान करने या खतरा उठाने' के लिए तैयार नहीं था। विडंबना तो यह थी कि स्वयं मुग़ल शहंशाह भयभीत था कि कहीं वह मीर बख्शी के हाथों में पड़ने के लिए असहाय न कर दिया जाए,[3] जो शाही मुग़लों के परंपरागत शत्रु[4] विजयोन्मत्त अफ़गानों का नेतृत्व कर रहा था। इसके साथ ही रुहेला तानाशाह ने अपनी ताकत को बढ़ाने, अपना एक स्वतंत्र विशाल राज्य बनाने तथा अपने रिश्तेदारों और पिट्ठुओं को

---

1. *मेम्वोआर दे यात,* 49
2. *शाकिर,* 115
3. सरकार कृत *फ़ाल,* II, 529-530
4. वही, 530; साथ ही *फ़्रीडम मूवमेंट,* I, 215, में मिर्जा अली अजहर भी।

संगठित करने, उनको ऊँचे ओहदों पर बैठाने के लिए सरकार में अपनी सर्वश्रेष्ठ स्थिति का दुरुपयोग किया।[5]

जब इस नीति को एक-दूसरे क्षेत्र में इसी तरह के प्रयत्नों का सामना करना पड़ा तो एक भयानक संघर्ष अनिवार्य था।[6] पानीपत का उत्तरार्द्ध-काल जाट-शक्ति का स्वर्णिम काल था।[7] अपनी 'अवर्णनीय बुद्धिमत्ता', शानदार राजनीतिक गांभीर्य और अतुलनीय कूटनीतिक संसाधन क्षमता से सूरजमल ने उन तूफानी दिनों में अपना रास्ता यह सुनिश्चित करने के लिए बनाया था कि 'चारों ओर व्याप्त ह्रास' के बीच भी उसकी समृद्धि में निरंतर वृद्धि और उसकी सत्ता में अबाध बढ़ोत्तरी होती रहे।[8] इस समय तक वह समूचे भारतीय उपमहाद्वीप में सबसे शक्तिशाली और समृद्ध शासक बन गया था।[9] नजीब और उसके बीच दुश्मनी तो पहले ही से थी जो परिवर्तित होती परिस्थितियों में अब सामने आ गई। आगे आनेवाले वर्षों में इनकी प्रतिद्वंद्विता दिल्ली के इतिहास का एक केंद्रीय विषय बन गई।

मथुरा-सम्मेलन (मध्य अप्रैल से मध्य जून 1761) सूरजमल और शांति तथा स्थायी शाही सरकार के लिए प्रयत्न

हिंदुस्तान से नियमित रूप से नज़राने की अदायगी तथा पंजाब पर अपने पूर्ण वर्चस्व को सुनिश्चित करने के लिए अहमदशाह अब्दाली मराठों और प्रकारांतर से सूरजमल से कोई समझौता कर लेना चाहता था। इसी उद्देश्य से वह सभी राजाओं के बीच सहमति से उत्पन्न शांति तथा दिल्ली में नियमित और सहजता से कार्य करनेवाली एक सरकार की स्थापना करके जाना चाहता था।[10] इसीलिए उसने तख्त पर शहंशाह के रूप में शाहआलम को स्वीकार किया और इमाद को वज़ीर तथा नजीब को मीर बख्शी तैनात किया। स्वदेश रवाना होने से पूर्व उसने अपने राजदूत याकूब अली खाँ को निर्देश दिया कि वह मराठों से शांति-समझौते को अंतिम रूप दे और उस समय सूरजमल के एक पेंशनयाफ्ता के रूप में रह रहे इमाद के लिए वजारत की खिलअत और कलमदान ले कर जाए। अब्दाली ने इमाद को भी लिखा कि वह आए और उसकी ओर से स्वयं को सर्वाधिकारी घोषित करता हुआ दिल्ली शहर में प्रवेश करे।[11]

5. सरकार कृत *फ़ाल,* II, 39, 384-386
6. वही, 385
7. *मेम्वोआर दे यात,* 49, 63 और 67
8. *मेम्वोआर दे यात,* 54; साथ में *सियर,* IV, 27, भी; गुप्ता कृत *पानीपत,* 44
9. सरकार कृत *फ़ाल,* II, 381, 383, 442
10. अब्दाली के उद्देश्यों के विस्तृत विवरण के लिए देखें, सरकार कृत *फ़ाल,* II, 378-380; जी. सिंह कृत *दुर्रानी,,* 260-263
11. नूर, 53b-54a; *एस.पी.डी.,* XXI, 202; *मिरात,* 920 भी

याकूब अली खाँ और पेशवा के वकील बापूजी महादेव ने 9 अप्रैल, 1761 को दिल्ली से मथुरा के लिए प्रस्थान किया जहाँ सूरजमल और इमाद पहले ही पहुँच चुके थे। जाट राजा ने अफ़ग़ान दूत को 19 अप्रैल, 1761 को उपस्थित होने की अनुमति दी। इमाद ने कलमदान और खिलअत प्राप्त किए। सूरजमल इमाद, याकूब अली, बापूजी और गंगाधर तात्या ने आपस में विचार-विमर्श किया। वहाँ 'उपस्थितजन' विशेषकर इमाद, तात्या और सूरजमल ने याकूब अली को पेशवा से भेंट के लिए प्रस्थान करने से हतोत्साहित किया। उन्होंने कहा कि वहाँ जाने की कोई आवश्यकता नहीं है और यहीं बैठकर सारी बातें तय की जा सकती हैं।[12] उत्तराधिकारी के तथा जवान बख्त, नजीब, शुजा और रुहेला के वकील भी वहाँ पहुँच गए।[13] इस तरह, देश में शांति का प्रवेश कराने और सामान्य प्रशासन की पुनर्स्थापना के उद्देश्य से भारत की महत्त्वपूर्ण ताकतों का भरतपुर राज्य (मथुरा) में सम्मेलन शुरू हुआ।

यह सम्मेलन दो माह तक चला।[14] परंतु जैसा कि पूर्वानुमान था, अंततः वह निष्फल रहा। सामान्य स्थिति बहाल करने के लिए पारस्परिक मित्रता और सद्भावना की सबसे पहले जरूरत थी। किंतु तत्कालीन प्रतिष्ठितजन में बस इसी का अभाव था। उनके पारस्परिक संबंधों में ईर्ष्या और भीषण राजनीतिक प्रतिद्वंद्विता का बोलबाला था। इसके साथ ही व्यक्तिगत पूर्वग्रह थे, जिन्होंने वातावरण को और भी विषाक्त बना दिया था। एक ओर, नजीब तथा शाहआलम में और दूसरी ओर सूरजमल तथा इमाद में कोई स्नेह भावना नहीं रह गई थी। जब वजारत का सवाल उठा तो शुजा का जाट राजा से, जो इमाद की ताकत था, नाराज होना स्वाभाविक था, और यदि मराठा खरीतों पर विश्वास किया जाए तो इमाद के लिए वजारत हासिल करने में सूरजमल ने महत्त्वपूर्ण भूमिका निभाई थी।[15] इसके अलावा यदि

---

12. *एस.पी.डी.*, XXI, 202, II, 143 और 146, XXVII, 272 साथ में XXIV, 5, भी; *राजवाड़े* I, 228; *डी.सी.*; *नूर*, 54a; *मिरात*, 920-921; सरकार कृत *फ़ाल*, II, 380 यह ध्यान रहे कि शांति संधि के बुनियादी मुद्दों पर पेशवा द्वारा पहले ही विचार करके उन्हें निश्चित कर लिया गया था। उसने अपने वकील हिंगने को सूचित कर दिया था कि उसने 'इस विषय को निपटाने के लिए' होल्कर को अधिकार दे दिए हैं तथा सभी संबंधित विषय होल्कर के समक्ष प्रस्तुत किए जाएँ और उसके निर्णय को स्वीकार किया जाए (देखें, सरदेसाई कृत *मराठाज़*, II, 463, में उद्धृत पेशवा का पत्र; जी. सिंह कृत *दुर्रानी*,, 262 भी) होल्कर का दीवान गंगाधर पहले से ही मथुरा में था। अतः, मथुरा में अफ़ग़ान दूत को रोके रखने के पीछे कोई दुर्भावना नहीं थी।
13. *एस.पी.डी.*, II, 103, XXVII, 272; *नूर*, 54b
14. *नूर*, 55b
15. *राजवाड़े* I, 288, 297 भी

रुहेला सरदार जवान बख्त, जीनतमहल, शुजा और अन्य लोग इमाद-उल-मुल्क की वजारत से नफरत करते थे[16] तो दूसरी ओर, ऐसे भी लोग थे जो नजीब से ईर्ष्या करते थे और दिल्ली में उसके बढ़ते प्रभाव को पसंद नहीं करते थे।[17]

मथुरा शांति-सम्मेलन की असफलता के लिए जे.एन. सरकार ने सूरजमल के तथाकथित षड्यंत्रकारी मंसूबों को जिम्मेदार ठहराया है। उनके अनुसार "सूरजमल का इरादा सल्तनत की वास्तविक सरकार पर काबिज होना था और शहंशाह के नाम पर रुहेलों, बंगश और शुजा से पड़ोसी प्रदेशों को छीनना, परदे के पीछे रहते हुए उन्हें अपने पास रखना था।" इससे अवध और अफ़ग़ानी दूत नाराज़ हो गए। "इसका स्वाभाविक परिणाम यह हुआ कि समझौता-वार्ताएँ टूट गईं..."[18]

स्पष्टत: यह निष्कर्ष हिंगने के खरीते पर आधारित है। बापू महादेव हिंगने एक प्रत्यक्षदर्शी था और पेशवा का वकील होने के नाते वह उपरोक्त सम्मेलन में भाग लेनेवाले प्रमुख व्यक्तियों में था। अत: मथुरा-वार्ताओं की प्रवृत्तियों के बारे में उसकी और अन्य समकालीन लोगों की रिपोर्टें सूचनाओं का महत्त्वपूर्ण स्रोत हैं, विशेषतया जब नूर-उद-दीन (इमाद का सेवक) और वैंदेल (जो संभवत: जाट राज्य में उस समय अवश्य रहा होगा) इस पर ज्यादा प्रकाश नहीं डालते। वैंदेल ने मथुरा-सम्मेलन की पूर्णतया उपेक्षा की है। तथापि मराठी खासकर हिंगने के खरीते कई स्थानों पर अस्पष्ट और गलतफहमी में डालनेवाले हैं। अत: इनका सावधानी से अर्थ लगाना चाहिए तथा सावधानी से ही उन्हें स्वीकार भी करना चाहिए।

हिंगने लिखित उक्त खरीते की ध्यान से छानबीन करने पर यह स्पष्ट होता है कि जे.एन. सरकार द्वारा की गई व्याख्या पूरी तरह सही नहीं है। हिंगने के खरीतों में सबसे ज्यादा प्रासंगिक दो मुद्दे देखे जाते हैं। इसके प्रथम अंश में कहा गया है कि "सल्तनत पर ठाकुर (सूरजमल) का पूर्ण नियंत्रण रहे यह सबकी इच्छा है और स्वयं ठाकुर की भी इसमें सहमति है।"[19] यह इसी खरीते के पिछले पृष्ठ

---

16. *मिरात,* 921
17. मथुरा से हिंगने ने अपने प्रतिवेदन में लिखा (*एस.पी.डी.,* II, 103), "यह सबकी इच्छा है कि नजीब खाँ को मिटा कर गाज़ी-उद-दीन को (दिल्ली में) पहले की भाँति प्रतिष्ठापित कर दिया जाए।" नजीब के प्रति रुहेलों की ईर्ष्या के लिए देखें, नूर, 43b; सरकार कृत *फ़ाल,* II, 381; *फ़्रीडम मूवमेंट,* I, 317, में अब्दुर रशीद भी देखें।
18. सरकार कृत *फ़ाल,* II, 381
19. *एस.पी.डी.,* II, 103, इस पत्र का प्रथम पृष्ठ खो जाने से अप्राप्य है, जिसमें प्राय: तारीख, लेखक का नाम, प्रेषिती का नाम और जहाँ से लिखा गया है उस स्थान का नाम होता है। *एस.पी.डी.* खंडों के संपादक जी.एस. सरदेसाई, ने इस पत्र को 1759

के संदेश का आगे जारी रहनेवाला एक तर्कसंगत अंश है, किंतु इसे पृथक् रूप में पेश किया गया है। इस खरीते के बाद के अंश में स्पष्टतया एक अन्य मुद्दे के महत्त्व को उजागर किया गया है। इसमें लिखा है :

"इस विषय का शेष भाग यह है कि ठाकुर का इरादा है कि वह[20] सरकार के सूबों को प्रच्छन्न रूप से[21] हथिया ले जो अयोध्या और पटना तथा रुहेला[22] से ठाकुर द्वारा छुड़वाए जाएँगे। इसीलिए अयोध्या से रुहेला के वकीलों ने स्पष्ट उत्तर दिया कि यदि जाट से संपर्क[23] स्थापित करके (आप यह कोशिश करेंगे कि) हमें (अपने राज्यक्षेत्र) छोड़ने के लिए मजबूर किया जाए, तो हम ख़ाली नहीं करेंगे।"[24]

उक्त उद्धरण के पहले अंश से प्रथम दृष्टि में यह प्रतीत होगा कि सूरजमल पटना, अयोध्या और अन्य दूरस्थ प्रदेशों को 'छीनना' चाहता था, जैसाकि जे.एन.

में लिखा गया बताया है। यह सही नहीं है। इस पत्र के अंतर्वस्तु में स्पष्ट रूप से मथुरा सम्मेलन काल की चर्चा की गई है। संयोगवश, हमारे पास एक और पत्र है (हिंगने के भाइयों द्वारा 6 मई, 1761, को मथुरा से लिखा गया, *एस.पी.डी.,* XXI, 202)। यह अपूर्ण है और सहसा 'यो गो' शब्द से समाप्त हो जाता है। दूसरी तरफ़, *एस.पी.डी.,* II, में संख्या 103 के अधीन प्रकाशित अपूर्ण पत्र *ष्टी सहि* शब्द से शुरू होता है अलग-अलग देखने पर ये दोनों ही अभिव्यक्तियाँ अपूर्ण हैं। किंतु यदि उनको जोड़ दें तो यह अर्थपूर्ण शब्द बन जाता है 'या गोष्टी सहि'। चूँकि ये दोनों दस्तावेज़ एक ही विषय-वस्तु से संबंधित हैं अतएव संभव है कि मिलकर यह हिंगने के पूरे पत्र का ही रूप हों, जो किसी तरह अलग होकर उसी प्रकार छाप दिए गए हों। यद्यपि सरकार इन दोनों से कोई संबंध आपस में नहीं जोड़ते हैं, किंतु शायद विषय-वस्तु की समरूपता के कारण इस निष्कर्ष पर पहुँचे हैं कि *एस.पी.डी.,* XXI, 202 तथा *एस.पी.डी.,* II, 103 को मिलाकर एक पूर्ण पत्र बन जाता है। देखें, *फ़ाल,* II, 379, पाद-टिप्पणी।

20. इसके 'आप' का अर्थ पेशवा से भी लगाया जा सकता है।
21. मूलपाठ में पदद्यांत लिखा हुआ है जिसका अर्थ है 'परदे में', तथापि, इससे पूर्णतया कोई अकाट्य अर्थ नहीं निकलता। ये खरीते मोदी लिपि में लिखे गए हैं, तथा हो सकता है कि इस लिपि में यह मूल शब्द 'पदरांत' हो जिसका अर्थ है 'नियंत्रण में होना।' आगे के वाक्यों को पढ़ने से 'पदरांत' से कुछ अर्थ मेल खाता प्रतीत होता है, क्योंकि मूलपाठ के उक्त वाक्यों में अयोध्या (शुजा) और रुहेला के वकीलों के रोष व्यक्त किए गए हैं।
22. स्पष्टतया, अयोध्या और पटना का अर्थ शुजा से है, जबकि रुहेला का 'नजीब' है।
23. जाहिरा तौर पर जे.एन. सरकार (*फ़ाल,* II, 381) ने *जाठाचे तालूक करून* का अर्थ जाट को दिए गए पट्टे से लगाया है, किंतु *तालूक करून* का सही अर्थ 'संपर्क स्थापित करना' उचित लगता है।
24. *एस.पी.डी.,* II, 103

सरकार ने सोचा है। परंतु इस तरह का निष्कर्ष सूरजमल की जानी-पहचानी सतर्कता, आत्मनियंत्रण, चतुराई तथा राजनीति में यथार्थता की प्रबल भावना से जिन्हें उपरोक्त विद्वान ने निहितार्थ से स्वीकार किया है,[25] मेल नहीं खाता। सूरजमल का आचरित जीवन इस प्रकार की भारी भरकम और आडंबरपूर्ण योजनाओं को अपनाएगा यह विश्वसनीय नहीं लगता। पानीपत के तीन वर्ष बाद तक वह सबसे शक्तिशाली शासक रहा, परंतु फिर भी हम उसे दूरदराज़ स्थानों पर चढ़ाई के लिए जाते नहीं देखते। जैसाकि आगे विदित होगा, अपने खोए प्रदेशों को प्राप्त कर लेने के बाद उसकी विस्तारवादी नीति केवल आसपास के क्षेत्रों तक ही सीमित रह गई थी। वैंदेल की इस उक्ति से कि वह "अपने सूबे से दूर किसी युद्ध या अन्य किसी ऐसे झंझट में अपने को फँसाना नहीं चाहता था"[26] हमें समर्थन मिलता है।

शुजा और रुहेला के वकीलों द्वारा मराठा क्षेत्रों को खाली करने से इनकार करने संबंधी हिंगने की रिपोर्ट हमें एक और प्रासंगिक सूचना देती है। यह अस्वीकृति सूरजमल को किस सीमा तक प्रभावित करती है यह देखना अभी शेष है। संयोग से हमें ऐसी अनेक समकालीन खबरों की रिपोर्टें मिलती हैं जिनसे यह जानकारी होती है कि किन कारणों से उपरोक्त अस्वीकृति की गई थी। मराठों की पराजय के बाद अब्दाली के विजेता साथियों की सेनाओं ने दोआब के अपने कब्जे वाले क्षेत्रों को बढ़ाने के लिए पहले-पहल मौके से ही लाभ उठा लिया था।[27] परंतु इस विजय का पूरा लाभ दिलाए बिना अब्दाली की वापसी और मराठों के प्रति शाहआलम के झुकाव[28], जो शायद इस बोध से जन्मा था कि मराठे अभी भी शक्तिशाली हैं, वे उपरोक्त क्षेत्र अपहारकों को कब्जे बनाए रखने संबंधी अपने आचरण पर पुनर्विचार करने के लिए प्रेरित किया था। नजीब और शुजा ने मल्हार राव होल्कर को अपने इस निर्णय से सूचित करना उचित समझा कि वे अपने द्वारा कब्जे में ली गई भूमि को छोड़ देंगे, बशर्ते उनका प्रभार लेने के लिए वह अपने अधिकारी भेजे।[29] संभवत: इन सरदारों की बातों पर विश्वास न करते हुए होल्कर ने (जो मराठा हितों का पेशवा द्वारा अधिकृत संरक्षक था) अपने दीवान गंगाधर, को अंतर्वेदी में महलों की पुनर्स्थापना में सहानुभूतिपूर्ण और शक्तिशाली जाट राजा का समर्थन प्राप्त करने के लिए भेजा।[30] गंगाधर को वज़ीर

25. सरकार कृत *फ़ाल,* II, 257 और 442
26. *मेम्वोआर दे यात,* 67
27. विवरण के लिए देखें, श्रीवास्तव कृत *शुज़ा,* I, 117ff
28. *एस.पी.डी.,* XXVII, 263; श्रीवास्तव कृत *शुज़ा,* I, 120
29. *एस.पी.डी.,* XXVII, 263.
30. *एस.पी.डी.,* XXVII, 268, XXIX, 10, 15 साथ ही XXI, 202, II, 144 भी।

इमाद-उल-मुल्क से काशी और प्रयाग के पवित्र स्थलों की सनदें भी लेनी थीं।[31] तथापि, तात्या के मिशन, सूरजमल के साथ उसके निरंतर बने रहने और दोआब में कोल[32] की ओर उनके संयुक्त कूच तथा मराठा सम्मेलन के दौरान जाट राजा से पेशवा के पत्राचार[33] ने शायद नजीब, शुजा और अन्य लोगों को चिढ़ा दिया और साथ ही उन्हें मराठा दोआब को खाली न करने का एक बहाना भी दे दिया।

उपरोक्त परिप्रेक्ष्य में देखने से यह स्पष्ट हो जाता है कि जिन दूरस्थ इलाकों के लिए सूरजमल की कुटिल योजनाएँ कहा गया है वे वास्तव में संबंधित वकीलों द्वारा मराठों को जमीन न देने का एक बहाना था।[34] या ज़्यादा-से-ज़्यादा सूरजमल के रुख के प्रति उनका (वकीलों का) संदेह था। यह नहीं कि जाट राजा महत्त्वाकांक्षी नहीं था, परंतु हिंगने के खरीते के ऊपर उद्धृत अंश के निहितार्थ को इस संदर्भ में अच्छी तरह समझा जा सकता है।

हिंगने ने आगे भी उल्लेख किया है कि इमाद-उल-मुल्क, अपने संरक्षक के परोक्ष समर्थन से, एक समय किसी और को तख्त पर बैठाने का भी विचार कर रहा था।[35] अली मुहम्मद खाँ तो आगरा (दूसरी राजधानी) पर जाट कब्जे को वहाँ झूठे दावेदार को, जिसे 1753 में[36] सफदरजंग ने तख्त पर बैठाया था, सिंहासनारूढ़ करने की इमाद-उल-मुल्क की योजना ही बताता है। स्पष्टतः इमाद जानता था कि उसकी वजारत शहंशाह[37] को मंजूर नहीं होगी जो, यदि एक मराठी खरीते पर विश्वास किया जाए तो, अपने कट्टर दुश्मन (इमाद) को 'खत्म कर देना' चाहता था।[38] अतः छल-प्रपंच में कुशल इमाद एक नए शहंशाह को तख्त पर बैठाना चाहता था। जहाँ तक शाहआलम का प्रश्न है, उसे सदा से इस बात का संदेह रहा था और इमाद का प्रतिरोध करने के लिए ही उसने नजीब को अपने निकट होने का प्रलोभन दिया।[39]

हमें बताया गया है कि इमाद ने अब्दाली के दूत याकूब अली से इस योजना की बात छेड़कर इस संबंध में उसकी सहायता चाही थी। परंतु उसने स्पष्ट तौर

---

31. *एस.पी.डी.,* XXVII, 269, 114 (इस पत्र पर मुद्रित तारीख गलत है)।
32. *राजवाड़े,* I, 285, 295
33. *एस.पी.डी.,* XXI, 202 साथ ही II, 103 भी।
34. कुछ सीमा तक शुजा के अतिरिक्त, रुहेलों ने ऊपर दोआब छोड़ने की कोई इच्छा नहीं दिखाई। देखें, श्रीवास्तव कृत *शुज़ा,* I, 120
35. *एस.पी.डी.,* XXI, 202; *एस.पी.डी.,* II, 103
36. *मिरात,* 921
37. वही, 921
38. *राजवाड़े,* I, 295
39. *एस.पी.डी.,* II, 103

पर उसे बता दिया कि उसे खिलअत सौंपने के बाद उसका काम खत्म हो गया है और शाह के हुक्म के बिना वह अपनी मरजी से कुछ नहीं कर सकता। याकूब ने अंत में कहा, "तुम (इमाद) जो भी ठीक समझो करो। किंतु अपनी ताकत के बल पर ही कर सकते हो।[40] परंतु इमाद की अपनी तो कोई ताकत थी ही नहीं। यदि किसी पर मुख्य रूप से निर्भर रह सकता था तो वह सूरजमल की सहायता पर, और यदा-कदा मराठों और रुहेला पर। इनमें से अंतिम दो तो शाहआलम की बादशाहत के प्रति इमाद की नफरत में भागीदार नहीं थे, यद्यपि वे आमतौर पर वजारत के उसके दावे का समर्थन करते थे।[41] जहाँ तक सूरजमल का प्रश्न है, उसकी उसमें (इमाद की वजारत में) ही ज्यादा रुचि थी। अब जबकि उसके आश्रित को पानीपत के विजेता जैसे व्यक्ति की सहज स्वीकृति प्राप्त हो गई थी, तब वह इमाद के वास्तविक वज़ीर बन जाने पर उसके माध्यम से मुगल-शासन पर वर्चस्व स्थापित करने की कल्पना कर रहा था और इसके साथ-साथ अपने अभियानों को कानूनी मान्यता भी दिलाना चाहता था।[42] परंतु घृणा के पात्र राजहंता के साथ उसके मेल-मिलाप ने शाहआलम और जीनतमहल को ठीक ही नाराज कर दिया था। अभी कुछ ही समय पूर्व ही तो शाहआलम ने[43] परोक्ष रूप से और राजमाता ने सीधे-सीधे[44] दुर्रानी को जाट राजा के विरुद्ध कूच करने के लिए उकसाया था। इसीलिए वह (जाट राजा) शाहआलम से नाराज भी था। परंतु साथ ही यह पता नहीं चलता कि चतुर राजा एक प्रतिस्पर्धी शहंशाह को तख्तनशीन करने की बदनामी लेने के लिए तैयार था।

दूसरी ओर, इमाद ने अपने हितों की पूर्ति के लिए पहले भी शहंशाह को हटाना सुविधाजनक समझा था और अब वह पुनः ऐसा करने के लिए उत्सुक था।

---

40. वही; प्रतीत होता है कि जे.एन. सरकार (*फ़ाल*, II, 381) ने, इसका अर्थ यह लगाया है कि याकूब अली ने यह इमाद द्वारा दिल्ली में पुनः नियुक्त किए जाने के अनुरोध के उत्तर में कहा था। किंतु यदि हम *एस.पी.डी.*, XXI, 202 की अंतिम तीन पंक्तियाँ और *एस.पी.डी.*, II, 103 की प्रथम तीन पंक्तियों को एक साथ पढ़ें तो यह प्रतीत होगा कि याकूब के इस उत्तर का संबंध वज़ीर पद से अधिक शहंशाह के पद से है।
41. नूर-उद-दीन (*नूर*, 43b, 54b) से यह अर्थ लगाया जा सकता है कि रुहेलों ने वज़ीर पद के लिए इमाद का समर्थन किया था। विसंगत टिप्पणी के लिए देखें, सरकार कृत *फ़ाल*, II, 381
42. *एस.पी.डी.*, XXI, 202; *एस.पी.डी.*, II, 103; कानूनगो कृत *जाट्स*, 146
43. देखें, अब्दाली को शाहआलम का पत्र जिसे जी. सिंह ने उद्धृत किया है, *दुर्रानी*, 232-233
44. ऊर्ध्व, 265

परंतु यह तथ्य कि जाट राजा ही उसकी मुख्य शक्ति था, अतः इमाद की चाल के पीछे उसकी सहज सहमति है, यह समझा गया, जबकि वास्तविकता यह नहीं थी। आगरा पर कब्जा कर लिया गया था, परंतु न तो उस समय या बाद में किसी को तख्त पर बैठाया गया था। यह प्रतीत होता है कि सूरजमल की तटस्थता ने अंततः उसके आश्रित (इमाद) को निराश कर दिया। उसी हिंगने से हमें यह पता चलता है कि मध्य जून, 1761 तक (अर्थात् जब वार्ताएँ चल ही रही थीं) दोनों शाहआलम की बादशाहत को स्वीकार कर चुके थे और वे उसे 'दोस्त बनाने' तक का भी विचार कर रहे थे।[45] जहाँ तक इमाद की वजारत का सवाल है, सूरजमल की निश्चय ही उसमें दिलचस्पी थी।[46] परंतु नजीब ने दिल्ली में वास्तविक सरकार पर दृढ़तापूर्वक अधिकार जमा लिया था एवं किसी और को बर्दाश्त करने का उसका इरादा भी नहीं था। इन परिस्थितियों में मनोनीत वज़ीर के पद पर बैठाने के किसी भी प्रयत्न का अर्थ दिल्ली पर पूर्ण आक्रमण ही होता। इसे सूरजमल ने बुद्धिमत्तापूर्वक टाल दिया। नजीब ने जब यह कहा, तब उसने यह अंदाज़ तो लगा लिया था कि यदि उसने पहले राजधानी पर अधिकार कर लिया तो दूरदर्शी तथा स्वभाव से धैर्यवान सूरजमल उसे वहाँ से निकालेगा नहीं।[47] अंत में याकूब अली मथुरा से दिल्ली लौट गया[48] और रुहेला भी वापस चले गए। जैसा कि चतुर रुहेला ने पहले ही भविष्यवाणी की थी। उन्होंने नजीब को खदेड़-बाहर करने का कोई प्रयत्न नहीं किया।[49]

इस तरह खींच-तानवाले लंबे विचार-विमर्श के बाद मथुरा-सम्मेलन समाप्त हो गया। दुर्रानी-पेशवा के उभयपक्षीय संबंधों पर उसका क्या असर पड़ा, यह हमारी चिंता का विषय नहीं है। इसका एक उद्देश्य दिल्ली में पारस्परिक सहमति से एक नियमित प्रशासन की स्थापना करना था। तथापि, जब तक इमाद और नजीब का विवाद खिंचता रहा इस लक्ष्य को प्राप्त नहीं किया जा सका। ऊपर स्पष्ट की गई नजीब की भूमिका की उपेक्षा करते हुए जे.एन. सरकार आगे तर्क देते हैं कि ये वार्ताएँ मुख्यतः इसलिए असफल हुईं क्योंकि जाट राजा और इमाद, नजीब और अब्दाली से स्थायी शांति नहीं चाहते थे और नजीब को अलग करके सल्तनत में अपना अकेला अधिकार स्थापित करना चाहते थे।[50] तथापि, यह तर्क दोनों ओर से काट करता है। तुलनात्मक रूप से एकमात्र अपने पास अधिकार रखने का दोष सूरजमल और इमाद की अपेक्षा नजीब पर ज्यादा लागू होता है। यहाँ यह याद कर

---

45. *एस.पी.डी.,* II, 146
46. *मिरात,* 928
47. *नूर,* 55a
48. *एस.पी.डी.,* XXI, 91 और II, 146
49. *नूर,* 55a
50. सरकार कृत *फ़ाल,* II, 380

लेना चाहिए कि मथुरा-वार्ताएँ इसलिए हुई थीं कि अब्दाली की नजीब को मीरबख्शी और इमाद को वज़ीर बनाकर मुगल सरकार चलाने की योजना पर अमल किया जा सके। परंतु जब इमाद को वजारत की खिलअत अभी मिलनी ही थी कि नजीब ने मनोनीत वज़ीर और शाहआलम के बीच मौजूद झगड़े को हवा देकर सारे अधिकार हथियाने की चाल चल दी थी, और इस तरह इमाद से आगे निकल गया था। सूरजमल और उसके आश्रित के खिलाफ फैसला तब विश्वास योग्य प्रतीत होता जब नजीब द्वारा दिल्ली में वज़ीर के रूप में इमाद को उसका हक देने के बावजूद वे अपनी दुश्मनी और विरोध बरकरार रखते। परंतु ऐसे कोई प्रमाण नहीं मिलते कि जिनसे यह सिद्ध किया जा सके कि उसने वज़ीर के साथ कभी अनुकूल बनने या उसके साथ मैत्रीपूर्ण ढंग से रहने की इच्छा व्यक्त की हो। यदि ऐसा न होता तो अपना पद हासिल करने के लिए इमाद और लोगों से सहायता नहीं माँगता। उस पर और उसके संरक्षक पर यह आरोप लगाया है कि वे नजीब को खत्म करना चाहते थे और दिल्ली में सारी सत्ता हथियाना चाहते थे, परंतु नजीब ने तो दिल्ली में एक बार सारी सत्ता हथिया लेने के बाद इमाद को प्राय: निष्कासित ही कर दिया था। नजीब की इसी भारी पकड़ ने और उसके साथ इमाद के प्रति उसकी सतत शत्रुता ने कुछ समकालीन लोगों को इमाद की वजारत की प्रभावशीलता ही नहीं, बल्कि स्वयं वजारत मिलने के प्रति शंकालु बना दिया था।[51] इमाद के लिए तो वस्तुत: दरवाजे बंद ही हो गए थे। इन परिस्थितियों में तो केवल हथियार ही इमाद को उसका कानूनी हक दिला सकते थे। तथापि, इमाद भले ही निराश हुआ हो, लेकिन यदि सूरजमल तथा अन्य लोगों ने संघर्ष की नौबत को टाला तो इसके लिए निश्चय ही उनकी निंदा नहीं की जा सकती। इसके अतिरिक्त, यह कहना भी एकपक्षीय होगा कि सूरजमल ने नजीब के प्रति दुराग्रही तथा अनम्य रुख अपना रखा था। हमारे पास समकालीन प्रमाण हैं कि सूरजमल के प्रति अपनी दुर्भावना को नजीब दिन-रात पोषित करता रहता था और उसे उखाड़ फेंकने की योजनाओं पर सदा विचार मग्न रहता था,[52] जबकि ऊपर से यही दिखता था कि वह सूरजमल से समझौता करने का इच्छुक है। इसके अतिरिक्त यह भी नहीं भूलना चाहिए कि केवल सूरजमल ही रुहेला सरदार का विरोधी नहीं था। मराठे, हफ़ीज़ रहमत तथा अन्य लोग भी उसके विरुद्ध थे और जैसाकि पहले बताया गया है, वे सब इमाद की वजारत के समर्थक थे।

और यदि हम व्यक्तिगत जिम्मेदारी निर्धारित करें तो साम्राज्य में पारस्परिक सहमतिवाले नियमित प्रशासन की स्थापना के प्रयत्नों में पलीता लगाने की जिम्मेदारी

51. *राजवाड़े*, I, 297
52. आगे देखें, 290f

औरों की अपेक्षा नजीब पर ज्यादा है। सरकार पर अपने निर्बाध नियंत्रण के द्वारा रुहेला तानाशाह ने मथुरा की वार्ताओं की नियति की पहले ही पेशबंदी कर दी थी। जहाँ तक सूरजमल का प्रश्न है, निश्चय ही वज़ीर के माध्यम से सल्तनत पर आधिपत्य जमाने की उसकी महत्त्वाकांक्षा थी, और नजीब की तानाशाही के सामने समर्पण नहीं करना चाहता था।[53] उक्त सम्मेलन की असफलता में छोटी शक्तियों का भी हाथ था। इस सारे मामले का सार यह है कि व्यक्तिगत पूर्वग्रहों और प्रतिस्पर्धी महत्त्वाकांक्षाओं ने सारी शक्तियों के सोच-विचार को दूषित कर दिया था।[54] एक व्यापक दृष्टिकोण से प्रश्नों को देखने के लिए बहुत कम लोग क्षुद्र स्वार्थों से ऊपर उठ सकते हैं। अतः यदि सौजन्यता का दिखावा भी बनाए रखा जाए तो बड़ी और नाजुक समस्याएँ ऐसे वातावरण में हल नहीं की जा सकती थीं।

इमाद को पदासीन करने के प्रश्न पर सूरजमल ने लड़ाई नहीं थोपी, परंतु इस मामले में नजीब की नीतियों और व्यवहार ने उसे नाराज कर दिया और दोनों के बीच झगड़ा और बढ़ा दिया।[55] दूसरी ओर सूरजमल द्वारा इमाद के दावों के समर्थन से अवध का नवाब नाराज हो गया,[56] जो अब्दाली से धोखा खा जाने के बावजूद हमेशा की तरह सल्तनत की वजारत की इच्छा करता रहा था। इसने सूरजमल और इमाद के विरुद्ध नजीब और शुजा को एक-दूसरे के निकट ला दिया।[57] तथापि रुहेलों ने सूरजमल के साथ अपने संपर्क बनाए रखे।[58] सरकार में नजीब की प्रभुता से सूरजमल इतना नाराज था कि मथुरा-सम्मेलन के बाद उसने (अगस्त, 1761 की शुरुआत में ही) शुजा को वजारत और इमाद को मीरबख्शी पद दिलाने के बारे में सोचना शुरू कर दिया।[59] जाट राजा ने शाहआलम द्वितीय को स्पष्ट तौर पर इस आशय का एक सुझाव भी दिया। तथापि, शहंशाह ने इमाद से कोई भी संबंध रखने से इनकार कर दिया। इसके बजाय उसने उसके संपूर्ण विनाश की इच्छा जाहिर की और कहा जाता है कि अपने घातक शत्रु को लौटाने पर जोर भी दिया। तथापि, सूरजमल इसके लिए तैयार नहीं हुआ। इस घटना ने निश्चय ही दोनों (शाहआलम और सूरजमल) के बीच समझौते की संभावना को

---

53. *सियर* (III, 402) का कहना है कि जब तक शाहआलम पटना से राजधानी नहीं आ जाते तब तक सूरजमल नजीब के प्रति समर्पित होने के लिए तैयार नहीं था।
54. जी. सिंह कृत *दुर्रानी*, 282
55. *राजवाड़े*, I, 297; देखें *एस.पी.डी.*, XXIX, 10
56. *राजवाड़े*, I, 297
57. वही
58. *राजवाड़े*, I, 295
59. वही

नष्ट कर दिया होगा और कड़वाहट बढ़ा दी होगी।[60]

दनकौर घाट में सूरज-नजीब वार्ता (नवंबर 1761)

एक ओर, जहाँ वजारत के भाग्य का फैसला अभी होना था, शहंशाह को राजधानी ले जाने के लिए एक योजना बनाई गई। स्वयं शक्तिहीन होने के कारण अपनी वास्तविक गद्दीनशीनी के लिए वह दूसरों पर निर्भर था। परंतु कोई भी अकेले उसकी सहायता के लिए तैयार नहीं था। इसके लिए संगति प्रयास की आवश्यकता थी। दनकौर घाट में दो प्रमुख व्यक्तियों नजीब और सूरजमल की मुलाकात आंशिक रूप से इसी योजना का एक हिस्सा थी। इस मामले में पहल करते हुए नजीब ने सूरजमल से व्यक्तिगत मुलाकात की व्यवस्था करने के लिए दिग्गज मध्यस्थ नागरमल को (लगभग सितंबर 1761 के मध्य में) कुम्हेर भेजा। तीन सप्ताह बाद (7 अक्टूबर, 1761) राजा दिलेर सिंह, जाट वकील रूपराम कटारी और मोहन सिंह के साथ जाट राजा से मिलने दिल्ली से दनकौर गया। वहाँ वे पाँच दिन ठहरे, जाट राजा से उन्होंने बातें कीं और 15 को राजधानी लौट आए। अगले दिन वे शर्तें तय करने के लिए नजीब से मिले। इसके बाद नजीब ने दो दूत, राजा चेतराम और दिलेर सिंह को सूरजमल के पास उसके प्रति निष्ठा की शपथ लेते हुए कुरान की एक प्रति साक्षी के रूप में लेकर भेजा। उन्होंने निकट ही कहीं दोनों प्रमुखों के बीच भेंट की व्यवस्था करनी थी। तथापि, अपने पूर्व कार्यक्रमानुसार सूरजमल दोनों दूतों को साथ लेकर गोवर्धन मेले के लिए चला गया। फिर 24 अक्टूबर को राजा नागरमल, याकूब अली खाँ, अब्दुल अहद खाँ तथा अन्य लोग नजीब से बात करने के बाद जाट राजा के पास अब्दाली को जो रकम भुगतान करनी थी उसकी व्यवस्था के लिए गए। अब्दाली ने धमकी दी थी कि यदि भारतीय राजा उसे नज़राने की राशि अदा नहीं करेंगे तो वह फिर से हमला कर देगा। उन्हें सूरजमल को नजीब से दिल्ली में, एक पखवाड़े बाद, अपनी निर्धारित हिसार यात्रा से लौटने के बाद मिलने के लिए मनाना भी था।[61]

नवंबर, 1761 के अंत में किसी समय रुहेला सरदार और जाट राजा के बीच चिर-प्रतीक्षित मुलाकात जाट राजा के दनकौर घाट स्थित शिविर में हुई। दोनों की सेनाएँ यमुना के दोनों किनारों पर उतरीं। अपने सलाहकारों के सुझाव के बावजूद नजीब ने अपनी सेना को पीछे छोड़कर केवल कुछ सेवकों के साथ एक छोटी-सी नाव में नदी पार की। "सूरजमल ने उसके प्रति 'हृदय की महान शुद्धता' दर्शाई।"[62]

---

60. वही
61. *एस.पी.डी.*, XXI, 89, 90, XXIX, 24 और 23 भी; II, 108 (इस पत्र की जो तारीख संपादक ने सूचित की है वह ग़लत है); *डी.सी.*; सरकार कृत *फ़ाल*, II, 386, 445-446
62. *नूर*, 56a-56b; देखें, *एस.पी.डी.*, XXIX, 23

हिंगने के खरीते से यह अर्थ निकाला जा सकता है कि नजीब ने शहंशाह को लिवा लाने के लिए राजा को उसके साथ अपने बेटे को भेजने का सुझाव दिया।[63] यह अनुमान लगाना स्वाभाविक होगा कि सूरजमल ने इमाद की वजारत का सवाल उठाने के लिए इस मौके का उपयोग किया। परंतु उसका कोई नतीजा नहीं निकला। इस भेंट से सिवाय इसके कि दोनों के बीच का मनमुटाव थोड़ा कम हुआ और किसी उपयोगी उद्देश्य की पूर्ति नहीं हुई।[64] इस मौके से दोनों के बीच कोई वास्तविक मेल-मिलाप पैदा नहीं हो पाया और न शहंशाह को दिल्ली ले जाने के लिए पारस्परिक सहमति से कोई योजना बन पाई। सचाई तो यह है कि चर्चाएँ होने के बावजूद शुजा को छोड़कर और किसी राजा ने शाहआलम के भाग्य को सँवारने का कोई प्रयत्न नहीं किया।[65] दूसरी ओर, इमाद को नजीब और शाहआलम के भी विरोध के कारण वज़ीर के पद पर आसीन न किया जा सका और सूरजमल ने भी बुद्धिमानी दिखाई और इस दिशा में आगे बढ़ने का प्रयास नहीं किया। समय बीतने के साथ ही उसने इमाद के पक्ष[66] को लेकर आगे प्रयत्न करना बंद कर दिया। यद्यपि पहले की भाँति उसने उसका समर्थन करना जारी रखा।[67]

उत्तर-पानीपतकालीन विस्तार और सूरजमल तथा नजीब की अनबन

पानीपत में मराठों की पराजय और उसके साथ विजेता अहमदशाह की वहाँ टिके रहने की अनिच्छा ने उत्तर भारत में एक शून्य की स्थिति पैदा कर दी जिसे भरने के लिए विभिन्न ताकतें, जो वैसे तो अकसर परस्पर विरोधी थीं, दौड़ पड़ीं। दोआब, राजपूताना, बुंदेलखंड, मालवा और अन्य स्थानों में बड़े जमींदार, राजा और बेदखल हुए स्थानीय मुखिया सब एक साथ मराठों की कब्ज़ोंवाली जमीनों पर टूट पड़े।[68]

---

63. *एस.पी.डी.,* XXI, 89.
64. देखें, सरकार कृत *फ़ाल,* II, 446
65. *राजवाड़े,* I, 297; *एस.पी.डी.,* XXIX, 5
66. शुजा को वज़ीर पद पर समुन्नत करने के प्रति 1761 के अंत तक शाहआलम 'स्वयं को मुक्त' समझ चुका था। शुजा का प्रतिष्ठापन फरवरी, 1762 में हुआ था। देखें, श्रीवास्तव कृत *शुजा,* I, 125f
67. इमाद जाट राज्य में रहने लगा था। बंगश सरदार की सहायता के लिए 1763 में भेजे गए जाट दस्ते के साथ वह भी गया था। सूरजमल की मृत्यु के बाद दिल्ली पर किए गए हमले में वह राजा जवाहरसिंह के साथ गया था। देखें, 'नूर', 58a और 76b
68. एक समकालीन ने टिप्पणी की है (*मेम्वोआर दे यात,* 56, पाद टिप्पणी); इस देश (उत्तरी भारत) में एक भी ऐसा ज़मींदार नहीं था जिसने अवसर मिलने पर मराठों पर हमला करने या उनका पीछा करके लाभ न उठाया हो। विस्तृत विवरण के लिए

जाट, अफगान, राजपूत, बुंदेला और शुजा–सभी इसी दौड़ में शामिल हो गए। सबसे पहले लाभ उठानेवाले विजयोन्नत रुहेले थे, जिन्होंने अपना दखल खूब बढ़ा लिया।[69] पानीपत के तत्काल बाद उन्होंने लगभग पूरे दोआब पर कब्जा कर लिया। हफ़ीज़ रहमत खाँ ने भोगाँव, इटावा, मैनपुरी, वाले क्षेत्र पर अपना स्वामित्व स्थापित कर लिया; डुंडे खाँ ने मुरादाबाद, शिकोहाबाद और पास के महालों को अपने कब्जे में कर लिया; अहमद खाँ बंगश ने सिकंदरा से अकबरपुर तक के क्षेत्रों को हथिया लिया और पूर्व की ओर ज्यादा बढ़ने की कामना करने लगा।[70] रुहेला सरदार नजीब ने सबसे अधिक हिस्से पर हाथ मारा। उसने मुख्य दोआब इलाका, मेरठ, सिकंदराबाद, डासना, बाग़पत, और सात मराठा महाल और हरियाणा के गोहाना, दादरी, रोहतक, हाँसी–हिसार जैसे कई परगनों को हड़प लिया तथा सरहिंद जिले पर भी नजर डाली।[71] नजीब एक विशाल राज्य बनाना चाहता था जो मोटे तौर पर रोहतक में हिसार और सरहिंद जिलों तक और मध्य दोआब से उसकी मूल फौजदारी सहारनपुर की सीमा तक होता।[72]

शक्तिशाली जाट राजा भी कुछ कम महत्त्वाकांक्षी नहीं था और चारों ओर क्षेत्रों पर अधिकार के लिए पागलपन की जो भगदड़ मची थी, उसका वह मात्र दर्शक नहीं बना रह सकता था। जैसाकि वैंदेल ने लिखा है, "स्थिति को अपने पक्ष में करने के लिए जाट रुहेलों से न तो कम उत्सुक थे और न ज्यादा।"[73] यदि सारे समय नहीं तो कम-से-कम पानीपत के बाद कुछ समय निश्चय ही सूरजमल इमाद के माध्यम से दिल्ली पर नियंत्रण करने और अपने कट्टर दुश्मन नजीब को उखाड़ फेंकने के लिए उत्सुक थे। नजीब से सूरजमल को बेचैनी और उतनी ही बेचैनी नजीब को सूरजमल से भी होना स्वाभाविक था।[74] परिस्थितियों की विडंबना से दूसरे बंगश अभियान में और बाद में दिल्ली के गृहयुद्ध में वे पहली बार प्रतिपक्षों की ओर से एक-दूसरे के विरोधी के रूप में मिले थे। इसके बाद उनके आपसी संबंध बिगड़ते ही गए। ज़ाहिर है कि सूरजमल 1757 में रुहेला सरदार की अत्यधिक नृशंस भूमिका (दुर्रानी आक्रमण

देखें, एस.पी.डी., XXI, 75, 91, 92, XXIX, 5, 6, 12–15, 20–22, 24, 25, 27 और 36, 40 भी, XXVII, 264, 267–269, 271, 276, II, 7; राजवाड़े, I, 285, 288, 295–297 और 299 भी।

69. मेम्वोआर दे यात, 56
70. श्रीवास्तव कृत शुजा, I, 117–118
71. नूर, 55b–56a; राजवाड़े, I, 297; एस.पी.डी., XXI, 89, XXIX, 24
72. विस्तृत विवरण के लिए देखें, सरकार कृत फ़ाल, II, 384–386
73. मेम्वोआर दे यात, 56
74. सियर, IV, 28

के दौरान) को नहीं भूला था।[75] फिर 1759 में सूरजमल ने इसके खिलाफ दत्ताजी की सहायता के लिए (नजीब के विरुद्ध) एक टुकड़ी भेजी थी,[76] और पानीपत के दौरान उसने मराठों के प्रति सहानुभूति दर्शाई थी। पानीपत के बाद नजीब ने दुर्रानी के हथियारों को एक बार फिर जाट पर आज़माने की कोशिश की थी। किंतु दुर्रानी के अचानक लौट जाने से उसकी सारी योजना धरी-की-धरी रह गई। इन सब बातों को देखते हुए कोई आश्चर्य नहीं कि यदि सूरजमल ने दिल्ली में रुहेलों की प्रभुता का दृढ़ होना खतरनाक समझा हो।[77]

यह कहा गया है कि सूरजमल पूरे दोआब को हथियाना चाहता था।[78] परंतु ऊपर उसकी नीति पर हुई चर्चा को दृष्टिगत रखते हुए,[79] तथा उसके परवर्ती व्यवहार से भी यह बात कुछ अतिशयोक्तिपूर्ण लगती है। पूरे दोआब पर कब्जा करने के प्रयत्न से नजीब, हफीज रहमत, डुडे खाँ, अहमद बंगश, शुजा, मराठों, बुंदेलों और अन्य छुटभैये सरदारों से एक साथ खतरनाक लड़ाई की स्थिति पैदा हो जाती। एक बेहद व्यावहारिक राजनीतिज्ञ होने के नाते यह संभव नहीं लगता कि अपनी तमाम श्रेष्ठ ताकत के बावजूद सूरजमल अपने विरुद्ध इतने सारे दुश्मनों से लड़ना पसंद करता, विशेषतया तब जब उसकी पीठ पीछे माधोसिंह से उसके संबंध निश्चय ही तनावपूर्ण हो गए थे[80] और माधोसिंह भी नजीब के साथ मिल गया था।[81]

तथापि, सूरजमल यमुना पार के अपने क्षेत्रों को फिर से प्राप्त करना चाहता था और इस नदी के दोनों किनारों से लेकर राबी तक के जाट नस्ली क्षेत्रों तक उसका विस्तार करना चाहता था।[82] यह मानने के लिए आधार है कि इन इलाकों के उसके जाट भाई रुहेला आधिपत्य से नाराज थे और दोआब तथा हरियाणा के लोग कम-से-कम भरतपुर के साथ संबंध जोड़ना चाहते थे। अपनी विस्तारवादी गतिविधियों के लिए जाट राजा को इससे भी प्रेरणा मिली। तथापि, यह तो सच है ही कि नजीब ने मेरठ और सिकंदराबाद के आसपास के क्षेत्रों पर अपना अधिकार जमा लिया था, जिन पर पहले सूरजमल का नियंत्रण था।[83]

---

75. *मेम्वोआर दे यात,* 61
76. ऊर्ध्व, 234
77. कानूनगो कृत *जाट्स,* 147
78. पांडेय कृत *भरतपुर,* 77 और भूमिका भी
79. ऊर्ध्व, 273
80. *मेम्वोआर दे यात,* 63
81. *राजवाड़े,* I, 295
82. कानूनगो कृत *जाट्स,* 146, 147
83. *तारीख-ए-आलमगीर सानी,* 106; *एस.पी.डी.,* XXVII, 226; तवारीख-ए-हुनूद, 21b; सरकार कृत *फ़ाल,* II, 385

इन नस्ली संबंधों के अलावा दिल्ली के दक्षिण और पश्चिम के क्षेत्र में एक और कारण से सूरजमल की दिलचस्पी थी। वह मेवात तथा हरियाणा के कुछ हिस्सों को मिलाकर एक पृथक् राज्य अपने असंतुष्ट और अधीर बेटे जवाहरसिंह को देना चाहता था, जबकि उसके छोटे बेटे नाहरसिंह ने भरतपुर में उसका उत्तराधिकारी बनना था। पिछले दस वर्षों से जवाहरसिंह मेवात को दबाने में व्यस्त था।[84] इसके अलावा भौगोलिक राजनीति भी उत्तर की ओर विस्तार निर्देशित कर रही थी। दक्षिण में और आगे जाने में उसकी रुचि नहीं थी, पश्चिम में राजपूतों ने रास्ता रोक रखा था और पूर्व में शुजा ओर बंगश तथा रुहेला सरदारों की रुकावट थी। अतः वह केवल उत्तर की ओर ही आसानी से आगे बढ़ सकता था।[85]

उत्तर में उसके राज्य के निकट ही बिलोच जमींदारों के 'अनेक विद्रोही अड्डे'[86] थे। इनमें रोहतक, महेंद्रगढ़ और गुड़गाँव जिलों के कुछ भाग शामिल थे, जो हरियाणा का हृदयस्थल है तथा जहाँ आज भी जाट सबसे बड़ी संख्या में हैं। बलात कब्जा करके बिलोची इस क्षेत्र के अनेक स्थानों के स्वामी बन बैठे थे।[87] विस्तारवादी होने के नाते जाटों की भी बिलोचों से कैसे बन सकती थी? इसके अलावा बिलोच सरदार जाट राज्य के दुश्मनों का सत्कार करते थे और उसमें अव्यवस्था, अराजकता फैलानेवाले तत्त्वों को आश्रय देते थे। फतेहसिंह बड़गूजर जिसे फर्रुखनगर के सरदार कामगर खाँ ने 1755 में आश्रय दिया था[88] और मेव लुटेरा सनुलबा जिसे मुसब्बी खाँ और असदुल्ला खाँ ने संरक्षण दिया हुआ था,[89] इस तथ्य की पुष्टि के लिए पर्याप्त उदाहरण हैं। सन् 1760 के बाद नजीब ने जाटों के विरुद्ध इन बिलोचियों को अपना आशीर्वाद और संरक्षण दिया।[90] वह गठबंधन स्वयं बिलोचियों ने तो चाहा ही था, स्वयं नजीब भी ऐसा ही चाहता था। उसका खैरख्वाह अहमद शाह चला गया था और उसके अपने संसाधन कमज़ोर हो गए थे, नजीब स्वयं को अपने विरोधी सूरजमल से निपटने में असमर्थ पा रहा था, जो "हर मामले में उससे श्रेष्ठ था।"[91] इन परिस्थितियों में कुटिल रुहेला सरदार ने

84. *मेम्वोआर दे यात,* 46, 60, 62; *नूर,* 60b
85. *मेम्वोआर दे यात,* 60; *सियर,* IV, 29-30
86. सरकार कृत *फ़ाल,* II, 39
87. सरकार कृत *फ़ाल,* II, 38-39, *सियर,* IV, 29-30
88. *तारीख-ए-आंलमगीर सानी,* 114
89. *नूर,* 61a-61b
90. *एस.पी.डी.,* II, 144; *राजवाड़े,* I, 297; *मेम्वोआर दे यात,* 60 और 61; *नूर.,* 56b और 62b
91. *मेम्वोआर दे यात,* 61 नजीब ने इसे स्वयं स्वीकार किया है, जब उसने अपने विपक्षी को लिखे एक पत्र में कहा—"यह मैं भलीभाँति जानता हूँ कि सभी विषयों में आप मुझसे श्रेष्ठ हैं," देखें, *'नूर',* 66b

माधोसिंह तथा बिलोच सरदारों से एक गुप्त समझौता कर लिया और इस तरह सूरजमल के चारों ओर कूटनीति का एक जाल बिछाने का प्रयत्न किया। बिलोचियों को निर्भीक बनाने के पीछे प्रतीत होता है कि उसका उद्देश्य एक तीर से दो शिकार करने का था। एक तो जाट राजा का ध्यान बँटा रहे और दूसरे अवरोध खड़ा कर अन्य क्षेत्र के जाटों से मेल के उसके प्रयत्नों को बाधित कर दे। इस नीति में साथ ही मुख्य दोआब के विवादग्रस्त क्षेत्रों में उसके (नजीब के) कब्जे में अनिष्टसूचक घटनाओं के बीज छिपे थे। उन्होंने सूरजमल से एक खतरनाक संघर्ष की नौबत ला दी।[92]

अब हम सूरजमल के शेष जीवन में उसकी सैनिक गतिविधियों पर विचार करें। सन् 1761 के कुछेक शुरुआती महीनों में चुप रहने के बाद (मई के मध्य, 1761 में) वह आगरा के शाही किले पर कब्जा करने निकला। स्थानीय दुर्गरक्षकों को गत सात वर्षों से वेतन नहीं मिला था और वह शाही भंडार से मूल्यवान बर्तन बेचकर अपनी जरूरतें पूरी कर रहे थे।[93] वे इतने अधिक कष्ट में थे कि प्रतीत होता था कि वे किसी भी ऊँची बोली देनेवाले को चाभियाँ सौंप सकते थे। पेशवा के एक पत्र से हमें ज्ञात होता है कि (1759 के आसपास) किले का सेनापति तीन लाख रुपए नकद और दस से बीस हजार कीमत की जागीर के एवज में मराठों को किला समर्पित करने के लिए तैयार था या उसने ऐसी पेशकश की थी। तथापि, सूरजमल बुरा न मान जाए, इसलिए हिचकिचाहट के साथ किले को लेना टाल दिया गया था।[94]

उपयुक्त अवसर जानकर अब सूरजमल ने (50,000 घोड़ों और 1,00,000 पैदल सैनिकों[95] की अविश्वसनीय संख्यावाली) बलराम के अधीन एक विशाल सेना भेजी और स्वयं मथुरा में डटा रहा। शहर और आसपास के क्षेत्रों पर आसानी से कब्जा कर लिया गया। तथापि, किले पर जाटों का पहला हमला दुर्गरक्षकों ने विफल कर दिया। इसके बाद जाटों ने नियमित घेराबंदी शुरू कर दी परंतु हमले द्वारा अभेद्य किले पर कब्जा करना कठिन काम था। किले की दीवारों के पास बने मकानों को लूटकर जाटों ने वहाँ रह रहे दुर्गरक्षकों के आश्रितों को बंदी बना लिया। अंत में एक मास से भी कम की घेरेबंदी के बाद किले के सेनापति ने अपने गुजारे के लिए एक लाख रुपए नकद और पाँच गाँव मिलने का आश्वासन पाकर किले के द्वार खोल दिए। अनुमान है कि जाटों ने वहाँ 50 लाख रुपए

---

92. सरकार कृत *फ़ाल*, II, 385
93. *मेम्वोआर दे यात*, 57
94. *एस.पी.डी.*, XXI, 168
95. *राजवाड़े*, I, 288

हथियाए।[96] तोपखाने, बारूद, गोले, फर्नीचर व शाही तोशाखाने की अन्य वस्तुएँ वहाँ से खिसका दी गईं। उनमें से उत्तम वस्तुएं डीग और भरतपुर पहुँचा दी गईं। इसके पहले जाट इरादों की गुप्तचरों से सूचना पाकर नजीब ने शहजादे जवान बख्त के साथ बाहर निकलने और जाटों को रोकने की योजना बनाई थी। मुसब्बी खाँ और बहादुर खाँ बिल्लोच भी कुछ हजार फौजों के साथ उससे आ मिले थे। तथापि, फौजों और बारूदखाने में अपनी कमज़ोरी को जानकर उसने बुद्धिमानी से शत्रु की विशाल संख्यावाली फौजों का सामना टाल दिया। इस तरह जाट महान मुगलों की प्रथम राजधानी आगरा का स्वामी बन गया।[97]

जब आगरा की घेरेबंदी जारी थी, तब ही एक जाट फौज यमुना के पार आसपास के क्षेत्रों पर पुनः कब्जा करने के लिए भेजी गई।[98] मथुरा सम्मेलन की समाप्ति के बाद सूरजमल स्वयं मथुरा से चला। (मध्य जून 1761) और यमुना पार कर कोल चला गया। वह वहाँ कुछ सप्ताहों तक रहा और उस क्षेत्र में अपने पुराने कब्जेवाले क्षेत्रों पर उसने पुनः अधिकार कर लिया।[99] अपनी छोटी-सी फौज के साथ गंगाधर तात्या भी जाट राजा के साथ गया और उसके साथ ही कोल में ठहरा रहा।[100] पास के मराठा इलाकों को पुनः प्राप्त करने के लिए होल्कर का दीवान रुहेलों के विरुद्ध सूरजमल की सक्रिय सहायता के लिए समझौता करने की कोशिश कर रहा था।[101] परंतु प्रारंभ में कुछ सीमा तक अपना कूटनीतिक समर्थन देने के अलावा, जिससे कुछ लाभ भी हुआ'[102] सूरजमल ने इस संबंध में और कुछ नहीं किया। संभवतः नजीब की कूटनीतिक चालों के प्रतिरोध के लिए सूरजमल समभाव रुहेलों की, जो उससे दोस्ती करना चाह रहे थे, पेशकशों को मानने के लिए उत्सुक था।[103] अतः अपने हितों की उपेक्षा कर जाट राजा मराठों के लिए रुहेलों से लड़नेवाला नहीं था। गंगाधर जब इंदौर लौटा तो जाट के व्यवहार से अवश्य हताश हुआ होगा।[104] बाद में तत्कालीन प्रवृत्तियों के अनुरूप जाट राजा ने कई

---

96. वैंदेल ने मात्र 50 लाख लिखा है। यह स्पष्ट नहीं है कि यह नकद राशि थी या इसमें जवाहरात भी शामिल थे।
97. *मेम्वोआर दे यात*, 57-60; *एस.पी.डी.*, II, 144, XXIX, 5 और 10; *राजवाड़े*, I, 288 और 297; *मिरात*, 921; *सियर*, III, 402; *गुल.* 116; *गुलिस्ताँ*, 83; सरकार कृत *फ़ाल*, II, 382, 443-444
98. *एस.पी.डी.*, II, 144; *मेम्वोआर दे यात*, 58
99. *राजवाड़े*, I, 285, 295
100. *राजवाड़े*, I, 285, 295 और 288
101. *एस.पी.डी.*, XXIX, 10
102. *एस.पी.डी.*, XXVII, 268
103. *राजवाड़े*, I, 295; *शाह*, 9; और *एस.पी.डी.*, II, 103 भी
104. *एस.पी.डी.*, XXI, 75 (मात्र गंगाधर के प्रस्थान की सूचना)।

मराठा इलाकों पर भी हाथ डाला। तथापि यह निश्चित रूप से नहीं कहा जा सकता कि उसने राजा माधोसिंह और राजा विजयसिंह को संकेत किया था कि वे आगे बढ़कर मराठों से उज्जैन छीन लें, जहाँ वह बीच की मराठा चौकियों को नष्ट करता हुआ उनसे आ मिलेगा।[105]

अक्तूबर, 1761 के लगभग हम जाट राजा को दनकौर में पाते हैं, जहाँ वह शायद इस क्षेत्र की व्यवस्था में लगा हुआ था। इसी बीच उसकी फौजों ने यमुना के उस पार झज्झर तथा अन्य परगनों को हथिया लिया।[106 X] यह पहले ही बताया जा चुका है कि नजीब ने सूरजमल से समझौता-वार्ताएँ शुरू कर दी थीं।[107] राजा दिलेर सिंह, रूपराम कटारी और मोहन सिंह दनकौर में जाट राजा के पास गए और पाँच दिनों तक वार्ता करने के बाद 15 अक्तूबर 1761 को दिल्ली लौट आए। समझौते के अनुसार झाझर व हाल ही में हथियाए गए अन्य परगनों को वार्षिक नजराने के एवज में सूरजमल को दे दिया गया, जिसके लिए राजा नागरमल ने जमानत दी। नजीब की ओर से राजा चेतराम और राजा दिलेर सिंह एक कुरान

---

105. *एस.पी.डी.,* XXIX, 29. इस कटे-फटे खरीते में लिखे विवरणों का सिर-पैर जोड़ने में कठिनाई हो रही है क्योंकि इसका पहला पृष्ठ गायब है। डॉ. पांडेय दावे के साथ कहते हैं (*भरतपुर,* 77) कि 1763 में सूरजमल (इन्होंने कोई निश्चित तारीख नहीं लिखी है) ने मराठों को उत्तर से निकाल फेंकने के लिए राजपूतों सरदारों से षड्यंत्र किया था। किंतु जिन इतिहासकारों का इन्होंने हवाला दिया है उनमें से कम-से-कम तीन इनका समर्थन नहीं करते (*एस.पी.डी.,* XXI, 50, ने 1753 की घटनाओं का विवरण दिया है। इसके लेखक अंताजी उस समय जीवित ही नहीं थे, जबकि *एस.पी.डी.,* XXIX, 29, जैसाकि पहले ही कहा जा चुका है, बहुत अधिक विकृत दशा में है जिससे कोई अकाट्य अर्थ नहीं निकाला जा सकता है। जहाँ तक सूरजमल द्वारा किसी प्रेम सिंह को लिखे पत्र का संबंध है, उसकी तारीख, जो डॉ. पांडेय ने दी है विक्रम संवत् 1809 है, तदनुसार ईसवी सन् 1751-1752)। इसको देखते हुए इनके दावे की बिल्कुल असंदिग्ध मान लेना संभव नहीं है। इसके अतिरिक्त यह असंभाव्य प्रतीत होता है कि 1763 में सूरजमल ने बिल्कुल विपरीत दिशा में एक नया मोर्चा खोलने की बात सोची होगी जबकि दिल्ली के निकट हो रही घटनाओं को देखते हुए उसका केवल इधर ही ध्यान देना जरूरी था।

106. *एस.पी.डी.,* XXI, 90

X. झाझर कस्बा दनकौर से दक्षिण-पूर्व में चोला-जेवर मार्ग पर स्थित है जो बुलन्दशहर जिले से काटकर अब गौतम बुद्ध नगर में कर दिया गया है। यमुना के दूसरी ओर जवाहर सिंह ने मेवात, रेवारी और झज्जर (हरियाणा) के क्षेत्र को जीतकर अपने राज्य में मिला लिया था। जदुनाथ सरकार, *फाल*-II, 266-67 (सं. 1991); उपेंद्रनाथ शर्मा, महाराजा सूरजमल जाट, 443 इस प्रकार सूरजमल ने झाझर (उ.प्र.) और जवाहर सिंह ने झज्जर (हरियाणा) यमुना के दोनों के क्षेत्रों पर अधिकार कर लिया था। —संपादक

107. *ऊर्ध्व,* 279

लेकर जिस पर नजीब ने जाट राजा के प्रति निष्ठा की कसम उठाई थी, सूरजमल के पास गए।[108] बाद में नवंबर 1761 में दनकौर घाट में जाट राजा से भेंट की, जिसके विवरण पहले ही बताए जा चुके हैं।[109]

यहाँ हम दिल्ली के शाह वलीउल्लाह द्वारा रुहेला सरदार को लिखे गए दो पत्रों पर विचार के लिए रुकेंगे। इस पत्र में रुहेला सरदार ने वलीउल्लाह को 'जाटों के खिलाफ अपने जेहाद की तैयारियों' की सूचना दी थी और जाट के प्रति अनुकूल रुख अपनानेवाले मुसलमानों के प्रति कैसी नीति अपनाई जाए इस पर उसकी सलाह माँगी गई थी।[110] शाह वलीउल्लाह ने उसे लिखा :

> *"जाटों पर जीत अल्लाह ने मुकम्मिल कर दी है। इसके बारे में आप कोई संदेह न करें। अल्लाह की मेहरबानी से जिस क्षण इस (जाट) तिलिस्म से सामना होगा, वह उसी तरह टूट जाएगा जैसाकि मराठों का (पानीपत की ओर स्पष्ट संकेत) टूटा था।*

उसने नजीब को निराश न होने के लिए सांत्वना दी और कहा है कि वह शत्रुओं के संख्या बल की श्रेष्ठता से अथवा मुसलिमों के एक समूह की उनकी दोस्ती से भी आशंकित न हो क्योंकि अंततः वे उससे (नजीब से) लड़ने में समर्थ नहीं हो सकेंगे।[111] "उनके हाथ नियंत्रण में रहेंगे।" अपने पत्र में शाह वलीउल्लाह ने नजीब को शत्रु की शांति के दिखावे और छल-प्रपंच पर विश्वास न करने के लिए और न उन मुसलमानों की बात सुनने को कहा है, जो उसे अभी आनेवाले कई खतरों की दुहाई देकर अपने रास्ते से रोकने की कोशिश करेंगे। उसे अपने कार्य में पूरा जोर लगा देने के लिए आह्वान करते हुए शाह वलीउल्लाह नजीब से पूछता है कि वह जाटों के विरुद्ध जेहाद के लिए "कब निकल रहा है", इसकी उसे खबर दे, ताकि वह तहे दिल से शुरू से लेकर "उसकी जीत होने तक" दुआ करता रहे।[112]

नजीब ने अपने मार्गदर्शक और संरक्षक को एक मौखिक संदेश भेजकर दिल्ली के आसपास जाटों की प्रमुखता और उनके अड़ियलपन के संबंध में उठाए गए मुद्दों पर विस्तृत उत्तर चाहा।[113] पहले के पत्र जैसे स्वर में उस महान विचारक

---

108. *एस.पी.डी.,* XXI, 90
109. ऊर्ध्व, 279ff
110. *शाह,* 9
111. रुहेला सरदारों के बारे में नजीब के अपने कथन से तुलना करें जिसमें उसने कहा कि "वे हमारे भाई हैं तथा मेरी हत्या के लिए वे अपनी कमर नहीं कसेंगे।" नूर, 54b
112. *शाह,* 9
113. *शाह,* 8

ने नजीब को विश्वास दिलाया कि उसी तरह जिस तरह मराठे पहले ही जड़ से उखाड़ दिए गए हैं उसने जाटों के विनाश का पूर्वाभास किया है और मुसलिम, विशेषत: रुहेला, जाटों के गाँवों और किलों को जीतकर उन पर कब्जा कर लेंगे। जब अंतिम विजय तो सुनिश्चित है तो शत्रुओं के दमन का कार्य तत्काल शुरू किया जाना चाहिए। अपने पत्र के अंतिम भाग में शाह वलीउल्लाह दो बातों की चर्चा करता है। वह नजीब को याद दिलाता है कि लड़ाई में किस्मत बदलती रहती है, अत: वह किसी खराब खबर से निराश न हो। दूसरे वह उन्हीं कतिपय हिंदू अधिकारियों से सावधान रहने की चेतावनी देता है जो ज़ाहिरा तौर पर तो 'तुम्हारे और तुम्हारी सरकार के कर्मचारी हैं', परंतु गुप्त रूप से वे विरोधी जाटों से मिले हुए हैं और इसलिए जाटों का जड़मूल से विनाश नहीं चाहते। शाह वलीउल्लाह अंत में एक चेतावनी और देता है कि यदि नजीब ने उनकी (विरोधियों) पेशकशों पर ध्यान दिया तो (शत्रु-प्रदेश पर) 'विजय में विलंब होगा।'[114]

इन पत्रों के विषय का सावधानीपूर्वक अवलोकन यह स्पष्ट करता है कि ये दोनों पत्र पानीपत के बाद (लगभग मध्य 1761 में) लिखे गए थे।[115]

---

114. *शाह,* 8

115. सफ़दरजंग का साथ देनेवाले 'मुसलमानों के समूह' की पहचान करते हुए संपादक, प्रोफ़ेसर के.ए. निज़ामी, (*शाह,* 55 और 81) ने पत्र संख्या 9 की तारीख 1753 (जब सफ़दरजंग और सूरजमल ने गठबंधन करके वह युद्ध लड़ा जिसमें विपक्ष से लड़ने के लिए नजीब दिल्ली आया था) और अक्टूबर 1754 (जब सफ़दरजंग की मृत्यु हुई) के बीच किसी समय मानी प्रतीत होती है। तथापि, इस तारीख को निम्नलिखित आधारों पर स्वीकार करना कठिन है : (i) इन दोनों ही पत्रों में नजीब को '*अमीर-उल-उमरा बहादुर*' के नाम से संबोधित किया गया है। किंतु इस कालावधि में वह केवल '*पंच हज़ारी अमीर*' था '*अमीर-उल-उमरा बहादुर*' नहीं था। उसे मीर बख्शी के पद पर फ़रवरी 1757 में नियुक्त किया गया था और सफ़दरजंग इस घटना से लगभग 2 वर्ष 5 माह पूर्व मर चुका था। इससे निष्कर्ष यह निकलता है कि यह पत्र फ़रवरी 1757 के बाद लिखा गया होगा, उसके पहले नहीं। (ii) इस पत्र में यह संकेत दिया गया है कि युद्ध में जाटों के आते ही उनका तिलस्म भी उसी तरह टूट जाएगा जिस तरह मराठों का टूटा था। इस पत्र की तारीख निश्चित करने में यह कथन बहुत सहायक है। मराठों का उदाहरण यहाँ स्पष्ट रूप से पानीपत के युद्ध की ओर संकेत करता है। निहितार्थ से इसका अर्थ यह होता है कि यह पत्र उत्तर-पानीपत युद्ध का है, अर्थात् अब्दाली द्वारा नजीब को पुन: मीर बख्शी बनाने के बाद। (iii) जाटों के शक्तिशाली होने से संबंधित नजीब की आशंकाएँ इसके मूलपाठ से स्पष्ट है। यह भी उत्तर-पानीपत घटनाओं की ओर संकेत करता है जब नजीब सहित किसी भी तत्कालीन सत्ता के मुकाबले जाट अधिक शक्तिशाली थे। (iv) इस पत्र की विषय-वस्तु भी जाट समस्या के प्रति नजीब की चिंता की ओर संकेत करती है। जाट समस्या से निपटने की जिम्मेदारी

ये मूल्यवान कागज़ात जाटों के प्रति नजीब-उद-दौला की छलयुक्त नीति पर पर्याप्त प्रकाश डालते हैं। यद्यपि ये पत्र जाटों के प्रति नजीब की चिंता, जो शाह वलीउल्लाह की चिंता के साथ घुली-मिली थी, को प्रकट करते हैं, परंतु उस सरदार की उनके (जाटों के) प्रति भीषण विद्वेष को भी प्रकाशित करते हैं। विशेषकर एक पत्र जाटों के अतिक्रमण के प्रति उसके गुस्से को ज़ाहिर करता है, परंतु यह तथ्य एक सीमा के बाद नहीं खींचा जा सकता। हम जानते हैं कि नजीब ने जाट सरदार के विरुद्ध अब्दाली को भड़काया था (फरवरी 1761)। और वह भी उस समय जब वह (जाट सरदार) अपनी राजधानी में चुपचाप बैठा हुआ था। यह प्रतीत होता है कि इन पत्रों में व्यक्त नजीब का दृष्टिकोण मूलतः जाटों के प्रति उसकी बुनियादी और पुरानी नीति से संबद्ध था। सूरजमल के विरुद्ध अपने जेहाद की

मूलतया नजीब पर थी। यह भी इस पत्र से स्पष्ट होता है। ये दोनों तथ्य उत्तर-पानीपत दिनों की ओर संकेत करते हैं जब एक तरफ़ नजीब दिल्ली का तानाशाह बन बैठा था और दूसरी ओर राजधानी में उपस्थित होने के कारण उसे जाट राजा का सामना करने के लिए मजबूर होना पड़ा था। उपरोक्त स्पष्टीकरण यह सिद्ध करने के लिए पर्याप्त है कि यह पत्र उत्तर-पानीपत काल का है। जहाँ तक मुसलमानों के समूह की बात है इसका संबंध इमाद से जोड़ा जा सकता है, जो उस समय सूरजमल के संरक्षण में रह रहा था, और हफ़ीज रहमत खाँ जैसे रुहेला, जो आंशिक रूप से नजीब से वैमनस्य के कारण तथा कुछ स्वार्थवश सहयोगशील सूरजमल के पक्ष में आ गए थे, जैसाकि उपरोक्त वृत्तांत में स्पष्ट किया जा चुका है। (देखें, नूर, 54b और 59a भी; *राजवाड़े* I, 295)। इनके निकट आने का प्रथम साक्ष्य मथुरा सम्मेलन के समय का है। इस आधार पर इस निष्कर्ष पर पहुँचा जा सकता है कि यह दस्तावेज़ या तो मई, 1761 या उसके कुछ समय बाद लिखा गया था, निश्चित रूप से अक्तूबर, 1761 से पूर्व जब नजीब ने सूरजमल से संधि करने का विचार किया था।

जहाँ तक पत्र संख्या 8 का संबंध है, आलोचना दृष्टि से उसका अवलोकन करने पर यह पत्र भी, उपरोक्त की भाँति, उसी कालावधि से संबंधित प्रतीत होता है। इस बारे में कुछ उदाहरण देखे जा सकते हैं; इसमें मराठों के उखाड़ फेंके जाने की बात कही गई है जो निर्विवाद रूप से पानीपत की पराजय से संबंधित है। नजीब के 'शासन' के अधीन हिंदू जिस अन्य व्यक्ति को सूरजमल की साँठ-गाँठ में बताया गया है वह शाही दीवान, राजा नागरमल, प्रतीत होता है (*तवारीख-ए-आलमगीर सानी*, 108). राजा दिलेर सिंह, जो वज़ीर, इमाद, का पेशकार रह चुका था (देखें, *मिरात*, 920) और राजा चेत सिंह, आदि। ऊपर हम यह देख चुके हैं कि इन तीनों को सूरजमल और वज़ीर के बीच वार्ता चलाने के लिए नियुक्त किया गया था, इनमें से प्रथम दो तो जाट दरबार में एक वर्ष से ऊपर (1760) रहे थे। इसके अतिरिक्त, दिल्ली पर जो 'जाट आधिपत्य' की बात कही गई है उसका संबंध जाटों द्वारा राजधानी के समीप के क्षेत्र झाझर, दनकौर और अन्य स्थानों, पर कब्ज़े से जोड़ा जा सकता है।

तैयारियों की नजीब द्वारा शाह वलीउल्लाह को सूचना, जब शाह वलीउल्लाह की इस इच्छा के साथ कि वह जाट-अभियान पर रवाना हो तो वह उसे उसकी सूचना दे, मिलाकर पढ़ा जाए तो यह स्पष्ट होता है कि जाट राजा के विनाश के लिए नजीब तुला हुआ था। यह नहीं कि सूरजमल के मन में नजीब के प्रति शत्रुता का कोई भाव नहीं था या वह उससे चिंतित नहीं था। परंतु उसके मामले में हमारे पास ऐसा कोई ठोस और ठीक-ठीक समकालीन प्रमाण नहीं है कि वह भी इसी तरह की खतरनाक शत्रुता पाले हुए था। बाद की कृतियों जैसे *'गुल-ए-रहमत'*[116] में सूरजमल को दोष देनेवाले कथन स्पष्टतः पक्षपातपूर्ण और अर्द्धसत्य पर आधारित हैं। शाह वलीउल्लाह का पत्र स्पष्ट रूप से दर्शाता है कि यदि उसके पास संसाधन होते तो वह सूरजमल के विनाश के लिए पहला मौका मिलने पर ही कूद पड़ता। ऐसी नीति अपनाने से उसे जिस बात ने रोका वह स्पष्टतः श्रेष्ठ जाट शक्ति थी, जो नजीब की दृष्टि में मुसलिमों की, निहितार्थ से समभाव रुहेलों और अन्य लोगों की, 'दोस्ती' से और ज़्यादा मजबूत हो गई थी। इस संदर्भ में देखने से यह कहना गलत न होगा कि जाटों के साथ समझौते के उसके प्रयत्न वास्तविक शांति पाने के लिए नहीं थे, बल्कि उसकी अपनी कमजोरी और इसके परिणामस्वरूप अंततः अपनी सफलता के प्रति उसके संदेह से जन्मे थे। वह केवल समय निकालने का और अपने बुरे इरादों को छिपाने का बहाना भर थे, जैसाकि *सियर* के लेखक ने निहितार्थ से स्वीकार भी किया है।[117]

अपने वृत्तांत के टूटे हुए सिरे को मुख्य सूत्र से जोड़ने के लिए अब हम आगे बढ़ते हैं। सूरजमल ने बाद में जिन राज्यक्षेत्रों का अधिग्रहण किया उसकी कालावधि क्या थी इस बारे में यद्यपि, कोई स्पष्ट प्रमाण हमें प्राप्त नहीं हैं, किंतु अनुमानतः इसके बाद के दो वर्ष (1762 और 1763) सूरजमल के पास थे।[118] जवाहरसिंह यमुना के पश्चिम में मेवात और हरियाणा में व्यस्त था जबकि नाहर सिंह[119] नदी के पूर्व में दोआब में सक्रिय था। रेवाड़ी के ग्रामीण क्षेत्रों को अपने कब्ज़े में कर लेने के बाद जवाहरसिंह के नेतृत्व में जाटों ने सराय बसंत और संभल (दिल्ली से 20 मील दूर) तक अपनी चौकियाँ स्थापित कर दी थीं। उनके गाँव

---

116. *गुल,* 116
117. *सियर* (IV, 28) ने सूरजमल को उसकी 'महत्त्वाकांक्षा', 'अधीरता' और उसके लड़ाकू आचरण के लिए उसकी आलोचना करते समय यह भी टिप्पणी की है कि नजीब उसकी (सूरजमल की) शक्ति तथा उसके चरित्र के प्रति बेचैन रहता था तथा इस संबंध में उसने (नजीब) अपनी अशांति को छिपाए रखा।"
118. शाह, 34
119. *मेम्वोआर* दे *यात,* 62 (निहितार्थ से); कानूनगो कृत *जाट्स,* 148

राजधानी से 12 मील तक फैले हुए थे और उन पर जाटों का प्रशासन था।[120] उधर दूसरी ओर जाटों ने धीरे-धीरे आज के बुलंदशहर जिले के अधिकांश भागों और गंगा तक मेरठ जिलों के भाग पर कब्जा कर लिया था। इसके पूर्व वे अलीगढ़, आगरा और एटा (जलेसर[121] आदि जो पहले जाट राज्य के अंग थे)[122] जिलों पर कब्जा कर चुके थे।

वर्ष 1763 तक सूरजमल के नेतृत्व में जाट शक्ति गौरवपूर्ण शिखर पर पहुँच गई थी, जो पहले या बाद[XI] में कभी नहीं पहुँच पाई।[123] सूरजमल एक विशाल राज्य, अत्यधिक समृद्ध कोष[124] और समकालीन भारत में सर्वाधिक अजेय और वीर योद्धाओंवाली सेनाओं का स्वामी था[125] और ऐसी स्थिति में बंगाल के मीर कासिम ने यदि उससे सहायता की आशा की तो इसमें आश्चर्य क्या।[126] परंतु चतुर जाट राजा अपने स्वभावगत संयम के अनुसार इतने दूरस्थ क्षेत्रों के मामले में स्वयं को नहीं

---

120. नूर, 60b-61a; प्रोफ़ेसर कानूनगो (*जाट्स*, 148-149) का कहना है कि जाटों द्वारा इसी समय रेवाड़ी, गढ़ी हरसरूँ और रोहतक पर भी कब्जा कर लिया गया था। इनका अनुसरण करते हुए डॉ. पांडेय (*भरतपुर*, 78) ने भी यही कहा है, किंतु उन्होंने अपने समर्थन में किसी इतिहासकार को उद्धृत नहीं किया है। गढ़ी हरसरूँ वास्तविक पर तो बहुत पहले ही नवंबर, 1755 (देखें, *तारीख-ए-आलमगीर सानी*, 114) में कब्ज़ा कर लिया गया था। जाटों के कब्जे में यह कब से नहीं रहा इसकी सूचना हमारे पास नहीं है। जहाँ तक रोहतक का संबंध है उस पर जाटों का अधिकार कभी नहीं हुआ था। यदि ऐसा होता तो "उसके कब्जे में कुछ गाँवों को उजाड़ने" की शिकायत सूरजमल से करते हुए नजीब ने इसका भी नाम लिखा होता। देखें, नूर, 67a
121. *एस.पी.डी.*, XXVII, 206
122. *मेम्वोआर दे यात*, 56 और 57

XI यह कथन जाट-राज्य की 1763 की स्थिति के लिए अक्षरशः सत्य है। परन्तु उसके बाद महाराजा जवाहर सिंह के शासनकाल में महाराजा सूरजमल की गौरवपूर्ण विरासत की रक्षा के साथ-साथ जाटों की सैनिक शक्ति एवं प्रतिष्ठा की क्षेत्र विस्तार एवं राजनैतिक मामलों में निश्चित रूप से वृद्धि हुई थी। देखें, राजपाल सिंह, *राइज ऑफ दी जाट पावर*, अध्याय 6 के पृ. 158-215 —संपादक

123. *मेम्वोआर दे यात*, 49 और 67
124. वही, 64ff, विशेषतया 66
125. *नूर*, 66b; *सियर* IV, 28
126. एन.एल. चटर्जी (*मीर क़ासिम*, इलाहाबाद, 1935) 254-255 तथापि, प्रोफ़ेसर ए.एल. श्रीवास्तव (*शुजा*, I, 145) का प्रो. एन.एल. चटर्जी से मतभेद है। संयोगवश, 1764 के एक मराठी खरीते (*एस.पी.डी.*, XXIX, 73) बताया गया है कि बंगाल के नवाबों ने राजा जवाहरसिंह से संपर्क बनाए रखा था। प्रो. एन.एल. चटर्जी ने सूरजमल के संबंध में जो कुछ कहा है वह भी असंभव प्रतीत नहीं होता।

उलझाना चाहता था। तथापि, संभवत: अनुरोध किए जाने पर उसने शुजाउद्दौला की प्रच्छन्न धमकियों के विरुद्ध फर्रुखाबाद के नवाब और अन्य अफगानों की सहायता के लिए 1763 के प्रारंभ में कृपाराम पुरोहित के नेतृत्व में[127] 2000 सैनिकों का एक दस्ता ज़रूर भेजा था। संयोग से यह घटना एक तरफ जाट राजा और इमाद (जो उपरोक्त जाट फौज के साथ गया था) और दूसरी ओर बंगश और अन्य रुहेला सरदारों के साथ उसके संबंधों पर प्रकाश डालती है।[128] साथ ही वह नवाब अवध के साथ सूरजमल के तनावपूर्ण संबंधों को भी उजागर करती है।

फर्रुखनगर पर जाट हमला

वर्ष 1763 के अंत में जाटों और बिलोचियों के बीच एक झगड़ा हुआ। इस घटना के पीछे जाटों की विस्तारवादी महत्त्वाकांक्षाएँ और (पानीपत के पहले और बाद में)[129] जाटों के प्रति बिलोचियों की अमैत्रीपूर्ण नीति जिम्मेदार थी। परंतु इस संघर्ष के उत्तेजित होकर बढ़ जाने का कारण बिलोचियों के सरदार मुसावी खाँ द्वारा जाट राज्य में कानून और व्यवस्था को नष्ट करनेवाले तत्त्वों को जान-बूझकर सोद्देश्य आश्रय देना था। मेवात को डाकुओं के गिरोहों से भर दिया गया था। जवाहरसिंह, उनसे सख्ती से पेश आया परंतु वे शातिर डकैत प्रतीत होते थे और फिर बिलोच सरदार भी तो उनको संरक्षण दे रहे थे जिस कारण वे अपनी हरकतों से बाज़ नहीं आए। इन घृणित बट मारों में से एक सानुलबा था जो दस घुड़सवारों के साथ जाट-राज्य के केंद्र डीग तक लगातार लूट मार करता था, नहीं तो होडल और बरसाना तक तो जाता ही था। सारे अत्याचारों का स्रोत यह शातिर डकैत जवाहर सिंह से भी बचकर पनाह लेने बिलोच राज्यक्षेत्र में घुस जाता था। यह डकैत तौरु की गढ़ी में असदुल्लाह खाँ बिलोच के साथ रहता था, जो उसकी डकैती के माल में हिस्सा बँटाता था। जवाहर सिंह ने अपने पिता से कहा कि 'जब तक बिलोची दमित नहीं किए जाएँगे तब तक वे सानुलबा और अन्य डकैतों को स्वेच्छा से अपने यहाँ से नहीं निकालेंगे। स्पष्टत: युद्ध-स्थिति टालने के लिए सूरजमल ने बिलोचियों से पहले 'सानुलबा को खदेड़-बाहर' करने के लिए कहा, परंतु 'अपराध के ऐसे फायदेमंद एजेंट को खोने से' उन्होंने इनकार तो करना ही था। अत: जाट राजा ने उनके विरुद्ध तलवार उठा ली। मुसावी खाँ की सहायता के लिए बहादुरगढ़ का ताज मुहम्मद खाँ और अन्य बिलोच सामंत एकजुट हो गए। बाद में हुई लड़ाई में यद्यपि जवाहरसिंह को प्रारंभ में लाभ हुआ, किंतु अंतत: उसे मुँह की खानी पड़ी। इस

127. नूर, 58a
128. देखें, नजीब की उक्ति (नूर, 59a), "जाट सेना अफ़गानों (बंगश और रुहेला सरदारों) से भी गठबंधन में है।"
129. ऊर्ध्व, 117-118, 285

पराभव से वह क्षुब्ध और उत्तेजित हो गया उसने अपने पिता से कहा कि अब तो वह बिलोचियों को कुचलकर ही मानेगा तथा इस निश्चय के साथ उसने दुबारा उन पर हमला किया।

इन 'डकैतों को आश्रय देनेवाले लोगों के संरक्षक' नजीब-उद-दौला, ने जवाहरसिंह की इस कार्रवाई पर आपत्ति की परंतु सूरजमल ने अपने पुत्र के संकल्प के प्रति अपनी मजबूरी व्यक्त की। तथापि उसने यह भी कहा कि सानुल्बा जैसे डकैत को आश्रय देने के लिए बिलोचियों को तो दंड मिलना ही चाहिए। अपने पुत्र को कुमुक पहुँचाने के लिए स्वयं सूरजमल 20,000 घुड़सवारों, विशाल पैदल सेना और तोपखाने के एक हिस्से की शक्तिशाली सेना के साथ आगे बढ़ा और अक्तूबर 1763 में फर्रुखनगर के मज़बूत किले को उसने घेर लिया। अब मुसाबी खाँ को लेने के देने पड़ गए। सूरजमल के सामने उसके अपने संसाधन बेहद कमजोर थे और इस बार ताज मोहम्मद भी उसकी सहायता के लिए नहीं आया। नजीब के पास, जो नजीबाबाद में बीमार पड़ा था, सहायता के लिए प्रार्थनाएँ की गईं। जाट तोपखाने ने किले की दीवारों में दरार कर दी। अंत में निराश होकर मुसावी खाँ बाहर आया और हताशा की स्थिति में उसने सूरजमल से मिलकर उसे किला सौंपने का प्रस्ताव किया, बशर्ते उसे अपने परिवार के साथ सुरक्षित निकल जाने दिया जाए। जब इन संदेशों का आदान-प्रदान हो रहा था, तब सूरजमल को नजीब के (युद्धस्थल) की ओर बढ़ने और वहाँ आने के पीछे उसके उद्देश्य की सूचना जरूर मिल गई होगी। अतः नजीब पीछे से उस पर हमला करे ऐसी स्थिति को टालने के लिए वह इस पूरे मामले को शीघ्र निपटाने को उत्सुक था। अतएव उसने मुसावी खाँ को सुरक्षित जाने देने का वचन दिया। (वैंदेल के अनुसार गंगाजल लेकर कसम खाई) परंतु अगले दिन जब मुसावी खाँ और उसके आश्रित उसके पास पहुँचे तो सूरजमल ने अपना वचन भंग कर उन्हें कैद कर लिया और बाद में उन्हें कैदी बनाकर भरतपुर की जेलों में डाल दिया। इस तरह दोमास की घेरेबंदी के पश्चात् अपने तमाम साजो-सामान के साथ फर्रुखनगर का किला जाटों के अधीन हो गया (लगभग 12 दिसंबर, 1763)। तथापि प्रतिशोध की देवी ने बदला लेने में देर नहीं की।[130]

सूरजमल और नजीब के मध्य संघर्ष (दिसंबर 1763)

बिलोच घटना ने, बदले में सूरजमल और नजीब-उद-दौला के मध्य संघर्ष की स्थिति पैदा कर दी। दोनों ये "एक-दूसरे को फूटी आँखों नहीं सुहाते थे, इस हद तक

130. *नूर,* 60a-64b (सर्वोत्तम और पूर्ण विवरण); *मेम्वोआर* दे *यात,* 60; *डी.सी.; सियर,* IV, 30; सरकार कृत *फ़ाल,* II, 447-449; देखें, शाह वलीउल्लाह का ताज मोहम्मद खाँ बिलोच को पत्र' *शाह,* 34

कि पहली ही मुलाक़ात में गुत्थमगुत्था हो सकते थे।''[131] सूरजमल के विरुद्ध 'सहायता' के व्यग्र अनुरोधों पर बिलोचियों को उनकी मुसीबत से बचाकर निकालने के उद्देश्य से नजीब ने नजीबाबाद से कुमुक भेजी थी।[132] यह तो मानी हुई बात है कि घटनाओं के अचानक नाटकीय रूप ले लेने से वह आश्चर्यचकित तो जरूर रह गया होगा। उसके दिल्ली पहुँचने के दो दिन पूर्व ही (14 दिसंबर, 1763) उसके मित्र-राजा जाटों के दाँव-पेचों से परास्त हो गए थे।[133] अपने रक्षित व्यक्ति के उखाड़ फेंकने के लिए नजीब ने जाट को दंडित करने की चाहे जितनी इच्छा की हो, किंतु अपने संसाधनों की हीनता और दीर्घकाल से चली आ रही अपनी बीमारी से मजबूर होकर उसे संयमित हो जाना पड़ा। अतः उसने किसी अनुकूल अवसर आने तक[134] कूटनीतिक सुनम्यता और 'कपटाचार' का सहारा लेते हुए इस मामले को फिलहाल टालना ही सुविधाजनक समझा। संभवतः जैसाकि प्रोफ़ेसर कानूनगो ने विश्वसनीय ढंग से तर्क दिया है,[135] कि उसे अपने पुराने संरक्षक अहमद शाह अब्दाली से सहायता मिलने की आशा थी। दूसरी ओर, सूरजमल नजीब के साथ अपना हिसाब-किताब सदा के लिए चुकता कर लेना चाहता था क्योंकि उसके (नजीब के) कूच ने सूरजमल के मन में रुहेलाओं के प्रति कटु क्रोध और घृणा भड़का दी थी।[136] फिर भी अपने इरादों को छिपाने की कोशिश करता रहा। कूटनीतिक चालों में नजीब और सूरजमल दोनों ही निष्णात थे, जैसाकि इस अवसर पर दोनों के संदेशों में सवाल-जवाब से प्रतीत होता है। कूटनीतिक चालों के वे सुंदर उदाहरण हैं। नजीब द्वारा सूरजमल को भेजा गया एक संदेश इस प्रकार है :

> *आप एक महान सेनापति हैं और आपके तथा मेरे बीच एक पक्की दोस्ती है। वे बिलोची मेरे आश्रित हैं और आपने उनके साथ ऐसा दमनकारी व्यवहार किया और इस मामले में मेरी भावनाओं की भी परवाह नहीं की यह कैसी भद्रता है?...खैर, अब जो कुछ होना था सो हो गया। आप किला अपने पास ही रखें...(किंतु) मेरा खयाल करते हुए आपको उन्हें (बिलोची कैदियों को)[137] छोड़ देना चाहिए।*

---

131. *सियर,* IV, 28
132. नूर, 63a, 63b
133. सरकार कृत *फ़ाल,* II, 449
134. *मेम्वोआर दे यात,* 61
135. कानूनगो कृत *जाट्स,* 150; देखें, 1764 में राजा जवाहरसिंह से सुरक्षा के लिए नजीब की अब्दाली से अनुनय-विनय; सरकार कृत *फ़ाल,* II, 460
136. *मेम्वोआर दे यात,* 61; कानूनगो कृत *जाट्स,* 149-150; सरकार कृत *फ़ाल,* II, 450
137. मुसावी खाँ तथा अन्य लोगों को भरतपुर की जेलों से बाद में (1766), रतन सिंह (सूरजमल के पुत्र) के पुत्र (खेरी सिंह) के उत्पन्न होने की खुशी में मुक्ति मिली। देखें, *मेम्वोआर दे यात,* 61

सूरजमल ने उत्तर दिया :

> *आपके और मेरे बीच समझौता और सहबंध है। ये लोग शत्रु हैं। तो क्या आपके लिए यह उचित होगा कि आप मेरे दुश्मनों की रिहाई के लिए दबाव डालें और इसके लिए तर्क करें। नजीबाबाद से दिल्ली कूच करना आपके लिए शोभनीय नहीं था। यह (सबको) मालूम पड़ गया है कि आप मेरे विरुद्ध अभियान पर आए थे। यदि इस समय तक यह कार्रवाई समाप्त नहीं हो जाती तो आप मुसावी खाँ से (मेरे विरुद्ध) मिल गए होते। आप इस तरह की कार्यवाही करने की बात सोच रहे थे। तब आपके और मेरे बीच हुआ गठबंधन टूट गया, और विश्वास भंग आपकी ओर से हुआ। मेरी ओर से किसी भलाई की आशा मत रखिए।*[138]

अपने दुश्मन की जबर्दस्त ताकत से भयभीत होकर नजीब ने कई बार उसे संतुष्ट करने की कोशिश की। परंतु उसके व्यवहार से सूरजमल इतना चिढ़ा हुआ था कि उसके सारे प्रयत्न निष्फल सिद्ध हुए।[139] इसी बीच नजीब के श्वसुर डुंडे खाँ के नेतृत्व में गंगा तट पर अफगानों की एक टुकड़ी के आगमन ने जाट राजा को और भी नाराज कर दिया।[140] रुहेला सरदार द्वारा भेजे गए मध्यस्थ–याकूब अली खाँ और उसके सेवक करामुल्लाह तथा अन्य–भी उसे शांत करने में असफल रहे। उसने उनसे कहा :

> *"अब (दिल को) साफ करना असंभव है। मात्र अपने कबीले की फौजों के घमंड के कारण वह नजीबाबाद से आया है। अतः यह जरुरी है कि मैं उसकी फौजों को एक बार देख लूँ।*[141]

पाँचवे दिन, अर्थात् 23 दिसंबर 1763 को, वार्ताहर (कूरियर) निराश होकर नजीब के पास लौट आए।[142] सूरजमल ने फर्रुखनगर में जवाहरसिंह के पास शक्तिशाली दुर्गरक्षक सेना छोड़कर दिल्ली के दक्षिण में यमुना पार की और (यमुना की एक सहायक नदी)

---

138. नूर, 64b-65a; और *इस्लामिक कल्चर,* X, 654, में बिहारी लाल भी देखें।
139. *मेम्वोआर दे यात,* 61; *सियर,* IV, 30 इसमें कहा गया है कि सूरजमल ने *गिर्द* (राजधानी के चारों ओर का ज़िला) की फौजदारी की माँग की थी। *बयान-ए-वाक़ा* (कानूनगो कृत *जाट्स,* 150 पाद-टिप्पणी) में यह दावा किया गया है कि उसने तो नजीब से यहाँ तक कहा था कि वह दिल्ली छोड़कर चला जाए तथा मिआन दोआब उसे दे दे, किंतु नजीब ने उसे सिकंदरा तथा अन्य परगने देने का प्रस्ताव किया जिससे सूरजमल संतुष्ट नहीं था। (यह सिकंदरा दिल्ली के पास सिकन्दराबाद है। –संपादक)
140. नूर, 66a; *इस्लामिक कल्चर,* X, 654 में बिहारी लाल (द्वारा पूरा किया गया)।
141. नूर, 66a; *सियर* IV, 30-31
142. डी.सी.

हिंडन के पश्चिमी तट पर जाकर ठहर गया। उसकी टुकड़ियों ने गाजियाबाद के आसपास ग्रामों को लूट लिया, उनमें आग लगा दी। इसके बाद जाट दिल्ली के दक्षिण में लौट आए। यह समाचार मिलने पर रुहेला सरदार अपनी सेनाओं के साथ दिल्ली के बाहर निकल आभा और जाट सेनाओं से चार मील की दूरी पर खिज़राबाद के बाग़ में आकर रुक गया। परंतु उन्हें लड़ाई में फँसाए बिना वह शहर में लौट आया। इसी बीच सूरजमल ने अपना साजो-सामान छोड़कर यमुना पार की और नदी के दूसरी ओर अपना डेरा डाल दिया।[143] नजीब ने अंतिम प्रयास करते हुए सुंदर मुल्तानी छींट के दो टुकड़े लेकर अपने दूतों (करामुल्लाह, सागर मल खत्री, याकूब अली, आदि) को सूरजमल के पास भेजा। इस संदेश में कहा गया था :

> *जो बीत गया सो बीत गया। मैं अच्छी तरह जानता हूँ कि आप हर तरह से मुझसे श्रेष्ठ हैं। आपके पास उत्कृष्ट बंदूकची हैं, उनके पास बढ़िया घोड़े हैं। आपके अधिकार में मज़बूत किले हैं। इन दिनों हिंदुस्तान का कोई अन्य राजा आपकी तरह सुसज्जित नहीं है। अतः, मैं आपसे नहीं लड़ रहा हूँ, बल्कि आप व्यर्थ में ही हिंसा का प्रदर्शन करते घूम रहे हैं।...अब तो आपको वापस चले ही जाना चाहिए।*

यह अपील भी क्रुद्ध जाट राजा को शांत करने में असफल रही और उसने इसका एक चुनौतीपूर्ण उत्तर भेजा। बिदा होते समय याकूब अली ने उससे अनुरोध किया कि अगले दिन उसके वापस होने तक (अर्थात् 25 दिसंबर 1763) कोई कार्रवाई न की जाए। तथापि सूरजमल ने उत्तर दिया कि यदि उसका यही मिशन था तो बेहतर होता कि वह आता ही नहीं। स्पष्टतः, रुहेला जितना अधिक कूटनीतिक दृष्टि से नरम पड़ रहा था, जाट उतना ही अधिक निर्भीक होता गया। उसे यह पता नहीं था कि उसका अंत समीप आ रहा है। (अगले दिन की संध्या को ही) याकूब अली अभी भी समझौते के पक्ष में था, परंतु करामुल्लाह को उसका व्यवहार अपमानजनक लगा, और उसने कहा कि अब और कुछ नहीं तत्काल लड़ाई छेड़ देनी चाहिए, तथा रुहेला सरदार ने, जिसकी नाराजगी उचित थी, इस पर सहमति दे दी।[144]

अब पाँसा पड़ चुका था। नजीब-उद-दौला ने गुलाब सिंह गूजर, सैय्यद मोहम्मद खाँ बिलौच (सैय्यदू), अफ़ज़ल खाँ, मुलतान खाँ, ज़ैबिता खाँ ने अपनी सारी फौजें, जो 10,000 से भी कम थी, लेकर भोर से दो घंटे पहले यमुना पार की और दिल्ली के 10 मील दक्षिण-पूर्व में हिंडन के पश्चिमी तट पर अपनी चौकी स्थापित कर ली। सूरजमल के पास कम-से-कम 25,000 की शक्तिशाली

143. नूर, 66a-66b; *मेम्वोआर दे यात*, 61

144. नूर, 66b-67b; *सियर*, IV, 30-31; *इस्लामिक कल्चर*, X, 654 में बिहारी लाल भी।

फौजें और भारी तोपखाना था जिसे लेकर वह उनके सामने पहुँच गया। कई छिटपुट मुठभेड़ें हुईं जिनमें जाटों ने अपनी श्रेष्ठता दर्शाई। दोनों पक्षों के बीच गोलाबारी भी हुई, जो तीन बजे दोपहर तक चली। इसके बाद सूरजमल ने अपने दुश्मनों को तीन ओर से घेरने की कोशिश की। उसने 5,000 लोग नजीब के पीछे तैनात किए। सूर्यास्त के समय (उसी दिन, अर्थात् रविवार 25 दिसंबर 1763),[145] जब सूरजमल अपने एक छोटे से दस्ते के साथ फौजों की गतिविधि देख रहा था, वह सैय्यदू और उसके सैनिकों द्वारा मार डाला गया, जो शायद उसी की घात लगाए छिपे बैठे थे।[146] ऐसे मामलों में जैसा कि होता है, नेताविहीन जाट इस जबर्दस्त धक्के से हतप्रभ होकर उसी रात (25-26 दिसंबर 1763) अपना शिविर उठाकर ले गये और नजीब-उद-दौला को "ऐसी विजयश्री सौंप दी जिसकी किसी ने भी आशा नहीं की थी।" जेसुइट पर्यवेक्षक ने ठीक ही कहा है कि नजीब और उसके लोग 'बिना जाने ही विजयी हो गए थे।'[147]

इस प्रकार नियति ने अपेक्षाकृत कम उम्र (लगभग 57 वर्ष)[148] में ही जाटों की *'नेत्र-ज्योति* और उनका *प्रकाशमान दीपक*[149] और *प्लेटो*[150] महाराजा ब्रजेंद्र बहादुर सुजान सिंह,[151] ठाकुर सूरजमल के नाम से लोकप्रिय, यशस्वी व्यक्तित्व तथा अब भी उत्कर्षोन्मुख जीवन का अचानक व्यवच्छेदन कर दिया।

---

145. *दिल्ली क्रानिकल* ने सूरजमल की मृत्यु की तारीख 25 दिसंबर, 1763 लिखी है। तथापि बाद के एक इतिहासकार, फ्रांसू (*तारीख-ए-हुनूद*, 22a) का कहना है कि राजा की हत्या पौष बदी द्वादशी (12) संवत, 1820 (तद्नुसार 31 दिसंबर, 1763) को हुई थी। जाट इतिहास के संदर्भ में फ्रांसू, निस्संदेह, एक महत्त्वपूर्ण इतिहासकार है, किंतु इस संबंध में हम 'दिल्ली क्रानिकल' के लेखक पर वरीयता नहीं दे सकते, क्योंकि इसका लेखक लगभग निश्चित रूप से दिल्ली के निकट मौजूद था और उसने इस घटना के घटित होने के दो दिन बाद ही (अर्थात् मंगलवार) इसे अंकित कर लिया था।
146. सूरजमल की मृत्यु से संबंधित विस्तृत विवरण के लिए देखें, परिशिष्ट 4.
147. *मेम्वोआर दे यात*, 63, *सियर*, IV, 29 और 33; *मजमा-उल-अखबार*, इलियट, VIII, 363, में; स्कॉट कृत *दक्कन*, II, 246
148. यह मणना उसकी आत्मस्वीकृति पर आधारित है जिसमें उसने कहा कि "अब मैं 50 की अवस्था पार कर चुका हूँ", और यह उक्ति मार्च, 1757 की है। देखें, अब्दाली को लिखा उसका पत्र, ऊर्ध्व, 217, वैंदेल (*मेम्वोआर दे यात*, 63) और उसका अनुसरण करते हुए आधुनिक अध्येताओं का यह कथन कि मृत्यु के समय उसकी अवस्था 55 वर्ष थी, सही नहीं है।
149. *सियर*, IV, 27
150. *इमाद*, 84
151. *नूर*, 33a; *ब्रजेंद्र विनोद*, 212; देखें, *तारीख-ए-अहमद शाही* 43b

14

जाट राज्य अपने चरमोत्कर्ष पर

यदि बदनसिंह ने जाट राज्य की नींव रखी तो मात्र अपने संसाधनों, अध्यवसाय और चारित्रिक दृढ़ता से सूरजमल ने पहले एक रीजेंट (प्रतिशासक) और बाद में राजा की हैसियत से इसे सुदृढ़ किया। वह तत्कालीन भारत[1] में महानतम राजा की बुलंदियों तक पहुँचा, जिसके पास न केवल विशाल राज्य था, बल्कि संपन्नतम राजकोष और सर्वाधिक शक्तिशाली सेना थी।

उसके नेतृत्व में जाटों ने मुगल साम्राज्य के इतिहास में एक महत्त्वपूर्ण भूमिका अभिनीत करनेवाली अपनी स्थिति बनाई थी। शाही वज़ीर सफदरजंग उसकी मैत्री का सदा इच्छुक रहा और इमाद-उल-मुल्क उसके संरक्षण का अभिलाषी था और संभवतः पानीपत के युद्ध का इतिहास भी कुछ और होता यदि भाऊ ने उसकी सलाह की उपेक्षा न कर दी होती। यद्यपि जाट राजा के पास आवश्यक ताकत थी तब भी उसने दूरस्थ प्रदेशों पर शासन करने का कभी इरादा नहीं किया। केवल 1757 को छोड़कर, जाट राज्य 'असहाय, आक्रांत और अकिंचन लोगों' के लिए सदा सुरक्षित और तत्पर शरणस्थली रहा।[2]

अपने पिता (जिसने एक गाँव की मालगुज़ारी भिखारियों में बाँटने के लिए अलग कर रखी थी) का अनुसरण करते हुए सूरजमल ने उसके धर्मादा कार्यों में सुधार किया। बताया जाता है कि सोमनाथ चतुर्वेदी की अध्यक्षता में उसने एक धर्मार्थ विभाग स्थापित किया था।[3] इसको देखते हुए वैंदेल का यह दावा[4] निराधार प्रतीत होता है, यद्यपि जिसे प्रोफ़ेसर जदुनाथ सरकार ने बिना जाँचे ज्यों-का-त्यों

---

1. *सियर,* IV, 27; और *सुजान,* 200 भी; *दीर्घ,* 5-6; सोमनाथ में *माधव विनोद,* 318
2. *मिरात,* 893
3. गंगा सिंह (कृति उद्धरण, 264) इस आशय की सूचना (धर्मादा विभाग) देते हैं, यद्यपि अपने समर्थन में इन्होंने किसी इतिहासकार को उद्धृत नहीं किया है। तथापि, एक प्रत्यक्षदर्शी के बयान से यह सिद्ध होता है कि सूरजमल दान दिया करता था। देखें *दीर्घ,* 6 और 7
4. *मेम्वोआर दे यात,* 44, 46 और 63

स्वीकार किया है,[5] कि सूरजमल के दिल में औरों की संपत्ति के प्रति 'अधम' और सुधारातीत लोभ था, कि नियमित रूप से डकैती डालने के लिए उसने डाकू नियुक्त कर रखे थे, और उसकी कंजूसी का यह हाल था कि गरीबी का शिकार होकर उसके परिवार वालों और फौजों को दुःख में दिन काटने पड़े थे। वैंदेल का समर्थन करना तो दूर रहा, नूर-उद-दीन (जिसे इमाद की सेवा में होने के नाते सूरजमल के चरित्र का अध्ययन करने का अवसर मिला होगा) इस बात का साक्षी है कि सूरजमल अपने राज्य में डकैतों से किस सख्ती से पेश आता था। जैसाकि ऊपर वर्णित किया जा चुका है, जो डकैतों को प्रश्रय देते थे उनके विरुद्ध युद्ध करने तक वह पहुँच गया। यदि वे अपनी संपत्ति और सम्मान की सुरक्षा के प्रति आश्वस्त नहीं होते और यदि जाट राज्य डकैतों के स्वामी द्वारा शासित होता तो व्यापारी तथा विभिन्न समुदायों के अन्य लोग जाट राज्य में स्वेच्छा से जाकर क्यों बस जाते?[6] इसी तरह, इधर-उधर थोड़ी-बहुत त्रुटियों की तो बात और है, कोई दूरदर्शी, साधन संपन्न और महत्त्वाकांक्षी नेता अपनी सेना को गरीबी की स्थिति में डालकर विद्रोह करने के लिए (जान-बूझकर उनका वेतन न देकर) कैसे मजबूर कर सकता है, और वह भी कई वर्षों तक।

शाह वलीउल्लाह ने उस पर इस्लाम का उत्पीड़क होने का आरोप लगाते हुए उसे एक धर्मांध के रूप में पेश किया है जिसने अपने पूरे राज्य में 'अज़ान और सलात' पर पाबंदी लगा रखी थी।[7] यद्यपि यह आरोप उसके उत्तराधिकारी के संबंध में कुछ सीमा तक सही है,[8] किंतु सूरजमल के मामले में यह दृष्टिकोण अतिशयोक्तिपूर्ण और अनुचित प्रतीत होता है। स्वभाव से ही वह ऐसे धर्मांध व्यवहार का अभ्यस्त नहीं था। हिंदुओं के लिए एक महान समादृत केंद्र ब्रज, विशेषतया मथुरा, पर बारबार अत्याचार हुए, जिनमें से एक तो सूरजमल के जीवनकाल (1757) में ही हुआ था। यद्यपि इस घटना ने उसके हृदय को गहरी वेदना पहुँचाई थी तब सूरजमल ने अपनी सत्ता के चरमोत्कर्ष के समय भी मथुरा में एक भी मस्जिद नहीं गिराई और इसके लिए उसे भाऊ की कटु उक्तियाँ सुननी पड़ीं।[9] प्रतिशोध की भावना तो दूर उसने अपनी राजधानी में उदारतापूर्वक एक मस्जिद भी बनवाई, जैसाकि पहले बताया जा चुका है।[10] हम नहीं जानते कि उस काल का कोई और हिंदू राजा इस तरह के कार्य पर गर्व कर सकता है। इस संदर्भ में यह भी ध्यान

5. सरकार कृत *फ़ाल*, II, 454-455
6. कानूनगो कृत *जाट्स*, 289; *दीर्घ*, 1; देखें, *इमाद*, 84
7. *शाह*, 2
8. कानूनगो कृत *जाट्स*, 220-221
9. *इमाद* 120-121
10. ऊर्ध्व, 264

देने योग्य है कि उसके निजी सेवकों में मुसलमान भी थे जो अपने स्वामी के प्रति सदा निष्ठावान रहे और उसके साथ अपने प्राण भी दे दिए।[11]

मोहम्मदशाह के रुहेला अभियान के समय (1745) वीरतापूर्वक लड़ते हुए या बागरू में जयपुर हरावल दस्ते का नेतृत्व करते समय (1748), चाहे रामचतौनी में अफरीदियों को धूल चटाते हुए (1750) या गढ़ी मैदान में नजीब के रुहेलों को पराजित करते समय (1753), या सराय शोभा चंद में मीरबख्शी को पराभूत करते हुए (1750), छोटी-मोटी अन्य छिटपुट लड़ाइयाँ लड़ते समय सूरजमल ने अपने पीछे वीरता और दृढ़ साहस की ख्याति छोड़ी। मराठा-इमाद के असंख्य सैनिकों (1754) का सफलतापूर्वक सामना करते हुए और दुर्रानी की बहुसंख्यक फौज के आक्रमणों के समय भी (1757, 1760) उसने अपने कुशल सेनापतित्व का परिचय दिया। उसे एक मात्र असफलता, जिससे वह प्रत्यक्षतः संबंधित था, गृहयुद्ध के समय सफदरजंग के साथ प्राप्त हुई थी। यदि उसकी अचानक मृत्यु न हुई होती तो हिंडन में अंतिम परिणाम क्या होता, इसका अनुमान प्रतिपक्षियों की अपनी-अपनी ताकत और उनके संसाधनों को देखकर आसानी से लगाया जा सकता है।

परिश्रमशील जाट किसान में सदा सर्वोत्तम योद्धा के गुण भी होते हैं। एक बड़े संकट के समय[12], जैसाकि मराठा आक्रमण (1754) के समय उपस्थित हुआ था, सूरजमल ने जाटों की सेवाओं का लाभ उठाया जो जितने उद्योगशील किसान थे उतने ही उत्कृष्ट योद्धा भी थे। इसके साथ ही उसने एक अच्छी स्थायी सेना की भी जरूरत समझी। अतः इसके लिए कदम भी उठाए। उसकी सेना में यद्यपि जाट अधिक संख्या में थे, फिर भी अन्य जातियों के भी लोग उसमें थे।[13] *सियर* से पता चलता है कि इस महान जाट सेनापति ने स्वयं अपने घुड़सवार बंदूकबाजों को अपनी ही शैली में प्रशिक्षित किया था। उसने "घोड़े पर बैठकर निशाने पर

11. देखें, परिशिष्ट 4. यहाँ यह बताना असंगत नहीं होगा कि उसका भाई प्रतापसिंह, जो प्रारंभ में जाट प्रशासन कार्य में सूरजमल का सहयोगी था (बदनसिंह के शासनकाल के दौरान), निश्चय ही मुस्लिम संस्कृति और मुसलमानों से मैत्री पसंद करता था। देखें, *इमाद*, 84
12. ऐसे अवसरों पर कृषक योद्धाओं को भोजन, जिसमें एक सेर अनाज, थोड़े चने और घी, पारिश्रमिक के रूप में दिया जाता था। युद्ध समाप्त होने पर वे अपने खेतों में लौट जाया करते थे। देखें, *मेम्वोआर दे यात*, 67 और 83
13. *सुजान चरित्र* में ऐसे कई प्रकरण हैं जिनमें भरतपुर की सेना में गैर-जाट सैनिकों के होने की चर्चा है। संयोगवश, यह भी जान लेना रोचक है कि ऊपरी दोआब की सर्वखाप सेना में भी कई गैर-जाट समूह शामिल थे, जो कान्हाराम से स्पष्ट हो जाता है।

गोली साधने और फिर घूमकर आड़ में उसे (बंदूक को) फिर भरने के लिए एक अभ्यास प्रचलित किया था। रोजाना अभ्यास कर वे ऐसे :

> *फुर्तीले और खतरनाक निशानेबाज (बन गए थे)...कि भारत में कोई अन्य सेना युद्धभूमि में उनका सामना करने का साहस नहीं कर सकती थी। और न किसी भारतीय राजा में इतना साहस था कि इस जैसे राजा से युद्ध करके उसे परास्त करने की वह कल्पना भी कर सके।*[14]

शांत आकलनशील दूरदृष्टि, दूरदर्शी होने की एक गंभीर अनुभूति, अनुकरणीय चतुराई के धनी सूरजमल की प्रतिभा कूटनीति के क्षेत्र में चहु ओर प्रकाशित हुई।[15] लोगों और मामलों को निपटाने में उसने अद्‌भुत चतुराई का परिचय दिया। गहरे संकट के क्षणों में भी उसने सराहनीय प्रत्युत्पन्नमति और धैर्य का प्रदर्शन किया। 'षड्‌यंत्रों और अनैतिक कूटनीति' के वातावरण में उसने न केवल पाखंडी मुगलों और धूर्त[16] मराठों को, वरन चालाक अब्दाली और होशियार राजपूतों को भी हतप्रभ किया। निस्संदेह उसकी स्थिति बेहद नाजुक थी क्योंकि वह दो सर्वाधिक दुर्धर्ष और शत्रुतापूर्ण शक्तियों के बीच खड़ा था, उत्तर में अब्दाली था और दक्षिण में बलात अधिग्रहण करनेवाले मराठे थे। उसका शानदार खजाना इन लोभियों के लिए सतत आकर्षण का केंद्र रहा तो उसकी विस्तारवादी कार्रवाई तथा अपने पड़ोस में ही उसका स्वतंत्र अस्तित्व मुगलों और राजदूतों दोनों को चिढ़ा रहा था। इसके अतिरिक्त इस्लामी पुनर्जागरण की शक्तिशाली ताकतें भी उसकी अत्यधिक विरोधी थीं। अब्दाली और मराठों ने अनेक बार उसे नेस्तनाबूद करने की कोशिश की। वैसे भी सामान्यतया उनकी ओर से सूरजमल के लिए एक संभावित खतरा बना ही रहता था।

इन परिस्थितियों में जाट राज्य का अस्तित्व बनाए रखना ही एक दुष्कर कार्य था। परंतु अपनी अद्‌भुत कूटनीतिक नमनीयता, 'विलक्षण' बुद्धिमत्ता और वीरोचित धैर्य से वह न केवल अपने सारे दुश्मनों की कार्यवाहियों को नाकाम करने में सफल हुआ, वरन् लगातार आए संकटों के बावजूद वह अपनी संपत्ति को बढ़ाने में सफल हुआ। वैंदेल कहता है, जब और लोग निचोड़े जा रहे थे तब सूरजमल ने अपने ही साहस से मराठा-दुर्रानी की जबरदस्त वसूली से स्वयं को बचाए रखा। जब एक ओर अन्य शक्तिशाली राजा अपने साधनों को लुटाकर अब्दाली के साथ हो लिए थे, तब वह दुर्जेय शत्रु (अब्दाली) से अपने राज्यक्षेत्र को बचाने में सफल

14. *सियर,* IV, 28; देखें *नूर,* 66b
15. प्रोफ़ेसर हरीराम गुप्ता उसे "अपने ज़माने का सबसे सयाना और चतुर कूटनीतिज्ञ" बताते हैं। देखें, *पानीपत,* 153
16. कानूनगो कृत *जाट्स,* 65

रहा था। तत्कालीन संकट में, जब उसके (सूरजमल के) पड़ोसी भी अछूते नहीं बचे थे तब सूरजमल ने शांति सुनिश्चित कर ली थी, और जब हर व्यक्ति हार रहा था तब उसने मराठों से, जिनकी पराजय का उसने पूर्वानुमान कर लिया था, स्वयं को अलग कर लिया था, किसी का सहारा लिए बिना किसी युद्ध के बिना उसने अब्दाली को वापस कर दिया, और जब सभी की क्षति हो रही थी तब वह अधिक शक्तिशाली बन गया था। अंत में जेसुइट फादर सही लिखता है, "मैं हिंदुस्तान में ऐसे किसी व्यक्ति को नहीं जानता जो ऐसा कर सकता था।"[17] ऐसा था सूरजमल, अपने समय का निपुण कूटनीतिज्ञ। निस्संदेह नजीब-उद-दौला भी कूटनीतिक चतुराई और राजनीतिक दूरदर्शिता का स्वामी था।[18] परंतु दोनों में अंतर यह था कि नजीब के पास अहमदशाह अब्दाली जैसा शक्तिशाली संरक्षक, मुक्तिदाता था जबकि सूरजमल ने अकेले दम पर अब्दाली और मराठों को एक साथ और एक ही समय छका दिया। इसके अतिरिक्त सूरजमल ने अपने राज्य को प्रगति प्रदान की जबकि नजीब ऐसा नहीं कर सका।[19]

> *"राजा सूरजमल एक अच्छे शासक के सभी गुणों से संपन्न था...और अपनी प्रजा तथा कोष का जबर्दस्त विस्तार करने में वह अपनी सरकार के माध्यम से सफल हुआ।"*[20]

यह मुख्यतः इस राजा के अथक परिश्रम का परिणाम था। उसकी मृत्यु के समय तक जाट राज्य लंबाई में 200 मील (पूर्व-पश्चिम) और चौड़ाई में 140 मील (उत्तर-दक्षिण) तक फैल चुका था जिसमें दिल्ली सूबे का एक और आगरा का तीन-चौथाई भाग शामिल था। हमारे इतिहासकारों में से एक कहना है :

> *"(पश्चिम दिशा में) यमुना के पार दिल्ली के दरवाजों से लेकर चंबल तक उसके अतिरिक्त किसी अन्य की सरकार नहीं थी, और गंगा की तरफ भी लगभग यही स्थिति थी।"*[21]

मोटे तौर पर उसमें आगरा, मथुरा, धौलपुर, अलीगढ़, बुलंदशहर, मैनपुरी, मेरठ, रोहतक, गुड़गाँव, रेवाड़ी के जिलों के साथ उसका मूल राज्य भरतपुर शामिल थे।

जाट राजा में अपने जाट भाइयों की सहज, नैसर्गिक संवेदनशीलता को समझने की दृष्टि थी। वह संभवतया जानता था कि उनके लिए अपने व्यक्तिगत या कबीलाई

---

17. *मेम्वोआर दे यात,* 54
18. वही, 67
19. प्रतिविचार के लिए देखें, सरकार कृत *फ़ाल,* II, 414 और 454
20. *तवारीख-ए-हुनूद,* 20a, 20b
21. *मेम्वोआर दे यात,* 56; कानूनगो कृत *जाट्स,* 167

स्वाधीनता के गहरे पैठे लोकतांत्रिक स्वभाव और भावनाओं को अचानक या पूरी तरह छोड़ देना, असंभव नहीं तो, कठिन अवश्य था। अतः मुगल शैली की स्वेच्छाचारी, निरंकुश प्रणाली को इसी रूप में न अपनाकर उसने बुद्धिमानी का परिचय दिया। प्रोफेसर कानूनगो ठीक ही बताते हैं कि सूरजमल की मृत्यु के समय मौजूद जाट राज्य तब भी सामंती संघ था, और जाट राजा उसका सर्वोच्च प्रमुख था।[22]

उसकी बुद्धिमत्ता, कौशल, प्रशासनिक क्षमता और उसके द्वारा सुनिश्चित संरक्षण के परिणामस्वरूप दीर्घकाल तक व्याप्त रही अव्यवस्था और अराजकता के बाद उसके नियंत्रणगत क्षेत्र में 'शांतिपूर्ण' स्थिति वापस आई। जिन क्षेत्रों को उसने अधीन किया था, उनके मूल्य में वृद्धि के लिए उसने "जमींदार के काम को इतने उत्तम प्रकार से निभाया" कि उससे "राजस्व में पर्याप्त वृद्धि हो गई।" इसके साथ ही महलों और किलों, बाजारों पर काफी बड़ी राशि खर्च करने के बाद भी उसने अपने खर्च को इस तरह नियंत्रित किया कि "अनेक वर्षों तक" वह अपने राज्य के वार्षिक राजस्व का "कम-से-कम आधा भाग" बचाता रहा।[23]

हम जानते हैं कि उसके शासन के प्रारंभ में उसका वार्षिक राजस्व "एक करोड़ रुपए" था।[24] फिर 1760 में वह "डेढ़ करोड़" हुआ।[25] इसके पश्चात् इसमें वृद्धि होती गई तथा परवर्ती वर्षों में वह हर साल "175 लाख" वसूल करता था, जबकि उसका वार्षिक खर्च लगभग 65 लाख रुपए था।[26] उसकी प्रतिवेदित आत्मस्वीकृति के अनुसार 1760 में उसके राजकोष में लगभग सात करोड़ रुपए थे।[27] अतः वैंदेल का यह अनुमान सही है कि उसकी मृत्यु के समय उसके पास 10 करोड़ रुपए थे, जिसका अधिकांश भूमि में दबा था। इसमें काफी मूल्य के जेवरात और अन्य मूल्यवान वस्तुएँ शामिल नहीं है। तथापि, लोक विश्वास के अनुसार उसके पास हाथ में 15 से 20 करोड़ रुपए थे।[28]

प्रशासन द्वारा प्रत्यक्ष और अप्रत्यक्ष रूप से दिए गए प्रोत्साहन के कारण वाणिज्य-व्यापार भी खूब फला-फूला। सूरजमल ने अपने समूचे राज्य में पारगमन कर की छूट दे रखी थी। इसके फलस्वरूप "अनाज अत्यधिक सस्ता" हो गया

---

22. कानूनगो, *जाट्स*, 221; प्रतिकूल टिप्पणी के लिए देखें, पांडेय, *भरतपुर*, 82
23. *मेम्वोआर दे यात*, 57, 67
24. *शाह*, 2
25. *इमाद*, 108
26. *मेम्वोआर दे यात*, 67; सरकार कृत *फ़ाल*, II, 455
27. *इमाद*, 108
28. वैंदेल ने जाट खजाने की चर्चा अति विस्तार से की है। देखें, *मेम्वोआर दे यात*, 64-67, 86

था।[29] अन्य वस्तुओं के संबंध में भी अवश्य ऐसा ही हुआ होगा। यदि सूरजमल ने राजकीय इमारतों का निर्माण कराया तो वह बाजारों को बनाने की आज्ञा देना भी नहीं भूला। यदि 'इमाद' पर विश्वास किया जाए तो उसने व्यापारियों की सुविधा के लिए डीग और अन्य स्थानों पर हजारों दूकानें बनवाईं।[30] जैसाकि अन्यत्र बताया गया है, उस समय व्याप्त अराजकता के दौर में उसके दयावान शासन द्वारा किए गए ऐसे कार्यों और सुनिश्चित शांति ने जाट राज्य के बाहर के व्यापारियों को आकर्षित किया। वैंदेल के इस कथन में अतिशयोक्ति नहीं है कि :

> *मैं यह स्वेच्छया स्वीकार करता हूँ कि जाट समृद्ध हैं और आज भी नादिरशाह, अब्दाली और मराठों द्वारा पहुँचाई गई क्षति के बावजूद हिंदुस्तान में यदि कोई खजाना सुरक्षित है तो वह जाटों का है।*[31]

अपनी विशाल संपदा में सूरजमल ने शाही शानो-शौकत की भी वृद्धि की तथा कला और साहित्य को भी संरक्षण प्रदान किया। पहली बार हमें यह पता चलता है कि उसके ही प्रोत्साहन पर कवि सोमनाथ ने, जिसे सूरजमल का संरक्षण प्राप्त था, 'ब्रजेंद्र विनोद' नामक एक लंबी कविता लिखी थी।[32] बाद में जब सोमनाथ सेवानिवृत्त होकर वैर चला गया तो सूरजमल के भाई, प्रतापसिंह ने उसे संरक्षण प्रदान किया।[33] इसके कुछ ही समय बाद प्रतापसिंह के पुत्र, बहादुरसिंह, ने भी ऐसा ही किया।[34] इस तरह सूरजमल के राज्य में अन्य कलाओं के विकास के साथ-साथ साहित्यिक गतिविधियों को भी प्रोत्साहन मिलता रहा। वस्तुतः सूरजमल कला का महान पारखी था। नेपोलियन ने पेरिस को सजाने के लिए विजित स्थलों के कला की सर्वोत्तम वस्तुओं को हथियाया था। अपनी राजधानी को शोभित करने के लिए महमूद ग़ज़नवी तो कलाकारों को ही अपने साथ ले गया था। एक तरह से सूरजमल इन दोनों गुणों से संपन्न था। एक ओर, वह अपने दरबार को सँवारने के लिए आगरा से मुगल शानो-शौकत की चुनी हुई वस्तुएँ ले गया तो दूसरी ओर, उसकी संपत्ति और इच्छाशक्ति ने कंगाल दिल्ली दरबार के गरीब शिल्पियों को कला के नए गृह में आने के लिए प्रेरित किया। इसके अतिरिक्त अपने डीग, भरतपुर,

---

29. *नूर,* 83b
30. *इमाद,* 84; और *दीर्घ,* 1
31. *मेम्वोआर दे यात,* 66
32. *ब्रजेंद्र विनोद,* 212
33. प्रतापसिंह के संरक्षण में इसने निम्नलिखित रचनाएँ कीं : *रामचरित्र रत्नाकर, रामकलाधर* और *रस पीयूषनिधि*।
34. बहादुरसिंह के प्रोत्साहन पर उसने संस्कृत नाटक 'मालती माधव' का हिंदी में *माधव विनोद* शीर्षक से अनुवाद किया।

वैर तथा कुंभेर के किलों पर सूरजमल ने करोड़ों रुपए खर्च करके वहाँ सुंदर और आकर्षक इमारतें, सरोवर और उद्यान बनवाए।[35] 'इमाद' के रचनाकार का कथन है कि सूरजमल द्वारा निर्मित कुछ इमारतें इतनी शानदार थीं कि वैसी "अन्यत्र नहीं मिलतीं, यहाँ तक कि दिल्ली और आगरा में भी नहीं।"[36] इन सबमें डीग का राजप्रासाद वास्तुकला की दृष्टि से सबसे अधिक भव्य और 'उत्कृष्ट' था, जिसको सूरजमल ने इतने विशाल स्तर पर योजना बनवाकर निर्मित करवाया था कि 1768 तक भी उसका काम समाप्त नहीं हुआ था। दूर-दूर की यात्राएँ किए हुए एक प्रत्यक्षदर्शी ने बताया है कि :

> *इस राजप्रासाद को देखे बिना उसके विस्तार और शान की कल्पना करना कठिन है...मैंने हिंदुस्तान में और कोई (ऐसा प्रासाद) नहीं देखा जो इसकी भव्यता की बराबरी कर सके।*[37]

जैसाकि वैंदेल ने उसे चित्रित किया है, यदि यह महान जाट शासक संपत्ति का इतना लोभी था तो निश्चय ही वह यह भी जानता था कि उदारता और बुद्धिमानी से कैसे खर्च किया जाए। यद्यपि उनका सहज और अनगढ़ स्वभाव जो जाट किसानों की अपनी विशेषता है—न्यूनाधिक रूप से अप्रभावित रहा, तथापि जाटों की समृद्धि, शक्ति तथा बाहरी दुनिया से उनके मेल-जोल ने उनकी 'वेशभूषा, पोशाक, इमारतों, भाषा और आमतौर पर हर बात पर" अपनी छाप छोड़ी। जहाँ केवल उनके राजा ही आगरा और दिल्ली की शाही शानो-शौकत देखते थे। अतः एक सामान्य व्यक्ति इस राजसी वैभव को "डीग, कुम्हेर, और भरतपुर में ही प्रत्यक्ष देख सकता था।[38]

अंततः, सूरजमल ने जाटों को छोटे जमींदारों के रूप में प्राप्त किया था, परंतु थोड़े ही समय में उसने उन्हें 'हिंदुस्तान से भी अधिक प्रसिद्धि' तक ऊँचा उठा दिया।[39]

---

35. *तवारीख-ए-हुनूद,* 22a; और *दीर्घ,* 1-2 भी देखें; सोमनाथ में *रस पीयूषनिधि,* 6; कानूनगो कृत *जाट्स,* 287f
36. *इमाद,* 85
37. *मेम्वोआर दे यात,* 44; और दीर्घ 1, भी देखें।
38. *मेम्वोआर दे यात,* 50-51
39. *मेम्वोआर दे यात,* 67

परिशिष्ट-1

मोहकम सिंह के चरित्र और जीवनक्रम पर प्रासंगिक वृत्तांत

अपने इतिहासकारों की चुप्पी के कारण हम मोहकम सिंह के चरित्र के बारे में केवल अनुमान ही लगा सकते हैं। यद्यपि उसमें अपने पिता के कुछ अच्छे गुण नहीं थे, तथापि उसमें चूड़ामन के धन तथा राहजनी के जीवन के प्रति प्रेम के तत्त्व मौजूद थे। नीलकंठ नागर के साथ लड़ाई के दौरान बंदी बनाए गए शत्रु सैनिकों की रिहाई के लिए नकद मुआवजे तय करना इस संबंध में एक अनूठा उदाहरण है। अपने पिता, अपने छोटे भाई जुलकरन और भतीजे बदनसिंह के साथ उसका व्यवहार उसकी निर्दयी झगड़ालू प्रवृत्ति, अहंभाव, ईर्ष्यालू प्रकृत्ति और पारिवारिक स्नेह की विद्वेषपूर्ण उपेक्षा को दर्शाता है। वह घोर महत्त्वाकांक्षी और स्वार्थी भी था। जब वह मोहम्मद शाह का बंदी था तो अपनी जान बचाने के लिए उसने इस्लाम धर्म स्वीकार किया और जयसिंह के हमले के समय उसकी घबराहट यह दर्शाती है कि उसमें वीरता की कमी के साथ-साथ उद्देश्य के प्रति निष्ठा और दृढ़ता का भी अभाव था। परंतु जब उसने आगरा के नायब सूबेदार नीलकंठ नागर को पूरी तरह परास्त किया तो एक जाट नेता द्वारा शाही फौजों पर तब तक की सबसे बड़ी विजय का श्रेय उसे दिया जाता है।

मोहकम का सत्ता काल इतना छोटा था कि हम एक नेता के रूप में उसका उचित आकलन नहीं कर पाते। परंतु इसके बावजूद उस हैसियत में भी उसकी अक्षमता हमसे छिपी नहीं है। वह अभिमानी और असंयमी था और अपने लोगों में विश्वास जगाने की भी उसमें क्षमता नहीं थी। फलतः, बदनसिंह के नेतृत्व में एक अच्छा-खासा वर्ग उसका शत्रु हो गया और जैसाकि ऊपर बताया गया है, उसे हटाने में (बदनसिंह) ने शाही फौजों की मदद की।

दुर्भाग्य से हमारे पास उसके राजा अजीतसिंह के पास भागने (लगभग 8 नवंबर, 1722) के बाद के उसके जीवन की पूर्ण और क्रमबद्ध सूचना नहीं है। अपने स्रोतों में हमने जो भी छिटपुट उल्लेख पाए हैं, वे अभी तक प्रकाश में नहीं

लाए गए हैं। भरतपुर के जाटों[1] के हाल ही के एक इतिहासकार ने अपने राज्य को पुनः पाने के लिए अक़ीबत महमूद ख़ाँ से मोहकम सिंह का जो उल्लेख किया है—वह आधी शदी पूर्व विलियम इर्विन[2] ने जो चलते-चलते उल्लेख किया है उसकी पुनरावृत्ति मात्र है। मोहकम सिंह की बाद की गतिविधियाँ यह स्पष्ट करती हैं कि अपनी मृत्यु तक वह अपने राज्य को पुनः पाने का सुखद स्वप्न पाले रहा। उसे प्राप्त करने के लिए उसने किसी-न-किसी से गठबंधन किया, जिससे बदनसिंह और सूरजमल का चिंतित होना स्वाभाविक था। इसने अवश्य ऐसे व्यक्तियों के प्रति बदनसिंह और सूरजमल की और इन दोनों के प्रति उन व्यक्तियों की नीति को प्रभावित किया होगा। संयोग से वैंदेल हमें बताता है कि सूरजमल नहीं चाहता था कि मोहकम सिंह के जीवनयापन के लिए कोई उसकी सहायता करे या उसके प्रति दया भाव तक दिखाए।[3]

सन् 1725 का एक मराठी सूचना-पत्र किसी एक मोहकम सिंह[4] की चर्चा करता है, जिसे मालवा की सूबेदारी की पेशकश की गई थी। किसी स्पष्टीकरण के अभाव में हमारों लिए यह कहना संभव नहीं है कि यहाँ उल्लिखित व्यक्ति वही भूतपूर्व जाट राजा था या उसका नामधारी राजा मोहकम सिंह खत्री। मसीर-उल-उमरा संकेत करता है कि मुजफ्फर खाँ की जोड़-तोड़ के जरिए अपदस्थ जाट राजा दरबार तक पहुँचा था और उसने उसका समर्थन पाने की असफल कोशिश की थी। स्पष्टतया यह 1739[5] में खाँ की मौत के पूर्व कभी हुआ था। हमारे पास यह बतलाने के लिए निश्चित और प्रासंगिक साक्ष्य है कि 1735 में अपने उद्देश्य की पूर्ति के लिए संगी-साथी की खोज में मोहकम सिंह निराश होकर दर-ब-दर भटक रहा था।[6] निहितार्थ से इससे यह सिद्ध हो सकता है कि

1. पांडेय कृत *भरतपुर,* 34 उपर्युक्त घटना *तारीख-ए-अहमद शाही,* 94b, पर आधारित है जिसको डॉ. पांडेय ने उपयोग करने का दावा किया है। तथापि, यह आश्चर्यजनक है कि 98b, 102b-103a, 103b, 106b, 107a, 131b संख्या के फोलियो उनकी दृष्टि से कैसे छिपे रह गए। इनमें इस मुद्दे पर अतिरिक्त सूचना दी गई है।
2. इर्विन कृत *लेटर मुग़ल्स,* II, 124
3. *मेम्वोआर* दे *यात,* 1, पाद टिप्पणी।
4. डॉ. रघुवीर सिंह द्वारा उद्धृत, *मालवा,* 172 पाट-टिप्पणी। डॉ. सिंह इस संभावना से इंकार नहीं करते कि संबंधित व्यक्ति चूड़ामन का पुत्र हो सकता है। सुखवीर सिंह गहलौत (*राजस्थान इतिहास का तिथिकरण,* जोधपुर : 1967, 58) ने, किसी इतिहासकार को उद्धृत किए बिना, दावे से यह लिखा है कि 1732 में जाट को आगरा सूबे का सूबेदार नियुक्त किया गया है।
5. *एम.यू.,* 1, 440 इसके बयान का आगे का भाग अस्पष्ट है, जिसमें स्पष्टतया भ्रमवश बदनसिंह के बजाय मोहकम सिंह का नाम दे दिया गया है।
6. *एस.पी.डी.,* XXX, 134

जोधपुर-नरेश ने उसकी उपेक्षा कर दी थी।[7]

इसके अतिरिक्त, इसी से संबंधित, ऐसा ही एक उल्लेख 1750 के एक अन्य मराठी पत्र में मिलता है। इस उल्लेख में सफ़दरजंग के प्रथम बंगश युद्ध में मारे गए लोगों में 'चूड़ामन के पुत्र (मोहकम सिंह)' की भी मृत्यु हुई दर्शाई गई है।[8] परंतु इसी युद्ध में नवाब वज़ीर, सफ़दरजंग के भी मारे जाने की चर्चा से यह संदर्भ अविश्वसनीय हो जाने के कारण हमारे इस अध्ययन के लिए निर्रथक बन जाता है।

मोहकम सिंह की 1753-54 की गतिविधियों के बारे में हमें अभी तक सबसे अधिक प्रामाणिक और साथ ही महत्त्वपूर्ण जानकारी अहमदशाह के दरबारी इतिहासकार से उपलब्ध हुई है। गृह-युद्ध (1753) में सूरजमल की असफलता और उसके विरुद्ध इमाद-मराठा अभियान के कारण बढ़ती उसकी (सूरजमल की) परेशानियों में चालाक जाट ने अपने स्वप्न को साकार करने का सुनहरा अवसर देखा। यह कहा गया है कि 11 दिसंबर 1753, (14वीं. सफर) को मोहकम सिंह ने इमाद-उल-मुल्क के राजनीतिक सलाहकार अक़ीबत महमूद से भेंट की और अपनी पैतृक जमींदारी पुनः दिलाने की प्रार्थना की।[9] मोहकम सिंह 24 दिसंबर (27वीं सफर) को खिजराबाद स्थित अपने शिविर से इमाद के निवास-स्थान पर गया।[10] इसके बाद वह मीर बख्शी के पास रहा। यहाँ तक कि उसने ज़मींदारी प्राप्ति के बदले में दो करोड़ रुपए देने की पेशकश भी की थी। इसी बीच दंगाई सिपाहियों को उनकी बकाया रकम का नियमित भुगतान कंगाल मुगल सरकार के लिए भयानक समस्या बन गया था। इसे सुलझाने के एक साधन के रूप में और साथ ही सूरजमल पर अपना गुस्सा उतारने के लिए इमाद-उल-मुल्क ने बादशाह को चूड़ामन की जमींदारी उसके उत्तराधिकारी, मोहकम सिंह को, जो दो करोड़ रुपए देने के लिए तैयार था, सौंप दी जाए (जिसका अर्थ यह था कि जमींदारी से सूरजमल को वंचित कर दिया जाए)। किंतु अहमदशाह ने जिंस के अतिरिक्त नकद पाँच करोड़ रुपए की माँग की। इसके अलावा मोहकम सिंह से यह भी कहा गया कि वह इस बात का आश्वासन दे कि वह खलीसा से उगाही नहीं करेगा और बतौर नालबंदी अपने प्रदेश के राजस्व से सात आना प्रति रुपया शाही खजाने में जमा करेगा।[11] मोहकम सिंह ने ये सारी शर्तें मानी या नहीं, हम नहीं कह सकते। लेकिन, हम बादशाह को इमाद-उल-मुल्क के काम को पूरा करने का हुक्म देते[12]

7. प्रतिविचार, देखें, पांडेय कृत *भरतपुर*, 34
8. *एस.पी.डी.*, II, 23
9. *तारीख-ए-अहमद शाही*, 94b
10. वही, 98b
11. वही, 102b-103a.
12. वही, 103b

और दो करोड़ रुपए पाने की आशा सँजोते देखते हैं।[13] यद्यपि उद्देश्य की प्राप्ति, वस्तुतः बहुत दूर की बात थी, इस नये समझौते ने अब तक असफल और हताश मोहकम सिंह के मन में नई आशाएँ जगा दी थीं। उसने बल्लभगढ़ और पलवल के आसपास अपने ही भाईबंदो के विरुद्ध इमाद की कार्रवाइयों में उसकी जोशो-खरोश से सेवा की। 8 जनवरी, 1754 (13वीं रबी, पहली, 1168 अल हिजरी) को इमाद ने उसे होडल में खांडोजी के पास भेजा।[14] मेवात के जाटों के दमन में उसने अक़ीबत महमूद की मदद की।[15]

फ्रांसू से हमें ज्ञात होता है कि पहले मल्हारराव होल्कर की सेवा में शामिल होने के कारण मोहकम ने उस नेता की भी अनुकंपा प्राप्त कर ली थी।[16] जैसाकि पहले उल्लेख किया जा चुका है, भरतपुर पर इमाद-मराठा हमले के दौरान (1754) जाट की भावनाओं को तुष्ट करने के लिए मल्हारराव ने (पुराने) थून के स्थल पर हाथियों से हल चलवाकर अनाज की जगह मोती बुआए थे। तथापि सूरजमल के विरुद्ध असफल होने के कारण इमाद की (और निहितार्थ से होल्कर की भी) अपने पिट्ठू को भरतपुर की गद्दी पर बैठाने की योजना सफल नहीं हो सकी। अंत में चारों ओर से निराश होने के बाद असहाय मोहकम सिंह अपने विरोधी सूरजमल के द्वार पर याचक बनकर रह गया। उसके सतत विश्वासघातपूर्ण व्यवहार के बावजूद सूरजमल ने अपने घोर शत्रु के प्रति, जो उससे अब शरण माँग रहा था, पूर्ण सौजन्यता और मेहमाननवाजी दिखलाई। जाट राजा ने मोहमक सिंह के लिए अपने समस्त तालुकों में प्रति गाँव एक रुपया नजराना निश्चित कर दिया। यद्यपि जैसाकि फ्रांसू आगे लिखता है, सूरजमल ने मोहकम सिंह पर घोड़ों, हाथियों या पालकी पर सवारी करने की पाबंदी लगा दी थी। हाँ, अपनी सवारी के लिए उसे चारपाई की छूट दी गई थी। इस प्रकार मोहकम सिंह अपने अनुयायियों के साथ गधों के आगे-आगे एक खाट पर चढ़कर अपने लिए निर्धारित नजराना वसूल करता फिरता था। एक लंबी अवधि बीत जाने के बाद राजा रणजीत सिंह के शासनकाल में मोहकम सिंह संवत् 1840 सन् 1783-1784) में फुलवारी, भरतपुर में उस राजा से मिला। उसकी वृद्धावस्था का ध्यान करके और उससे अपनी स्वयं की रिश्तेदारी को देखते हुए रणजीत सिंह ने उसे कुछ धन दिया। कुछ समय बाद मोहकम सिंह अजमेर चला गया और राजा सूरजमल के मुख्तियार जीवाराम जाट (बंजारी-निवासी) के समक्ष प्राण त्याग दिए।[17]

---

13. वही, 131b
14. *तारीख-ए-अहमदशाही,* 106b
15. वही, 107b
16. *तारीख-ए-हुनूद,* 19b; और एस.पी.डी.; XXVII, 83 भी।
17. *तारीख-ए-हुनूद,* 19b-20a, 26a

परिशिष्ट-2

सूरजमल का पितृत्व

इस महान जाट ज्योतिपुंज के पितृत्व के संबंध में कुछ विवाद हैं। वैंदेल के साक्ष्य का अनुमोदन करते हुए सर जदुनाथ सरकार[1] और उनका अनुसरण करते हुए प्रो. एच.आर. गुप्ता[2] कहते हैं कि सूरजमल को गोद लिया गया था और वह किसी भी तरह बदनसिंह का वास्तविक पुत्र नहीं था। इस दृष्टिकोण को ध्यान में रखते हुए डॉ. पांडेय ने अनुमान लगाया है कि बदनसिंह का भाई रूपसिंह सूरजमल का पिता था और जिसे अपने भाई की मृत्यु के बाद उसने गोद ले लिया था।[3] प्रोफ़ेसर कानूनगो वैंदेल के साक्ष्य को सुनी-सुनाई किंवदंती कहकर नकारते हैं और सूरजमल को बदनसिंह की संतान मानते हैं।[4] परंतु न तो वे उसके लिए कोई आधिकारिक प्रमाण प्रस्तुत करते हैं और न वैंदेल (के कथन) को अस्वीकार करने का कोई स्पष्ट कारण बताते हैं।

ऊपर उल्लिखित तीनों दृष्टिकोणों में वैंदेल शामिल है, अतः उसके दृष्टिकोण का गहन अध्ययन आवश्यक है। फ्रांसीसी मिशनरी का दावा है कि सूरजमल किसी अज्ञात जाति की एक सुंदर स्त्री (किसी और की पत्नी) से जन्मा था; जो गोद में सूरजमल को लिए अपनी बहन (जाट राजा के हरम की एक सदस्य) से मिलने आया करती थी जिस पर बदनसिंह की नजर पड़ गई। यद्यपि, यह स्त्री मन से कभी नहीं चाहती थी, किंतु उसने यह जान-समझ लिया था कि अपने इस प्रेमी का वह प्रतिरोध नहीं कर पाएगी। यह तो वह जानती ही थी कि उसकी बहन तो बदनसिंह के रनिवास में भलीभाँति प्रतिष्ठित है। अतः उसका भी वहाँ स्थान सुरक्षित हो सकता है। इस प्रकार वह भी उसके हरम में सम्मिलित हो गई और अपने नए पति की सबसे अधिक प्रिय रानी बन बैठी और इस प्रक्रिया में उसके पुत्र को "सारा सौभाग्य मिल गया।"[5]

---

1. सरकार कृत *फ़ाल* II, 433
2. गुप्ता कृत *पानीपत*, 44
3. पांडेय कृत *भरतपुर*, 46
4. कानूनगो कृत *जाट्स* 385 और 65 भी।
5. *मेम्वोआर दे यात*, 28

इस काल्पनिक कहानी की अप्रामाणिकता एकाधिक दृष्टि से स्पष्ट है। प्रथम, यद्यपि वैंदेल इसे स्पष्ट नहीं करता, किंतु 'हरम' का उल्लेख यह दर्शाता है कि बढ़ती ताकत के साथ बदनसिंह ने इस शाही रिवाज को उपरोक्त घटना, यदि वह वास्तव में घटी भी थी, के पूर्व ही रखना शुरू कर दिया था। पहले एक स्थल पर वह लिखता है कि हरम बनाए रखना बदनसिंह की 'समृद्धि' और प्रतिष्ठा प्रदर्शित करता था,[6] जो उसके द्वारा 1723 में जाटों का नेतृत्व अपनाने के बाद ही संभव हो सकता है। इसका तर्कसंगत अर्थ यह होगा कि गोद में लिए बच्चे के साथ उस महिला ने 1723 के काफी समय बाद जाट-हरम में प्रवेश किया होगा। अतः इस कथन के अनुसार सूरजमल का जन्म 1723 में या उसके बाद हुआ होगा और उसकी मृत्यु के समय (1763) उसकी अवस्था लगभग चालीस वर्ष रही होगी। परंतु इसका स्वयं वैंदेल द्वारा खंडन हुआ है कि मृत्यु के समय (1763) सूरजमल 55 वर्ष का था,[7] वह उसके जन्म को और उसकी तथाकथित माँ के बदनसिंह के हरम में प्रवेश को 1708 में या उसके आसपास बताता है। किंतु कल्पना में चाहे जितने भी घोड़े दौड़ा लिये जाएँ यह विश्वास नहीं किया जा सकता कि 1708 या उसके बाद के दशक तक बदनसिंह इतना संपन्न हो गया था कि वह हरम रख सकता। वैंदेल (के वर्णन) में यह असंबद्धता, जो किसी कारण से इतिहासकारों की नजर से चूक गई, उसके सूरजमल के पितृत्व के संबंध में पूर्णतः समर्थन-शून्य वर्णन को मिथ्या ठहराती है। वह तथाकथित स्त्री बदनसिंह की पत्नी बनी या नहीं। हम नहीं कह सकते परंतु निश्चय ही वह सूरजमल की माँ नहीं हो सकती थी। संभावना यह हो सकती है कि वैंदेल ने सूरजमल के विरोधियों द्वारा फैलाई गई कुटिलता पूर्ण अफवाहों को अपनी कहानी का आधार बनाया हो। महत्त्वपूर्ण जाट व्यक्तियों के निजी मामलों के बारे में फैलाई गई दुर्भावनापूर्ण अफवाहों का अनुमोदन करते हुए उल्लेख करना वैंदेल की कमजोरी थी। यह देखने के लिए कि उसके द्वारा किए गए वर्णनों के पृष्ठों को उलटना भर पर्याप्त है। वह एक प्रतिष्ठित जाट के पितृत्व पर विवाद करता है,[8] दूसरे को पुत्र-वात्सल्य से शून्य बताता है[9] और

6. वही, 23
7. वही, 63
8. इस प्रकार वह दावे से कहता है कि जवाहरसिंह, सूरजमल का पुत्र नहीं था जैसे कि सूरजमल, बदनसिंह का पुत्र नहीं था, *मेम्वोआर दे यात,* 46
9. उदाहरणतया, उसने (*मेम्वोआर दे यात,* 46 में) सूरजमल को एक निर्दय पिता के रूप में पेश किया है, जिसने गम्भीर रूप से घायल अपने पुत्र के प्रति दुःख प्रकट करने या उसकी चिकित्सा का कोई समुचित प्रबंध करने के बजाय वह जवाहरसिंह के दबाए गए खजाने के बारे में पूछता रहा।

तीसरे की निंदनीय पितृघातक के रूप में भर्त्सना करता है।[10]

वैंदेल की धारणा को और आगे खींचते हुए डॉ. पांडेय यह मत प्रतिपादित करते हैं कि सूरजमल बदनसिंह के भाई रूपसिंह का, उसकी पत्नी देवकी से, पुत्र था और रूपसिंह की मृत्यु के बाद (जिसे वह 1722 या उसके पूर्व बताते हैं) उसकी विधवा नन्हे सूरजमल को अपनी बाहों में लिए बदनसिंह के हरम में प्रविष्ट हो गई।[11] अपने (कथन के) समर्थन में वे जाटों के रिवाज 'धरेजा' (अपने भाई की पत्नी से विवाह) का और डीग के चार तालाबों में से एक के 'रूप सागर' नाम का उदाहरण प्रस्तुत करते हैं।[12] सूरजमल के पितृत्व के संबंध में डॉ. पांडेय द्वारा लगाए गए अनुमान का विवरण प्रमाणरहित है और अखंडनीय समकालीन साक्ष्य के विपरीत है। *सुजान चरित्र* में एक प्रासंगिक अंश है–जिसमें सफदरजंग स्पष्ट रूप से रूपसिंह को सूरजमल का 'चाचा' कहता है, न कि पिता। सूरजमल के घनिष्ठ मित्र का यह निर्णायक वक्तव्य और जिसका अनुमोदन करते हुए उसके निकट साक्षी और ब्रज के निवासी (सूदन) ने उसे दर्ज किया है, डॉ. पांडेय की काल्पनिक पुनर्रचना को ध्वस्त कर देता है। वे रूप सिंह की मृत्यु को 1722 बताते हैं और उस तरह उनके अनुसार सूरजमल का जन्म उस वर्ष या उसके कुछ समय पूर्व हुआ था। परंतु इसके साथ ही वे गणना की अंतर्निहित असंभावनाओं को सुलझाने की चिंता किए बिना वैंदेल से इस बात पर भी सहमत होते हैं कि 1763 में सूरजमल 55 वर्ष का था।[14] उनके द्वारा प्रस्तुत दोनों तर्क स्वीकार योग्य नहीं हैं। रूपसिंह बदनसिंह का सगा भाई था और उनके संबंध किसी भी प्रकार से खराब नहीं थे। अतः रूपसिंह की मृत्यु के बाद उसके परिवारवालों द्वारा उसकी स्मृति को सुरक्षित रखा जाए, रूपसिंह निश्चय ही इसके योग्य था। इसका ऐसे श्रद्धापूर्ण समर्पण के लिए उसका सूरजमल का पिता होना जरूरी नहीं था। इसी तरह यह निस्संदेह सच है कि अधिकांश जाट कुल विधवा-विवाह या 'करेवा' के रिवाज का पालन करते

---

10. इस प्रकार उसने (*मेम्वोआर दे यात,* 1 पाद टिप्पणी) मोहकम सिंह पर अपने पिता चूड़ामन की हत्या का आरोप लगाया, यद्यपि हम यह जानते हैं कि चूड़ामन ने आत्महत्या की थी।
11. यहाँ उसके बच्चे या उसकी अवस्था के विषय में खासतौर पर कोई चर्चा नहीं की है। किंतु इस चूक को, यदि वैंदेल के इतिवृत्त को स्वीकार करते हुए उसके साथ इसको पढ़ा जाए (देखें, पांडेय कृत *भरतपुर,* 45) तो हम इस निष्कर्ष पर पहुँचेंगे कि इस इतिहासकार को अनुसरण करते हुए उसने भी यही माना है कि इस समय सूरजमल शिशु ही था।
12. पांडेय कृत, *भरतपुर,* 46
13. *सुजान,* 60 और 54 भी। डॉ. पांडेय ने इस संदर्भ पर ध्यान नहीं दिया है।
14. पांडेय कृति *भरतपुर*

हैं। परंतु डॉ. पांडेय भूल जाते हैं कि और लोगों से अपनी श्रेष्ठता सिद्ध करने के लिए स्वाभिमानी सिनसिनवार सामान्यत: ऐसे रिवाजों का पालन नहीं करते।[15] यह भी ध्यान देने योग्य है कि परिवार की ऊँची सामाजिक प्रतिष्ठा बनाए रखने के लिए बदनसिंह अपनी सभी बेटियों की हत्या करने की सीमा तक जा सकता था।[16] प्रतिष्ठा के प्रति इतने सचेत व्यक्ति के लिए यह एक और कारण था कि वह स्वयं एक विधवा से विवाह से बचा रहे।

वैंदेल को छोड़कर अन्य सभी इतिहासकार सूरजमल के पितृत्व के बारे में किसी प्रकार का कोई संदेह व्यक्त नहीं करते। वे स्पष्ट रूप से उसका बदनसिंह के पुत्र के रूप में उल्लेख करते हैं। सूदन[17] और सोमनाथ[18] ने जिन्हें जाट मामलों की व्यक्तिगत जानकारी थी, उसे बदनसिंह का ज्येष्ठ पुत्र बताया है। अन्य स्वतन्त्र स्रोत भी इसकी पुष्टि करते हैं। इसीलिए *तारीख-ए-अहमदशाही* का लेखक, जो सूरजमल का समकालीन था बदनसिंह का सूरजमल के पिता के रूप में उल्लेख करता है।[19] वैंदेल से ज्यादा वजनदार अधिकारी इतिहासकार फ्रांसू पूरा विवरण देते हुए हमें बताता है कि सूरजमल बदनसिंह का ज्येष्ठ पुत्र था, जिसका जन्म कामा के एक जाट परिवार की कन्या रानी देवकी से हुआ था।[20] गुलाम अली भी सूरजमल को बदनसिंह का ज्येष्ठ पुत्र कहता है।[21] हमारे दृष्टिकोण को सिद्ध करनेवाले अन्य स्रोतों में *'तारीख-ए-भरतपुर'*[22] और *'मजमा-उल-अखबार'*[23] भी हैं।

---

15. गंगासिंह, कृति उद्धरण, 30-31
16. देखें, परिशिष्ट 3
17. *सुजान,* 4 और 6
18. *दीर्घ,* 4; सोमनाथ में 'रस पीयूषनिधि' और 'माधव विनोद', 4 और 318
19. *तारीख-ए-अहमदशाही,* 43b
20. *तवारीख-ए-हुनूद,* 20a
21. *इमाद,* 84, इस बात पर ध्यान दिया जाना चाहिए कि गुलाम अली ने जवाहरसिंह के जन्म से संबंधित एक कलंककर कथा प्रकाशित की है। किंतु सूरजमल के पितृत्व के संबंध में वैंदेल की कथा के बारे में उसने कुछ भी नहीं कहा है।
22. *तारीख-ए-भरतपुर,* 4b
23. *मजमा-उल-अखबार,* इलियट में, VIII, 362.

परिशिष्ट-3

बदनसिंह के चरित्र पर प्रासंगिक वृत्तांत

बदनसिंह का एक सुस्पष्ट चारित्रिक दोष, कामाचार से संबंधित उसकी कमजोरी थी, जिसकी ओर इतिहासकारों ने प्रत्यक्ष या अप्रत्यक्ष रूप से संकेत किया है और लोक परंपरा द्वारा भी वह हम तक पहुँचा है। उसका निरंतर बढ़ता हरम, जो उसकी जाति और उस जाति के रीति-रिवाजों का अनुसरण करनेवाले व्यक्ति के स्वभाव के प्रतिकूल था[1] एक ऐसा तथ्य है जो उस पर लगाए गए इस आरोप को सिद्ध करता है। इतिहासकार बताते हैं कि उसके हरम में (गोर राजपूत, गूजर और अहीर) सभी जातियों की, 'चमकते सितारे की भाँति' अत्यंत सुंदर स्त्रियाँ थीं। इनमें से कुछ स्त्रियाँ तो बलात लाई गई थीं और शेष का उसके औपचारिक रूप से विवाह हुआ था। इसके हरम में इन स्त्रियों की संख्या धीरे-धीरे बढ़ते हुए असामान्य स्तर तक पहुँच गई थी। वैंदेल ने यह संख्या जहाँ 'अधिक नहीं तो 150' बताई है, वहीं फ्रांसू का कहना है कि उसकी '400 रानियाँ और पत्नियाँ' थीं।[2] फ्रांसू द्वारा किए गए इस दृढ़ कथन के बावजूद भी इस संख्या में रखैलों और दासियों का शामिल होना संभावित है, जैसाकि हरसुख राव का भी संकेत है।[3]

यद्यपि बदनसिंह के 30 से अधिक पुत्र[4] उत्पन्न हुए थे, किंतु इनमें से 20 ही बच पाए थे, शेष, संभवतः, अपनी शैशवावस्था में ही कालकवलित हो गए थे। उसके जीवित पुत्र जो इतिहास में प्रसिद्ध हुए उनमें, उसके ज्येष्ठ पुत्र सूरजमल के अतिरिक्त, प्रतापसिंह, अखय सिंह, शोभा राम, भवानी सिंह, बलराम, सुल्तान सिंह, उम्मेद सिंह, देवी सिंह और लाल सिंह[5] शामिल हैं। सूरजमल और प्रतापसिंह

---

1. *मेम्वोआत* दे *यात,* 20, और 21 तथा 28 भी।
2. *मेम्वोआर* दे *यात,* 20; तवारीख-ए-हुनूद, 19a
3. *मजमा-उल-अख़बार,* इलियट VIII, 361-362, में।
4. *मेम्वोआर* दे *यात,* 20; सोमनाथ (*दीर्घ,* 4 और *माधव विनोद,* सोमनाथ, 318 में) ने "अनेक पुत्रों की चर्चा की है, किंतु वैंदेल ने केवल सूरजमल और प्रतापसिंह का नाम लिया है।
5. *तवारीख-ए-हुनूद,* 19a; *सुजान;* 5-6; इलियट, VIII, 362 में *मजमा-उल-अखबार;* गंगा सिंह, 110ff भी देखें।

ने डीग में अपने पिता की सहायता की। अन्य सभी को ग्रामों का प्रधान बना दिया गया था।[6] इन 18 पुत्रों में से 16 के वंशज, जो वतन जागीर धारी थे, 'सोलह कोठरियों' के ठाकुर कहलाए, जबकि 'राजा' की उपाधि के साथ प्रतापसिंह को वैर[7] दे दिया गया था और सूरजमल अपने पिता का भरतपुर में उत्तराधिकारी बना। उसकी पुत्रियों की संख्या भी उसके पुत्रों से कम नहीं थी। किंतु बदनसिंह ने उन सबको मौत के घाट उतार दिया था, इस डर से कि कहीं मुग़ल शहंशाह उन्हें माँग लें जैसा कि वे राजपूत राजाओं के साथ पहले कर चुके थे।[8]

आमतौर पर यह माना जाता था कि अपने इतने सारे बच्चों तथा अपनी क्षीण होती दृष्टि के कारण बदनसिंह को अपनी संतान को पहचानने में कठिनाई होती थी। अतः बदनसिंह को अपना परिचय देने के लिए उससे मिलने आए उसके पुत्र को अपने नाम के साथ अपनी अवस्था और अपनी माँ के निवास स्थान का नाम बताना होता था।[9]

---

6. *मेम्वोआर दे यात,* 21
7. गंगा सिंह द्वारा उद्धृत बंदोवस्त रिपोर्ट, 111-112
8. *तवारीख-ए-हुनूद,* 19a; *मेम्वोआर दे यात,* 20, भी देखें।
9. *मेम्वोआर दे यात,* 21; इलियट, VIII, 362, में *मजमा-उल-अख़बार*।

परिशिष्ट-4

सूरजमल की मृत्यु की परिस्थितियाँ

सूरजमल की जिन परिस्थितियों में मृत्यु हुई, उन्हें लेकर हमारे इतिहासकारों में काफी असहमति है। इस घटना का अनुमान लगाने के लिए हम संक्षेप में उनके विवरणों का परीक्षण करते हैं। दिल्ली क्रॉनिकल बतलाता है कि एक रक्तरंजित कार्रवाई के दौरान, जिसमें दोनों पक्षों के 1000 व्यक्ति मारे गए, सूरजमल ने अपने केवल 30 घुड़सवारों के साथ विरोधियों के केंद्र पर हमला किया और इसमें वह मारा गया। मोहम्मद खाँ बिल्लौच ने उसके शव से सिर और एक हाथ काट लिया। उन्हें पूरे दो दिनों तक अपने पास रखने के बाद उसने उन्हें नजीब के सामने पेश किया और उसी के बाद उसकी (सूरजमल की) मृत्यु के समाचार पर विश्वास किया गया।[1]

एक मराठी समाचार रिपोर्ट में (जो इस घटना के दो मास बाद भेजी गई) एक जाट हिंदू राजा के दूत के विवरण को ज्यों-का-त्यों प्रस्तुत किया गया है। इसमें यह बताया गया है कि नजीब के एक विश्वासपात्र ने उसकी मिली-भगत से एक षड्यंत्र रचा और एक साक्षात्कार के दौरान जाट राजा को विश्वासघाती तरीके से मार डाला गया। उसमें लिखा है, 'नजीब खाँ को यह विश्वास दिलाकर कि (वह इस काम को पूरा कर देगा) किसी ने सूरजमल को निमंत्रित किया और उसकी हत्या कर दी।"[2]

जाटों का फ्रांसीसी इतिहासकार कहता है कि मुठभेड़ के बाद :

'एक दिन यह बताए जाने पर कि दुश्मनों के एक बड़े दल ने उसके पुत्र और मनोनीत उत्तराधिकारी नाहरसिंह पर, जो इस अभियान में था, हमला कर दिया है, उसकी सहायता के लिए सूरजमल ने कुछ हजार घुड़सवारों के साथ कूच किया। दुर्भाग्य से हिंडन नदी से बनी एक खाई को पार करते समय, रुहेलों के एक दल द्वारा, जो घात लगाए बैठा था, वह दोनों ओर से (अचानक) घेर लिया गया। जाटों पर, जो पहले से अव्यवस्थित थे, अपनी

---

1. डी.सी.
2. एस.पी.डी., XXIX, 79

> *बंदूकों की भीषण मार और उसी के साथ तीरों की भयानक बौछार से (जिसे हिंदुस्तानी बाण कहते हैं और जिसे चलाने में रुहेले बेहद निष्णात थे) सूरजमल और वे सभी लोग, जो उसके साथ थे, उसी स्थल पर या तो मारे गए या घायल हो गए। बहुत थोड़े लोग बचे थे जो लौट पाए और जिन्होंने पीछे स्थित शिविर में यह खबर दी कि सूरजमल की मौत हो गई है।*[3]

अलेक्जेंडर डो, कुछ वर्षों बाद लिखते हुए इस किंवदंती का उल्लेख करता है कि एक बार घोर आत्मविश्वास से भरा सूरजमल बेपरवाही से शिकार के लिए गया। यह खबर मिलने पर नजीब ने सियद्दू के नेतृत्व में सिपाहियों की एक टुकड़ी भेजी, जिसने घात लगाई और अंततः उसे मार डाला।[4]

नूर-उद-दीन कहता है कि अपराह्न तीन बजे के बाद सूरजमल ने 5000 सिपाही लेकर हिंडन को चार मील प्रति-स्रोत पर पार किया और शत्रु के पिछले भाग पर टूट पड़ा। शेष जाट सेना ने (20,000) नजीब को दोनों ओर से घेर लिया। इस तरह तीनों ओर लड़ाई शुरू हुई। पिछले भाग में प्रारंभिक सफलता के बाद सूरजमल और उसके सिपाही पछाड़ दिए गए और वे दुश्मन को पीठ दिखा गए। कई घाव लगने के कारण सूरजमल घोड़े पर से गिर पड़ा। इसी तरह उसके कुछ सेवक भी गिर पड़े। उनका पीछा करनेवाले सियद्दू तथा अन्य कुछ लोगों ने सूरजमल को पहचान लिया और उसके पेट में अपनी तलवारें कई बार घुसेड़ दीं। उसके सिर के भी टुकड़े-टुकड़े कर दिए गए। दूसरी ओर जाटों की मुख्य सेना रात नौ बजे तक दृढ़तापूर्वक लड़ती रही। इसके बाद दोनों पक्ष अपने-अपने खेमों में लौट गए। जाट सेना ने उसी रात खेमे उखाड़ लिये। सियद्दू के इस दावे पर कि उसने सूरजमल को मार डाला है, नजीब ने संदेह करते हुए उसके शव के पहचान योग्य अंग की माँग की। अगले दिन सियद्दू ने सूरजमल के शरीर से एक बाँह काट ली और उसे सागरमल और करामुल्लाह के सामने पेश कर दिया। उन्होंने इस बात की पुष्टि कि बाँह की आस्तीन उसी छींट की है, जिसका बना अंगरखा सूरजमल दो दिन पूर्व उससे मुलाकत के समय पहने हुए था और बाँह पर बना साफ निशान उस फोड़े का है, जो तीन वर्ष पूर्व सूरजमल को हुआ था। इस तरह वास्तविक घटना के बीस घंटे बाद सूरजमल की मौत की पुष्टि हुई और अगले दिन (यथा 27 दिसंबर, 1763) नजीब उस स्थान से रवाना हो गया।[5]

'बयान-ए-वाका' के अनुसार सूरजमल ने हमले में 6000 सिपाहियों का नेतृत्व किया और मारा गया। उसकी लाश दुश्मनो के हाथों में नहीं पड़ी। आधी रात को जब जाट पीछे हट गए, केवल तभी उसकी मौत की खबर पर भरोसा

---

3. *मेम्वोआर दे यात,* 61-62
4. डो कृत *हिंदोस्तान,* 342
5. नूर, 68a-70b

किया गया। इसके बाद नजीब राजधानी लौट गया।[6]

सियर का वृत्तांत है कि सूरजमल ने उपयुक्त अवसर पर उपयोग करने के लिए 10,000 घुड़सवार बंदूकचियों को, जो हिंदुस्तान में सबसे बेहतर थे, सुरक्षित रखा था। केवल कुछ दोस्तों के साथ उसने अपने को अलग किया और घोड़े पर चढ़ा रणभूमि का परीक्षण करते हुए इधर-से-उधर घूम रहा था यह तय करने के लिए कि अपने चुने हुए सिपाहियों को कहाँ तैनात करे। इस प्रक्रिया में वह एक स्थान पर रुक गया। बहुत निकट से ही, जाट के हरावल दस्ते द्वारा, जिसका नेतृत्व मनसाराम कर रहा था, पछाड़े गए अफजल खाँ के कुछ सिपाही गुजर रहे थे। कलीमुल्लाह और अन्य लोगों ने एकाधिक बार उसके (सूरजमल के) केवल कुछ दोस्तों के साथ दुश्मन के इतने निकट रहने के औचित्य की ओर संकेत किया था। परंतु सूरजमल शत्रु की गतिविधियों का अवलोकन करने के लिए अड़ा हुआ था। इसी बीच 50 लोगों के साथ सियद्दू जाट राजा के बहुत पास से गुजर रहा था। उनमें से एक ने सूरजमल को पहचान लिया और सियद्दू को सलाह दी कि वह इस सुनहरे अवसर को हाथ से न जाने दे। सूरजमल जब घोड़ा बदल रहा था, तब सियद्दू मुड़ा और उस पर टूट पड़ा। एक अन्य व्यक्ति ने अपनी तलवार से उस पर वार किया और उसकी एक बाँह काट डाली। इसी बीच दो और व्यक्ति सूरजमल की ओर लपके और इस प्रकार वह सैफुल्ला, अमर सिंह तथा दो या तीन अन्य व्यक्तियों के साथ मारा गया। कटी बाँह को नजीब के पास ले जाया गया। परंतु वह संदेह करता ही रहा कि यह सूरजमल की बाँह है भी या नहीं। अगले दिन याकूब अली खाँ ने इसके लुंज-पुंज स्वरूप तथा अस्तित्व से पुष्टि की कि वह सूरजमल की बाँह है। यह आस्तीन उसी छींट से बने अंगरखे की थी जिसे पहले उनसे भेंट के समय सूरजमल ने पहन रखा था। इस तरह उसकी मौत की पुष्टि की गई।[7]

बिहारी लाल का कथन है कि 30,000 जाटों ने चारों ओर से नजीब की 'हलकी फौज' पर हमला कर दिया। रुहेला ने अपने आदमियों को अपनी वीरता दिखाने के लिए 'ललकारा'। छह घंटे बाद सूर्यास्त के समय लड़ाई बंद हुई। सूरजमल, जिसने पीछे से हमला किया था, किसी अज्ञात व्यक्ति द्वारा मार डाला गया। सारी रात जाट युद्ध करते हुए डटे रहे। अगली सुबह उसकी कटी बाँह नजीब के पास लाई गई, परंतु उसका सिर गायब था। उसके बाद पहले पकड़ा गया उसका प्रिय काला घोड़ा और अन्य सेवक भी लाए गए और इस तरह उसकी मृत्यु की पुष्टि की गई।[8]

---

6. *बयान-ए-वाक़ा,* कानूनगो द्वारा *जाट्स,* 153 और 158 में उद्धृत।
7. *सियर,* IV, 31-33
8. बिहारी लाल मुंशी कृत *लाइफ़ ऑफ नजीब-उद-दौला,* जे.एन. सरकार द्वारा 'इस्लामिक कल्चर', X (अक्टूबर, 1936), 655 में अनूदित।

गुलिस्ताँ-ए-रहमत यह दर्शाता है कि कई दिनों की लड़ाई के बाद एक दिन जब सूरजमल सियद्दू बिल्लौच की खंदक के पास एक टुकड़ी का निरीक्षण कर रहा था। दुश्मन ने गोली की बौछार कर दी और उसे मार गिराया।[9]

गुल-ए-रहमत इस घटना का कुछ विस्तार से वर्णन करता है। उसके अनुसार, सूरजमल ने एक बड़ी फौज और तोप खाने के साथ नजीब के सिपाहियों को जो संख्या में कम थे घेर लिया। गोलाबारी शुरू हुई जो कई दिनों तक चलती रही। एक दिन अपने तोपखाने को आगे बढ़ाते हुए जब सूरजमल केवल 500 लोगों के साथ बिल्लौचियों की खंदकों के पास से गुजर रहा था तो उन्होंने उसे देख लिया और उस पर बंदूकों से गोलियों की बौछार कर दी।" 'जैसाकि नियति थी', सूरजमल गोली से मार डाला गया। बिल्लौचियों द्वारा उसका सिर काट लिया गया और ले जाया गया। नजीब वहाँ तीन दिन रुका रहा और इसके बाद दिल्ली लौट गया।[10]

फ्रांसू इस घटना का मात्र चलताऊ उल्लेख करता है और कहता है कि सूरजमल पौष बदी द्वादशी, संवत् 1820 (तद्नुसार 31 दिसंबर 1763) को शाहदरा के मैदान में वीरतापूर्वक लड़ता हुआ मारा गया। तथापि, उसके शव का पता नहीं लगाया जा सका।[11]

इस तरह जिस तरीके से सूरजमल की मौत हुई उस पर भिन्न-भिन्न मत हैं। दिल्ली क्रॉनिकल का अपना एक महत्त्व है क्योंकि उसमें प्रत्येक विशिष्ट घटना के घटने के बाद विवरण दर्ज किया जाता था। परंतु (सूरजमल की) जिस जल्दबाजी का वह वर्णन करता है, वह सदैव बेहद सतर्क, सावधान रहनेवाले सूरजमल के चरित्र से मेल नहीं खाती। इसके अलावा उसका यह कहना कि सियद्दू पूरे दो दिनों तक शव के सिर और बाँह को रखे रहा, तर्क की कसौटी पर खरा नहीं उतरता। दिल्ली क्रॉनिकल पर मुख्यतः निर्भर करनेवाले प्रो. कानूनगो ने भी यह स्वीकार किया है कि उपरोक्त दावे पर 'विश्वास नहीं किया जा सकता' और 'उसके कुछ विवरण सामान्य आलोचना पर भी खरे नहीं उतरते।'[12] दूसरी ओर नूर-उद-दीन के वर्णन का सबसे विस्मयकारी मुद्दा यह है कि बचे-खुचे रुहेला सिपाही (10,000 से भी कम), जिनका मनोबल किसी तरह ऊँचा नहीं था और जो अपने नेता की बीमारी के कारण भी परेशानी में थे, अपने दोनों ओर 20,000 जाबांज जाटों को न केवल रोकने में सफल हुए, वरन् वे उन्हें परास्त करने और सूरजमल जैसे सेनापति के अधीन चुने हुए 5000 सिपाहियों को भागने पर मजबूर करने में सफल हुए।

---

9. *गुलिस्ताँ,* 84
10. गुल, 116-117
11. *तवारीख-ए-हुनूद,* 22a
12. कानूनगो कृत *जाट्स,* 157

स्पष्टत: नूर-उद-दीन के वर्णन में भी कहीं कोई त्रुटि है। सभी इतिहासकारों ने इसकी पुष्टि की है और नजीब ने भी खुलेआम जाट शक्ति की स्पष्ट, विशिष्ट-श्रेष्ठता को स्वीकार किया है। यहाँ तक कि यदि हम *सियर* की इस दृढ़तापूर्ण टिप्पणी की भी उपेक्षा कर दें कि भारत में कोई भी फौज जाट घुड़सवार सेना का सामना नहीं कर सकती थी, यह तय है कि 5000 या 6000 घुड़सवार, जिन्होंने नजीब के पिछले हिस्से पर हमला किया। देश के चुने हुए सर्वाधिक शक्तिशाली लोगों की टुकड़ी थे। अत: उन्हें पछाड़ने के लिए नजीब के उस स्थल पर मौजूद लोगों के, सब नहीं तो, अधिकांश के पूरे ध्यान की अवश्य जरूरत पड़ी होगी। निहितार्थ से यह आशय हुआ कि शेष दोनों ओर लड़ाई बंद हो चुकी थी और जाट फौज का एक बहुत बड़ा हिस्सा पूरी लड़ाई के दौरान निष्क्रिय रहा, यह एक ऐसा तथ्य है जिसका स्वयं नूर-उद-दीन ने खंडन किया है, सामान्य समझ की बात तो छोड़ दी जाए। अत: यह निश्चित हो जाता है कि या तो सूरजमल ने वास्तव में पीछे से हमला नहीं किया था और यदि उसने हमला किया भी तो उसका अंतिम परिणाम, और जिस तरीके से उसकी मौत हुई, वह नहीं था, जिसका नूर-उद-दीन, *'बयान-ए-वाक़ा'*, और बिहारी लाल हमें विश्वास दिलाना चाहते हैं।

मराठी पत्र का यह दावा कि एक षड्यंत्र किया गया था और किसी भेंट के दौरान सूरजमल विश्वासघातपूर्ण तरीके से मारा गया, भी सहज स्वीकार नहीं किया जा सकता, जब तक कि अन्य स्रोतों से उसकी जाँच न कर ली जाए। यदि *सियर* पर भरोसा किया जाए–याकूब अली का सूरजमल से यह आग्रह कि उसके अगले दिन लौटने तक कोई निश्चित कार्रवाई न शुरू की जाए कोई एक सूत्र दे सकता है। मराठी पत्र, उसी सीमा तक प्रासंगिक प्रतीत होता है जहाँ वह जाट राजा की अचानक हत्या का संकेत करता है, एक ऐसा तथ्य है जिसकी वैंदेल, *सियर*, *गुलिस्ताँ-ए-रहमत*, *गुल-ए-रहमत* और डो ने तथा परंपरा ने भी बुनियादी तौर पर पुष्टि की है। नूर-उद-दीन भी इसका समर्थन करता प्रतीत होता है, क्योंकि वह यह नहीं कहता कि अंतत: अपने मारे जाने के पूर्व सूरजमल ने अपने विरोधियों पर जवाबी हमला किया। इस तरह इस महत्त्वपूर्ण मुद्दे पर सहमत होने के बावजूद, स्रोतों में पूर्व के विवरणों तथा घटना की वास्तविक पृष्ठभूमि के विषय में मतभेद हैं। इनमें से कोई भी अपने आप में विश्वास योग्य और पूर्ण विवरण नहीं देता। डो की शिकारवाली धारणा इतनी काल्पनिक है कि उस पर गंभीरता से विचार की जरूरत ही नहीं। *गुल-ए-रहमत*, प्रत्यक्ष रूप से और *गुलिस्ताँ-ए-रहमत* निहितार्थ से लड़ाई को कई दिनों तक खींचते हैं, जो सही नहीं है।

इसके अलावा पुन: *गुल-ए-रहमत* का यह दावा कि सूरजमल की मृत्यु के बाद उसका सिर काट लिया गया, स्वीकार योग्य नहीं है, क्योंकि यदि ऐसा हुआ होता तो सूरजमल की मौत का तत्काल निश्चय हो जाता और नजीब का वहाँ और

तीन दिनों तक ठहरना व्यर्थ होता। *सियर* ने सूरजमल और अन्य पाँच लोगों की बिना किसी प्रकार का प्रतिरोध किए, तलवारों के वारों से मारे जाने की बात कही है। यह किंचित असंभव लगता है, केवल इसी साधारण आधार पर कि जब तक वे अपंग न कर दिए गए हों, पाँचों ने जरूर प्रतिरोध किया होगा और केवल चार हमलावरों द्वारा स्वयं को परास्त न हो जाने दिया होगा। यह भी कि जब सूरजमल और उसके आदमी पास से भागते हुए शत्रुओं को साफ-साफ देख रहे थे तो वे कैसे बेखबरी में दबोचे गए। यह प्रतीत होता है कि या तो सियद्दू और उसके दल ने पहले बंदूकों से गोलियों की बौछार की और फिर उन्हें खत्म करने के लिए तलवारों का उपयोग किया, या फिर हमलावरों की वास्तविक संख्या चार से अधिक थी।

सभी स्रोतों में वैंदेल जाट मामलों से सबसे अधिक परिचित था। परंतु उसका विवरण भी पूरी तरह विश्वसनीय प्रतीत नहीं होता। अन्य इतिहासकारों द्वारा उल्लिखित सियद्दू प्रकरण की उसने बिलकुल उपेक्षा कर दी है। इसी तरह वह कहता है कि सूरजमल के साथ के सारे 'कुछ हजार लोग' लड़ाई में मारे गए, जबकि अन्य इतिहासकार सूरजमल के साथ बहुत थोड़े लोगों के मारे जाने का संकेत करते हैं।

इस तरह सूरजमल की मृत्यु की वास्तविक परिस्थितियाँ अभी तक अस्पष्ट हैं। सत्य के लगभग निकट जो बात प्रतीत होती है–वह यह कि सूर्यास्त के समय फौजों की गतिविधियों को देखते समय सूरजमल अपने थोड़े से साथियों के साथ हिंडन की खाई से गुजरा जहाँ सियद्दू और उसका दल घात लगाए बैठा था। उन्होंने बंदूक की गोलियों से उस पर हमला किया। इस प्रक्रिया में या तो सूरजमल का सिर उड़ गया था। या इस कदर क्षत-विक्षत हुआ कि उसकी मौत को तय कर पाना असंभव हो गया। शत्रु द्वारा पकड़ लिए जाने के भय से, बिना सूरजमल की बाँह लिए सियद्दू घटना स्थल से भाग खड़ा हुआ, क्योंकि सिर के अभाव में उसकी बाँह ही सूरजमल की मौत के बारे में तमाम शंकाओं को खत्म कर सकती थी। यह तथ्य कि जाट तब तक लड़ते रहे जब तक कि वे और उनके शत्रु रात के नौ बजे के बाद अपने-अपने शिविरों में नहीं लौट गए, इस बात को दर्शाता है कि इस भयानक कहानी को सुनाने के लिए सूरजमल का कोई भी सेवक नहीं भाग पाया था। केवल रात के नौ बजे के बाद ही उन्हें स्वयं पर टूट पड़ी विपत्ति के बारे में जानकारी मिली।

परिशिष्ट-5

सूरजमल के व्यक्तित्व और उपलब्धियों पर प्रासंगिक वृत्तांत

देखने में सूरजमल "सामान्य से ज्यादा लंबा, हृष्ट-पुष्ट और कुछ श्यामल वर्ण का, मोटा था।" उसकी आँखें 'बेहद चमकीली' तथा 'भय उत्पन्न करनेवाली रोबीली थीं।" उसके आचरण की अपेक्षा उसकी मुखाकृति से तेज अधिक प्रकट होता था परन्तु उसका स्वभाव सौहार्दपूर्ण, सौम्य, उदार और सहानुभूतिपूर्ण था।[1] वह एक प्रेमी पति, स्नेहिल पिता, स्नेहशील भाई और आज्ञाकारी पुत्र था। यद्यपि प्रसिद्ध रानी किशोरी तथा रानी हँसिया'[2] सहित उसकी कई रानियाँ थीं, तथापि वह व्यभिचारी और दुराचारी नहीं था। होल्कर पर हमले के बाद (1754) पकड़ी गई मराठा महिलाओं को ससम्मान लौटाने का उसका सौजन्यतापूर्ण कार्य यह दर्शाता है कि उसने नारी जाति के शील की सदैव रक्षा की। यह तो हम नहीं जानते कि उसकी बेटियाँ हुईं या नहीं अथवा वे उसके पिता बदनसिंह के रिवाज का पालन करते हुए तत्काल मार डाली गईं, परंतु, जटिल जवाहर सहित अपने पुत्रों के प्रति उसका

1. *मेम्वोआर दे यार्त,* 63; *दीर्घ,* 4-6; सोमनाथ में *माधव विनोद,* 318; और *सियर,* IV, 27
2. इस राजा की जिन 14 रानियों की चर्चा की गई है उनमें से छह के नाम प्रामाणिक तौर पर फ्रांसू (*तवारीख-ए-हुनूद,* 22a-22b, 26b) ने बताए हैं। उसने उनके नामों की गिनती इस प्रकार की है : (i) रानी किशोरी, आत्मजा होडल के जाट चौधरी काशी राम। उसके कोई संतान नहीं थी। बाद में मराठों की सहायता प्राप्त करने के लिए वह स्वयं दक्कन गई थी। (ii) रानी हँसिया, आत्मजा सलेमपुर के जाट चौधरी स्व. रतीराम। वह निस्संतान मरी। प्रोफ़ेसर कानूनगो (*जाट्स,* 75) और डॉ. पांडेय (*भरतपुर,* 59) ने भ्रमवश किशोरी और हँसिया दोनों को एक ही बताया है। (iii) गंगा रानी, वह विचवंडी गाँव की रहनेवाली थी, तथा रणजीत सिंह की माँ थी। (iv) कल्याणी रानी। वह नहनी झाँसी ग्राम की थी तथा नाहर सिंह की माँ थी। (v) रानी गौरी, अमाहंद के गोरी राजपूत जाति की थी और जवाहर तथा रतनसिंह की माँ थी। (vi) रानी खट्टू, वह सूरजमल की खास पत्नी थी। *मेम्वोआर दे यात,* 63) का यह कथन गलत है कि उसके चार पत्नियाँ थीं जिनसे उसके चार पुत्र हुए।

व्यवहार स्नेहपूर्ण था।[3]

सूरजमल जिस दृढ़ता के साथ अंत तक सफदरजंग का साथ देता रहा, वह मित्रों के प्रति उसकी निष्ठा को दर्शाता है। इमाद, मोहकम और होल्कर के साथ उसका व्यवहार उसके अपने घोर शत्रुओं के प्रति वीरतापूर्ण उदार व्यवहार को दर्शाता है।[4] केवल मुसावी खाँ ही इस संबंध में अकेला अपवाद है। अपने पिता की भाँति सूरजमल ने भी जयसिंह द्वारा उसके परिवार के प्रति किए गए उपकारों को विस्मृत नहीं किया। और अपनी अपार संपत्ति और महान शक्ति के बावजूद वह जयपुर-नरेश माधोसिंह[5] के प्रति तब तक अपना आदर व्यक्त करता रहा जब तक उसके (माधोसिंह) नजीब के साथ गठजोड़ ने उसे (सूरजमल को) उसके उद्देश्यों के प्रति सशंकित नहीं कर दिया।

उसके उदार और मानवीय दृष्टिकोण के प्रति लोकविश्वास इतना अधिक, और दृढ़ था कि बार-बार के खतरों के दौरान असंख्य लोग अपने कीमती सामान तथा परिवारों सहित उसके राज्य में संरक्षण चाहते थे। एक बार (1761 में) उदार, दयालु जाट ने मराठा शरणार्थियों की देखभाल पर अपनी जेब से लगभग 10 लाख रुपए खर्च किए।

वह एक महान भवन निर्माता था और वैंदेल के अनुसार उसने जैसे अपने शानदार प्रासादों पर 'लाखों नहीं करोड़ों' खर्च किए। उसने डीग के 'सचमुच शाही', 'उत्कृष्ट' प्रासाद और भरतपुर के भव्य किले, दोनों की हिंदुस्तान में कोई तुलना नहीं।[6]

उसने अपने निजी अस्तबल में हाथियों के एक विशाल झुंड और हजारों घोड़े रखकर अपनी भव्यता का प्रदर्शन किया। वैंदेल के अनुसार इनकी संख्या हिंदुस्तान में और किसी अन्य राजा के हाथी-घोड़ों से कहीं बहुत अधिक थी।[7]

अपने धार्मिक विचारों में भी सूरजमल उदार प्रतीत होता है। यह कहा जाता है कि जवाहरसिंह के गुरु रामकृष्ण महंत बैरागी जो युद्ध में प्रायः जाट हरावल दस्तों के हमलों में शामिल हुआ करते थे।[8] उसके भी गुरु थे।[9] सूरजमल को गोवर्धन,

---

3. इतिहास में सूरजमल के पाँच पुत्र बताए गए हैं, यथा जवाहर सिंह, रतन सिंह, नवल सिंह, रणजीत सिंह और नाहर सिंह।
4. सोमनाथ (*दीर्घ,* 4-6; सोमनाथ में *माधव विनोद,* 318) में मित्रों के प्रति सूरजमल की निष्ठा का अतिशयोक्तिपूर्ण वर्णन है।
5. *मेम्वोआर दे यात,* 63
6. *मेम्वोआर दे यात,* 44
7. वही, 67
8. नूर, 77a. तथापि, इसने उक्त महंत के बारे में यह नहीं कहा है कि वह सूरजमल के भी गुरु थे।
9. *दानाध्यक्ष पारिवारिक काग़ज़*-पत्र, गंगा सिंह द्वारा उद्धृत, कृति उद्धरण, 263-264.

मथुरा, वृंदावन तथा अन्य अनेक धार्मिक स्थलों में कई सरोवर, लता-निकुंज, मंदिर बनवाने का श्रेय प्राप्त है।[10] इसके अलावा परोपकारी कार्यों के लिए उसने लाखों रुपए खर्च किए। संयोग से यह सब वैंदेल के इस आरोप[11] के प्रतिकूल पड़ते हैं कि सूरजमल बेहद लोभी था। ब्रज के सांस्कृतिक स्थलों की सुरक्षा में अपने महत्त्वपूर्ण योगदान के लिए जाट शासक हमेशा याद रखे जाएँगे। ब्रज के विभिन्न स्थलों पर उनके द्वारा कई प्रकार के धार्मिक कार्य संपन्न किए जाते थे। उनके आधीन गिरिराज गोवर्द्धन का महत्त्व बढ़ा और वहाँ अन्य भवनों के अतिरिक्त अनेक कलात्मक छतरियों का भी निर्माण करवाया गया।[12]

एक लड़ाकू जाति में जन्मा सूरजमल विविध प्रकार के सैन्य गुणों से समृद्ध था जिसके कारण उसकी इस चारित्रिक संपन्नता ने अनेक युद्धों में उसकी सहायता की।"[13a] किसी भी तरह के संकट उसके साहस और उसके संकल्पों को विचलित नहीं कर पाए उसी तरह कोई भी सफलता उसे दर्प या अहमन्यता से भर नहीं पाई। वह एक वीर योद्धा, एक कुशल रणनीतिज्ञ और एक महान सेनापति था जैसा कि उसके कट्टर शत्रु नजीब-उद-दौला ने भी माना है।[14] उसके जीवनक्रम की शुरुआत में (तीसरे वर्ष में ही) उसकी निर्भीकता के लक्षण दिखाई देने लगे थे, उसकी सैन्य प्रसिद्धि उत्तरोत्तर चारों ओर फैलती गई और उस समय महानतम हस्तियों ने भी उसकी शक्तिशाली सहायता की कामना की थी। वीरता और साहस के साथ उसने चतुराई, दुनियादारी और सोच-समझ का सम्मिश्रण किया। उसने युद्ध और राजनीति, दोनों में अद्‌भुत यथार्थवाद का प्रदर्शन किया। वह भावनाओं के आवेग में कभी नहीं बहता था और काफी सोच-विचार के बाद ही कोई कार्यवाही करता था।

उसकी मृत्यु के समय, उसके अधीन जो तैयार सेना थी, उसमें 15,000 अश्वारोही, 25,000 पदाति सैनिक तथा 300 तोपें थीं।[15] उसके पास अपने अस्तबल में 63 (या 60) हाथी तथा 5,000 घोड़े थे।[16] इसके अलावा उसके किलों की

---

10. वही; उसकी रानियों में से एक रानी किशोरी ने मथुरा और वृंदावन में कुंज और उद्यान भी बनवाए थे। देखें, *तवारीख-ए-हुनूद*, 22a रानी और नाहर सिंह ने ब्राह्मणों के प्रति अत्यधिक सम्मान प्रदर्शित किया। देखें, *मेम्वोआर* दे *यात*, 46, पाद टिप्पणी।
11. *मेम्वोआर* दे *यात*, 46, 64, पाद-टिप्पणी और 65
12. ड्रेक ब्लोचमेन, *मथुरा गज़ेट* (इलाहाबाद/1911) 201
13. *सियर*, IV, 28
14. नूर, 64b
15. *मेम्वोआर* दे *यात*, 67
16. वही; इस पांडुलिपि की मेरी माइक्रोफिल्म कॉपी में सूरजमल के हाथियों की दो भिन्न संख्याएँ दी गई हैं। मुख्य भाग में यह संख्या 60 है और पाद-टिप्पणी में 63 है।

संख्या को देखते हुए, उनमें तैनात दुर्गरक्षकों में 25,000 से कम सिपाही नहीं थे जो लंबी और कम दूरी की मारवाली तोपों और गोला-बारूद से लैस थे।

सूरजमल एक महत्त्वाकांक्षी और शक्तिशाली व्यक्ति था, परंतु उसकी महत्त्वाकांक्षा में सतर्कता और आत्मनियंत्रण का सम्मिश्रण था। सूरजमल के पास जन्मजात तीक्ष्ण बुद्धि और यथार्थवाद की दृढ़ समझ थी, जिनके द्वारा सूरजमल स्थिति की वास्तविकताओं को पूरी तरह समझता और इसके बाद वह रणक्षेत्र में और प्रशासन में प्राप्ति योग्य किसी काम पर हाथ रखता था। दूर-दराज के क्षेत्रों में व्यर्थ के उलझाव की परेशानियों से वह परिचित था। अतः उसने सावधानी बरतते हुए अपनी गतिविधियों को सदा आसपास के जाट क्षेत्रों तक ही सीमित रखा। अपनी जनता की प्रवृत्तियों और परंपराओं को ध्यान में रखते हुए उसने ताकत के साथ अनुनय-विनय का सम्मिश्रण किया और इस प्रकार उसने अपनी प्रजा को राजतंत्र को स्वीकार कराया। महत्त्वपूर्ण परिवारों के साथ वैवाहिक संबंध, शाही परिवार के सदस्यों को उपादानों की भेंट,[17] अन्य जाट जमींदारों को भूमि[18] तथा हठधर्मी सरदारों के दमन के कार्यों को इस संदर्भ में समझा जा सकता है। ये जागीरदार राजकोष में राजस्व जमा करते थे और राज्य की रक्षा में राजा को सहायता देते थे। उत्तरी भारत की तूफानी परिस्थिति ने, जिसने सूरजमल का ध्यान उलझा लिया और उसकी असामयिक मृत्यु ने—उसके द्वारा प्रारंभ प्रक्रिया में व्यवधान डाला। परंतु सूरजमल ने जिसका अनुसरण किया, जल्दबाज जवाहर सिंह वैसा नहीं कर पाया। एक निरंकुश प्रणाली को अचानक लागू करने के अपने कालपूर्व और हिंसक प्रयत्न में जवाहरसिंह ने अपने प्रतिभासंपन्न पिता के ठोस कार्यों पर पानी फेर दिया।[19]

अकबर से प्राप्त भूमि प्रबंधन में अनेक परिवर्तन किए गए थे। सहर का परगना चार भागों में विभाजित किया गया था—सहर, शेरगढ़, कोसी और शाहपुर। मांगोताला भी सोंख और सोंसा में बांटा गया था। फरह और संभवतया मुरसान, सहपऊ और मांट इस समय तक परगना बना दिए गए थे। राज्य के कई दूसरे जिलों में भी

---

17. उदाहरणतया वैर पहले प्रतापसिंह को दिया गया था और बाद में उसके पुत्र बहादुर सिंह को (*सुजान,* 212, 223-224; *मेम्वोआर दे यात,* 35, 92; सोमनाथ में *रस पीयूषनिधि,* 4) मेवात जवाहरसिंह को (*तारीख-ए-आलमगीर सानी,* 114, और नूर, 60b भी) धौलपुर नाहरसिंह को (कानूनगो कृत *जाट्स,* 172) और घसीरा अमरसिंह को (*सुजान,* 141)
18. उदाहरणतया, *तवारीख-ए-हुनूद* (21a) से हमें ज्ञात होता है कि भुंडाराम को 3 लाख रुपए मूल्य की जागीर दी गई थी। विभिन्न जाट सरदारों को जागीरों के बँटवारे के संबंध में मथुरा गज़ेटियर, 201 देखें।
19. कानूनगो कृत *जाट्स,* 221-223

इसी प्रकार के परिवर्तन किए गए थे।[20]

दुर्भाग्य से सूरजमल की प्रशासनिक व्यवस्था का पूर्ण विवरण हमें प्राप्त नहीं है। राजा के, जो सर्वोपरि था, नीचे शायद सर्वाधिक शक्तिशाली उच्चपदस्थ व्यक्ति बलराम जाट (उसका साला) था, जो प्रधानमंत्री के पद पर था।[21] जीवाराम दीवान के पद पर आसीन था।[22] जैसाकि पहले कहा जा चुका है, सोमनाथ दानाध्यक्ष (परोपकारी कार्य विभाग का प्रमुख) था। सेना की व्यवस्था का काम कई अधिकारियों को सौंपा गया था, जिनमें से प्रत्येक एक उप-विभाग का प्रमुख था। हम दो अधिकारियों के नाम जानते हैं–बलराम और मोहनराम जो क्रमशः घुड़सवार सेना और तोपखाने के अध्यक्ष थे। बलराम राजधानी का फौजदार भी था।[23] इससे यह भी सिद्ध होता है कि इसके अतिरिक्त और भी कई फौजदार थे। इसके अतिरिक्त मंत्री, बख्शी, कोतवाल, किलेदार, आदि के पद जिनकी चर्चा सुजान चरित्र में की गई है, सूरजमल के शासनकाल में भी थे।[24]

शक्तिशाली सैन्य दलों के अतिरिक्त सुंदर भवनों, समृद्धशाली खजानों से परिपूर्ण काफ़ी मजबूत किलों (जिनमें से तीन तो दुर्भेद्य थे) का एक जाल और जाट प्रवृत्तियों तथा परंपराओं से युक्त राजनीतिक प्रणाली के साथ 'जाट प्लेटो' सूरजमल ने एक ऐसा राज्य सौंपा, जो "भलीभाँति कृषि संपन्न, शांतिपूर्ण और अचानक हमलों के खतरों से मुक्त था।"[25]

सूरजमल जब तक जीवित रहा, उसने अपनी जनता का स्नेह, आदर और प्रशंसा अर्जित की।[26] और आज उसकी मृत्यु के दो सौ वर्ष बीत जाने के बाद भी, उसकी जनता में उसकी स्मृति अभी भी ताजा और सदाबहार है जो इस महान जाट नायक को अपनी श्रद्धांजलि अर्पित करने के लिए प्रति वर्ष शाहदरा स्थित उसकी समाधि पर एकत्रित होती है।

---

20. रघुवीर सिंह, *ब्रज,* 192-193
21. सरकार कृत *फ़ाल,* II, 469; देखें, *मेम्वोआर दे यात,* 45 पाद-टिप्पणी 68
22. *तवारीख-ए-हुनूद* 26a
23. नूर, 77a; कानूनगो कृत *जाट्स,* 172; सरकार कृत *फ़ाल,* II, 469
24. *सुजान,* 55, 104, 112, 194, 219, 220
25. *मेम्वोआर दे यात,* 67
26. वही, 67

ग्रन्थ-सूची

लेखक ने प्राय: फारसी और अंग्रेजी के ग्रन्थों का उपयोग किया है। अत: उनके नाम मूल रूप में अंग्रेजी में ही दिये गए हैं। परन्तु हिन्दी ग्रन्थों का नाम देवनागरी में ही दिया गया है।

—संपादक

1. Original Sources

A. Persian

1. *Works dealing mainly with the Jat History.*

1. *Tarikh-i-Bharatpur* by Anand Rai. Written 1247 A.H. Khuda Bakhsha, VII, No. 602-154, ff. 40.
2. *Tawarikh-i-Hunud* by Frans Gottlieb Kuen, Pen name Fransoo. Ms. preserved in British Museum, London. Br. Mus. pers Add. 19, 501, folios 66, with 15 lines to page.
3. *Waqa-i-Bharatpur* by Pt. Shankar Nath Nadir. Written 1833 A.D., ff. 36. Punjab University Library, No. 179.

2. *Works on the Mughal history under Aurangzeb and his successors.*

(a) General Histories—(i) Manuscripts

1. *Ahwal-i-Salatin-i-Mutakherin.* Anonymous. R.S.L. transcript from U.V.L. Ms.
2. *Bahadur Shah Nama* by Niamat Ali. Rampur Library.
3. *Fatuhat-i-Alamgiri* by Ishwar Das Nagar. R.S.L. Transcript from *J.N.S.* transcript in turn from Br. Mus. No. Add 23, 884.
4. *Ibrantnama* by Faqir Khair-ud Muhammad Allahabadi. Br. Mus. Or. 1932.
5. *Imad-us-Saadat* by Ghulam Ali Naqwi. Banaras Hindu

University Library Ms.

6. *Mirat-i-Aftab Numa* by Abdur Rahman entitled Shah Nawaz Khan R.S.L. Ms. from the one of U.V.L.
7. *Mantakhab-i-Khulasat-ul-Tawarikh* by Ram Parshad from Br. Mus. Or. 2057.
8. Roznamcha (also known as *Ibratnama and Tarikh-i-Muhammad bin Mutamad Khan*) by Mirza Muhammad R.S.L. transcript from J.N.S. collection, in turn from Khuda Baksha Ms.
9. *Safinat-ul-Aish* by Qurban Ali. Written C. 1728.
10. *Sahifa-i-Iqba.* Anonymous Written 1734. A.M.U. History department Library.
11. *Tarikh-i-Ahmad Shahi.* Anonymous history of the reign of Ahmad Shah from the Br. Mus. Library London. Br. Mus Or. 2005
12. *Tarikh-i-Alamgir Sani.* Anonymous history of the reign of Alamgir Sani. R.S.L. Ms. Copied from J.N.S. transcript in turn from Br. Mus. Or. 1749.
13. *Tarikh-i-Hind* (Also Known as Tarikh-i-Hindi) by Rustam ali. R.S.L. photostat copy from Br. Mus. Or 1628.
14. *Tazkira-i-Shakir Khan* (Also known as *Tarikh-i-Shakir Khani)* by Shakir khan. R.S.L. copy from the transcript in J.N.S. collection.
15. *Tazkirat-us-Salatin-i-Chaghtai* by Muhammad Hadi Kamwar Khan. R.S.L. transcript from U.V.L. in two vols.

General Histories—(ii) Published.

1. *Gul-i-Rahmat* by Saadat Yar Khan. Lith. Agra 1836. Composed in 1249 A.H.
2. *Hadiqat-ul-Aqalim* by Qazi Murtaza Husain, Lith. Lucknow (Nawal Kishore). Written c. 1780 A.D.
3. *Khazan-i-Amira* by Mir Ghulam Ali Khan Bilgrami, Azad Ptd. Kanpur (Nawal Kishore). Written 1762-63 A.D.
4. *Maasir-i-Alamgiri* by Muhammad Saqi Mustaid Khan. Bib.

Ind. Ser. Calcutta.

5. *Muntakhab-ul-Lubab* (Also known as *Tarikh-i-Khaft Khan*) by Muhammad Hashim better known by the designation Khafi Khan. Vol. II, Bib. Ind. Series, Calcutta.
6. *Shah Alam Nama* (Also known as Ain-i-Alam Shah) by Ghulam Ali Khan. Bib. Ind. Facs. I (to 1761 A.D.), 1912 A.d. ed. Hari Nath De.
7. *Shahnama Munawwar Kalam* by Shivdas *lakhanavi.* Written c. 1722 ed. by S.H. Askari Patna, 1968.
8. *Tarikh-i-Ahmad or Muharbat-i-Salatin-i-Durrania-o-Bhao-o-Jangu-o-Sikhaan by* Muhammad Abdul Karim. Written 1255 A.H. Pub. Sultanul-Matabe. 1266 A.H.
9. *Waqa-i-Alam Shahi* by Prem Kishore Firaqi ed. by Imtiaz Ali Arshi, Rampur, 1949.

General Histories—(iii) English Translations

1. Bihari Lal Munshi's *Life of Najib-ud-Daulah*, trans. by Sir Jadu Nath Sarkar in *Islamic Culture* (1936) entitled Najib-ud-Daulah Ruhela chief. Written 1787.
2. *Delhi Chronicle.* Anonymous. R.S.L. copy of the abridged English translation by Sir Jadu Nath Sarkar of a rare Ms.
3. *Dilkusha* (Also known as *Nushka-i-Dilkusha*) by Bhimsen. Trans. by Jonathan Scott in *Ferishta's History of the Dekkan,* Vol. II, pt. III, Shrewsbury, 1794.
4. Elliot and Dowson's *History of India as told by its Own Historians,* Vols. I-VIII. (Kitab Mahal edition).
5. *Ghulam Husain Samin's narrative.* Trans. by Sir William Irvine, entitled, *"Ahmad Shah Abdali and the Indian Wazir, Imad-ul-Mulk"*, in Ind. Ant., 1907.
6. *Gulistan-i-Rahmat* by Nawab Muhammad Mustajab Khan. Written 1792-93. Abridged and translated by Charles Elliot, entitled, *"The life of Hafizool-Moolk, Hafiz Rehmut Khan"*, London, 1831.

7. *Iqbalnama.* Anonymous. It covers the period from 1713 to 1750 A.D. Translated in full by Prof. S.H. Askari.
8. Kashi Raja's account of the battle of Panipat and the events leading to it. Trans. In parts by Sir Jadu Nath Sarkar In I.H.O. 934, 1935.
9. *Khulasat-ut-Tawarikh* by Kalyan Singh, Trans. by Khan Bahadur Sarfaraz Husain Khan in parts in J.B.O.R.S, 1920.
10. *Maasir-ul-Umra* by Shah Nawaz Khan. Trans. by H. Beveridge and B. Prasad, Calcutta, Vols. I (1941), II (1952).
11. *Mirat-i-Ahmadi* by Ali Muhammad Khan. Written 1761. Trans. M.F. Lokhandwala. Gaekwad Oriental Series No. 146, Baroda, 1965.
12. Sayyid Nur-ud-Din Hasan's *Life of Najib-ud-Daulha (Br. Mus. Pers. Ms. 24-410). Written c. 1772. Trans. by Sir Jadu Nath Sarkar in parts in I.H.O. 1933 and Islamic Culture,* 1933.
13. *Siyar-ul-Mutakherin* by Ghulam Husain Khan Tabatabai. Written 1780 A.D. Trans. by Raymond or Haji Mustafa. Reprinted in 4 vols. from Calcutta, 1902; A second edition with introduction in 1926.
14. *Tarikh-i-Iradat khan* by Iradat Khan Wazih. Abridged trans. by Honathan Scott in Ferishta's *History of the Dekkan,* Vo. II, pt. 4.

(b) Documents, Letters, Farmans, Reports etc.—(i) Manuscripts

1. *Ahkam-i-Alamgiri* by Inayatullah. R.S.L. Ms. in two vols., from the M.S. in Rampur Library.
2. *Ajaib-ul-Afaq R.S.L.* Ms. from Br. Mus. Ms. No. 1776 (Rieu, III, 986a-b).
3. *Jaipur Records R.S.L. transcripts from the Jaipur State archives.*
4. Letter (transcript from Bharatpur in frangments) by Nawab Safdar Jang addressed to Suraj Mal Jat. In the possession of Mr. Mahendra Singh Varma.

Documents, Letters, Farmans, Reports ect.—(ii) Published

1. *Balmukund Nama.* Ed. by Abdur Rashid, Department of History, Aligarh Muslim University.
2. *Daftar-i-Diwani-o-Mal-oMal-o-Mulki Sarkar-i-Ali* Nizam's government, Hyderabad, Deccan, 1357 A.H.
3. *Shah Wallullah Dehlavi Ke Siyasi Maktubat.* Persian text and Urdu trans. by K.A. Nizami, Delhi, 1969.

Documents, Letters, Farmans, Reports—(iii) English Translations

1. *An anonymous Journal of Nadir Shah's Transactions in India.* Translated by S.H. Askari in *Proc. I.H.C.*, (1947).
2. *Durrani—Rajput Relation: 1759-1761.* Extract translation by S.H. Askari in *Proc. I.H.C.* (1945).
3. *Two Historical Letters of the Great Asaf Jah I,* Persian text and English translation by Jadu Nath Sarkar in *Islami Culture* (1941).
4. *Unpublished Correspondence Relating to Maharaja Madho Singh of Jaipur and some of his Contemporaries by S.H. Askari, Proc. I.H.C.*, (1948).
5. *Letters of a King Maker of the Eighteenth Century.* Eng. Translation with Introduction and Notes of Balmukundnama by S.Chandra.

B. Marathi

Number of letters is cited in each case

1. *Chandrachud Daftar,* ed. D.V. Apte, vol. I
2. *Marathanchya Itihasachin Sadhanen.* ed. V.K. Rajwade.
3. *Purandare Daftar.* ed. K.V. Purandare, vol. I.
4. *Selection from the Peshwas Daftar. ed.* G.S. Sardesai. Vols. I-XXXXV.
5. *Selections from the Peshawas Dafter,* New series vol. I, ed. P.M. Joshi.

C. हिंदी (i) पांडुलिपि

1. जाटों के बारे में देवदत्त के शीर्षक रहित विविध विवरण। पांडुलिपि, चौ. कबूल सिंह, शोरम, मुजफ्फरनगर।
2. पं. कान्हाराम की शीर्षक रहित पोथी। पांडुलिपि, चौ. कबूलसिंह, शोरम, मुजफ्फरनगर।
3. सोमनाथ की विविध पांडुलिपियाँ।

हिन्दी (ii) प्रकाशित

1. सोमनाथ ग्रंथावली।
2. सुजान चरित्र–कवि सूदन (प्रथम संस्करण)

D. French—(i) Manuscipt

Memoirs de L' origine, accroissement et etat present de puissance des Jats dans L'Indostan, II de Partie, suite des Memoires des Pattans. Ms. in India Office Library, London. L.O.L. Orme Collection, O.V. 216, No. 2.

French—(ii) Translations

1. *Le Journal Du Voyage du Bengale a Delhy* (Paris Ms.) by L.L. Dolisy De Modaye.
2. *Travels in Mogul Empire by* Bernier. Trans. a. Constabel, S. Chand & Co., 1968.
3. *Storia Do Mogor* by Noccolao Manucci, Trans. Sir William Irvine, Vols. I (1906), III (1907), London, II (1966), Calcutta.

II. साखा

मध्यकालीन इतिहास से संबंधित गेय साखाएँ।

III. Secondary Works

A. *General*

(1) English

Ali, M. Athar *The Mughal Nobality under Aurangzeb,*

	Asia Publishing House, 1966.
Beams, John	*(ed.) H.M. Elliots Memoirs of Races of North Western Provinces of India* vol.I, London.
Beberidge, H.	*The Comprehensive History of India, Civil Military and Social*, Vol. II, London.
Chandra, S.	*Parties and Politics at the Mughal Court*, Aligarh, 1959.
Chatterji. N.L.	*Mir Qasim,* Allahabad, 1935.
Chopra, P.N.	*Society and Culture during Mughal Age*, Agra, 1963.
Dow, Alexandar	*The History of Hindostan,* translated from Persian, Vol. II, London, 1812.
Duff, J.C.G.	A history of the Mahrattas, vol. I, Oxford, 1921.
Erskine, William	*The History of India under the first Two Sovereigns of the House of Taimur, Babar and Humayun*, vols. I & II, London, 1854.
Elliot & Dowson	*History of India*, vols. I-VIII, Kitab Mahal edition.
Elliot, H.M.	*Hostory of India*, vol. II, Calcutta, 1901.
Faruki, Zahir-ud-Din	*Aurangzeb and His Times,* Bombay, 1935.
Frankline, W.	The History of the Reign of Shah Aulum, London, 1798.
Fraser, James	*The History of Nadir Shah,* Panini Office Allahabad.
Growse, F.S.	*Mathura : A District Memoir,* Allahabad, 1883.
Gupta, H.R.	*Studies in the Later Mughal History of the Panjab,* Lahore, 1944
	(ed.) *Marathas and Panipat*, Chandigarh, 1961.

Habib, Irafan — *The Agrarian System of Mughal India (1556-1707)* Bombay; 1963.

Husain, Mahmud — (ed.) *A History of the Freedom Movement,* vols. I (1957), II, (1960) Karachi.

Husain, Yusuf — *The First Nizam*, Bombay, 1963.

Hutton, J.H. — *Caste in India,* Cambridge, 1946.

Ibbetson, Denzil — *The Panjab Castes,* Lahore government Printing Press, 1916.

Irvine, William — *The Later Mughals*, vols. I & II Calcutta.

Keene, H.G. — *The Moghul Empire;* London, 1866.

Lanepool, Stanely — *Medieval India under Muhammadan Rule,* London, 1923.

Latif, S.M. — *Agra, Historical and Descriptive,* Calcutta, 1896.

Majumdar, D.N. — *Races and Cultures of India,* Bombay, 1965.

Majumdar, R.C. — *Corporate Life in Ancient India,* Calcutta, 1918.

(ed.) Classical Accounts of India; Calcutta, 1960.

Malik, Z. — Muhammad Shah, Unpublished Thesis. A.M.U. Library.

Moreland, W.H. — From Akbar to Aurangzeb, London 1923.

Owen, Sidney J. — *The Fall of the Mogul Empire,* London, 1912.

Pande, A.B. — *Later Medieval India,* Allahabad. 1963.

Pande, Ram — Bharatpur upto 1826, Jaipur, May, 1970.

Pradhan, M.C. — *The Political System of the Jats of Northern India,* Oxford, 1966.

Prasad, Beni — *History of Jahangir,* London, 1930.

Prasad. Ishwari — *A Short History of Muslim Rule in India,* Allahabad Ist edition.

Qanungo, K.R. — *History of the Jats.* vol. I, Calcutta, 1925.

Studies in Rajput History, Delhi 1960.

Risley, Herbert — *The People of India*, Calcutta, 1908.

Russels, R.V. — *The Tribes and Castes of the Central Provinces of India*, III, London, 1916.

Saksena, B.P. — *History of Shah Jahan of Delhi*, Allahabad, 1938.

Sardeṣai, G.S. — *New History of the Marathas*, vol. II Bombay, 1958.

Sarkar, J.N. — *Anecdotes of Aurangzib and other Historical Essays*, edition 1925.

Fall of the Mughal Empire, Calcutta, vol. I (1932), II (1934).

History of Aurangzib, Calcutta-Vols. I (1912), II (1912), III (1928), IV (1930), V (1924).

India of Aurangzib, Sanyal and Co. Printers, 1901.

Mughal Administration, Calcutta 1924.

Studies in Mughal India, Calcutta, 1919.

Scott, Jonathan — *Ferishta's History of the Dekkan*, vol. II, Shrewsbury, 1794.

Sharma, Sri Ram — *A Bibliography of Mughal India*, Bombay, 1932.

The Religous Policy of the Mughal Emperors, Bombay, 1962.

Studies in Medieval Indian History, Sholapur, 1956.

Shejwalkar, T.S. — *Panipat: 1761*, Poona, 1946.

Srivastava, A.L. — *The First Two Nawabs of Oudh*, Lucknow, 1933.

Shuja-ud-Daulah, vol. I, Agra, 1961.

Singh, Ganda — *Ahmad Shah Durrani*, Bombay, 1959.

Sinha, H.N. — *Rise of the Peshwas*, Allahabad, 1931.

Tod, James — *The Annals and Antiquities of Rajasthan*,

ed. by W. Crookes, 3 vols.

Tripathi, R.P. — *Some aspects of Muslim Administration* Allahabad, 1959.

Upadhyaya, V. — *The Socio—Religious Conditions of North India*, Varanasi, 1964.

Vaidya, C.V. — *History of Medieval Hindu India,* vol.I, Poona, 1921.

2. हिन्दी

भार्गव. वी.एस. — *राजस्थान के इतिहास का सर्वेक्षण,* जयपुर, 1971

भटनागर, वी.एस. — *सवाई जयसिंह,* जयपुर, 1972

चन्द्रा, एस. — *उत्तर मुगल कालीन भारत का इतिहास,* मेरठ, 1972.

देशराज, ठाकुर — *जाट इतिहास,* कान्ति प्रेस, 1938

मारवाड़ का जाट इतिहास, नागौर, 1954

दीक्षित, जी.सी. — *ब्रजेन्द्र वंश भास्कर,* आगरा, संवत 1983

गहलोत, जगदीश सिंह — *राजपूताना का इतिहास,* भाग-3, जोधपुर, 1966

गहलोत, एस.एस. — *राजस्थान के इतिहास का तिथिक्रम,* जोधपुर, 1967

जयसवाल, के.पी. — *अंधकार युगीन भारत,* (अनुवादक-रामचन्द्र वर्मा) काशी, संवत 2014

मित्रा, एम — *महाराजा अजीत सिंह और उनका युग,* जयपुर 1973

प्रसाद, बेनी — *जाटों की उत्पत्ति और इतिहास*

रानावत, एम.एस. — *भरतपुर महाराजा जवाहर सिंह जाट,* जोधपुर, 1973

सारन, पी. — *मुगलों का प्रांतीय शासन,* लखनऊ, 1970

शर्मा, एम.एल. — *कोटा राज्य का इतिहास*

शर्मा, यू.एन. — *जाटों का नवीन इतिहास,* जयपुर, 1977

सिंह, गंगा — *यदुवंश, भाग-1, भरतपुर, 1967*

सिंह, रघुवीर — *मालवा में युगांतर, पूर्वकाल,* इन्दौर, 1938

ब्रज का इतिहास, भाग-1

श्रीवास्तव, ए.एल. — *अवध के प्रथम दो नवाब,* आगरा, 1957

शास्त्री, वाई.पी. — *प्राचीन राज्य वंश एवं जाट क्षत्रिय इतिहास,* हरिद्वार, 1944

तोमर, टीकमसिंह — *हिन्दी वीर काव्य,* हिन्दुस्तानी एकेडमी, इलाहाबाद, 1954

विद्यालंकार, जे.सी. — *भारतीय इतिहास की रूपरेखा,* भाग-1 हिन्दुस्तानी एकेडमी, इलाहाबाद, 1933

3. उर्दू

खालिदी, ए.एन. — *तकवीम हिजरी-ओ-इशवाई,* कराची, 1952 (दूसरा संस्करण)

मित्रा, के. — *खालिसा शहीदों का बलिदान,* लाहौर, 1922

नुमानी, मौलाना शिवली — *औरंगजेब आलमगीर*

परमानन्द जी, भाई — तारीख-ई-पंजाब, लाहौर

सैय्यद, अहमद — *तारीख-ई-आगरा,* आगरा, 1931

सैय्यद, एम.एम. — *उमरा-ई-हिनुद,* कानपुर, 1910

B. Gazetters

1. District Gazetteers of the united Provincess.
2. Imperial Gazetter of India (Provincial series for U.P., Agra and Oudh), 2 vols. Calcutta, 1908
3. The Imperial Gazetteer of India, New edition, Oxford, 1908 (relevant volumes).
4. Delhi Gazetteer.
5. Bombay Gazetteer, vol. IX, 1931.
6. Muttra Gazetter, 1911.

C. Select Articles

This list does not include the articles already referred to above.

(a) *Deccan Geographer*

Mukherji, A.B. — The Jats of the Upper Ganga—Jamuna Doab, vol. VI, 1968

(b) *Indian Historical Qarterly*

Dhar, S.N.	The Arab Conquest of Sind, vol. XVI, 1940
Habib, M.	The Arab Conquest of Sind, vol. III, 1929
Hashimi, Syed	The Arab Rule in Sind, vol. I, 1927.
Heras, J.	Durrani Influence in Northern India, vol. XI, 1937
Husain, Yusuf	Nizam-ul-Mulk Asaf Jah I, vols. VIII-IX, 1934-35.
Jaffar, S.M.	Arab Administration of Sind, 1943.
Khulusi, S.A.	(Extract trans.) An account of Nadir Shah in an Eighteenth Century (Ms.) vol. XXV, 1951.
Sarkar, J.N.	Ahmad Shah Abdali in India, 1748 vol. VI, 1932.
Shah, Abdul Rashid	(Extract trans.) Insha-i-Mahru or Tarassul-i-Ain-ul-Mulki, vol. XVI, 1942
Smith, W.C.	Lower Class Uprisings in the Mughal Empire, vol. XX, 1946.

(d) *Journal of Asiatic Society of Bengal*

Irvine, William	Nadir Shah and Muhammad Shah, 1897.
	The Bangash Nawabs of Farrukhabad, vol. XLVIII, Part I, 1879

(e) *Journal of Bihar and Orissa Research Society*

Sarkar, J.N.	A Correct Chronology of the Delhi History, 1739-1754, vol. XVIII, Part I, 1932.

(f) *Journal of Indian History*

Srivastava, A.L.	Akbar's Theory of Kingship, 1962.

(g) *Modern Review*

Sarkar, J.N.	The Breaking-up of the Mughal Empier: Jats and Gujars, October, 1923
	The End of Nadir Shah, May, 1929

(h) *Nagari Prancharini Patrika (Hindi)*

Dwivedi, G.C.	Ghasira Ke Yudha Ka Aitihasik Paryalochan, Commemoration volume,

Samvat 2024.

(i) *Proceedings of Indian History Congress*

Agaskar, M.S.	Mahadji Sindhia in the battle of Panipat, 1953.
Banga, Indu	Ahmad Shah Abdali's Designs over the Panjab, 1968
Chandra, Satish	Jiziyah in the Post-Aurangzeb Period, 1946
	Raja Jai Singh Sawai's Contribution to Imperial Politics, 1948
Mahajan, D.B.	The Battle of Sakhar Khelda and the Part played by Raghoji Jadhava of Sindh Khed, 1951
Pande, Ram	Raja Bishan Singh's Campaign against the Jats, 1968
	Relations between Badan Singh and Sawai Raja Jai Singh, 1969
Qanungo, K.R.	Some Side-Lights on the career of Raja Bishan Singh Kachhwah of Amber, 1948
Rao, V.R.	Panipat and the Nizam, 1950
Sangar, S.P.	Political Offences in Aurangazeb's India, 1950
Siddiqi, Zameeruddin	The Wizarat of Safdar Jang, 1968
Tikkimal, H.C.	Sawai Jai Singh and the Marwar Affairs in the reign of Emperor, Muhammad Shah, 1970

(j) *Proceedings of Indian Historical Records Commission*

Khare, G.H. — Some New Records on the Mahratha—Jaipur Relations, vol. XXIV, 1948.

Puntambekar, S.V. — The Political and Religious Policy of the First Two Peshwas in the North, vol. XXII, 1945.

(k) उपलब्धि, द्विवेदी, जी. सी. — बदन सिंह के काल में भरतपुर का प्रादेशिक विस्तार, संवत् 2035

●●●

AF813978